"十二五"普通高等教育本科国家级规划教材

中国税制（第二版）

China's Tax Law

岳树民 编著

图书在版编目(CIP)数据

中国税制/岳树民编著. —2 版. —北京:北京大学出版社,2017.4
(21 世纪经济与管理规划教材·税收系列)
ISBN 978-7-301-28240-3

Ⅰ.①中… Ⅱ.①岳… Ⅲ.①税收制度—中国—高等学校—教材 Ⅳ.①F812.422

中国版本图书馆 CIP 数据核字(2017)第 061203 号

书　　　名	中国税制(第二版) ZHONGGUO SHUIZHI
著作责任者	岳树民　编著
策划编辑	张　燕
责任编辑	兰　慧
标准书号	ISBN 978-7-301-28240-3
出版发行	北京大学出版社
地　　　址	北京市海淀区成府路 205 号　100871
网　　　址	http://www.pup.cn
电子信箱	em@pup.cn　　QQ:552063295
新浪微博	@北京大学出版社　@北京大学出版社经管图书
电　　　话	邮购部 62752015　发行部 62750672　编辑部 62752926
印 刷 者	三河市博文印刷有限公司
经 销 者	新华书店
	787 毫米×1092 毫米　16 开本　27.25 印张　613 千字 2010 年 9 月第 1 版 2017 年 4 月第 2 版　2018 年 5 月第 2 次印刷
印　　　数	3001—6000 册
定　　　价	55.00 元

未经许可,不得以任何方式复制或抄袭本书之部分或全部内容。
版权所有,侵权必究
举报电话:010-62752024　电子信箱:fd@pup.pku.edu.cn
图书如有印装质量问题,请与出版部联系,电话:010-62756370

第二版前言

本教材第一次出版的时间是2010年9月,至今已经6年多了。这期间我国的税制改革不断向前推进,各个税种的法律内容和政策规定都有相应的调整,特别是全面"营改增"试点的推行,商品税制的两个主要税种发生了重大变化。为了更好地满足教学需要,我们根据近年来我国税制改革及税收政策调整完善的最新情况,对教材内容进行了增减修补和完善。

本次修订在保持教材基本风格的基础上,修订的重点有以下几个方面:一是将"营改增"试点的内容进行了全面梳理,充实完善了增值税的内容;二是根据这几年税制改革的进展对各税种的内容进行了增减,对脚注中的法律文件根据其是否具有时效进行了梳理增减;三是适当增加了对现行税制中难点和重点问题在法律角度、管理角度和政策角度的解析;四是将全国人大常委会通过的,将在2018年1月1日施行的《中华人民共和国环境保护税法》的主要内容编入教材;五是重新设计了每一章所附的练习题,以便读者更好地掌握各税种的主要内容。

本次修订所引用的法律文件截至2016年12月底。

本次教材修订过程中,国家税务总局税务干部进修学院尹磊副教授参与了全书内容的梳理、修订工作并设计了各章练习题;中央财经大学财税学院韩淼博士对"增值税出口退税"部分进行了修订。

由于作者水平有限,教材中疏漏或不妥之处在所难免。希望读者提出宝贵意见。

岳树民
2017年1月

第一版前言

"中国税制"课程是高等院校应用经济类和经济管理类各专业的核心课程或共同课程。从"中国税制"课程的发展看,曾使用过"国家税收""中国税收""税收制度与管理""税法"等名称。目前多数院校根据课程的学科属性和各专业课程的关系,将其定名为"中国税制"。虽然名称有所变化,但该课程始终将阐述税收基本理论和基础知识、中国现行税制各主要税种的基本规定及税款的计算和征收管理方法作为主要内容;强调掌握现行税收法律制度的基本内容,培养学生对现行税收法律规定的理解和运用能力。

《中国税制》是为高等院校应用经济类各专业以及管理类中财务管理、工商管理、会计学、公共管理等专业编写的教材,主要系统阐述中国现行税收制度中各个税种的税制要素的基本规定、现行政策、应纳税额计算和征收管理办法等内容。本教材的编写主要有以下几个特点:一是对于现行税制具体内容的阐述力求系统、全面、准确,能够使读者全面了解掌握中国现行税制的主要内容;二是在对现行税制具体内容进行阐述的同时,为更好地理解税制规定的基本内涵,对现行税制的一些难点和重点问题从管理角度与政策角度进行了必要的解析;三是对于除各单行税法、条例、实施细则以外的政策规定和管理办法,均以脚注的形式注明了发布该政策业务规定的法律文件,以便读者在学习和具体应用时查对正式文件;四是考虑"中国税制"课程作为经济类、管理类学生的一门专业课程,其先修课程是"政治经济学""财政学""税收学"等专业理论课程,因此本书的内容安排,没有对税制要素、税收分类、税制结构等税收基础理论问题进行专门的阐述。

全书共分九章。第一章简要介绍了中国税制的沿革、现行税制体系的框架及立法层次;其余各章主要介绍我国现行各税种的主要内容以及税款的计算与缴纳等各项具体规定。

本书所引用的法律文件截至2009年12月底。由于社会经济发展和税收征收管理的需要,税收政策及相关法律规定处于不断的调整和更新之中,因此,在使用本书的过程中需要根据国家有关税收政策和法律规定的调整变动,更新教学内容。

本书初稿完成后,中国人民大学财政金融学院韩淼博士对本书的修改提出了许多建设性意见并参与了本书思考练习题的设计。

岳树民

中国人民大学财政金融学院

2010年1月

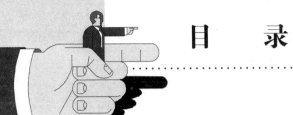

目　录

第一章　中国税制概述 …………………………………………（1）
　　第一节　中国税收制度沿革 …………………………………（2）
　　第二节　中国税收制度的法律级次 …………………………（6）
　　第三节　纳税人的权利与义务 ………………………………（7）
　　本章重要术语 …………………………………………………（11）
　　复习思考题 ……………………………………………………（12）
　　推荐阅读文献 …………………………………………………（12）

第二章　增值税 …………………………………………………（13）
　　第一节　征税范围 ……………………………………………（14）
　　第二节　纳税人 ………………………………………………（23）
　　第三节　税率 …………………………………………………（26）
　　第四节　应纳税额的计算 ……………………………………（28）
　　第五节　税收优惠 ……………………………………………（55）
　　第六节　出口货物和应税服务退（免）税 …………………（74）
　　第七节　征收管理 ……………………………………………（84）
　　第八节　增值税专用发票的使用及管理 ……………………（86）
　　本章小结 ………………………………………………………（92）
　　本章重要术语 …………………………………………………（92）
　　复习思考题 ……………………………………………………（92）
　　计算题 …………………………………………………………（93）
　　推荐阅读文献 …………………………………………………（94）

第三章　消费税 …………………………………………………（95）
　　第一节　纳税人与征税范围 …………………………………（96）
　　第二节　税率 …………………………………………………（101）

  第三节 应纳税额的计算 ··· (104)
  第四节 征收管理 ··· (118)
  本章小结 ··· (119)
  本章重要术语 ··· (120)
  复习思考题 ··· (120)
  计算题 ··· (120)
  推荐阅读文献 ··· (121)

第四章 关税 ··· (122)
  第一节 基本要素的规定 ··· (123)
  第二节 关税完税价格 ··· (128)
  第三节 应纳税额的计算 ··· (136)
  第四节 关税减免 ··· (137)
  第五节 征收管理 ··· (139)
  第六节 船舶吨税 ··· (141)
  本章小结 ··· (144)
  本章重要术语 ··· (144)
  复习思考题 ··· (145)
  计算题 ··· (145)
  推荐阅读文献 ··· (145)

第五章 企业所得税 ··· (146)
  第一节 纳税人 ··· (147)
  第二节 征税对象 ··· (150)
  第三节 税率 ··· (151)
  第四节 应纳税所得额的计算 ··· (153)
  第五节 资产的税务处理 ··· (184)
  第六节 资产损失的处理 ··· (193)
  第七节 企业重组的税务处理 ··· (199)
  第八节 房地产开发企业的所得税处理 ····································· (208)
  第九节 应纳税额的计算 ··· (216)
  第十节 税收优惠 ··· (224)
  第十一节 源泉扣缴 ··· (237)
  第十二节 特别纳税调整 ··· (241)
  第十三节 征收管理 ··· (250)

本章小结 ...... (255)
本章重要术语 ...... (255)
复习思考题 ...... (255)
计算题 ...... (256)
推荐阅读文献 ...... (257)

第六章 个人所得税 ...... (258)
第一节 纳税人 ...... (259)
第二节 征税对象 ...... (261)
第三节 税率 ...... (276)
第四节 应纳税额的计算 ...... (278)
第五节 税收优惠 ...... (314)
第六节 征收管理 ...... (320)
本章小结 ...... (324)
本章重要术语 ...... (325)
复习思考题 ...... (325)
计算题 ...... (325)
推荐阅读文献 ...... (326)

第七章 资源课税 ...... (327)
第一节 资源税 ...... (328)
第二节 城镇土地使用税 ...... (338)
第三节 耕地占用税 ...... (348)
本章小结 ...... (353)
本章重要术语 ...... (354)
复习思考题 ...... (354)
计算题 ...... (354)
推荐阅读文献 ...... (354)

第八章 财产课税 ...... (355)
第一节 房产税 ...... (356)
第二节 车船税 ...... (364)
第三节 契税 ...... (369)
本章小结 ...... (378)
本章重要术语 ...... (378)
复习思考题 ...... (378)

计算题 …………………………………………………………………（378）
　　推荐阅读文献 ……………………………………………………（379）

第九章　行为与特定目的课税 ……………………………………（380）
　　第一节　城市维护建设税 …………………………………………（381）
　　第二节　印花税 ……………………………………………………（383）
　　第三节　车辆购置税 ………………………………………………（399）
　　第四节　土地增值税 ………………………………………………（405）
　　第五节　烟叶税 ……………………………………………………（417）
　　第六节　环境保护税 ………………………………………………（418）
　　本章小结 ……………………………………………………………（422）
　　本章重要术语 ………………………………………………………（422）
　　复习思考题 …………………………………………………………（422）
　　计算题 ………………………………………………………………（423）
　　推荐阅读文献 ………………………………………………………（423）

第一章

中国税制概述

学习目标

通过本章的学习,读者应该能够
- 了解我国现行税制改革演进的过程,掌握我国现行税制的基本框架和主要构成;掌握我国税收制度体系的法律层级;掌握纳税人权利与义务的主要内容。

第一节 中国税收制度沿革

税收制度是国家各种税收法令和征收管理办法的总称。一个国家为了取得财政收入或调节社会经济活动,必须以法律形式规定对什么征税、向谁征税、征多少税以及何时何地纳税等,这些规定就构成了一个国家的税收制度。① 税收制度是国家税务机关征税的法律依据,也是纳税人履行纳税义务的法定准则。

我国的税收制度,是在新中国成立之初的1950年建立起来的。新中国成立以来,我国的税收制度先后进行了七次重大的改革:第一次是中华人民共和国成立之初的1950年,在总结老解放区税收制度建设的经验和清理旧中国税收制度的基础上,以1950年1月30日中央人民政府政务院发布的《全国税政实施要则》为标志,建立了由14个税种构成的中华人民共和国的新税制。第二次是1958年税制改革,其主要内容是简化税制,以适应社会主义改造基本完成、经济管理体制改革以后的形势的要求。第三次是1973年税制改革,其主要内容仍然是简化税制,这是"文化大革命"的产物。第四次是1984年税制改革,其主要内容是普遍推行国营企业"利改税"和全面改革工商税收制度,以适应发展有计划社会主义商品经济的要求。第五次是1994年税制改革,其主要内容是全面改革工商税收制度,以适应建立社会主义市场经济体制的要求。② 第六次是2003年开始的税制改革,为适应建成完善的社会主义市场经济体制和更具活力、更加开放的经济体系,促进经济社会全面发展的要求,建立有利于科学发展的税收制度,按照简税制、宽税基、低税率、严征管的原则,分步实施税收制度改革。第七次是始于2013年的税制改革,其目标是从匹配国家治理体系和治理能力现代化的角度,进一步深化税收制度改革,优化税制结构、完善税收功能、稳定宏观税负、推进依法治税,建立有利于科学发展、社会公平、市场统一的税收制度体系,充分发挥税收筹集财政收入、调节分配、促进结构优化的职能作用,增强税收在国家治理中的基础性、支柱性、保障性作用。此次改革的主要内容包括推进增值税改革,适当简化税率;调整消费税征收范围、环节、税率,把高耗能、高污染产品及部分高档消费品纳入征收范围;逐步建立综合与分类相结合的个人所得税制;加快房地产税立法并适时推进改革,加快资源税改革,推动环境保护费改税。同时,完善地方税体系,逐步提高直接税比重。

我国现行税制的基本框架是在1994年税制改革时建立起来的。1993年11月14日,党的十四届三中全会通过的《中共中央关于建立社会主义市场经济体制若干问题的决定》提出:"按照统一税法、公平税负、简化税制和合理分权的原则,改革和完善税收制度。推行以增值税为主体的流转税制度,对少数商品征收消费税,对大部分非商品经营继续征收营业税。在降低国有企业所得税率、取消能源交通重点建设基金和预算调节基金的基础上,企业依法纳税,理顺国家和国有企业的利润分配关系。统一企业所得税和个人所得税,规范税率,扩大税基。开征和调整某些税种,清理税收减免,严格税收征

---

① 陈共:《财政学》,中国人民大学出版社2012年版,第181页。
② 刘佐:《中国税制五十年(1949年—1999年)》,中国税务出版社2001年版,第2—3页。

管,堵塞税收流失。"

1994年的税制改革,从改革的内容看,在商品税方面,建立了以增值税为核心、增值税与营业税并行征收、消费税进行特殊调节的协调配套的商品税制,并统一适用于内、外资企业,取消了对内资企业征收的产品税和对外商投资企业与外国企业征收的工商统一税。在所得税方面,企业所得税取消了按照所有制形式设置不同税制的做法,将国营企业所得税、集体企业所得税、私营企业所得税统一合并为企业所得税,实行统一的内资企业所得税制;对于个人所得税,本着对较高收入者征税,对中低收入者不征或少征,不使纳税人税负增加过多和总体税负有所降低的宗旨,将个人收入调节税、适用于外籍人员的个人所得税和城乡个体工商业户所得税合并,建立了统一的个人所得税制。在辅助税种方面,对资源税、特定目的与行为税、财产税等都进行了相应的调整和完善,取消了奖金税、集市交易税等税种,新设置了土地增值税、遗产税(未开征)和证券交易税(未开征)。

经过1994年的税制改革,我国初步建立了适应社会主义市场经济体制需要的税收制度,形成了以商品税、所得税类税收为主体的多种税征收、多环节控制、多层次调节的复合税制。全部税种25个,即增值税、消费税、营业税、资源税、企业所得税、外商投资企业和外国企业所得税、个人所得税、印花税、土地增值税、城市维护建设税、城镇土地使用税、房产税、车船使用税、固定资产投资方向调节税、屠宰税、筵席税、城市房地产税、车船使用牌照税、农(牧)业税、耕地占用税、契税、关税、船舶吨税、遗产税(未开征)以及证券交易印花税(未开征)。

1994年以后,我国根据经济社会发展的需要对个别税种进行了调整和完善。主要是:

1997年,国务院根据社会经济和房地产市场的发展变化,对原《契税暂行条例》作了较大的修改,于当年7月7日发布了新的《中华人民共和国契税暂行条例》,自10月1日起实施。同年10月财政部发布了《中华人民共和国契税暂行条例细则》。

1999年,为了鼓励社会投资、拉动经济增长、克服亚洲金融危机的不利影响,国务院决定自1999年7月1日减半征收固定资产投资方向调节税;自2000年1月1日起,暂停征收固定资产投资方向调节税。

2000年,为了进一步规范税费关系、规范政府收入形式,国务院于10月22日发布了《中华人民共和国车辆购置税暂行条例》,将车辆购置附加费改为征收车辆购置税,于2001年1月1日起施行。

2003年10月14日,十六届三中全会通过的《完善社会主义市场经济体制若干问题的决定》,明确提出了分步实施税收制度改革。该《决定》指出,按照简税制、宽税基、低税率、严征管的原则,稳步推进税收改革。改革出口退税制度;统一各类企业税收制度;增值税由生产型改为消费型,将设备投资纳入增值税抵扣范围;完善消费税,适当扩大税基;改进个人所得税,实行综合和分类相结合的个人所得税制;实施城镇建设税费改革,条件具备时对不动产开征统一规范的物业税,相应取消有关收费;在统一税政前提下,赋予地方适当的税政管理权;创造条件逐步实现城乡税制统一。① 这标志着我国新一轮税制改革的启动。

2004年6月30日,根据《中共中央国务院关于促进农民增加收入若干政策的意见》,财政部、国家税务总局下发《关于取消除烟叶外的农业特产农业税有关问题的通知》,规定从2004年起,除对烟叶暂保留征收农业特产农业税外,取消对其他农业特产品征收的农业特产农业税。2005年12月29日,十届全国人大常委会第十九次会议决定,自2006年1月1日起,废止1958年6月3日通过的《中华人民共和国农业税条例》。2006年4月28日,国务院公布了《中华人民共和国烟叶税暂行条例》,并自公布之日起施行。

2005年10月27日,第十届全国人大会常委会第十八次会议对个人所得税法进行了修正,将工资、薪金所得减除费用标准由800元/月提高至1600元/月;并进一步扩大了纳税人自行申报范围。2007年12月29日,第十届全国人大常务委员会第三十一次会议对个人所得税法进行了修正,将工资、薪金所得减除费用标准由1600元/月提高到2000元/月。2011年6月30日,十一届全国人大常委会第二十一次会议修改了个人所得税法,将工资、薪金所得减除费用标准由2000元/月提高到3500元/月;调整了工资、薪金所得税率级次级距;相应调整了个体工商户生产经营所得和承包承租经营所得税率级距;将个人所得税的申报缴纳税款期限由目前的7天延长为15天。

2006年,为适应社会经济形势的客观发展需要,进一步完善消费税制,经国务院批准,财政部、国家税务总局对消费税税目、税率及相关政策进行了调整。自2006年4月1日起,将石脑油、润滑油、溶剂油、航空煤油、燃料油、高尔夫球及球具、木制一次性筷子、实木地板、游艇、高档手表纳入消费税征税范围,同时取消了护肤护发品税目,将税目数量调整为14个,并调整了白酒、小汽车、摩托车、汽车轮胎的税率。2009年、2015年两次调整了卷烟税率和纳税环节。2014年取消了汽车轮胎税目,取消了酒精消费税,调整了摩托车消费税;2014年到2015年还多次调整了成品油税率。2015年将电池、涂料列入消费税征收范围。2016年将"化妆品"税目名称更名为"高档化妆品"并调整了征收范围和税率;在"小汽车"税目下增设了"超豪华小汽车"子税目。目前消费税税目为15个。

2006年12月29日,国务院公布了《中华人民共和国车船税暂行条例》,自2007年1月1日起施行。车船税合并了内外有别的车船使用税和车船使用牌照税,并将车船税定性为财产税;同时对征税范围、税目税额、减免税和征收管理等进行了调整完善。2011年2月25日,十一届全国人大会常委会第十九次会议通过了《中华人民共和国车船税法》,2011年11月23日,国务院发布了《中华人民共和国车船税法实施条例》,自2012年1月1日起施行。

2006年12月30日,国务院重新修订、公布了《中华人民共和国城镇土地使用税暂行条例》,将征税对象扩大到外商投资企业、外国企业、外籍个人,并提高了税额幅度,自2007年1月1日起施行。2013年12月7日,国务院公布了修订后的《中华人民共和国城镇土地使用税暂行条例》,并自公布之日起实施。

---

① 本书编写组:《〈中共中央关于完善社会主义市场经济体制若干问题的决定〉辅导读本》,人民出版社2003年版,第12页。

2007年12月1日,国务院发布了修订后的《中华人民共和国耕地占用税暂行条例》,自2008年1月1日起施行。

2008年11月10日,国务院公布了修订后的《中华人民共和国增值税暂行条例》《中华人民共和国消费税暂行条例》和《中华人民共和国营业税暂行条例》。2008年12月15日,财政部、国家税务总局公布了修订后的《中华人民共和国增值税暂行条例实施细则》《中华人民共和国消费税暂行条例实施细则》和《中华人民共和国营业税暂行条例实施细则》。新修订的三个暂行条例及其实施细则自2009年1月1日起施行。尤其是增值税,将设备投资纳入了抵扣范围,为实行消费型增值税迈出了重要一步。

2008年12月31日,国务院废止了《中华人民共和国城市房地产税暂行条例》,自2009年1月1日起,内外资企业和个人统一适用《中华人民共和国房产税暂行条例》。

2011年9月30日,国务院公布了修改后的《中华人民共和国资源税暂行条例》,自2011年11月1日起,在全国范围内对原油、天然气实行从价定率计征,这是我国税收制度改革的又一重大措施。自2014年12月1日起,为促进资源节约集约利用和环境保护,推动转变经济发展方式,规范资源税费制度,经国务院批准,自2014年12月1日起在全国范围内实施煤炭资源税从价计征改革。自2015年5月1日起实施稀土、钨、钼资源税从价计征改革。为深化财税制度改革,促进资源节约集约利用,加快生态文明建设,自2016年7月1日起全面推进资源税改革,借鉴原油、天然气、煤炭等资源税从价计征改革试点的成功经验,全面推开从价计征改革,建立了税收与资源价格直接挂钩的调节机制,在发挥市场配置资源的决定性作用的同时,更好体现了税收的自动调节功能。[①]

2011年11月16日,为了建立健全有利于科学发展的税收制度,促进经济结构调整,支持现代服务业发展,自2012年1月1日起在上海市开展交通运输业和部分现代服务业营业税改征增值税试点。此后,改革逐步推进,2012年9月1日至2012年12月1日,将交通运输业和部分现代服务业营业税改征增值税试点的范围逐步扩大到北京市、天津市、江苏省、安徽省、浙江省(含宁波市)、福建省(含厦门市)、湖北省、广东省(含深圳市)。自2013年8月1日起,在全国范围内进行交通运输业和部分现代服务业营业税改征增值税试点。2014年1月1日,铁路运输和邮政业纳入营业税改征增值税试点。2014年6月1日,电信业纳入营业税改征增值税试点。自2016年5月1日起,在全国范围内全面推开营改增试点,建筑业、房地产业、金融业、生活服务业等全部营业税纳税人,纳入试点范围,由缴纳营业税改为缴纳增值税。

2011年11月23日,国务院公布《中华人民共和国船舶吨税暂行条例》,自2012年1月1日起施行。2016年10月19日《中华人民共和国船舶吨税法(征求意见稿)》公开向社会征求意见,船舶吨税由全国人大立法纳入议程。

2016年12月25日,十二届全国人大常委会第二十五次会议表决通过《中华人民共和国环境保护税法》,自2018年1月1日起施行。

经过多年的改革与完善,我国现行税收制度中包括环境保护税在内,实际征收的税种有**18个**,按照税种的性质和作用大致分为六类:

---

① 孙瑞标:《在全国资源税全面改革动员视频会议上的讲话》,2016年5月13日。

(1) 商品税类,包括增值税和消费税。
(2) 所得税类,包括企业所得税和个人所得税。
(3) 关税类,包括关税和船舶吨税。
(4) 资源税类,包括资源税、耕地占用税。
(5) 行为与特定目的税类,包括城市维护建设税、印花税、车辆购置税、土地增值税、烟叶税和环境保护税。
(6) 财产税类,包括房产税、车船税和契税。

第二节　中国税收制度的法律级次

税收制度作为规范税收征纳双方涉税行为的规则,是国家以法律的形式予以公布和实施的。由于制定各种税收法律制度的国家机关所拥有的权限不同,因而各种税收法律制度的表现形式和效力也有所不同,体现为不同的法律级次。中国现行税收制度按照法律级次主要包括以下几个层次:

(1) 全国人民代表大会及其常委会制定并发布的税收法律。现行税制中的税收实体法,《中华人民共和国个人所得税法》《中华人民共和国企业所得税法》《中华人民共和国车船税法》和《中华人民共和国环境保护税法》以及属于税收程序法的《中华人民共和国税收征收管理法》是由全国人民代表大会及其常务委员会通过并公布实施的法律。

(2) 国务院根据宪法、法律和全国人民代表大会及其常务委员会的授权制定与颁布的各种税收法律的实施条例、暂行条例、征收办法等税收行政法规。现行税制中的大部分立法是以国务院制定和颁布的条例的形式出台的税收行政法规。如《中华人民共和国个人所得税法实施条例》《中华人民共和国增值税暂行条例》等。

(3) 财政部和国家税务总局制定和发布的各种税收暂行条例的实施细则,有关税收问题的具体规定、征收办法、通知、公告、批复、注释等税收规章和政策法规。如《中华人民共和国增值税暂行条例实施细则》《消费税征收范围注释》《国家税务总局关于营改增试点若干征管问题的公告》等。

(4) 地方政府或各地税务机关制定和发布的适用于本地区或所管辖区域内的地方性税收规章、具体税收规定。如《北京市地方税务局关于耕地占用税征收管理有关问题的通知》《江苏省地方税务局关于土地增值税有关业务问题的公告》等。

税收制度作为规范税收征纳行为的法律规范,按照其法律作用的不同,可以将税收法律规范分为税收实体法和税收程序法。税收实体法是指主要规定国家征税和纳税主题纳税的实体权利与义务的法律规范的总称。其主要内容包括商品税法、所得税法、财产税法、行为税法、资源税法等。我国现行的《中华人民共和国个人所得税法》《中华人民共和国企业所得税法》以及《中华人民共和国个人所得税法实施条例》《中华人民共和国增值税暂行条例》等均属于税收实体法。税收程序法是指主要规定国家税务机关税收征管和纳税程序方面的法律规范的总称。其重要内容包括税务登记、纳税鉴定、纳税申报、税款征收、账务和票证管理、税务检查、违章处理等。《中华人民共和国税收征收管理法》《税务稽查工作规程》《纳税评估管理办法(试行)》等属于税收程序法。根据教学中课程内容的划分，本书主要介绍的是中国现行税收实体法的内容，而税收程序法的内容一般由"税务管理"课程讲授。

第三节　纳税人的权利与义务

税收制度是以法律的形式体现的。政府征税与纳税人纳税在形式上表现为一种利益分配关系，但经法律明确其双方的权利与义务后，这种关系实质上已经成为一种特定的法律关系。税收法律关系就是税收法律所确认和调整的，政府与纳税人之间在税收分配过程中形成的权利与义务关系。税收法律关系的内容就是作为权利主体的税务机关和纳税人所享有的权利与所应承担的义务。税务机关和纳税人在税收征纳中可以按照税收法律的规定充分享有其权利，履行应尽的义务。税务机关的权利主要表现在依法进行征税、税务检查以及对违章者进行处罚；其义务主要是向纳税人宣传、咨询、辅导税法，及时把征收的税款解缴入库，依法受理纳税人对税收争议的申诉等。纳税人的权利主要有多缴税款申请退还权、延期纳税权、依法申请减免税权、申请复议和提起诉讼权等；其义务主要是按税法规定办理税务登记、进行纳税申报、接受税务检查、依法缴纳税款等。[①]

为便于纳税人全面了解纳税过程中所享有的权利和应尽的义务，帮助纳税人及时、准确地完成纳税事宜，促进纳税人与税务机关或税务人员在税收征纳过程中的合作，根据《中华人民共和国税收征收管理法》及其实施细则和相关税收法律、行政法规的规定，国家税务总局通过公告的形式明确了纳税人的权利和义务。[②]

一、纳税人的权利

纳税人在履行纳税义务过程中，依法享有下列权利：

（一）知情权

纳税人有权向税务机关或税务人员了解国家税收法律、行政法规的规定以及与纳税程序有关的情况，包括：现行税收法律、行政法规和税收政策规定；办理税收事项的时间、方式、步骤以及需要提交的资料；应纳税额核定及其他税务行政处理决定的法律依据、事实依据和计算方法；与税务机关或税务人员在纳税、处罚和采取强制执行措施时发生争议或纠纷时，纳税人可以采取的法律救济途径及需要满足的条件。

（二）保密权

纳税人有权要求税务机关或税务人员为纳税人的情况保密。税务机关或税务人员将依法为纳税人的商业秘密和个人隐私保密，主要包括纳税人的技术信息、经营信息和纳税人、主要投资人以及经营者不愿公开的个人事项。上述事项，如无法律、行政法规明确规定或者纳税人的许可，税务机关或税务人员将不会对外部门、社会公众和其他个人提供。但根据法律规定，税收违法行为信息不属于保密范围。

（三）税收监督权

纳税人对税务机关或税务人员违反税收法律、行政法规的行为，如税务人员索贿受

---

① 中国注册会计师协会：《税法》，经济科学出版社 2016 年版，第 2 页。
② 国家税务总局：《关于纳税人权利与义务的公告》，公告 2009 第 1 号。

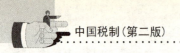

贿、徇私舞弊、玩忽职守,不征或者少征应征税款,滥用职权多征税款或者故意刁难等,可以进行检举和控告。同时,纳税人对其他纳税人的税收违法行为也有权进行检举。

（四）纳税申报方式选择权

纳税人可以直接到办税服务厅办理纳税申报或者报送代扣代缴、代收代缴税款报告表,也可以按照规定采取邮寄、数据电文或者其他方式办理上述申报、报送事项。但采取邮寄或数据电文方式办理上述申报、报送事项的,需经纳税人的主管税务机关批准。

纳税人如采取邮寄方式办理纳税申报,应当使用统一的纳税申报专用信封,并以邮政部门收据作为申报凭据。邮寄申报以寄出的邮戳日期为实际申报日期。

数据电文方式是指税务机关确定的电话语音、电子数据交换和网络传输等电子方式。纳税人如采用电子方式办理纳税申报,应当按照税务机关规定的期限和要求保存有关资料,并定期书面报送给税务机关。

（五）申请延期申报权

纳税人如不能按期办理纳税申报或者报送代扣代缴、代收代缴税款报告表,应当在规定的期限内向税务机关提出书面延期申请,经核准,可在核准的期限内办理。经核准延期办理申报、报送事项的,应当在税法规定的纳税期内按照上期实际缴纳的税额或者税务机关核定的税额预缴税款,并在核准的延期内办理税款结算。

（六）申请延期缴纳税款权

如纳税人因有特殊困难,不能按期缴纳税款的,经省、自治区、直辖市国家税务局、地方税务局批准,可以延期缴纳税款,但是最长不得超过三个月。计划单列市国家税务局、地方税务局可以参照省级税务机关的批准权限,审批纳税人的延期缴纳税款申请。

纳税人满足以下任何一个条件,均可以申请延期缴纳税款：一是因不可抗力,导致纳税人发生较大损失,正常生产经营活动受到较大影响的；二是当期货币资金在扣除应付职工工资、社会保险费后,不足以缴纳税款的。

（七）申请退还多缴税款权

对纳税人超过应纳税额缴纳的税款,税务机关或税务人员发现后,将自发现之日起10日内办理退还手续；如纳税人自结算缴纳税款之日起三年内发现的,可以向税务机关要求退还多缴的税款并加算银行同期存款利息。税务机关将自接到纳税人退还申请之日起30日内查实并办理退还手续,涉及从国库中退库的,依照法律、行政法规有关国库管理的规定退还。

（八）依法享受税收优惠权

纳税人可以依照法律、行政法规的规定书面申请减税、免税。减税、免税的申请须经法律、行政法规规定的减税、免税审查批准机关审批。减税、免税期满,应当自期满次日起恢复纳税。减税、免税条件发生变化的,应当自发生变化之日起15日内向税务机关或税务人员报告；不再符合减税、免税条件的,应当依法履行纳税义务。

如纳税人享受的税收优惠需要备案的,应当按照税收法律、行政法规和有关政策规定,及时办理事前或事后备案。

（九）委托税务代理权

纳税人有权就以下事项委托税务代理人代为办理：办理、变更或者注销税务登记、除增值税专用发票外的发票领购手续、纳税申报或扣缴税款报告、税款缴纳和申请退税、制作涉税文书、审查纳税情况、建账建制、办理财务、税务咨询、申请税务行政复议、提起税务行政诉讼以及国家税务总局规定的其他业务。

（十）陈述与申辩权

纳税人对税务机关或税务人员作出的决定，享有陈述权、申辩权。如果纳税人有充分的证据证明自己的行为合法，税务机关或税务人员就不得对纳税人实施行政处罚；即使纳税人的陈述或申辩不充分合理，税务机关或税务人员也会向纳税人解释实施行政处罚的原因。税务机关或税务人员不会因纳税人的申辩而加重处罚。

（十一）对未出示税务检查证和税务检查通知书的拒绝检查权

税务机关派出的人员进行税务检查时，应当向纳税人出示税务检查证和税务检查通知书；对未出示税务检查证和税务检查通知书的，纳税人有权拒绝检查。

（十二）税收法律救济权

纳税人对税务机关或税务人员作出的决定，依法享有申请行政复议、提起行政诉讼、请求国家赔偿等权利。

纳税人、纳税担保人同税务机关或税务人员在纳税上发生争议时，必须先依照税务机关的纳税决定缴纳或者解缴税款及滞纳金或者提供相应的担保，然后可以依法申请行政复议；对行政复议决定不服的，可以依法向人民法院起诉。如纳税人对税务机关的处罚决定、强制执行措施或者税收保全措施不服的，可以依法申请行政复议，也可以依法向人民法院起诉。

当税务机关或税务人员的职务违法行为给纳税人和其他税务当事人的合法权益造成侵害时，纳税人和其他税务当事人可以要求税务行政赔偿。主要包括：一是纳税人在限期内已缴纳税款，税务机关未立即解除税收保全措施，使纳税人的合法权益遭受损失的；二是税务机关或税务人员滥用职权违法采取税收保全措施、强制执行措施或者采取税收保全措施、强制执行措施不当，使纳税人或者纳税担保人的合法权益遭受损失的。

（十三）依法要求听证的权利

对纳税人作出规定金额以上罚款的行政处罚之前，税务机关会向纳税人送达《税务行政处罚事项告知书》，告知纳税人已经查明的违法事实、证据、行政处罚的法律依据和拟将给予的行政处罚。对此，纳税人有权要求举行听证。税务机关将应纳税人的要求组织听证。如纳税人认为税务机关指定的听证主持人与本案有直接利害关系，纳税人有权申请主持人回避。

对应当进行听证的案件，税务机关不组织听证，行政处罚决定不能成立。但纳税人放弃听证权利或者被正当取消听证权利的除外。

（十四）索取有关税收凭证的权利

税务机关或税务人员征收税款时，必须给纳税人开具完税凭证。扣缴义务人代扣、代收税款时，纳税人要求扣缴义务人开具代扣、代收税款凭证时，扣缴义务人应当开具。

税务机关或税务人员扣押商品、货物或者其他财产时，必须开付收据；查封商品、货物或者其他财产时，必须开付清单。

二、纳税人的义务

依照宪法、税收法律和行政法规的规定,纳税人在纳税过程中负有以下义务:

(一)依法进行税务登记的义务

纳税人应当自领取营业执照之日起30日内,持有关证件,向税务机关申报办理税务登记。税务登记主要包括领取营业执照后的设立登记、税务登记内容发生变化后的变更登记、依法申请停业、复业登记、依法终止纳税义务的注销登记等。

在各类税务登记管理中,纳税人应该根据税务机关的规定分别提交相关资料,及时办理。同时,纳税人应当按照税务机关的规定使用税务登记证件。税务登记证件不得转借、涂改、损毁、买卖或者伪造。

(二)依法设置账簿、保管账簿和有关资料以及依法开具、使用、取得和保管发票的义务

纳税人应当按照有关法律、行政法规和国务院财政、税务主管部门的规定设置账簿,根据合法、有效凭证记账,进行核算;从事生产、经营的,必须按照国务院财政、税务主管部门规定的保管期限保管账簿、记账凭证、完税凭证及其他有关资料;账簿、记账凭证、完税凭证及其他有关资料不得伪造、变造或者擅自损毁。

此外,纳税人在购销商品、提供或者接受经营服务以及从事其他经营活动中,应当依法开具、使用、取得和保管发票。

(三)财务会计制度和会计核算软件备案的义务

纳税人的财务、会计制度或者财务、会计处理办法和会计核算软件,应当报送税务机关备案。纳税人的财务、会计制度或者财务、会计处理办法与国务院或者国务院财政、税务主管部门有关税收的规定抵触的,应依照国务院或者国务院财政、税务主管部门有关税收的规定计算应纳税款、代扣代缴和代收代缴税款。

(四)按照规定安装、使用税控装置的义务

国家根据税收征收管理的需要,积极推广使用税控装置。纳税人应当按照规定安装、使用税控装置,不得损毁或者擅自改动税控装置。如纳税人未按规定安装、使用税控装置,或者损毁或者擅自改动税控装置的,税务机关将责令纳税人限期改正,并可根据情节轻重处以规定数额内的罚款。

(五)按时、如实申报的义务

纳税人必须依照法律、行政法规规定或者税务机关依照法律、行政法规的规定确定的申报期限、申报内容如实办理纳税申报,报送纳税申报表、财务会计报表以及税务机关根据实际需要要求您报送的其他纳税资料。

作为扣缴义务人,必须依照法律、行政法规规定或者税务机关依照法律、行政法规的规定确定的申报期限、申报内容如实报送代扣代缴、代收代缴税款报告表以及税务机关根据实际需要要求扣缴义务人报送的其他有关资料。

纳税人即使在纳税期内没有应纳税款,也应当按照规定办理纳税申报。享受减税、免税待遇的,在减税、免税期间应当按照规定办理纳税申报。

(六)按时缴纳税款的义务

纳税人应当按照法律、行政法规规定或者税务机关依照法律、行政法规的规定确定

的期限,缴纳或者解缴税款。

未按照规定期限缴纳税款或者未按照规定期限解缴税款的,税务机关除责令限期缴纳外,从滞纳税款之日起,按日加收滞纳税款万分之五的滞纳金。

(七)代扣、代收税款的义务

如纳税人按照法律、行政法规规定负有代扣代缴、代收代缴税款义务,必须依照法律、行政法规的规定履行代扣、代收税款的义务。代扣代缴、代收代缴义务人依法履行代扣、代收税款义务时,纳税人不得拒绝。纳税人拒绝的,代扣代缴、代收代缴义务人应当及时报告税务机关处理。

(八)接受依法检查的义务

纳税人有接受税务机关或税务人员依法进行税务检查的义务,应主动配合税务机关或税务人员按法定程序进行的税务检查,如实地向税务机关或税务人员反映自己的生产经营情况和执行财务制度的情况,并按有关规定提供报表和资料,不得隐瞒和弄虚作假,不能阻挠、刁难税务人员的检查和监督。

(九)及时提供信息的义务

纳税人除通过税务登记和纳税申报向税务机关提供与纳税有关的信息外,还应及时提供其他信息。如纳税人有歇业、经营情况变化、遭受各种灾害等特殊情况的,应及时向税务机关说明,以便税务机关依法妥善处理。

(十)报告其他涉税信息的义务

为了保障国家税收能够及时、足额征收入库,税收法律还规定了纳税人有义务向税务机关报告如下涉税信息:

(1)纳税人有义务就纳税人与关联企业之间的业务往来,向当地税务机关提供有关的价格、费用标准等资料。

纳税人有欠税情形而以财产设定抵押、质押的,应当向抵押权人、质权人说明纳税人的欠税情况。

(2)企业合并、分立的报告义务。纳税人有合并、分立情形的,应当向税务机关报告,并依法缴清税款。合并时未缴清税款的,应当由合并后的纳税人继续履行未履行的纳税义务;分立时未缴清税款的,分立后的纳税人对未履行的纳税义务应当承担连带责任。

(3)报告全部账号的义务。如纳税人从事生产、经营,应当按照国家有关规定,持税务登记证件,在银行或者其他金融机构开立基本存款账户和其他存款账户,并自开立基本存款账户或者其他存款账户之日起15日内,向纳税人的主管税务机关书面报告全部账号;发生变化的,应当自变化之日起15日内,向纳税人的主管税务机关书面报告。

(4)处分大额财产报告的义务。如纳税人的欠缴税款数额在5万元以上,纳税人在处分不动产或者大额资产之前,应当向税务机关报告。

本章重要术语

税收制度　税收行政法规　税收实体法　税收程序法　税收法律关系

? 复习思考题

1. 我国税收制度经历过哪几次重大改革?
2. 我国现行税收制度按照法律级次主要包括哪几个层次?
3. 纳税人有哪些权利与义务?

▦ 推荐阅读文献

1. 刘佐:《新中国税制60年》,中国财政经济出版社2009年版。
2. 徐孟洲:《税法》,中国人民大学出版社2015年版。
3. 岳树民、李建清:《优化税制结构研究》,中国人民大学出版社2007年版。

21世纪经济与管理规划教材

税收系列

第二章

增 值 税

学习目标

通过本章的学习,读者应该能够

■ 掌握现行增值税纳税人、征税范围、税率等税制要素的基本规定;营业税改征增值税的主要内容;增值税一般纳税人、小规模纳税人不同的征收管理办法;增值税的税收优惠。

■ 计算增值税的应纳税额、出口退税免抵退税额。

增值税是对销售商品或提供劳务过程中实现的增值额征收的一个税种,我国自1979年引进增值税并开始在少数地区试点,征税范围仅选择了机器机械和农业机具两个行业及自行车、缝纫机、电风扇三种产品。自1983年1月起在全国范围内对两大行业和三种产品试行增值税。1984年我国实施第二步"利改税"和工商税制改革时,正式建立增值税制度。1984年9月18日,国务院发布了《中华人民共和国增值税条例(草案)》,9月28日财政部颁发了《中华人民共和国增值税条例(草案)实施细则》,均自1984年10月1日起试行。1984年开始实行的增值税只限于在生产环节,对12项工业产品征收;经过1986年、1987年和1988年三次扩大征收范围后,对31大类产品征收增值税。1993年12月13日,国务院发布了《中华人民共和国增值税暂行条例》,12月25日财政部发布了《中华人民共和国增值税暂行条例实施细则》,自1994年1月1日起施行,确立了现行增值税制度的基本内容。

我国1994年开始实行的增值税属于生产型增值税。2004年7月1日起,我国在东北地区部分行业实行了扩大增值税抵扣范围试点;2007年7月1日起,在中部6省26个老工业基地城市部分行业实行扩大增值税抵扣范围试点;2008年7月1日起,将东北老工业基地扩大增值税抵扣范围试点政策适用于内蒙古东部地区。自2008年7月1日起,对汶川地震受灾严重地区的所有行业(国家限制发展的特定行业除外)实行增值税扩大抵扣范围政策,允许企业新购进机器设备所含的增值税进项税额予以抵扣。

2008年11月10日,国务院公布了修订后的《中华人民共和国增值税暂行条例》,同年12月18日,财政部公布了新的《中华人民共和国增值税暂行条例实施细则》,均自2009年1月1日起施行。

自2012年1月1日起,在上海市开展交通运输业和部分现代服务业营业税改征增值税试点。自2012年9月1日至2012年12月1日,将交通运输业和部分现代服务业营业税改征增值税试点的范围逐步扩大到北京市、天津市、江苏省、安徽省、浙江省(含宁波市)、福建省(含厦门市)、湖北省、广东省(含深圳市)。2013年5月24日,在全国范围内进行交通运输业和部分现代服务业"营改增"试点。2013年12月12日,将铁路运输和邮政业纳入"营改增"试点。2014年4月29日,将电信业纳入"营改增"试点。自2016年5月1日起,在全国范围内全面推开"营改增"试点,建筑业、房地产业、金融业、生活服务业等全部营业税纳税人,纳入试点范围,由缴纳营业税改为缴纳增值税。"营改增"的目的,就是要解决服务业和制造业税制不统一问题,打通增值税抵扣链条,消除重复征税,促进社会分工和协作,使我国的财税制度更加符合市场经济的发展要求,提高市场效率。

第一节 征税范围

一、征税范围的基本规定

根据现行增值税制度的规定,在中国境内销售货物或者提供加工和修理修配劳务以及进口货物,销售服务、无形资产或者不动产,属于增值税的征税范围。

在中国境内销售货物或者提供加工、修理修配劳务,是指销售货物的起运地或者所在地在境内;提供的应税劳务发生在境内。

在境内销售服务、无形资产或者不动产(以下简称"应税行为"),是指:服务(租赁不动产除外)或者无形资产(自然资源使用权除外)的销售方或者购买方在境内;所销售或者租赁的不动产在境内;所销售自然资源使用权的自然资源在境内。

下列情形不属于在境内销售服务或者无形资产:

(1)境外单位或者个人向境内单位或者个人销售完全在境外发生的服务。

(2)境外单位或者个人向境内单位或者个人销售完全在境外使用的无形资产。

(3)境外单位或者个人向境内单位或者个人出租完全在境外使用的有形动产。

境外单位或者个人发生的下列行为不属于在境内销售服务或者无形资产[①]:

(1)为出境的函件、包裹在境外提供的邮政服务、收派服务。

(2)向境内单位或者个人提供的工程施工地点在境外的建筑服务、工程监理服务。

(3)向境内单位或者个人提供的工程、矿产资源在境外的工程勘察勘探服务。

(4)向境内单位或者个人提供的会议展览地点在境外的会议展览服务。

(一)销售货物和进口货物

销售货物指有偿转让货物的所有权。"有偿"包括从购买方取得货币、货物或者其他经济利益。

货物是指有形动产,包括电力、热力、气体在内;进口货物指由中国境外移送至中国境内的货物,包括贸易性和非贸易性的产品。进口货物的增值税由海关代征。个人携带或者邮寄进境自用物品的增值税,连同关税一并计征。具体办法由国务院关税税则委员会会同有关部门制定。

(二)提供加工、修理修配劳务

提供加工、修理修配劳务指有偿提供加工和修理修配劳务。加工是指受托加工货物,即委托方提供原料及主要材料,受托方按照委托方的要求,制造货物并收取加工费的业务;修理修配是指受托对损伤和丧失功能的货物进行修复,使其恢复原状和功能的业务。

单位或者个体工商户聘用的员工为本单位或者雇主提供加工、修理修配劳务,不包括在征税范围内。单位或者个体工商户聘用的员工为本单位或者雇主提供加工、修理修配劳务,作为劳务提供上的"自产自用"本应视同对外销售劳务,但考虑到确定税基及征收管理操作上的困难,故免于征收增值税。[②]

(三)销售服务

销售服务,是指有偿提供交通运输服务、邮政服务、电信服务、建筑服务、金融服务、现代服务、生活服务。

1. 交通运输服务

交通运输服务是指利用运输工具将货物或者旅客送达目的地,使其空间位置得到转移的业务活动。包括陆路运输服务、水路运输服务、航空运输服务和管道运输服务。

---

① 国家税务总局:《关于营改增试点若干征管问题的公告》,国家税务总局公告2016年第53号。

② 杨斌:《税收学》,科学出版社2003年版,第196页。

出租车公司向使用本公司自有出租车的出租车司机收取的管理费用,按照陆路运输服务缴纳增值税。

航天运输服务,按照航空运输服务缴纳增值税。

无运输工具承运业务,按照交通运输服务缴纳增值税。无运输工具承运业务,是指经营者以承运人身份与托运人签订运输服务合同,收取运费并承担承运人责任,然后委托实际承运人完成运输服务的经营活动。

水路运输的程租、期租业务,属于水路运输服务;航空运输的湿租业务,属于航空运输服务。需要注意它们与水路运输的光租业务、航空运输的干租业务之间的区别,后者属于经营租赁。

程租业务,是指运输企业为租船人完成某一特定航次的运输任务并收取租赁费的业务。

期租业务,是指运输企业将配备有操作人员的船舶承租给他人使用一定期限,承租期内听候承租方调遣,不论是否经营,均按天向承租方收取租赁费,发生的固定费用均由船东负担的业务。

湿租业务,是指航空运输企业将配备有机组人员的飞机承租给他人使用一定期限,承租期内听候承租方调遣,不论是否经营,均按一定标准向承租方收取租赁费,发生的固定费用均由承租方承担的业务。

2. 邮政服务

邮政服务是指中国邮政集团公司及其所属邮政企业提供邮件寄递、邮政汇兑和机要通信等邮政基本服务的业务活动。包括邮政普遍服务、邮政特殊服务和其他邮政服务。

3. 电信服务

电信服务是指利用有线、无线的电磁系统或者光电系统等各种通信网络资源,提供语音通话服务,传送、发射、接收或者应用图像、短信等电子数据和信息的业务活动。包括基础电信服务和增值电信服务。

4. 建筑服务

建筑服务是指各类建筑物、构筑物及其附属设施的建造、修缮、装饰、线路、管道、设备、设施等的安装以及其他工程作业的业务活动。包括工程服务、安装服务、修缮服务、装饰服务和其他建筑服务。物业服务企业为业主提供的装修服务,按照"建筑服务"缴纳增值税。纳税人将建筑施工设备出租给他人使用并配备操作人员的,按照"建筑服务"缴纳增值税。①

固定电话、有线电视、宽带、水、电、燃气、暖气等经营者向用户收取的安装费、初装费、开户费、扩容费以及类似收费,按照安装服务缴纳增值税。

5. 金融服务

金融服务是指经营金融保险的业务活动。包括贷款服务、直接收费金融服务、保险服务和金融商品转让。

---

① 财政部、国家税务总局:《关于明确金融 房地产开发 教育辅助服务等增值税政策的通知》,财税〔2016〕140号。

需要注意的是,各种占用、拆借资金取得的收入,包括金融商品持有期间(含到期)利息(保本收益、报酬、资金占用费、补偿金等)收入、信用卡透支利息收入、买入返售金融商品利息收入、融资融券收取的利息收入,以及融资性售后回租、押汇、罚息、票据贴现、转贷等业务取得的利息及利息性质的收入,以货币资金投资收取的固定利润或者保底利润,按照贷款服务缴纳增值税。

金融商品持有期间(含到期)取得的非保本的收益,不属于利息或利息性质的收入,不征收增值税。[①]

这里需要明确的是,纳税人购入基金、信托、理财产品等各类资产管理产品持有至到期,不属于金融商品转让。资管产品运营过程中发生的增值税应税行为,以资管产品管理人为增值税纳税人。[②] 资管产品管理人在以自己名义运营资管产品资产的过程中,可能发生多种增值税应税行为。例如,因管理资管产品而固定收取的管理费(服务费),应按照"直接收费金融服务"缴纳增值税;运用资管产品资产发放贷款取得利息收入,应按照"贷款服务"缴纳增值税;运用资管产品资产进行投资等,则应根据取得收益的性质,判断其是否发生增值税应税行为,并应按现行规定缴纳增值税。[③]

融资性售后回租,是指承租方以融资为目的,将资产出售给从事融资性售后回租业务的企业后,从事融资性售后回租业务的企业将该资产出租给承租方的业务活动。

6. 现代服务

现代服务是指围绕制造业、文化产业、现代物流产业等提供技术性、知识性服务的业务活动。包括研发和技术服务、信息技术服务、文化创意服务、物流辅助服务、租赁服务、鉴证咨询服务、广播影视服务、商务辅助服务和其他现代服务。

(1) 研发和技术服务,包括研发服务、合同能源管理服务、工程勘察勘探服务、专业技术服务。

(2) 信息技术服务,包括软件服务、电路设计及测试服务、信息系统服务、业务流程管理服务和信息系统增值服务。

(3) 文化创意服务,包括设计服务、知识产权服务、广告服务和会议展览服务。宾馆、旅馆、旅社、度假村和其他经营性住宿场所提供会议场地及配套服务的活动,按照"会议展览服务"缴纳增值税。[④]

(4) 物流辅助服务,包括航空服务、港口码头服务、货运客运场站服务、打捞救助服

[①] 财政部、国家税务总局:《关于明确金融 房地产开发 教育辅助服务等增值税政策的通知》,财税〔2016〕140号。

[②] 同上。

[③] 《财政部税政司 国家税务总局货物和劳务税司关于财税〔2016〕140号文件部分条款的政策解读》,财政部网站,2016年12月30日。

[④] 财政部、国家税务总局:《关于明确金融 房地产开发 教育辅助服务等增值税政策的通知》,财税〔2016〕140号。

务、装卸搬运服务、仓储服务和收派服务。

（5）租赁服务，包括融资租赁服务和经营租赁服务。

> 这里需要注意，融资租赁服务，是指具有融资性质和所有权转移特点的租赁活动。即出租人根据承租人所要求的规格、型号、性能等条件购入有形动产或者不动产租赁给承租人，合同期内租赁物所有权属于出租人，承租人只拥有使用权，合同期满付清租金后，承租人有权按照残值购入租赁物，以拥有其所有权。不论出租人是否将租赁物销售给承租人，均属于融资租赁。

将建筑物、构筑物等不动产或者飞机、车辆等有形动产的广告位出租给其他单位或者个人用于发布广告，按照经营租赁服务缴纳增值税。

车辆停放服务、道路通行服务（包括过路费、过桥费、过闸费等）等按照不动产经营租赁服务缴纳增值税。

水路运输的光租业务、航空运输的干租业务，属于经营租赁。

光租业务，是指运输企业将船舶在约定的时间内出租给他人使用，不配备操作人员，不承担运输过程中发生的各项费用，只收取固定租赁费的业务活动。

干租业务，是指航空运输企业将飞机在约定的时间内出租给他人使用，不配备机组人员，不承担运输过程中发生的各项费用，只收取固定租赁费的业务活动。

（6）鉴证咨询服务，包括认证服务、鉴证服务和咨询服务。

翻译服务和市场调查服务按照咨询服务缴纳增值税。

（7）广播影视服务，包括广播影视节目（作品）的制作服务、发行服务和播映（含放映）服务。

（8）商务辅助服务，包括企业管理服务、经纪代理服务、人力资源服务、安全保护服务。

这里需要注意，货物运输代理服务，是指接受货物收货人、发货人、船舶所有人、船舶承租人或者船舶经营人的委托，以委托人的名义，为委托人办理货物运输、装卸、仓储和船舶进出港口、引航、靠泊等相关手续的业务活动，属于经纪代理业务。纳税人提供武装守护押运服务，按照"安全保护服务"缴纳增值税。

（9）其他现代服务，是指除研发和技术服务、信息技术服务、文化创意服务、物流辅助服务、租赁服务、鉴证咨询服务、广播影视服务和商务辅助服务以外的现代服务。

7. 生活服务

生活服务是指为满足城乡居民日常生活需求提供的各类服务活动。包括文化体育服务、教育医疗服务、旅游娱乐服务、餐饮住宿服务、居民日常服务和其他生活服务。其中娱乐服务，是指为娱乐活动同时提供场所和服务的业务，具体包括：歌厅、舞厅、夜总会、酒吧、台球、高尔夫球、保龄球、游艺（包括射击、狩猎、跑马、游戏机、蹦极、卡丁车、热气球、动力伞、射箭、飞镖）。

餐饮企业销售的外卖食品，与堂食适用同样的增值税政策，统一按照提供餐饮服务缴纳增值税。"外卖食品"，仅指该餐饮企业参与了生产、加工过程的食品。对于餐饮企业将外购的酒水、农产品等货物,未进行后续加工而直接与外卖食品一同销售的,应根据该货物的适用税率,按照兼营的有关规定计算缴纳增值税。[①]

纳税人在游览场所经营索道、摆渡车、电瓶车、游船等取得的收入,按照"文化体育服务"缴纳增值税。[②]

（四）销售无形资产

销售无形资产,是指有偿转让无形资产所有权或者使用权的业务活动。无形资产,是指不具实物形态,但能带来经济利益的资产,包括技术、商标、著作权、商誉、自然资源使用权和其他权益性无形资产。技术,包括专利技术和非专利技术。自然资源使用权,包括土地使用权、海域使用权、探矿权、采矿权、取水权和其他自然资源使用权。其他权益性无形资产,包括基础设施资产经营权、公共事业特许权、配额、经营权（包括特许经营权、连锁经营权、其他经营权）、经销权、分销权、代理权、会员权、席位权、网络游戏虚拟道具、域名、名称权、肖像权、冠名权、转会费等。

（五）销售不动产

销售不动产,是指有偿转让不动产所有权的业务活动。不动产,是指不能移动或者移动后会引起性质、形状改变的财产,包括建筑物、构筑物等。建筑物,包括住宅、商业营业用房、办公楼等可供居住、工作或者进行其他活动的建造物。构筑物,包括道路、桥梁、隧道、水坝等建造物。

转让建筑物有限产权或者永久使用权的,转让在建的建筑物或者构筑物所有权的,以及在转让建筑物或者构筑物时一并转让其所占土地的使用权的,按照销售不动产缴纳增值税。[③]

销售服务、无形资产或者不动产,不包括下列非经营活动的情形：

（1）行政单位收取的同时满足以下条件的政府性基金或者行政事业性收费。

① 由国务院或者财政部批准设立的政府性基金,由国务院或者省级人民政府及其财政、价格主管部门批准设立的行政事业性收费；

② 收取时开具省级以上（含省级）财政部门监（印）制的财政票据；

③ 所收款项全额上缴财政。

（2）单位或者个体工商户聘用的员工为本单位或者雇主提供取得工资的服务。

（3）单位或者个体工商户为聘用的员工提供服务。[④]

二、征税范围的特殊规定

（一）视同销售行为

销售货物一般是指有偿转让货物的所有权。但在某些情况下,货物的所有权并没有

[①] 财政部、国家税务总局：《关于明确金融 房地产开发 教育辅助服务等增值税政策的通知》,财税〔2016〕140号；《财政部税政司 国家税务总局货物和劳务税司关于财税〔2016〕140号文件部分条款的政策解读》,财政部网站,2016年12月30日。

[②] 财政部、国家税务总局：《关于明确金融 房地产开发 教育辅助服务等增值税政策的通知》,财税〔2016〕140号。

[③] 财政部、国家税务总局：《关于全面推开营业税改征增值税试点的通知》,财税〔2016〕36号。

[④] 同上。

发生转让或者不是以有偿的形式发生的转让,增值税暂行条例实施细则对这类行为作出了专门规定。

单位或者个体工商户的下列行为,视同销售货物,征收增值税:

(1) 将货物交付其他单位或者个人代销。

(2) 销售代销货物。

(3) 设有两个以上机构并实行统一核算的纳税人,将货物从一个机构移送其他机构用于销售,但相关机构设在同一县(市)的除外。

这里的"用于销售",是指接受移送货物机构(以下简称"受货机构")发生以下情形之一的经营行为:一是向购货方开具发票;二是向购货方收取货款。受货机构的货物移送行为有上述两项情形之一的,应当向所在地税务机关缴纳增值税;未发生上述两项情形的,则应由总机构统一缴纳增值税。如果受货机构只就部分货物向购买方开具发票或收取货款,则应当区别不同情况计算并分别向总机构所在地或分支机构所在地缴纳税款。①

(4) 将自产或者委托加工的货物用于非增值税应税项目。

(5) 将自产、委托加工的货物用于集体福利或者个人消费。

(6) 将自产、委托加工或者购进的货物作为投资,提供给其他单位或者个体工商户。

(7) 将自产、委托加工或者购进的货物分配给股东或投资者。

(8) 将自产、委托加工或者购进的货物无偿赠送其他单位或者个人。

此外,下列情形视同销售服务、无形资产或者不动产②:

(1) 单位或者个体工商户向其他单位或者个人无偿提供服务,但用于公益事业或者以社会公众为对象的除外。

(2) 单位或者个人向其他单位或者个人无偿转让无形资产或者不动产,但用于公益事业或者以社会公众为对象的除外。

从财务会计的角度,纳税人的上述行为并没有真正实现销售。税法之所以将其确定为视同销售而征收增值税,主要原因有两点:一是保证增值税税款抵扣制度的实施,不致因发生上述行为而造成税款抵扣环节的中断。对委托代销、货物在同一纳税人异地不同机构间的移送调拨,虽然不转移货物所有权,还没有真正实现销售,但为了便于增值税的税收管辖,保持增值税链条连续性,视同销售征税。二是避免因发生上述行为而造成不同销售行为的税收负担不平衡,也防止利用上述行为逃避纳税。纳税人将相应的货物、服务等用于上述几个方面,其投入品已纳税额已经作为进项税额抵扣,若对这些销售行为不征收增值税,会使其成为有抵扣权的免税销售,会造成货物、服务等的不同使用方式、不同所有权转移方式,自产货物、委托加工货物与外购货物之间,货物投资、分配、赠送与货币投资、分配、赠送之间的税负差异,也易使纳税人利用上述行为逃避纳税。因此,对这些行为视同销售货物、服务、无形资产、不动产纳税。③

这里需要注意的是:其一,只有"单位"和"个体工商户"的上述前八种行为以及无偿

---

① 国家税务总局:《关于企业所属机构间移送货物征收增值税问题的通知》,国税发〔1998〕137号。
② 财政部、国家税务总局:《关于全面推开营业税改征增值税试点的通知》,财税〔2016〕36号。
③ 杨斌:《税收学》,科学出版社 2003 年版,第 198 页;全国注册税务师执业资格考试教材编写组:《税法(Ⅰ)》,中国税务出版社 2013 年版,第 87 页。

提供服务的情形按照视同销售货物、销售服务征税，不包括"其他个人"的上述行为和情形；而无偿转让无形资产或者不动产情形视同销售服务，则包括所有的"单位"和"个人"。其二，单位和个体工商户将购进的货物用于非增值税应税项目、集体福利或者个人消费不视同销售货物征税；因为单位和个体工商户购进的货物用于非增值税应税项目、集体福利或者个人消费，是货物的最终消费者，购进的货物不得抵扣进项税额，承担了购进货物所含的增值税；如果单位和个体工商户在购进货物时已经抵扣了进项税额，应在将购进货物用于非增值税应税项目、集体福利或者个人消费时，将购进货物所含增值税从当期的进项税额中抵减。

需要注意的是，"无偿赠送"与"有偿赠送""捆绑销售""买一赠一"等行为有着明显的区别，不能进行相同的税务处理。"无偿赠送"是指自愿无偿的、不附带任何条件的赠送行为，理应视同销售计征增值税，如国家税务总局规定，纳税人将煤矸石、粉煤灰无偿提供给他人，应视同销售征收增值税。[1] 而"有偿赠送""捆绑销售""买一赠一"等行为是有偿的，所谓"赠送"的货物实际上是变相的销售行为，因此属于"销售"而非"视同销售"。如四川省国税局规定，"买一赠一"是目前商业零售企业普遍采用的一种促销方式，其行为性质属于降价销售，应按照实际取得的销售收入计算缴纳增值税。[2] 河北省国税局规定，企业在促销中，以"买一赠一"、购物返券、购物积分等方式组合销售货物的，对于主货物和赠品（返券商品、积分商品，下同）不开发票的，就其实际收到的货款征收增值税。对于主货物与赠品开在同一张发票的，或者分别开具发票的，应按发票注明的合计金额征收增值税。[3] 安徽省国税局规定，商业企业在顾客购买一定金额的商品后，给予顾客一定数额的代金券，允许顾客在指定时间和指定商品范围内，使用代金券购买商品的行为，不属于无偿赠送商品的行为，不应按视同销售征收增值税。[4] 深圳市国税局规定，公司随经营商品（手机）向经营单位配送促销赠品的行为，不属于向他人无偿赠送货物的行为，所以不能按照《增值税暂行条例实施细则》第四条第八款规定征收增值税。[5]

财政部、国家税务总局关于"药品生产企业销售自产创新药的销售额，为向购买方收取的全部价款和价外费用，其提供给患者后续免费使用的相同创新药，不属于增值税视同销售范围"[6]的政策规定，也有助于正确理解"无偿赠送"的含义。

（二）混合销售行为

一项销售行为如果既涉及货物又涉及服务，为混合销售。混合销售行为中销售货物

---

[1] 国家税务总局：《关于纳税人无偿赠送粉煤灰征收增值税问题的公告》，国家税务总局公告 2011 年第 32 号；国家税务总局：《关于纳税人无偿赠送煤矸石征收增值税问题的公告》，国家税务总局公告 2013 年第 70 号。
[2] 四川省国税局：《关于印发〈增值税若干政策问题解答（之一）〉的通知》，川国税函〔2008〕155 号。
[3] 河北省国税局：《关于企业若干销售行为征收增值税问题的通知》，冀国税函〔2009〕247 号。
[4] 安徽省国税局：《关于若干增值税政策和管理问题的通知》，皖国税函〔2008〕10 号。
[5] 深圳市国税局：《关于手机促销赠品增值税问题的批复》，深国税函〔2007〕317 号。
[6] 财政部、国家税务总局：《关于创新药后续免费使用有关增值税政策的通知》，财税〔2015〕4 号。

与销售服务是由同一纳税人实现的,价款同时从同一购买方取得[①];相关服务是为了销售货物而提供的,相关服务与销售货物之间具有从属关系。

从事货物的生产、批发或者零售的单位和个体工商户的混合销售行为,按照销售货物缴纳增值税;其他单位和个体工商户的混合销售行为,按照销售服务缴纳增值税。上述从事货物的生产、批发或者零售的单位和个体工商户,包括以从事货物的生产、批发或者零售为主,并兼营销售服务的单位和个体工商户在内。

之所以对混合销售行为作出专门规定,是出于简化税制、便于征管的考虑。

混合销售行为成立的标准有两点,一是其销售行为必须是一项行为;二是该项行为必须既涉及货物又涉及服务。其中,货物是指《增值税暂行条例》中规定的有形动产,包括电力、热力和气体等;服务是指属于改征增值税范围的交通运输服务、建筑服务、金融服务、邮政服务、电信服务、现代服务、生活服务等。在确定混合销售是否成立时,其行为标准中的上述两点必须同时存在,如果一项销售行为只涉及销售服务,不涉及货物,这种行为就不是混合销售行为;如果涉及销售货物与提供服务行为,但不是存在于一项销售行为中,这种行为也不是混合销售行为。[②]

(三)兼营行为

兼营行为指纳税人的销售行为同时涉及销售货物、劳务、服务、无形资产或者不动产中的两项或多项行为。兼营行为中,上述行为不是发生在同一销售行为中,不是同时从同一购买者取得收入,销售货物、劳务、服务、无形资产或者不动产之间并无直接的联系和从属关系。

纳税人兼营销售货物、劳务、服务、无形资产或者不动产,适用不同税率或者征收率的,应当分别核算适用不同税率或者征收率的销售额;未分别核算的,从高适用税率。

> 混合销售与兼营行为,两种行为虽然都涉及不同的经营项目,但混合销售强调的是在同一项销售行为中存在两类经营项目的混合,销售货物与销售服务的价款是同时从一个购买者取得的;兼营行为强调的是在同一纳税人的经营活动中存在不同的经营项目,这些经营项目不是在同一项销售行为中发生的,即销售货物、劳务与销售服务不是同时发生在同一购买者身上。

(四)不征收增值税项目[③]

以下项目不征收增值税:

(1)根据国家指令无偿提供的铁路运输服务、航空运输服务,以及符合规定的用于公益事业的服务。

(2)存款利息。

(3)被保险人获得的保险赔付。

(4)房地产主管部门或者其指定机构、公积金管理中心、开发企业以及物业管理单位

---

① 全国注册税务师执业资格考试教材编写组:《税法(Ⅰ)》,中国税务出版社 2013 年版,第 87 页。
② 国家税务总局:《全面推开营改增业务操作指引》,中国税务出版社 2016 年版,第 58 页。
③ 财政部、国家税务总局:《关于全面推开营业税改征增值税试点的通知》,财税〔2016〕36 号。

代收的住宅专项维修资金。

（5）在资产重组过程中，通过合并、分立、出售、置换等方式，将全部或者部分实物资产以及与其相关联的债权、负债和劳动力一并转让给其他单位和个人，其中涉及的不动产、土地使用权转让行为。

纳税人在资产重组过程中，通过合并、分立、出售、置换等方式，将全部或者部分实物资产以及与其相关联的债权、负债和劳动力一并转让给其他单位和个人，不属于增值税的征税范围，其中涉及的货物转让，不征收增值税；将全部或者部分实物资产以及与其相关联的债权、负债经多次转让后，最终的受让方与劳动力接收方为同一单位和个人的，其中货物的多次转让行为均不征收增值税。①

> 需要注意的是，转让企业资产、债权、债务及劳动力的行为属于转让企业产权的范畴，其转让价格不仅仅是由资产价值决定的，与企业销售货物的行为完全不同，因此不应征收增值税。只有同时符合上述条件，才不征收增值税，否则需要计征增值税。
>
> 比如，中国电信集团公司总部及所属30省网络资产分公司将与CDMA网络相关的实物资产以及与之相关联的债权、债务和劳动力一并转让给中国电信股份有限公司的行为，不属于增值税和营业税的征税范围，其中涉及的货物转让，不征收增值税。② 青海省三江股份有限公司将其所属的黄河尼那水电站整体资产出售给联合能源集团有限公司，并非整体转让企业资产、债权、债务及劳动力，不属于企业的整体产权交易行为。在青海省黄河尼那水电站整体资产出售过程中，其发生的销售货物行为应照章征收增值税。③

（7）纳税人取得的中央财政补贴，不属于增值税应税收入，不征收增值税。④

（8）金融商品持有期间（含到期）取得的非保本的收益，不属于利息或利息性质的收入，不征收增值税。⑤

第二节　纳　税　人

一、纳税人的基本规定

凡在中国境内销售货物，提供加工和修理修配劳务，销售服务、无形资产或者不动产

---

① 国家税务总局：《关于纳税人资产重组有关增值税问题的公告》，国家税务总局公告2011年第13号；国家税务总局：《关于纳税人资产重组有关增值税问题的公告》，国家税务总局公告2013年第66号。
② 国家税务总局：《关于中国电信集团公司及所属网络分公司资产重组有关增值税营业税问题的通知》，税总函〔2013〕124号。
③ 国家税务总局：《关于青海省黄河尼那水电站整体资产出售行为征收流转税问题的批复》，国税函〔2005〕504号。
④ 国家税务总局：《关于中央财政补贴增值税有关问题的公告》，国家税务总局公告2013年第3号。
⑤ 财政部、国家税务总局：《关于明确金融　房地产开发　教育辅助服务等增值税政策的通知》，财税〔2016〕140号。

以及进口货物的单位和个人,为增值税的纳税人。单位,是指企业、行政单位、事业单位、军事单位、社会团体及其他单位。个人,是指个体工商户和其他个人。

在境内销售货物或进口货物、提供应税劳务的单位租赁或者承包给其他单位或者个人经营的,以承租人或者承包人为纳税人。"营改增"试点的单位以承包、承租、挂靠方式经营的,承包人、承租人、挂靠人(以下统称"承包人")以发包人、出租人、被挂靠人(以下统称"发包人")名义对外经营并由发包人承担相关法律责任的,以该发包人为纳税人。否则,以承包人为纳税人。

报关进口的货物,以进口货物的收货人或办理报关手续的单位和个人为进口货物的纳税人。① 代理进口的货物,以海关开具的海关进口增值税专用缴款书上的纳税人为增值税的纳税人;凡是海关进口增值税专用缴款书开具给委托方的,对代理方不征收增值税;凡是海关进口增值税专用缴款书开具给代理方的,对代理方按照规定征收增值税。②

境外单位或者个人在境内发生应税劳务、应税行为,在中国境内设立经营机构的,应自行申报缴纳增值税。境外单位或者个人在境内发生应税劳务在境内未设有经营机构的,以其境内代理人为增值税扣缴义务人;在境内没有代理人的,以购买方或者接受方为增值税扣缴义务人。③ 境外单位或者个人在境内发生应税行为,在境内未设有经营机构的,以购买方为增值税扣缴义务人。财政部和国家税务总局另有规定的除外。

二、纳税人的分类

增值税的计缴实行凭增值税专用发票抵扣税款的制度,专用发票既是纳税人纳税的依据,又是纳税人据以扣税的凭证,其正确使用和安全管理至关重要。而现阶段纳税人的会计核算水平参差不齐,加上某些经营规模小的纳税人因其销售对象多是最终消费者而无须开具增值税专用发票。为了严格增值税的征收管理,保证对专用发票的正确使用和安全管理,现行增值税制度对增值税纳税人进行了分类,并对不同纳税人的增值税专用发票使用和税款计缴方法作出了不同的规定。

现行增值税制度按照纳税人的经营规模大小及会计核算是否健全、能否提供准确的税务资料,将纳税人划分为一般纳税人和小规模纳税人。具体是按照纳税人年应税销售额的规模和会计核算水平两个标准来划分一般纳税人和小规模纳税人的。增值税一般纳税人资格实行登记制,登记事项由增值税纳税人(以下简称"纳税人")向其主管税务机关办理。④

(一) 小规模纳税人

小规模纳税人是指年应税销售额在规定标准以下,并且会计核算不健全,不能提供准确税务资料的增值税纳税人。

小规模纳税人的认定标准是:(1) 从事货物生产或者提供加工和修理修配劳务的纳税人,以及以从事货物生产或者提供应税劳务为主,并兼营货物批发或者零售的纳税人,

---

① 国家税务总局、海关总署:《关于进口货物征收增值税、消费税有关问题的通知》,国税发〔1993〕155号。
② 国家税务总局:《增值税问题解答》,国税函〔1995〕288号。
③ 国家税务总局:《非居民承包工程作业和提供劳务税收管理暂行办法》,国家税务总局令〔2009〕第19号。
④ 国家税务总局:《关于调整增值税一般纳税人管理有关事项的公告》,国家税务总局公告2015年第18号。

年应征增值税销售额(以下简称"应税销售额")在50万元以下(含本数)的;从事货物生产或者提供应税劳务为主,是指纳税人的年货物生产或者提供应税劳务的销售额占年应税销售额的比重在50%以上。(2)除从事货物生产或者提供加工和修理修配劳务的纳税人和以从事货物生产或者提供应税劳务为主的纳税人以外的纳税人,年应税销售额在80万元以下的。(3)销售服务、无形资产或者不动产的纳税人,年应税销售额在500万元以下的。

需要注意的是,试点纳税人试点实施前的应税行为年应税销售额按以下公式换算:

应税行为年应税销售额＝连续不超过12个月应税行为营业额合计/(1+3%)

按照现行营业税规定差额征收营业税的试点纳税人,其应税行为营业额按未扣除之前的营业额计算。试点实施前,试点纳税人偶然发生的转让不动产的营业额,不计入应税行为年应税销售额。

纳税人兼有销售货物、提供加工修理修配劳务和其他应税行为的,应税货物及劳务销售额与应税行为销售额分别计算,分别适用增值税一般纳税人资格登记标准。[①]

需要注意的是,所称年应税销售额,是指纳税人在连续不超过12个月的经营期内累计应征增值税销售额,包括纳税申报销售额、稽查查补销售额、纳税评估调整销售额、税务机关代开发票销售额和免税销售额。稽查查补销售额和纳税评估调整销售额计入查补税款申报当月的销售额,不计入税款所属期销售额。[②]

年应税销售额超过规定标准的其他个人不属于一般纳税人。年应税销售额超过规定标准但不经常发生销售货物、应税劳务、应税行为的单位和个体工商户可选择按照小规模纳税人纳税。

小规模纳税人销售货物、提供劳务,销售服务、无形资产或者不动产,实行按照销售额和征收率计算应纳税额的简易办法,并不得抵扣进项税额。

(二)一般纳税人

一般纳税人是指年应税销售额超过现行增值税制度规定的小规模纳税人标准的企业和企业性单位。符合一般纳税人条件的纳税人应当向主管税务机关办理一般纳税人资格登记。除国家税务总局另有规定外,一经登记为一般纳税人后,不得转为小规模纳税人。

年应税销售额未超过财政部、国家税务总局规定的小规模纳税人标准以及新开业的纳税人,可以向主管税务机关申请一般纳税人资格认定。对提出申请并且同时符合下列条件的纳税人,主管税务机关应当为其办理一般纳税人资格认定[③]:

(1)有固定的生产经营场所。

(2)能够按照国家统一的会计制度规定设置账簿,根据合法、有效凭证核算,能够提

---

① 国家税务总局:《关于全面推开营业税改征增值税试点有关税收征收管理事项的公告》,国家税务总局公告2016年第23号。

② 国家税务总局:《关于明确〈增值税一般纳税人资格认定管理办法〉若干条款处理意见的通知》,国税函〔2010〕139号。

③ 国家税务总局:《增值税一般纳税人资格认定管理办法》,国家税务总局令第22号。

供准确税务资料。

纳税人年应税销售额超过财政部、国家税务总局规定标准,且符合有关政策规定,选择按小规模纳税人纳税的,应当向主管税务机关提交书面说明。个体工商户以外的其他个人年应税销售额超过规定标准的,不需要向主管税务机关提交书面说明。

纳税人自其选择的一般纳税人资格生效之日起,按照增值税一般计税方法计算应纳税额,并按照规定领用增值税专用发票。

第三节 税　　率

一、基本税率

现行增值税的基本税率为17%。除列举的适用低税率的销售货物或者提供加工和修理修配劳务以及进口货物,销售服务、无形资产或者不动产外,纳税人发生增值税销售行为,一律适用17%的税率。

二、低税率

为了保证消费者对基本生活用品的消费,以及对农业、服务业等行业的支持,现行增值税设置了三档低税率,分别为13%、11%和6%。

(1) 纳税人销售或者进口下列货物,按13%的税率计征增值税。①

① 粮食、食用植物油。粮食主要是小麦、稻谷、玉米、高粱、谷子和其他杂粮,以及面粉、米、玉米面、玉米渣等;不包括以粮食为原料加工的速冻食品、方便面、副食品和各种熟食品及淀粉。食用植物油仅指芝麻油、花生油、豆油、菜子油、米糠油、葵花子油、棉籽油、玉米胚油、茶油、胡麻油以及以上述油为原料生产的混合油,包括棕榈油。

② 自来水、暖气、冷气、热水、煤气、石油液化气、天然气、沼气、居民用煤炭制品。

③ 图书、报纸、杂志。

④ 饲料、化肥、农药、农机、农膜。其中,农机包括用于农业、林业、牧业、副业、渔业生产的各种机器、机械化和半机械化农具以及小农具;不包括以农副产品为原材料加工工业产品的机械、森林砍伐机械、集材机械、农用汽车、机动渔船以及农机零配件。

⑤ 国务院规定的其他货物。目前主要有:农业产品,包括种植业、养殖业、林业、牧业、水产业生产的各种植物、动物的初级产品;音像制品和电子出版物;二甲醚;食用盐。②

(2) 纳税人提供交通运输、邮政、基础电信、建筑、不动产租赁服务,销售不动产,转让土地使用权,税率为11%。

(3) 纳税人提供增值电信、金融服务、现代服务、生活服务,销售无形资产,税率为6%。

---

① 国家税务总局:《增值税部分货物征税范围注释》,国税发〔1993〕151号;财政部、国家税务总局:《农业产品征税范围注释》,财税字〔1995〕52号;国家税务总局:《关于挂面适用增值税税率问题的通知》,国税函〔2008〕1007号;财政部、国家税务总局:《关于部分货物适用增值税低税率和简易办法征收增值税政策的通知》,财税〔2009〕9号。

② 财政部、国家税务总局:《关于金属矿非金属矿采选产品增值税税率的通知》,财税〔2008〕171号。

需要注意的是,现代服务业中的租赁服务,包括融资租赁服务和经营租赁服务。按照标的物的不同,融资租赁服务分为有形动产融资租赁服务和不动产融资租赁服务;经营租赁服务也可分为有形动产经营租赁服务和不动产经营租赁服务。其中,有形动产租赁服务适用税率为17%。

三、零税率

(一) 出口货物

除国务院另有规定外,纳税人出口货物适用增值税零税率。国务院规定的不适用零税率的货物(主要包括纳税人出口的原油,援外出口货物,国家禁止出口的货物,包括天然牛黄、麝香、铜及铜基合金、白金等,糖),应按规定征收增值税。①

(二) 销售特定服务和无形资产

境内单位和个人发生的跨境应税行为,税率为零。

境内单位和个人销售的下列服务和无形资产,适用增值税零税率:

1. 国际运输服务

国际运输服务,包括在境内载运旅客或者货物出境,在境外载运旅客或者货物入境以及在境外载运旅客或者货物。

2. 航天运输服务

3. 向境外单位提供的完全在境外消费的特定服务

向境外单位提供的完全在境外消费的特定服务包括研发服务、合同能源管理服务、设计服务、广播影视节目(作品)的制作和发行服务、软件服务、电路设计及测试服务、信息系统服务、业务流程管理服务和离岸服务外包业务。

4. 转让技术

出口货物和跨境服务等适用零税率,不仅在货物出口销售环节或提供跨境服务环节不需要缴纳增值税,而且可以退还出口货物或跨境服务在以前各经营环节所承担的增值税。

按照国家有关规定应取得相关资质的国际运输服务项目,纳税人取得相关资质的,适用增值税零税率政策,未取得的,适用增值税免税政策。

境内的单位或个人提供程租服务,如果租赁的交通工具用于国际运输服务和港澳台运输服务,由出租方按规定申请适用增值税零税率。

境内的单位和个人向境内单位或个人提供期租、湿租服务,如果承租方利用租赁的交通工具向其他单位或个人提供国际运输服务和港澳台运输服务,由承租方适用增值税零税率。境内的单位或个人向境外单位或个人提供期租、湿租服务,由出租方适用增值税零税率。

境内单位和个人以无运输工具承运方式提供的国际运输服务,由境内实际承运人适用增值税零税率;无运输工具承运业务的经营者适用增值税免税政策。

境内的单位和个人销售适用增值税零税率的服务或无形资产的,可以放弃适用增值

---

① 财政部、国家税务总局:《关于增值税、营业税若干政策规定的通知》,财税字〔1994〕26号。

税零税率,选择免税或按规定缴纳增值税。放弃适用增值税零税率后,36个月内不得再申请适用增值税零税率。

四、征收率

小规模纳税人实行按销售额与征收率计算应纳税额的简易办法,征收率为3%。增值税一般纳税人发生特定销售行为适用简易计税办法的,除财政部和国家税务总局另有规定外,征收率为3%。①

按照简易计税方法计税的销售不动产、不动产经营租赁服务(除试点前开工的高速公路的车辆通行费),征收率为5%。

一般纳税人提供劳务派遣服务,可以按照简易计税方法依5%的征收率计算缴纳增值税。小规模纳税人提供劳务派遣服务,视销售额的情形可以选择3%或5%的征收率计算缴纳增值税。②

中外合作油(气)田按合同开采的原油、天然气,征收率为5%。③

第四节　应纳税额的计算

一、应纳税额的计算方法

增值税应纳税额的计算,一般纳税人与小规模纳税人采用不同的计算方法。一般纳税人采用凭增值税专用发票抵扣税款的方法计算应纳税额,其应纳税额为当期销项税额抵扣当期进项税额后的余额;小规模纳税人采用简易计算方法,直接用销售额乘以征收率计算应纳税额,并不得抵扣进项税额。

一般纳税人应纳税额的计算公式是:

$$应纳税额 = 当期销项税额 - 当期进项税额$$
$$销项税额 = 销售额 \times 税率$$

销项税额,是指纳税人销售货物、提供应税劳务、发生应税行为按照销售额和增值税税率计算并收取的增值税额。进项税额为现行增值税制度规定的扣税凭证上注明的增值税税额以及购进农副产品按规定计算的数额。

当期销项税额小于当期进项税额不足抵扣时,其不足部分可以结转下期继续抵扣。

小规模纳税人应纳税额的计算公式是:

$$应纳税额 = 销售额 \times 征收率$$

无论是一般纳税人还是小规模纳税人,计算应纳税额的计税依据都是销售行为的销

---

① 财政部、国家税务总局:《关于简并增值税征收率政策的通知》,财税〔2014〕57号。
② 财政部、国家税务总局:《关于进一步明确全面推开营改增试点有关劳务派遣服务、收费公路通行费抵扣等政策的通知》,财税〔2016〕47号。
③ 国家税务总局:《关于中外合作开采石油资源缴纳增值税有关问题的通知》,国税发〔1994〕114号;国家税务总局:《关于对外合作开采陆上原油资源征收增值税问题的通知》,国税发〔1998〕219号。

售额。因此,准确核算销售额是正确计算应纳税额的基础。

二、销售额的确定

(一)销售额的一般规定

根据增值税的计税原理,作为计税依据的销售额是销售货物、加工修理修配劳务、服务、无形资产或者不动产的不含税销售额,即计税销售额只包括成本和利润两部分内容,不包括销项税额。以不含税销售额计算增值税,税款和价格分开,从而使企业的成本核算和经营成果不受税收影响。这种做法既便于纳税人核算,真实地反映纳税人的经营成果,同时也便于税务机关的征收管理,并为在发票上注明税款的管理制度奠定了基础。[①]

根据税法规定,销售额,是指纳税人销售货物、提供应税劳务、发生应税行为取得的全部价款和价外费用,财政部和国家税务总局另有规定的除外。

价外费用,是指价外收取的各种性质的收费。包括价外收取的手续费、补贴、基金、集资费、返还利润、奖励费、违约金、滞纳金、延期付款利息、赔偿金、代收款项、代垫款项、包装费、包装物租金、储备费、优质费、运输装卸费以及其他各种性质的价外收费。但下列项目不包括在内:

(1)受托加工应征消费税的消费品所代收代缴的消费税。

(2)同时符合以下条件的代垫运输费用:① 承运部门的运输费用发票开具给购买方的;② 纳税人将该项发票转交给购买方的。

(3)同时符合以下条件代为收取的政府性基金或者行政事业性收费:① 由国务院或者财政部批准设立的政府性基金,由国务院或者省级人民政府及其财政、价格主管部门批准设立的行政事业性收费;② 收取时开具省级以上财政部门印制的财政票据;③ 所收款项全额上缴财政。

(4)销售货物的同时代办保险等而向购买方收取的保险费,以及向购买方收取的代购买方缴纳的车辆购置税、车辆牌照费。

(5)以委托方名义开具发票代委托方收取的款项。

凡随同销售行为收取的价外费用,无论其会计制度如何核算,均应并入销售额计算应纳税额。其目的是防止纳税人在价款以外以各种名目的收费减少应税销售额逃避纳税。

需要注意的是,对增值税一般纳税人(包括纳税人自己或代其他部门)收取的价外费用和逾期包装物押金,应视为含税收入,在征税时换算成不含税收入再并入销售额。[②] 由于消费税属于价内税,凡是征收消费税的货物在计征增值税时,其应税销售额应包括消费税税金。

现行增值税实行价外税,一般纳税人发生销售行为收取的款项包括销售额和增值税税款两部分,两部分款项在增值税专用发票上分别注明。作为增值税计税依据的是增值税专用发票上单独列明的不含增值税税款的销售额。但是,在不需要开具增值税专用发

---

① 杨秀琴、钱晟:《中国税制》,中国人民大学出版社1999年版,第86页。
② 国家税务总局:《关于增值税若干征管问题的通知》,国税发〔1996〕155号。

票的情况下,一般纳税人的销售行为,采用销售额与销项税额合并定价;小规模纳税人销售行为,采用销售额与应纳税额合并定价。这样,纳税人所收取的款项为价款和税款的合计数,即含税销售额。在计算应纳税额时,一般纳税人取得的销售额中不包括从购买方收取的销项税额;小规模纳税人的销售额中不包括其应纳税额。因此,需要将含税销售额换算为不含税销售额。

(1)一般纳税人销售额换算公式为:

$$不含税销售额 = 含税销售额/(1+税率)$$

(2)小规模纳税人销售额换算公式为:

$$不含税销售额 = 含税销售额/(1+征收率)$$

销售额以人民币计算。纳税人以人民币以外的货币结算销售额的,应当折合成人民币计算。

(二)销售额的特殊规定

1. 折扣销售方式的销售额

折扣销售是指销售方在销售货物、提供应税劳务、发生应税行为时,因购买方购买数量较大等原因,而给予购买方的价格优惠。对于折扣销售,如果销售额和折扣额在同一张发票上分别注明的,可按折扣后的销售额征收增值税;如果将折扣额另开发票,不论其在财务上如何处理,均不得从销售额中减除折扣额。① 纳税人采取折扣方式销售货物,销售额和折扣额在同一张发票上分别注明是指销售额和折扣额在同一张发票上的"金额"栏分别注明的,可按折扣后的销售额征收增值税。未在同一张发票"金额"栏注明折扣额,而仅在发票的"备注"栏注明折扣额的,折扣额不得从销售额中减除。② 之所以规定折扣销售的销售额与折扣额须在同一张发票上注明,是从保证增值税征税、扣税相一致的角度考虑的。如果允许对销售额开一张销货发票,对折扣额再开一张退款红字发票,就可能造成销售方按减除折扣额后的销售额计算销项税额,而购买方却按未减除折扣额的销售额及其进项税额进行抵扣的问题,造成税收流失。

在销售业务中经常出现的销售折扣、销售折让与折扣销售是不同的,在税务处理上也存在区别。

销售折扣是指销售方在销售货物、提供应税劳务、发生应税行为后,为了鼓励购买方及早偿还款项,而给予购买方的一种折扣优待。由于销售折扣发生在销售之后,是一种融资性质的财务费用,因此,销售折扣不得从销售额中减除。

销售折让是指货物销售后,由于货物质量、规格等不符合要求,但购货方未予退货,需给予购货方的一种价格折让。销售折让可以通过开具红字专用发票从销售额中减除。

---

① 国家税务总局:《增值税若干具体问题的规定》,国税发〔1993〕154号。
② 国家税务总局:《关于折扣额抵减增值税应税销售额问题通知》,国税函〔2010〕56号。

纳税人销售货物并向购买方开具增值税专用发票后,由于购货方在一定时期内累计购买货物达到一定数量,或者由于市场价格下降等原因,销货方给予购货方相应的价格优惠或补偿等折扣、折让行为,销货方可按现行《增值税专用发票使用规定》的有关规定开具红字增值税专用发票。①

小规模纳税人因销售货物退回或者折让退还给购买方的销售额,应从发生销售货物退回或者折让当期的销售额中扣减。

2. 以旧换新方式的销售额

以旧换新是指纳税人在销售货物时折价收回同类旧货物,并以折价款冲减所售新货物价款的一种销售方式。由于销售货物与收购旧货物是两个不同的业务活动,也为了防止出现销售额不实、减少纳税的现象,税法规定,采取以旧换新方式销售货物的,应按新货物的同期销售价格确定销售额,不得扣减旧货物的收购价格,也不可以按旧货物收购价格计算抵扣进项税额。但是,对金银首饰的以旧换新业务,可以按照销售方实际收取的不含增值税的全部价款确定销售额。②

3. 还本销售方式的销售额

还本销售是指纳税人在销售货物后,到约定的期限,由销售方一次或分次将货款全部或部分退还给购货方的一种销售方式。还本销售实际上是销货方的一种融资方法,若全部退还货款,相当于货物为贷款利息,退还的货款为归还本金。因此,以还本销售方式销售货物的销售额就是货物的销售价格,不得从销售额中减除还本支出。③

4. 以物易物方式的销售额

以物易物是指购销双方不以货币结算,而是以同等价款的货物为结算依据的一种销售方式。税法规定,以物易物双方都应作购销处理,以各自发出的货物核算并计算销项税额,以各自收到的货物按规定核算购货额并计算进项税额。如果以物易物时未能取得增值税专用发票,则不得抵扣进项税额,但需计算销项税额。这一规定可以有效地避免购销双方通过等值货物抵顶货款的方式减少应纳税款的行为。

5. 包装物的销售额

包装物是指纳税人包装所销售货物的各种物品。纳税人销售货物,通常需要购进相应的材料、物品或容器具作为所销售货物的包装物。由于货物的不同特点,其包装物的处理方式也不同,进而包装物销售额的处理也就不同,通常有以下几种情形:

(1) 生产过程中用于包装产品,作为所销售货物的组成部分的包装物。这种情况下,包装物价值已经构成产品生产成本,其价值在货物销售时收回。因此,货物的销售额中包括包装物的价格。

(2) 随同货物出售不单独计价的包装物。这种情况下,包装物的价值也构成了货物销售额的组成部分。

(3) 随同货物出售单独计价的包装物。这种情况下,包装物单独形成销售额,并按所

---

① 国家税务总局:《关于纳税人折扣折让行为开具红字增值税专用发票问题的通知》,国税函〔2006〕1279号。
② 国家税务总局:《增值税若干具体问题的规定》国税发〔1993〕154号,财政部、国家税务总局:《关于金银首饰等货物征收增值税问题的通知》,财税字〔1996〕74号。
③ 国家税务总局:《增值税若干具体问题的规定》,国税发〔1993〕154号。

包装货物的适用税率征税。①

(4) 出租出借包装物。在有些情况下,纳税人可以周转使用的包装物,并不随同货物出售,而是出租出借包装物并收取租金,为了促使购货方及早退回包装物以便周转使用,纳税人销售货物时会另收取包装物押金。

纳税人为销售货物而出租出借包装物收取的押金,单独记账核算的,不并入销售额征税。在出租出借包装物退还时,应按照收取的租金,按包装货物适用的税率计税,然后退回其剩余的押金。但对因逾期未收回包装物不再退还的押金,应按所包装货物的适用税率计税。② 其中,包装物押金征税规定中"逾期"以1年为期限,对收取1年以上的押金,无论是否退还均并入销售额征税。个别包装物周转使用期限较长的,报经税务征收机关确定后,可适当放宽逾期期限。③

需要注意的是,在将包装物租金、押金并入销售额征税时,需要先将该租金、押金换算为不含税价,再并入销售额征税。④

对销售除啤酒、黄酒外的其他酒类产品而收取的包装物押金,无论是否返还以及会计上如何核算,均应并入当期销售额征税。⑤

6. 直销企业采取直销方式销售货物增值税销售额确定⑥

直销企业先将货物销售给直销员,直销员再将货物销售给消费者的,直销企业的销售额为其向直销员收取的全部价款和价外费用。直销员将货物销售给消费者时,应按照现行规定缴纳增值税。

直销企业通过直销员向消费者销售货物,直接向消费者收取货款,直销企业的销售额为其向消费者收取的全部价款和价外费用。

7. 由主管税务机关核定销售额

纳税人销售货物或者提供应税劳务会出现无销售额,或销售额偏低的现象。因此,增值税暂行条例实施细则规定,纳税人销售货物或者应税劳务的价格明显偏低并无正当理由的,以及视同销售货物行为无销售额的,由主管税务机关按下顺序确定销售额:

(1) 按纳税人最近时期同类货物的平均销售价格确定;
(2) 按其他纳税人最近时期同类货物的平均销售价格确定;
(3) 按组成计税价格确定。组成计税价格的公式为:

$$组成计税价格 = 成本 \times (1 + 成本利润率)$$

属于应征消费税的货物,其组成计税价格中应加计消费税税额。

$$组成计税价格 = 成本 \times (1 + 成本利润率) + 消费税税额$$

---

① 王勇、苏严、辛连珠:《税法讲义》,吉林省注册税务师管理中心、吉林省税务学校内部教材,第16页。
② 国家税务总局:《增值税若干问题的具体规定》,国税发〔1993〕154号;国家税务总局:《关于取消包装物押金逾期期限审批后有关问题的通知》,国税函〔2004〕827号。
③ 国家税务总局:《关于印发〈增值税问题解答(之一)〉的通知》,国税函发〔1995〕288号。
④ 国家税务总局:《关于增值税若干征管问题的通知》,国税发〔1996〕155号。
⑤ 国家税务总局:《关于加强增值税征收管理若干问题的通知》,国税发〔1995〕192号。
⑥ 国家税务总局:《关于直销企业增值税销售额确定有关问题的公告》,国家税务总局公告2013年第5号。

公式中的成本,属于销售自产货物的为实际生产成本,属于销售外购货物的为实际采购成本。公式中的成本利润率国家税务总局统一规定为10%。但属于应从价定率征收消费税的货物,其组成计税价格公式中的成本利润率,为《消费税若干具体问题的规定》中规定的成本利润率。

此外,纳税人发生固定资产视同销售行为,对已使用过的固定资产无法确定销售额的,以固定资产净值为销售额。①

(三)"营改增"销售额的确定

1. 贷款服务

贷款服务,以提供贷款服务取得的全部利息及利息性质的收入为销售额。

2. 直接收费金融服务

直接收费金融服务以提供直接收费金融服务收取的手续费、佣金、酬金、管理费、服务费、经手费、开户费、过户费、结算费、转托管费等各类费用为销售额。

3. 金融商品转让

金融商品转让,按照卖出价扣除买入价后的余额为销售额。转让金融商品出现的正负差,按盈亏相抵后的余额为销售额。若相抵后出现负差,可结转下一纳税期与下期转让金融商品销售额相抵,但年末时仍出现负差的,不得转入下一个会计年度。金融商品的买入价,可以选择按照加权平均法或者移动加权平均法进行核算,选择后36个月内不得变更。

4. 经纪代理服务

经纪代理服务,以取得的全部价款和价外费用,扣除向委托方收取并代为支付的政府性基金或者行政事业性收费后的余额为销售额。向委托方收取的政府性基金或者行政事业性收费,不得开具增值税专用发票。

5. 融资租赁和融资性售后回租业务

经人民银行、银监会或者商务部批准②从事融资租赁业务的试点纳税人,提供融资租赁服务,以取得的全部价款和价外费用,扣除支付的借款利息(包括外汇借款和人民币借款利息)、发行债券利息和车辆购置税后的余额为销售额。

经人民银行、银监会或者商务部批准从事融资租赁业务的试点纳税人,提供融资性售后回租服务,以取得的全部价款和价外费用(不含本金),扣除对外支付的借款利息(包括外汇借款和人民币借款利息)、发行债券利息后的余额作为销售额。

试点纳税人根据2016年4月30日前签订的有形动产融资性售后回租合同,在合同到期前提供的有形动产融资性售后回租服务,可继续按照有形动产融资租赁服务缴纳增值税。

继续按照有形动产融资租赁服务缴纳增值税的试点纳税人,经人民银行、银监会或者商务部批准从事融资租赁业务的,根据2016年4月30日前签订的有形动产融资性售

---

① 财政部、国家税务总局:《关于全国实施增值税转型改革若干问题的通知》,财税〔2008〕170号。
② "人民银行、银监会或者商务部批准""商务部授权的省级商务主管部门和国家经济技术开发区批准"包括经上述部门备案。见财政部、国家税务总局:《关于明确金融 房地产开发 教育辅助服务等增值税政策的通知》,财税〔2016〕140号。

后回租合同,在合同到期前提供的有形动产融资性售后回租服务,可以选择以下方法之一计算销售额:

(1) 以向承租方收取的全部价款和价外费用,扣除向承租方收取的价款本金,以及对外支付的借款利息(包括外汇借款和人民币借款利息)、发行债券利息后的余额为销售额。

纳税人提供有形动产融资性售后回租服务,计算当期销售额时可以扣除的价款本金,为书面合同约定的当期应当收取的本金。无书面合同或者书面合同没有约定的,为当期实际收取的本金。

试点纳税人提供有形动产融资性售后回租服务,向承租方收取的有形动产价款本金,不得开具增值税专用发票,可以开具普通发票。

(2) 以向承租方收取的全部价款和价外费用,扣除支付的借款利息(包括外汇借款和人民币借款利息)、发行债券利息后的余额为销售额。

经商务部授权的省级商务主管部门和国家经济技术开发区批准的从事融资租赁业务的试点纳税人,2016年5月1日后实收资本达到1.7亿元的,从达到标准的当月起按照上述相关规定执行;2016年5月1日后实收资本未达到1.7亿元但注册资本达到1.7亿元的,在2016年7月31日前仍可按照上述相关规定执行,2016年8月1日后开展的融资租赁业务和融资性售后回租业务不得按照上述相关规定执行。

融资性售后回租业务中承租方出售资产的行为,不属于增值税和营业税征收范围,不征收增值税。①

6. 航空运输企业的销售额

航空运输企业的销售额,不包括代收的机场建设费和代售其他航空运输企业客票而代收转付的价款。

7. 客运场站服务

试点纳税人中的一般纳税人提供客运场站服务,以其取得的全部价款和价外费用,扣除支付给承运方运费后的余额为销售额。

8. 旅游服务

纳税人提供旅游服务,可以选择以取得的全部价款和价外费用,扣除向旅游服务购买方收取并支付给其他单位或者个人的住宿费、餐饮费、交通费、签证费、门票费和支付给其他接团旅游企业的旅游费用后的余额为销售额。按照上述办法计算销售额的试点纳税人,向旅游服务购买方收取并支付的上述费用,不得开具增值税专用发票,可以开具普通发票。

9. 建筑服务

纳税人提供建筑服务适用简易计税方法的,以取得的全部价款和价外费用扣除支付的分包款后的余额为销售额。

10. 销售开发的房地产项目

房地产开发企业中的一般纳税人销售其开发的房地产项目(选择简易计税方法的房

---

① 国家税务总局:《关于融资性售后回租业务中承租方出售资产行为有关税收问题的公告》,国家税务总局公告〔2010〕13号。

地产老项目除外),以取得的全部价款和价外费用,扣除受让土地时向政府部门支付的土地价款后的余额为销售额。房地产老项目,是指《建筑工程施工许可证》注明的合同开工日期在 2016 年 4 月 30 日前的房地产项目。"向政府部门支付的土地价款",包括土地受让人向政府部门支付的征地和拆迁补偿费用、土地前期开发费用和土地出让收益等。[①]

房地产开发企业中的一般纳税人销售其开发的房地产项目(选择简易计税方法的房地产老项目除外),在取得土地时向其他单位或个人支付的拆迁补偿费用也允许在计算销售额时扣除。纳税人按规定扣除拆迁补偿费用时,应提供拆迁协议、拆迁双方支付和取得拆迁补偿费用凭证等能够证明拆迁补偿费用真实性的材料。[②]

11. 劳务派遣服务[③]

劳务派遣服务,是指劳务派遣公司为了满足用工单位对于各类灵活用工的需求,将员工派遣至用工单位,接受用工单位管理并为其工作的服务。

一般纳税人提供劳务派遣服务,可以以取得的全部价款和价外费用为销售额,按照一般计税方法计算缴纳增值税;也可以选择差额纳税,以取得的全部价款和价外费用,扣除代用工单位支付给劳务派遣员工的工资、福利和为其办理社会保险及住房公积金后的余额为销售额,按照简易计税方法依 5% 的征收率计算缴纳增值税。

小规模纳税人提供劳务派遣服务,可以以取得的全部价款和价外费用为销售额,按照简易计税方法依 3% 的征收率计算缴纳增值税;也可以选择差额纳税,以取得的全部价款和价外费用,扣除代用工单位支付给劳务派遣员工的工资、福利和为其办理社会保险及住房公积金后的余额为销售额,按照简易计税方法依 5% 的征收率计算缴纳增值税。

三、销项税额

销项税额,是指纳税人销售货物、提供应税劳务、发生应税行为按照销售额和增值税税率计算并收取的增值税额。

销项税额是销售货物、劳务、服务、无形资产或者不动产的整体税负,即到本环节为止所承担的全部税款。销项税额是由购买方支付的,销售方随同销售价款一起向购买方收取的。对于属于一般纳税人的销售方来讲,在没有抵扣其进项税额前,销售方收取的销项税额还不是其应纳增值税额,只有从销项税额中扣除进项税额后的差额才是本环节纳税人的应纳税额。

一般纳税人因销售货物退回或者折让而退还给购买方的增值税额,应从发生销售货物退回或者折让当期的销项税额中扣减;因购进货物退出或者折让而收回的增值税额,应从发生购进货物退出或者折让当期的进项税额中扣减。

增值税一般纳税人开具增值税专用发票后,发生销货退回、开票有误、应税服务中止等情形但不符合发票作废条件,或者因销售部分退回及发生销售折让,需要开具红字专

---

① 财政部、国家税务总局:《关于明确金融 房地产开发 教育辅助服务等增值税政策的通知》,财税〔2016〕140 号。
② 同上。
③ 财政部、国家税务总局:《关于进一步明确全面推开营改增试点有关劳务派遣服务、收费公路通行费抵扣等政策的通知》,财税〔2016〕47 号。

用发票的应按国家税务总局的规定开具红字增值税专用发票。未按规定开具红字增值税专用发票的,增值税额不得从销项税额中扣减。①

四、进项税额

进项税额是纳税人购进货物、劳务、服务、无形资产或者不动产支付或者负担的增值税额。进项税额是与销项税额相对应的,二者的关系是,在一项购销活动中,销售方收取的销项税额,就是购买方支付的进项税额。纳税人销售行为收取的销项税额抵扣其购进行为支付的进项税额,余额为纳税人应缴纳的增值税额。这样,进项税额的多少直接影响纳税人应纳税额的多少,因此,税法对进项税额的抵扣项目作了严格规定。

(一)准予从销项税额中抵扣的进项税额

1. 抵扣进项税额的基本规定

根据税法规定,准予从销项税额中抵扣的进项税额,限于以下几种情形:

(1)从销售方取得的增值税专用发票(含税控机动车销售统一发票,下同)上注明的增值税税额。

(2)从海关取得的海关进口增值税专用缴款书上注明的增值税税额。

(3)购进农产品,除取得增值税专用发票或者海关进口增值税专用缴款书外,按照农产品收购发票或者销售发票上注明的农产品买价和13%的扣除率计算的进项税额。计算公式为:

$$进项税额=买价\times 扣除率$$

买价,是指纳税人购进农产品在农产品收购发票或者销售发票上注明的价款和按照规定缴纳的烟叶税。

对烟叶税纳税人按规定缴纳的烟叶税,准予并入烟叶产品的买价计算增值税的进项税额,并在计算缴纳增值税时予以抵扣。烟叶收购金额包括纳税人支付给烟叶销售者的烟叶收购价款和价外补贴。价外补贴是指烟叶收购单位收购烟叶时按照国家有关规定以现金形式直接补贴烟农的生产投入补贴,属于农产品买价。烟叶收购单位应将价外补贴与烟叶收购价格在同一张农产品收购发票或者销售发票上分别注明,否则,价外补贴不得计算增值税进项税额进行抵扣。② 按照简化手续、方便征收的原则,价外补贴统一暂按烟叶收购价款的10%计算,即:

$$烟叶收购金额=烟叶收购价款\times (1+10\%)③$$
$$烟叶的进项税额=(烟叶收购金额+烟叶税)\times 扣除率$$

需要注意的是,这里收购农产品取得的"销售发票",是指小规模纳税人销售农产品依照3%征收率按简易办法计算缴纳增值税而自行开具或委托税务机关代开的普通发

---

① 国家税务总局:《关于红字增值税发票开具有关问题的公告》,国家税务总局公告2016年第47号。
② 财政部、国家税务总局:《关于收购烟叶支付的价外补贴进项税额抵扣问题的通知》,财税〔2011〕21号。
③ 财政部、国家税务总局:《烟叶税若干具体问题的规定》,财税〔2006〕64号;财政部、国家税务总局:《关于购进烟叶的增值税抵扣政策的通知》,财税〔2006〕140号。

票。批发、零售纳税人享受农产品流通环节免税政策后开具的普通发票不得作为计算抵扣进项税额的凭证。①

增值税一般纳税人从农民专业合作社购进的免税农业产品,可按13%的扣除率计算抵扣增值税进项税额。②

另外,餐饮行业增值税一般纳税人购进农业生产者自产农产品,可以使用国税机关监制的农产品收购发票,按照现行规定计算抵扣进项税额。③

购进农产品,按照《农产品增值税进项税额核定扣除试点实施办法》抵扣进项税额的不适用上述办法。

(4) 从境外单位或者个人购进服务、无形资产或者不动产,自税务机关或者扣缴义务人取得的解缴税款的完税凭证上注明的增值税税额。

纳税人取得的增值税扣税凭证不符合法律、行政法规或者国家税务总局有关规定的,其进项税额不得从销项税额中抵扣。增值税扣税凭证,是指增值税专用发票、海关进口增值税专用缴款书、农产品收购发票、农产品销售发票和完税凭证。纳税人凭完税凭证抵扣进项税额的,应当具备书面合同、付款证明和境外单位的对账单或者发票。资料不全的,其进项税额不得从销项税额中抵扣。

2. 抵扣进项税额的特殊规定

(1) 购进不动产分期抵扣。④ 增值税一般纳税人2016年5月1日后取得并在会计制度上按固定资产核算的不动产,以及2016年5月1日后发生的不动产在建工程,其进项税额应按照规定分2年从销项税额中抵扣,第一年抵扣比例为60%,第二年抵扣比例为40%。上述进项税额中,60%的部分于取得扣税凭证的当期从销项税额中抵扣;40%的部分为待抵扣进项税额,于取得扣税凭证的当月起第13个月从销项税额中抵扣。

取得的不动产,包括以直接购买、接受捐赠、接受投资入股以及抵债等各种形式取得的不动产。纳税人新建、改建、扩建、修缮、装饰不动产,属于不动产在建工程。

纳税人2016年5月1日后购进货物和设计服务、建筑服务,用于新建不动产,或者用于改建、扩建、修缮、装饰不动产并增加不动产原值超过50%的,其进项税额依照上述规定分2年从销项税额中抵扣。不动产原值,是指取得不动产时的购置原价或作价。

上述分2年从销项税额中抵扣的购进货物,是指构成不动产实体的材料和设备,包括建筑装饰材料和给排水、采暖、卫生、通风、照明、通信、煤气、消防、中央空调、电梯、电气、智能化楼宇设备及配套设施。

需要注意的是,房地产开发企业自行开发的房地产项目,融资租入的不动产,以及在施工现场修建的临时建筑物、构筑物,其进项税额不适用上述分2年抵扣的规定。

---

① 财政部、国家税务总局:《关于增值税一般纳税人向小规模纳税人购进农产品进项税抵扣率问题的通知》,财税〔2002〕105号;财政部、国家税务总局:《关于免征部分鲜活肉蛋产品流通环节增值税政策的通知》,财税〔2012〕75号。
② 财政部、国家税务总局:《关于农民专业合作社有关税收政策的通知》,财税〔2008〕81号。
③ 国家税务总局:《关于明确营改增试点若干征管问题的公告》,国家税务总局公告2016年第26号。
④ 国家税务总局:《关于发布〈不动产进项税额分期抵扣暂行办法〉的公告》,国家税务总局公告2016年第15号。

(2) 收费公路通行费抵扣政策。① 增值税一般纳税人支付的道路、桥、闸通行费,暂凭取得的通行费发票(不含财政票据,下同)上注明的收费金额按照下列公式计算可抵扣的进项税额:

$$\text{高速公路通行费可抵扣进项税额} = \frac{\text{高速公路通行费发票上注明的金额}}{1+3\%} \times 3\%$$

$$\text{一级公路、二级公路、桥、闸通行费可抵扣进项税额} = \frac{\text{一级公路、二级公路、桥、闸通行费发票上注明的金额}}{1+5\%} \times 5\%$$

(3) 农产品增值税进项税额核定扣除办法。② 自 2012 年 7 月 1 日起,以购进农产品为原料生产销售液体乳及乳制品、酒及酒精、植物油的增值税一般纳税人,纳入农产品增值税进项税额核定扣除试点范围,其购进农产品无论是否用于生产上述产品,增值税进项税额均按照《农产品增值税进项税额核定扣除试点实施办法》的规定抵扣。试点纳税人购进农产品不再凭增值税扣税凭证抵扣增值税进项税额,购进除农产品以外的货物、应税劳务和应税服务,增值税进项税额仍按现行有关规定抵扣。

自 2013 年 9 月 1 日起,各省可根据《农产品增值税进项税额核定扣除试点实施办法》的有关规定,结合本地特点,选择部分行业开展核定扣除试点工作。

① 试点纳税人以购进农产品为原料生产货物的,农产品增值税进项税额可按照以下方法核定:

投入产出法:参照国家标准、行业标准(包括行业公认标准和行业平均耗用值)确定销售单位数量货物耗用外购农产品的数量(以下简称"农产品单耗数量")。当期允许抵扣农产品增值税进项税额依据农产品单耗数量、当期销售货物数量、农产品平均购买单价(含税,下同)和农产品增值税进项税额扣除率(以下简称"扣除率")计算。公式为:

$$\text{当期允许抵扣农产品增值税进项税额} = \frac{\text{当期农产品耗用数量} \times \text{农产品平均购买单价} \times \text{扣除率}}{1+\text{扣除率}}$$

$$\text{当期农产品耗用数量} = \text{当期销售货物数量(不含采购除农产品以外的半成品生产的货物数量)} \times \text{农产品单耗数量}$$

对以单一农产品原料生产多种货物或者多种农产品原料生产多种货物的,在核算当期农产品耗用数量和平均购买单价时,应依据合理的方法归集和分配。

平均购买单价是指购买农产品期末平均买价,不包括买价之外单独支付的运费和入库前的整理费用。期末平均买价计算公式为:

$$\text{期末平均买价} = \frac{\text{期初库存农产品数量} \times \text{期初平均买价} + \text{当期购进农产品数量} \times \text{当期买价}}{\text{期初库存农产品数量} + \text{当期购进农产品数量}}$$

成本法:依据试点纳税人年度会计核算资料,计算确定耗用农产品的外购金额占生产成本的比例(以下简称"农产品耗用率")。当期允许抵扣农产品增值税进项税额依据

---

① 财政部、国家税务总局:《关于收费公路通行费增值税抵扣有关问题的通知》,财税〔2016〕86 号。
② 财政部、国家税务总局:《关于在部分行业试行农产品增值税进项税额核定扣除办法的通知》,财税〔2012〕38 号。财政部、国家税务总局:《关于扩大农产品增值税进项税额核定扣除试点行业范围的通知》,财税〔2013〕57 号。

当期主营业务成本、农产品耗用率以及扣除率计算。公式为：

$$当期允许抵扣农产品增值税进项税额=\frac{当期主营业务成本\times农产品耗用率\times扣除率}{1+扣除率}$$

$$农产品耗用率=\frac{上年投入生产的农产品外购金额}{上年生产成本}$$

农产品外购金额（含税）不包括不构成货物实体的农产品（包括包装物、辅助材料、燃料、低值易耗品等）和在购进农产品之外单独支付的运费、入库前的整理费用。

对以单一农产品原料生产多种货物或者多种农产品原料生产多种货物的，在核算当期主营业务成本以及核定农产品耗用率时，试点纳税人应依据合理的方法进行归集和分配。

农产品耗用率由试点纳税人向主管税务机关申请核定。

年度终了，主管税务机关应根据试点纳税人本年实际对当年已抵扣的农产品增值税进项税额进行纳税调整，重新核定当年的农产品耗用率，并作为下一年度的农产品耗用率。

参照法：新办的试点纳税人或者试点纳税人新增产品的，试点纳税人可参照所属行业或者生产结构相近的其他试点纳税人确定农产品单耗数量或者农产品耗用率。次年，试点纳税人向主管税务机关申请核定当期的农产品单耗数量或者农产品耗用率，并据此计算确定当年允许抵扣的农产品增值税进项税额，同时对上一年增值税进项税额进行调整。核定的进项税额超过实际抵扣增值税进项税额的，其差额部分可以结转下期继续抵扣；核定的进项税额低于实际抵扣增值税进项税额的，其差额部分应按现行增值税的有关规定将进项税额做转出处理。

② 试点纳税人购进农产品直接销售的，农产品增值税进项税额按照以下方法核定扣除：

$$当期允许抵扣农产品增值税进项税额=\frac{当期销售农产品数量}{1-损耗率}\times 农产品平均购买单价\times 13\%/(1+13\%)$$

$$损耗率=损耗数量/购进数量$$

③ 试点纳税人购进农产品用于生产经营且不构成货物实体的（包括包装物、辅助材料、燃料、低值易耗品等），增值税进项税额按照以下方法核定扣除：

$$当期允许抵扣农产品增值税进项税额=当期耗用农产品数量\times 农产品平均购买单价\times 13\%/(1+13\%)$$

农产品单耗数量、农产品耗用率和损耗率统称为农产品增值税进项税额扣除标准（以下简称"扣除标准"）。

④ 试点纳税人销售货物，应合并计算当期允许抵扣农产品增值税进项税额。试点纳税人购进农产品取得的农产品增值税专用发票和海关进口增值税专用缴款书，按照注明的金额及增值税额一并计入成本科目；自行开具的农产品收购发票和取得的农产品销售发票，按照注明的买价直接计入成本。

试点办法中的扣除率为销售货物的适用税率。

省级(包括计划单列市)税务机关应根据规定的核定方法顺序,确定试点纳税人适用的农产品增值税进项税额核定扣除方法。

试点纳税人购进的农产品价格明显偏高或偏低,且不具有合理商业目的的,由主管税务机关核定。

⑤ 试点纳税人在计算农产品增值税进项税额时,应按照下列顺序确定适用的扣除标准:

财政部和国家税务总局不定期公布的全国统一的扣除标准。

省级税务机关商同级财政机关根据本地区实际情况,报经财政部和国家税务总局备案后公布的适用于本地区的扣除标准。

省级税务机关依据试点纳税人申请,按照本办法第十三条规定的核定程序审定的仅适用于该试点纳税人的扣除标准。

(4) 项目运营方利用信托资金融资过程中增值税进项税额抵扣问题项目运营方与经批准成立的信托公司合作进行项目建设开发,信托公司负责筹集资金并设立信托计划,项目运营方负责项目建设与运营,项目建设完成后,项目资产归项目运营方所有。该经营模式下项目运营方在项目建设期内取得的增值税专用发票和其他抵扣凭证,允许其按现行增值税有关规定予以抵扣。①

(二) 不得从销项税额中抵扣的进项税额

1. 基本规定

按照增值税的计税原理和增值税条例的相关规定,用于简易计税方法计税项目、免征增值税项目、集体福利或者个人消费的购进货物、加工修理修配劳务、服务、无形资产和不动产的进项税额不得从销项税额中抵扣。其中涉及的固定资产、无形资产、不动产,仅指专用于上述项目的固定资产、无形资产(不包括其他权益性无形资产)、不动产。纳税人的交际应酬消费属于个人消费。

增值税的销项税额与进项税额抵扣之间存在对应性,只有在本环节缴纳增值税的,其进项税额才得以抵扣。用于免税项目、集体福利或者个人消费的货物、劳务、服务、无形资产和不动产在本环节不征收增值税,其耗用的购进货物、劳务、服务、无形资产和不动产的进项税额自然不得抵扣。② 而且纳税人购进货物、劳务、服务、无形资产和不动产用于集体福利、个人消费,已经改变了生产、经营需要的用途,成了最终消费品,因此,其进项税额不能抵扣。③ 而按照简易计税方法征收适用的不是税率,而是征收率,即按照实际征收率计算缴纳增值税税款,因此其进项税额不能抵扣。

需要说明的是,按照上述规定不得抵扣且未抵扣进项税额的固定资产、无形资产、不动产,发生用途改变,用于允许抵扣进项税额的应税项目,可在用途改变的次月按照下列公式,依据合法有效的增值税扣税凭证,计算可以抵扣的进项税额:

---

① 国家税务总局:《关于项目运营方利用信托资金融资过程中增值税进项税额抵扣问题的公告》,国家税务总局公告 2010 年第 8 号。
② 杨斌:《税收学》,科学出版社 2003 年版,第 209 页。
③ 财政部注册会计师考试委员会办公室:《税法》,经济科学出版社 2007 年版,第 45 页。

$$可以抵扣的进项税额 = \frac{固定资产、无形资产、不动产净值}{1+适用税率} \times 适用税率$$

此外,一般纳税人会计核算不健全,或者不能够提供准确税务资料的;应当办理一般纳税人资格登记而未办理的。应当按照销售额和增值税税率计算应纳税额,不得抵扣进项税额,也不得使用增值税专用发票。

2. 非正常损失

非正常损失,是指因管理不善造成货物被盗、丢失、霉烂变质,以及因违反法律法规造成货物或者不动产被依法没收、销毁、拆除的情形。税法对非正常损失的购进货物及相关的应税劳务的进项税额和非正常损失的、在产品、不动产、在建工程所耗用的购进货物或者应税劳务的进项税额不准予从销项税额中抵扣,是考虑到纳税人的这部分损失与其生产经营活动没有直接的关系,这部分非正常损失中的进项税额不应由国家承担。[①]按照税法规定,下列非正常损失不得从销项税额中扣除:

(1) 非正常损失的购进货物,以及相关的加工修理修配劳务和交通运输服务。

(2) 非正常损失的在产品、产成品所耗用的购进货物(不包括固定资产)、加工修理修配劳务和交通运输服务。

(3) 非正常损失的不动产,以及该不动产所耗用的购进货物、设计服务和建筑服务。

(4) 非正常损失的不动产在建工程所耗用的购进货物、设计服务和建筑服务。

纳税人新建、改建、扩建、修缮、装饰不动产,均属于不动产在建工程。

> 需要注意的是,非正常损失的不动产以及不动产在建工程所耗用的购进货物,是指构成不动产实体的材料和设备,包括建筑装饰材料和给排水、采暖、卫生、通风、照明、通信、煤气、消防、中央空调、电梯、电气、智能化楼宇设备及配套设施。

3. 其他规定

购进的旅客运输服务、贷款服务、餐饮服务、居民日常服务和娱乐服务,进项税额不得从销项税额中抵扣。一般意义上,旅客运输服务、餐饮服务、居民日常服务和娱乐服务主要接受对象是个人。对于一般纳税人购买的旅客运输服务、餐饮服务、居民日常服务和娱乐服务,难以准确地界定接受劳务的对象是企业还是个人,因此,一般纳税人购买的旅客运输服务、餐饮服务、居民日常服务和娱乐服务的进项税额不得从销项税额中扣除。

对于贷款服务进项税额不得抵扣,也就是利息支出进项税额不得抵扣的规定,主要是考虑如果允许抵扣借款利息,从根本上打通融资行为的增值税抵扣链条,按照增值税"道道征道道扣"的原则,首先就应当对存款利息征税。但在现有条件下,难度很大,一方面涉及对居民存款征税,无法解决专用发票的开具问题;另一方面,也与当下实际存款利率为负的现状不符。[②]

为了堵塞税收中的漏洞,纳税人接受贷款服务向贷款方支付的与该笔贷款直接相关

---

① 财政部注册会计师考试委员会办公室:《税法》,经济科学出版社2007年版,第45页。
② 国家税务总局:《全面推开营改增业务操作指引》,中国税务出版社2016年版,第45页。

的投融资顾问费、手续费、咨询费等费用,其进项税额不得从销项税额中抵扣。

4. 无法划分不得抵扣的进项税额的计算

适用一般计税方法的纳税人,兼营简易计税方法计税项目、免征增值税项目而无法划分不得抵扣的进项税额,按照下列公式计算不得抵扣的进项税额:

$$不得抵扣的进项税额 = 当期无法划分的全部进项税额 \times \frac{当期简易计税方法计税项目销售额 + 免征增值税项目销售额}{当期全部销售额}$$

主管税务机关可以按照上述公式依据年度数据对不得抵扣的进项税额进行清算。

房地产开发企业一般纳税人销售自行开发的房地产项目,销售自行开发的房地产项目,兼有一般计税方法计税、简易计税方法计税、免征增值税的房地产项目而无法划分不得抵扣的进项税额的,应以《建筑工程施工许可证》注明的"建设规模"为依据进行划分。①

$$不得抵扣的进项税额 = 当期无法划分的全部进项税额 \times \frac{简易计税、免税房地产项目建设规模}{房地产项目总建设规模}$$

(三)进项税额的调整

1. 进项税额不足抵扣的税务处理

纳税人在计算应纳税额时,如果出现当期销项税额小于当期进项税额不足抵扣的情况,当期进项税额不足抵扣的部分可以结转下期继续抵扣。未抵扣的进项税额称为期末留抵税额。

对于纳税人既欠缴增值税,又有增值税留抵税额的,税法规定,对纳税人因销项税额小于进项税额而产生期末留抵税额的,应以期末留抵税额抵减增值税欠税。② 增值税一般纳税人拖欠纳税检查补缴的增值税税款,如果有进项留抵税额,用增值税留抵税额抵减查补税款欠税。③

增值税一般纳税人在资产重组过程中,将全部资产、负债和劳动力一并转让给其他增值税一般纳税人(新纳税人),并按程序办理注销税务登记的,其在办理注销登记前尚未抵扣的进项税额可结转至新纳税人处继续抵扣。④

2. 扣减当期进项税额的税务处理

(1)按照现行增值税进项税额抵扣办法,用于生产经营项目而购进的货物、劳务、服务、无形资产或者不动产的进项税额,符合规定条件的,在购进时从当期销项税额中予以抵扣。但已抵扣进项税额的购进货物、劳务、服务、无形资产或者不动产,发生现行制度

---

① 国家税务总局:《关于发布〈房地产开发企业销售自行开发的房地产项目增值税征收管理暂行办法〉的公告》,国家税务总局公告2016年第18号。

② 国家税务总局:《关于增值税一般纳税人用进项留抵税额抵减增值税欠税问题的通知》,国税发〔2004〕112号。

③ 国家税务总局:《关于增值税一般纳税人将增值税进项留抵税额抵减查补税款欠税问题的批复》,国税函〔2005〕169号。

④ 国家税务总局:《关于纳税人资产重组增值税留抵税额处理有关问题的公告》,国家税务总局公告2012年第55号。

规定不允许抵扣进项税额的情形,应当将该进项税额从当期进项税额中扣减。

已抵扣进项税额的购进货物(不含固定资产)、劳务、服务,无法确定该进项税额的,按照当期实际成本计算应扣减的进项税额。

这里需要注意的是,一般纳税人购进农产品按13%抵扣率抵扣了进项税额并按农产品成本入账后,发生不允许抵扣进项税额的情形,应当从当期进项税额扣减的进项税额,按下列公式计算:

$$不得抵扣的进项税额 = \frac{成本}{1-13\%} \times 13\%$$

之所以如此,是因为纳税人在购进农产品抵扣进项税额时是按照农产品的买价按照13%抵扣的,在抵减当期进项税额时,依然需要按照农产品的买价计算不允许抵扣的进项税额。而农产品的成本为买价减去进项税额,因此,需要按照上述公式计算不得抵扣的进项税额。

(2)纳税人已抵扣进项税额的固定资产、无形资产或者不动产,发生不允许抵扣进项税额情形的,按照下列公式计算不得抵扣的进项税额:

$$不得抵扣的进项税额 = 固定资产、无形资产或者不动产净值 \times 适用税率$$

所谓的资产净值,是指纳税人按照财务会计制度计提折旧或摊销后的余额。

对于适用分期抵扣规定的已抵扣进项税额的不动产,发生非正常损失,或者改变用途,专用于简易计税方法计税项目、免征增值税项目、集体福利或者个人消费的,按照下列公式计算不得抵扣的进项税额[①]:

$$不得抵扣的进项税额 = (已抵扣进项税额 + 待抵扣进项税额) \times 不动产净值率$$

$$不动产净值率 = \frac{不动产净值}{不动产原值} \times 100\%$$

不得抵扣的进项税额小于或等于该不动产已抵扣进项税额的,应于该不动产改变用途的当期,将不得抵扣的进项税额从进项税额中扣减。

不得抵扣的进项税额大于该不动产已抵扣进项税额的,应于该不动产改变用途的当期,将已抵扣进项税额从进项税额中扣减,并从该不动产待抵扣进项税额中扣减不得抵扣进项税额与已抵扣进项税额的差额。

(3)商业企业向供货方收取的与商品销售量、销售额挂钩(如一定比例、金额、数量计算)的各种返还收入,均应按照平销返利行为的有关规定冲减当期增值税进项税额。所谓"平销返利",是指生产企业以商业企业经销价或高于商业企业经销价的价格将货物销售给商业企业,商业企业再以进货成本或低于进货成本的价格进行销售,生产企业则以返还利润等方式弥补商业企业的进销差价损失。按照税法规定,商业企业向供货方收取

---

① 国家税务总局:《关于发布〈不动产进项税额分期抵扣暂行办法〉的公告》,国家税务总局公告2016年第15号。

的各种收入，一律不得开具增值税专用发票。应冲减进项税金的计算公式为①：

$$当期应冲减进项税金=\frac{当期取得的返还资金}{1+所购货物适用增值税税率}\times 所购货物适用增值税税率$$

商业企业向供货方收取的与商品销售量、销售额无必然联系，且商业企业向供货方提供一定服务的收入，如进场费、广告促销费、上架费、展示费、管理费等，不属于平销返利，不冲减当期增值税进项税金，应按营改增后的相关规定和对应税目征收增值税。

五、计算应纳税额的时间界定

为了确保税款的及时足额入库，纳税人不仅要准确地计算应纳税额，还需要按照规定的纳税期限来确定销项税额和可以抵扣的进项税额。增值税计算公式中强调的"当期"，是指税务机关依照税法规定对纳税人确定的纳税期限；只有在纳税期限内实际发生的销项税额、进项税额，才是法定的当期销项税额或当期进项税额。②

（一）销项税额的时间界定

纳税人销售货物、劳务、服务、无形资产或者不动产应计入当期销项税额的时间，应当按照税法规定的纳税义务发生时间的有关规定执行。增值税暂行条例及相关制度规定，增值税纳税义务发生时间，为发生销售行为并收讫销售款项或者取得索取销售款项凭据的当天；先开具发票的，为开具发票的当天。进口货物，为报关进口的当天。增值税制度按照销售结算方式的不同作了相应规定：

（1）采取直接收款方式销售货物，不论货物是否发出，均为收到销售额或者取得索取销售额的凭据的当天；纳税人生产经营活动中采取直接收款方式销售货物，已将货物移送对方并暂估销售收入入账，但既未取得销售款或取得索取销售款凭据也未开具销售发票的，其增值税纳税义务发生时间为取得销售款或取得索取销售款凭据的当天。③

（2）纳税人销售服务、无形资产、不动产的，为发生应税行为并收讫销售款项或者取得索取销售款项凭据的当天。收讫销售款项，是指纳税人销售服务、无形资产、不动产过程中或者完成后收到款项。取得索取销售款项凭据的当天，是指书面合同确定的付款日期；未签订书面合同或者书面合同未确定付款日期的，为服务、无形资产转让完成的当天或者不动产权属变更的当天。④

（3）纳税人提供建筑服务、租赁服务采取预收款方式的，其纳税义务发生时间为收到预收款的当天。

（4）纳税人从事金融商品转让的，为金融商品所有权转移的当天。

（5）采取托收承付和委托银行收款方式销售货物，为发出货物并办妥托收手续的

---

① 国家税务总局：《关于商业企业向货物供应方收取的部分费用征收流转税问题的通知》，国税发〔2004〕136号；国家税务总局：《关于平销行为征收增值税问题的通知》，国税发〔1997〕167号。
② 财政部注册会计师考试委员会办公室：《税法》，经济科学出版社2007年版，第45页。
   国家税务总局：《关于增值税一般纳税人取得防伪税控系统开具的增值税专用发票进项税额抵扣问题的通知》，国税发〔2003〕17号。
③ 国家税务总局：《关于增值税纳税义务发生时间有关问题的公告》，国家税务总局公告2011年第40号。
④ 财政部、国家税务总局：《关于全面推开营业税改征增值税试点的通知》，财税〔2016〕36号。

当天。

（6）采取赊销和分期收款方式销售货物，为书面合同约定的收款日期的当天，无书面合同的或者书面合同没有约定收款日期的，为货物发出的当天。

（7）采取预收货款方式销售货物，为货物发出的当天，但生产销售生产工期超过12个月的大型机械设备、船舶、飞机等货物，为收到预收款或者书面合同约定的收款日期的当天。

（8）委托其他纳税人代销货物，为收到代销单位的代销清单或者收到全部或者部分货款的当天。未收到代销清单及货款的，为发出代销货物满180天的当天。

（9）纳税人发生的视同销售货物行为，为货物移送的当天等。

（10）增值税扣缴义务发生时间为纳税人增值税纳税义务发生的当天。

2. 进项税额抵扣时间的界定

增值税一般纳税人取得的增值税专用发票、公路内河货物运输业统一发票和机动车销售统一发票，应在开具之日起180日内到税务机关办理认证，并在认证通过的次月申报期内，向主管税务机关申报抵扣进项税额。

实行海关进口增值税专用缴款书（海关缴款书）"先比对后抵扣"管理办法的增值税一般纳税人取得的海关缴款书，应在开具之日起180日内向主管税务机关报送《海关完税凭证抵扣清单》（包括纸质资料和电子数据）申请稽核比对。

未实行海关缴款书"先比对后抵扣"管理办法的增值税一般纳税人取得的海关缴款书，应在开具之日起180日后的第一个纳税申报期结束以前，向主管税务机关申报抵扣进项税额。[①]

对增值税一般纳税人发生真实交易但由于客观原因造成增值税扣税凭证逾期的，经主管税务机关审核、逐级上报，由国家税务总局认证、稽核比对后，对比对相符的增值税扣税凭证，允许纳税人继续抵扣其进项税额。客观原因包括如下类型[②]：

（1）因自然灾害、社会突发事件等不可抗力因素造成增值税扣税凭证逾期。

（2）增值税扣税凭证被盗、抢，或者因邮寄丢失、误递导致逾期。

（3）有关司法、行政机关在办理业务或者检查中，扣押增值税扣税凭证，纳税人不能正常履行申报义务，或者税务机关信息系统、网络故障，未能及时处理纳税人网上认证数据等导致增值税扣税凭证逾期。

（4）买卖双方因经济纠纷，未能及时传递增值税扣税凭证，或者纳税人变更纳税地点，注销旧户和重新办理税务登记的时间过长，导致增值税扣税凭证逾期。

（5）由于企业办税人员伤亡、突发危重疾病或者擅自离职，未能办理交接手续，导致增值税扣税凭证逾期。

（6）国家税务总局规定的其他情形。

自2016年3月1日起，对纳税信用A级增值税一般纳税人取消增值税发票认证。纳税人取得销售方使用增值税发票系统升级版开具的增值税发票（包括增值税专用发

[①] 国家税务总局：《关于调整增值税扣税凭证抵扣期限有关问题的通知》，国税函〔2009〕617号。

[②] 国家税务总局：《关于逾期增值税扣税凭证抵扣问题的公告》，国家税务总局公告2011年第50号。

票、货物运输业增值税专用发票、机动车销售统一发票,下同),可以不再进行扫描认证,通过增值税发票税控开票软件登录本省增值税发票查询平台,查询、选择用于申报抵扣或者出口退税的增值税发票信息。①

自2016年5月1日起,纳税信用B级增值税一般纳税人取得销售方使用新系统开具的增值税发票(包括增值税专用发票、货物运输业增值税专用发票、机动车销售统一发票),可以不再进行扫描认证,登录本省增值税发票查询平台,查询、选择用于申报抵扣或者出口退税的增值税发票信息,未查询到对应发票信息的,仍可进行扫描认证。②

六、特定销售行为的应纳税额计算

(一)销售已使用过的物品③

纳税人销售自己使用过的固定资产,应区分不同情形征收增值税。已使用过的固定资产,是指纳税人根据财务会计制度已经计提折旧的固定资产。

(1)一般纳税人销售自己使用过的属于增值税条例规定的不得抵扣且未抵扣进项税额的固定资产,按照简易办法依照3%征收率减按2%征收增值税。同时,应开具普通发票,不得开具增值税专用发票。

(2)一般纳税人销售自己使用过的已抵扣进项税额的固定资产,按照适用税率征收增值税。

(3)增值税一般纳税人销售自己使用过的固定资产,属于以下两种情形的,可按简易办法依3%征收率减按2%征收增值税,同时不得开具增值税专用发票④:

① 纳税人购进或者自制固定资产时为小规模纳税人,认定为一般纳税人后销售该固定资产。

② 增值税一般纳税人发生按简易办法征收增值税的销售行为,销售其按照规定不得抵扣且未抵扣进项税额的固定资产。

(4)一般纳税人销售自己使用过的除固定资产以外的物品,应当按照适用税率征收增值税。

(5)小规模纳税人(除其他个人外,下同)销售自己使用过的固定资产,减按2%征收率征收增值税。同时,应开具普通发票,不得由税务机关代开增值税专用发票。

小规模纳税人销售自己使用过的除固定资产以外的物品,应按3%的征收率征收增值税。

一般纳税人销售自己使用过的、纳入营改增试点之日前取得的固定资产,比照上述

---

① 国家税务总局:《关于纳税信用A级纳税人取消增值税发票认证有关问题的公告》,国家税务总局公告2016年第7号。

② 国家税务总局:《关于全面推开营业税改征增值税试点有关税收征收管理事项的公告》,国家税务总局公告2016年第23号。

③ 财政部、国家税务总局:《关于部分货物适用增值税低税率和简易办法征收增值税政策的通知》,财税〔2009〕009号;国家税务总局:《关于增值税简易征收政策有关管理问题的通知》,国税函〔2009〕90号。财政部、国家税务总局:《关于简并增值税征收率政策的通知》,财税〔2014〕57号。

④ 国家税务总局:《关于一般纳税人销售自己使用过的固定资产增值税有关问题的公告》,国家税务总局公告2012年第1号;国家税务总局:《关于简并增值税征收率有关问题的公告》,国家税务总局公告2014年第36号。

规定执行。

按简易办法依3%征收率减按2%征收增值税,计算公式如下:

$$销售额=含税销售额/(1+3\%)$$
$$应纳税额=销售额\times 2\%$$

需要注意的是,纳税人销售自己使用过的固定资产,适用简易办法依照3%征收率减按2%征收增值税政策的,可以放弃减税,按照简易办法依照3%征收率缴纳增值税,并可以开具增值税专用发票。[1]

(二) 销售旧货[2]

旧货,是指进入二次流通的具有部分使用价值的货物(含旧汽车、旧摩托车和旧游艇),但不包括自己使用过的物品。纳税人销售旧货,按照简易办法依照3%征收率减按2%征收增值税。纳税人销售旧货,应开具普通发票,不得自行开具或者由税务机关代开增值税专用发票。

纳税人销售旧货,按下列公式确定销售额和应纳税额:

$$销售额=含税销售额/(1+3\%)$$
$$应纳税额=销售额\times 2\%$$

经批准允许从事二手车经销业务的纳税人按照《机动车登记规定》的有关规定,收购二手车时将其办理过户登记到自己名下,销售时再将该二手车过户登记到买家名下的行为,属于增值税条例规定的销售货物的行为,应按照现行规定征收增值税。除上述行为以外,纳税人受托代理销售二手车,凡同时具备以下条件的,不征收增值税;不同时具备以下条件的,视同销售征收增值税。[3]

(1) 受托方不向委托方预付货款。

(2) 委托方将《二手车销售统一发票》直接开具给购买方。

(3) 受托方按购买方实际支付的价款和增值税额(如系代理进口销售货物则为海关代征的增值税额)与委托方结算货款,并另外收取手续费。

(三) 适用简易办法征税的情形[4]

(1) 一般纳税人销售自产的下列货物,可选择按照简易办法依照3%征收率计算缴纳增值税:

① 县级及县级以下小型水力发电单位生产的电力。小型水力发电单位,是指各类投

---

[1] 国家税务总局:《关于营业税改征增值税试点期间有关增值税问题的公告》,国家税务总局公告2015年第90号。

[2] 财政部、国家税务总局:《关于部分货物适用增值税低税率和简易办法征收增值税政策的通知》,财税〔2009〕009号;国家税务总局:《关于增值税简易征收政策有关管理问题的通知》,国税函〔2009〕90号;国家税务总局:《关于简并增值税征收率有关问题的公告》,国家税务总局公告2014年第36号。

[3] 国家税务总局:《关于二手车经营业务有关增值税问题的公告》,国家税务总局公告2012年第23号。

[4] 财政部、国家税务总局:《关于部分货物适用增值税低税率和简易办法征收增值税政策的通知》,财税〔2009〕9号;财政部、国家税务总局:《关于简并增值税征收率政策的通知》,财税〔2014〕57号;国家税务总局:《关于简并增值税征收率有关问题的公告》,国家税务总局公告2014年第36号。

资主体建设的装机容量为5万千瓦以下(含5万千瓦)的小型水力发电单位。

② 建筑用和生产建筑材料所用的砂、土、石料。

③ 以自己采掘的砂、土、石料或其他矿物连续生产的砖、瓦、石灰(不含黏土实心砖、瓦)。

④ 用微生物、微生物代谢产物、动物毒素、人或动物的血液或组织制成的生物制品。

⑤ 自来水。

⑥ 商品混凝土(仅限于以水泥为原料生产的水泥混凝土)。

(2) 一般纳税人销售货物属于下列情形之一的,暂按简易办法依3%征收率计算缴纳增值税:

① 寄售商店代销寄售物品(包括居民个人寄售的物品在内);

② 典当业销售死当物品;

③ 经国务院或国务院授权机关批准的免税商店零售的免税品。

(3) 对属于一般纳税人的自来水公司销售自来水按简易办法依照3%征收率征收增值税,不得抵扣其购进自来水取得增值税扣税凭证上注明的增值税税款。

(4) 对拍卖行受托拍卖增值税应税货物,向买方收取的全部价款和价外费用,应当按照3%的征收率征收增值税。拍卖货物属免税货物范围的,可以免征增值税。①

(5) 属于增值税一般纳税人的单采血浆站销售非临床用人体血液,可以按照简易办法依照3%征收率计算应纳税额,但不得对外开具增值税专用发票;也可以按照销项税额抵扣进项税额的办法依照增值税适用税率计算应纳税额。②

(6) 属于增值税一般纳税人的药品经营企业销售生物制品,兽用药品经营企业销售兽用生物制品,可以选择简易办法按照销售额和3%的征收率计算缴纳增值税。③

一般纳税人选择简易办法计算缴纳增值税后,36个月内不得变更。

(四) 营改增后的简易计税方法

一般纳税人发生下列应税行为可以选择适用简易计税方法计税:

(1) 公共交通运输服务。包括轮客渡、公交客运、地铁、城市轻轨、出租车、长途客运、班车。

(2) 经认定的动漫企业为开发动漫产品提供的动漫脚本编撰、形象设计、背景设计、动画设计、分镜、动画制作、摄制、描线、上色、画面合成、配音、配乐、音效合成、剪辑、字幕制作、压缩转码(面向网络动漫、手机动漫格式适配)服务,以及在境内转让动漫版权(包括动漫品牌、形象或者内容的授权及再授权)。

(3) 电影放映服务、仓储服务、装卸搬运服务、收派服务和文化体育服务。

(4) 以纳入营改增试点之日前取得的有形动产为标的物提供的经营租赁服务。

(5) 在纳入营改增试点之日前签订的尚未执行完毕的有形动产租赁合同。

---

① 国家税务总局:《关于拍卖行取得的拍卖收入征收增值税、营业税有关问题的通知》,国税发〔1999〕40号。
② 国家税务总局:《关于供应非临床用血增值税政策问题的批复》,国税函〔2009〕456号。
③ 国家税务总局:《关于药品经营企业销售生物制品有关增值税问题的公告》,国家税务总局公告2012年第20号;国家税务总局:《关于兽用药品经营企业销售兽用生物制品有关增值税问题的公告》,国家税务总局公告2016年第8号。

(6) 一般纳税人以清包工方式提供的建筑服务,可以选择适用简易计税方法计税。

(7) 一般纳税人为甲供工程提供的建筑服务,可以选择适用简易计税方法计税。

(8) 一般纳税人为建筑工程老项目提供的建筑服务,可以选择适用简易计税方法计税。

(9) 一般纳税人提供人力资源外包服务,可以选择适用简易计税方法,按照5%的征收率计算缴纳增值税。[①]

(10) 农村信用社、村镇银行、农村资金互助社、由银行业机构全资发起设立的贷款公司、法人机构在县(县级市、区、旗)及县以下地区的农村合作银行和农村商业银行提供金融服务收入,可以选择适用简易计税方法按照3%的征收率计算缴纳增值税。

对中国农业银行纳入"三农金融事业部"改革试点的各省、自治区、直辖市、计划单列市分行下辖的县域支行和新疆生产建设兵团分行下辖的县域支行(也称县事业部),提供农户贷款、农村企业和农村各类组织贷款(具体贷款业务清单见附件)取得的利息收入,可以选择适用简易计税方法按照3%的征收率计算缴纳增值税。[②]

(11) 非企业性单位中的一般纳税人提供的研发和技术服务、信息技术服务、鉴证咨询服务,以及销售技术、著作权等无形资产,可以选择简易计税方法按照3%征收率计算缴纳增值税。非企业性单位中的一般纳税人提供按照营改增过渡政策属于免征增值税项目的"技术转让、技术开发和与之相关的技术咨询、技术服务",可以参照此项规定,选择简易计税方法按照3%征收率计算缴纳增值税。[③]

(12) 一般纳税人提供教育辅助服务,可以选择简易计税方法按照3%征收率计算缴纳增值税。[④]

(五) 转让不动产[⑤]

转让不动产,包括以直接购买、接受捐赠、接受投资入股、自建以及抵债等各种形式取得的不动产。房地产开发企业销售自行开发的房地产项目,适用其他相关规定。

1. 一般纳税人

一般纳税人转让其2016年4月30日前取得(不含自建)的不动产,可以选择适用简易计税方法计税,以取得的全部价款和价外费用扣除不动产购置原价或者取得不动产时的作价后的余额为销售额,按照5%的征收率计算应纳税额。纳税人应按照上述计税方法向不动产所在地主管地税机关预缴税款,向机构所在地主管国税机关申报纳税。

如果一般纳税人转让其2016年4月30日前取得(不含自建)的不动产,选择适用一般计税方法计税的,以取得的全部价款和价外费用为销售额计算应纳税额。纳税人应以取得的全部价款和价外费用扣除不动产购置原价或者取得不动产时的作价后的余额,按

[①] 财政部、国家税务总局:《关于进一步明确全面推开营改增试点有关劳务派遣服务、收费公路通行费抵扣等政策的通知》,财税〔2016〕47号。

[②] 财政部、国家税务总局:《关于进一步明确全面推开营改增试点金融业有关政策的通知》,财税〔2016〕46号。

[③] 财政部、国家税务总局:《关于明确金融 房地产开发 教育辅助服务等增值税政策的通知》,财税〔2016〕140号。

[④] 同上。

[⑤] 国家税务总局:《关于发布〈纳税人转让不动产增值税征收管理暂行办法〉的公告》,国家税务总局公告2016年第14号。

照5%的预征率向不动产所在地主管地税机关预缴税款,向机构所在地主管国税机关申报纳税。

一般纳税人转让其2016年4月30日前自建的不动产,可以选择适用简易计税方法计税,以取得的全部价款和价外费用为销售额,按照5%的征收率计算应纳税额。纳税人应按照上述计税方法向不动产所在地主管地税机关预缴税款,向机构所在地主管国税机关申报纳税。

如果一般纳税人转让其2016年4月30日前自建的不动产,选择适用一般计税方法计税的,以取得的全部价款和价外费用为销售额计算应纳税额。纳税人应以取得的全部价款和价外费用,按照5%的预征率向不动产所在地主管地税机关预缴税款,向机构所在地主管国税机关申报纳税。

一般纳税人转让其2016年5月1日后取得(不含自建)的不动产,适用一般计税方法,以取得的全部价款和价外费用为销售额计算应纳税额。纳税人应以取得的全部价款和价外费用扣除不动产购置原价或者取得不动产时的作价后的余额,按照5%的预征率向不动产所在地主管地税机关预缴税款,向机构所在地主管国税机关申报纳税。

一般纳税人转让其2016年5月1日后自建的不动产,适用一般计税方法,以取得的全部价款和价外费用为销售额计算应纳税额。纳税人应以取得的全部价款和价外费用,按照5%的预征率向不动产所在地主管地税机关预缴税款,向机构所在地主管国税机关申报纳税。

2. 小规模纳税人

小规模纳税人转让其取得的不动产,除个人转让其购买的住房外,按照以下规定缴纳增值税:

小规模纳税人转让其取得(不含自建)的不动产,以取得的全部价款和价外费用扣除不动产购置原价或者取得不动产时的作价后的余额为销售额,按照5%的征收率计算应纳税额。

小规模纳税人转让其自建的不动产,以取得的全部价款和价外费用为销售额,按照5%的征收率计算应纳税额。

3. 个人转让购买的住房

个人转让其购买的住房,按照有关规定全额缴纳增值税的,以取得的全部价款和价外费用为销售额,按照5%的征收率计算应纳税额;按照有关规定差额缴纳增值税的,以取得的全部价款和价外费用扣除购买住房价款后的余额为销售额,按照5%的征收率计算应纳税额。

个人转让其取得的不动产,以转让不动产取得的全部价款和价外费用作为预缴税款计算依据的,计算公式为:

$$应预缴税款 = 全部价款和价外费用/(1+5\%) \times 5\%$$

个人以转让不动产取得的全部价款和价外费用扣除不动产购置原价或者取得不动产时的作价后的余额作为预缴税款计算依据的,计算公式为:

$$应预缴税款 = \left(全部价款和价外费用 - \begin{matrix}不动产购置原价或者\\取得不动产时的作价\end{matrix}\right) / (1 + 5\%) \times 5\%$$

纳税人转让其取得的不动产,向不动产所在地主管地税机关预缴的增值税税款,可以在当期增值税应纳税额中抵减,抵减不完的,结转下期继续抵减。

4. 差额扣除的特殊情形①

纳税人转让不动产,按照有关规定差额缴纳增值税的,如因丢失等原因无法提供取得不动产时的发票,可向税务机关提供其他能证明契税计税金额的完税凭证等资料,进行差额扣除。

纳税人以契税计税金额进行差额扣除的,按照下列公式计算增值税应纳税额:

(1) 2016 年 4 月 30 日及以前缴纳契税的

$$\begin{matrix}增值税\\应纳税额\end{matrix} = \left[\begin{matrix}全部交易价格\\(含增值税)\end{matrix} - \begin{matrix}契税计税金额\\(含营业税)\end{matrix}\right] / (1 + 5\%) \times 5\%$$

(2) 2016 年 5 月 1 日及以后缴纳契税的

$$\begin{matrix}增值税\\应纳税额\end{matrix} = \left[\begin{matrix}全部交易价格\\(含增值税)\end{matrix} / (1 + 5\%) - \begin{matrix}契税计税金额\\(不含增值税)\end{matrix}\right] \times 5\%$$

纳税人同时保留取得不动产时的发票和其他能证明契税计税金额的完税凭证等资料的,应当凭发票进行差额扣除。

(六) 提供不动产经营租赁服务②

1. 一般纳税人出租不动产,按照以下规定缴纳增值税

(1) 一般纳税人出租其 2016 年 4 月 30 日前取得的不动产,可以选择适用简易计税方法,按照 5% 的征收率计算应纳税额。

不动产所在地与机构所在地不在同一县(市、区)的,纳税人应按照上述计税方法向不动产所在地主管国税机关预缴税款,向机构所在地主管国税机关申报纳税。不动产所在地与机构所在地在同一县(市、区)的,纳税人向机构所在地主管国税机关申报纳税。

(2) 一般纳税人出租其 2016 年 5 月 1 日后取得的不动产,适用一般计税方法计税。

不动产所在地与机构所在地不在同一县(市、区)的,纳税人应按照 3% 的预征率向不动产所在地主管国税机关预缴税款,向机构所在地主管国税机关申报纳税。

不动产所在地与机构所在地在同一县(市、区)的,纳税人应向机构所在地主管国税机关申报纳税。

一般纳税人出租其 2016 年 4 月 30 日前取得的不动产适用一般计税方法计税的,按照上述规定执行。

---

① 国家税务总局:《关于纳税人转让不动产缴纳增值税差额扣除有关问题的公告》,国家税务总局公告 2016 年第 73 号。

② 国家税务总局:《纳税人提供不动产经营租赁服务增值税征收管理暂行办法》,国家税务总局公告 2016 年第 16 号。

2. 小规模纳税人出租不动产,按照以下规定缴纳增值税

(1) 单位和个体工商户出租不动产(不含个体工商户出租住房),按照5%的征收率计算应纳税额。个体工商户出租住房,按照5%的征收率减按1.5%计算应纳税额。

不动产所在地与机构所在地不在同一县(市、区)的,纳税人应按照上述计税方法向不动产所在地主管国税机关预缴税款,向机构所在地主管国税机关申报纳税。

不动产所在地与机构所在地在同一县(市、区)的,纳税人应向机构所在地主管国税机关申报纳税。

(2) 其他个人出租不动产(不含住房),按照5%的征收率计算应纳税额,向不动产所在地主管地税机关申报纳税。其他个人出租住房,按照5%的征收率减按1.5%计算应纳税额,向不动产所在地主管地税机关申报纳税。

3. 预缴税款的计算

(1) 纳税人出租不动产适用一般计税方法计税的计算公式:

$$应预缴税款 = 含税销售额/(1+11\%) \times 3\%$$

(2) 纳税人出租不动产适用简易计税方法计税的(除个人出租住房外)计算公式:

$$应预缴税款 = 含税销售额/(1+5\%) \times 5\%$$

(3) 个体工商户出租住房,按照以下公式计算应预缴税款:

$$应预缴税款 = 含税销售额/(1+5\%) \times 1.5\%$$

(4) 其他个人出租不动产,按照以下公式计算应纳税款:

$$出租住房:应纳税款 = 含税销售额/(1+5\%) \times 1.5\%$$
$$出租非住房:应纳税款 = 含税销售额/(1+5\%) \times 5\%$$

单位和个体工商户出租不动产,向不动产所在地主管国税机关预缴的增值税款,可以在当期增值税应纳税额中抵减,抵减不完的,结转下期继续抵减。

(七) 房地产开发企业销售自行开发的房地产项目[①]

房地产开发企业销售自行开发的房地产项目,这里的自行开发,是指在依法取得土地使用权的土地上进行基础设施和房屋建设。房地产开发企业以接盘等形式购入未完工的房地产项目继续开发后,以自己的名义立项销售的,也属于销售自行开发的房地产项目。

1. 销售额

房地产开发企业中的一般纳税人销售自行开发的房地产项目,适用一般计税方法计税,按照取得的全部价款和价外费用,扣除当期销售房地产项目对应的土地价款后的余额计算销售额。销售额的计算公式如下:

---

① 国家税务总局:《关于发布〈房地产开发企业销售自行开发的房地产项目增值税征收管理暂行办法〉的公告》,国家税务总局公告2016年第18号。

销售额＝(全部价款和价外费用－当期允许扣除的土地价款)/(1＋11％)

其中,当期允许扣除的土地价款按照以下公式计算:

$$当期允许扣除的土地价款 = \frac{当期销售房地产项目建筑面积}{房地产项目可供销售建筑面积} \times 支付的土地价款$$

当期销售房地产项目建筑面积,是指当期进行纳税申报的增值税销售额对应的建筑面积。

房地产项目可供销售建筑面积,是指房地产项目可以出售的总建筑面积,不包括销售房地产项目时未单独作价结算的配套公共设施的建筑面积。

支付的土地价款,是指向政府、土地管理部门或受政府委托收取土地价款的单位直接支付的土地价款。需要注意的是,房地产开发企业为取得土地使用权支付的费用包括土地出让金、拆迁补偿费、征收补偿款、开发规费等,目前只有土地出让金列入差额扣除范围,不包括缴纳的契税和向政府缴纳的其他费用。在计算销售额时从全部价款和价外费用中扣除土地价款,应当取得省级以上(含省级)财政部门监(印)制的财政票据。房地产开发企业从二级土地市场取得的土地使用权,凭取得的专用发票抵扣进项税额。

这里需要注意,已进一步明确的现行政策是"向政府部门支付的土地价款",包括土地受让人向政府部门支付的征地和拆迁补偿费用、土地前期开发费用和土地出让收益等。

房地产开发企业中的一般纳税人销售其开发的房地产项目(选择简易计税方法的房地产老项目除外),在取得土地时向其他单位或个人支付的拆迁补偿费用也允许在计算销售额时扣除。纳税人按上述规定扣除拆迁补偿费用时,应提供拆迁协议、拆迁双方支付和取得拆迁补偿费用凭证等能够证明拆迁补偿费用真实性的材料。

房地产开发企业(包括多个房地产开发企业组成的联合体)受让土地向政府部门支付土地价款后,设立项目公司对该受让土地进行开发,同时符合下列条件的,可由项目公司按规定扣除房地产开发企业向政府部门支付的土地价款。(1)房地产开发企业、项目公司、政府部门三方签订变更协议或补充合同,将土地受让人变更为项目公司;(2)政府部门出让土地的用途、规划等条件不变的情况下,签署变更协议或补充合同时,土地价款总额不变;(3)项目公司的全部股权由受让土地的房地产开发企业持有。[①]

一般纳税人销售自行开发的房地产老项目,可以选择适用简易计税方法按照5％的征收率计税。适用简易计税方法计税的,以取得的全部价款和价外费用为销售额,不得扣除对应的土地价款。一经选择简易计税方法计税的,36个月内不得变更为一般计税方法计税。

房地产老项目,是指《建筑工程施工许可证》注明的合同开工日期在2016年4月30日前的房地产项目,或《建筑工程施工许可证》未注明合同开工日期或者未取得《建筑工程施工许可证》但建筑工程承包合同注明的开工日期在2016年4月30日前的建筑工程

---

① 财政部、国家税务总局:《关于明确金融 房地产开发 教育辅助服务等增值税政策的通知》,财税〔2016〕140号。

项目。

2. 预缴税款

鉴于房地产企业经营周期较长,收入与成本支出不匹配性的特点比较明显,前期房屋预售,营业收入比较集中;后期开展工程建设、建筑劳务、材料成本支出较多。若不采取税款预征的方式,则会出现企业前期税负较重,后期进项留抵较多的情况,占压企业资金,不利于生产经营。预征税款的制度和政策设计,既实现了税款均衡入库,兼顾了地方财政收益,也解决了房地产企业进项、销项进度不匹配的问题,减轻了企业负担。

一般纳税人采取预收款方式销售自行开发的房地产项目,应在收到预收款时按照3%的预征率预缴增值税,应预缴税款按照以下公式计算:

$$应预缴税款 = 预收款/(1+适用税率或征收率) \times 3\%$$

适用一般计税方法计税的,按照11%的适用税率计算;适用简易计税方法计税的,按照5%的征收率计算。

房地产开发企业中的小规模纳税人采取预收款方式销售自行开发的房地产项目,应在收到预收款时按照3%的预征率预缴增值税。应预缴税款按照以下公式计算:

$$应预缴税款 = 预收款/(1+5\%) \times 3\%$$

3. 进项税额

一般纳税人销售自行开发的房地产项目,兼有一般计税方法计税、简易计税方法计税、免征增值税的房地产项目而无法划分不得抵扣的进项税额,应以《建筑工程施工许可证》注明的"建设规模"为依据进行划分。

$$不得抵扣的进项税额 = 当期无法划分的全部进项税额 \times \frac{简易计税、免税房地产项目建设规模}{房地产项目总建设规模}$$

七、进口货物应纳税额的计算

(一)进口货物征税的范围

根据《增值税暂行条例》的规定,申报进入中国海关境内的货物,均应缴纳增值税。

确定一项货物是否属于进口货物,必须首先看其是否有报关进口手续。一般来说,境外产品要输入境内,都必须向我国海关申报进口,并办理有关报关手续。只要是报关进口的应税货物,不论其是国外产制还是我国已出口而转销国内的货物,是进口者自行采购还是国外捐赠的货物,是进口者自用还是作为贸易或其他用途等,均应按照规定缴纳进口环节的增值税。

(二)进口货物的纳税人

进口货物的收货人或办理报关手续的单位和个人,为进口货物增值税的纳税义务人。也就是说,进口货物增值税纳税人的范围较宽,包括国内一切从事进口业务的企业事业单位、机关团体和个人。

(三)进口货物的适用税率

进口货物增值税税率与增值税一般纳税人在国内销售同类货物的税率相同。

(四) 进口货物应纳税额的计算

纳税人进口货物,按照组成计税价格和《增值税暂行条例》规定的税率计算应纳税额。组成计税价格是指在没有实际销售价格时,按照税法规定计算出作为计税依据的价格。进口货物计算增值税组成计税价格和应纳税额计算公式:

$$组成计税价格＝关税完税价格＋关税＋消费税$$
$$应纳税额＝组成计税价格×税率$$

纳税人在计算进口货物的增值税时应该注意以下问题:

(1) 进口货物增值税的组成计税价格中包括已纳关税税额,如果进口货物属于消费税应税消费品,其组成计税价格中还要包括进口环节已纳消费税税额。

(2) 在计算进口环节的应纳增值税税额时不得抵扣任何税额,即在计算进口环节的应纳增值税税额时,不得抵扣发生在我国境外的各种税金。

(3) 按照《中华人民共和国海关法》和《中华人民共和国进出口关税条例》的规定,一般贸易下进口货物的关税完税价格以海关审定的成交价格为基础的到岸价格作为完税价格。所谓成交价格是一般贸易项下进口货物的买方为购买该项货物向卖方实际支付或应当支付的价格;到岸价格,包括货价,加上货物运抵我国关境内输入地点起卸前的包装费、运费、保险费和其他劳务费等费用构成的一种价格。特殊贸易下进口的货物,由于进口时没有"成交价格"可作依据,为此,《中华人民共和国进出口关税条例》对这些进口货物制定了确定其完税价格的具体办法。

第五节 税 收 优 惠

一、起征点的规定

增值税起征点的适用范围限于个人,不适用于登记为一般纳税人的个体工商户。个人发生销售行为的销售额未达到增值税起征点的,免征增值税;达到起征点的,全额计算缴纳增值税。按期纳税的,起征点为月销售额5 000—20 000元(含本数);按次纳税的,起征点为每次(日)销售额300—500元(含本数)。销售额不包括其应纳税额。起征点的调整由财政部和国家税务总局规定。省、自治区、直辖市财政厅(局)和国家税务局应在规定的幅度内,根据实际情况确定本地区适用的起征点,并报财政部、国家税务总局备案。

对增值税小规模纳税人中月销售额未达到2万元的企业或非企业性单位,免征增值税。2017年12月31日前,对月销售额2万元(含本数)至3万元的增值税小规模纳税人,免征增值税。

二、增值税暂行条例规定的免税项目

(1) 农业生产者销售的自产农业产品免征增值税。农业生产者销售的自产农业产品,是指直接从事种植业、养殖业、林业、牧业、水产业的单位和个人销售的属于自己生产的各种植物、动物的初级产品。初级农业产品的具体范围,由国家税务总局直属分局确

定。对于农业生产者销售的外购的农业产品,以及外购农产品生产、加工后销售的,不属于免税的范围,应当按照规定税率征收增值税。①

制种企业利用自有土地或承租土地,雇用农户或雇工进行种子繁育,再经烘干、脱粒、风筛等深加工后销售种子。制种企业提供亲本种子委托农户繁育并从农户手中收回,再经烘干、脱粒、风筛等深加工后销售种子。属于农业生产者销售自产农业产品。②

(2) 避孕药品和用具。
(3) 古旧图书。古旧图书,是向社会收购的古书和旧书。
(4) 直接用于科学研究、科学试验和教学的进口仪器、设备。
(5) 外国政府、国际组织无偿援助的进口物资和设备。
(6) 由残疾人的组织直接进口供残疾人专用的物品。
(7) 销售自己使用过的物品。自己使用过的物品,是指其他个人自己使用过的物品。

除以上项目外,增值税的免税、减税项目由国务院规定。任何地区、部门均不得规定免税、减税项目。

这里需要注意的是,纳税人销售行为适用免税规定的,可以放弃免税,依照增值税暂行条例的规定缴纳增值税。放弃免税后,36个月内不得再申请免税。

纳税人一经放弃免税权,其销售行为均应按照适用税率征税,不得选择某一免税项目放弃免税权,也不得根据不同的销售对象选择部分销售行为放弃免税权。③

三、营改增过渡政策规定

(一) 免征增值税

(1) 托儿所、幼儿园提供的保育和教育服务。超过规定收费标准的收费,以开办实验班、特色班和兴趣班等为由另外收取的费用以及与幼儿入园挂钩的赞助费、支教费等超过规定范围的收入,不属于免征增值税的收入。

(2) 养老机构提供的养老服务。
(3) 残疾人福利机构提供的育养服务。
(4) 婚姻介绍服务。
(5) 殡葬服务。
(6) 残疾人员本人为社会提供的服务。
(7) 医疗机构提供的医疗服务。
(8) 从事学历教育的学校提供的教育服务。提供教育服务免征增值税的收入,是指对列入规定招生计划的在籍学生提供学历教育服务取得的收入,具体包括:经有关部门审核批准并按规定标准收取的学费、住宿费、课本费、作业本费、考试报名费收入,以及学校食堂提供餐饮服务取得的伙食费收入。除此之外的收入,包括学校以各种名义收取的赞助费、择校费等,不属于免征增值税的范围。

---

① 财政部、国家税务总局:《关于农民专业合作社有关税收政策的通知》,财税〔2008〕81号。
② 国家税务总局:《关于制种行业增值税有关问题的公告》,国家税务总局公告2010年第17号。
③ 财政部、国家税务总局:《关于增值税纳税人放弃免税权有关问题的通知》,财税〔2007〕127号。

(9) 学生勤工俭学提供的服务。

(10) 农业机耕、排灌、病虫害防治、植物保护、农牧保险以及相关技术培训业务,家禽、牲畜、水生动物的配种和疾病防治。

(11) 纪念馆、博物馆、文化馆、文物保护单位管理机构、美术馆、展览馆、书画院、图书馆在自己的场所提供文化体育服务取得的第一道门票收入。

(12) 寺院、宫观、清真寺和教堂举办文化、宗教活动的门票收入。

(13) 行政单位之外的其他单位收取的符合规定条件的政府性基金和行政事业性收费。

(14) 个人转让著作权。

(15) 个人销售自建自用住房。

(16) 2018年12月31日前,公共租赁住房经营管理单位出租公共租赁住房。

(17) 台湾航运公司、航空公司从事海峡两岸海上直航、空中直航业务在大陆取得的运输收入。

(18) 纳税人提供的直接或者间接国际货物运输代理服务。

(19) 符合条件的利息收入,包括国家助学贷款,国债,地方政府债,人民银行对金融机构的贷款,住房公积金管理中心用住房公积金在指定的委托银行发放的个人住房贷款,外汇管理部门在从事国家外汇储备经营过程中,委托金融机构发放的外汇贷款以及2016年12月31日前金融机构农户小额贷款。

此外,在统借统还业务中,企业集团或企业集团中的核心企业以及集团所属财务公司按不高于支付给金融机构的借款利率水平或者支付的债券票面利率水平,向企业集团或者集团内下属单位收取的利息,免征增值税;统借方向资金使用单位收取的利息,高于支付给金融机构借款利率水平或者支付的债券票面利率水平的,应全额缴纳增值税。

统借统还业务,包括两种情况:一是企业集团或者企业集团中的核心企业向金融机构借款或对外发行债券取得资金后,将所借资金分拨给下属单位(包括独立核算单位和非独立核算单位),并向下属单位收取用于归还金融机构或债券购买方本息的业务。二是企业集团向金融机构借款或对外发行债券取得资金后,由集团所属财务公司与企业集团或者集团内下属单位签订统借统还贷款合同并分拨资金,并向企业集团或者集团内下属单位收取本息,再转付企业集团,由企业集团统一归还金融机构或债券购买方的业务。

(20) 被撤销金融机构以货物、不动产、无形资产、有价证券、票据等财产清偿债务。

(21) 保险公司开办的一年期以上人身保险产品取得的保费收入。人身保险包括保险期间为一年期及以上返还本利的人寿保险、养老年金保险、其他年金保险,以及保险期间为一年期及以上的健康保险。[1]

(22) 符合条件的金融商品转让收入,包括合格境外投资者(QFII)委托境内公司在我国从事证券买卖业务;香港市场投资者(包括单位和个人)通过沪港通买卖上海证券交易所上市A股;对香港市场投资者(包括单位和个人)通过基金互认买卖内地基金份额;证券投资基金(封闭式证券投资基金,开放式证券投资基金)管理人运用基金买卖股票、

---

[1] 财政部、国家税务总局:《关于进一步明确全面推开营改增试点金融业有关政策的通知》,财税〔2016〕46号。

债券;个人从事金融商品转让业务。人民币合格境外投资者(RQFII)委托境内公司在我国从事证券买卖业务,以及经人民银行认可的境外机构投资银行间本币市场取得的收入属于金融商品转让收入。①

(23) 金融同业往来利息收入,包括金融机构与人民银行所发生的资金往来业务,银行联行往来业务,金融机构间的资金往来业务,金融机构之间开展的转贴现业务。商业银行购买央行票据、与央行开展货币掉期和货币互存等业务属于金融机构与人民银行所发生的资金往来业务;境内银行与其境外的总机构、母公司之间,以及境内银行与其境外的分支机构、全资子公司之间的资金往来业务属于银行联行往来业务。金融机构开展的质押式买入返售金融商品、持有政策性金融债券、同业存款、同业借款、同业代付、买断式买入返售金融商品、持有金融债券、同业存单等业务取得的利息收入属于金融同业往来利息收入。②

(24) 符合条件的担保机构从事中小企业信用担保或者再担保业务取得的收入(不含信用评级、咨询、培训等收入)3年内免征增值税。

(25) 国家商品储备管理单位及其直属企业承担商品储备任务,从中央或者地方财政取得的利息补贴收入和价差补贴收入。

(26) 纳税人提供技术转让、技术开发和与之相关的技术咨询、技术服务。

(27) 符合条件的合同能源管理服务。

(28) 2017年12月31日前,科普单位的门票收入,以及县级及以上党政部门和科协开展科普活动的门票收入。

(29) 政府举办的从事学历教育的高等、中等和初等学校(不含下属单位),举办进修班、培训班取得的全部归该学校所有的收入。

(30) 政府举办的职业学校设立的主要为在校学生提供实习场所,并由学校出资自办、由学校负责经营管理、经营收入归学校所有的企业,从事《销售服务、无形资产或者不动产注释》中"现代服务"(不含融资租赁服务、广告服务和其他现代服务)、"生活服务"(不含文化体育服务、其他生活服务和桑拿、氧吧)业务活动取得的收入。

(31) 家政服务企业由员工制家政服务员提供家政服务取得的收入。

(32) 福利彩票、体育彩票的发行收入。

(33) 军队空余房产租赁收入。

(34) 为了配合国家住房制度改革,企业、行政事业单位按房改成本价、标准价出售住房取得的收入。

(35) 将土地使用权转让给农业生产者用于农业生产。

(36) 涉及家庭财产分割的个人无偿转让不动产、土地使用权,包括:离婚财产分割;无偿赠与配偶、父母、子女、祖父母、外祖父母、孙子女、外孙子女、兄弟姐妹;无偿赠与对其承担直接抚养或者赡养义务的抚养人或者赡养人;房屋产权所有人死亡,法定继承人、

---

① 财政部、国家税务总局:《关于进一步明确全面推开营改增试点金融业有关政策的通知》,财税〔2016〕46号;财政部、国家税务总局:《关于金融机构同业往来等增值税政策的补充通知》,财税〔2016〕70号。

② 同上。

遗嘱继承人或者受遗赠人依法取得房屋产权。

(37) 土地所有者出让土地使用权和土地使用者将土地使用权归还给土地所有者。

(38) 县级以上地方人民政府或自然资源行政主管部门出让、转让或收回自然资源使用权(不含土地使用权)。

(39) 为安置随军家属就业而新开办的企业,随军家属必须占企业总人数的60%(含)以上,并有军(含)以上政治和后勤机关出具的证明的,自领取税务登记证之日起,其提供的应税服务3年内免征增值税;从事个体经营的随军家属,自办理税务登记事项之日起,其提供的应税服务3年内免征增值税。

(40) 从事个体经营的军队转业干部,自领取税务登记证之日起,其提供的应税服务3年内免征增值税;为安置自主择业的军队转业干部就业而新开办的企业,凡安置自主择业的军队转业干部占企业总人数60%(含)以上的,自领取税务登记证之日起,其提供的应税服务3年内免征增值税。

(二) 增值税即征即退

(1) 一般纳税人提供管道运输服务,对其增值税实际税负超过3%的部分实行增值税即征即退政策。

(2) 经人民银行、银监会或者商务部批准从事融资租赁业务的试点纳税人中的一般纳税人,提供有形动产融资租赁服务和有形动产融资性售后回租服务,对其增值税实际税负超过3%的部分实行增值税即征即退政策。商务部授权的省级商务主管部门和国家经济技术开发区批准的从事融资租赁业务和融资性售后回租业务的试点纳税人中的一般纳税人,2016年5月1日后实收资本达到1.7亿元的,从达到标准的当月起按照上述规定执行;2016年5月1日后实收资本未达到1.7亿元但注册资本达到1.7亿元的,在2016年7月31日前仍可按照上述规定执行,2016年8月1日后开展的有形动产融资租赁业务和有形动产融资性售后回租业务不得按照上述规定执行。

所称增值税实际税负,是指纳税人当期提供应税服务实际缴纳的增值税税额占纳税人当期提供应税服务取得的全部价款和价外费用的比例。

(三) 扣减增值税规定

1. 退役士兵创业就业

对自主就业退役士兵从事个体经营的,在3年内按每户每年8000元为限额依次扣减其当年实际应缴纳的增值税、城市维护建设税、教育费附加、地方教育附加和个人所得税。限额标准最高可上浮20%,各省、自治区、直辖市人民政府可根据本地区实际情况在此幅度内确定具体限额标准,并报财政部和国家税务总局备案。

对商贸企业、服务型企业、劳动就业服务企业中的加工型企业和街道社区具有加工性质的小型企业实体,在新增加的岗位中,当年新招用自主就业退役士兵,与其签订1年以上期限劳动合同并依法缴纳社会保险费的,在3年内按实际招用人数予以定额依次扣减增值税、城市维护建设税、教育费附加、地方教育附加和企业所得税优惠。定额标准为每人每年4000元,最高可上浮50%,各省、自治区、直辖市人民政府可根据本地区实际情况在此幅度内确定具体定额标准,并报财政部和国家税务总局备案。

2. 重点群体创业就业

对持《就业创业证》（注明"自主创业税收政策"或"毕业年度内自主创业税收政策"）或 2015 年 1 月 27 日前取得的《就业失业登记证》（注明"自主创业税收政策"或附着《高校毕业生自主创业证》）的人员从事个体经营的，在 3 年内按每户每年 8 000 元为限额依次扣减其当年实际应缴纳的增值税、城市维护建设税、教育费附加、地方教育附加和个人所得税。限额标准最高可上浮 20%，各省、自治区、直辖市人民政府可根据本地区实际情况在此幅度内确定具体限额标准，并报财政部和国家税务总局备案。

对商贸企业、服务型企业、劳动就业服务企业中的加工型企业和街道社区具有加工性质的小型企业实体，在新增加的岗位中，当年新招用在人力资源社会保障部门公共就业服务机构登记失业半年以上且持《就业创业证》或 2015 年 1 月 27 日前取得的《就业失业登记证》（注明"企业吸纳税收政策"）人员，与其签订 1 年以上期限劳动合同并依法缴纳社会保险费的，在 3 年内按实际招用人数予以定额依次扣减增值税、城市维护建设税、教育费附加、地方教育附加和企业所得税优惠。定额标准为每人每年 4 000 元，最高可上浮 30%，各省、自治区、直辖市人民政府可根据本地区实际情况在此幅度内确定具体定额标准，并报财政部和国家税务总局备案。

按上述标准计算的税收扣减额应在企业当年实际应缴纳的增值税、城市维护建设税、教育费附加、地方教育附加和企业所得税税额中扣减，当年扣减不足的，不得结转下年使用。

服务型企业是指从事《销售服务、无形资产、不动产注释》中"不动产租赁服务""商务辅助服务"（不含货物运输代理和代理报关服务）、"生活服务"（不含文化体育服务）范围内业务活动的企业以及按照《民办非企业单位登记管理暂行条例》登记成立的民办非企业单位。

（四）金融企业贷款应收未收利息政策

金融企业，包括证券公司、保险公司、金融租赁公司、证券基金管理公司、证券投资基金以及其他经人民银行、银监会、证监会、保监会批准成立且经营金融保险业务的机构，发放贷款后，自结息日起 90 天内发生的应收未收利息按现行规定缴纳增值税，自结息日起 90 天后发生的应收未收利息暂不缴纳增值税，待实际收到利息时按规定缴纳增值税。①

（五）个人销售购买的住房政策

对于北京、上海、广州和深圳之外的地区，个人将购买不足 2 年的住房对外销售的，按照 5%的征收率全额缴纳增值税；个人将购买 2 年以上（含 2 年）的住房对外销售的，免征增值税。

北京、上海、广州和深圳，个人将购买不足 2 年的住房对外销售的，按照 5%的征收率全额缴纳增值税；个人将购买 2 年以上（含 2 年）的非普通住房对外销售的，以销售收入减去购买住房价款后的差额按照 5%的征收率缴纳增值税；个人将购买 2 年以上（含 2

---

① 财政部、国家税务总局：《关于明确金融 房地产开发 教育辅助服务等增值税政策的通知》，财税〔2016〕140 号。

年)的普通住房对外销售的,免征增值税。

四、营改增跨境应税行为适用免税政策

境内的单位和个人销售的下列服务和无形资产免征增值税,但财政部和国家税务总局规定适用增值税零税率的除外。

(一) 下列服务

(1) 工程项目在境外的建筑服务。

(2) 工程项目在境外的工程监理服务。

(3) 工程、矿产资源在境外的工程勘察勘探服务。

(4) 会议展览地点在境外的会议展览服务。

(5) 存储地点在境外的仓储服务。

(6) 标的物在境外使用的有形动产租赁服务。

(7) 在境外提供的广播影视节目(作品)的播映服务。

(8) 在境外提供的文化体育服务、教育医疗服务、旅游服务。

(二) 为出口货物提供的邮政服务、收派服务、保险服务

为出口货物提供的保险服务,包括出口货物保险和出口信用保险。

(三) 向境外单位提供的完全在境外消费的下列服务和无形资产

电信服务、知识产权服务、物流辅助服务(仓储服务、收派服务除外)、鉴证咨询服务、专业技术服务、商务辅助服务、广告投放地在境外的广告服务、无形资产。

(四) 以无运输工具承运方式提供的国际运输服务

(五) 为境外单位之间的货币资金融通及其他金融业务提供的直接收费金融服务,且该服务与境内的货物、无形资产和不动产无关

按照国家有关规定应取得相关资质的国际运输服务项目,纳税人取得相关资质的,适用增值税零税率政策,未取得的,适用增值税免税政策。

境内单位和个人以无运输工具承运方式提供的国际运输服务,由境内实际承运人适用增值税零税率;无运输工具承运业务的经营者适用增值税免税政策。

五、其他税收优惠政策规定

(一) 免税项目

(1) 对农民专业合作社销售本社成员生产的农业产品,视同农业生产者销售自产农业产品免征增值税。增值税一般纳税人从农民专业合作社购进的免税农业产品,可按13%的扣除率计算抵扣增值税进项税额。对农民专业合作社向本社成员销售的农膜、种子、种苗、农药、农机,免征增值税。[①]

(2) 纳税人采取"公司+农户"经营模式从事畜禽饲养,公司与农户签订委托养殖合同,向农户提供畜禽苗、饲料、兽药及疫苗等(所有权属于公司),农户饲养畜禽苗至成品

[①] 财政部、国家税务总局:《关于农民专业合作社有关税收政策的通知》,财税〔2008〕81号;财政部、国家税务总局:《关于对化肥恢复征收增值税政策的补充通知》,财税〔2015〕97号。

后交付公司回收,公司将回收的成品畜禽用于销售。在上述经营模式下,纳税人回收再销售畜禽,属于农业生产者销售自产农产品,免征增值税。①

(3) 对从事蔬菜批发、零售的纳税人销售的蔬菜免征增值税。经挑选、清洗、切分、晾晒、包装、脱水、冷藏、冷冻等工序加工的蔬菜,属于免税蔬菜的范围。各种蔬菜罐头不属于免税蔬菜的范围。②

对从事农产品批发、零售的纳税人销售的部分鲜活肉蛋产品免征增值税。免征增值税的鲜活肉产品,是指猪、牛、羊、鸡、鸭、鹅及其整块或者分割的鲜肉、冷藏或者冷冻肉,内脏、头、尾、骨、蹄、翅、爪等组织。免征增值税的鲜活蛋产品,是指鸡蛋、鸭蛋、鹅蛋,包括鲜蛋、冷藏蛋以及对其进行破壳分离的蛋液、蛋黄和蛋壳。③

(4) 对承担粮食收储任务的国有粮食购销企业销售的粮食和大豆免征增值税;对其他粮食企业经营的军队用粮、救灾救济粮和水库移民粮食予以免征增值税;对粮食部门经营的退耕还林还草补助粮,凡符合国家规定标准的,比照"救灾救济粮"免征增值税;对政府储备食用植物油的销售免征增值税。④

(5) 对于单一大宗饲料、混合饲料、配合饲料、符合预饲料、浓缩饲料,凡销售给饲料生产企业、饲养单位及个体养殖户的饲料,免征增值税,销售给其他单位的一律征税。农膜免征增值税。

批发和零售的种子、种苗、农药、农机,免征增值税。⑤ 自 2008 年 6 月 1 日起,纳税人生产销售和批发、零售有机肥产品免征增值税。享受免税政策的有机肥产品是指有机肥料、有机-无机复混肥料和生物有机肥。⑥

(6) 对血站供应给医疗机构的临床用血免征增值税⑦;非营利性医疗机构自产自用的制剂,免征增值税,营利性医疗机构自取得执业登记之日起 3 年内自产自用的制剂免征增值税。⑧ 自 2016 年 1 月 1 日起至 2018 年 12 月 31 日止,对国内定点生产企业生产的国产抗艾滋病病毒药品免征生产环节和流通环节增值税。⑨

---

① 国家税务总局:《关于纳税人采取"公司+农户"经营模式销售畜禽有关增值税问题的公告》,国家税务总局公告 2013 年第 8 号。
② 财政部、国家税务总局:《关于免征蔬菜流通环节增值税有关问题的通知》,财税〔2011〕137 号。
③ 财政部、国家税务总局:《关于免征部分鲜活肉蛋产品流通环节增值税政策的通知》,财税〔2012〕75 号。
④ 财政部、国家税务总局:《关于粮食企业增值税征免问题的通知》,财税字〔1999〕198 号;国家税务总局:《关于退耕还林还草补助粮免征增值税问题的通知》,国税发〔2001〕131 号;财政部、国家税务总局:《关于免征储备大豆增值税政策的通知》,财税〔2014〕38 号。
⑤ 财政部、国家税务总局:《关于农业生产资料免征增值税问题的通知》,财税字〔1998〕78 号;国家税务总局:《关于修订"饲料"注释及加强饲料征免增值税管理问题的通知》,国税发〔1999〕39 号;财政部、国家税务总局:《关于若干农业生产资料征免增值税政策的通知》,财税〔2001〕113 号;国家税务总局:《关于饲料产品免征增值税问题的通知》,财税〔2001〕121 号;财政部、国家税务总局:《关于豆粕等粕类产品征免增值税政策的通知》,财税字〔2001〕30 号。财政部、海关总署、国家税务总局:《关于农药税收政策的通知》,财税〔2003〕186 号;国家税务总局:《关于矿物质微量元素舔砖免征增值税问题的批复》,国税函〔2005〕1127 号;财政部、海关总署、国家税务总局:《关于对化肥恢复征收增值税政策的通知》,财税〔2015〕90 号。
⑥ 财政部、国家税务总局:《关于有机肥产品免征增值税的通知》,财税〔2008〕56 号;国家税务总局:《关于明确有机肥产品执行标准的公告》,国家税务总局公告 2015 年第 86 号。
⑦ 财政部、国家税务总局:《关于血站有关税收问题的通知》,财税字〔1999〕264 号。
⑧ 财政部、国家税务总局:《关于医疗卫生机构有关税收政策的通知》,财税字〔2000〕42 号。
⑨ 财政部、国家税务总局:《关于继续免征国产抗艾滋病病毒药品增值税的通知》,财税〔2016〕197 号。

(7) 供残疾人专用的假肢、轮椅、矫形器免征增值税。①

(8) 上海国际能源交易中心股份有限公司的会员和客户通过上海国际能源交易中心股份有限公司交易的原油期货保税交割业务,大连商品交易所的会员和客户通过大连商品交易所交易的铁矿石期货保税交割业务,暂免征收增值税。②

(9) 对各级政府及主管部门委托自来水厂(公司)随水费收取的污水处理费,免征增值税。③

(10) 军队系统(包括人民武装警察部队)的军需工厂、军马场、军办农场(林厂、茶厂)、军办厂矿等企业以及军队院校、医院、科研文化单位、物资供销、仓库、修理等事业单位,为部队生产的武器及其零配件、弹药、军训器材、部队装备(指人被装、军械装备、马装具,下同),免征增值税。军需工厂、物资供销单位生产、销售、调拨给公安系统和国家安全系统的民警服装,免征增值税;对外销售的,按规定征收增值税。供军内使用的应与对外销售的分开核算,否则,按对外销售征税。军需工厂之间为生产军品而互相协作的产品免征增值税。军队系统各单位从事加工、修理修配武器及其零配件、弹药、军训器材、部队装备的业务收入,免征增值税。

军工系统所属军事工厂(包括科研单位)生产销售的列入军工主管部门军品生产计划并按照军品作价原则销售给军队、人民武装警察部队和军事工厂的军品,免征增值税。军事工厂生产销售给公安系统、司法系统和国家安全系统的武器装备免征增值税。军事工厂之间为了生产军品而相互提供货物以及为了制造军品相互提供的专用非标准设备、工具、模具、量具等免征增值税;对军工系统以外销售的,按规定征收增值税。

除军工、军队系统企业以外的一般工业企业生产的军品,只对枪、炮、雷、弹、军用舰艇、飞机、坦克、雷达、电台、舰艇用柴油机、各种炮用瞄准具和瞄准镜,一律在总装企业就总装成品免征增值税。

军队、军工系统各单位经总后勤部和国防科工委批准进口的专用设备、仪器仪表及其零配件,免征进口环节增值税;军品以及军队系统各单位出口军需工厂生产或军需部门调拨的货物,在生产环节免征增值税,出口不再退税。④

军队系统所属企业生产并按军品作价原则作价在军队系统内部调拨或销售的钢材、木材、水泥、煤炭、营具、药品、锅炉、缝纫机械免征增值税。对外销售的一律照章征收增值税。⑤

军队保障性企业移交后,已脱离军队系统,不属于军队企业范围,为保证这部分企业平稳过渡,对移交后继续承担军品生产、维修、供应任务的企业,其生产的货物及销售对象凡符合财政部、国家税务总局《关于军队、军工系统所属单位征收流转税、资源税问题的通知》(财税字〔1994〕11号)和《关于军队系统所属企业征收增值税问题的通知》(财税

---

① 财政部、国家税务总局:《关于增值税几个税收政策问题的通知》,财税字〔1994〕60号。
② 财政部、国家税务总局:《关于原油和铁矿石期货保税交割业务增值税政策的通知》,财税〔2015〕35号。
③ 财政部、国家税务总局:《关于污水处理费有关增值税政策的通知》,财税〔2001〕97号。
④ 财政部、国家税务总局:《关于军队、军工系统所属单位征收流转税、资源税问题的通知》,财税字〔1994〕11号。
⑤ 财政部、国家税务总局:《关于军队系统所属企业征收增值税问题的通知》,财税字〔1997〕135号。

字〔1997〕135号)规定的,可按照现行对军品免征增值税的相关规定继续免征增值税。保障性企业移交后为生产军品而相互协作的产品,继续免征增值税。

移交的物资供应机构直接向军队调拨供应的物资免征增值税,向其他移交企业调拨的物资按规定征收增值税。①

对于原享受军品免征增值税政策的军工集团全资所属企业,按照有关规定改制为国有独资(或国有全资)、国有绝对控股、国有相对控股的有限责任公司或股份有限公司,所生产销售的军品可继续免征增值税。②

(11) 公安部所属研究所、公安侦察保卫器材厂研制生产的列明代号的侦察保卫器材产品(每年新增部分报国家税务总局审核批准后下发)凡是销售给公安、司法以及国家安全系统使用的,免征增值税;销售给其他单位,按规定征收增值税。

劳改工厂生产的民警服装销售给公安、司法以及国家安全系统使用的,免征增值税;销售给其他单位,按规定征收增值税。③

(12) 从2001年1月1日起对铁路系统内部单位为本系统修理货车的业务免征增值税。④

(13) 自2000年4月1日起,对生产销售的支线飞机(包括运十二、运七系列、运八、运五飞机)以及农五系列飞机,免征增值税。⑤

(14) 从1998年1月1日起,对农村电管站在收取电价时一并向用户收取的农村电网维护(包括低压线路损耗和维护费以及电工经费)给予免征增值税照顾。农村电管站改制后由县供电有限责任公司收取的农村电网维护费应免征增值税。⑥

(15) 自2013年1月1日起至2017年12月31日,免征图书批发、零售环节增值税。⑦

(16) 黄金生产和经营单位销售黄金(不包括标准黄金)和黄金矿砂(含伴生金),免征增值税;进口黄金(含标准黄金)和黄金矿砂免征进口环节增值税。对进口铂金免征进口环节增值税。黄金交易所会员单位通过黄金交易所销售标准黄金,未发生实物交割的,免征增值税;发生实物交割的,由税务机关按照实际成交价格代开增值税专用发票,并实行增值税即征即退政策。⑧

(17) 纳税人生产销售和批发、零售滴灌带和滴灌管产品免征增值税。

(18) 对节能服务公司实施符合条件的合同能源管理项目,将项目中的增值税应税货

---

① 国家税务总局:《关于军队保障性企业移交后有关增值税问题的通知》,国税发〔2003〕104号。
② 财政部、国家税务总局:《关于军工企业股份制改造有关增值税政策问题的通知》,财税〔2007〕172号。
③ 财政部、国家税务总局:《关于公安、司法部门所属单位征免增值税问题的通知》,财税字〔1994〕29号。
④ 财政部、国家税务总局:《关于铁路货车修理免征增值税的通知》,财税〔2001〕54号。
⑤ 财政部、国家税务总局:《关于国产支线飞机免征增值税的通知》,财税字〔2000〕51号;《关于农五飞机适用国产支线飞机免征增值税政策的通知》,财税〔2002〕97号。
⑥ 财政部、国家税务总局:《关于免征农村电网维护费增值税问题的通知》,财税字〔1998〕47号。国家税务总局:《关于农村电力体制改革中农村电网维护费征免增值税问题的批复》,国税函〔2002〕421号。
⑦ 财政部、国家税务总局:《关于延续宣传文化增值税和营业税优惠政策的通知》,财税〔2013〕87号。
⑧ 财政部、国家税务总局:《关于黄金税收政策问题的通知》,财税〔2002〕142号;《关于铂金及其制品税收政策的通知》,财税〔2003〕86号。

物转让给用能企业,暂免征收增值税。①

(19) 自2016年1月1日至2018年供暖期结束,对供热企业向居民个人(统称居民)供热而取得的采暖费收入免征增值税。向居民供热而取得的采暖费收入,包括供热企业直接向居民收取的、通过其他单位向居民收取的和由单位代居民缴纳的采暖费。通过热力产品经营企业向居民供热的热力产品生产企业,应当根据热力产品经营企业实际从居民取得的采暖费收入占该经营企业采暖费总收入的比例确定免税收入比例。②

(20) 对符合条件的边销茶生产企业销售自产的边销茶及经销企业销售的边销茶免征增值税。③

(21) 对增值税小规模纳税人中月销售额未达到2万元的企业或非企业性单位,免征增值税。2017年12月31日前,对月销售额2万元(含本数)至3万元的增值税小规模纳税人,免征增值税。小规模纳税人应分别核算销售货物,提供加工、修理修配劳务的销售额,和销售服务、无形资产的销售额。增值税小规模纳税人销售货物,提供加工、修理修配劳务,月销售额不超过3万元(按季纳税9万元),销售服务、无形资产月销售额不超过3万元(按季纳税9万元)的,自2016年5月1日起至2017年12月31日,可分别享受小微企业暂免征收增值税优惠政策。按季纳税申报的增值税小规模纳税人,实际经营期不足一个季度的,以实际经营月份计算当期可享受小微企业免征增值税政策的销售额度。按照现行规定,适用增值税差额征收政策的增值税小规模纳税人,以差额前的销售额确定是否可以享受3万元(按季纳税9万元)以下免征增值税政策。④

(22) 在营业税改征增值税试点期间,对其向孵化企业出租场地、房屋以及提供孵化服务的收入,免征增值税。⑤

(23) 自2016年1月1日起,中国邮政集团公司及其所属邮政企业为金融机构代办金融保险业务取得的代理收入,在营改增试点期间免征增值税。⑥

(24) 对按照国家规定的收费标准向学生收取的高校学生公寓住宿费收入,高校学生食堂为高校师生提供餐饮服务取得的收入,在营改增试点期间免征增值税。⑦

(25) 对香港市场投资者(包括单位和个人)通过深港通买卖深交所上市A股取得的差价收入;对内地个人投资者通过深港通买卖香港联交所上市股票取得的差价收入,在营改增试点期间免征增值税。对内地单位投资者通过深港通买卖香港联交所上市股票取得的差价收入,在营改增试点期间按现行政策规定征免增值税。⑧

---

① 财政部、国家税务总局:《关于促进节能服务产业发展增值税、营业税和企业所得税政策问题的通知》,财税〔2010〕110号。
② 财政部、国家税务总局:《关于供热企业增值税、房产税、城镇土地使用税优惠政策的通知》,财税〔2016〕94号。
③ 财政部、国家税务总局:《关于延长边销茶增值税政策执行期限的通知》,财税〔2016〕73号。
④ 国家税务总局:《关于全面推开营业税改征增值税试点有关税收征收管理事项的公告》,国家税务总局公告2016年第23号;国家税务总局:《关于明确营改增试点若干征管问题的公告》,国家税务总局公告2016年第26号。
⑤ 财政部、国家税务总局:《关于科技企业孵化器税收政策的通知》,财税〔2016〕89号。
⑥ 财政部、国家税务总局:《关于部分营业税和增值税政策到期延续问题的通知》,财税〔2016〕83号。
⑦ 财政部、国家税务总局:《关于继续执行高校学生公寓和食堂有关税收政策的通知》,财税〔2016〕82号。
⑧ 财政部、国家税务总局、证监会:《关于深港股票市场交易互联互通机制试点有关税收政策的通知》,财税〔2016〕127号。

(26)对农村饮水安全工程运营管理单位向农村居民提供生活用水取得的自来水销售收入,免征增值税。对于既向城镇居民供水,又向农村居民供水的饮水工程运营管理单位,依据向农村居民供水收入占总供水收入的比例免征增值税。①

(二)即征即退、先征后返

(1)对符合条件的安置残疾人的单位和个体工商户,实行由税务机关按纳税人安置残疾人的人数,限额即征即退增值税的办法。②

安置的每位残疾人每月可退还的增值税具体限额,由县级以上税务机关根据纳税人所在区县适用的经省(含自治区、直辖市、计划单列市)人民政府批准的月最低工资标准的4倍确定。享受税收优惠政策的条件:

① 纳税人(除盲人按摩机构外)月安置的残疾人占在职职工人数的比例不低于25%(含25%),并且安置的残疾人人数不少于10人(含10人);盲人按摩机构月安置的残疾人占在职职工人数的比例不低于25%(含25%),并且安置的残疾人人数不少于5人(含5人)。

② 依法与安置的每位残疾人签订了一年以上(含一年)的劳动合同或服务协议。

③ 为安置的每位残疾人按月足额缴纳了基本养老保险、基本医疗保险、失业保险、工伤保险和生育保险等社会保险。

④ 通过银行等金融机构向安置的每位残疾人,按月支付了不低于纳税人所在区县适用的经省人民政府批准的月最低工资标准的工资。

安置残疾人单位既符合促进残疾人就业增值税优惠政策条件,又符合其他增值税优惠政策条件的,可同时享受多项增值税优惠政策,但年度申请退还增值税总额不得超过本年度内应纳增值税总额。

(2)对人民银行配售黄金按规定应征收增值税,实行即收即退办法。③ 黄金交易所会员单位通过黄金交易所销售标准黄金,未发生实物交割的,免征增值税;发生实物交割的,由税务机关按照实际成交价格代开增值税专用发票,并实行增值税即征即退政策。④ 国内铂金生产企业自产自销的铂金实行增值税即征即退政策。⑤

上海期货交易所会员和客户通过上海期货交易所销售标准黄金(持上海期货交易所开具的《黄金结算专用发票》),发生实物交割但未出库的,免征增值税;发生实物交割并已出库的,由税务机关按照实际交割价格代开增值税专用发票,并实行增值税即征即退的政策,同时免征城市维护建设税和教育费附加。⑥

---

① 财政部、国家税务总局:《关于继续实行农村饮水安全工程建设运营税收优惠政策的通知》,财税〔2016〕19号。
② 财政部、国家税务总局:《财政部 国家税务总局关于促进残疾人就业增值税优惠政策的通知》,财税〔2016〕52号;《国家税务总局关于安置残疾人单位是否可以同时享受多项增值税优惠政策问题的公告》,国家税务总局公告2011年第61号。
③ 财政部、国家税务总局、中国人民银行:《财政部 国家税务总局 中国人民银行关于人民银行配售黄金征税问题的通知》,财税字〔1994〕018号。
④ 财政部、国家税务总局、中国人民银行:《财政部 国家税务总局关于黄金税收政策问题的通知》,财税〔2002〕142号。
⑤ 财政部、国家税务总局:《关于铂金及其制品税收政策的通知》,财税〔2003〕86号。
⑥ 财政部、国家税务总局:《关于黄金期货交易有关税收政策的通知》,财税〔2008〕5号。

(3) 对增值税一般纳税人销售其自行开发生产的软件产品,按17%的法定税率征收增值税后,对其增值税实际税负超过3%的部分实行即征即退政策;增值税一般纳税人将进口的软件进行转换等本地化改造后对外销售,其销售的软件可按照自行开发生产的软件产品的有关规定享受即征即退的税收优惠政策。[①]

(4) 纳税人销售自产的资源综合利用产品和提供资源综合利用劳务(以下简称"销售综合利用产品和劳务"),可享受增值税即征即退政策。具体综合利用的资源名称、综合利用产品和劳务名称、技术标准和相关条件、退税比例等按照《资源综合利用产品和劳务增值税优惠目录》的相关规定执行。[②]

表 2-1 为资源综合利用产品和劳务增值税优惠目录。

表 2-1 资源综合利用产品和劳务增值税优惠目录

类别	序号	综合利用的资源名称	综合利用产品和劳务名称	技术标准和相关条件	退税比例
一、共、伴生矿产资源	1.1	油母页岩	页岩油	产品原料95%以上来自所列资源。	70%
	1.2	煤炭开采过程中产生的煤层气(煤矿瓦斯)	电力	产品燃料95%以上来自所列资源。	100%
	1.3	油田采油过程中产生的油污泥(浮渣)	乳化油调和剂、防水卷材辅料产品	产品原料70%以上来自所列资源。	70%
二、废渣、废水(液)、废气	2.1	废渣	砖瓦(不含烧结普通砖)、砌块、陶粒、墙板、管材(管桩)、混凝土、砂浆、道路井盖、道路护栏、防火材料、耐火材料(镁铬砖除外)、保温材料、矿(岩)棉、微晶玻璃、U型玻璃	产品原料70%以上来自所列资源。	70%
	2.2	废渣	水泥、水泥熟料	1. 42.5及以上等级水泥的原料20%以上来自所列资源,其他水泥、水泥熟料的原料40%以上来自所列资源; 2. 纳税人符合《水泥工业大气污染物排放标准》(GB4915-2013)规定的技术要求。	70%

[①] 财政部、国家税务总局:《关于软件产品增值税政策的通知》,财税〔2011〕100号。
[②] 财政部、国家税务总局:《财政部 国家税务总局关于印发〈资源综合利用产品和劳务增值税优惠目录〉的通知》,财税〔2015〕78号。

(续表)

类别	序号	综合利用的资源名称	综合利用产品和劳务名称	技术标准和相关条件	退税比例
二、废渣、废水（液）、废气	2.3	建（构）筑废物、煤矸石	建筑砂石骨料	1. 产品原料90%以上来自所列资源； 2. 产品以建（构）筑废物为原料的，符合《混凝土用再生粗骨料》（GB/T 25177-2010）或《混凝土和砂浆用再生细骨料》（GB/T 25176-2010）的技术要求；以煤矸石为原料的，符合《建设用砂》（GB/T 14684-2011）或《建设用卵石、碎石》（GB/T 14685-2011）规定的技术要求。	50%
	2.4	粉煤灰、煤矸石	氧化铝、活性硅酸钙、瓷绝缘子、煅烧高岭土	氧化铝、活性硅酸钙生产原料25%以上来自所列资源，瓷绝缘子生产原料中煤矸石所占比重30%以上，煅烧高岭土生产原料中煤矸石所占比重90%以上。	50%
	2.5	煤矸石、煤泥、石煤、油母页岩	电力、热力	1. 产品燃料60%以上来自所列资源； 2. 纳税人符合《火电厂大气污染物排放标准》（GB13223-2011）和国家发展改革委、环境保护部、工业和信息化部《电力（燃煤发电企业）行业清洁生产评价指标体系》规定的技术要求。	50%
	2.6	氧化铝赤泥、电石渣	氧化铁、氢氧化钠溶液、铝酸钠、铝酸三钙、脱硫剂	1. 产品原料90%以上来自所列资源； 2. 生产过程中不产生二次废渣。	50%
	2.7	废旧石墨	石墨异形件、石墨块、石墨粉、石墨增碳剂	1. 产品原料90%以上来自所列资源； 2. 纳税人符合《工业炉窑大气污染物排放标准》（GB9078-1996）规定的技术要求。	50%
	2.8	垃圾以及利用垃圾发酵产生的沼气	电力、热力	1. 产品燃料80%以上来自所列资源； 2. 纳税人符合《火电厂大气污染物排放标准》（GB13223-2011）或《生活垃圾焚烧污染控制标准》（GB18485-2014）规定的技术要求。	100%

(续表)

类别	序号	综合利用的资源名称	综合利用产品和劳务名称	技术标准和相关条件	退税比例
二、废渣、废水（液）、废气	2.9	退役军用发射药	涂料用硝化棉粉	产品原料90%以上来自所列资源。	50%
	2.10	废旧沥青混凝土	再生沥青混凝土	1. 产品原料30%以上来自所列资源； 2. 产品符合《再生沥青混凝土》（GB/T 25033-2010）规定的技术要求。	50%
	2.11	蔗渣	蔗渣浆、蔗渣刨花板和纸	1. 产品原料70%以上来自所列资源； 2. 生产蔗渣浆及各类纸的纳税人符合国家发展改革委、环境保护部、工业和信息化部《制浆造纸行业清洁生产评价指标体系》规定的技术要求。	50%
	2.12	废矿物油	润滑油基础油、汽油、柴油等工业油料	1. 产品原料90%以上来自所列资源； 2. 纳税人符合《废矿物油回收利用污染控制技术规范》（HJ 607-2011）规定的技术要求。	50%
	2.13	环己烷氧化废液	环氧环己烷、正戊醇、醇醚溶剂	1. 产品原料90%以上来自所列资源； 2. 纳税人必须通过ISO9000、ISO14000认证。	50%
	2.14	污水处理厂出水、工业排水（矿井水）、生活污水、垃圾处理厂渗透（滤）液等	再生水	1. 产品原料100%来自所列资源； 2. 产品符合《再生水水质标准》（SL368-2006）规定的技术要求。	50%
	2.15	废弃酒糟和酿酒底锅水，淀粉、粉丝加工废液、废渣	蒸汽、活性炭、白炭黑、乳酸、乳酸钙、沼气、饲料、植物蛋白	产品原料80%以上来自所列资源。	70%
	2.16	含油污水、有机废水、污水处理后产生的污泥，油田采油过程中产生的油污泥（浮渣），包括利用上述资源发酵产生的沼气	微生物蛋白、干化污泥、燃料、电力、热力	产品原料或燃料90%以上来自所列资源，其中利用油田采油过程中产生的油污泥（浮渣）生产燃料的，原料60%以上来自所列资源。	70%

(续表)

类别	序号	综合利用的资源名称	综合利用产品和劳务名称	技术标准和相关条件	退税比例
二、废渣、废水（液）、废气	2.17	煤焦油、荒煤气（焦炉煤气）	柴油、石脑油	1. 产品原料95%以上来自所列资源； 2. 纳税人必须通过ISO9000、ISO14000认证。	50%
	2.18	燃煤发电厂及各类工业企业生产过程中产生的烟气、高硫天然气	石膏、硫酸、硫酸铵、硫黄	1. 产品原料95%以上来自所列资源； 2. 石膏的二水硫酸钙含量85%以上，硫酸的浓度15%以上，硫酸铵的总氮含量18%以上。	50%
	2.19	工业废气	高纯度二氧化碳、工业氢气、甲烷	1. 产品原料95%以上来自所列资源； 2. 高纯度二氧化碳产品符合（GB10621-2006），工业氢气产品符合（GB/T3634.1-2006），甲烷产品符合（HG/T 3633-1999）规定的技术要求。	70%
	2.20	工业生产过程中产生的余热、余压	电力、热力	产品原料100%来自所列资源。	100%
三、再生资源	3.1	废旧电池及其拆解物	金属及镍钴锰氢氧化物、镍钴锰酸锂、氯化钴	1. 产品原料中95%以上利用上述资源； 2. 镍钴锰氢氧化物符合《镍、钴、锰三元素复合氢氧化物》（GB/T26300-2010）规定的技术要求。	30%
	3.2	废显（定）影液、废胶片、废像纸、废感光剂等废感光材料	银	1. 产品原料95%以上来自所列资源； 2. 纳税人必须通过ISO9000、ISO14000认证。	30%
	3.3	废旧电机、废旧电线电缆、废铝制易拉罐、报废汽车、报废摩托车、报废船舶、废旧电器电子产品、废旧太阳能光伏器件、废旧灯泡（管）及其拆解物	经冶炼、提纯生产的金属及合金（不包括铁及铁合金）	1. 产品原料70%来自所列资源； 2. 法律、法规或规章对相关废旧产品拆解规定了资质条件的，纳税人应当取得相应的资质。	30%

（续表）

类别	序号	综合利用的资源名称	综合利用产品和劳务名称	技术标准和相关条件	退税比例
三、再生资源	3.4	废催化剂、电解废弃物、电镀废弃物、废旧线路板、烟尘灰、湿法泥、熔炼渣、线路板蚀刻废液、锡箔纸灰	经冶炼、提纯或化合生产的金属、合金及金属化合物（不包括铁及铁合金），冰晶石	1. 产品原料70%来自所列资源； 2. 纳税人必须通过ISO9000、ISO14000认证。	30%
	3.5	报废汽车、报废摩托车、报废船舶、废旧电器电子产品、废旧农机具、报废机器设备、废旧生活用品、工业边角余料、建筑拆解物等产生或拆解出来的废钢铁	炼钢炉料	1. 产品原料95%以上来自所列资源； 2. 炼钢炉料符合《废钢铁》（GB4223-2004）规定的技术要求； 3. 法律、法规或规章对相关废旧产品拆解规定了资质条件的，纳税人应当取得相应的资质； 4. 纳税人符合工业和信息化部《废钢铁加工行业准入条件》的相关规定； 5. 炼钢炉料的销售对象应为符合工业和信息化部《钢铁行业规范条件》或《铸造行业准入条件》并公告的钢铁企业或铸造企业。	30%
	3.6	稀土产品加工废料，废弃稀土产品及拆解物	稀土金属及稀土氧化物	1. 产品原料95%以上来自所列资源； 2. 纳税人符合国家发展改革委、环境保护部、工业和信息化部《稀土冶炼行业清洁生产评价指标体系》规定的技术要求。	30%
	3.7	废塑料、废旧聚氯乙烯（PVC）制品、废铝塑（纸铝、纸塑）复合纸包装材料	汽油、柴油、石油焦、炭黑、再生纸浆、铝粉、塑木（木塑）制品、（汽车、摩托车、家电、管材用）改性再生专用料、化纤用再生聚酯专用料、瓶用再生聚对苯二甲酸乙二醇酯（PET）树脂及再生塑料制品	1. 产品原料70%以上来自所列资源； 2. 化纤用再生聚酯专用料杂质含量低于0.5mg/g，水分含量低于1%，瓶用再生聚对苯二甲酸乙二醇酯（PET）树脂乙醛质量分数小于等于1μg/g； 3. 纳税人必须通过ISO9000、ISO14000认证。	50%

（续表）

类别	序号	综合利用的资源名称	综合利用产品和劳务名称	技术标准和相关条件	退税比例
三、再生资源	3.8	废纸、农作物秸秆	纸浆、秸秆浆和纸	1. 产品原料70%以上来自所列资源； 2. 废水排放符合《制浆造纸工业水污染物排放标准》(GB3544-2008)规定的技术要求； 3. 纳税人符合《制浆造纸行业清洁生产评价指标体系》规定的技术要求； 4. 纳税人必须通过ISO9000、ISO14000认证。	50%
	3.9	废旧轮胎、废橡胶制品	胶粉、翻新轮胎、再生橡胶	1. 产品原料95%以上来自所列资源； 2. 胶粉符合(GB/T19208-2008)规定的技术要求；翻新轮胎符合(GB7037-2007)、(GB14646-2007)或(HG/T3979-2007)规定的技术要求；再生橡胶符合(GB/T13460-2008)规定的技术要求； 3. 纳税人必须通过ISO9000、ISO14000认证。	50%
	3.10	废弃天然纤维、化学纤维及其制品	纤维纱及织布、无纺布、毡、黏合剂及再生聚酯产品	产品原料90%以上来自所列资源。	50%
	3.11	人发	档发	产品原料90%以上来自所列资源。	70%
	3.12	废玻璃	玻璃熟料	1. 产品原料95%以上来自所列资源； 2. 产品符合《废玻璃分类》(SB/T 10900-2012)的技术要求； 3. 纳税人符合《废玻璃回收分拣技术规范》(SB/T11108-2014)规定的技术要求。	50%
四、农林剩余物及其他	4.1	餐厨垃圾、畜禽粪便、稻壳、花生壳、玉米芯、油茶壳、棉籽壳、三剩物、次小薪材、农作物秸秆、蔗渣，以及利用上述资源发酵产生的沼气	生物质压块、沼气等燃料，电力、热力	1. 产品原料或者燃料80%以上来自所列资源； 2. 纳税人符合《锅炉大气污染物排放标准》(GB13271-2014)、《火电厂大气污染物排放标准》(GB13223-2011)或《生活垃圾焚烧污染控制标准》(GB18485-2001)规定的技术要求。	100%

(续表)

类别	序号	综合利用的资源名称	综合利用产品和劳务名称	技术标准和相关条件	退税比例
四、农林剩余物及其他	4.2	三剩物、次小薪材、农作物秸秆、沙柳	纤维板、刨花板、细木工板、生物炭、活性炭、栲胶、水解酒精、纤维素、木质素、木糖、阿拉伯糖、糠醛、箱板纸	产品原料95%以上来自所列资源。	70%
	4.3	废弃动物油和植物油	生物柴油、工业级混合油	1. 产品原料70%以上来自所列资源； 2. 工业级混合油的销售对象须为化工企业。	70%
五、资源综合利用劳务	5.1	垃圾处理、污泥处理处置劳务			70%
	5.2	污水处理劳务		污水经加工处理后符合《城镇污水处理厂污染物排放标准》(GB18918-2002)规定的技术要求或达到相应的国家或地方水污染物排放标准中的直接排放限值。	70%
	5.3	工业废气处理劳务		经治理、处理后符合《大气污染物综合排放标准》(GB16297-1996)规定的技术要求或达到相应的国家或地方水污染物排放标准中的直接排放限值。	70%

(5) 自2015年7月1日起，对纳税人销售自产的利用风力生产的电力产品，实行增值税即征即退50%的政策。[1]

(6) 装机容量超过100万千瓦的水力发电站(含抽水蓄能电站)销售自产电力产品，自2016年1月1日至2017年12月31日，对其增值税实际税负超过12%的部分实行即征即退政策。[2]

(7) 自2000年1月1日起对飞机维修劳务增值税实际税负超过6%的部分实行由税务机关即征即退的政策。[3] 自2011年2月15日起对承揽国内、国外航空公司飞机维修业务的企业(以下简称"飞机维修企业")所从事的国外航空公司飞机维修业务，实行免征本环节增值税应纳税额、直接退还相应增值税进项税额的办法。[4]

(8) 对煤层气抽采企业的增值税一般纳税人抽采销售煤层气实行增值税先征后退政策。[5]

---

[1] 财政部、国家税务总局：《关于风力发电增值税政策的通知》，财税〔2015〕74号。
[2] 财政部、国家税务总局：《关于大型水电企业增值税政策的通知》，财税〔2014〕10号。
[3] 财政部、国家税务总局：《关于飞机维修增值税问题的通知》，财税〔2000〕102号。
[4] 国家税务总局：《关于飞机维修业务增值税处理方式的公告》，国家税务总局公告2011年第5号。
[5] 财政部、国家税务总局：《关于加快煤层气抽采有关税收政策问题的通知》，财税〔2007〕16号。

(9) 自 2013 年 1 月 1 日至 2017 年 12 月 31 日,对属于增值税一般纳税人的动漫企业销售其自主开发生产的动漫软件,按 17% 的税率征收增值税后,对其增值税实际税负超过 3% 的部分,实行即征即退政策。动漫软件出口免征增值税。[①]

(10) 自 2013 年 1 月 1 日起至 2017 年 12 月 31 日,对下列出版物在出版环节执行增值税 100% 先征后退的政策:中国共产党和各民主党派的各级组织的机关报纸和机关期刊,各级人大、政协、政府、工会、共青团、妇联、残联、科协的机关报纸和机关期刊,新华社的机关报纸和机关期刊,军事部门的机关报纸和机关期刊;专为少年儿童出版发行的报纸和期刊,中小学的学生课本;专为老年人出版发行的报纸和期刊;少数民族文字出版物;盲文图书和盲文期刊;经批准在内蒙古、广西、西藏、宁夏、新疆五个自治区内注册的出版单位出版的出版物;列名的图书、报纸和期刊。

对下列出版物在出版环节执行增值税先征后退 50% 的政策:各类图书、期刊、音像制品、电子出版物,但执行增值税 100% 先征后退的出版物除外;列名的报纸。

对下列印刷、制作业务执行增值税 100% 先征后退的政策:对少数民族文字出版物的印刷或制作业务;列名的新疆维吾尔自治区印刷企业的印刷业务。

已按软件产品享受增值税退税政策的电子出版物不得再按本通知申请增值税先征后退政策。[②]

(11) 自 2016 年 1 月 1 日至 2018 年 12 月 31 日,对纳税人销售自产的利用太阳能生产的电力产品,实行增值税即征即退 50% 的政策。[③]

(12) 对经国务院有关部门核心的内资研发机构和外资研发中心,符合规定条件的,采购国产设备全额退还增值税。[④]

第六节 出口货物和应税服务退(免)税

出口退税是指一个国家或地区对已报关离境的出口货物、劳务,由税务机关根据本国税法规定,将其在出口前国内生产和流通环节缴纳的增值税、消费税等间接税款退还给出口企业的一种税收管理制度。

出口退税,最初的目的在于鼓励出口,但在发展演变当中,由于国家对外经济贸易战略目标的需要,出口退税政策又成为一种国家对于出口结构的导向性调节工具。按照增值税暂行条例和营改增办法的规定,我国实行出口货物、服务税率为零的政策。所谓实行零税率,是指货物在出口时整体税负为零。出口货物、服务适用零税率不但出口环节不必纳税,而且还可以退还以前纳税环节已纳税款。这就是通常所说的"出口退税"。当然,由于各种货物出口前涉及征免税情况有所不同,且国家对少数货物有限制出口政策,因此,对货物出口的不同情况,国家在遵循"征多少、退多少""未征不退"基本原则上的基础上,规定了不同的税务处理办法。1994 年,国家税务总局依据《增值税暂行条例》和《消

---

① 财政部、国家税务总局:《关于动漫产业增值税和营业税政策的通知》,财税〔2013〕98 号。
② 财政部、国家税务总局:《关于延续宣传文化增值税和营业税优惠政策的通知》,财税〔2013〕87 号。
③ 财政部、国家税务总局:《关于继续执行光伏发电增值税政策的通知》,财税〔2016〕81 号。
④ 财政部、商务部、国家税务总局:《关于继续执行研发机构采购设备增值税政策的通知》,财税〔2016〕121 号。

费税暂行条例》的规定,制定实施了《出口货物退(免)税管理办法》,具体规定了出口货物退(免)税的范围、出口货物退税率、出口退税的税额计算方法、出口退(免)税办法程序及对出口退(免)税的审核和管理。

2012年,财政部、国家税务总局相继印发了《关于出口货物劳务增值税和消费税政策的通知》(以下简称《通知》)、《关于发布出口货物劳务增值税和消费税管理办法的公告》(以下简称《公告》)。2015年,国家税务总局又印发了《全国税务机关出口退(免)税管理工作规范》(以下简称《规范》)。《通知》《公告》和《规范》从出口退税政策规定、纳税人出口退税申报程序、税务机关出口退税管理三个方面对我国的出口退税制度进行全面的总结与归纳,至此,我国出口退税制度基本形成。

一、出口退(免)税的范围

对下列出口货物、劳务、服务,除国家明确规定不予退(免)税的货物外,实行免征和退还增值税政策[①]:

（一）出口企业出口货物

出口企业,是指依法办理工商登记、税务登记、对外贸易经营者备案登记,自营或委托出口货物的单位或个体工商户,以及依法办理工商登记、税务登记但未办理对外贸易经营者备案登记,委托出口货物的生产企业。

出口货物,是指向海关报关后实际离境并销售给境外单位或个人的货物,分为自营出口货物和委托出口货物两类。

生产企业,是指具有生产能力(包括加工修理修配能力)的单位或个体工商户。

（二）出口企业或其他单位视同出口货物

具体是指:

(1) 出口企业对外援助、对外承包、境外投资的出口货物。

(2) 出口企业经海关报关进入国家批准的出口加工区、保税物流园区、保税港区、综合保税区、珠澳跨境工业区(珠海园区)、中哈霍尔果斯国际边境合作中心(中方配套区域)、保税物流中心(B型)(以下统称"特殊区域")并销售给特殊区域内单位或境外单位、个人的货物。

(3) 免税品经营企业销售的货物。

(4) 出口企业或其他单位销售给用于国际金融组织或外国政府贷款国际招标建设项目的中标机电产品。

(5) 生产企业向海上石油天然气开采企业销售的自产的海洋工程结构物。

(6) 出口企业或其他单位销售给国际运输企业用于国际运输工具上的货物。上述规定暂仅适用于外轮供应公司、远洋运输供应公司销售给外轮、远洋国轮的货物,国内航空供应公司生产销售给国内和国外航空公司国际航班的航空食品。

(7) 出口企业或其他单位销售给特殊区域内生产企业生产耗用且不向海关报关而输入特殊区域的水(包括蒸汽)、电力、燃气。

---

① 财政部、国家税务总局:《关于出口货物劳务增值税和消费税政策的通知》,财税〔2012〕39号。

(三) 出口企业对外提供加工修理修配劳务

对外提供加工修理修配劳务,是指对进境复出口货物或从事国际运输的运输工具进行的加工修理修配。

(四) 符合条件的"营改增"应税服务①

实行零税率的应税服务包括:

(1) 国际运输服务。

(2) 航天运输服务。

(3) 向境外单位提供的完全在境外消费的下列服务:研发服务、合同能源管理服务、设计服务、广播影视节目(作品)的制作和发行服务、软件服务、电路设计及测试服务、信息系统服务、业务流程管理服务、离岸服务外包业务、转让技术以及财政部和国家税务总局规定的其他服务。

二、出口退(免)税的条件

我国企业出口的已征收增值税和消费税的货物,除国家明确规定不予退(免)税的货物外,都属于出口货物退(免)税的范围。除国家特准退(免)税的以外,可以享受出口退(免)税的货物应同时具备以下四个条件:

(1) 必须是属于增值税、消费税征税范围的货物。

(2) 必须是报关离境的货物,即输出海关关境的货物。凡是报关不离境的货物,不论出口企业以外汇结算还是以人民币结算,也不论企业在财务上和其他管理上作何处理,均不能视为出口货物予以退(免)税。

(3) 必须是在财务上作销售处理的货物。出口货物只有在财务上作销售后,才能办理退(免)税。

(4) 必须是出口收汇并已核销的货物(人民币结算除外)。

三、出口退(免)税的办法

适用增值税退(免)税政策的出口货物劳务,按照下列规定实行增值税免抵退税或免退税办法②:

(1) 免抵退税办法。生产企业出口自产货物和视同自产货物及对外提供加工修理修配劳务,以及列名生产企业出口非自产货物,免征增值税,相应的进项税额抵减应纳增值税额(不包括适用增值税即征即退、先征后退政策的应纳增值税额),未抵减完的部分予以退还。

(2) 免退税办法。不具有生产能力的出口企业或其他单位出口货物劳务,免征增值税,相应的进项税额予以退还。

(3) 境内的单位和个人提供适用符合条件的增值税零税率的"营改增"应税服务,如果属于适用简易计税方法的,实行免征增值税办法。如果属于适用增值税一般计税方法

---

① 财政部、国家税务总局:《关于全面推开营业税改征增值税试点的通知》,财税〔2016〕36号。
② 财政部、国家税务总局:《关于出口货物劳务增值税和消费税政策的通知》,财税〔2012〕39号。

的,生产企业实行免抵退税办法,外贸企业外购研发服务和设计服务出口实行免退税办法,外贸企业自己开发的研发服务和设计服务出口,视同生产企业连同其出口货物统一实行免抵退税办法。

四、出口货物的退税率

企业货物出口后,税务部门应按照出口货物的进项税额为企业办理退税,由于税收征管、税收减免及其国家经济政策等原因,出口货物的进项税额往往不等于实际负担的税额,如果一律按照出口货物的进项税额退税,就会产生少征多退的问题,于是就有了计算出口商品应退税款的比率,即出口退税率。现行的出口退税率有5%、6%、9%、11%、13%、15%、16%、17%共8档,由于从小规模纳税人购进的准予退税的货物征税率为3%,低于所有的退税率档次,因此按照货物已征税率即3%办理退税。

(一)一般规定

除财政部和国家税务总局根据国务院决定而明确的增值税退税率外,出口货物的退税率为其适用税率。国家税务总局根据上述规定将退税率通过出口货物劳务退税率文库予以发布,供征纳双方执行。

(二)特殊规定

出口货物退税率的特殊规定如下:

(1)外贸企业购进按简易办法征税的出口货物、从小规模纳税人购进的出口货物,其退税率分别为简易办法实际执行的征收率、小规模纳税人征收率。上述出口货物取得增值税专用发票的,退税率按照增值税专用发票上的税率和出口货物退税率孰低的原则确定。

(2)出口企业委托加工修理修配货物,其加工修理修配费用的退税率,为出口货物的退税率。

(3)中标机电产品、出口企业向海关报关进入特殊区域销售给特殊区域内生产企业生产耗用的列名原材料、输入特殊区域的水电气,其退税率为适用税率。

(4)海洋工程结构物退税率单独适用。[①]

(5)符合条件的"营改增"应税服务退税率为其适用的增值税税率。[②]

五、出口货物退税的计算

我国现行出口退增值税的计算方法主要有两种:一种是对生产企业出口实行的免抵退税办法;另一种是对外贸企业出口实行的免退税办法。

(一)免抵退税办法

实行免抵退税办法的"免"税,是指对生产企业出口的自产货物,免征本企业生产销售环节增值税;"抵"税,是指生产企业出口自产货物所耗用的原材料、零部件、燃料、动力等所含应予退还的进项税额,抵顶内销货物的应纳税额;"退"税,是指生产企业出口的自

---

① 财政部、国家税务总局:《关于出口货物劳务增值税和消费税政策的通知》,财税〔2012〕39号。
② 财政部、国家税务总局:《关于将铁路运输和邮政业纳入营业税改征增值税试点的通知》,财税〔2013〕106号。

产货物在当月内应抵顶的进项税额大于应纳税额时,对未抵顶完的部分予以退税。

1. 无免税购进原材料的免抵退税计算办法

无免税购进原材料的免抵退税方法按照以下顺序计算:

(1) 当期应纳税额的计算

当期应纳税额 = 当期销项税额 —(当期进项税额 — 当期不得免征和抵扣税额)

当期不得免征和抵扣税额 = 当期出口货物离岸价 × 外汇人民币折合率 ×(出口货物适用税率 — 出口货物退税率)

(2) 当期免抵退税额的计算

当期免抵退税额 = 当期出口货物离岸价 × 外汇人民币折合率 × 出口货物退税率

(3) 当期应退税额和免抵税额的计算

① 当期期末留抵税额≤当期免抵退税额,则

当期应退税额 = 当期期末留抵税额

当期免抵税额 = 当期免抵退税额 — 当期应退税额

② 当期期末留抵税额>当期免抵退税额,则

当期应退税额 = 当期免抵退税额

当期免抵税额 = 0

当期期末留抵税额为当期增值税纳税申报表中"期末留抵税额"。

2. 有免税购进原材料的免抵退税计算办法

对有免税购进原材料或者进料加工出口货物,企业应以出口货物人民币离岸价扣除出口货物耗用的保税进口料件金额的余额为增值税退(免)税的计税依据。①

即免抵退税公式调整为:

当期免抵退税额 =(当期出口货物离岸价 — 进料加工出口货物耗用的保税进口料件金额)× 外汇人民币折合率 × 出口货物退税率

当期不得免征和抵扣税额 =(当期出口货物离岸价 — 进料加工出口货物耗用的保税进口料件金额)× 外汇人民币折合率 ×(出口货物适用税率 — 出口货物退税率)

其中:

进料加工出口货物耗用的保税进口料件金额 = 进料加工出口货物人民币离岸价 × 进料加工计划分配率

计划分配率 = 计划进口总值/计划出口总值 × 100%

出口企业应在首次申报进料加工手(账)册的进料加工出口货物免抵退税前,向主管

---

① 国家税务总局:《关于〈出口货物劳务增值税和消费税管理办法〉有关问题的公告》,2013 年第 12 号。

税务机关报送进料加工企业计划分配率。

主管税务机关在完成企业申报年度的进料加工业务核销后,为出口企业出具"实际分配率",这一分配率作为出口企业下一年度进料加工计划分配率。

免抵退税的计算方法可总结为"免、剔、抵、退"。"免"是指外销货物的金额免税;"剔"是应从本期进项税额中剔除不应给予退税的部分,这部分金额为外销金额乘以征税率与退税率之差;"抵"是本期进项税额应全部先用于顶抵内销的销项税额;"退"是指未抵完的进项税额再给予退税。通过免、抵、退就可以计算出本期应纳税额。

在当期应纳税额计算公式中,如果出口企业当期应纳税额为正数,则说明内销货物的应纳税额在抵顶出口货物的进项税额税后仍然有余额,差额部分是纳税人国内销售货物需要继续缴纳的税款,出口企业当期缴纳增值税;如果为负数,则说明出口货物的进项税额在抵顶内销货物的应纳税额仍然有余额,这时将对企业进行退税。在确定应退税额时,将"当期出口货物的离岸价×汇率×退税率"与"当期应纳税额(负数)的绝对值"进行比较,其中数额小的即为应退税金额。实际上是应退税额与企业当期抵顶后所遗留下的进项税额进行比较,然后决定具体退税的数额。

另外要注意的是,如果出口货物使用到了免税购进的材料,在计算出口退税时还要特别作出调整处理。

我们可以从增值税计算公式中推导出免抵退税公式,在对出口货物实行零税率的情况下,根据增值税计算公式,应纳税额计算公式为:

当期应纳税额
= 销项税额 — 进项税额
=(内销销项税额+外销销项税额)—(内销进项税额+外销进项税额)
=(内销销售收入×征税率+外销销售收入×0)—(内销进项税额+外销进项税额)

公式简并为:

当期应纳税额=内销销项税额—内销进项税额—外销进项税额
当期应纳税额=(内销销项税额—内销进项税额)—外销进项税额

运用上述公式计算的结果,若应纳税额>0,则(内销销项税额—内销进项税额)>外销进项税额。说明内销货物的应纳税额在抵顶出口货物的进项税额税后仍然有余额,差额部分是纳税人国内销售货物需要继续缴纳的税款。出口企业没有退税。

若应纳税额<0,应纳税额为负数,一般称之为"期末留抵税额",即全部进项税额未能全部抵扣,需要下期抵扣,但在这里可能有两种情况:

其一,若(内销销项税额—内销进项税额)≥0,则说明,出口货物进项税额的规模超过内销货物的应纳税额,应纳税额抵顶了一部分出口货物进项税额,未抵顶的部分就是应退税额。因此,期末留抵税额即为应退税数额。

其二,若(内销销项税额—内销进项税额)≤0,即内销应纳税额≤0,则说明内销货物当期不需要纳税,此时出口货物进项税额也无法抵顶。因此,外销进项税额即为应退税数额。

以上分析的进项税额为当期参与生产的进项税额。首先,由于增值税实行购进扣税法,即不参与生产的原材料、辅料的进项税额在当期也可以抵扣;其次,税务机关在管理上也无法准确掌握出口企业全部进项税额中多少用于生产出口货物,多少用于生产内销货物;最后,我国增值税实行留抵税额制度,留抵税额并不返还给企业,因此,由外销进项税额所确定的应退税的数额应该有一个上限。这个上限就是:出口货物离岸价×外汇人民币牌价×出口货物退税率。此上限需要和企业的留抵税额进行比较。税额较小者即为当期应退税额。

我国的出口退税政策并没有实现真正的零税率,现实的情况是按征税率征税,按退税率退税,增值税的计算公式变为:

当期应纳税额 = 销项税额 − 进项税额
          = (内销销项税额 + 外销销项税额) − (内销进项税额 + 外销进项税额)
          = [内销销售收入×征税率 + 外销销售收入×(征税率 − 退税率)]
            − (内销进项税额 + 外销进项税额)

在这里,可以看出我国规定的出口货物退税率,实际上是对出口货物征收部分税收。在退税率与征税率相等的情况下:

当期应纳税额 = (内销销项税额 − 内销进项税额) − 外销进项税额

而在退税率与征税率不相等的情况下,也就是说,出口货物适用部分征税率的情况下:

当期应纳税额 = (内销销项税额 + 外销产品部分销项税额 − 内销进项税额) − 外销进项税额

外销产品部分销项税额即为免抵退税公式中的"不得免征和抵扣税额"。

不得免征和抵扣税额 = 外销销售收入×(出口货物征税率 − 出口货物退税率)

这样,零税率下的计算公式:

当期应纳税额 = (内销销项税额 − 内销进项税额) − 外销进项税额
          = 内销销项税额 − 全部进项税额

就调整为部分征税率下的计算公式:

当期应纳税额 = (内销销项税额 + 外销产品部分销项税额 − 内销进项税额) − 外销进项税额
          = (内销销项税额 − 内销进项税额) − (外销进项税额 − 外销产品部分销项税额)
          = 内销销项税额 − 内销进项税额 − (外销进项税额 − 不得免征和抵扣税额)
          = 内销销项税额 − (全部进项税额 − 不得免征和抵扣税额)

税法规定出口货物离岸价格作为出口货物的外销收入。

不得免征和抵扣税额 = 出口货物离岸价格×(出口货物征税率 − 出口货物退税率)

此公式确定了非零税率下的出口货物应征销项税额。

$$出口货物应退税额（免抵退税额）＝出口货物离岸价格×退税率$$

此公式确定了出口退税的上限。

进一步产生的问题是，由于使用了离岸价格作为计算的依据，如果出口货物使用了免税购进的原材料，出口货物的离岸价格中就包含了免税原材料的价格，免税购进的原材料是不含税的，以离岸价格为依据计算退税，就会造成多退税，所以要从货物离岸价格中减除免税原材料的价格，即：

$$当期免抵退税额＝（当期出口货物离岸价－进料加工出口货物耗用的保税进口料件金额）\\ ×外汇人民币折合率×出口货物退税率$$

同样道理，不得免征和抵扣税额也是以出口货物离岸价格作为计算依据的，就会使不得免征和抵扣税额的数额扩大了，也需要从中扣除免税原材料的价格。即：

$$当期不得免征和抵扣税额＝（当期出口货物离岸价－进料加工出口货物耗用的保税进口料件金额）\\ ×外汇人民币折合率×（出口货物适用税率－出口货物退税率）$$

（二）免退税办法

外贸企业以及实行外贸企业财务制度的工贸企业收购货物出口，其出口销售环节的增值税免征；其收购货物的成本部分，因外贸企业在支付收购货款的同时也支付了生产经营该类商品的企业已经缴纳的增值税税款，因此，在货物出口后按收购成本与退税税率计算退税退还给外贸企业，征、退税之差计入企业成本。

（1）外贸企业出口委托加工修理修配货物以外的货物：

$$增值税应退税额＝增值税退（免）税计税依据×出口货物退税率$$

外贸企业出口货物（委托加工修理修配货物除外）增值税退（免）税的计税依据，为购进出口货物的增值税专用发票注明的金额或海关进口增值税专用缴款书注明的完税价格。

（2）外贸企业出口委托加工修理修配货物：

$$出口委托加工修理修配货物的增值税应退税额＝委托加工修理修配的增值税退（免）税计税依据×出口货物退税率$$

外贸企业出口委托加工修理修配货物增值税退（免）税的计税依据，为加工修理修配费用增值税专用发票注明的金额。外贸企业应将加工修理修配使用的原材料（进料加工海关保税进口料件除外）作价销售给受托加工修理修配的生产企业，受托加工修理修配的生产企业应将原材料成本并入加工修理修配费用开具发票。

六、"营改增"应税服务增值税退（免）税的计算[①]

境内的单位和个人提供适用增值税零税率的服务或者无形资产，如果属于适用简易

---

① 财政部、国家税务总局：《关于全面推开营业税改征增值税试点的通知》，财税〔2016〕36号。

计税方法的,实行免征增值税办法。如果属于适用增值税一般计税方法的,生产企业实行免抵退税办法,外贸企业外购服务或者无形资产出口实行免退税办法,外贸企业直接将服务或自行研发的无形资产出口,视同生产企业连同其出口货物统一实行免抵退税办法。

服务和无形资产的退税率按照适用的增值税税率。实行退(免)税办法的服务和无形资产,如果主管税务机关认定出口价格偏高的,有权按照核定的出口价格计算退(免)税,核定的出口价格低于外贸企业购进价格的,低于部分对应的进项税额不予退税,转入成本。

七、境外旅客购物离境退税①

(一)离境退税基本规定

离境退税,是指境外旅客在离境口岸离境时,对其在退税商店购买的退税物品退还增值税。

境外旅客,是指在我国境内连续居住不超过183天的外国人和港澳台同胞。

离境口岸,是指实施离境退税政策的地区正式对外开放并设有退税代理机构的口岸,包括航空口岸、水运口岸和陆地口岸。

退税物品,是指由境外旅客本人在退税商店购买且符合退税条件的个人物品,但不包括下列物品:

(1)《中华人民共和国禁止、限制进出境物品表》所列的禁止、限制出境物品。

(2)退税商店销售的适用增值税免税政策的物品。

(3)财政部、海关总署、国家税务总局规定的其他物品。

退税商店,是指报省、自治区、直辖市和计划单列市国家税务局备案、境外旅客从其购买退税物品离境可申请退税的企业。

境外旅客在退税商店购买退税物品,需要离境退税的,应当在离境前凭本人的有效身份证件及购买退税物品的增值税普通发票(由增值税发票系统升级版开具),向退税商店索取《离境退税申请单》。《离境退税申请单》由退税商店通过离境退税管理系统开具,加盖发票专用章,交境外旅客。

境外旅客离境时,应向海关办理退税物品验核确认手续,向退税代理机构申请办理离境退税。

境外旅客向退税代理机构申请办理离境退税时,须提交以本人有效身份证件和经海关验核签章的《离境退税申请单》。

(二)申请退税的条件

(1)境外旅客申请退税,应当同时符合以下条件:

① 同一境外旅客同一日在同一退税商店购买的退税物品金额达到500元人民币;

② 退税物品尚未启用或消费;

---

① 财政部:《关于实施境外旅客购物离境退税政策的公告》,中华人民共和国财政部公告2015年第3号;国家税务总局:《关于发布〈境外旅客购物离境退税管理办法(试行)〉的公告》,国家税务总局公告2015年第41号。

③ 离境日距退税物品购买日不超过 90 天;

④ 所购退税物品由境外旅客本人随身携带或随行托运出境。

(2) 境外旅客在退税商店购买退税物品,需要离境退税的,应当在离境前凭本人的有效身份证件及购买退税物品的增值税普通发票(由增值税发票系统升级版开具),向退税商店索取《离境退税申请单》。

(3) 具有以下情形之一的,退税商店不得开具《离境退税申请单》:

① 境外旅客不能出示本人有效身份证件;有效身份证件,是指标注或能够采集境外旅客最后入境日期的护照、港澳居民来往内地通行证、台湾居民来往大陆通行证等;

② 凭有效身份证件不能确定境外旅客最后入境日期的;

③ 购买日距境外旅客最后入境日超过 183 天;

④ 退税物品销售发票开具日期早于境外旅客最后入境日;

⑤ 销售给境外旅客的货物不属于退税物品范围;

⑥ 境外旅客不能出示购买退税物品的增值税普通发票(由增值税发票系统升级版开具);

⑦ 同一境外旅客同一日在同一退税商店内购买退税物品的金额未达到 500 元人民币。

(三) 退税申报

无论是本地购物本地离境还是本地购物异地离境,离境退税均由设在办理境外旅客离境手续的离境口岸隔离区内的退税代理机构统一办理。境外旅客凭护照等本人有效身份证件、海关验核签章的境外旅客购物离境退税申请单、退税物品销售发票向退税代理机构申请办理增值税退税。

海关办理退税物品验核确认手续后,退税代理机构接到境外旅客离境退税申请,首先采集申请离境退税的境外旅客本人有效身份证件信息,并在核对以下内容无误后,按海关确认意见办理退税,并先行垫付退税资金。

(1) 提供的离境退税资料齐全;

(2)《离境退税申请单》上所载境外旅客信息与采集申请离境退税的境外旅客本人有效身份证件信息一致;

(3)《离境退税申请单》经海关验核签章;

(4) 境外旅客离境日距最后入境日未超过 183 天;

(5) 退税物品购买日距离境日未超过 90 天;

(6)《离境退税申请单》与离境退税管理系统比对一致。

(四) 退税款的计算

以离境的退税物品的增值税普通发票金额(含增值税)为依据,退税率为 11%,计算应退增值税额。计算公式为:

$$应退增值税额 = 离境的退税物品销售发票金额(含增值税) \times 退税率$$
$$实退增值税额 = 应退增值税额 - 退税代理机构办理退税手续费$$

退税币种为人民币。退税方式包括现金退税和银行转账退税两种方式。退税金额超过 10 000 元人民币的,退税代理机构应以银行转账方式退税。退税金额未超过 10 000 元人民币的,根据境外旅客选择,退税代理机构采用现金退税或银行转账方式退税。

八、适用消费税退(免)税或征税政策的出口货物[①]

(一)适用范围

(1)出口企业出口或视同出口适用增值税退(免)税的货物,免征消费税,如果属于购进出口的货物,退还前一环节对其已征的消费税。

(2)出口企业出口或视同出口适用增值税免税政策的货物,免征消费税,但不退还其以前环节已征的消费税,且不允许在内销应税消费品应纳消费税款中抵扣。

(3)出口企业出口或视同出口适用增值税征税政策的货物,应按规定缴纳消费税,不退还其以前环节已征的消费税,且不允许在内销应税消费品应纳消费税款中抵扣。

(二)消费税退税的计税依据

出口货物的消费税应退税额的计税依据,按购进出口货物的消费税专用缴款书和海关进口消费税专用缴款书确定。

属于从价定率计征消费税的,为已征且未在内销应税消费品应纳税额中抵扣的购进出口货物金额;属于从量定额计征消费税的,为已征且未在内销应税消费品应纳税额中抵扣的购进出口货物数量;属于复合计征消费税的,按从价定率和从量定额的计税依据分别确定。

(三)消费税退税的计算

$$消费税应退税额 = 从价定率计征消费税的退税计税依据 \times 比例税率 \\ + 从量定额计征消费税的退税计税依据 \times 定额税率$$

第七节　征 收 管 理

增值税由税务机关征收,进口货物的增值税由海关代征。

个人携带或者邮寄进境自用物品的增值税,连同关税一并计征。具体办法由国务院关税税则委员会会同有关部门制定。进口货物增值税的征收管理,依据《税收征收管理法》《海关法》《进出口关税条例》和《进出口税则》的有关规定执行。

一、纳税义务发生时间

增值税暂行条例规定,增值税纳税义务发生时间,销售货物或者应税劳务,为收讫销售款项或者取得索取销售款项凭据的当天;先开具发票的,为开具发票的当天。进口货物,为报关进口的当天。

增值税扣缴义务发生时间为纳税人增值税纳税义务发生的当天。

纳税义务的发生时间为收讫销售款或者取得索取销售款凭据的当天。根据销售结

[①] 财政部、国家税务总局:《关于出口货物劳务增值税和消费税政策的通知》,财税〔2012〕39号。

算方式的不同,具体规定是:

(1) 采取直接收款方式销售货物,不论货物是否发出,均为收到销售款或者取得索取销售款凭据的当天。

(2) 采取托收承付和委托银行收款方式销售货物,为发出货物并办妥托收手续的当天。

(3) 采取赊销和分期收款方式销售货物,为书面合同约定的收款日期的当天,无书面合同的或者书面合同没有约定收款日期的,为货物发出的当天。

(4) 采取预收货款方式销售货物,为货物发出的当天,但生产销售生产工期超过12个月的大型机械设备、船舶、飞机等货物,为收到预收款或者书面合同约定的收款日期的当天。

(5) 委托其他纳税人代销货物,为收到代销单位的代销清单或者收到全部或者部分货款的当天。未收到代销清单及货款的,为发出代销货物满180天的当天。

(6) 销售应税劳务,为提供劳务同时收讫销售款或者取得索取销售款的凭据的当天。

(7) 纳税人发生除"将货物交付他人代销""销售代销货物"以外的视同销售货物行为,为货物移送的当天。

根据营改增相关规定[①],纳税人销售服务、无形资产、不动产,其纳税义务发生时间为发生应税行为并收讫销售款项或者取得索取销售款项凭据的当天;先开具发票的,为开具发票的当天。其中,收讫销售款项,是指纳税人销售服务、无形资产、不动产过程中或者完成后收到款项;取得索取销售款项凭据的当天,是指书面合同确定的付款日期;未签订书面合同或者书面合同未确定付款日期的,为服务、无形资产转让完成的当天或者不动产权属变更的当天。纳税人发生视同销售服务、无形资产或者不动产的,其纳税义务发生时间为服务、无形资产转让完成的当天或者不动产权属变更的当天。纳税人从事金融商品转让的,为金融商品所有权转移的当天。

需要注意的是,不同于采取预收货款方式销售货物纳税义务发生时间的判定,纳税人提供建筑服务、租赁服务采取预收款方式的,其纳税义务发生时间为收到预收款的当天。

二、纳税期限

增值税的纳税期限分别为1日、3日、5日、10日、15日、1个月或者1个季度。纳税人的具体纳税期限,由主管税务机关根据纳税人应纳税额的大小分别核定;不能按照固定期限纳税的,可以按次纳税。以1个季度为纳税期限的规定仅适用于小规模纳税人、银行、财务公司、信托投资公司、信用社,以及财政部和国家税务总局规定的其他纳税人。增值税小规模纳税人原则上实行按季申报,纳税人要求不实行按季申报的,由主管税务机关根据其应纳税额大小核定纳税期限。[②]

---

① 财政部、国家税务总局:《关于全面推开营业税改征增值税试点的通知》,财税〔2016〕36号。
② 国家税务总局:《国家税务总局关于合理简并纳税人申报缴税次数的公告》,国家税务总局公告2016年第6号。

纳税人以1个月或者1个季度为1个纳税期的,自期满之日起15日内申报纳税;以1日、3日、5日、10日或者15日为1个纳税期的,自期满之日起5日内预缴税款,于次月1日起15日内申报纳税并结清上月应纳税款。

扣缴义务人解缴税款的期限,依照上述规定执行。

纳税人进口货物,应当自海关填发海关进口增值税专用缴款书之日起15日内缴纳税款。纳税人出口货物适用退(免)税规定的,应当向海关办理出口手续,凭出口报关单等有关凭证,在规定的出口退(免)税申报期内按月向主管税务机关申报办理该项出口货物的退(免)税。具体办法由国务院财政、税务主管部门制定。

出口货物办理退税后发生退货或者退关的,纳税人应当依法补缴已退的税款。

三、纳税地点

(1) 固定业户应当向其机构所在地或者居住地主管税务机关申报纳税。总机构和分支机构不在同一县(市)的,应当分别向各自所在地的主管税务机关申报纳税;经财政部和国家税务总局或者其授权的财政和税务机关批准,可以由总机构汇总向总机构所在地的主管税务机关申报纳税。

(2) 固定业户到外县(市)销售货物或者应税劳务,应当向其机构所在地的主管税务机关申请开具外出经营活动税收管理证明,并向其机构所在地的主管税务机关申报纳税;未开具证明的,应当向销售地或者劳务发生地的主管税务机关申报纳税;未向销售地或者劳务发生地的主管税务机关申报纳税的,由其机构所在地的主管税务机关补征税款。

(3) 非固定业户应当向销售行为发生地主管税务机关申报纳税;未申报纳税的,由其机构所在地或者居住地主管税务机关补征税款。

(4) 其他个人提供建筑服务,销售或者租赁不动产,转让自然资源使用权,应向建筑服务发生地、不动产所在地、自然资源所在地主管税务机关申报纳税。

(5) 进口货物,应当向报关地海关申报纳税。

扣缴义务人应当向其机构所在地或者居住地的主管税务机关申报缴纳其扣缴的税款。

第八节　增值税专用发票的使用及管理

一、专用发票领购使用范围

专用发票由基本联次或者基本联次附加其他联次构成,基本联次为三联:发票联、抵扣联和记账联。发票联,作为购买方核算采购成本和增值税进项税额的记账凭证;抵扣联,作为购买方报送主管税务机关认证和留存备查的凭证;记账联,作为销售方核算销售收入和增值税销项税额的记账凭证。其他联次用途,由一般纳税人自行确定。

增值税专用发票只限于增值税的一般纳税人领购使用,增值税的小规模纳税人和非增值税纳税人不得领购使用。一般纳税人有下列情形之一的,不得领购开具专用发票,如已领购专用发票,主管税务机关应暂扣其结存的专用发票和 IC 卡。

(1) 会计核算不健全,不能向税务机关准确提供增值税销项税额、进项税额、应纳税额数据及其他有关增值税税务资料的。

(2) 有《税收征管法》规定的税收违法行为,拒不接受税务机关处理的。

(3) 有下列行为之一,经税务机关责令限期改正而仍未改正的:

① 虚开增值税专用发票;

② 私自印制专用发票;

③ 向税务机关以外的单位和个人买取专用发票;

④ 借用他人专用发票;

⑤ 未按规定要求开具专用发票;

⑥ 未按规定保管专用发票和专用设备;

⑦ 未按规定申请办理防伪税控系统变更发行;

⑧ 未按规定接受税务机关检查。

二、专用发票开具范围

纳税人销售货物或者应税劳务,应当向索取增值税专用发票的购买方开具增值税专用发票,并在增值税专用发票上分别注明销售额和销项税额。

属于下列情形之一的,不得开具增值税专用发票:

(1) 向消费者个人销售货物或者应税劳务的。

(2) 销售货物或者应税劳务适用免税规定的。

(3) 小规模纳税人销售货物或者应税劳务的。一般纳税人销售货物(包括视同销售货物在内)、应税劳务以及应当征收增值税的非应税劳务,应向购买方开具专用发票。

商业企业一般纳税人零售的烟、酒、食品、服装、鞋帽(不包括劳保专用部分)、化妆品等消费品不得开具专用发票。

金融商品转让,不得开具增值税专用发票。

经纪代理服务,向委托方收取的政府性基金或者行政事业性收费,不得开具增值税专用发票。

纳税人提供有形动产融资性售后回租服务,向承租方收取的有形动产价款本金,不得开具增值税专用发票,可以开具普通发票。

试点纳税人提供旅游服务,选择以取得的全部价款和价外费用,扣除向旅游服务购买方收取并支付给其他单位或者个人的住宿费、餐饮费、交通费、签证费、门票费和支付给其他接团旅游企业的旅游费用后的余额为销售额的,向旅游服务购买方收取并支付的上述费用,不得开具增值税专用发票,可以开具普通发票。[①]

增值税小规模纳税人需要开具专用发票的,可向主管税务机关申请代开。

销售免税货物不得开具专用发票,法律、法规及国家税务总局另有规定的除外。

一般纳税人销售货物或者应税劳务可汇总开具专用发票。汇总开具专用发票的,同

---

① 财政部、国家税务总局:《关于全面推开营业税改征增值税试点的通知》,财税〔2016〕36 号。

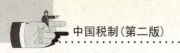

时使用防伪税控系统开具《销售货物或者应税劳务清单》,并加盖财务专用章或者发票专用章。

三、专用发票开具要求

专用发票应按下列要求开具:
(1) 项目齐全,与实际交易相符。
(2) 字迹清楚,不得压线、错格。
(3) 发票联和抵扣联加盖财务专用章或者发票专用章。
(4) 按照增值税纳税义务的发生时间开具。
对不符合上列要求的专用发票,购买方有权拒收。

四、专用发票开具时限

一般纳税人必须按规定时限开具专用发票,不得提前或滞后。对已开具专用发票的销售货物,要及时足额计入当期销售额计税。凡开具了专用发票,其销售额未按规定计入销售账户核算的,一律按偷税论处。专用发票开具时限与纳税义务发生的时间相同,即根据不同的货物结算方式确定。
(1) 采用预收货款、托收承付、委托银行收款结算方式的,为货物发出的当天。
(2) 采用交款提货结算方式的,为收到货款的当天。
(3) 采用赊销、分期付款结算方式的,为合同约定的收款日期的当天。
(4) 将货物交付他人代销,为收到受托人送交的代销清单的当天。
(5) 设有两个以上机构并实行统一核算的纳税人,将货物从一个机构移送其他机构用于销售,按规定应当征收增值税的,为货物移送的当天。
(6) 将货物作为投资提供给其他单位或个体经营者,为货物移送的当天。
(7) 将货物分配给股东,为货物移送的当天。

五、专用发票抵扣管理

用于抵扣增值税进项税额的专用发票应经税务机关认证相符。认证相符的专用发票应作为购买方的记账凭证,不得退还销售方。认证,是税务机关通过防伪税控系统对专用发票所列数据的识别、确认。认证相符,是指纳税人识别号无误,专用发票所列密文解译后与明文一致。

经认证,有下列情形之一的,不得作为增值税进项税额的抵扣凭证,税务机关退还原件,购买方可要求销售方重新开具专用发票。
(1) 无法认证。是指专用发票所列密文或者明文不能辨认,无法产生认证结果。
(2) 纳税人识别号认证不符。是指专用发票所列购买方纳税人识别号有误。
(3) 专用发票代码、号码认证不符。是指专用发票所列密文解译后与明文的代码或者号码不一致。

经认证,有下列情形之一的,暂不得作为增值税进项税额的抵扣凭证,税务机关扣留原件,查明原因,分别情况进行处理。

（1）重复认证。是指已经认证相符的同一张专用发票再次认证。

（2）密文有误。是指专用发票所列密文无法解译。

（3）认证不符。是指纳税人识别号有误，或者专用发票所列密文解译后与明文不一致。

（4）列为失控专用发票。是指认证时的专用发票已被登记为失控专用发票。

一般纳税人丢失已开具专用发票的发票联和抵扣联，如果丢失前已认证相符的，购买方凭销售方提供的相应专用发票记账联复印件及销售方所在地主管税务机关出具的《丢失增值税专用发票已报税证明单》，经购买方主管税务机关审核同意后，可作为增值税进项税额的抵扣凭证；如果丢失前未认证的，购买方凭销售方提供的相应专用发票记账联复印件到主管税务机关进行认证，认证相符的凭该专用发票记账联复印件及销售方所在地主管税务机关出具的《丢失增值税专用发票已报税证明单》，经购买方主管税务机关审核同意后，可作为增值税进项税额的抵扣凭证。

一般纳税人丢失已开具专用发票的抵扣联，如果丢失前已认证相符的，可使用专用发票发票联复印件留存备查；如果丢失前未认证的，可使用专用发票发票联到主管税务机关认证，专用发票发票联复印件留存备查。

一般纳税人丢失已开具专用发票的发票联，可将专用发票抵扣联作为记账凭证，专用发票抵扣联复印件留存备查。

专用发票抵扣联无法认证的，可使用专用发票发票联到主管税务机关认证。专用发票发票联复印件留存备查。

> 自2016年3月1日起，为落实《深化国税、地税征管体制改革方案》有关要求，进一步优化纳税服务，完善税收分类管理，对纳税信用A级增值税一般纳税人取消了增值税发票认证。纳税人取得销售方使用增值税发票系统升级版开具的增值税发票，可以不再进行扫描认证，通过增值税发票税控开票软件登录本省增值税发票查询平台，查询、选择用于申报抵扣或者出口退税的增值税发票信息。纳税人取得增值税发票，通过增值税发票查询平台未查询到对应发票信息的，仍可进行扫描认证。[①]

六、红字增值税发票开具[②]

增值税一般纳税人开具增值税专用发票后，发生销货退回、开票有误、应税服务中止等情形但不符合发票作废条件，或者因销货部分退回及发生销售折让，需要开具红字专用发票的，对于购买方取得专用发票已用于申报抵扣的，购买方可在增值税发票管理新系统中填开并上传《开具红字增值税专用发票信息表》（以下简称《信息表》），在填开《信息表》时不填写相对应的蓝字专用发票信息，应暂依《信息表》所列增值税税额从当期进

---

① 国家税务总局：《关于纳税信用A级纳税人取消增值税发票认证有关问题的公告》，国家税务总局公告2016年第7号。

② 国家税务总局：《国家税务总局关于红字增值税发票开具有关问题的公告》，国家税务总局公告2016年第47号。

项税额中转出,待取得销售方开具的红字专用发票后,与《信息表》一并作为记账凭证。购买方取得专用发票未用于申报抵扣,但发票联或抵扣联无法退回的,购买方填开《信息表》时应填写相对应的蓝字专用发票信息。

销售方开具专用发票尚未交付购买方,以及购买方未用于申报抵扣并将发票联及抵扣联退回的,销售方可在新系统中填开并上传《信息表》。销售方填开《信息表》时应填写相对应的蓝字专用发票信息。

主管税务机关通过网络接收纳税人上传的《信息表》,系统自动校验通过后,生成带有"红字发票信息表编号"的《信息表》,并将信息同步至纳税人端系统中。销售方凭税务机关系统校验通过的《信息表》开具红字专用发票,在新系统中以销项负数开具。红字专用发票应与《信息表》一一对应。纳税人也可凭《信息表》电子信息或纸质资料到税务机关对《信息表》内容进行系统校验。

税务机关为小规模纳税人代开专用发票,需要开具红字专用发票的,按照一般纳税人开具红字专用发票的方法处理。

纳税人需要开具红字增值税普通发票的,可以在所对应的蓝字发票金额范围内开具多份红字发票。红字机动车销售统一发票需与原蓝字机动车销售统一发票一一对应。

七、税务机关代开专用发票问题

(一) 代开范围

代开发票是指主管税务机关为所管线范围内的已办理税务登记的小规模纳税人(包括个体经营者)以及国家税务总局确定的其他可予代开专用发票的纳税人,在发生增值税销售行为、需要开具专用发票时,向其主管税务机关申请代开专用发票,其他单位和个人不得代开。不过小规模纳税人销售自己使用过的固定资产、纳税人销售旧货,应开具普通发票,不得由税务机关代开或自行开具专用发票。

(二) 代开要求①

(1) 凡税务机关代开增值税专用发票必须通过防伪税控系统开具,通过防伪税控股报税子系统采集代开增值税专用发票开具信息。

(2) 纳税人申请代开发票时,应填写《代开增值税专用发票缴纳税款申报单》,连同税务登记证副本,到主管税务机关税款征收岗位按专用发票上注明的税额全额申报缴纳税款,同时缴纳专业发票工本费。

(3) 对实行定期定额征收方法的纳税人正常申报时,按照一定的方法进行清算:对于每月开票金额大于应征增值税税额的,以开票金额数为依据征收税款,并作为下一年度核定定期定额的依据;对于每月开票金额小于应征增值税税额的,按应征增值税税额征收税款。

(4) 税务机关代开专用发票填写有误的,应及时在防伪税控代开票系统中作废,重新开具。代开专用发票后发生退票的,税务机关应按照增值税一般纳税人作废或开具附属专用发票的有关规定进行处理。对需要重新开票的,税务机关应同时进行新开票税额与

---

① 国家税务总局:《关于印发〈税务机关代开增值税专用发票管理办法(试行)〉的通知》,国税发〔2004〕153号。

原开票税额的清算,多退少补;对无须重新开票的,按有关规定退换增值税纳税人已缴纳的税款或抵顶下期正常申报税款。

(5)税务机关为小规模纳税人代开专用发票需要开具红字专用发票的,比照一般纳税人开具红字专用发票的处理办法。

为方便纳税人办税,营改增后,由地税机关继续受理纳税人销售其取得的不动产和其他个人出租不动产的申报缴税和代开增值税发票业务。① 增值税小规模纳税人销售其取得的不动产以及其他个人出租不动产,购买方或承租方不属于其他个人的,纳税人缴纳增值税后可以向地税局申请代开增值税专用发票。不能自开增值税普通发票的小规模纳税人销售其取得的不动产,以及其他个人出租不动产,可以向地税局申请代开增值税普通发票。地税局代开发票部门通过增值税发票管理新系统代开增值税发票,系统自动在发票上打印"代开"字样。②

八、虚开专用发票问题

虚开增值税专用发票,包括为他人虚开、为自己虚开、让他人为自己虚开、介绍他人虚开增值税专用发票的情形。

(一)虚开增值税专用发票的处理

纳税人虚开增值税专用发票,未就其虚开金额申报并缴纳增值税的,应按照其虚开金额补缴增值税;已就其虚开金额申报并缴纳增值税的,不再按照其虚开金额补缴增值税。税务机关对纳税人虚开增值税专用发票的行为,应按《中华人民共和国税收征收管理办法》及《中华人民共和国发票管理办法》的有关规定给予处罚。纳税人取得虚开的增值税专用发票,不得作为增值税合法有效的扣税凭证抵扣其进项税额。③

*(二)善意取得虚开的增值税专用发票*④

购货方与销售方存在真实的交易,销售方使用的是其所在省(自治区、直辖市和计划单列市)的专用发票,专用发票注明的销售方名称、印章、货物数量、金额及税额等全部内容与实际相符,且没有证据表明购货方知道销售方提供的专用发票是以非法手段获得的,对购货方不以偷税或者骗取出口退税论处。但应按有关规定不予抵扣进项税款或者不予出口退税;购货方已经抵扣的进项税款或者取得的出口退税,应依法追缴。

购货方能够重新从销售方取得防伪税控系统开出的合法、有效专用发票的,或者取得手工开出的合法、有效专用发票且取得了销售方所在地税务机关已经或者正在依法对销售方虚开专用发票行为进行查处证明的,购货方所在地税务机关应依法准予抵扣进项税款或者出口退税。

---

① 国家税务总局:《关于营业税改征增值税委托地税机关代征税款和代开增值税发票的公告》,国家税务总局公告 2016 年第 19 号。
② 国家税务总局:《关于营业税改征增值税委托地税局代征税款和代开增值税发票的通知》,税总函〔2016〕145号。
③ 国家税务总局:《关于纳税人虚开增值税专用发票征补税款问题的公告》,国家税务总局公告 2012 年第 33 号。
④ 国家税务总局:《关于纳税人善意取得虚开的增值税专用发票处理问题的通知》,国税发〔2000〕187 号。

(三)补充规定

纳税人通过虚增增值税进项税额偷逃税款,但对外开具增值税专用发票同时符合以下情形的,不属于对外虚开增值税专用发票:

(1)纳税人向受票方纳税人销售了货物,或者提供了增值税应税劳务、应税服务。

(2)纳税人向受票方纳税人收取了所销售货物、所提供应税劳务或者应税服务的款项,或者取得了索取销售款项的凭据。

(3)纳税人按规定向受票方纳税人开具的增值税专用发票相关内容,与所销售货物、所提供应税劳务或者应税服务相符,且该增值税专用发票是纳税人合法取得,并以自己名义开具的。

受票方纳税人取得的符合上述情形的增值税专用发票,可以作为增值税扣税凭证抵扣进项税额。

本章小结

增值税的征收范围包括在中国境内销售货物、提供加工与修理修配劳务和进口货物,销售服务、无形资产或者不动产;增值税的纳税人为发生增值税销售行为的单位和个人;增值税的纳税人分为一般纳税人和小规模纳税人;一般纳税人适用的税率有17%、13%、11%、6%和零税率,按照销项税额扣除可抵扣进项税额的方法计算缴纳增值税;除另有规定外,小规模纳税人适用3%的征收率,按照征收率乘以应税销售额的简易征收办法计算缴纳增值税。对于出口的货物劳务或特定服务按照规定的退税率采用免抵退方法计算出口退税。增值税一般纳税人采用凭增值税专用发票抵扣税款的方法计算纳税,我国对增值税专用发票的领购、保管、开具等作出了明确规定。

本章重要术语

货物　应税服务　视同销售　混合销售　兼营　一般纳税人　小规模纳税人　含税销售额　销项税额　进项税额　折扣销售　销售折扣　销售折让　零税率　征收率　抵扣率　平销返利　免抵退税　增值税专用发票

复习思考题

1. 简述我国增值税制度的改革发展历程。
2. 什么是视同销售?包括哪些情形?
3. 简述混合销售与兼营的区别。
4. 列出增值税应纳税额计算中不得抵扣进项税额的情形。
5. 简述不动产进项税额分期抵扣的主要内容。
6. 出口货物退(免)税的办法有哪些?

第二章 增值税

 **计算题**

1. 某广告公司为增值税一般纳税人,2016年11月的有关生产经营业务如下:

(1) 取得广告业务收入2 120 000元,开具增值税专用发票注明价款2 000 000元,税额120 000元,款项已全部取得;

(2) 为某汽车4S店进行广告策划及发布,服务总价318 000元,合同约定分三期收款,分别于广告策划方案初稿形成时收20%、广告方案确定制作时收30%和广告发布时收50%,当月完成广告策划方案初稿,开具增值税普通发票,注明价款63 600元,款未收到;

(3) 与某企业签订广告合同,开具增值专用发票金额注明价款100 000元,税额6 000元,由于是老客户,给与8折优惠,并在同一张发票上注明折扣20 000元,税额1 200元;

(4) 因公司技术设备更新,将一批使用过的固定资产出售(部分资产系"营改增"前购进),固定资产相关情况如下表所示:

使用过的固定资产相关情况　　　　　　　　　　　　　　　　单位:元

固定资产	购置时间	购置原值	进项税额抵扣	已提折旧	净值	出售金额(含税)
设备A	试点前	50 000	未抵扣	26 000	24 000	30 000
设备B	试点后	100 000	全额抵扣	20 000	80 000	90 000
设备C	试点后	30 000	全额抵扣	3 000	27 000	25 000

(5) 购进广告制作用材料,取得增值税专用发票注明金额50 000元,税额8 500元,开具承兑汇票付款;

(6) 支付广告发布费31 800元,取得增值税专用发票注明价款30 000元,税额1 800元;

(7) 委托小规模纳税人对广告设施进行修理,应付修理费10 300元,取得小规模纳税人从其主管税务机关开具的增值税专用发票,注明价款10 000元,税额300元,款项尚未支付;

(8) 进口专用设备,进口价为150 000元,报送进口时海关征收关税20 000元,增值税34 000元,分别取得海关关税完税凭证和进口增值税专用缴款书;

(9) 支付境外某公司广告设计费74 200元,该公司境内无代理人;

(10) 支付设备运费11 100元,取得货物运输业增值税专用发票,注明价款10 000元,税额1 100元;

(11) 支付某运输公司本月接送公司员工上下班的班车费55 500元,取得增值税专用发票注明价款50 000元,税款5 500元,款项已付清;

(12) 广告用物资因管理不善而丢失,该物资账面实际成本为20 000元;

(13) 因运用网络流量达到一定数额,按协议向网络管理方取得现金返利21 200元,开具收款收据(网络管理方为增值税一般纳税人,已收取网络管理费开具的增值税专用发票,进项税额广告公司已抵扣);

计算该广告公司当月应缴纳和代扣代缴的增值税。

2. 某生产企业为增值税一般纳税人,适用17%的增值税税率,2016年8月的有关生产经营业务如下:

(1) 销售A产品给某商场,开具增值税专用发票,取得不含税销售额300万元,另开具普通发票,取得销售A产品的包装费收入11.7万元;

(2) 销售B产品,开具普通发票,取得含税销售额70.2万元;

(3) 将新开发的一批应税产品用于对外投资,成本价为80万元,成本利润率为10%,该产品无同类市场销售价格;

(4) 购进货物取得增值税专用发票,注明价款200万元,进项税额34万元,另外支付购货的运输费用并取得增值税专用发票,注明价款10万元、进项税额1.1万元;

(5) 向农业生产者购进免税农产品一批,支付收购价60万元,支付给运输单位的不含税运费5万元并取得增值税专用发票。本月下旬将购进的农产品的30%用于本企业职工福利。

计算该企业当月应缴纳的增值税税额。

3. 某农村信用社,"营改增"后成为增值税一般纳税人,选择一般计税办法征税。因从事非货物期货的买卖活动,截至2016年4月30日,仍出现负差1 200万元。2016年5月经营业务如下:

(1) 取得贷款利息收入850万元、开户费50万元、结算费80万元,取得购买中国进出口银行发行债券的利息收入500万元;

(2) 本月初购买有价证券300万元,月末将本月初购买的有价证券全部卖出,取得价款380万元;

(3) 当月取得高速公路通用机打发票上注明的收费金额2.06万元,水电费专用发票注明的税款3.6万元,电脑耗材专用发票注明税款1.4万元,贷款咨询费专用发票注明税款3万元。

计算其在2016年5月应纳增值税额。

推荐阅读文献

1. 本书编写组:《中华人民共和国增值税、消费税、营业税条例及其实施细则释义与适用指南》,中国市场出版社2009年版。
2. 爱伦·A.泰特:《增值税国际实践和问题》,中国财政经济出版社1992年版。
3. 杨斌:《税收学》,科学出版社2016年版。
4. 国家税务总局:《全面推开营改增业务操作指引》,中国税务出版社2016年版。

21世纪经济与管理规划教材

税 收 系 列

第三章

消 费 税

学习目标

通过本章的学习,读者应该能够

- 掌握现行消费税税制要素的基本规定和应纳税额的计算征收方法。
- 计算生产应税消费品、自产自用应税消费品、委托加工应税消费品、进口应税消费品等情形的消费税应纳税额。

消费税是以某些特定的消费品为征税对象而征收的一种间接税。1950年1月，我国曾在全国范围内统一征收了特种消费税，当时的征收范围只限于对电影戏剧及娱乐、舞厅、筵席、冷食、旅馆等消费行为征税。1953年修订税制时，将其取消。1989年我国曾在全国范围内对彩色电视机和小轿车开征特别消费税，1992年4月24日取消了对彩电征收的特别消费税。1993年12月13日国务院发布了《中华人民共和国消费税暂行条例》，同年12月25日财政部发布了《中华人民共和国消费税暂行条例实施细则》，自1994年1月1日起施行。2006年3月，我国对消费税进行了调整和完善，扩大了征收范围，调整了部分税目、税率。2008年11月10日，国务院公布了修订后的《中华人民共和国消费税暂行条例》（以下简称"消费税暂行条例"），同年12月15日财政部、国家税务总局发布了《中华人民共和国消费税暂行条例实施细则》，自2009年1月1日起施行。

第一节 纳税人与征税范围

一、纳税人

在中国境内生产、委托加工和进口应税消费品的单位和个人，以及国务院确定的销售应税消费品的其他单位和个人，为消费税的纳税人。

"单位"是指是指企业、行政单位、事业单位、军事单位、社会团体及其他单位。"个人"，是指个体工商户及其他个人。

"中国境内"是指生产、委托加工和进口的应税消费品的起运地或者所在地在境内。

根据消费税暂行条例的规定，委托加工的应税消费品，除受托方为个人外，由受托方在向委托方交货时代收代缴税款。

二、征税范围

消费税的征税范围包括：生产应税消费品、委托加工应税消费品、进口应税消费品，以及属于特殊情形的批发应税消费品和零售应税消费品。现行消费税应税消费品包括15类消费品，消费税暂行条例通过列举税目的方式明确了应税消费品的具体项目，有的税目还进一步划分为若干子目。

（一）烟

凡是以烟叶为原料加工生产的产品，不论使用何种辅料，均属于烟的征收范围。包括卷烟（包括进口卷烟、白包卷烟、手工卷烟和未经国务院批准纳入计划的企业及个人生产的卷烟）、雪茄烟和烟丝。

自2009年5月1日起，为了适当增加财政收入，完善烟产品消费税制度，在卷烟批发环节加征一道从价税。征收范围包括纳税人批发销售的所有牌号规格的卷烟。纳税人销售给纳税人以外的单位和个人的卷烟于销售时纳税，纳税人之间销售的卷烟不缴纳消费税。① 自2015年5月10日起，将卷烟批发环节从价税税率由5%提高至11%，并按

---

① 财政部、国家税务总局：《关于调整烟产品消费税政策的通知》，财税〔2009〕84号。

0.005元/支加征从量税。①

(二) 酒

包括白酒、黄酒、啤酒、其他酒四个子目。自2014年12月1日起,取消了酒精消费税,"酒及酒精"品目相应改为"酒",并继续按现行消费税政策执行。②

1. 白酒

(1) 粮食白酒是指以高粱、玉米、大米、糯米、大麦、小麦、小米、青稞等各种粮食为原料,经过糖化、发酵后,采用蒸馏方法酿制的白酒。

(2) 薯类白酒是指以白薯(红薯、地瓜)、木薯、马铃薯(土豆)、芋头、山药等各种干鲜薯类为原料,经过糖化、发酵后,采用蒸馏方法酿制的白酒。用甜菜酿制的白酒,比照薯类白酒征税。对用薯类和粮食以外的其他原料混合生产的白酒,属于薯类白酒的征税范围。

2. 黄酒

黄酒是指以糯米、粳米、籼米、大米、黄米、玉米、小麦、薯类等为原料,经加温、糖化、发酵、压榨酿制的酒。由于工艺、配料和含糖量的不同,黄酒分为干黄酒、半干黄酒、半甜黄酒、甜黄酒四类。黄酒的征收范围包括各种原料酿制的黄酒和酒度超过12度(含12度)的土甜酒。

3. 啤酒

啤酒是指以大麦或其他粮食为原料,加入啤酒花,经糖化、发酵、过滤酿制的含有二氧化碳的酒。啤酒按照杀菌方法的不同,可分为熟啤酒和生啤酒或鲜啤酒。啤酒的征收范围包括各种包装和散装的啤酒。无醇啤酒比照啤酒征税。果啤属于啤酒,应按规定征收消费税。③ 啤酒源、菠萝啤酒应按啤酒征收消费税。④

对饮食业、商业、娱乐业举办的啤酒屋(啤酒坊)利用啤酒生产设备生产的啤酒,应当征收消费税。⑤

4. 其他酒

其他酒是指除粮食白酒、薯类白酒、黄酒、啤酒以外,酒度在1度以上的各种酒。其征收范围包括糠麸白酒、其他原料白酒、土甜酒、复制酒、果木酒、汽酒、药酒、葡萄酒⑥等。对以黄酒为酒基生产的配制或泡制酒,属于其他酒的征收范围。⑦ 按照国家标准调味料酒属于调味品,不属于配置酒和泡制酒,对调味料酒不再征收消费税。⑧

以发酵酒、蒸馏酒或食用酒精为酒基,加入可食用或药食两用的辅料或食品添加剂,进行调配、混合或再加工制成的,并改变了其原酒基风格的饮料酒叫作配制酒(露酒)。以蒸馏酒或食用酒精为酒基,具有国家相关部门批准的国食健字或卫食健字文号,且酒

---

① 财政部、国家税务总局:《关于调整卷烟消费税的通知》,财税〔2015〕60号。
② 财政部、国家税务总局:《关于调整消费税政策的通知》,财税〔2014〕93号。
③ 国家税务总局:《关于果啤征收消费税的批复》,国税函〔2005〕333号。
④ 国家税务总局:《消费税问题解答》,国税函〔1997〕306号。
⑤ 国家税务总局:《关于消费税若干征税问题的通知》,国税发〔1997〕084号。
⑥ 国家税务总局:《葡萄酒消费税管理办法(试行)》,国税发〔2006〕66号。
⑦ 国家税务总局:《关于消费税若干征税问题的通知》,国税发〔1997〕084号。
⑧ 国家税务总局:《关于调味料酒征收消费税问题的通知》,国税函〔2008〕742号。

精度低于38度(含)的,以及以发酵酒为酒基,酒精度低于20度(含)的配制酒,按消费税税目税率表"其他酒"10%适用税率征收消费税。其他配制酒,按消费税税目税率表"白酒"适用税率征收消费税。①

(三)高档化妆品②

包括高档美容、修饰类化妆品、高档护肤类化妆品和成套化妆品。高档美容、修饰类化妆品和高档护肤类化妆品是指生产(进口)环节销售(完税)价格(不含增值税)在10元/毫升(克)或15元/片(张)及以上的美容、修饰类化妆品和护肤类化妆品。

(四)贵重首饰及珠宝玉石

包括各种金银珠宝首饰和经采掘、打磨、加工的各种珠宝玉石。

1. 金银珠宝首饰

凡以金、银、白金、宝石、珍珠、钻石、翡翠、珊瑚、玛瑙等高贵稀有物质以及其他金属、人造宝石等制作的各种纯金银首饰及镶嵌首饰(含人造金银、合成金银首饰等)。

金、银和金基、银基合金首饰,以及金、银和金基、银基合金的镶嵌首饰,铂金首饰在零售环节征税③;镀金(银)、包金(银)首饰,以及镀金(银)、包金(银)的镶嵌首饰,仍在销售环节征收消费税。

2. 珠宝玉石

珠宝玉石包括钻石、珍珠、松石、青金石、欧泊石、橄榄石、长石、玉、石英、玉髓、石榴石、锆石、尖晶石、黄玉、碧玺、金绿玉、绿柱石、刚玉、琥珀、珊瑚、煤玉、龟甲、合成刚玉、合成宝石、双合石、玻璃仿制品。

(五)鞭炮、焰火

包括各种鞭炮、焰火。体育上用的发令纸、鞭炮药引线,不属于鞭炮、焰火的征收范围。

(六)成品油

包括汽油、柴油、石脑油、溶剂油、航空煤油、润滑油、燃料油七个子目。④

1. 汽油

汽油分为车用汽油和航空汽油。以汽油、汽油组分调和生产的甲醇汽油、乙醇汽油也属于汽油征收范围。

2. 柴油

以柴油、柴油组分调和生产的生物柴油也属于征收范围。生产原料中废弃的动物油和植物油用量所占比重不低于70%且符合国家《柴油机燃料调合用生物柴油(BD100)》标准的纯生物柴油免征消费税。⑤

---

① 国家税务总局:《关于配制酒消费税适用税率问题的公告》,国家税务总局公告2011年第53号。
② 财政部、国家税务总局:《关于调整化妆品消费税政策的通知》,财税〔2016〕103号。
③ 国家税务总局:《关于锻压金首饰在零售环节征收消费税问题的批复》,国税函〔1996〕27号。
④ 财政部、国家税务总局:《关于调整和完善消费税政策的通知》,财税〔2006〕33号。
⑤ 财政部、国家税务总局:《关于对利用废弃的动植物油生产纯生物柴油免征消费税的通知》,财税〔2010〕118号;财政部、国家税务总局:《关于明确废弃动植物油生产纯生物柴油免征消费税适用范围的通知》,财税〔2011〕46号。

3. 石脑油

石脑油的征收范围包括除汽油、柴油、航空煤油、溶剂油以外的各种轻质油。非标汽油、重整生成油、拔头油、戊烷原料油、轻裂解料(减压柴油 VGO 和常压柴油 AGO)、重裂解料、加氢裂化尾油、芳烃抽余油均属轻质油,属于石脑油征收范围。

4. 溶剂油

溶剂油是用原油或其他原料加工生产的用于涂料、油漆、食用油、印刷油墨、皮革、农药、橡胶、化妆品生产和机械清洗、胶粘行业的轻质油。橡胶填充油、溶剂油原料,属于溶剂油征收范围。

5. 航空煤油

航空煤油也叫喷气燃料,是用原油或其他原料加工生产的用作喷气发动机和喷气推进系统燃料的各种轻质油。航空煤油继续暂缓征收消费税。[①]

6. 润滑油

润滑油的征收范围包括矿物性润滑油、矿物性润滑油基础油、植物性润滑油、动物性润滑油和化工原料合成润滑油。另外,用原油或其他原料加工生产的用于内燃机、机械加工过程的润滑产品均属于润滑油征税范围。润滑脂是润滑产品,生产、加工润滑脂应当征收消费税。

7. 燃料油

燃料油也称重油、渣油,是用原油或其他原料加工生产,主要用作电厂发电、锅炉用燃料、加热炉燃料、冶金和其他工业炉燃料。腊油、船用重油、常压重油、减压重油、180CTS 燃料油、7 号燃料油、糠醛油、工业燃料、4—6 号燃料油等油品的主要用途是作为燃料燃烧,属于燃料油征收范围。

从 2009 年 1 月 1 日起,对成品油生产企业在生产成品油过程中,作为燃料、动力及原料消耗掉的自产成品油,免征消费税。对用于其他用途或直接对外销售的成品油照章征收消费税。[②]

自 2011 年 10 月 1 日起,对生产石脑油、燃料油的企业(以下简称"生产企业")对外销售的用于生产乙烯、芳烃类化工产品的石脑油、燃料油,恢复征收消费税;生产企业自产石脑油、燃料油用于生产乙烯、芳烃类化工产品的,按实际耗用数量暂免征消费税;对使用石脑油、燃料油生产乙烯、芳烃的企业(以下简称"使用企业")购进并用于生产乙烯、芳烃类化工产品的石脑油、燃料油,按实际耗用数量暂退还所含消费税。[③]

自 2013 年 11 月 1 日至 2018 年 10 月 31 日,对以回收的废矿物油为原料生产的润滑油基础油、汽油、柴油等工业油料免征消费税。[④]

纳税人以原油或其他原料生产加工的在常温常压条件下(25℃/一个标准大气压)呈液态状(沥青除外)的产品,产品符合汽油、柴油、石脑油、溶剂油、航空煤油、润滑油和燃

---

① 财政部、国家税务总局:《关于继续提高成品油消费税的通知》,财税〔2015〕11 号。
② 财政部、国家税务总局:《关于对成品油生产企业生产自用油免征消费税的通知》,财税〔2010〕98 号。
③ 财政部、中国人民银行、国家税务总局:《关于延续执行部分石脑油 燃料油消费税政策的通知》,财税〔2011〕87 号。
④ 财政部、国家税务总局:《关于对废矿物油再生油品免征消费税的通知》,财税〔2013〕105 号。

料油征收规定的,无论以何种名称对外销售或用于非连续生产应征消费税产品,均按相应的汽油、柴油、石脑油、溶剂油、航空煤油、润滑油和燃料油的规定征收消费税。纳税人以原油或其他原料生产加工的产品如以沥青产品对外销售时,该产品符合沥青产品的国家标准或石油化工行业标准的相应规定(包括名称、型号和质量标准等与相应标准一致),不征收消费税;否则,视同燃料油征收消费税。工业企业以外的单位和个人的下列行为视为应税消费品的生产行为,按规定征收消费税:(1)将外购的消费税非应税产品以消费税应税产品对外销售的;(2)将外购的消费税低税率应税产品以高税率应税产品对外销售的。①

(七)摩托车

包括气缸容量 250 毫升以上的摩托车轻便摩托车和摩托车两种。②

(八)小汽车

小汽车是指由动力驱动,具有四个或四个以上车轮的非轨道承载的车辆。本税目征收范围包括含驾驶员座位在内最多不超过 9 个座位(含)的,在设计和技术特性上用于载运乘客和货物的各类乘用车和含驾驶员座位在内的座位数在 10—23 座(含 23 座)的在设计与技术特性上用于载运乘客和货物的各类中轻型商用客车。征收范围包括乘用车、中轻型商用客车、超豪华小汽车三个子目。③

用排气量小于 1.5 升(含)的乘用车底盘(车架)改装、改制的车辆属于乘用车征收范围。用排气量大于 1.5 升的乘用车底盘(车架)或用中轻型商用客车底盘(车架)改装、改制的车辆属于中轻型商用客车征收范围。

含驾驶员人数(额定载客)为区间值的(如 8—10 人、17—26 人)小汽车,按其区间值下限人数确定征收范围。

超豪华小汽车为每辆零售价格 130 万元(不含增值税)及以上的乘用车和中轻型商用客车。

电动汽车不属于小汽车征收范围。车身长度大于 7 米(含),并且座位在 10—23 座(含)以下的商用客车,不属于中轻型商用客车征税范围,不征收消费税。沙滩车、雪地车、卡丁车、高尔夫车不属于消费税征收范围,不征收消费税。④

(九)高尔夫球及球具

包括高尔夫球、高尔夫球杆及高尔夫球包(袋)。高尔夫球杆的杆头、杆身和握把包括在征收范围之内。

(十)高档手表

包括销售价格(不含增值税)每只在 10 000 元(含)以上的各类手表。

(十一)游艇

征收范围包括艇身长度大于 8 米(含)小于 90 米(含),内置发动机,可以在水上移

---

① 国家税务总局:《关于消费税有关政策问题的公告》,国家税务总局公告 2012 年第 47 号;国家税务总局:《关于消费税有关政策问题补充规定的公告》,国家税务总局公告 2013 年第 50 号。
② 财政部、国家税务总局:《关于调整消费税政策的通知》,财税〔2014〕93 号。
③ 财政部、国家税务总局:《关于对超豪华小汽车加征消费税有关事项的通知》,财税〔2016〕129 号。
④ 财政部、国家税务总局:《关于调整和完善消费税政策的通知》,财税〔2006〕33 号;国家税务总局:《关于沙滩车等车辆征收消费税问题的批复》,国税函〔2007〕1071 号。

动,一般为私人或团体购置,主要用于水上运动和休闲娱乐等非谋利活动的各类机动艇。

（十二）木制一次性筷子

征收范围包括各种规格的木制一次性筷子。未经打磨、倒角的木制一次性筷子也属于征税范围。

（十三）实木地板

征收范围包括各类规格的实木地板、实木指接地板、实木复合地板及用于装饰墙壁、天棚的侧端面为榫、槽的实木装饰板。未经涂饰的素板也属于征税范围。

（十四）电池

包括原电池、蓄电池、燃料电池、太阳能电池和其他电池。对无汞原电池、金属氢化物镍蓄电池（又称"氢镍蓄电池"或"镍氢蓄电池"）、锂原电池、锂离子蓄电池、太阳能电池、燃料电池和全钒液流电池免征消费税。[①]

（十五）涂料

涂料是指涂于物体表面能形成具有保护、装饰或特殊性能的固态涂膜的一类液体或固体材料之总称。对施工状态下挥发性有机物（Volatile Organic Compounds，VOC）含量低于420克/升（含）的涂料免征消费税。[②]

第二节 税 率

一、税率的基本规定

消费税的税率有三种形式：比例税率、定额税率和复合税率，以适应不同应税消费品的实际情况。实行比例税率的主要是雪茄烟、烟丝、化妆品、贵重首饰及珠宝玉石、鞭炮焰火、摩托车、小汽车、实木地板、木制一次性筷子、游艇、高尔夫球及球具、高档手表、电池、涂料等。实行定额税率的是啤酒、黄酒和成品油。卷烟和白酒为从量定额和从价定率相结合的复合税率。表3-1为消费税税目税率表。

表3-1 消费税税目税率表

税目	税率
一、烟	
1. 卷烟	
（1）甲类卷烟	
每标准条(200支)对外调拨价在70元以上（含）的	56%；0.003元/支
（2）乙类卷烟	
每标准条(200支)对外调拨价在70元以下的	36%；0.003元/支
（3）批发环节[③]	11%；0.005元/支

[①] 财政部、国家税务总局：《关于对电池 涂料征收消费税的通知》，财税〔2015〕16号。

[②] 同上。

[③] 财政部、国家税务总局：《关于调整卷烟消费税的通知》，财税〔2015〕60号。

(续表)

税目	税率
2. 雪茄烟	36%
3. 烟丝	30%
二、酒	
1. 白酒	20%；0.5元/500克（或500毫升）
2. 黄酒	240元/吨
3. 啤酒	
（1）甲类啤酒	250元/吨
（2）乙类啤酒	220元/吨
4. 其他酒	10%
三、高档化妆品	15%
四、贵重首饰及珠宝玉石	
1. 金银首饰、铂金首饰和钻石及钻石饰品	零售环节，5%
2. 其他贵重首饰和珠宝玉石	10%
五、鞭炮、焰火	15%
六、成品油①	
1. 汽油	1.52元/升
2. 柴油	1.2元/升
3. 航空煤油	1.2元/升
4. 石脑油	1.52元/升
5. 溶剂油	1.52元/升
6. 润滑油	1.52元/升
7. 燃料油	1.2元/升
七、摩托车②	
1. 气缸容量（排气量）250毫升的	3%
2. 气缸容量在250毫升以上的	10%
八、小汽车	
1. 乘用车	
（1）气缸容量在1.0升（含1.0升）以下的	1%
（2）气缸容量在1.0升以上至1.5升（含1.5升）的	3%
（3）气缸容量在1.5升以上至2.0升（含2.0升）的	5%
（4）气缸容量在2.0升以上至2.5升（含2.5升）的	9%
（5）气缸容量在2.5升以上至3.0升（含3.0升）的	12%

---

① 财政部、国家税务总局：《关于继续提高成品油消费税的通知》，财税〔2015〕11号；财政部、国家税务总局：《关于调整消费税政策的通知》，财税〔2014〕93号。

② 财政部、国家税务总局：《关于调整消费税政策的通知》，财税〔2014〕93号。

(续表)

税目	税率
（6）气缸容量在3.0升以上至4.0升（含4.0升）的	25%
（7）气缸容量在4.0升以上的	40%
2.中轻型商用客车	5%
3.超豪华小汽车①	生产（进口）环节：按子税目1和子税目2的规定征收；零售环节：10%
九、高尔夫球及球具	10%
十、高档手表	20%
十一、游艇	10%
十二、木制一次性筷子	5%
十三、实木地板	5%
十四、电池	4%
十五、涂料	4%

二、税率的特殊规定

（一）进口卷烟税率的确定[②]

（1）每标准条进口卷烟（200支）确定消费税适用比例税率的价格＝（关税完税价格＋关税＋进口数量×消费税定额税率）/（1－消费税比例税率）。其中，关税完税价格和关税为每标准条的关税完税价格及关税税额；消费税定额税率为每标准条（200支）0.6元（依据现行消费税定额税率折算而成）；消费税税率固定为36%。

（2）每标准条进口卷烟（200支）确定消费税适用比例税率的价格≥70元人民币的，适用比例税率为56%；每标准条进口卷烟（200支）确定消费税适用比例税率的价格＜70元人民币的，适用比例税率为36%。

（二）酒的适用税率

外购酒精生产的白酒，应按酒精所用原料确定白酒的适用税率。凡酒精所用原料无法确定的，一律按照粮食白酒的税率征税。外购两种以上酒精生产的白酒，一律从高确定税率征税。以外购白酒加浆降度，或外购散酒装瓶出售，以及外购白酒以曲香、香精进行调香、调味生产的白酒，按照外购白酒所用原料确定适用税率。凡白酒所用原料无法确定的，一律按照粮食白酒的税率征税。以外购的不同品种白酒勾兑的白酒，一律按照粮食白酒的税率征税。对用粮食和薯类、糠麸等多种原料混合生产的白酒，一律按照粮食白酒的税率征税。对用薯类和粮食以外的其他原料混合生产的白酒，一律按照薯类白酒的税率征税。[③]

对以粮食原酒作为基酒与薯类酒精或薯类酒进行勾兑生产的白酒应按粮食白酒的

---

① 财政部、国家税务总局：《关于对超豪华小汽车加征消费税有关事项的通知》，财税〔2016〕129号。
② 财政部、国家税务总局：《关于调整进口卷烟消费税税率的通知》，财税〔2004〕22号。
③ 国家税务总局：《关于印发〈消费税若干具体问题的规定〉的通知》，国税发〔1993〕156号。

税率征收消费税。对企业生产的白酒应按照其所用原料确定适用税率。凡是既有外购粮食或者有自产或外购粮食白酒(包括粮食酒精),又有自产或外购薯类和其他原料酒(包括酒精)的企业其生产的白酒凡所用原料无法分清的,一律按粮食白酒征收消费税。①

对企业以白酒和酒精为酒基,加入果汁、香料、色素、药材、补品、糖、调料等配制或泡制的酒,一律按照酒基所用原料确定白酒的适用税率。凡酒基所用原料无法确定的,一律按粮食白酒的税率征收消费税。②

(三) 兼营不同税率应税消费品的税率确定

纳税人兼营不同税率的应税消费品,应当分别核算不同税率应税消费品的销售额、销售数量;未分别核算销售额、销售数量,或者将不同税率的应税消费品组成成套消费品销售的,从高适用税率。

纳税人兼营不同税率的应税消费品,是指纳税人生产销售两种税率以上的应税消费品。所谓"从高适用税率",就是对兼营高低不同税率的应税消费品,当不能分别核算销售额、销售数量,或者将不同税率的应税消费品组成成套消费品销售的,就以应税消费品中适用的高税率与混合在一起的销售额、销售数量相乘,得出应纳消费税额。

第三节　应纳税额的计算

一、从价定率计征消费税应纳税额的计算

实行从价定率办法计征消费税的消费品,其应纳税额的计算公式为:

$$应纳税额 = 应税消费品的销售额 \times 适用税率$$

超豪华小汽车零售环节消费税应纳税额的计算公式为③:

$$应纳税额 = 零售环节销售额(不含增值税) \times 零售环节税率$$

国内汽车生产企业直接销售给消费者的超豪华小汽车,消费税税率按照生产环节税率和零售环节税率加总计算。消费税应纳的税额计算公式为:

$$应纳税额 = 销售额 \times (生产环节税率 + 零售环节税率)$$

从价定率计征消费税的计税依据为应税销售额。因此,应税销售额的确定对应纳税额的计算非常重要。

(一) 销售额的基本规定

(1) 销售额为纳税人销售应税消费品向购买方收取的全部价款和价外费用。"价外费用",是指价外向购买方收取的手续费、补贴、基金、集资费、返还利润、奖励费、违约金、滞纳金、延期付款利息、赔偿金、代收款项、代垫款项、包装费、包装物租金、储备费、优质

---

① 国家税务总局:《国家税务总局关于酒类产品消费税政策问题的通知》,国税发〔2002〕109号。
② 国家税务总局:《关于消费税若干征税问题的通知》,国税发〔1997〕84号。
③ 财政部、国家税务总局:《关于对超豪华小汽车加征消费税有关事项的通知》,财税〔2016〕129号。

费、运输装卸费以及其他各种性质的价外收费。但下列项目不包括在内:

① 同时符合以下条件的代垫运输费用:一是承运部门的运输费用发票开具给购买方的;二是纳税人将该项发票转交给购买方的。

② 同时符合以下条件代为收取的政府性基金或者行政事业性收费:a. 由国务院或者财政部批准设立的政府性基金,由国务院或者省级人民政府及其财政、价格主管部门批准设立的行政事业性收费;b. 收取时开具省级以上财政部门印制的财政票据;c. 所收款项全额上缴财政。

其他价外费用,无论是否属于纳税人的收入,均应并入销售额计算征税。

应税消费品的"销售额",不包括应向购货方收取的增值税税款。如果纳税人应税消费品的销售额中未扣除增值税税款或者因不得开具增值税专用发票而发生价款和增值税税款合并收取的,在计算消费税时,应当换算为不含增值税税款的销售额。其换算公式为:

应税消费品的销售额＝含增值税的销售额/(1＋增值税税率或征收率)

(2) 应税消费品连同包装物销售的,无论包装物是否单独计价以及在会计上如何核算,均应并入应税消费品的销售额中缴纳消费税。如果包装物不作价随同产品销售,而是收取押金,此项押金则不应并入应税消费品的销售额中征税。但对因逾期未收回的包装物不再退还的或者已收取的时间超过12个月的押金,应并入应税消费品的销售额,按照应税消费品的适用税率缴纳消费税。

对既作价随同应税消费品销售,又另外收取押金的包装物的押金,凡纳税人在规定的期限内没有退还的,均应并入应税消费品的销售额,按照应税消费品的适用税率缴纳消费税。

(3) 对酒类产品生产企业销售酒类产品而收取的包装物押金,无论押金是否返还与会计上如何核算,均需并入酒类产品销售额中,依酒类产品的适用税率缴纳消费税。①

由于啤酒和黄酒实行从量定额的办法征收消费税,即按照应税数量和单位税额计算应纳税额。按照这一办法征税的消费品的计税依据为应税消费品的数量,而非应税消费品的销售额,征税的多少与应税消费品的数量成正比,而与应税消费品的销售金额无直接关系。因此,对酒类包装物押金征税的规定只适用于实行从价定率办法征收消费税的白酒和其他酒,而不适用于实行从量定额办法征收消费税的啤酒和黄酒产品。②

(4) 纳税人应税消费品的计税价格明显偏低并无正当理由的,由主管税务机关核定其计税价格。应税消费品的计税价格的核定权限是:卷烟、白酒和小汽车的计税价格由国家税务总局核定,送财政部备案;其他应税消费品的计税价格由省、自治区和直辖市国家税务局核定;进口的应税消费品的计税价格由海关核定。

(5) 纳税人将自产的应税消费品与外购或自产的非应税消费品组成套装销售的,以套装产品的销售额(不含增值税)为计税依据。③

---

① 财政部、国家税务总局:《关于酒类产品包装物押金征税问题的通知》,财税字〔1995〕053号。
② 国家税务总局:《消费税问题解答》,国税函〔1997〕306号。
③ 财政部、国家税务总局:《关于调整和完善消费税政策的通知》,财税〔2006〕33号。

(6)纳税人销售的应税消费品,以人民币计算销售额。纳税人以人民币以外的货币结算销售额的,应当折合成人民币计算;其销售额的人民币折合率可以选择销售额发生的当天或者当月1日的人民币汇率中间价。纳税人应在事先确定采取何种折合率,确定后1年内不得变更。

(二)销售额的特殊规定

(1)纳税人自产的应税消费品用于换取生产资料和消费资料、投资入股和抵偿债务等方面,应当按照纳税人同类应税消费品的最高销售价格作为计税依据。①

(2)纳税人通过自设非独立核算门市部销售的自产应税消费品,应当按照门市部对外销售额或者销售数量缴纳消费税。②

(3)对于酒类生产企业利用关联交易行为规避消费税的,各省、自治区、直辖市、计划单列市国家税务局可根据本地区被查酒类生产企业与其关联企业间不同的核算方式,选择以下处理方法调整其酒类产品消费税计税收入额,核定应纳税额:

① 按照独立企业之间进行相同或者类似业务活动的价格;
② 按照再销售给无关联关系的第三者的价格所取得的收入和利润水平;
③ 按照成本加合理的费用和利润;
④ 按照其他合理的方法。③

为保全税基,对设立销售公司的白酒生产企业,税务总局制定了《白酒消费税最低计税价格核定管理办法(试行)》,对计税价格偏低的白酒核定消费税最低计税价格。④

白酒生产企业销售给销售单位的白酒,包括将委托加工收回的白酒销售给销售单位⑤,生产企业消费税计税价格低于销售单位对外销售价格(不含增值税,下同)70%以下的,税务机关应核定消费税最低计税价格。

销售单位是指销售公司、购销公司以及委托境内其他单位或个人包销本企业生产白酒的商业机构。销售公司、购销公司是指专门购进并销售白酒生产企业生产的白酒,并与该白酒生产企业存在关联性质。包销是指销售单位依据协定价格从白酒生产企业购进白酒,同时承担大部分包装材料等成本费用,并负责销售白酒。

白酒生产企业应将各种白酒的消费税计税价格和销售单位销售价格,按照要求,在主管税务机关规定的时限内填报。白酒消费税最低计税价格由白酒生产企业自行申报,税务机关核定。

主管税务机关应将白酒生产企业申报的销售给销售单位的消费税计税价格低于销售单位对外销售价格70%以下、年销售额1000万元以上的各种白酒,按照要求,在规定的时限内逐级上报至国家税务总局。税务总局选择其中部分白酒核定消费税最低计税价格。除税务总局已核定消费税最低计税价格的白酒外,其他需要核定消费税最低计税价格的白酒,消费税最低计税价格由各省、自治区、直辖市和计划单列市国家税务局

---

① 国家税务总局:《消费税若干具体问题的规定》,国税发〔1993〕156号。
② 同上。
③ 国家税务总局:《关于酒类产品消费税政策问题的通知》,国税发〔2002〕109号。
④ 国家税务总局:《关于加强白酒消费税征收管理的通知》,国税函〔2009〕380号。
⑤ 国家税务总局:《关于白酒消费税最低计税价格核定问题的公告》,国家税务总局公告2015年第37号。

核定。

白酒消费税最低计税价格核定标准如下：

① 白酒生产企业销售给销售单位的白酒，生产企业消费税计税价格高于销售单位对外销售价格70%（含70%）以上的，税务机关暂不核定消费税最低计税价格。

② 白酒生产企业销售给销售单位的白酒，生产企业消费税计税价格低于销售单位对外销售价格70%以下的，消费税最低计税价格由税务机关根据生产规模、白酒品牌、利润水平等情况在销售单位对外销售价格50%至70%范围内自行核定。其中生产规模较大、利润水平较高的企业生产的需要核定消费税最低计税价格的白酒，税务机关核价幅度原则上应选择在销售单位对外销售价格60%至70%范围内。

已核定最低计税价格的白酒，生产企业实际销售价格高于消费税最低计税价格的，按实际销售价格申报纳税；实际销售价格低于消费税最低计税价格的，按最低计税价格申报纳税。

已核定最低计税价格的白酒，销售单位对外销售价格持续上涨或下降时间达到3个月以上、累计上涨或下降幅度在20%（含20%）以上的白酒，税务机关重新核定最低计税价格。

白酒生产企业在办理消费税纳税申报时，应附已核定最低计税价格白酒清单。白酒生产企业未按规定上报销售单位销售价格的，主管国家税务局应按照销售单位销售价格征收消费税。

（4）白酒生产企业向商业销售单位收取的"品牌使用费"是随着应税白酒的销售而向购货方收取的，属于应税白酒销售价款的组成部分，因此，不论企业采取何种方式或以何种名义收取价款，均应并入白酒的销售额中缴纳消费税。①

（5）卷烟工业环节纳税人销售的卷烟，应按实际销售价格申报纳税，实际销售价格低于最低计税价格的，按照最低计税价格申报纳税。生产环节纳税人各牌号规格卷烟消费税最低计税价格由国家税务总局核定。新牌号、新规格卷烟未满1年且未经国家税务总局核定计税价格的，应按实际调拨价格申报纳税。② 调拨价格，是指卷烟生产企业通过卷烟交易市场与购货方签订的卷烟交易价格。

在卷烟批发环节征收的消费税，其计税依据为纳税人批发卷烟的销售额（不含增值税）。纳税人应将卷烟销售额与其他商品销售额分开核算，未分开核算的，一并征收消费税。③ 纳税人兼营卷烟批发和零售业务的，应当分别核算批发和零售环节的销售额、销售数量；未分别核算批发和零售环节销售额、销售数量的，按照全部销售额、销售数量计征批发环节消费税。④

（6）自2012年12月1日起，卷烟消费税最低计税价格核定范围为卷烟生产企业在生产环节销售的所有牌号、规格的卷烟。⑤ 计税价格由国家税务总局按照卷烟批发环节

---

① 国家税务总局：《关于酒类产品消费税政策问题的通知》，国税发〔2002〕109号。
② 国家税务总局：《关于卷烟消费税计税依据有关问题的通知》，国税函〔2009〕271号。
③ 财政部、国家税务总局：《关于调整烟产品消费税政策的通知》，财税〔2009〕84号。
④ 财政部、国家税务总局：《关于调整卷烟消费税的通知》，财税〔2015〕60号。
⑤ 国家税务总局：《卷烟消费税计税价格信息采集和核定管理办法》，国家税务总局令26号。

销售价格扣除卷烟批发环节批发毛利核定并发布。计税价格的核定公式为：

某牌号、规格卷烟计税价格＝批发环节销售价格×(1－适用批发毛利率)

卷烟批发环节销售价格，按照税务机关采集的所有卷烟批发企业在价格采集期内销售的该牌号、规格卷烟的数量、销售额进行加权平均计算。计算公式为：

$$批发环节销售价格 = \frac{\sum 该牌号规格卷烟各采集点的销售额}{\sum 该牌号规格卷烟各采集点的销售数量}$$

已经国家税务总局核定计税价格的卷烟，生产企业实际销售价格高于计税价格的，按实际销售价格确定适用税率，计算应纳税款并申报纳税；实际销售价格低于计税价格的，按计税价格确定适用税率，计算应纳税款并申报纳税。

(7) 改在零售环节征收消费税的金银首饰，在计算应纳税额时，在确定计税依据时需要根据不同情况进行处理。[①]

① 纳税人销售金银首饰，其计税依据为不含增值税的销售额。如果纳税人销售金银首饰的销售额中未扣除增值税税款，在计算消费税时，应按以下公式换算为不含增值税税款的销售额。

金银首饰的销售额＝含增值税的销售额/(1＋增值税税率或征收率)

② 金银首饰连同包装物销售的，无论包装是否单独计价，也无论会计上如何核算，均应并入金银首饰的销售额，计征消费税。

③ 带料加工的金银首饰，应按受托方销售同类金银首饰的销售价格确定计税依据征收消费税。没有同类金银首饰销售价格的，按照组成计税价格计算纳税。组成计税价格的计算公式为：

组成计税价格＝(材料成本＋加工费)/(1－金银首饰消费税税率)

对消费者个人委托加工的金银首饰及珠宝玉石，可暂按加工费征收消费税。[②]

④ 纳税人采用以旧换新(含翻新改制)方式销售的金银首饰，应按实际收取的不含增值税的全部价款确定计税依据征收消费税。

⑤ 生产、批发、零售单位用于馈赠、赞助、集资、广告、样品、职工福利、奖励等方面的金银首饰，应按纳税人销售同类金银首饰的销售价格确定计税依据征收消费税；没有同类金银首饰销售价格的，按照组成计税价格计算纳税。组成计税价格的计算公式为：

组成计税价格＝[购进原价×(1＋利润率)]/(1－金银首饰消费税税率)

纳税人为生产企业时，公式中的"购进原价"为生产成本。公式中的"利润率"一律定为 6%。

---

① 财政部、国家税务总局：《关于调整金银首饰消费税纳税环节有关问题的通知》，财税字〔1994〕95号。
② 国家税务总局：《关于消费税若干征税问题的通知》，国税发〔1994〕130号。

(8)外购电池、涂料大包装改成小包装或者外购电池、涂料不经加工只贴商标的行为,视同应税消费税品的生产行为,应按规定申报缴纳消费税。①

(9)纳税人应税消费品的计税价格明显偏低并无正当理由的,由主管税务机关核定其计税价格。

二、从量定额计征消费税应纳税额的计算

从量定额计征消费税的消费品,其应纳税额的计算公式为:

$$应纳税额＝应税消费品销售数量×定额税率$$

从量定额计征消费税的计税依据是应税消费品的销售数量。

(一)销售数量的确定

销售数量是指纳税人生产、加工和进口应税消费品的数量。具体为:

(1)销售应税消费品的,为应税消费品的销售数量。

(2)自产自用应税消费品的,为应税消费品的移送使用数量。

(3)委托加工应税消费品的,为纳税人收回的应税消费品数量。

(4)进口的应税消费品,为海关核定的应税消费品进口征税数量。

(二)计量单位的换算

在消费税暂行条例中,对从量计征消费税的应税消费品适用税率的规定,黄酒、啤酒是以吨为计量单位,成品油是以升为计量单位。但在实际销售过程中,吨或升这两个计量单位会出现混用的情况,在计算应纳税额时就需要进行相应的换算,吨与升两个计量单位的换算标准为:

黄酒 1 吨＝962 升

啤酒 1 吨＝988 升

汽油 1 吨＝1 388 升

柴油 1 吨＝1 176 升

航空煤油 1 吨＝1 246 升

石脑油 1 吨＝1 385 升

溶剂油 1 吨＝1 282 升

润滑油 1 吨＝1 126 升

燃料油 1 吨＝1 015 升

三、复合计征消费税的应纳税额计算

卷烟、白酒实行从量定额和从价定率相结合的复合计税办法。应纳税额计算公式为:

$$应纳税额＝销售额×比例税率＋销售数量×定额税率$$

---

① 国家税务总局:《关于明确电池涂料消费税征收管理有关事项的公告》,国家税务总局公告 2015 年第 95 号。

四、自产自用应税消费品应纳税额的计算

自产自用应税消费品,是指纳税人生产应税消费品后,不是用于直接对外销售,而是用于自己连续生产应税消费品,或用于其他方面。明确自产自用应税消费品的税务处理方法,可以规范纳税人的税务管理,避免出现漏缴税款和重复征税的现象。

(一)用于连续生产应税消费品

纳税人自产自用的应税消费品,用于连续生产应税消费品的,不纳税。"纳税人自产自用的应税消费品,用于连续生产应税消费品的",是指纳税人将自产的应税消费品作为直接材料生产最终应税消费品,自产应税消费品构成最终应税消费品的实体。纳税人自产自用的应税消费品,用于连续生产应税消费品的,对自产自用的应税消费品在生产使用时不征税,对最终应税消费品在销售时征税。比如卷烟厂生产的烟丝,烟丝是应税消费品,卷烟厂再用生产出的烟丝连续生产卷烟,这样,用于连续生产卷烟的烟丝就不缴纳消费税,只对生产销售的卷烟征收消费税。当然,生产出的烟丝如果直接对外销售,还是要缴纳消费税的。税法规定对自产自用的应税消费品,用于连续生产应税消费品的不征税,体现了不重复课税且计税简便的原则。

(二)用于其他方面

纳税人自产自用的应税消费品,除用于连续生产应税消费品外,凡用于其他方面的,于移送使用时纳税。

自产自用应税消费品用于其他方面的,是指纳税人将自产自用应税消费品用于生产非应税消费品、在建工程、管理部门、非生产机构、提供劳务、馈赠、赞助、集资、广告、样品、职工福利、奖励等方面。"用于生产非应税消费品",是指将自产的应税消费品用于生产消费税税目税率表所列14类产品以外的产品。"用于在建工程",是指将自产的应税消费品用于本企业各项建设工程的。"用于管理部门、非生产机构",是指将自产的应税消费品用于与本企业有隶属关系的管理部门或非生产机构。"用于馈赠、赞助、集资、广告、样品、职工福利、奖励",是指将自产的应税消费品无偿赠送给他人或以资金的形式投资于外单位某些事业或作为商品广告、经销样品或以福利、奖励的形式发给职工。

纳税人将自产应税消费品用于本企业基本建设、专项工程、生活福利设施等其他方面,从形式上看,并没有取得销售收入,但却要视同对外销售,计征消费税。这是因为,企业如以外购的应税消费品用于本企业基本建设、专项工程、生活福利设施的,其外购价款中包含消费税税金。如果对自产应税消费品不征税,等于鼓励企业以不含税的应税消费品进行基本建设、专项工程、生活福利设施等项目的建设。对用于基本建设、专项工程、生活福利设施的自产应税消费品征税,可以平衡外购应税消费品与自产应税消费品之间的税负,使企业无论使用外购应税消费品,还是自产应税消费品进行基本建设等项目的生产,其价款中都含有税金,从而有利于公平税负,并保证财政收入。总之,企业自产的应税消费品虽然没有用于销售或连续生产应税消费品,但只要是用于税法所规定的范围都要视同销售,依法缴纳消费税。[①]

[①] 全国注册税务师执业资格考试教材编写组:《税法(Ⅰ)》,中国税务出版社2013年版,第209页。

(三) 组成计税价格及税额的计算

1. 有同类消费品的销售价格

纳税人自产自用的应税消费品,凡用于其他方面,应当纳税的,按照纳税人生产的同类消费品的销售价格计算纳税。同类消费品的销售价格是指纳税人当月销售的同类消费品的销售价格,如果当月同类消费品各期销售价格高低不同,应按销售数量加权平均计算。但销售的应税消费品有下列情况之一的,不得列入加权平均计算:(1) 销售价格明显偏低并无正当理由的;(2) 无销售价格的。如果当月无销售或者当月未完结,应按照同类消费品上月或者最近月份的销售价格计算纳税。

2. 无同类消费品的销售价格

纳税人自产自用的应税消费品,凡用于其他方面,应当纳税的,若没有同类消费品销售价格的,按照组成计税价格计算纳税。

实行从价定率办法计算纳税的组成计税价格计算公式为:

$$组成计税价格=(成本+利润)/(1-比例税率)$$

实行复合计税办法计算纳税的组成计税价格计算公式为:

$$组成计税价格=(成本+利润+自产自用数量\times 定额税率)/(1-比例税率)$$

公式中的"成本",是指应税消费品的产品生产成本;"利润",是指根据应税消费品的全国平均成本利润率计算的利润。应税消费品全国平均成本利润率由国家税务总局确定。表 3-2 为应税消费品全国平均成本利润率。

表 3-2 应税消费品全国平均成本利润率[①]

1. 甲类卷烟	10%		11. 贵重首饰及珠宝玉石	6%
2. 乙类卷烟	5%		12. 高尔夫球及球具	10%
3. 雪茄烟	5%		13. 高档手表	20%
4. 烟丝	5%		14. 游艇	10%
5. 粮食白酒	10%		15. 木制一次性筷子	5%
6. 薯类白酒	5%		16. 实木地板	5%
7. 其他酒	5%		17. 乘用车	8%
8. 高档化妆品	5%		18. 中轻型商用客车	5%
9. 鞭炮、焰火	5%		19. 电池	4%
10. 摩托车	6%		20. 涂料	7%

按照组成计税价格计算纳税时,应纳税额的计算公式为:

$$从价计征的应纳税额=组成计税价格\times 税率$$

$$从量计征的应纳税额=组成计税价格\times 比例税率+自产自用数量\times 定额税率$$

[①] 国家税务总局:《消费税若干具体问题的规定》,国税发〔1993〕156号;财政部、国家税务总局:《关于调整和完善消费税政策的通知》,财税〔2006〕33号。

五、委托加工应税消费品应纳税额的计算

(一) 委托加工应税消费品的确定

委托加工应税消费品,是指由委托方提供原料和主要材料,受托方只收取加工费和代垫部分辅助材料加工的应税消费品。对于由受托方提供原材料生产的应税消费品,或者受托方先将原材料卖给委托方,然后再接受加工的应税消费品,以及由受托方以委托方名义购进原材料生产的应税消费品,不论纳税人在财务上是否作销售处理,都不得作为委托加工应税消费品,而应当按照销售自制应税消费品缴纳消费税。

作为委托加工应税消费品,必须具备两个条件:其一是由委托方提供原料和主要材料;其二受托方只收取加工费和代垫部分辅助材料。无论是委托方还是受托方,凡不符合规定条件的,都不能按委托加工应税消费品进行税务处理,只能按照销售自制应税消费品缴纳消费税。这种处理办法体现了税收管理的源泉控制原则,避免了应缴税款的流失。

严格规定委托加工应税消费品的条件,主要是由于委托加工应税消费品是由受托方代收代缴消费税的,且受托方只就其加工劳务缴纳增值税。如果委托方不能提供原料和主要材料,而是受托方以某种形式提供原料,那就不成其为委托加工,而是受托方自制应税消费品。在这种情况下,就会出现受托方确定计税价格偏低,代收代缴消费税虚假的现象,同时,受托方也只以加工劳务缴纳增值税,逃避了自制应税消费品要缴纳消费税的责任,造成税收流失。① 因此,对委托加工应税消费品要规定严格的限定条件。对于不符合委托加工应税消费品限定条件的,不论纳税人在财务上是否作销售处理,都不得作为委托加工应税消费品,而应当按照销售自制应税消费品缴纳消费税。②

采用委托加工方式生产的应税消费品,对受托方来说,只有加工业务收入,没有应税消费品销售收入;对于委托方来说,只是用原材料换回产成品并向受托方支付加工费,也没有取得应税消费品销售收入,因此从形式上看,似乎不应当征税。但应当明确,用原材料委托加工应税消费品和从外面购进应税消费品,其性质是一样的,只是取得应税消费品的方式不同。采取委托加工方式时,收回的应税消费品中不包含税金,这就使得委托加工的应税消费品同外购的应税消费品税负不平衡,因此,为了平衡税负,必须将委托加工的应税消费品纳入消费税的征税范围。③

(二) 委托加工应税消费品代收代缴税款的规定

加工应税消费品的委托方是消费税的纳税人,应缴纳的消费税税款,除受托方为个人外,由受托方在向委托方交货时代收代缴消费税。如果纳税人委托个人加工应税消费品,一律于委托方收回后在委托方所在地缴纳消费税。④ 这一规定,主要是考虑到受托方为个人的,其财务制度可能不够健全,不一定了解有关消费税和代收代缴的税收法律法

---

① 全国注册税务师执业资格考试教材编写组:《税法(Ⅰ)》,中国税务出版社 2013 年版,第 212 页。
② 同上。
③ 同上。
④ 国家税务总局:《关于消费税若干征税问题的通知》,国税发〔1994〕130 号。

规制度,执行起来成本较大,所以,在应代收代缴的情形中,排除了受托人为个人的情形。①

委托加工的应税消费品,受托方在交货时已代收代缴消费税,委托方收回后直接出售的,不再征收消费税。也就是说,委托方将收回的应税消费品,以不高于受托方的计税价格出售的,为直接出售,不再缴纳消费税;委托方以高于受托方的计税价格出售的,不属于直接出售,需按照规定申报缴纳消费税,在计税时准予扣除受托方已代收代缴的消费税。②

如果受托方对委托加工的应税消费品未按规定代收代缴消费税税款,按照税收征收管理法的规定,委托方和受托方都要承担相应的法律责任。在税收征管中,如果发现委托方委托加工的应税消费品,受托方没有代收代缴消费税税款,委托方要补缴税款。对委托方补征税款的计税依据是:如果收回的应税消费品已直接销售的,按销售额计税;如果收回的应税消费品尚未销售或不能直接销售的(如收回后用于连续生产等),按组成计税价格计税。③ 按照《征管法》的规定,对受托方处应扣未扣、应收未收税款百分之五十以上三倍以下的罚款。

对既有自产卷烟,同时又委托联营企业加工与自产卷烟牌号、规格相同卷烟的工业企业(以下简称"卷烟回购企业"),从联营企业购进后再直接销售的卷烟,对外销售时不论是否加价,凡是符合以下条件的,不再征收消费税,不符合以下条件的,则征收消费税:(1)回购企业在委托联营企业加工卷烟时,除提供给联营企业所需加工卷烟牌号外,还须同时提供税务机关已公示的消费税计税价格。联营企业必须按照已公示的调拨价格申报缴纳消费税。(2)回购企业将联营企业加工卷烟回购后再销售的卷烟,其销售收入应与自产卷烟的销售收入分开核算,以备税务机关检查;如不分开核算,则一并计入自产卷烟销售收入征收消费税。④

(三)委托加工应税消费品的组成计税价格及应纳税额的计算

1. 有同类消费品价格的

委托加工的应税消费品,按照受托方的同类消费品的销售价格计算纳税。同类消费品的销售价格是指纳税人或代收代缴义务人当月销售的同类消费品的销售价格,如果当月同类消费品各期销售价格高低不同,应按销售数量加权平均计算。但销售的应税消费品有下列情况之一的,不得列入加权平均计算:(1)销售价格明显偏低并无正当理由的;(2)无销售价格的。如果当月无销售或者当月未完结,应按照同类消费品上月或者最近月份的销售价格计算纳税。

2. 无同类消费品价格的

委托加工的应税消费品,没有同类消费品销售价格的,按照组成计税价格计算纳税。

---

① 本书编写组:《中华人民共和国增值税、消费税、营业税暂行条例及其实施细则释义与适用指南》,中国市场出版社2009年版,第237页。
② 财政部、国家税务总局:《关于〈中华人民共和国消费税暂行条例实施细则〉有关条款解释的通知》,财法〔2012〕8号。
③ 国家税务总局:《关于加强委托加工应税消费品征收管理的通知》,国税发〔1995〕122号。
④ 国家税务总局:《关于卷烟生产企业购进卷烟直接销售不再征收消费税的批复》,国税函〔2001〕955号。

实行从价定率办法计算纳税的组成计税价格计算公式为：

组成计税价格＝（材料成本＋加工费）/（1－比例税率）

实行复合计税办法计算纳税的组成计税价格计算公式为：

组成计税价格＝（材料成本＋加工费＋委托加工数量×定额税率）/（1－比例税率）

公式中的"材料成本"是指委托方所提供加工材料的实际成本。委托加工应税消费品的纳税人，必须在委托加工合同上如实注明（或以其他方式提供）材料成本，凡未提供材料成本的，受托方所在地主管税务机关有权核定其材料成本。其目的是防止假冒委托加工应税消费品或少报材料成本，逃避纳税的现象。①

公式中的"加工费"是指受托方加工应税消费品向委托方所收取的全部费用（包括代垫辅助材料的实际成本），这一规定要求受托方必须如实提供向委托方收取的全部费用，这样一方面可以保证组成计税价格及代收代缴消费税的准确计算；另一方面也可以保证受托方正确计算加工费应缴纳的增值税。②

从价计征的应纳税额＝组成计税价格×税率

复合计征的应纳税额＝组成计税价格×比例税率＋委托加工应税消费品数量×定额税率

六、进口应税消费品应纳税额的计算

进口的应税消费品，于报关进口时缴纳消费税；进口的应税消费品的消费税由海关代征；进口的应税消费品，由进口人或者其代理人向报关地海关申报纳税。

进口应税消费品以进口商品总值为课税对象。这是因为，应税消费品报关进口后，还没有实现销售，不可能根据实际销售收入征税；如果以到岸价格为课税对象，就会使进口应税消费品与国内生产的同种应税消费品的征税依据不一致，从而使进口应税消费品的税负低于国内生产的同种应税消费品的税负。因此，应以进口商品总值为课税对象。进口商品总值具体包括到岸价格、关税和消费税三部分内容。以进口商品总值为课税对象，可使进口应税消费品与国内生产的同种应税消费品的征税依据一致，税负基本平衡，从而有利于防止盲目进口，保护国内经济的发展。③

纳税人进口的应税消费品，按照组成计税价格计算纳税。

（1）实行从价定率办法计算应纳税额的，按照组成计税价格计算纳税，计算公式为：

组成计税价格＝（关税完税价格＋关税）/（1－消费税税率）

应纳税额＝组成计税价格×消费税税率

（2）实行从量定额办法的应税消费品，按照应税消费品数量计算应纳税额，计算公式为：

---

① 全国注册税务师执业资格考试教材编写组：《税法（Ⅰ）》，中国税务出版社2013年版，第213页。
② 同上书，第215页。
③ 全国注册税务师执业资格考试教材编写组：《税法（Ⅰ）》，中国税务出版社2007年版，第171页。

应纳税额＝应税消费品数量×消费税定额税率

公式中的"应税消费品数量",是指海关核定的应税消费品进口征税数量。

(3) 实行复合计税办法计算纳税的组成计税价格计算公式为：

组成计税价格＝(关税完税价格＋关税＋进口数量×消费税定额税率)
/(1－消费税比例税率)

公式中的"关税完税价格",是指海关核定的关税计税价格。

应纳税额＝组成计税价格×消费税比例税率＋进口数量×消费税定额税率

进口卷烟实行复合计征,可以按照上述公式计算进口卷烟的应纳税额,但由于卷烟适用的比例税率与卷烟出厂或进口价格的高低相关,因此,进口卷烟应纳税额的计算,需要先确定卷烟适用比例税率的价格,然后按照规定的公式计算。[①]

① 计算进口卷烟适用税率价格并确定适用税率。

每标准条进口卷烟(200支)确定消费税适用比例税率的价格＝(关税完税价格＋关税＋进口卷烟数量×卷烟消费税定额税率)/(1－卷烟消费税比例税率)

其中,关税完税价格和关税为每标准条的关税完税价格及关税税额;卷烟消费税定额税率为每标准条(200支)0.6元(依据现行消费税定额税率折算而成);卷烟消费税比例税率固定为36%。

每标准条进口卷烟(200支)确定消费税适用比例税率的价格≥70元人民币的,适用比例税率为56%;每标准条进口卷烟(200支)确定消费税适用比例税率的价格＜70元人民币的,适用比例税率为36%。

② 依据上述确定的消费税适用比例税率,计算进口卷烟消费税组成计税价格和应纳消费税税额。

$$\frac{进口卷烟消费税}{组成计税价格} = \frac{关税完税价格＋关税＋进口卷烟数量×卷烟消费税定额税}{1－进口卷烟消费税适用比例税率}$$

$$应纳消费税税额 = \frac{进口卷烟消费税}{组成计税价格} × \frac{进口卷烟消费税}{适用比例税率} + \frac{消费税}{定额税}$$

$$消费税定额税 = 海关核定的进口卷烟数量 × 消费税定额税率$$

消费税定额税率为每只0.003元。

七、应税消费品已纳税款的扣除

纳税人生产的应税消费品,有时是以外购的应税消费品或委托加工收回的应税消费品为原材料生产的。而外购的应税消费品已由销售方缴纳了消费税,委托加工的应税消费品已由受托方代收代缴了消费税。为了避免重复征税,现行消费税政策规定,将外购

---

① 财政部、国家税务总局：《关于调整进口卷烟消费税税率的通知》,财税〔2004〕22号。

应税消费品(包括从商业企业购进应税消费品连续生产应税消费品)或者委托加工收回的应税消费品用于连续生产应税消费品销售的,准予将外购应税消费品或者委托加工收回应税消费品已缴纳的消费税税款按规定抵扣。

纳税人外购或者委托加工收回的已经缴纳消费税的下列 12 种应税消费品用于连续生产应税消费品,在计征消费税时准予扣除外购或者委托加工收回的应税消费品已纳消费税税款。①

(1) 外购或者委托加工收回的已税烟丝为原料生产的卷烟;

(2) 外购、进口或者委托加工收回的已税高档化妆品为原料生产的高档化妆品;②

(3) 外购或者委托加工收回的已税珠宝玉石为原料生产的贵重首饰及珠宝玉石;

(4) 外购或者委托加工收回的已税鞭炮焰火为原料生产的鞭炮焰火;

(5) 外购或者委托加工收回的已税汽车轮胎(内胎和外胎)为原料生产的汽车轮胎;

(6) 外购或者委托加工收回的已税摩托车生产的摩托车;

(7) 外购或者委托加工收回的已税杆头、杆身和握把为原料生产的高尔夫球杆;

(8) 外购或者委托加工收回的已税木制一次性筷子为原料生产的木制一次性筷子;

(9) 外购或者委托加工收回的已税实木地板为原料生产的实木地板;

(10) 外购或者委托加工收回的已税石脑油为原料生产的应税消费品;

(11) 外购或者委托加工收回的已税润滑油为原料生产的应税消费品;

(12) 外购或者委托加工收回的已税燃料油为原料生产的应税消费品;

(13) 以外购或委托加工收回的已税汽油、柴油为原料连续生产汽油、柴油;③

(14) 以外购、进口和委托加工收回汽油、柴油、石脑油、燃料油、润滑油(以下简称"应税油品")用于连续生产应税成品油。④

此外,纳税人从葡萄酒生产企业购进、进口葡萄酒连续生产应税葡萄酒的,准予从葡萄酒消费税应纳税额中扣除所耗用应税葡萄酒已纳消费税税款。⑤

当期准予扣除的外购或者委托加工收回的应税消费品的已纳消费税税款,应按当期生产领用数量计算。主管税务机关对纳税人提供的消费税申报抵扣凭证上注明的货物,无法辨别销货方是否申报缴纳消费税的,可向销货方主管税务机关发函调查该笔销售业务缴纳消费税情况,销货方主管税务机关应认真核实并回函。经销货方主管税务机关回函确认已缴纳消费税的,可以受理纳税人的消费税抵扣申请,按规定抵扣外购项目的已纳消费税。⑥

当期准予扣除的外购应税消费品的已纳消费税税款的计算公式如下:

---

① 国家税务总局:《关于用外购和委托加工收回的应税消费品连续生产应税消费品征收消费税问题的通知》,国税发〔1995〕第 094 号。
② 国家税务总局:《关于高档化妆品消费税征收管理事项的公告》,国家税务总局公告 2016 年第 66 号。
③ 财政部、国家税务总局:《关于以外购或委托加工汽、柴油连续生产汽、柴油允许抵扣消费税政策问题的通知》,财税〔2004〕15 号。
④ 国家税务总局:《关于成品油消费税有关问题的公告》,国家税务总局公告 2014 年第 65 号。
⑤ 国家税务总局:《关于修订〈葡萄酒消费税管理办法(试行)〉的公告》,国家税务总局公告 2015 年第 15 号。
⑥ 国家税务总局:《关于进一步加强消费税纳税申报及税款抵扣管理的通知》,国税函〔2006〕769 号。

$$\text{当期准予扣除的外购应税消费品已纳税款} = \text{当期准予扣除的外购应税消费品买价或数量} \times \text{外购应税消费品适用税率}$$

$$\text{当期准予扣除的外购应税消费品买价或数量} = \text{期初库存的外购应税消费品的买价或数量} + \text{当期购进的应税消费品的买价或数量} - \text{期末库存的外购应税消费品的买价或数量}$$

当期准予扣除的委托加工收回的应税消费品已纳消费税税款的计算公式如下：

$$\text{当期准予扣除的委托加工应税消费品已纳税款} = \text{期初库存的委托加工应税消费品已纳税款} + \text{当期收回的委托加工应税消费品已纳税款} - \text{期末库存的委托加工应税消费品已纳税款}$$

以外购或委托加工收回的已税石脑油、润滑油、燃料油为原料生产的应税消费品，准予从消费税应纳税额中扣除原料已纳的消费税税款。抵扣税款的计算公式为：

$$\text{当期准予扣除的外购应税消费品已纳税款} = \text{当期准予扣除外购应税消费品数量} \times \text{外购应税消费品单位税额}[1]$$

外购已税消费品的买价是指购货发票上注明的销售额（不包括增值税税款）。

按照现行税收法规规定，国家对卷烟出口一律实行在生产环节免税的办法，即免征卷烟加工环节的增值税和消费税，而对出口卷烟所耗用的原辅材料已缴纳的增值税和消费税则不予退、免税。据此，为生产出口卷烟而购进的已税烟丝的已纳税款不能给予扣除。[2]

金银首饰消费税改变纳税环节以后，用已税珠宝玉石生产的征税范围内的镶嵌首饰，在计税时一律不得扣除买价或已纳的消费税税款。[3]

对既有自产应税消费品，同时又购进与自产应税消费品同样的应税消费品进行销售的工业企业，对其销售的外购应税消费品应当征收消费税，同时可以扣除符合条件的外购应税消费品的已纳税款；对自己不生产应税消费品，而只是购进后再销售应税消费品的工业企业，其销售的粮食白酒、薯类白酒、高档化妆品、鞭炮焰火和珠宝玉石，凡不能构成最终消费品直接进入消费品市场，而需进一步生产加工的，如需进一步加浆降度的白酒，需进行调香、调味和勾兑的白酒，需进行深加工、包装、贴标、组合的珠宝玉石、高档化妆品、酒、鞭炮焰火等，应当征收消费税，同时允许扣除上述外购应税消费品的已纳税款。[4]

卷烟消费税在生产和批发两个环节征收后，批发企业在计算纳税时不得扣除已含的生产环节的消费税税款。[5]

境内从事葡萄酒生产的单位或个人之间销售葡萄酒，实行《葡萄酒购货证明单》管理。该证明单由购货方在购货前向其主管税务机关申请领用，销货方凭证明单的退税联

---

[1] 财政部、国家税务总局：《关于调整部分成品油消费税政策的通知》，财税〔2008〕19号。
[2] 国家税务总局：《消费税问题解答》，国税函〔1997〕306号。
[3] 财政部、国家税务总局：《关于调整金银首饰消费税纳税环节有关问题的通知》，财税字〔1994〕095号。
[4] 国家税务总局：《关于消费税若干征税问题的通知》，国税发〔1997〕84号。
[5] 财政部、国家税务总局：《关于调整烟产品消费税政策的通知》，财税〔2009〕84号。

向其主管税务机关申请已纳消费税退税。以进口葡萄酒为原料连续生产葡萄酒的纳税人,实行凭《海关进口消费税专用缴款书》抵减进口环节已纳消费税的管理办法。以进口葡萄酒为原料连续生产葡萄酒的纳税人,准予从当期应纳消费税税额中抵减《海关进口消费税专用缴款书》注明的消费税。如当期应纳消费税不足抵减的,余额留待下期抵减。①

第四节 征收管理

一、纳税时间

消费税纳税义务发生的时间分为以下几种情况:

(1) 纳税人销售应税消费品的,按不同的销售结算方式分别为:

① 采取赊销和分期收款结算方式的,为书面合同约定的收款日期的当天,书面合同没有约定收款日期或者无书面合同的,为发出应税消费品的当天;

② 采取预收货款结算方式的,为发出应税消费品的当天;

③ 采取托收承付和委托银行收款方式的,为发出应税消费品并办妥托收手续的当天;

④ 采取其他结算方式的,为收讫销售款或者取得索取销售款凭据的当天。

(2) 纳税人自产自用应税消费品的,为移送使用的当天。

(3) 纳税人委托加工应税消费品的,为纳税人提货的当天。

(4) 纳税人进口应税消费品的,为报关进口的当天。

金银首饰、铂金首饰、钻石及钻石饰品在零售环节纳税,其纳税义务发生时间为收讫销货款或取得索取销货凭据的当天;用于馈赠、赞助、集资、广告、样品、职工福利、奖励等方面的金银首饰、铂金首饰、钻石及钻石饰品,其纳税义务发生时间为移送的当天;带料加工、翻新改制的金银首饰,其纳税义务发生时间为受托方交货的当天。②

纳税人销售的应税消费品,因质量等原因发生退货的,其已缴纳的消费税税款可予以退还。纳税人办理退税手续时,应将开具的红字增值税发票、退税证明等资料报主管税务机关备案。主管税务机关核对无误后办理退税。③

纳税人直接出口的应税消费品办理免税后,发生退关或者国外退货,复进口时已予以免税的,可暂不办理补税,待其转为国内销售的当月申报缴纳消费税。

二、纳税期限

消费税的纳税期限分别为 1 日、3 日、5 日、10 日、15 日、1 个月或者 1 个季度。增值

---

① 国家税务总局:《葡萄酒消费税管理办法(试行)》,国税发〔2006〕66 号。
② 财政部、国家税务总局:《关于调整金银首饰消费税纳税环节有关问题的通知》,财税字〔1994〕095 号。
③ 国家税务总局:《关于取消销货退回消费税退税等两项消费税审批事项后有关管理问题的公告》,国家税务总局公告 2015 年第 91 号。

税小规模纳税人缴纳消费税,原则上实行按季申报。①

纳税人的具体纳税期限,由主管税务机关根据纳税人应纳税额的大小分别核定;不能按照固定期限纳税的,可以按次纳税。

纳税人以1个月或者1个季度为1个纳税期的,自期满之日起15日内申报纳税;以1日、3日、5日、10日或者15日为1个纳税期的,自期满之日起5日内预缴税款,于次月1日起15日内申报纳税并结清上月应纳税款。

纳税人进口应税消费品,应当自海关填发海关进口消费税专用缴款书之日起15日内缴纳税款。

三、纳税地点

消费税由税务机关征收,进口的应税消费品的消费税由海关代征。个人携带或者邮寄进境的应税消费品的消费税,连同关税一并计征。消费税的具体纳税地点是:

(1) 纳税人销售的应税消费品,以及自产自用的应税消费品,除国务院财政、税务主管部门另有规定外,应当向纳税人机构所在地或者居住地的主管税务机关申报纳税。

(2) 委托加工的应税消费品,除受托方为个人外,由受托方向机构所在地或者居住地的主管税务机关解缴消费税税款。委托个人加工的应税消费品,由委托方向其机构所在地或者居住地主管税务机关申报纳税。

(3) 进口的应税消费品,应当向报关地海关申报纳税。进口的应税消费品,由进口人或者其代理人向报关地海关申报纳税。

(4) 在卷烟批发环节征收的消费税的纳税地点为卷烟批发企业的机构所在地,总机构与分支机构不在同一地区的,由总机构申报纳税。②

(5) 纳税人到外县(市)销售或者委托外县(市)代销自产应税消费品的,于应税消费品销售后,向机构所在地或者居住地主管税务机关申报纳税。

纳税人的总机构与分支机构不在同一县(市)的,应当分别向各自机构所在地的主管税务机关申报纳税;经财政部、国家税务总局或者其授权的财政、税务机关批准,可以由总机构汇总向总机构所在地的主管税务机关申报纳税。

纳税人的总机构与分支机构不在同一县(市),但在同一省(自治区、直辖市)范围内,经省(自治区、直辖市)财政厅(局)、国家税务局审批同意,可以由总机构汇总向总机构所在地的主管税务机关申报缴纳消费税。③

本章小结

消费税的征税范围包括:生产应税消费品、委托加工应税消费品、进口应税消费品,以及属于特殊情形的批发应税消费品和零售应税消费品,具体包括15类消费品。在中

---

① 国家税务总局:《关于合理简并纳税人申报缴税次数的公告》,国家税务总局公告2016年第6号。
② 财政部、国家税务总局:《关于调整烟产品消费税政策的通知》,财税〔2009〕84号。
③ 财政部、国家税务总局:《关于消费税纳税人总分支机构汇总缴纳消费税有关政策的通知》,财税〔2012〕42号。

国境内生产、委托加工和进口应税消费品以及从事卷烟批发业务的单位和个人,从事金银首饰、铂金首饰、钻石及钻石饰品零售业务的单位和个人,为消费税的纳税人。消费税的税率采用比例税率、定额税率和复合税率三种形式,应纳税额的计算采用从价定率征收、从量定额征收以及从量定额和从价定率相结合的复合计税三种方法。纳税人自产应税消费品用于连续生产应税消费品的不纳税,用于其他方面的在移送使用时纳税;纳税人委托加工或者购买的应税消费品用于连续生产应税消费品的,在销售时缴纳消费税,但准予扣除委托加工或者外购应税消费品已经缴纳的消费税。

本章重要术语

定额税率　复合税率　价外费用　自产自用应税消费品　委托加工应税消费品　同类消费品的销售价格　组成计税价格

复习思考题

1. 简述委托加工应税消费品缴纳消费税的规定。
2. 简述自产自用应税消费品征免消费税的规定。
3. 纳税人购买应税消费品连续生产应税消费品的,准予扣除外购应税消费品已经缴纳的消费税的情形有哪些?

计算题

1. 甲卷烟厂和客户乙卷烟批发公司均为增值税一般纳税人。甲卷烟厂生产的 M 牌卷烟不含税调拨价为 120 元/条。2016 年 9 月,甲卷烟厂和乙卷烟批发公司有关生产经营情况如下:

(1) 甲卷烟厂:

购进烟丝,取得增值税专用发票,注明价款 140 万元、增值税 23.8 万元;领用 80% 烟丝生产 M 牌卷烟,将 10% 的烟丝运往丙企业委托加工雪茄烟,取得丙企业开具的增值税专用发票,注明加工费 1.8 万元、代垫的辅助材料 0.2 万元、增值税 0.34 万元;购进其他原材料取得增值税专用发票注明增值税 50 万元;另委托丙企业加工 M 牌卷烟,并将 M 牌卷烟的牌号及税务机关已公示的计税价格提供给丙企业;甲卷烟厂以不含税价格 100 元/条回购丙企业生产的 M 牌卷烟 200 标准箱,并取得增值税专用发票。

甲卷烟厂销售情况如下表所示:

品种	数量(标准箱)	不含税单价(元/条)	金额(万元)
甲厂生产的 M 牌卷烟	420	120	1 260
丙企业生产的 M 牌卷烟	180	120	540
丙企业生产的雪茄烟	90	200	450

甲卷烟厂向当地举办的展览会无偿赠送本厂新研制的雪茄烟作为广告样品,生产成

本 0.8 万元，无调拨价和同类产品价格。

（2）乙卷烟批发公司：

购进卷烟取得增值税专用发票，注明价款 800 万元、增值税 136 万元，本月发生购货及销货运费支出共计 20 万元，取得货运企业运费发票；将以前购进已抵扣过进项税额的 M 牌卷烟分给职工作为福利，成本 37.79 万元。

乙卷烟批发公司销售情况如下表所示：

购货方	数量（标准箱）	单价（元/条）	金额（万元）
卷烟批发商	140	160（不含税）	560
卷烟零售商	180	170（不含税）	765
消费者	10	234（含税）	58.5

根据上述资料，计算甲、乙、丙应缴纳的消费税。

2. 某酒厂为增值税一般纳税人，2016 年 8 月发生如下经济业务：

（1）8 月 5 日，销售粮食白酒 10 吨，每吨含税单价 23 400 元；

（2）8 月 10 日，销售薯类白酒 3 吨，每吨含税单价 4 680 元，收取包装物押金 2 340 元；

（3）8 月 14 日，销售以外购薯类白酒和自产糠麸白酒勾兑的散装白酒 6 吨，每吨含税单价 2 340 元，其中外购薯类白酒 3 吨，每吨含税价 1 170 元，取得增值税专用发票，全部用于勾兑并销售；

（4）8 月 15 日，用自产粮食白酒 9 吨从农民手中换玉米，已经验收入库，开出收购专用发票；

（5）本月委托某酒厂加工白酒 6 吨，粮食由委托方提供，发出粮食成本 51 000 元，支付加工费 6 000 元，增值税 1 020 元，用银行存款支付，受托方无同类白酒销售价，收回的白酒全部用于连续生产套装礼品白酒 10 吨，每吨含税单位售价 35 100 元，当月全部销售。

（6）8 月 28 日，将生产的粮食白酒，2 吨用于馈赠其他单位，4 吨用于本厂职工福利。

计算该企业应缴纳的消费税及受托方代收代缴的消费税（白酒税率为 20% 加 0.5 元/500 克，其他酒税率 10%。）。

推荐阅读文献

1. 本书编写组：《中华人民共和国增值税消费税营业税暂行条例及其实施细则释义与适用指南》，中国市场出版社 2009 年版。

2. 中国注册会计师协会：《税法》，经济科学出版社 2016 年版。

3. 国家税务总局货物和劳务税司：《消费税业务操作手册》，中国财政经济出版社 2015 年版。

21世纪经济与管理规划教材
税收系列

第四章

关 税

学习目标

通过本章的学习,读者应该能够

- 掌握关税纳税人、征税范围和税率等要素的基本规定,掌握关税完税价格的确定方法和关税的计征方法;掌握船舶吨税的基本规定。
- 计算关税的应纳税额。

中华人民共和国成立后的1950年3月7日,政务院发布了《关于关税政策和海关工作的决定》,宣布了我国独立自主的保护关税政策。1951年4月18日,政务院公布了《中华人民共和国暂行海关法》,并于同年5月1日起施行;5月10日,政务院公布了《中华人民共和国海关进出口税则》和《中华人民共和国海关进出口税则暂行实施条例》,自同年5月16日起施行。从1951年到1985年年初,中国的关税制度没有大的变化。

为了适应对外开放和国内经济发展的需要,1985年3月7日国务院发布了新的《中华人民共和国进出口关税条例》和《中华人民共和国海关进出口税则》,自同年3月10日起实施。1987年9月,根据1987年1月22日全国人大常委会颁布的《中华人民共和国海关法》,国务院对《中华人民共和国进出口关税条例》进行了修订;1992年再次修订了《中华人民共和国进出口关税条例》和《中华人民共和国海关进出口税则》。2000年7月全国人大常委会颁布修正后的《中华人民共和国海关法》(以下简称"海关法");国务院于2003年11月23日发布了修订后的《中华人民共和国进出口关税条例》,自2004年1月1日起实施。2013年,全国人大常委会对海关法进行了修正,2016年国务院对《中华人民共和国进出口关税条例》(以下简称"关税条例")进行了修改,并自公布之日起施行。现行关税的基本规范是海关法和关税条例。

第一节 基本要素的规定

一、征税对象

关税的征税对象是准许进出口的货物和进境物品。货物是指贸易性商品;物品指入境旅客随身携带的行李物品、个人邮递物品、各种运输工具上的服务人员携带进口的自用物品、馈赠物品以及其他方式进境的个人物品。

需要注意的是,所谓"境"指关境,又称"海关境域"或"关税领域",是国家海关法全面实施的领域。在通常情况下,一国关境与国境是一致的,包括国家全部的领土、领海、领空。但当某一国家在国境内设立了自由港、自由贸易区等,这些区域就进出口关税而言处在关境之外,这时,该国家的关境小于国境,如我国。根据《中华人民共和国香港特别行政区基本法》和《中华人民共和国澳门特别行政区基本法》,香港和澳门保持自由港地位,为我国单独的关税地区,即单独关境区。单独关境区是不完全适用该国海关法律、法规或实施单独海关管理制度的区域。

二、纳税人

进口货物的收货人、出口货物的发货人、进出境物品的所有人,是关税的纳税义务人。进出口货物的收、发货人是依法取得对外贸易经营权,并进口或者出口货物的法人或者其他社会团体。进出境物品的所有人包括该物品的所有人和推定为所有人的人。一般情况下,对于携带进境的物品,推定其携带人为所有人;对分离运输的行李,推定相应的进出境旅客为所有人;对以邮递方式进境的物品,推定其收件人为所有人;以邮递或其他运输方式出境的物品,推定其寄件人或托运人为所有人。①

三、税率

关税税率是通过海关进出口税则加以规定的。关税条例规定,国务院制定《中华人民共和国进出口税则》《中华人民共和国进境物品进口税税率表》,规定关税的税目、税则号列和税率,作为关税条例的组成部分。国务院关税税则委员会根据变化情况对关税税率进行调整并公布。

(一)进口关税税率

1. 进口货物税率

进口关税设置最惠国税率、协定税率、特惠税率、普通税率、关税配额税率等税率。对进口货物在一定期限内可以实行暂定税率。暂定税率是海关进出口税则规定的进口优惠税率和出口税率的基础上,对进口的某些货物或出口的部分货物实施的更为优惠的关税税率。

(1)最惠国税率。适用于原产于共同适用最惠国待遇条款的世界贸易组织成员的进口货物,原产于与中国签订含有相互给予最惠国待遇条款的双边贸易协定的国家或者地区的进口货物,以及原产于中国境内的进口货物。

(2)协定税率。适用于原产于与中国签订含有关税优惠条款的区域性贸易协定的国家或者地区的进口货物。

(3)特惠税率。适用于原产于与中国签订含有特殊关税优惠条款的贸易协定的国家或者地区的进口货物。

(4)普通税率。适用于原产于上述以外国家或者地区的进口货物,以及原产地不明的进口货物。

适用最惠国税率的进口货物有暂定税率的,应当适用暂定税率;适用协定税率、特惠税率的进口货物有暂定税率的,应当从低适用税率;适用普通税率的进口货物,不适用暂定税率。

(5)关税配额税率。适用于按照国家规定实行关税配额管理的在关税配额内的进口货物。关税配额外的,按照上述有关规定适用税率。

自2015年6月1日起,经国务院批准,我国对部分日用消费品开展降低进口关税试点,以暂定税率方式降低护肤品、西装、短统靴、纸尿裤等产品的进口关税。②

2. 进口物品税率

准许应税进口的旅客行李物品、个人邮递物品以及其他个人自用物品(以下简称"应税个人自用物品"),除另有规定的以外,均由海关按照《中华人民共和国进境物品进口税税率表》(以下简称《进境物品进口税税率表》,如表4—1所示)征收进口税。《进境物品进口税税率表》中税率的调整,由海关总署提出,报经国务院关税税则委员会审定后,对外

---

① 海关总署:《中华人民共和国海关关于入境旅客行李物品和个人邮递物品征收进口税办法》,海关总署令第47号(1994年)。

② 国务院关税税则委员会:《关于调整部分日用消费品进口关税的通知》,税委会〔2015〕6号。

公布实施。

表 4-1 《中华人民共和国进境物品进口税率表》[①]

税号	物品名称	税率(%)
1	书报、刊物、教育用影视资料;计算机、视频摄录一体机、数字照相机等信息技术产品;食品、饮料;金银;家具;玩具、游戏品、节日或其他娱乐用品	15
2	运动用品(不含高尔夫球及球具)、钓鱼用品;纺织品及其制成品;电视摄像机及其他电器用具;自行车;税目 1、3 中未包含的其他商品	30
3	烟、酒;贵重首饰及珠宝玉石;高尔夫球及球具;高档手表;化妆品	60

注:税目 3 所列商品的具体范围与消费税征收范围一致。

海关总署依据《进境物品进口税税率表》制定《旅客行李物品和个人邮递物品税则归类表》(以下简称《税则归类表》)。海关对应税个人自用物品按《税则归类表》进行归类,确定适用的税率。进口物品如《税则归类表》中没有具体列名,可由海关按照《进境物品进口税税率表》规定的范围归入最适合的税号归类征税。[②]

(二) 出口关税税率

出口关税设置出口税率。我国仅对少数资源性产品及易于竞相杀价、盲目进口、需要规范出口秩序的半制成品征收出口关税。对出口货物在一定期限内可以实行暂定税率。适用出口税率的出口货物有暂定税率的,应当适用暂定税率。

(三) 特别关税税率

1. 反倾销税、反补贴税和保障性关税税率

按照有关法律、行政法规的规定对进口货物采取反倾销、反补贴、保障措施的,其税率的适用按照《中华人民共和国反倾销条例》《中华人民共和国反补贴条例》和《中华人民共和国保障措施条例》的有关规定执行。

2. 报复性关税税率

适用于任何国家或者地区违反与中华人民共和国签订或者共同参加的贸易协定及相关协定,对中华人民共和国在贸易方面采取禁止、限制、加征关税或者其他影响正常贸易的措施的,对原产于该国家或者地区的进口货物可以征收报复性关税。

征收报复性关税的货物、适用国别、税率、期限和征收办法,由国务院关税税则委员会决定并公布。

(四) 关税税率的运用

1. 一般规定

根据关税条例,进出口货物,应当适用海关接受该货物申报进口或者出口之日实施的税率。

进口货物到达前,经海关核准先行申报的,应当适用装载该货物的运输工具申报进境之日实施的税率。

[①] 国务院关税税则委员会:《关于调整进境物品进口税有关问题的通知》,税委会〔2016〕2 号。
[②] 海关总署:《中华人民共和国海关关于入境旅客行李物品和个人邮递物品征收进口税办法》,海关总署令第 47 号(1994 年)。

有下列情形之一,需缴纳税款的,应当适用海关接受申报办理纳税手续之日实施的税率:

(1)保税货物经批准不复运出境的。

(2)减免税货物经批准转让或者移作他用的。

(3)暂准进境货物经批准不复运出境,以及暂准出境货物经批准不复运进境的。

(4)租赁进口货物,分期缴纳税款的。

补征和退还进出口货物关税,应当按照上述规定确定适用的税率。

因纳税义务人违反规定需要追征税款的,应当适用该行为发生之日实施的税率;行为发生之日不能确定的,适用海关发现该行为之日实施的税率。

2. 具体规定①

进口转关运输货物,应当适用指运地海关接受该货物申报进口之日实施的税率;货物运抵指运地前,经海关核准先行申报的,应当适用装载该货物的运输工具抵达指运地之日实施的税率。

出口转关运输货物,应当适用启运地海关接受该货物申报出口之日实施的税率。

经海关批准,实行集中申报的进出口货物,应当适用每次货物进出口时海关接受该货物申报之日实施的税率。

因超过规定期限未申报而由海关依法变卖的进口货物,其税款计征应当适用装载该货物的运输工具申报进境之日实施的税率。

因纳税义务人违反规定需要追征税款的进出口货物,应当适用违反规定的行为发生之日实施的税率;行为发生之日不能确定的,适用海关发现该行为之日实施的税率。

已申报进境并放行的保税货物、减免税货物、租赁货物或者已申报进出境并放行的暂时进出境货物,有下列情形之一需缴纳税款的,应当适用海关接受纳税义务人再次填写报关单申报办理纳税及有关手续之日实施的税率:

(1)保税货物经批准不复运出境的。

(2)保税仓储货物转入国内市场销售的。

(3)减免税货物经批准转让或者移作他用的。

(4)可暂不缴纳税款的暂时进出境货物,经批准不复运出境或者进境的。

(5)租赁进口货物,分期缴纳税款的。

进出口货物的补税和退税,适用该进出口货物原申报进口或者出口之日所实施的税率,但下列情况除外:

(1)按照特定减免税办法批准予以减免税的进口货物,后因情况改变经海关批准转让或出售或移作他用需予补税的,适用海关接受纳税人再次填写报关单申报办理纳税及有关手续之日实施的税率征税。

(2)加工贸易进口料、件等属于保税性质的进口货物,如经批准转为内销,应按向海关申报转为内销之日实施的税率征税;如未经批准擅自转为内销,则按海关查获日期所施行的税率征税。

---

① 海关总署:《中华人民共和国海关进出口货物征税管理办法》,海关总署令124号(2005年)。

(3) 暂时进口货物转为正式进口需予补税时,应按其申报正式进口之日实施的税率征税。

(4) 分期支付租金的租赁进口货物,分期付税时,适用海关接受纳税人再次填写报关单申报办理纳税及有关手续之日实施的税率征税。

(5) 溢卸、误卸货物事后确定需征税时,应按其原运输工具申报进口日期所实施的税率征税。如原进口日期无法查明的,可按确定补税当天实施的税率征税。

(6) 对由于税则归类的改变、完税价格的审定或其他工作差错而需补税的,应按原征税日期实施的税率征税。

(7) 对经批准缓税进口的货物以后缴税时,不论是分期或一次缴清税款,都应按货物原进口之日实施的税率征税。

(8) 查获的走私进口货物需补税时,应按查获日期实施的税率征税。

(五) 进口货物原产地规定[①]

进口货物适用税率是以货物的原产地为标准,因此,进口货物原产地确定成为确定适用税率的前提条件之一。

我国原产地标准采用国际上通行的完全生产标准和实质性改变标准。

1. 完全生产标准

完全在一个国家(地区)获得的货物,以该国(地区)为原产地;完全在一个国家(地区)获得的货物,是指:

(1) 在该国(地区)出生并饲养的活的动物。

(2) 在该国(地区)野外捕捉、捕捞、搜集的动物。

(3) 从该国(地区)的活的动物获得的未经加工的物品。

(4) 在该国(地区)收获的植物和植物产品。

(5) 在该国(地区)采掘的矿物。

(6) 在该国(地区)获得的除本条第(1)项至第(5)项范围之外的其他天然生成的物品。

(7) 在该国(地区)生产过程中产生的只能弃置或者回收用作材料的废碎料。

(8) 在该国(地区)收集的不能修复或者修理的物品,或者从该物品中回收的零件或者材料。

(9) 由合法悬挂该国旗帜的船舶从其领海以外海域获得的海洋捕捞物和其他物品。

(10) 在合法悬挂该国旗帜的加工船上加工本条第(9)项所列物品获得的产品。

(11) 从该国领海以外享有专有开采权的海床或者海床底土获得的物品。

(12) 在该国(地区)完全从本条第(1)项至第(11)项所列物品中生产的产品。

在确定货物是否在一个国家(地区)完全获得时,不考虑下列微小加工或者处理:一是为运输、贮存期间保存货物而作的加工或者处理;二是为货物便于装卸而作的加工或者处理;三是为货物销售而作的包装等加工或者处理。

---

① 国务院:《中华人民共和国进出口货物原产地条例》,国务院令第416号(2004年)。

2. 实质性改变标准

两个以上国家（地区）参与生产的货物，以最后完成实质性改变的国家（地区）为原产地。实质性改变的确定标准，以税则归类改变为基本标准；税则归类改变不能反映实质性改变的，以从价百分比、制造或者加工工序等为补充标准。具体标准由海关总署会同商务部、国家质量监督检验检疫总局制定。

税则归类改变，是指在某一国家（地区）对非该国（地区）原产材料进行制造、加工后，所得货物在《中华人民共和国进出口税则》中某一级的税目归类发生了变化；从价百分比，是指在某一国家（地区）对非该国（地区）原产材料进行制造、加工后的增值部分，超过所得货物价值一定的百分比；制造或者加工工序，是指在某一国家（地区）进行的赋予制造、加工后所得货物基本特征的主要工序。

3. 相关规定

随所装货物进出口的包装、包装材料和容器，在《中华人民共和国进出口税则》中与该货物一并归类的，该包装、包装材料和容器的原产地不影响所装货物原产地的确定；对该包装、包装材料和容器的原产地不再单独确定，所装货物的原产地即为该包装、包装材料和容器的原产地。随所装货物进出口的包装、包装材料和容器，在《中华人民共和国进出口税则》中与该货物不一并归类的，依照进出口货物原产地条例的规定确定该包装、包装材料和容器的原产地。

按正常配备的种类和数量随货物进出口的附件、备件、工具和介绍说明性资料，在《中华人民共和国进出口税则》中与该货物一并归类的，该附件、备件、工具和介绍说明性资料的原产地不影响该货物原产地的确定；对该附件、备件、工具和介绍说明性资料的原产地不再单独确定，该货物的原产地即为该附件、备件、工具和介绍说明性资料的原产地。随货物进出口的附件、备件、工具和介绍说明性资料在《中华人民共和国进出口税则》中虽与该货物一并归类，但超出正常配备的种类和数量的，以及在《中华人民共和国进出口税则》中与该货物不一并归类的，依照进出口货物原产地条例的规定确定该附件、备件、工具和介绍说明性资料的原产地。

第二节 关税完税价格

海关法规定，进出口货物的完税价格，由海关以该货物的成交价格为基础审查确定。成交价格不能确定时，完税价格由海关依法估定。

一、一般进口货物的完税价格①

（一）以成交价格为基础的完税价格

进口货物的完税价格，由海关以该货物的成交价格为基础审查确定，并应当包括货物运抵中华人民共和国境内输入地点起卸前的运输及其相关费用、保险费。进口货物的成交价格，是指卖方向中国境内销售该货物时买方为进口该货物向卖方实付、应付的，并

---

① 海关总署：《中华人民共和国海关审定进出口货物完税价格办法》，海关总署第148号令（2006年）。

且按照《中华人民共和国海关审定进出口货物完税价格办法》（以下简称《完税价格办法》）的规定调整后的价款总额，包括直接支付的价款和间接支付的价款。

1. 对进口货物成交价格的要求

进口货物成交价格应当符合下列要求：

（1）对买方处置或者使用进口货物不予限制，但是法律、行政法规规定实施的限制、对货物销售地域的限制和对货物价格无实质性影响的限制除外。

（2）进口货物的价格不得受到使该货物成交价格无法确定的条件或者因素的影响。

（3）卖方不得直接或者间接获得因买方销售、处置或者使用进口货物而产生的任何收益，或者虽然有收益但是能够按照完税价格办法的有关规定作出调整。

（4）买卖双方之间没有特殊关系，或者虽然有特殊关系但是按照完税价格办法的规定未对成交价格产生影响。

2. 成交价格的调整项目

（1）应当计入完税价格的费用或者价值

以成交价格为基础审查确定进口货物的完税价格时，未包括在该货物实付、应付价格中的下列费用或者价值应当计入完税价格：

① 由买方负担的下列费用：除购货佣金以外的佣金和经纪费；与该货物视为一体的容器费用；包装材料费用和包装劳务费用。

② 与进口货物的生产和向中国境内销售有关的，由买方以免费或者以低于成本的方式提供，并可以按适当比例分摊的下列货物或者服务的价值：进口货物包含的材料、部件、零件和类似货物；在生产进口货物过程中使用的工具、模具和类似货物；在生产进口货物过程中消耗的材料；在境外进行的为生产进口货物所需的工程设计、技术研发、工艺及制图等相关服务。

确定应当计入进口货物完税价格的货物价值时，应当按照下列方法计算有关费用：由买方从与其无特殊关系的第三方购买的，应当计入的价值为购入价格；由买方自行生产或者从有特殊关系的第三方获得的，应当计入的价值为生产成本；由买方租赁获得的，应当计入的价值为买方承担的租赁成本；生产进口货物过程中使用的工具、模具和类似货物的价值，应当包括其工程设计、技术研发、工艺及制图等费用。

如果货物在被提供给卖方前已经被买方使用过，应当计入的价值为根据国内公认的会计原则对其进行折旧后的价值。对实付或应付价格进行调整的有关规定。

③ 买方需向卖方或者有关方直接或者间接支付的特许权使用费，但是符合下列情形之一的除外：特许权使用费与该货物无关；特许权使用费的支付不构成该货物向中国境内销售的条件。

④ 卖方直接或者间接从买方对该货物进口后销售、处置或者使用所得中获得的收益。

纳税义务人应当向海关提供上述费用或者价值的客观量化数据资料。纳税义务人不能提供的，海关与纳税义务人进行价格磋商后，按照《完税价格办法》规定的方法审查确定完税价格。

(2) 不计入完税价格的费用

进口货物的价款中单独列明的下列税收、费用,不计入该货物的完税价格:

① 厂房、机械或者设备等货物进口后发生的建设、安装、装配、维修或者技术援助费用,但是保修费用除外。

② 进口货物运抵中华人民共和国境内输入地点起卸后发生的运输及其相关费用、保险费。

③ 进口关税、进口环节海关代征税及其他国内税。

④ 为在境内复制进口货物而支付的费用。

⑤ 境内外技术培训及境外考察费用。

⑥ 同时符合下列条件的利息费用不计入完税价格:利息费用是买方为购买进口货物而融资所产生的;有书面的融资协议的;利息费用单独列明的;纳税义务人可以证明有关利率不高于在融资当时当地此类交易通常应当具有的利率水平,且没有融资安排的相同或者类似进口货物的价格与进口货物的实付、应付价格非常接近的。

(3) 买卖双方特殊关系的规定

买卖双方之间有下列情形之一的,应当认为买卖双方存在特殊关系:买卖双方为同一家族成员的;买卖双方互为商业上的高级职员或者董事的;一方直接或者间接地受另一方控制的;买卖双方都直接或者间接地受第三方控制的;买卖双方共同直接或者间接地控制第三方的;一方直接或者间接地拥有、控制或者持有对方5%以上(含5%)公开发行的有表决权的股票或者股份的;一方是另一方的雇员、高级职员或者董事的;买卖双方是同一合伙的成员的。

买卖双方在经营上相互有联系,一方是另一方的独家代理、独家经销或者独家受让人,如果符合前款的规定,也应当视为存在特殊关系。

买卖双方之间存在特殊关系,但是纳税义务人能证明其成交价格与同时或者大约同时发生的下列任何一款价格相近的,应当视为特殊关系未对进口货物的成交价格产生影响:

① 向境内无特殊关系的买方出售的相同或者类似进口货物的成交价格。

② 按照倒扣价格估价方法的规定所确定的相同或者类似进口货物的完税价格。

③ 按照计算价格估价方法的规定所确定的相同或者类似进口货物的完税价格。

海关在使用上述价格进行比较时,应当考虑商业水平和进口数量的不同,以及买卖双方有无特殊关系造成的费用差异。

(二) 进口货物海关估价方法

海关进行估价时,优先使用实际成交价格。如果没有实际成交价格,或进口货物的成交价格不符合完税价格办法相关规定的,或者成交价格不能确定的,海关经了解有关情况,并与纳税义务人进行价格磋商后,依次以下列方法审查确定该货物的完税价格。

(1) 相同货物成交价格估价方法,是指海关以与进口货物同时或者大约同时向中国境内销售的相同货物的成交价格为基础,审查确定进口货物的完税价格的估价方法。

(2) 类似货物成交价格估价方法,是指海关以与进口货物同时或者大约同时向中国境内销售的类似货物的成交价格为基础,审查确定进口货物的完税价格的估价方法。

(3) 倒扣价格估价方法,是指海关以进口货物、相同或者类似进口货物在境内的销售价格为基础,扣除境内发生的有关费用后,审查确定进口货物完税价格的估价方法。

(4) 计算价格估价方法,是指海关以相关项目的价值或者费用总和为基础,审查确定进口货物完税价格的估价方法。相关项目为生产该货物所使用的料件成本和加工费用,向境内销售同等级或者同种类货物通常的利润和一般费用(包括直接费用和间接费用)以及该货物运抵境内输入地点起卸前的运输及相关费用、保险费。按照规定审查确定进口货物的完税价格时,海关在征得境外生产商同意并提前通知有关国家或者地区政府后,可以在境外核实该企业提供的有关资料。按照本规定确定有关价值或者费用时,应当使用与生产国或者地区公认的会计原则相一致的原则和方法。

(5) 合理方法,是指当海关不能根据成交价格估价方法、相同货物成交价格估价方法、类似货物成交价格估价方法、倒扣价格估价方法和计算价格估价方法确定完税价格时,海关根据客观、公平、统一的原则,以客观量化的数据资料为基础审查确定进口货物完税价格的估价方法。

海关在采用合理方法确定进口货物的完税价格时,不得使用以下价格:

① 境内生产的货物在境内的销售价格。
② 可供选择的价格中较高的价格。
③ 货物在出口地市场的销售价格。
④ 完税价格办法规定计算价格估价方法之外的价值或者费用计算的相同或者类似货物的价格。
⑤ 出口到第三国或者地区的货物的销售价格。
⑥ 最低限价或者武断、虚构的价格。

需要注意的是,海关应当依次以相同货物成交价格方法、类似货物成交价格方法、倒扣价格方法、计算价格方法及其他合理方法确定的价格为基础,估定完税价格。如果进口货物的收货人提出要求,并提供相关资料,经海关同意,可以选择倒扣价格方法和计算价格方法的适用次序。

二、特殊进口货物的完税价格

(一) 加工贸易进口料件或者其制成品

加工贸易进口料件或者其制成品应当征税的,海关按照以下规定审查确定完税价格:

(1) 进口时应当征税的进料加工进口料件,以该料件申报进口时的成交价格为基础审查确定完税价格。

(2) 进料加工进口料件或者其制成品(包括残次品)内销时,海关以料件原进口成交价格为基础审查确定完税价格。料件原进口成交价格不能确定的,海关以接受内销申报的同时或者大约同时进口的与料件相同或者类似的货物的进口成交价格为基础审查确定完税价格。

(3) 来料加工进口料件或者其制成品(包括残次品)内销时,海关以接受内销申报的同时或者大约同时进口的与料件相同或者类似的货物的进口成交价格为基础审查确定完税价格。

(4) 加工贸易企业内销加工过程中产生的边角料或者副产品申报内销时,以海关审查确定的内销价格作为完税价格。

加工贸易内销货物的完税价格按照上述规定仍然不能确定的,由海关按照合理的方法审查确定。

(二) 出口加工区内的加工企业内销的制成品

出口加工区内的加工企业内销的制成品(包括残次品),海关以接受内销申报的同时或者大约同时进口的相同或者类似货物的进口成交价格为基础审查确定完税价格。

出口加工区内的加工企业内销加工过程中产生的边角料或者副产品,以海关审查确定的内销价格作为完税价格。

出口加工区内的加工企业内销制成品(包括残次品)、边角料或者副产品的完税价格按照上述规定不能确定的,由海关按照合理的方法审查确定。

(三) 保税区内的加工企业内销的进口料件或者其制成品

保税区内的加工企业内销的进口料件或者其制成品(包括残次品),海关以接受内销申报的同时或者大约同时进口的相同或者类似货物的进口成交价格为基础审查确定完税价格。

保税区内的加工企业内销的进料加工制成品中,如果含有从境内采购的料件,海关以制成品所含从境外购入的料件原进口成交价格为基础审查确定完税价格。料件原进口成交价格不能确定的,海关以接受内销申报的同时或者大约同时进口的与料件相同或者类似货物的进口成交价格为基础审查确定完税价格。

保税区内的加工企业内销的来料加工制成品中,如果含有从境内采购的料件,海关以接受内销申报的同时或者大约同时进口的与制成品所含从境外购入的料件相同或者类似货物的进口成交价格为基础审查确定完税价格。

保税区内的加工企业内销加工过程中产生的边角料或者副产品,以海关审查确定的内销价格作为完税价格。

保税区内的加工企业内销制成品(包括残次品)、边角料或者副产品的完税价格按照本上述规定仍然不能确定的,由海关按照合理的方法审查确定。

(四) 从保税区等区域、场所进入境内的货物

从保税区、出口加工区、保税物流园区、保税物流中心等区域、场所进入境内,需要征税的货物,海关应当参照完税价格方法中对于进口货物完税价格的有关规定,以从上述区域、场所进入境内的销售价格为基础审查确定完税价格,加工贸易进口料件及其制成品除外。

如果销售价格中未包括上述区域、场所发生的仓储、运输及其他相关费用的,应当按照客观量化的数据资料予以计入。

(五) 运往境外修理的货物

运往境外修理的机械器具、运输工具或者其他货物,出境时已向海关报明,并在海关规定的期限内复运进境的,应当以境外修理费和料件费为基础审查确定完税价格。

出境修理货物复运进境超过海关规定期限的,由海关按照完税价格方法中对于进口

货物完税价格的规定审查确定完税价格。

（六）运往境外加工的货物

运往境外加工的货物，出境时已向海关报明，并在海关规定期限内复运进境的，应当以境外加工费和料件费以及该货物复运进境的运输及其相关费用、保险费为基础审查确定完税价格。

出境加工货物复运进境超过海关规定期限的，由海关按照完税价格方法的规定审查确定完税价格。

（七）暂时进境货物

经海关批准的暂时进境货物，应当缴纳税款的，由海关按照完税价格方法中对于进口货物完税价格的规定审查确定完税价格。经海关批准留购的暂时进境货物，以海关审查确定的留购价格作为完税价格。

（八）租赁方式进口的货物

租赁方式进口的货物，按照下列方法审查确定完税价格：

(1) 以租金方式对外支付的租赁货物，在租赁期间以海关审查确定的租金作为完税价格，利息应当予以计入。

(2) 留购的租赁货物以海关审查确定的留购价格作为完税价格。

(3) 纳税义务人申请一次性缴纳税款的，可以选择申请按照一般进口货物海关估价方法确定完税价格，或者按照海关审查确定的租金总额作为完税价格。

（九）予以补税的减免税进口货物

减税或者免税进口的货物应当补税时，应当以海关审查确定的该货物原进口时的价格，扣除折旧部分价值作为完税价格，其计算公式如下：

$$完税价格 = 海关审查确定的该货物原进口时的价格 \times [1 - 补税时实际已进口的时间(月)]/(监管年限 \times 12)$$

上述计算公式中"补税时实际已进口的时间"按月计算，不足 1 个月但是超过 15 日的，按照 1 个月计算；不超过 15 日的，不予计算。

（十）其他方式进口货物

易货贸易、寄售、捐赠、赠送等不存在成交价格的进口货物，海关与纳税义务人进行价格磋商后，按照一般进口货物海关估价方法审查确定完税价格。

三、进口货物完税价格相关费用的确定

（一）进口货物的运费

进口货物的运费应当按照实际支付的费用计算。如果进口货物的运费无法确定的，海关应当按照该货物的实际运输成本或者该货物进口同期运输行业公布的运费率（额）计算运费。

运输工具作为进口货物，利用自身动力进境的，海关在审查确定完税价格时，不再另行计入运费。

（二）进口货物的保险费

进口货物的保险费，应当按照实际支付的费用计算。如果进口货物的保险费无法确

定或者未实际发生,海关应当按照"货价加运费"两者总额的3‰计算保险费,其计算公式如下:

$$保险费 = (货价 + 运费) \times 3‰$$

邮运进口的货物,应当以邮费作为运输及其相关费用、保险费。

以境外边境口岸价格条件成交的铁路或者公路运输进口货物,海关应当按照境外边境口岸价格的1‰计算运输及其相关费用、保险费。

四、出口货物的完税价格

出口货物的完税价格由海关以该货物的成交价格为基础审查确定,并应当包括货物运至中国境内输出地点装载前的运输及其相关费用、保险费。

（一）以成交价格为基础的完税价格

出口货物的成交价格,是指该货物出口销售时,卖方为出口该货物应当向买方直接收取和间接收取的价款总额。下列税收、费用不计入出口货物的完税价格:

（1）出口关税。

（2）在货物价款中单独列明的货物运至中国境内输出地点装载后的运输及其相关费用、保险费。

（3）在货物价款中单独列明由卖方承担的佣金。

（二）出口货物海关估价方法

出口货物的成交价格不能确定的,海关经了解有关情况,并与纳税义务人进行价格磋商后,依次以下列价格审查确定该货物的完税价格:

（1）同时或者大约同时向同一国家或者地区出口的相同货物的成交价格。

（2）同时或者大约同时向同一国家或者地区出口的类似货物的成交价格。

（3）根据境内生产相同或者类似货物的成本、利润和一般费用(包括直接费用和间接费用)、境内发生的运输及其相关费用、保险费计算所得的价格。

（4）按照合理方法估定的价格。

五、进口物品的完税价格

为了照顾个人进口自用物品的合理需要,简化计税手续,根据海关法和关税条例的有关规定,对入境旅客行李物品和个人邮递物品单独征收进口税,包括关税和增值税、消费税。

按照规定,准许应税进口的旅客行李物品、个人邮递物品以及其他个人自用物品,除另有规定的以外,均由海关按照《旅客行李物品和个人邮递物品进口税税率表》征收进口税。应税个人自用物品,不包括汽车、摩托车及其配件、附件。对进口应税个人自用汽车、摩托车及其配件、附件,应按《中华人民共和国海关进出口税则》和其他有关税法、规定征收进口税。[①]

[①] 海关总署:《中华人民共和国海关关于入境旅客行李物品和个人邮递物品征收进口税办法》,海关总署令第47号(1994年)。

关税条例规定,海关应当按照《进境物品进口税税率表》及海关总署制定的《中华人民共和国进境物品归类表》《中华人民共和国进境物品完税价格表》对进境物品进行归类、确定完税价格和适用税率。进境物品,适用海关填发税款缴款书之日实施的税率和完税价格。

现行进口物品的完税价格,按照《入境旅客行李物品和个人邮递物品完税价格表》(以下简称"完税价格表")执行。完税价格表是海关对进境行李物品和个人邮递物品(以下简称"行邮物品")进行归类、估价和征税的重要依据。现行完税价格表按照吃、穿、戴、用的顺序,把行邮物品分为27个大类,每个类别下最多分4个下属类别。对于每一个最低层的类别,完税价格表列出了该类别物品的税号、品名及规格、单位、完税价格和税率。完税价格表还规定了行邮物品完税价格与实际价格相差超出一定幅度时,按其他方式计征税款。为弥补完税价格表在使用时归类不够便捷、物品类别不够具体化等方面的不足,海关总署还制定了与完税价格表相配套的《入境旅客行李物品和个人邮递物品进口税税则归类表》。

六、跨境电子商务零售进口税收政策

(一) 纳税人及完税价格

跨境电子商务零售进口商品按照货物征收关税和进口环节增值税、消费税,购买跨境电子商务零售进口商品的个人作为纳税义务人,实际交易价格(包括货物零售价格、运费和保险费)作为完税价格,电子商务企业、电子商务交易平台企业或物流企业可作为代收代缴义务人。

(二) 征收范围

跨境电子商务零售进口税收政策适用于从其他国家或地区进口的、《跨境电子商务零售进口商品清单》范围内的以下商品:

(1) 所有通过与海关联网的电子商务交易平台交易,能够实现交易、支付、物流电子信息"三单"比对的跨境电子商务零售进口商品。

(2) 未通过与海关联网的电子商务交易平台交易,但快递、邮政企业能够统一提供交易、支付、物流等电子信息,并承诺承担相应法律责任进境的跨境电子商务零售进口商品。

(3) 不属于跨境电子商务零售进口的个人物品以及无法提供交易、支付、物流等电子信息的跨境电子商务零售进口商品,按现行规定执行。

(四) 计征规定

跨境电子商务零售进口商品的单次交易限值为人民币2 000元,个人年度交易限值为人民币20 000元。在限值以内进口的跨境电子商务零售进口商品,关税税率暂设为0%;进口环节增值税、消费税取消免征税额,暂按法定应纳税额的70%征收。超过单次限值、累加后超过个人年度限值的单次交易,以及完税价格超过2 000元限值的单个不可分割商品,均按照一般贸易方式全额征税。

跨境电子商务零售进口商品自海关放行之日起30日内退货的,可申请退税,并相应调整个人年度交易总额。

跨境电子商务零售进口商品购买人(订购人)的身份信息应进行认证;未进行认证的,购买人(订购人)的身份信息应与付款人一致。

第三节　应纳税额的计算

进出口货物关税,以从价计征、从量计征或者国家规定的其他方式征收。

一、从价税应纳税额

$$应纳税额 = 完税价格 \times 关税税率$$

进口货物的成交价格,因有不同的成交条件而有不同的价格形式,常用的价格条款有 FOB、CFR 和 CIF 三种。

FOB(Free On Board)的含义为"船上交货"的价格术语的简称,又称"离岸价格",是指卖方在合同规定的装运港把货物装上买方指定的船,并负责货物装上船为止的一切费用和风险。

CFR(Cost and Freight)的含义为"成本加运费"的价格术语的简称,又称"离岸加运费价格",是指卖方负责将合同规定的货物装上买方指定运往目的港的船,负责货物装上船为止的一切费用和风险,并支付运费。

CIF(Cost,Insurance and Freight)的含义为"成本加运费、保险费"的价格术语的简称,又称"到岸价格",是指卖方负责将合同规定的货物装上买方指定运往目的港的船,办理保险手续,并负责支付运费和保险费。

因此,以 CIF 成交的进口货物,如果申报价格符合规定的条件,可以直接计算出税款;以 FOB 和 CFR 条件成交的进口货物,在计算税款时应先把进口货物的申报价格折算成 CIF 价,然后再计算税款。

二、从量税应纳税额

$$应纳税额 = 货物数量 \times 单位税额$$

三、复合税应纳税额

$$应纳税额 = 货物数量 \times 单位货物税额 + 完税价格 \times 税率$$

四、滑准税应纳税额

$$应纳税额 = 货物数量 \times 单位完税价格 \times 滑准税税率$$

第四节 关税减免

一、法定减免

(一) 免征关税

1. 根据海关法和关税条例的规定,下列进出口货物、物品,免征关税
(1) 关税税额在人民币 50 元以下的一票货物。
(2) 无商业价值的广告品和货样。
(3) 外国政府、国际组织无偿赠送的物资。
(4) 在海关放行前损失的货物。
(5) 进出境运输工具装载的途中必需的燃料、物料和饮食用品。
(6) 海关总署规定数额以内的个人自用进境物品,免征进口税。

2. 海关法和进出口条例规定的其他减免税
(1) 经海关批准暂时进境或者暂时出境的下列货物,在进境或者出境时纳税义务人向海关缴纳相当于应纳税款的保证金或者提供其他担保的,可以暂不缴纳关税,并应当自进境或者出境之日起 6 个月内复运出境或者复运进境;经纳税义务人申请,海关可以根据海关总署的规定延长复运出境或者复运进境的期限:
① 在展览会、交易会、会议及类似活动中展示或者使用的货物;
② 文化、体育交流活动中使用的表演、比赛用品;
③ 进行新闻报道或者摄制电影、电视节目使用的仪器、设备及用品;
④ 开展科研、教学、医疗活动使用的仪器、设备及用品;
⑤ 在以上各项活动中使用的交通工具及特种车辆;
⑥ 货样;
⑦ 供安装、调试、检测设备时使用的仪器、工具;
⑧ 盛装货物的容器;
⑨ 其他用于非商业目的的货物。

以上所列暂准进境货物在规定的期限内未复运出境的,或者暂准出境货物在规定的期限内未复运进境的,海关应当依法征收关税。以上所列可以暂时免征关税范围以外的其他暂准进境货物,应当按照该货物的完税价格和其在境内滞留时间与折旧时间的比例计算征收进口关税。具体办法由海关总署规定。

(2) 因品质或者规格原因,出口货物自出口之日起 1 年内原状复运进境的,不征收进口关税。

因品质或者规格原因,进口货物自进口之日起 1 年内原状复运出境的,不征收出口关税。

(3) 因残损、短少、品质不良或者规格不符原因,由进出口货物的发货人、承运人或者保险公司免费补偿或者更换的相同货物,进出口时不征收关税。被免费更换的原进口货物不退运出境或者原出口货物不退运进境的,海关应当对原进出口货物重新按照规定征

收关税。

《中华人民共和国海关进出口货物征税管理办法》中,将进出口货物在海关放行后,因残损、短少、品质不良或者规格不符原因,由进出口货物的发货人、承运人或者保险公司免费补偿或者更换的与原货物相同或者与合同规定相符的货物,称为无代价抵偿货物;并规定,进口无代价抵偿货物,不征收进口关税和进口环节海关代征税;出口无代价抵偿货物,不征收出口关税。①

(4) 在海关放行前遭受损坏的货物,可以根据海关认定的受损程度减征关税。

(5) 中国缔结或者参加的国际条约规定减征、免征关税的货物、物品。

(6) 法律规定的其他免征或者减征关税的货物,海关根据规定予以免征或者减征。

二、特定减免

海关法和关税条例规定,特定地区、特定企业或者有特定用途的进出口货物,可以减征或者免征关税。特定减税或者免税的范围和办法由国务院规定。按照规定给予特定减免,只能用于特定地区、特定企业或者特定用途,未经海关核准并补缴关税,不得移作他用。

中国现行关税中实行的特定减免主要包括以下几类进出口货物:用于科研、教育的进口货物,残疾人专用品,扶贫、慈善性捐赠物资,加工贸易产品,边境贸易,保税区进出口货物,出口加工区进出口货物,符合条件进口设备等。

(1) 为促进台湾农产品在大陆销售,对15种原产于台湾地区的进口鲜水果、11种原产于台湾地区的进口蔬菜、8种由台湾籍渔船打捞的或在台湾地区养殖的进口水产品免征进口关税。②

(2) 对列入《国家支持发展的重大技术装备和产品目录(2015年修订)》和《重大技术装备和产品进口关键零部件及原材料商品目录(2015年修订)》,符合规定条件的国内企业为生产所列装备或产品而确有必要进口所列商品,免征关税。③

(3) 自2011年4月20日起,国务院决定在海南省开展离岛旅客免税购物政策试点。离岛免税政策是指对乘飞机离岛(不包括离境)旅客实行限值(16 000元人民币)、限量(2—5件)和限品种免进口税购物,在实施离岛免税政策的免税商店内付款,在机场隔离区提货离岛的税收优惠政策。④

(4) 为贯彻落实《中国(上海)自由贸易试验区总体方案》,对试验区内生产企业和生产性服务业企业进口所需的机器、设备等货物予以免税,但生活性服务业等企业进口的货物以及法律、行政法规和相关规定明确不予免税的货物除外。⑤ 广东、天津、福建自贸

---

① 海关总署:《中华人民共和国海关进出口货物征税管理办法》,海关总署令第124号(2005年)。
② 国务院关税税则委员会:《关于明确对台免税农产品税号范围的通知》,税委会〔2011〕28号。
③ 财政部等:《关于调整重大技术装备进口税收政策有关目录及规定的通知》,财关税〔2015〕51号。
④ 财政部:《关于开展海南离岛旅客免税购物政策的公告》,中华人民共和国财政部公告2011年第14号;财政部:《关于进一步调整海南离岛旅客免税购物政策的公告》,中华人民共和国财政部公告2016年第15号。
⑤ 财政部、海关总署、国家税务总局:《关于中国上海自由贸易试验区有关进口税收政策的通知》,财关税〔2013〕75号。

区原则上可比照执行。①

（5）为推动动漫产业健康快速发展，支持产业升级优化，自 2016 年 1 月 1 日至 2020 年 12 月 31 日，经国务院有关部门认定的动漫企业自主开发、生产动漫直接产品，确需进口的商品可享受免征进口关税及进口环节增值税的政策。②

（6）口岸进境免税店政策。口岸进境免税店是设立在对外开放的机场、陆路和水运口岸隔离区域，按规定对进境旅客免进口税购物的经营场所。尚未办理海关进境手续的旅客，在口岸进境免税店购买烟、酒、香化产品、美容美发及保健器材、手表、眼镜等便于携带的个人消费品，符合规定条件的免征关税、进口环节增值税和消费税。免税购物金额，在维持居民旅客进境物品 5 000 元人民币免税限额不变基础上，允许其在口岸进境免税店增加一定数量的免税购物额，连同境外免税购物额总计不超过 8 000 元人民币。③

三、临时减免税

海关法和关税条例规定，临时减征或者免征关税，按照国务院的有关规定执行。临时减免税是指法定减免和特定减免以外的其他减免税，是由国务院按照海关法的规定，根据某个单位、某类商品、某个时期的特殊情况按规定给予的特别的临时性的减免优惠。一般是"一案一批"。

> 作为世界贸易组织成员国，为遵循统一、规范、公平、公开的原则，有利于统一税法、公平税赋、平等竞争，国家严格控制减免税，一般不办理个案临时性减免税，对特定减免税也在逐步规范、清理，对不符合国际惯例的税收优惠政策将逐步予以废止。

关税条例规定，纳税义务人进出口减免税货物的，除另有规定外，应当在进出口该货物之前，按照规定持有关文件向海关办理减免税审批手续。经海关审查符合规定的，予以减征或者免征关税。需由海关监管使用的减免税进口货物，在监管年限内转让或者移作他用需要补税的，海关应当根据该货物进口时间折旧估价，补征进口关税。

第五节　征 收 管 理

一、关税缴纳

进口货物的纳税义务人应当自运输工具申报进境之日起 14 日内，出口货物的纳税

---

① 财政部、海关总署、国家税务总局：《关于中国（广东）自由贸易试验区有关进口税收政策的通知》，财关税〔2015〕19 号；《关于中国（天津）自由贸易试验区有关进口税收政策的通知》，财关税〔2015〕21 号；《关于中国（福建）自由贸易试验区有关进口税收政策的通知》，财关税〔2015〕22 号。
② 财政部、海关总署、国家税务总局：《关于动漫企业进口动漫开发生产用品税收政策的通知》，财关税〔2016〕36 号。
③ 国务院：《关于口岸进境免税店政策和增设方案的批复》，国函〔2015〕221 号；财政部、商务部、海关总署、国家税务总局、国家旅游局：《关于口岸进境免税店政策的公告》，财政部、商务部、海关总署、国家税务总局、国家旅游局公告 2016 年第 19 号。

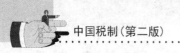

义务人除海关特准的外,应当在货物运抵海关监管区后装货的 24 小时以前,向货物的进出境地海关申报。进出口货物转关运输的,按照海关总署的规定执行。进口货物到达前,纳税义务人经海关核准可以先行申报。

纳税义务人应当自海关填发税款缴款书之日起 15 日内向指定银行缴纳税款。纳税义务人未按期缴纳税款的,从滞纳税款之日起,按日加收滞纳税款万分之五的滞纳金。

纳税义务人因不可抗力或者在国家税收政策调整的情形下,不能按期缴纳税款的,经海关总署批准,可以延期缴纳税款,但是最长不得超过 6 个月。

海关征收关税、滞纳金等,应当按人民币计征,采用四舍五入法计算至分。滞纳金的起征点为 50 元。① 进出口货物的价格及有关费用以外币计价的,海关按照该货物适用税率之日所适用的计征汇率折合为人民币计算完税价格。完税价格采用四舍五入法计算至分。

海关每月使用的计征汇率为上一个月第三个星期三(第三个星期三为法定节假日的,顺延采用第四个星期三)中国人民银行公布的外币对人民币的基准汇率;以基准汇率币种以外的外币计价的,采用同一时间中国银行公布的现汇买入价和现汇卖出价的中间值(人民币元后采用四舍五入法保留 4 位小数)。如果上述汇率发生重大波动,海关总署认为必要时,可另行规定计征汇率,并对外公布。②

二、关税退还③

关税退还是关税纳税义务人按海关核定的税额缴纳关税后,因某种原因的出现,海关将实际征收多于应当征收的税额退还给原纳税义务人的一种行政行为。根据《海关法》规定,海关发现多征税款的,应当立即通知纳税义务人办理退税手续。纳税义务人应当自收到海关通知之日起 3 个月内办理有关退税手续。纳税义务人发现多缴纳税款的,自缴纳税款之日起 1 年内,可以向海关申请退还多缴的税款并加算银行同期活期存款利息。

关税条例规定,有下列情形之一的,纳税义务人自缴纳税款之日起 1 年内,可以申请退还关税,并应当以书面形式向海关说明理由,提供原缴款凭证及相关资料:

(1) 已征进口关税的货物,因品质或者规格原因,原状退货复运出境的。

(2) 已征出口关税的货物,因品质或者规划原因,原状退货复运进境,并已重新缴纳因出口而退还的国内环节有关税收的。

(3) 已征出口关税的货物,因故未装运出口,申报退关的。

有下列情形之一的,进出口货物的纳税义务人可以自缴纳税款之日起 1 年内,书面声明理由,连同原纳税收据向海关申请退税,逾期不予受理:

(1) 因海关误征,多纳税款的。

(2) 海关核准免验进口的货物,在完税后,发现有短卸情形,经海关审查认可的。

---

① 海关总署:《中华人民共和国海关进出口货物征税管理办法》,海关总署令 2005 年第 124 号。
② 海关总署:《中华人民共和国海关进出口货物征税管理办法》,海关总署令第 124 号(2005 年)。
③ 同上。

(3) 已征出口关税的货物,因故未将其运出口,申报退关,经海关查验属实的。

散装进出口货物发生短装并已征税放行的,如果该货物的发货人、承运人或者保险公司已对短装部分退还或者赔偿相应货款,纳税义务人自缴纳税款之日起1年内,可以向海关申请退还进口或者出口短装部分的相应税款。

进出口货物因残损、品质不良、规格不符原因,或者发生本办法第六十四条规定以外的货物短少的情形,由进出口货物的发货人、承运人或者保险公司赔偿相应货款的,纳税义务人自缴纳税款之日起1年内,可以向海关申请退还赔偿货款部分的相应税款。

三、关税补征和追征①

补征和追征是海关在关税纳税义务人按海关核定的税额缴纳关税后,发现实际征收税额少于应当征收的税额时,责令纳税义务人补缴所差税款的一种行政行为。海关法根据短征关税的原因,将海关征收原短征关税的行为分为补征和追征两种。

进出口货物放行后,海关发现少征或者漏征税款的,应当自缴纳税款之日起1年内,向纳税义务人补征税款。

因纳税义务人违反规定造成少征或者漏征税款的,海关应当自缴纳税款之日起3年内追征税款。海关除依法追征税款外,还应当自缴纳税款或者货物放行之日起至海关发现违规行为之日止按日加收少征或者漏征税款万分之五的滞纳金。因纳税义务人违反规定造成海关监管货物少征或者漏征税款的,海关应当自纳税义务人应缴纳税款之日起3年内追征税款,并自应缴纳税款之日起至海关发现违规行为之日止按日加收少征或者漏征税款万分之五的滞纳金。

四、内销选择性征收关税

内销选择性征收关税政策是指对海关特殊监管区域内企业生产、加工并经"二线"内销的货物,根据企业申请,按其对应进口料件或按实际报验状态征收关税,进口环节增值税、消费税照章征收。企业选择按进口料件征收关税时,应一并补征关税税款缓税利息。自2016年9月1日起,将内销选择性征收关税政策试点扩大到天津、上海、福建、广东四个自贸试验区所在省(市)的其他海关特殊监管区域(保税区、保税物流园区除外),以及河南新郑综合保税区、湖北武汉出口加工区、重庆西永综合保税区、四川成都高新综合保税区和陕西西安出口加工区5个海关特殊监管区域。②

第六节 船舶吨税

船舶吨税是对中华人民共和国境外港口进入境内港口的船舶,由于使用中国港口和助航设备而征收的一种税。其征收税款主要用于港口建设维护及海上干线公用航标的建设维护。1952年9月16日政务院财政经济委员会批准,9月29日海关总署发布施行

---

① 海关总署:《中华人民共和国海关进出口货物征税管理办法》,海关总署令第124号(2005年)。
② 财政部、海关总署、国家税务总局:《关于扩大内销选择性征收关税政策试点的通知》,财关税〔2016〕40号。

《中华人民共和国海关船舶吨税暂行办法》,并于 1991 年、1994 年、2011 年进行了修订。经国务院第 182 次常务会议通过,《中华人民共和国船舶吨税暂行条例》自 2012 年 1 月 1 日起施行,《中华人民共和国海关船舶吨税暂行办法》同时废止。

一、征收范围

船舶吨税的征收范围是境外港口进入境内港口的船舶。纳入征收范围的船舶分为机动船舶和非机动船舶。其中,机动船舶包括轮船、汽船和拖船,非机动船舶是指各种人力驾驶的船及驳船、帆船。

以下各种外籍船舶,免征船舶吨税:

(1) 应纳税额在人民币 50 元以下的船舶。
(2) 自境外以购买、受赠、继承等方式取得船舶所有权的初次进口到港的空载船舶。
(3) 吨税执照期满后 24 小时内不上下客货的船舶。
(4) 非机动船舶(不包括非机动驳船)。
(5) 捕捞、养殖渔船。
(6) 避难、防疫隔离、修理、终止运营或者拆解,并不上下客货的船舶。
(7) 军队、武装警察部队专用或者征用的船舶。
(8) 依照法律规定应当予以免税的外国驻华使领馆、国际组织驻华代表机构及其有关人员的船舶。
(9) 国务院规定的其他船舶。

二、纳税人

船舶吨税由应税船舶的使用人(船长)或其委托的外轮代理公司为纳税人。

三、计税依据

船舶吨税以船舶净吨位为计税依据。净吨位,是指由船籍国(地区)政府授权签发的船舶吨位证明书上标明的净吨位。净吨位尾数不足 0.5 吨的不计,达到或超过 0.5 吨的按 1 吨计算。小型船舶净吨位不足 1 吨的按 1 吨计税。

四、税率

船舶吨税采用定额税率,按船舶净吨位的大小分等级设计单位税额。船舶吨税实行复式税率,按 1 年、90 天和 30 天的不同纳税期分别规定了优惠税率和普通税率。中华人民共和国籍的应税船舶,船籍国(地区)与中华人民共和国签订含有相互给予船舶税费最惠国待遇条款的条约或者协定的应税船舶,适用优惠税率;其他应税船舶,适用普通税率。

我国现行的船舶吨税税目税率如表 4-2 所示。

表 4-2　船舶吨税税目税率表

税目 (按船舶净吨位划分)	税率(元/净吨)						备注
	普通税率 (按执照期限划分)			优惠税率 (按执照期限划分)			
	1年	90日	30日	1年	90日	30日	
不超过 2 000 净吨	12.6	4.2	2.1	9.0	3.0	1.5	拖船和非机动驳船分别按相同净吨位船舶税率的50%计征税款
超过 2 000 净吨,但不超过 10 000 净吨	24.0	8.0	4.0	17.4	5.8	2.9	
超过 10 000 净吨,但不超过 50 000 净吨	27.6	9.2	4.6	19.8	6.6	3.3	
超过 50 000 净吨	31.8	10.6	5.3	22.8	7.6	3.8	

五、应纳税额的计算

船舶吨税的应纳税额按照船舶净吨位乘以适用税率计算,计税公式为:

$$船舶吨税 = 净吨位 \times 适用税率$$

应税船舶在船舶吨税执照期限内,因修理导致净吨位变化的,船舶吨税执照继续有效。应税船舶办理出入境手续时,应当提供船舶经过修理的证明文件。应税船舶在船舶吨税执照期限内,因税目税率调整或者船籍改变而导致适用税率变化的,船舶吨税执照继续有效。因船籍改变而导致适用税率变化的,应税船舶在办理出入境手续时,应当提供船籍改变的证明文件。

船舶吨税税款、滞纳金、罚款以人民币计算。

六、征收管理[①]

船舶吨税由海关负责征收,按照船舶净吨位和吨税执照期限征收。吨税纳税义务发生时间为应税船舶进入港口的当日。应税船舶负责人应当自海关填发吨税缴款凭证之日起 15 日内向指定银行缴清税款。未按期缴清税款的,自滞纳税款之日起,按日加收滞纳税款 0.5‰ 的滞纳金。

应税船舶负责人在每次申报纳税时,可以按照《船舶吨税税目税率表》选择申领一种期限的船舶吨税执照。应税船舶负责人申领吨税执照时,应当向海关提供船舶国籍证书或者海事部门签发的船舶国籍证书收存证明和船舶吨位证明。应税船舶负责人缴纳船舶吨税或者提供担保后,海关按其申领的执照期限填发船舶吨税执照。

应税船舶在进入港口办理入境手续时,应当向海关申报纳税领取船舶吨税执照,或者交验船舶吨税执照。应税船舶在离开港口办理出境手续时,应当交验吨税执照。海关征收船舶吨税应当制发缴款凭证。

在吨税执照期限内,应税船舶发生避难、防疫隔离、修理,并不上下客货的;军队、武

[①] 海关总署:《船舶吨税征收管理作业规程》,署税发〔2002〕36号。

装警察部队征用的,海关按照实际发生的天数批注延长吨税执照期限。应税船舶在吨税执照期满后尚未离开港口的,应当申领新的吨税执照,自上一次执照期满的次日起续缴吨税。

应税船舶因不可抗力在未设立海关地点停泊的,船舶负责人应当立即向附近海关报告,并在不可抗力原因消除后,依照本条例规定向海关申报纳税。

海关发现少征或者漏征税款的,应当自应税船舶应当缴纳税款之日起1年内,补征税款。但因应税船舶违反规定造成少征或者漏征税款的,海关可以自应当缴纳税款之日起3年内追征税款,并自应当缴纳税款之日起按日加征少征或者漏征税款万分之五的滞纳金。

海关发现多征税款的,应当立即通知应税船舶办理退还手续,并加算银行同期活期存款利息。

应税船舶发现多缴税款的,可以自缴纳税款之日起1年内以书面形式要求海关退还多缴的税款并加算银行同期活期存款利息;海关应当自受理退税申请之日起30日内查实并通知应税船舶办理退还手续。

本章小结

关税的征税对象是准许进出口的货物和进境物品。货物是指贸易性商品;物品是指非贸易性的入境旅客行李物品、个人邮递物品以及其他个人自用物品。进口货物的收货人、出口货物的发货人、进境物品的所有人,是关税的纳税义务人。进口关税设置最惠国税率、协定税率、特惠税率、普通税率、关税配额税率等税率。对进口货物在一定期限内可以实行暂定税率。海关按照关税条例有关适用最惠国税率、协定税率、特惠税率、普通税率、出口税率、关税配额税率或者暂定税率,以及实施反倾销措施、反补贴措施、保障措施或者征收报复性关税等适用税率的规定,确定进出口货物适用的税率。进口货物适用税率是以货物的原产地为标准,我国原产地标准采用国际上通行的完全生产标准和实质性改变标准。进出口货物的完税价格,由海关以该货物的成交价格为基础审查确定。成交价格不能确定时,完税价格由海关依法估定,主要方法有:相同货物成交价格估价方法;类似货物成交价格估价方法;倒扣价格估价方法;计算价格估价方法;合理方法。进出口货物关税,以从价计征、从量计征或者国家规定的其他方式征收。关税有法定减免、特定减免和临时减免三种情况。关税由海关征收。

船舶吨税的征收范围是境外港口进入境内港口的船舶。船舶吨税以船舶净吨位为计税依据。船舶吨税采用定额税率,按船舶净吨位的大小分等级设计单位税额。船舶吨税实行复式税率,按1年、90天和30天的不同纳税期分别规定了优惠税率和普通税率。船舶吨税由海关负责征收。

本章重要术语

关税　最惠国税率　协定税率　特惠税率　普通税率　关税配额税率　完全生产标准　实质性改变标准　进口货物的完税价格　FOB　CFR　CIF　船舶吨税

复习思考题

1. 简述进口关税税率的种类。
2. 简述我国规定的进口货物的原产地标准。
3. 简述船舶吨税的计税依据。

计算题

1. 有进出口经营权的某外贸公司,从境外进口专用仪器设备 30 台,每台仪器设备的价格折合人民币 15 万元,运抵我国海关前发生的运输费用、保险费用无法确定,经海关查实其他运输公司相同业务的运输费用占货价的比例为 2%。已知该进口设备的关税税率为 60%。请计算该批仪器设备进口环节应缴纳的关税。

2. 某企业于 2016 年 9 月进口一批原材料。该批原材料在国外的买价折合人民币 120 万元,货物运抵我国入关前发生的运输费、保险费和其他费用分别为 10 万元、6 万元、4 万元。从海关将原材料运往企业所在地发生运输费用 5 万元。已知该原材料的进口关税税率为 20%。请计算该批原材料进口环节应缴纳的关税。

推荐阅读文献

1. 何晓兵:《中国关税实务》,中国商务出版社 2015 年版。
2. 刘刚:《中国关税制度、政策与实践》,中国财政经济出版社 2012 年版。

第五章 企业所得税

学习目标

通过本章的学习,读者应该能够

- 掌握现行企业所得税纳税人、课税对象、税率等税制要素的基本规定;掌握企业所得税收入总额确定、税前扣除、资产税务处理、企业重组以及税收优惠的基本规定;掌握特别纳税调整的内容和方法。
- 计算企业所得税的应纳税额。

企业所得税是指国家对企业的生产经营所得和其他所得征收的一种税。新中国成立之初确立的税收政策,就明确了对工商企业征收所得税。1950年1月,政务院公布的《工商业税暂行条例(草案)》,其中设有对企业生产经营所取得的所得征收的所得税,但对国有企业实行利润上缴,不征所得税。1958年税制改革时,将所得税改为工商所得税,成为一个独立的税种。改革开放以后,为了适应引进外资、发展对外经济技术合作的需要,全国人大分别在1980年9月和1981年12月公布施行了《中华人民共和国中外合资经营企业所得税法》和《中华人民共和国外国企业所得税法》。1983年在全国推行第一步"利改税",对全国大部分国有企业征收所得税;1984年实行第二步"利改税"以后,国务院先后发布了《中华人民共和国国营企业所得税条例(草案)》(1984年)、《国营企业调节税征收办法》(1984年)、《中华人民共和国集体企业所得税暂行条例》(1985年)和《中华人民共和国私营企业所得税暂行条例》(1988年),分别对不同所有制性质的企业征收。1991年4月,全国人大将两个涉外企业所得税法合并,制定了《中华人民共和国外商投资企业和外国企业所得税法》,自同年7月1日起施行,形成了统一的外资企业所得税。1993年12月13日,国务院将对内资企业征收的几个所得税进行整合,制定发布了《中华人民共和国企业所得税暂行条例》,自1994年1月1日起施行,形成了统一的内资企业所得税。2007年3月16日,全国人大公布了《中华人民共和国企业所得税法》(以下简称"企业所得税法"),同年12月6日国务院发布了《中华人民共和国企业所得税法实施条例》(以下简称"企业所得税法实施条例"),自2008年1月1日起施行。自此,形成了对内外资企业统一征收的企业所得税法。

第一节 纳 税 人

一、纳税人的基本规定

企业所得税的纳税人是指在中国境内的企业和其他取得收入的组织。企业和其他取得收入的组织统称为"企业"。具体包括:国有企业、集体企业、私营企业、联营企业、股份制企业、中外合资经营企业、中外合作经营企业、外资企业、事业单位、社会团体、民办非企业单位、基金会、外国商会、农民专业合作社以及从事经营活动的其他组织;在中国境内设立机构、场所从事生产经营的,或虽未设立机构场所而有来源于中国境内所得的外国公司、企业和其他经济组织。[①]

依照中国法律、行政法规成立的个人独资企业和合伙企业不属于企业所得税的纳税人。需要注意的是,这里的"个人独资企业和合伙企业",强调的是"依照中国法律、行政法规成立的",不包括依照外国法律法规在境外成立的个人独资企业和合伙企业。也就是说,境外的个人独资企业和合伙企业可能会成为企业所得税法规定的中国非居民企业纳税人(比如在中国境内取得收入,也可能会在中国境内设立机构、场所并取得收入),也

---

① 国家税务总局:《新企业所得税法解读》,中国税务出版社2008年版,第20页。

可能会成为企业所得税法规定的中国居民企业纳税人（比如其实际管理机构在中国境内）。①

二、居民企业与非居民企业

（一）居民企业与非居民企业的基本规定

企业所得税纳税人分为居民企业和非居民企业。居民企业负无限纳税义务，要就来源于中国境内、境外所得在中国缴纳企业所得税；非居民企业负有限纳税义务，只就来源于中国境内的所得在中国缴纳企业所得税。

判定居民企业与非居民企业的标准有两个：一是登记注册地标准，登记注册地是指企业或组织进行登记注册成立的地点。二是实际管理机构标准，实际管理机构是指对企业的生产经营、人员、账务、财产等实施实质性全面管理和控制的机构。"实际管理机构"要同时符合以下三个条件：一是对企业有实质性管理和控制的机构，并非形式上的"管理与控制机构"；二是对企业实行全面的管理和控制的机构，不是只对该企业的一部分或并不关键的生产经营活动进行影响和控制；三是管理和控制的内容是企业的生产经营、人员、账务、财产等。②

居民企业是指依照中国法律、行政法规在中国境内成立的企业，或者依照外国（地区）法律成立但实际管理机构在中国境内的企业。"依照中国法律、行政法规在中国境内成立的企业"包括企业（包括公司制企业和非公司制企业）、事业单位、社会团体和其他取得收入的组织。"依照外国（地区）法律成立"的企业，也必须是能够取得收入的组织，具体包括在中国境内设立机构、场所从事生产经营活动的外国企业，或者没有在中国境内设立机构、场所但是取得来源于中国境内的所得的外国企业，包括在中国境内进行活动并取得收入的外国慈善组织、学术机构等。根据企业所得税法的规定，如果这类企业的实际管理机构在中国境内，就属于企业所得税法规定的居民企业纳税人。③

非居民企业是指依照外国（地区）法律成立且实际管理机构不在中国境内，但在中国境内设立机构、场所的，或者在中国境内未设立机构、场所，但有来源于中国境内所得的企业。

这里的"机构、场所"，是指在中国境内从事生产经营活动的机构、场所，包括：

(1) 管理机构、营业机构、办事机构。

(2) 工厂、农场、开采自然资源的场所。

(3) 提供劳务的场所。

(4) 从事建筑、安装、装配、修理、勘探等工程作业的场所。

(5) 其他从事生产经营活动的机构、场所。

另外，非居民企业委托营业代理人在中国境内从事生产经营活动的，包括委托单位和个人经常代其签订合同，或者储存、交付货物等，该营业代理人视为非居民企业在中国

---

① 《中华人民共和国企业所得税法实施条例》立法起草小组：《中华人民共和国企业所得税法实施条例释义及适用指南》，中国财政经济出版社 2007 年版，第 43 页。
② 同上书，第 50—51 页。
③ 同上书，第 49 页。

境内设立的机构、场所。

企业除了在中国境内设立机构、场所进行生产经营活动,还可以通过其在中国境内的营业代理人从事生产经营活动。如果不对这类营业代理人作出特别规定,企业则容易利用该营业代理人规避法律,逃避纳税义务。因此,企业所得税实施条例明确规定营业代理人虽然不是外国企业设立的机构、场所,但是可以根据实际情况视同设立的机构、场所处理。[1]

非居民企业(以下统称"派遣企业")派遣人员在中国境内提供劳务,如果派遣企业对被派遣人员工作结果承担部分或全部责任和风险,通常考核评估被派遣人员的工作业绩,应视为派遣企业在中国境内设立机构、场所提供劳务;如果派遣企业属于税收协定缔约对方企业,且提供劳务的机构、场所具有相对的固定性和持久性,该机构、场所构成在中国境内设立的常设机构。[2]

(二)境外中资企业居民企业身份的认定[3]

境外注册的中资控股企业(以下简称"境外中资企业")是指由中国境内的企业或企业集团作为主要控股投资者,在境外依据外国(地区)法律注册成立的企业。

境外中资企业同时符合以下条件的,根据居民企业判定标准的规定,应判定其为实际管理机构在中国境内的居民企业(以下简称"非境内注册居民企业"),并实施相应的税收管理,就其来源于中国境内、境外的所得征收企业所得税。

(1)企业负责实施日常生产经营管理运作的高层管理人员及其高层管理部门履行职责的场所主要位于中国境内。

(2)企业的财务决策(如借款、放款、融资、财务风险管理等)和人事决策(如任命、解聘和薪酬等)由位于中国境内的机构或人员决定,或需要得到位于中国境内的机构或人员批准。

(3)企业的主要财产、会计账簿、公司印章、董事会和股东会议纪要档案等位于或存放于中国境内。

(4)企业1/2(含1/2)以上有投票权的董事或高层管理人员经常居住于中国境内。

对于实际管理机构的判断,应当遵循实质重于形式的原则。

非境内注册居民企业在中国境内投资设立的企业,其外商投资企业的税收法律地位不变。

符合规定的居民企业认定条件的境外中资企业,须向其中国境内主要投资者登记注册地主管税务机关提出居民企业认定申请,主管税务机关对其居民企业身份进行初步判定后,层报省级税务机关确认。经省级税务机关确认后抄送其境内其他投资地相关省级

---

[1] 《中华人民共和国企业所得税法实施条例》立法起草小组:《中华人民共和国企业所得税法实施条例释义及适用指南》,中国财政经济出版社2007年版,第55页。
[2] 国家税务总局:《关于非居民企业派遣人员在中国境内提供劳务征收企业所得税有关问题的公告》,国家税务总局公告2013年第19号。
[3] 国家税务总局:《关于境外注册中资控股企业依据实际管理机构标准认定为居民企业有关问题的通知》,国税发〔2009〕82号。

税务机关。①

非境内注册居民企业发生下列重大变化情形之一的,应当自变化之日起 15 日内报告主管税务机关,主管税务机关应当按照规定层报税务总局确定是否取消其居民身份。②

(1) 企业实际管理机构所在地变更为中国境外的。

(2) 中方控股投资者转让企业股权,导致中资控股地位发生变化的。

第二节 征税对象

一、征税对象的基本规定

企业所得税的征税对象是企业取得的所得。企业取得的所得,包括销售货物所得、提供劳务所得、转让财产所得、股息红利等权益性投资所得、利息所得、租金所得、特许权使用费所得、接受捐赠所得和其他所得。

(1) 居民企业应当就其来源于中国境内、境外的所得缴纳企业所得税。

(2) 非居民企业在中国境内设立机构、场所的,应当就其所设机构、场所取得的来源于中国境内的所得,以及发生在中国境外但与其所设机构、场所有实际联系的所得,缴纳企业所得税。

(3) 非居民企业在中国境内未设立机构、场所的,或者虽设立机构、场所但取得的所得与其所设机构、场所没有实际联系的,应当就其来源于中国境内的所得缴纳企业所得税。

二、"实际联系"的界定

实际联系,是指非居民企业在中国境内设立的机构、场所拥有据以取得所得的股权、债权,以及拥有、管理、控制据以取得所得的财产等。

根据企业所得税法的规定,在境内设立机构、场所的非居民企业,其取得的所得与其所设立的机构、场所有无实际联系,直接关系到该非居民企业的纳税义务的大小;有实际联系的,来源于境内、境外的所得都要缴纳企业所得税;没有实际联系的,只就来源于境内的所得缴纳企业所得税。

三、所得来源地的界定

企业所得税的居民企业和非居民企业负有不同的纳税义务,所得来源地的判断标准直接关系到企业纳税义务的大小,也涉及国家之间以及国内不同地区之间税收管辖权的问题。因此,企业所得税法实施条例规定,来源于中国境内、境外的所得,按照以下原则确定:

---

① 国家税务总局:《关于依据实际管理机构标准实施居民企业认定有关问题的公告》,国家税务总局公告 2014 年第 9 号。

② 国家税务总局:《关于印发〈境外注册中资控股居民企业所得税管理办法(试行)〉的公告》,国家税务总局公告 2011 年第 45 号。

(1) 销售货物所得,按照交易活动发生地确定。

(2) 提供劳务所得,按照劳务发生地确定。

(3) 转让财产所得,不动产转让所得按照不动产所在地确定,动产转让所得按照转让动产的企业或者机构、场所所在地确定,权益性投资资产转让所得按照被投资企业所在地确定。

(4) 股息红利等权益性投资所得,按照分配所得的企业所在地确定。

(5) 利息所得、租金所得、特许权使用费所得,按照负担或者支付所得的企业或者机构、场所所在地确定。

(6) 其他所得,由国务院财政、税务主管部门确定。

第三节 税 率

一、基本税率

企业所得税的税率是指对纳税人应纳税所得额征税的比率,即企业应纳税额与应纳税所得额的比率。企业所得税实行25%的比例税率。

非居民企业预提所得税税率为20%。即,在中国境内未设立机构、场所的非居民企业取得的来源于中国境内的所得;以及在中国境内设立机构、场所的非居民企业取得的与其所设机构、场所没有实际联系的来源于中国境内的所得,实行20%的法定税率。

> 需要注意的是,在中国境内设立机构、场所的非居民企业,取得的与该机构、场所有实际联系的,来源于中国境内的所得,实行25%的法定税率。

二、优惠税率

1. 小型微利企业

符合条件的小型微利企业,减按20%的税率征收企业所得税。

符合条件的小型微利企业,是指从事国家非限制和禁止行业,并符合下列条件的企业:(1) 工业企业,年度应纳税所得额不超过30万元,从业人数不超过100人,资产总额不超过3000万元。(2) 其他企业,年度应纳税所得额不超过30万元,从业人数不超过80人,资产总额不超过1000万元。

从业人数,是指与企业建立劳动关系的职工人数和企业接受的劳务派遣用工人数之和;从业人数和资产总额指标,按企业全年月平均值确定,具体计算公式如下:[①]

$$月平均值=(月初值+月末值)/2$$
$$全年月平均值=全年各月平均值之和/12$$

年度中间开业或者终止经营活动的,以其实际经营期作为一个纳税年度确定上述相

---

① 财政部、国家税务总局:《关于执行企业所得税优惠政策若干问题的通知》,财税〔2009〕69号。

关指标。

小型微利企业是指企业的全部生产经营活动产生的所得均负有中国企业所得税纳税义务的企业。因此，仅就来源于中国所得负有中国纳税义务的非居民企业，不适用对符合条件的小型微利企业减按 20% 的税率征收企业所得税的政策。①

2. 国家需要重点扶持的高新技术企业

国家需要重点扶持的高新技术企业，减按 15% 的税率征收企业所得税。科技部、财政部、国家税务总局等部门规定了高新技术企业的认定条件。②

需要注意的是，以境内、境外全部生产经营活动有关的研究开发费用总额、总收入、销售收入总额、高新技术产品（服务）收入等指标申请并经认定的高新技术企业，其来源于境外的所得可以享受高新技术企业所得税优惠政策，即对其来源于境外所得可以按照 15% 的优惠税率缴纳企业所得税，在计算境外抵免限额时，可按照 15% 的优惠税率计算境内外应纳税总额。③ 也就是说，如果是以境内生产经营活动有关的指标申请并经认定的高新技术企业，其来源于境外的所得仍适用 25% 的税率，在计算境外抵免限额时，不能按照 15% 的优惠税率计算境内外应纳税总额。

3. 设在西部地区的鼓励类产业企业

自 2011 年 1 月 1 日至 2020 年 12 月 31 日，对设在西部地区的鼓励类产业企业减按 15% 的税率征收企业所得税。鼓励类产业企业是指以《西部地区鼓励类产业目录》中规定的产业项目为主营业务，且其主营业务收入占企业收入总额 70% 以上的企业。④

4. 经认定的技术先进型服务企业

自 2010 年 7 月 1 日起至 2018 年 12 月 31 日止，在北京、天津、上海、重庆等 21 个中国服务外包示范城市，对经认定的技术先进型服务企业，减按 15% 的税率征收企业所得税。技术先进型服务企业必须符合规定条件。⑤

5. 综合实验区和现代服务业合作区的企业

对设在横琴新区、平潭综合实验区和前海深港现代服务业合作区的鼓励类产业企业减按 15% 的税率征收企业所得税。⑥

6. 非居民企业

非居民企业预提所得税税率减按 10% 的优惠税率征税。即在中国境内未设立机构、场所的非居民企业取得的来源于中国境内的所得；以及在中国境内设立机构、场所的非居民企业取得的与其所设机构、场所没有实际联系的来源于中国境内的所得；除税法规

---

① 国家税务总局：《关于非居民企业不享受小型微利企业所得税优惠政策问题的通知》，国税函〔2008〕650 号。
② 科技部、财政部、国家税务总局：《高新技术企业认定管理办法》，国科发火〔2008〕172 号；《高新技术企业认定管理工作指引》，国科发火〔2008〕362 号。
③ 财政部、国家税务总局：《关于高新技术企业境外所得适用税率及税收抵免问题的通知》，财税〔2011〕47 号。
④ 财政部、海关总署、国家税务总局：《关于深入实施西部大开发战略有关税收政策问题的通知》，财税〔2011〕58 号；国家税务总局：《关于深入实施西部大开发战略有关企业所得税问题的公告》，国家税务总局公告 2012 年第 12 号。
⑤ 财政部、国家税务总局、商务部、科技部、国家发展改革委：《关于技术先进型服务企业有关企业所得税政策问题的通知》，财税〔2010〕65 号。
⑥ 财政部、国家税务总局：《关于广东横琴新区、福建平潭综合实验区、深圳前海深港现代化服务业合作区企业所得税优惠政策及优惠目录的通知》，财税〔2014〕26 号。

定免征企业所得税的外,减按10%的税率征收企业所得税。

第四节 应纳税所得额的计算

应纳税所得额,是指企业每一纳税年度的收入总额,减除不征税收入、免税收入、各项扣除以及允许弥补的以前年度亏损后的余额。其计算公式是:

应纳税所得额＝收入总额－不征税收入－免税收入－准予扣除项目金额
－允许弥补的以前年度亏损

企业应纳税所得额的计算以权责发生制和税法优先为原则。按照权责发生制的要求,当期已经实现的收入和已经发生或者应当负担的费用,不论款项是否收付,均作为当期的收入和费用;不属于当期的收入和费用即使款项已在当期收付,也不作为当期的收入和费用。当然,为了确保税收收入的均衡性和防止企业利用纳税周期避税,企业所得税法规定了一些权责发生制的例外情形,这些情形适用的更近似于收付实现制。按照税法优先原则,企业在计算应纳税所得额时,企业财务、会计处理办法与税收法律、行政法规的规定不一致的,应当依照税收法律、行政法规的规定进行纳税调整,并据调整后的应纳税所得额计算缴税。

一、收入总额

(一) 收入的形式

企业所得税法规定,企业以货币形式和非货币形式从各种来源取得的收入,为收入总额。明确企业取得收入的各种形式,有助于企业在计算应纳税所得额时,将各种形式的收入首先计入收入总额。[①]

企业以货币形式取得的收入,是指企业取得的现金及将以固定或可确定金额的货币收取的收入,具体包括现金、存款、应收账款、应收票据、准备持有至到期的债券投资以及债务的豁免等。

企业以非货币形式取得的收入,是指企业取得的货币形式以外的收入,包括存货、固定资产、生物资产、无形资产、股权投资、不准备持有至到期的债券投资、劳务以及有关权益等。

企业以非货币形式取得的收入,应当按照公允价值确定收入额。公允价值,是指按照市场价格确定的价值。

(二) 收入的具体内容

1. 销售货物收入

销售货物收入是指企业销售商品、产品、原材料、包装物、低值易耗品以及其他存货取得的收入。

[①] 《企业所得税法实施条例》立法起草小组:《企业所得税法实施条例释义及适用指南》,中国财政经济出版社2007年版,第69页。

除企业所得税法及实施条例另有规定外,企业销售收入的确认,必须遵循权责发生制原则和实质重于形式原则。①

企业销售商品同时满足下列条件的,应确认收入的实现:一是商品销售合同已经签订,企业已将商品所有权相关的主要风险和报酬转移给购货方;二是企业对已售出的商品既没有保留通常与所有权相联系的继续管理权,也没有实施有效控制;三是收入的金额能够可靠地计量;四是已发生或将发生的销售方的成本能够可靠地核算。

符合上款收入确认条件,采取下列商品销售方式的,应按以下规定确认收入实现时间:

(1) 销售商品采用托收承付方式的,在办妥托收手续时确认收入。
(2) 销售商品采取预收款方式的,在发出商品时确认收入。
(3) 销售商品需要安装和检验的,在购买方接受商品以及安装和检验完毕时确认收入。如果安装程序比较简单,可在发出商品时确认收入。
(4) 销售商品采用支付手续费方式委托代销的,在收到代销清单时确认收入。

采用售后回购方式销售商品的,销售的商品按售价确认收入,回购的商品作为购进商品处理。有证据表明不符合销售收入确认条件的,如以销售商品方式进行融资,收到的款项应确认为负债,回购价格大于原售价的,差额应在回购期间确认为利息费用。

销售商品以旧换新的,销售商品应当按照销售商品收入确认条件确认收入,回收的商品作为购进商品处理。

企业为促进商品销售而在商品价格上给予的价格扣除属于商业折扣,商品销售涉及商业折扣的,应当按照扣除商业折扣后的金额确定销售商品收入金额。

债权人为鼓励债务人在规定的期限内付款而向债务人提供的债务扣除属于现金折扣,销售商品涉及现金折扣的,应当按扣除现金折扣前的金额确定销售商品收入金额,现金折扣在实际发生时作为财务费用扣除。

企业因售出商品的质量不合格等原因而在售价上给的减让属于销售折让;企业因售出商品质量、品种不符合要求等原因而发生的退货属于销售退回。企业已经确认销售收入的售出商品发生销售折让和销售退回,应当在发生当期冲减当期销售商品收入。

2. 提供劳务收入

劳务收入是指企业从事建筑安装、修理修配、交通运输、仓储租赁、金融保险、邮电通信、咨询经纪、文化体育、科学研究、技术服务、教育培训、餐饮住宿、中介代理、卫生保健、社区服务、旅游、娱乐、加工以及其他劳务服务活动取得的收入。

企业在各个纳税期末,提供劳务交易的结果能够可靠估计的,应采用完工进度(完工百分比)法确认提供劳务收入。提供劳务交易的结果能够可靠估计,是指同时满足下列条件:一是收入的金额能够可靠地计量;二是交易的完工进度能够可靠地确定;三是交易中已发生和将发生的成本能够可靠地核算。②

企业提供劳务完工进度的确定,可选用下列方法:一是已完工作的测量;二是已提供

---

① 国家税务总局:《关于确认企业所得税收入若干问题的通知》,国税函〔2008〕875号。
② 同上。

劳务占劳务总量的比例;三是发生成本占总成本的比例。

企业应按照从接受劳务方已收或应收的合同或协议价款确定劳务收入总额,根据纳税期末提供劳务收入总额乘以完工进度扣除以前纳税年度累计已确认提供劳务收入后的金额,确认为当期劳务收入;同时,按照提供劳务估计总成本乘以完工进度扣除以前纳税期间累计已确认劳务成本后的金额,结转为当期劳务成本。

下列提供劳务满足收入确认条件的,应按规定确认收入:

(1) 安装费。应根据安装完工进度确认收入。安装工作是商品销售附带条件的,安装费在确认商品销售实现时确认收入。

(2) 宣传媒介的收费。应在相关的广告或商业行为出现于公众面前时确认收入。广告的制作费,应根据制作广告的完工进度确认收入。

(3) 软件费。为特定客户开发软件的收费,应根据开发的完工进度确认收入。

(4) 服务费。包含在商品售价内可区分的服务费,在提供服务的期间分期确认收入。

(5) 艺术表演、招待宴会和其他特殊活动的收费。在相关活动发生时确认收入。收费涉及几项活动的,预收的款项应合理分配给每项活动,分别确认收入。

(6) 会员费。申请入会或加入会员,只允许取得会籍,所有其他服务或商品都要另行收费的,在取得该会员费时确认收入。申请入会或加入会员后,会员在会员期内不再付费就可得到各种服务或商品,或者以低于非会员的价格销售商品或提供服务的,该会员费应在整个受益期内分期确认收入。

(7) 特许权费。属于提供设备和其他有形资产的特许权费,在交付资产或转移资产所有权时确认收入;属于提供初始及后续服务的特许权费,在提供服务时确认收入。

(8) 劳务费。长期为客户提供重复的劳务收取的劳务费,在相关劳务活动发生时确认收入。

企业受托加工制造大型机械设备、船舶、飞机等,以及从事建筑、安装、装配工程业务或者提供劳务等,持续时间超过12个月的,按照纳税年度内完工进度或者完成的工作量确认收入的实现。

3. 转让财产收入

转让财产收入是指企业转让固定资产、生物资产、无形资产、股权、债权等财产取得的收入。

当企业转让财产同时满足下列条件时,应当确认转让财产收入:一是企业获得已实现经济利益或潜在的经济利益的控制权;二是与交易相关的经济利益能够流入企业;三是相关的收入和成本能够合理地计量。企业应当按照从财产受让方已收或应收的合同或协议价款确定转让财产收入金额。[①] 如企业转让股权收入,应于转让协议生效且完成股权变更手续时,确认收入的实现。[②]

企业转让国债应在转让国债合同、协议生效的日期,或者国债移交时确认转让收入

[①] 《中华人民共和国企业所得税法实施条例》立法起草小组:《中华人民共和国企业所得税法实施条例释义及适用指南》,中国财政经济出版社2007年版,第69页。

[②] 国家税务总局:《关于贯彻落实企业所得税法若干税收问题的通知》,国税函〔2010〕79号。

的实现。企业投资购买国债,到期兑付的,应在国债发行时约定的应付利息的日期,确认国债转让收入的实现。企业转让或到期兑付国债取得的价款,减除其购买国债成本,并扣除其持有期间尚未兑付的国债利息收入以及交易过程中相关税费后的余额,为企业转让国债收益(损失)。①

因股权分置改革造成原由个人出资而由企业代持有的限售股,企业转让时取得的收入,应作为企业应税收入计算纳税。企业未能提供完整、真实的限售股原值凭证,不能准确计算该限售股原值的,主管税务机关一律按该限售股转让收入的15%,核定为该限售股原值和合理税费。依照规定完成纳税义务后的限售股转让收入余额转付给实际所有人时不再纳税。依法院判决、裁定等原因,通过证券登记结算公司,企业将其代持的个人限售股直接变更到实际所有人名下的,不视同转让限售股。企业在限售股解禁前将其持有的限售股转让给其他企业或个人,企业应按减持在证券登记结算机构登记的限售股取得的全部收入,计入企业当年度应税收入计算纳税。②

4. 股息、红利等权益性投资收益

权益性投资收益是指企业因权益性投资从被投资方取得的收入。股息、红利等权益性投资收益,除国务院财政、税务主管部门另有规定外,按照被投资方作出利润分配决定时间确认收入的实现。

投资企业从被投资企业撤回或减少投资,其取得的资产中,相当于初始出资的部分,应确认为投资收回;相当于被投资企业累计未分配利润和累计盈余公积按减少实收资本比例计算的部分,应确认为股息所得;其余部分确认为投资资产转让所得。③

被清算企业的股东分得的剩余资产的金额,其中相当于被清算企业累计未分配利润和累计盈余公积中按该股东所占股份比例计算的部分,应确认为股息所得;剩余资产减除股息所得后的余额,超过或低于股东投资成本的部分,应确认为股东的投资转让所得或损失。④

5. 利息收入

利息收入是指企业将资金提供他人使用但不构成权益性投资,或者因他人占用本企业资金取得的收入,包括存款利息、贷款利息、债券利息、欠款利息等收入。利息收入,按照合同约定的债务人应付利息的日期确认收入的实现。

金融企业按规定发放的贷款,属于未逾期贷款(含展期),应根据先收利息后收本金的原则,按贷款合同确认的利率和结算利息的期限计算利息,并于债务人应付利息的日期确认收入的实现;属于逾期贷款,其逾期后发生的应收利息,应于实际收到的日期,或者虽未实际收到,但会计上确认为利息收入的日期,确认收入的实现。

金融企业已确认为利息收入的应收利息,逾期90天仍未收回,且会计上已冲减了当期利息收入的,准予抵扣当期应纳税所得额。

---

① 国家税务总局:《关于企业国债投资业务企业所得税处理问题的公告》,国家税务总局公告2011年第36号。
② 国家税务总局:《关于企业转让上市公司限售股有关所得税问题的公告》,国家税务总局公告2011年第39号。
③ 国家税务总局:《关于企业所得税若干问题的公告》,国家税务总局公告2011年第34号。
④ 财政部、国家税务总局:《关于企业清算业务企业所得税处理若干问题的通知》,财税〔2009〕60号。

金融企业已冲减了利息收入的应收未收利息,以后年度收回时,应计入当期应纳税所得额。[1]

6. 租金收入

租金收入是指企业提供固定资产、包装物或者其他有形资产的使用权取得的收入。租金收入,按照合同约定的承租人应付租金的日期确认收入的实现。

如果交易合同或协议中规定租赁期限跨年度,且租金提前一次性支付的,根据收入与费用配比原则,出租人可对上述已确认的收入,在租赁期内,分期均匀计入相关年度收入。[2]

7. 特许权使用费收入

特许权使用费收入是指企业提供专利权、非专利技术、商标权、著作权以及其他特许权的使用权取得的收入。特许权使用费收入,按照合同约定的特许权使用人应付特许权使用费的日期确认收入的实现。

8. 接受捐赠收入

接受捐赠收入是指企业接受的来自其他企业、组织或者个人无偿给予的货币性资产、非货币性资产。接受捐赠收入,在实际收到捐赠资产时确认收入的实现。

企业接收股东划入资产(包括股东赠予资产、上市公司在股权分置改革过程中接收原非流通股股东和新非流通股股东赠予的资产、股东放弃本企业的股权),凡合同、协议约定作为资本金(包括资本公积)且在会计上已做实际处理的,不计入企业的收入总额;企业接收股东划入资产,凡作为收入处理的,应按公允价值计入收入总额,计算缴纳企业所得税。[3]

9. 其他收入

其他收入是指企业取得的除上述各项收入外的其他收入,包括企业资产溢余收入、逾期未退包装物押金收入、确实无法偿付的应付款项、已作坏账损失处理后又收回的应收款项、债务重组收入、补贴收入、违约金收入、汇兑收益等。

(1) 企业资产溢余收入,是指企业资产在盘点过程中发生的多于账面数额的资产。除了物资和现金等流动资产,还可能包括无形资产等其他资产。

(2) 逾期未退包装物押金收入。包装物押金是指纳税人为销售货物而出租或出借包装物所收取的押金。包装物的押金收取时不并入销售额计征所得税,但企业收取的押金逾期未返还买方的,则成为企业实际上的一笔收入,应确认为企业所得税法所称的收入,依法缴纳企业所得税。

(3) 确实无法偿付的应付款项。根据企业财务制度规定,企业应当按期偿还各种负债,如确实无法支付的应付款项,计入营业外收入。

(4) 已作坏账损失处理后又收回的应收款项。企业的生产经营损失作为坏账损失处理后,其亏损部分可以在年度的利润中扣除,或者在今后五个年度内用利润弥补。因此

---

[1] 国家税务总局:《关于金融企业贷款利息收入确认问题的公告》,国家税务总局公告 2010 年第 23 号。
[2] 国家税务总局:《关于贯彻落实企业所得税法若干税收问题的通知》,国税函〔2010〕79 号。
[3] 国家税务总局:《关于企业所得税应纳税所得额若干问题的公告》,国家税务总局公告 2014 年第 29 号。

这部分损失已经在税务上作了处理。如果处理后其应收款项又被收回的,则应当重新作为企业的收入计算。

(5) 债务重组收入。根据企业会计准则,债务重组是指在债务人发生财务困难的情况下,债权人按照其与债务人达成的协议或者法院的裁定作出让步的事项。债务重组的方式主要包括以资产清偿债务、将债务转为资本、修改其他债务条件,如减少债务本金、减少债务利息等,以及以上三种方式的组合等。债务重组中债权人往往对债务人的偿债义务作出一定程度的让步,因此这部分让步的金额应当作为债务人的收入。

(6) 补贴收入。企业取得国家财政性补贴和其他补贴收入,除国务院和国务院财政、税务主管部门规定不计入损益者外,都应当作为计算应纳税所得额的依据,依法缴纳企业所得税。

(7) 违约金收入。违约金是合同一方当事人不履行合同或者履行合同不符合约定时,对另一方当事人支付的用于赔偿损失的金额。合同法第一百一十四条规定,当事人可以约定一方违约时应当根据违约情况向对方支付一定数额的违约金,也可以约定因违约产生的损失赔偿额的计算方法。

(8) 汇兑收益。企业在汇兑人民币和外汇时可能因为汇率变化而产生差价收益,这是营业外收入的一种类型,也应当作为收入依法缴纳企业所得税。

10. 收入的特殊情况

(1) 企业发生非货币性资产交换,以及将货物、财产、劳务用于捐赠、偿债、赞助、集资、广告、样品、职工福利和利润分配等用途的,应当视同销售货物、转让财产和提供劳务,但国务院财政、税务主管部门另有规定的除外。

将货物、财产、劳务用于捐赠、偿债、赞助、集资、广告、样品、职工福利和利润分配等用途。这些用途中,有些情况下可能是出于生产经营的需要,但是有些情况是企业意图规避法律,逃避纳税义务。为了保证国家的税收收入,规定上述行为均视同销售货物、转让财产和提供劳务。由于在这些行为过程中对货物、财产和劳务没有以货币进行计价,也应当按照公允价值确定其收入,计算应纳税额。[1]

(2) 企业以"买一赠一"等方式组合销售本企业商品的,不属于捐赠,应将总的销售金额按各项商品的公允价值的比例来分摊确认各项的销售收入。[2]

二、不征税收入

"不征税收入"是我国企业所得税法中新创设的一个概念,是指从企业所得税原理上讲应永久不列入征税范围的收入范畴。我国税法规定不征税收入,其主要目的是对非经营活动或非营利活动带来的经济利益流入从应税总收入中排除。目前,我国组织形式多样,除企业外,有的以半政府机构(比如事业单位)的形式存在,有的以公益慈善组织形式存在,还有其他复杂的社会团体和民办非企业单位等。这些机构严格讲是不以营利活动

---

[1] 《中华人民共和国企业所得税法实施条例》立法起草小组:《中华人民共和国企业所得税法实施条例释义及适用指南》,中国财政经济出版社 2007 年版,第 103 页。

[2] 国家税务总局:《关于确认企业所得税收入若干问题的通知》,国税函〔2008〕875 号。

为目的的,其收入的形式主要靠财政拨款以及为承担行政性职能所收取的行政事业性收费等,对这类组织取得的非营利性收入征税没有实际意义。税法中规定的"不征税收入"概念,不属于税收优惠的范畴,这些收入不属于营利性活动带来的经济利益,是专门从事特定目的的收入,这些收入从企业所得税原理上讲应永久不列为征税范围的收入范畴。[1]
与此相对应,税法规定的不征税收入用于支出所形成的费用,不得在计算应纳税所得额时扣除;用于支出所形成的资产,其计算的折旧、摊销不得在计算应纳税所得额时扣除。

（一）财政拨款

财政拨款,是指各级政府对纳入预算管理的事业单位、社会团体等组织拨付的财政资金,但国务院和国务院财政、税务主管部门另有规定的除外。

企业实际收到的财政补贴和税收返还等,按照现行会计准则的规定,属于政府补助的范畴,被排除在税法所谓的"财政拨款"之外,会计核算中计入企业的"营业外收入"科目,除符合特定条件或企业取得的出口退税外,一般作为应税收入征收企业所得税。[2]

与财政拨款直接相关的概念是财政性资金。财政性资金,是指企业取得的来源于政府及其有关部门的财政补助、补贴、贷款贴息,以及其他各类财政专项资金,包括直接减免的增值税和即征即退、先征后退、先征后返的各种税收,但不包括企业按规定取得的出口退税款。对于企业取得的财政性资金,现行企业所得税政策规定[3]：

(1) 企业取得的各类财政性资金,除属于国家投资和资金使用后要求归还本金的以外,均应计入企业当年收入总额。国家投资,是指国家以投资者身份投入企业,并按有关规定相应增加企业实收资本(股本)的直接投资。

(2) 对企业取得的由国务院财政、税务主管部门规定专项用途并经国务院批准的财政性资金,准予作为不征税收入,在计算应纳税所得额时从收入总额中减除。比如对符合条件的软件企业按照规定取得的即征即退增值税款,由企业专项用于软件产品研发和扩大再生产并单独进行核算,可以作为不征税收入,在计算应纳税所得额时从收入总额中减除。[4]

(3) 纳入预算管理的事业单位、社会团体等组织按照核定的预算和经费报领关系收到的由财政部门或上级单位拨入的财政补助收入,准予作为不征税收入,在计算应纳税所得额时从收入总额中减除,但国务院和国务院财政、税务主管部门另有规定的除外。

（二）行政事业性收费

行政事业性收费,是指企业根据法律法规等有关规定,依照国务院规定程序批准,在实施社会公共管理,以及在向公民、法人或者其他组织提供特定公共服务过程中,向特定对象收取并纳入财政管理的费用。

---

[1] 《中华人民共和国企业所得税法实施条例》立法起草小组：《中华人民共和国企业所得税法实施条例释义及适用指南》,中国财政经济出版社2007年版,第105—106页。

[2] 同上书,第106页。

[3] 财政部、国家税务总局：《关于财政性资金行政事业性收费政府性基金有关企业所得税政策问题的通知》,财税〔2008〕151号。

[4] 财政部、国家税务总局：《关于进一步鼓励软件产业和集成电路产业发展企业所得税政策的通知》,财税〔2012〕27号。

(三) 政府性基金

政府性基金，是指企业根据法律、行政法规等有关规定，代政府收取的具有专项用途的财政资金。

企业按照规定缴纳的、由国务院或财政部批准设立的政府性基金以及由国务院和省、自治区、直辖市人民政府及其财政、价格主管部门批准设立的行政事业性收费，准予在计算应纳税所得额时扣除。企业缴纳的不符合上述审批管理权限设立的基金、收费，不得在计算应纳税所得额时扣除。

> 需要注意的是，对企业依照法律、法规及国务院有关规定收取并上缴财政的政府性基金和行政事业性收费，准予作为不征税收入，于上缴财政的当年在计算应纳税所得额时从收入总额中减除；未上缴财政的部分，不得从收入总额中减除。①

企业从县级以上各级人民政府财政部门及其他部门取得的应计入收入总额的财政性资金，凡同时符合以下条件的，可以作为不征税收入，在计算应纳税所得额时从收入总额中减除②：

(1) 企业能够提供规定资金专项用途的资金拨付文件。

(2) 财政部门或其他拨付资金的政府部门对该资金有专门的资金管理办法或具体管理要求。

(3) 企业对该资金以及以该资金发生的支出单独进行核算。

企业将符合规定条件的财政性资金作不征税收入处理后，在5年(60个月)内未发生支出且未缴回财政部门或其他拨付资金的政府部门的部分，应计入取得该资金第六年的应税收入总额；计入应税收入总额的财政性资金发生的支出，允许在计算应纳税所得额时扣除。

> 需要注意的是，对于企业接收政府划入的资产，如果县级以上人民政府(包括政府有关部门)将国有资产明确以股权投资方式投入企业，企业应作为国家资本金(包括资本公积)处理；如果县级以上人民政府将国有资产无偿划入企业，凡指定专门用途并按税法规定进行管理的，企业可作为不征税收入进行企业所得税处理。其中，该项资产属于非货币性资产的，应按政府确定的接收价值计算不征税收入。③

(四) 全国社会保障基金的有关收入

对社保基金理事会、社保基金投资管理人管理的社保基金银行存款利息收入，社保基金从证券市场中取得的收入，包括买卖证券投资基金、股票、债券的差价收入，证券投资基金红利收入，股票的股息、红利收入，债券的利息收入及产业投资基金收益、信托投

---

① 财政部、国家税务总局：《关于财政性资金行政事业性收费政府性基金有关企业所得税政策问题的通知》，财税〔2008〕151号。
② 财政部、国家税务总局：《关于专项用途财政性资金企业所得税处理问题的通知》，财税〔2011〕70号。
③ 国家税务总局：《关于企业所得税应纳税所得额若干问题的公告》，国家税务总局公告2014年第29号。

资收益等其他投资收入,作为企业所得税不征税收入。

对社保基金投资管理人、社保基金托管人从事社保基金管理活动取得的收入,依照税法的规定征收企业所得税。①

三、免税收入

与不征税收入不同,免税收入是指属于企业的应税所得但按照税法规定免予征收企业所得税的收入。也就是说,免税收入是纳税人应税收入的组成部分,只是国家为了实现某些政治、经济和社会目标,在特定时期或对特定项目取得的收入项目给予的税收优惠。因此税法规定,企业取得的各项免税收入所对应的各项成本费用,除另有规定者外,可以在计算企业应纳税所得额时扣除。

(一)国债利息收入及地方债券利息收入

(1)国债利息收入,是指企业持有国务院财政部门发行的国债取得的利息收入。

企业从发行者直接投资购买的国债持有至到期,其从发行者取得的国债利息收入,全额免征企业所得税。企业到期前转让国债,或者从非发行者投资购买的国债,其持有期间尚未兑付的国债利息收入,免征企业所得税。持有期间尚未兑付的国债利息收入按以下公式计算确定:

$$国债利息收入 = 国债金额 \times (适用年利率/365) \times 持有天数$$

公式中的"国债金额",按国债发行面值或发行价格确定;"适用年利率"按国债票面年利率或折合年收益率确定;如企业不同时间多次购买同一品种国债的,"持有天数"可按平均持有天数计算确定。②

(2)企业取得的2009年及以后年度发行的地方政府债券利息收入。地方政府债券是指经国务院批准同意,以省、自治区、直辖市和计划单列市政府为发行与偿还主体的债券。③

(二)符合条件的居民企业之间的股息、红利等权益性投资收益

符合条件的居民企业之间的股息、红利等权益性投资收益,是指居民企业直接投资于其他居民企业取得的投资收益;不包括连续持有居民企业公开发行并上市流通的股票不足12个月取得的投资收益。

之所以这样规定,是由于股息、红利是从被投资企业税后利润中分配的,如果将股息、红利金额并入投资企业的应税收入中征收企业所得税,会出现对同一经济来源所得的重复征税。因此,消除企业间股息、红利的重复征税是防止税收政策扭曲、保持税收中性的必然要求,也是各国的普遍做法。④

---

① 财政部、国家税务总局:《关于全国社会保障基金有关企业所得税问题的通知》,财税〔2008〕136号。
② 国家税务总局:《关于企业国债投资业务企业所得税处理问题的公告》,国家税务总局公告2011年第36号。
③ 财政部、国家税务总局:《关于地方政府债券利息免征所得税问题的通知》,财税〔2013〕5号;财政部、国家税务总局:《关于地方政府债券利息所得免征所得税问题的通知》,财税〔2011〕76号。
④ 《中华人民共和国企业所得税法实施条例》立法起草小组:《中华人民共和国企业所得税法实施条例释义及适用指南》,中国财政经济出版社2007年版,第249页。

需要注意的有两点：一是仅限于居民企业直接投资于其他居民企业取得的投资收益，既排除了居民企业之间非直接投资所取得的权益性收益，又排除了非居民企业之间的权益性投资收益；二是不包括连续持有居民企业公开发行并上市流通的股票不足12个月取得的投资收益。连续持有被投资企业公开发行并上市流通的股票时间不足12个月的投资，具有较大的投机成分，因而不在优惠范围之内。①

对内地企业投资者通过深港通投资香港联交所上市股票取得的股息红利所得，计入其收入总额，依法计征企业所得税。其中，内地居民企业连续持有H股满12个月取得的股息红利所得，依法免征企业所得税。②

（三）在中国境内设立机构、场所的非居民企业从居民企业取得与该机构、场所有实际联系的股息、红利等权益性投资收益

需要注意的是，该免税优惠只针对在中国境内设立机构、场所的非居民企业。也就是说，未在中国境内设立机构、场所的非居民企业，即使从居民企业取得与该机构、场所有实际联系的股息、红利等权益性投资收益，也不属于免税收入，仍然需要按照税法规定缴纳企业所得税。这里的权益性投资收益，依然不包括连续持有居民企业公开发行并上市流通的股票不足12个月取得的投资收益。

（四）符合条件的非营利组织的收入

符合条件的非营利组织，是指符合规定条件并被财政、税务部门认定具有免税资格的非营利组织。③ 符合条件的非营利组织的免税收入包括：接受其他单位或者个人捐赠的收入；除企业所得税法第七条规定的财政拨款以外的其他政府补助收入，但不包括因政府购买服务取得的收入；按照省级以上民政、财政部门规定收取的会费；不征税收入和免税收入孳生的银行存款利息收入以及财政部、国家税务总局规定的其他收入。④

四、准予扣除项目

（一）扣除项目应遵循的原则

从理论上讲，企业为取得应税收入而实际发生的全部必要正常的支出都应当允许在所得税前扣除，以确定净所得，只不过对于不同种类的支出而言，确认和配比的时间有所不同。⑤ 现行企业所得税的税前扣除，除税收法规另有规定者外，税前扣除的确认一般应遵循以下原则：

（1）权责发生制原则。是指企业凡是当期已经发生的费用，不论是否实际支付款项，都应作为当期费用确认扣除；凡是不属于当期的费用，即使款项已经当期支付，也不应作为当期费用在税前扣除。

（2）真实性原则。是指除税法另有规定外，税前扣除的支出是已经真实发生的，未实

---

① 《中华人民共和国企业所得税法实施条例》立法起草小组：《中华人民共和国企业所得税法实施条例释义及适用指南》，中国财政经济出版社2007年版，第250页。
② 财政部、国家税务总局、证监会：《关于深港股票市场交易互联互通机制试点有关税收政策的通知》，财税〔2016〕127号。
③ 财政部、国家税务总局：《关于非营利组织免税资格认定管理有关问题的通知》，财税〔2014〕13号。
④ 财政部、国家税务总局：《关于非营利组织企业所得税免税收入问题的通知》，财税〔2009〕122号。
⑤ 国家税务总局：《新企业所得税法解读》，中国税务出版社2008年版，第49页。

际发生的支出不允许在税前扣除。

（3）合法性原则。是指允许税前扣除的各项支出必须符合税法的规定，即使按照财务会计法规或制度规定可作为费用支出，如果不符合税收法律、行政法规的规定，也不得在企业所得税前扣除。

（4）配比原则。是指企业发生的费用应在费用应配比或应分配的当期申报扣除。企业某一纳税年度应申报的可扣除费用不得提前或滞后申报扣除。

（5）相关性原则。是指企业可扣除的费用从性质和根源上必须与取得应税收入相关。

（6）确定性原则。是指企业可扣除的费用不论何时支付，其金额必须是确定的。

（7）合理性原则。是指企业可扣除费用的计算和分配方法应符合一般的经营常规，合理的支出是指符合生产经营常规，应当计入损益或者有关资产成本的必要和正常的支出。[1]

（二）准予扣除项目的基本规定

企业所得税法规定，企业实际发生的与取得收入有关的、合理的支出，包括成本、费用、税金、损失和其他支出，准予在计算应纳税所得额时扣除。根据企业所得税税前扣除的一般原则要求，并非所有的企业支出都可以在税前扣除，否则将严重侵蚀企业所得税的税基，损害国家税收利益。因此，在确定税前扣除的支出项目时需要把握以下几点：

第一，税前可以扣除的是"与取得收入有关的、合理的支出"。"有关的支出"，是指与取得收入直接相关的支出。"与取得收入直接相关的支出"，是指企业所实际发生的能直接带来经济利益的流入或者可预期经济利益的流入的支出。[2] "合理的支出"，是指符合生产经营活动常规，应当计入当期损益或者有关资产成本的必要和正常的支出。

第二，企业发生的支出应当区分收益性支出和资本性支出。收益性支出在发生当期直接扣除；资本性支出应当分期扣除或者计入有关资产成本，不得在发生当期直接扣除。

第三，企业的不征税收入用于支出所形成的费用或者财产，不得扣除或者计算对应的折旧、摊销扣除。

第四，除企业所得税法及其实施条例另有规定外，企业实际发生的成本、费用、税金、损失和其他支出，不得重复扣除。

在计算应纳税所得额时准予从收入额中扣除的项目，是指企业每一纳税年度发生的与取得应纳税收入有关的所有必要和正常的成本、费用、税金、损失和其他支出。

1. 成本

成本，是指企业在生产经营活动中发生的销售成本、销货成本、业务支出以及其他耗费。

销售成本，主要是针对以制造业为主的生产性企业而言。生产性企业在生产产品过程中，将耗费产品所需的原材料、直接人工以及耗费在产品上的辅助材料、物料等，这些

---

[1] 国家税务总局：《新企业所得税法解读》，中国税务出版社 2008 年版，第 49—52 页；中国注册会计师协会：《税法》，经济科学出版社 2014 年版，第 270 页。

[2] 《中华人民共和国企业所得税法实施条例》立法起草小组：《中华人民共和国企业所得税法实施条例释义及适用指南》，中国财政经济出版社 2007 年版，第 107 页。

都属于销售成本的组成部分。

销货成本,主要是针对以商业企业为主的流通性企业而言。流通性企业本身并不直接制造可见的成品,而是通过向生产性企业购买成品或者经过简单包装、处理就能出售的产品,通过购入价与售出价的差额等,来获取相应的利润。所以,此类企业的成本主要是所销售货物的成本,而所销售的货物是购置于生产性企业,应以购买价(含括生产性企业所获取的利润)为主体部分,加上可直接归属于销售货物所发生的支出,就是销货成本。

业务支出,主要是针对服务业企业而言的。与制造业企业和商业企业不同,服务业企业提供的服务,从广义上也可以称为"产品",但是从根本上说这种"产品"往往是无形的劳务,虽然在提供服务过程中也可能需要一定的辅助材料,但是它必须借助于服务业企业特有的人工或者技术,所以服务业企业的成本就称为业务支出,以区别于制造业企业和商业企业,它的成本主要含括提供服务过程中直接耗费的原材料、服务人员的工资、薪金等直接可归属于服务的其他支出。

其他耗费,是一个兜底的规定,保证企业发生的与取得收入有关、合理的支出得以税前扣除。它适用于销售成本、销货成本和业务支出,凡是企业生产产品、销售商品、提供劳务等过程中耗费的直接相关支出,如果没有列入费用的范畴,则将被允许列入成本的范围,准予税前扣除。[①]

2. 费用

费用,是指企业在生产经营活动中发生的销售费用、管理费用和财务费用,已经计入成本的有关费用除外。

销售费用是企业为销售商品和材料、提供劳务的过程中发生的各种费用。包括广告费、运输费、装卸费、包装费、展览费、保险费、销售佣金、代销手续费、经营性租赁费及销售部门发生的差旅费、工资、福利费等费用。从事商品流通业务的纳税人购入存货抵达仓库前发生的包装费、运杂费、运输存储过程中的保险费、装卸费、运输途中的合理损耗和入库前的挑选整理费用等购货费用可直接计入销售费用。从事房地产开发业务的纳税人的销售费用还包括开发产品销售之前的改装修复费、看护费、采暖费等。从事邮电等其他业务的纳税人发生的销售费用已计入营运成本的不得再计入销售费用重复扣除。

管理费用是企业的行政管理部门等为管理组织经营活动提供各项支援性服务而发生的费用。包括由企业统一负担的总部(公司)经费(包括总部行政管理人员的工资薪金、福利费、差旅费、办公费、折旧费、修理费、物料消耗、低值易耗品摊销等)、研究开发费(技术开发费)、劳动保护费、业务招待费、工会经费、职工教育经费、股东大会或董事会费、开办费摊销、无形资产摊销(含土地使用费、土地损失补偿费)、坏账损失、印花税等税金、消防费、排污费、绿化费、外事费,以及法律、财务、资料处理及会计事务方面的成本(咨询费、诉讼费、聘请中介机构费、商标注册费等)。

财务费用是企业筹集经营性资金而发生的费用。包括利息净支出、汇兑净损失、金

[①] 《中华人民共和国企业所得税法实施条例》立法起草小组:《中华人民共和国企业所得税法实施条例释义及适用指南》,中国财政经济出版社2007年版,第117—118页。

融机构手续费以及其他非资本化支出等。

3. 税金

税金是指企业发生的除企业所得税和允许抵扣的增值税以外的各项税金及其附加。主要包括企业按规定缴纳的消费税、资源税、关税、城市维护建设费、教育费附加等产品销售税金及附加,以及房产税、车船税、城镇土地使用税、印花税等。企业缴纳的房产税、车船税、城镇土地使用税、印花税等,已经计入管理费中扣除的,不再作销售税金单独扣除。

4. 损失

损失是指企业在生产经营活动中发生的固定资产和存货的盘亏、毁损、报废损失,转让财产损失,呆账损失,坏账损失,自然灾害等不可抗力因素造成的损失以及其他损失。

企业发生的损失,减除责任人赔偿和保险赔款后的余额,依照国务院财政、税务主管部门的规定扣除;企业已经作为损失处理的资产,在以后纳税年度又全部收回或者部分收回时,应当计入当期收入。

5. 其他支出

其他支出是指除成本、费用、税金、损失外,企业在生产经营活动中发生的与生产经营活动有关的、合理的支出。

(三) 扣除项目的具体范围和标准

根据企业所得税法规定,对企业依据财务会计制度规定,并实际在财务会计处理上已确认的支出,凡没有超过企业所得税法和有关税收法规规定的税前扣除范围和标准的,可按企业实际会计处理确认的支出,在企业所得税前扣除,计算其应纳税所得额。[①]

1. 工资、薪金支出

企业发生的合理的工资薪金支出,准予扣除。工资薪金,是指企业每一纳税年度支付给在本企业任职或者受雇的员工的所有现金形式或者非现金形式的劳动报酬,包括基本工资、奖金、津贴、补贴、年终加薪、加班工资,以及与员工任职或者受雇有关的其他支出。

(1) 工资合理性的判定。"合理工资薪金"[②],是指企业按照股东大会、董事会、薪酬委员会或相关管理机构制定的工资薪金制度规定实际发放给员工的工资薪金。税务机关在对工资薪金进行合理性确认时,可按以下原则掌握:

① 企业制定了较为规范的员工工资薪金制度;

② 企业所制定的工资薪金制度符合行业及地区水平;

③ 企业在一定时期所发放的工资薪金是相对固定的,工资薪金的调整是有序进行的;

④ 企业对实际发放的工资薪金,已依法履行了代扣代缴个人所得税义务;

⑤ 有关工资薪金的安排,不以减少或逃避税款为目的。

[①] 国家税务总局:《关于企业所得税应纳税所得额若干税务处理问题的公告》,国家税务总局公告2012年第15号。

[②] 国家税务总局:《关于企业工资薪金及职工福利费扣除问题的通知》,国税函〔2009〕3号。

对列入企业员工工资薪金制度、固定与工资薪金一起发放的福利性补贴,符合上述规定的,可作为企业发生的工资薪金支出,按规定在税前扣除;不能同时符合上述条件的福利性补贴,应作为职工福利费,按规定计算限额税前扣除。[①]

属于国有性质的企业,其工资薪金,不得超过政府有关部门给予的限定数额;超过部分,不得计入企业工资薪金总额,也不得在计算企业应纳税所得额时扣除。

雇主为雇员负担的个人所得税款,应属于个人工资薪金的一部分。凡单独作为企业管理费列支的,在计算企业所得税时不得税前扣除。[②]

(2) 特殊用工问题。企业因雇用季节工、临时工、实习生、返聘离退休人员以及接受外部劳务派遣用工所实际发生的费用,应区分为工资薪金支出和职工福利费支出,并按规定在企业所得税前扣除。其中属于工资薪金支出的,准予计入企业工资薪金总额的基数,作为计算其他各项相关费用扣除的依据。[③] 其中,企业接受外部劳务派遣用工所实际发生的费用,应分两种情况按规定在税前扣除:按照协议(合同)约定直接支付给劳务派遣公司的费用,应作为劳务费支出;直接支付给员工个人的费用,应作为工资薪金支出和职工福利费支出。[④]

(3) 股权激励的扣除。[⑤] 股权激励,是指《上市公司股权激励管理办法(试行)》(以下简称《管理办法》)中规定的上市公司以本公司股票为标的,对其董事、监事、高级管理人员及其他员工(以下简称"激励对象")进行的长期性激励。股权激励实行方式包括授予限制性股票、股票期权以及其他法律法规规定的方式。

限制性股票,是指《管理办法》中规定的激励对象按照股权激励计划规定的条件,从上市公司获得的一定数量的本公司股票。

股票期权,是指《管理办法》中规定的上市公司按照股权激励计划授予激励对象在未来一定期限内,以预先确定的价格和条件购买本公司一定数量股票的权利。

上市公司依照《管理办法》要求建立职工股权激励计划,并按我国企业会计准则的有关规定,在股权激励计划授予激励对象时,按照该股票的公允价格及数量,计算确定作为上市公司相关年度的成本或费用,作为换取激励对象提供服务的对价。上述企业建立的职工股权激励计划,其企业所得税的处理,按以下规定执行:

① 对股权激励计划实行后立即可以行权的,上市公司可以根据实际行权时该股票的公允价格与激励对象实际行权支付价格的差额和数量,计算确定作为当年上市公司工资薪金支出,依照税法规定进行税前扣除。

[①] 国家税务总局:《关于企业工资薪金和职工福利费等支出税前扣除问题的公告》,国家税务总局公告2015年第34号。

[②] 国家税务总局:《关于雇主为雇员承担全年一次性奖金部分税款有关个人所得税计算方法问题的公告》,国家税务总局公告2011年第28号。

[③] 国家税务总局:《关于企业所得税应纳税所得额若干税务处理问题的公告》,国家税务总局公告2012年第15号。

[④] 国家税务总局:《关于企业工资薪金和职工福利费等支出税前扣除问题的公告》,国家税务总局公告2015年第34号。

[⑤] 国家税务总局:《关于我国居民企业实行股权激励计划有关企业所得税处理问题的公告》,国家税务总局公告2012年第18号。

② 对股权激励计划实行后,需待一定服务年限或者达到规定业绩条件(以下简称"等待期")方可行权的。上市公司等待期内会计上计算确认的相关成本费用,不得在对应年度计算缴纳企业所得税时扣除。在股权激励计划可行权后,上市公司方可根据该股票实际行权时的公允价格与当年激励对象实际行权支付价格的差额及数量,计算确定作为当年上市公司工资薪金支出,依照税法规定进行税前扣除。

股票实际行权时的公允价格,以实际行权日该股票的收盘价格确定。

需要注意的是,在我国境外上市的居民企业和非上市公司,凡比照《管理办法》的规定建立职工股权激励计划,且在企业会计处理上,也按我国会计准则的有关规定处理的,其股权激励计划有关企业所得税处理问题,可以按照上述规定执行。

2. 社会保险费

社会保险费按下列规定扣除:

(1) 企业依照国务院有关主管部门或者省级人民政府规定的范围和标准为职工缴纳的基本养老保险费、基本医疗保险费、失业保险费、工伤保险费、生育保险费等基本社会保险费和住房公积金,准予扣除。

(2) 企业根据国家有关政策规定,为在本企业任职或者受雇的全体员工支付的补充养老保险费、补充医疗保险费,分别在不超过职工工资总额5%标准内的部分,在计算应纳税所得额时准予扣除;超过的部分,不予扣除。①

(3) 除企业依照国家有关规定为特殊工种职工支付的人身安全保险费和国务院财政、税务主管部门规定可以扣除的其他商业保险费外,企业为投资者或者职工支付的商业保险费,不得扣除。

3. 借款费用

借款费用,是指企业因借款而发生的利息及其他相关成本,包括借款利息、折价或者溢价的摊销、辅助费用以及因外币借款而发生的汇兑差额。

(1) 企业在生产经营活动中发生的合理的不需要资本化的借款费用,准予扣除。

(2) 企业为购置、建造固定资产、无形资产和经过12个月以上的建造才能达到预定可销售状态的存货发生借款的,在有关资产购置、建造期间发生的合理的借款费用,应当作为资本性支出计入有关资产的成本,并依照企业所得税法实施条例的规定分期扣除或者摊销。

企业通过发行债券、取得贷款、吸收保户储金等方式融资而发生的合理的费用支出,符合资本化条件的,应计入相关资产成本;不符合资本化条件的,应作为财务费用,准予在企业所得税前据实扣除。②

需要注意的是,借款费用应否资本化与借款期间长短无直接关系。如果某纳税年度企业发生长期借款,并且没有指定用途,当期也没有发生购置固定资产支出,则其借款费用全部可直接扣除。但是,从事房地产开发业务的企业为开发房地产而借入资金所发生

---

① 财政部、国家税务总局:《关于补充养老保险费补充医疗保险费有关企业所得税政策问题的通知》,财税〔2009〕27号。
② 国家税务总局:《关于企业所得税应纳税所得额若干税务处理问题的公告》,国家税务总局公告2012年第15号。

的借款费用,在房地产完工前,应计入有关房地产的开发成本。①

4. 利息支出

企业在生产经营活动中发生的利息支出,按下列规定扣除:

(1) 非金融企业向金融企业借款的利息支出、金融企业的各项存款利息支出和同业拆借利息支出、企业经批准发行债券的利息支出可据实扣除。

上述三项利息支出一般依据国家相关法律法规的规定进行安排,相应的行为规范、透明和可控,因此允许据实在税前全额扣除。

(2) 非金融企业向非金融企业借款的利息支出,不超过按照金融企业同期同类贷款利率计算的数额的部分,准予扣除,超过部分不许扣除。

金融机构同类同期贷款利率包括中国人民银行规定的基准利率和浮动利率。②

鉴于目前我国对金融企业利率要求的具体情况,企业在按照合同要求首次支付利息并进行税前扣除时,应提供"金融企业的同期同类贷款利率情况说明",以证明其利息支出的合理性。"金融企业的同期同类贷款利率情况说明"中,应包括在签订该借款合同当时,本省任何一家金融企业提供同期同类贷款利率情况。该金融企业应为经政府有关部门批准成立的可以从事贷款业务的企业,包括银行、财务公司、信托公司等金融机构。"同期同类贷款利率"是指在贷款期限、贷款金额、贷款担保以及企业信誉等条件基本相同下,金融企业提供贷款的利率。既可以是金融企业公布的同期同类平均利率,也可以是金融企业对某些企业提供的实际贷款利率。③

之所以对非金融企业之间的借款利息的扣除进行限制,主要是考虑到非金融企业之间的借款,目前法律法规的规范性要求较少,实践中也较难控制和规范,而且非金融企业的主要业务并不是从事资金的拆借、借贷,若允许非金融企业之间的借款利息支出无条件地全额税前扣除,在某种程度上将会鼓励非金融企业之间从事资金拆借活动,这在一定程度上将扰乱金融秩序,也容易造成非金融企业之间通过资金拆借逃避税收等消极影响。非金融企业向非金融企业借款的利息支出,其扣除依据或者标准是金融企业同期同类贷款利率,使得向金融企业借款的企业的税收待遇,与向非金融企业借款的企业的税收待遇统一,这样就可以抑制企业向非金融企业借款的冲动,鼓励企业向金融企业借款,有助于维护国家金融秩序,也利于实现企业之间的公平。④

(3) 企业接受关联方债权性投资利息支出税前扣除政策。⑤

在计算应纳税所得额时,企业实际支付给关联方的利息支出,不超过以下规定比例并符合税法有关规定计算的部分,准予扣除,超过的部分不得在发生当期和以后年度扣除。

---

① 《中华人民共和国企业所得税法实施条例》立法起草小组:《中华人民共和国企业所得税法实施条例释义及适用指南》,中国财政经济出版社2007年版,第139页。
② 国家税务总局:《关于企业贷款支付利息税前扣除标准的批复》,国税函〔2003〕1114号。
③ 国家税务总局:《关于企业所得税若干问题的公告》,国家税务总局公告2011年第34号。
④ 《中华人民共和国企业所得税法实施条例》立法起草小组:《中华人民共和国企业所得税法实施条例释义及适用指南》,中国财政经济出版社2007年版,第139页。
⑤ 财政部、国家税务总局:《关于企业关联方利息支出税前扣除标准有关税收政策问题的通知》,财税〔2008〕121号。

企业实际支付给关联方的利息支出,企业如果能够按照税法及其实施条例的有关规定提供相关资料,并证明相关交易活动符合独立交易原则的;或者该企业的实际税负不高于境内关联方的;同时,其接受关联方债权性投资与其权益性投资比例为:金融企业,为5:1;其他企业,为2:1;其实际支付给境内关联方的利息支出,在计算应纳税所得额时准予扣除。

企业同时从事金融业务和非金融业务,其实际支付给关联方的利息支出,应按照合理方法分开计算;没有按照合理方法分开计算的,一律按其他企业的比例计算准予税前扣除的利息支出。

企业自关联方取得的不符合规定的利息收入应按照有关规定缴纳企业所得税。

(4) 关于企业投资者投资未到位而发生的利息支出。[①]

凡企业投资者在规定期限内未缴足其应缴资本额的,该企业对外借款所发生的利息,相当于投资者实缴资本额与在规定期限内应缴资本额的差额应计付的利息,其不属于企业合理的支出,应由企业投资者负担,不得在计算企业应纳税所得额时扣除。

具体计算不得扣除的利息,应以企业一个年度内每一账面实收资本与借款余额保持不变的期间作为一个计算期,每一计算期内不得扣除的借款利息按该期间借款利息发生额乘以该期间企业未缴足的注册资本占借款总额的比例计算,公式为:

$$\text{企业每一计算期不得扣除的借款利息} = \frac{\text{该期间借款利息额} \times \text{该期间未缴足注册资本额}}{\text{该期间借款额}}$$

企业一个年度内不得扣除的借款利息总额为该年度内每一计算期不得扣除的借款利息额之和。

(5) 企业向自然人借款的利息扣除问题。[②]

企业向股东或其他与企业有关联关系的自然人借款的利息支出,应根据企业接受关联方债权性投资利息支出税前扣除的相关政策规定计算扣除。

企业向除股东或其他与企业有关联关系的自然人以外的内部职工或其他人员借款的利息支出,同时符合以下条件的,其利息支出在不超过金融企业同期同类贷款利率的部分,准予扣除:一是企业与个人之间的借贷是真实、合法、有效的,且不具有非法集资目的或其他违反法律、法规的行为;二是企业与个人之间签订了借款合同。

5. 汇兑损失

企业在货币交易中,以及纳税年度终了时将人民币以外的货币性资产、负债按照期末即期人民币汇率中间价折算为人民币时产生的汇兑损失,除已经计入有关资产成本以及与向所有者进行利润分配相关的部分外,准予扣除。

6. 职工福利费

企业发生的职工福利费支出,不超过工资薪金总额14%的部分,准予扣除。[③] 企业职

[①] 国家税务总局:《关于企业投资者投资未到位而发生的利息支出企业所得税前扣除问题的批复》,国税函〔2009〕312号。
[②] 国家税务总局:《关于企业向自然人借款的利息支出企业所得税前扣除问题的通知》,国税函〔2009〕777号。
[③] 国家税务总局:《关于企业工资薪金及职工福利费扣除问题的通知》,国税函〔2009〕3号。

工福利费,包括以下内容:

(1) 尚未实行分离办社会职能的企业,其内设福利部门所发生的设备、设施和人员费用,包括职工食堂、职工浴室、理发室、医务所、托儿所、疗养院等集体福利部门的设备、设施及维修保养费用和福利部门工作人员的工资薪金、社会保险费、住房公积金、劳务费等。

(2) 为职工卫生保健、生活、住房、交通等所发放的各项补贴和非货币性福利,包括企业向职工发放的因公外地就医费用、未实行医疗统筹企业职工医疗费用、职工供养直系亲属医疗补贴、供暖费补贴、职工防暑降温费、职工困难补贴、救济费、职工食堂经费补贴、职工交通补贴等。

(3) 按照其他规定发生的其他职工福利费,包括丧葬补助费、抚恤费、安家费、探亲假路费等。

企业发生的职工福利费,应该单独设置账册,进行准确核算。没有单独设置账册准确核算的,税务机关应责令企业在规定的期限内进行改正。逾期仍未改正的,税务机关可对企业发生的职工福利费进行合理的核定。

7. 工会经费

企业拨缴的职工工会经费,不超过工资、薪金总额2%的部分,准予扣除。企业拨缴的职工工会经费,凭工会组织开具的《工会经费收入专用收据》在企业所得税税前扣除。[1] 在委托税务机关代收工会经费的地区,企业拨缴的工会经费,也可凭合法、有效的工会经费代收凭据依法在税前扣除。[2]

8. 职工教育费

除国务院财政、税务主管部门另有规定外,企业发生的职工教育经费支出,不超过工资、薪金总额2.5%的部分,准予扣除;超过部分,准予在以后纳税年度结转扣除。

企业职工教育培训经费列支范围包括[3]:(1) 上岗和转岗培训;(2) 各类岗位适应性培训;(3) 岗位培训、职业技术等级培训、高技能人才培训;(4) 专业技术人员继续教育;(5) 特种作业人员培训;(6) 企业组织的职工外送培训的经费支出;(7) 职工参加的职业技能鉴定、职业资格认证等经费支出;(8) 购置教学设备与设施;(9) 职工岗位自学成才奖励费用;(10) 职工教育培训管理费用;(11) 有关职工教育的其他开支。

为了充分发挥职工教育经费的政策导向作用,税法对特定行业职工教育经费的扣除标准作出了特殊性规定。集成电路设计企业和符合条件软件企业的职工培训费用,按实际发生额在计算应纳税所得额时扣除。[4] 企业应准确划分职工教育经费中的职工培训费支出,对于不能准确划分的,以及准确划分后职工教育经费中扣除职工培训费用的余额,

---

[1] 国家税务总局:《关于工会经费企业所得税税前扣除凭据问题的公告》,国家税务总局公告2010年第24号。
[2] 国家税务总局:《关于税务机关代收工会经费企业所得税税前扣除凭据问题的公告》,国家税务总局公告2011年第30号。
[3] 财政部、国家税务总局等:《关于印发〈关于企业职工教育经费提取与使用管理的意见〉的通知》,财建〔2006〕317号。
[4] 财政部、国家税务总局:《关于进一步鼓励软件产业和集成电路产业发展企业所得税政策的通知》,财税〔2012〕27号。

一律按照2.5%的比例扣除。①

航空企业实际发生的飞行员养成费、飞行训练费、乘务训练费、空中保卫员训练费等空勤训练费用,可以作为航空企业运输成本在税前扣除。②

高新技术企业发生的职工教育经费支出,不超过工资薪金总额8%的部分,准予在计算企业所得税应纳税所得额时扣除;超过部分,准予在以后纳税年度结转扣除。③

自2010年7月1日起至2018年12月31日,在北京、天津、上海、重庆、大连、深圳、广州、武汉、哈尔滨、成都、南京、西安、济南、杭州、合肥、南昌、长沙、大庆、苏州、无锡、厦门等21个中国服务外包示范城市,经认定的技术先进型服务企业发生的职工教育经费支出,不超过工资薪金总额8%的部分,准予在计算应纳税所得额时扣除;超过部分,准予在以后纳税年度结转扣除。④

需要注意的是,职工福利费、工会经费和职工教育经费扣除所依据的"工资薪金总额",是指企业按照有关"合理工资薪金"的相关规定实际发放的工资薪金总和,不包括企业的职工福利费、职工教育经费、工会经费以及养老保险费、医疗保险费、失业保险费、工伤保险费、生育保险费等社会保险费和住房公积金。属于国有性质的企业,其工资薪金,不得超过政府有关部门给予的限定数额;超过部分,不得计入企业工资薪金总额,也不得在计算企业应纳税所得额时扣除。

9. 业务招待费

企业发生的与生产经营活动有关的业务招待费支出,按照发生额的60%扣除,但最高不得超过当年销售(营业)收入的5‰。

企业在筹建期间,发生的与筹办活动有关的业务招待费支出,可按实际发生额的60%计入企业筹办费,并按有关规定在税前扣除。⑤

企业在计算业务招待费、广告费和业务宣传费等费用扣除限额时,其销售(营业)收入额应包括企业发生非货币性资产交换,以及将货物、财产、劳务用于捐赠、偿债、赞助、集资、广告、样品、职工福利或者利润分配等用途的,应当视同销售货物、转让财产或者提供劳务而确定的视同销售(营业)收入额。⑥

对从事股权投资业务的企业(包括集团公司总部、创业投资企业等),其从被投资企业所分配的股息、红利以及股权转让收入,可以按规定的比例计算业务招待费扣除限额。⑦

10. 广告费和业务宣传费

企业发生的符合条件的广告费和业务宣传费支出,除国务院财政、税务主管部门另有规定外,不超过当年销售(营业)收入15%的部分,准予扣除;超过部分,准予在以后纳税年度结转扣除。自2011年1月1日起至2015年12月31日,企业的广告费和业务宣

---

① 国家税务总局:《关于企业所得税执行中若干税务处理问题的通知》,国税函〔2009〕202号。
② 国家税务总局:《国家税务总局关于企业所得税若干问题的公告》,国家税务总局公告2011年第34号。
③ 财政部、国家税务总局:《关于高新技术企业职工教育经费税前扣除政策的通知》,财税〔2015〕63号。
④ 财政部等:《关于完善技术先进型服务企业有关企业所得税政策问题的通知》,财税〔2014〕59号。
⑤ 国家税务总局:《关于企业所得税应纳税所得额若干税务处理的公告》,国家税务总局公告2012年第15号。
⑥ 国家税务总局:《关于企业所得税执行中若干税务处理问题的通知》,国税函〔2009〕202号。
⑦ 国家税务总局:《关于贯彻落实企业所得税法若干税收问题的通知》,国税函〔2010〕79号。

传费支出还需遵守以下规定:

(1) 对化妆品制造与销售、医药制造和饮料制造(不含酒类制造)企业发生的广告费和业务宣传费支出,不超过当年销售(营业)收入30%的部分,准予扣除;超过部分,准予在以后纳税年度结转扣除。

(2) 对签订广告费和业务宣传费分摊协议的关联企业,其中一方发生的不超过当年销售(营业)收入税前扣除限额比例内的广告费和业务宣传费支出可以在本企业扣除,也可以将其中的部分或全部按照分摊协议归集至另一方扣除。另一方在计算本企业广告费和业务宣传费支出企业所得税税前扣除限额时,可将按照上述办法归集至本企业的广告费和业务宣传费不计算在内。

(3) 烟草企业的烟草广告费和业务宣传费支出,一律不得在计算应纳税所得额时扣除。

需要注意的是,企业在筹办期发生的业务招待费、广告费和业务宣传费,属于筹办费范畴,按照税法规定,企业可以选择在经营开始年度一次性摊销或平均三年摊销。由于企业所得税法实施条例对业务招待费、广告费和业务宣传费在扣除时有限定性规定,因此,税法规定企业在筹建期发生的与筹办活动有关的业务招待费,可按实际发生额的60%计入筹办费;广告费和业务宣传费,可按实际发生额计入筹办费。企业生产经营开始后,其按照规定摊销的筹办费中的业务招待费、广告费和业务宣传费数额,加上当年度发生的业务招待费、广告费和业务宣传费之和,作为该年度企业业务招待费、广告费和业务宣传费总额,按照规定计算扣除。①

11. 环境保护专项资金

企业依照法律、行政法规有关规定提取的用于环境保护、生态恢复等方面的专项资金,准予扣除。上述专项资金提取后改变用途的,不得扣除。

12. 财产保险

企业参加财产保险,按照规定交纳的保险费用,准予扣除。

需要注意的是,当企业参加的商业保险,发生保险事故时,企业将依据合同约定获得相应的赔偿,这时企业因参加商业保险的保险费支出仍然允许扣除,其所获取的赔偿,在计算应纳税所得额时,应抵扣相应财产的损失后,再计算出企业参加商业保险的财产的净损失,计入当期损益。②

银行业金融机构依据《存款保险条例》的有关规定、按照不超过万分之一点六的存款保险费率,计算交纳的存款保险保费(不包括存款保险保费滞纳金),准予在企业所得税税前扣除。准予在企业所得税税前扣除的存款保险保费=保费基数×存款保险费率。保费基数以中国人民银行核定的数额为准。③

---

① 国家税务总局所得税司:《纳税人不可不知的所得税新政》,国家税务总局所得税司2012年所得税政策解读。
② 《中华人民共和国企业所得税法实施条例》立法起草小组:《中华人民共和国企业所得税法实施条例释义及适用指南》,中国财政经济出版社2007年版,第155页。
③ 财政部、国家税务总局:《关于银行业金融机构存款保险保费企业所得税税前扣除有关政策问题的通知》,财税〔2016〕106号。

13. 固定资产租赁费

企业根据生产经营活动的需要租入固定资产支付的租赁费,按照以下方法扣除:

(1) 以经营租赁方式租入固定资产发生的租赁费支出,按照租赁期限均匀扣除。

(2) 以融资租赁方式租入固定资产发生的租赁费支出,按照规定构成融资租入固定资产价值的部分应当提取折旧费用,分期扣除。

经营租赁是为了满足经营使用上的临时或季节性需要而发生的资产租赁。融资租赁是指实质上转移与资产所有权有关的全部或绝大部分风险和报酬的租赁。

14. 劳动保护支出

企业发生的合理的劳动保护支出,准予扣除。

企业根据其工作性质和特点,由企业统一制作并要求员工工作时统一着装所发生的工作服饰费用,可以作为企业合理的支出给予税前扣除。[1]

15. 公益性捐赠支出

公益性捐赠,是指企业通过公益性社会团体或者县级(含县级)以上人民政府及其部门,用于《公益事业捐赠法》规定的公益事业的捐赠。企业发生的公益性捐赠支出,不超过年度利润总额12%的部分,准予扣除。年度利润总额,是指企业依照国家统一会计制度的规定计算的年度会计利润。

县级以上人民政府及其组成部门和直属机构的公益性捐赠税前扣除资格不需要认定。对于通过公益性群众团体发生的公益性捐赠支出,公益性群众团体一是要符合规定的条件,二是要在有关部门公布的具有相应资格的名单中。[2]

企事业单位、社会团体以及其他组织捐赠住房作为廉租住房的视同公益性捐赠按上述规定执行。[3]

> 为支持和鼓励公益事业发展,自2016年1月1日起,企业向国境内公益性社会团体实施的股权捐赠,应按规定视同转让股权,股权转让收入额以企业所捐赠股权取得时的历史成本确定。企业实施股权捐赠后,以其股权历史成本为依据确定捐赠额,并依此按照企业所得税法有关规定在所得税前予以扣除。公益性社会团体接受股权捐赠后,应按照捐赠企业提供的股权历史成本开具捐赠票据。[4]

16. 企业手续费及佣金支出

企业发生与生产经营有关的手续费及佣金支出,不超过以下规定计算限额以内的部分,准予扣除;超过部分,不得扣除。

(1) 保险企业:财产保险企业按当年全部保费收入扣除退保金等后余额的15%(含本数,下同)计算限额;人身保险企业按当年全部保费收入扣除退保金等后余额的10%计

---

[1] 国家税务总局:《关于企业所得税若干问题的公告》,国家税务总局公告2011年第34号。
[2] 财政部、国家税务总局:《关于通过公益性群众团体的公益性捐赠税前扣除有关问题的通知》,财税〔2009〕124号;财政部、国家税务总局:《关于公益性捐赠税前扣除有关问题的补充通知》,财税〔2010〕45号。
[3] 财政部、国家税务总局:《关于廉租住房经济适用住房和住房租赁有关税收政策的通知》,财税〔2008〕24号。
[4] 财政部、国家税务总局:《关于公益股权捐赠企业所得税政策问题的通知》,财税〔2016〕45号。

算限额。

（2）其他企业：按与具有合法经营资格中介服务机构或个人（不含交易双方及其雇员、代理人和代表人等）所签订服务协议或合同确认的收入金额的5%计算限额。[①]

（3）特殊规定：从事代理服务、主营业务收入为手续费、佣金的企业（如证券、期货、保险代理等企业），其为取得该类收入而实际发生的营业成本（包括手续费及佣金支出），准予在企业所得税前据实扣除。

电信企业在发展客户、拓展业务等过程中（仅限于委托销售电话入网卡、电话充值卡），需向经纪人、代办商支付手续费及佣金的，其实际发生的相关手续费及佣金支出，不超过企业当年收入总额5%的部分，准予在企业所得税前据实扣除。[②]

企业应与具有合法经营资格中介服务企业或个人签订代办协议或合同，并按国家有关规定支付手续费及佣金。除委托个人代理外，企业以现金等非转账方式支付的手续费及佣金不得在税前扣除。企业为发行权益性证券支付给有关证券承销机构的手续费及佣金不得在税前扣除。

企业不得将手续费及佣金支出计入回扣、业务提成、返利、进场费等费用。企业已计入固定资产、无形资产等相关资产的手续费及佣金支出，应当通过折旧、摊销等方式分期扣除，不得在发生当期直接扣除。企业支付的手续费及佣金不得直接冲减服务协议或合同金额，并如实入账。

企业应当如实向当地主管税务机关提供当年手续费及佣金计算分配表和其他相关资料，并依法取得合法真实凭证。

17. 允许扣除的准备金支出

（1）金融企业贷款损失准备金。[③] 政策性银行、商业银行、财务公司、城乡信用社和金融租赁公司等金融企业准予税前提取贷款损失准备金的贷款资产范围包括贷款（含抵押、质押、担保等贷款）；银行卡透支、贴现、信用垫款（含银行承兑汇票垫款、信用证垫款、担保垫款等）、进出口押汇、同业拆出、应收融资租赁款等各项具有贷款特征的风险资产；由金融企业转贷并承担对外还款责任的国外贷款，包括国际金融组织贷款、外国买方信贷、外国政府贷款、日本国际协力银行不附条件贷款和外国政府混合贷款等资产。金融企业的委托贷款、代理贷款、国债投资、应收股利、上交央行准备金以及金融企业剥离的债权和股权、应收财政贴息、央行款项等不承担风险和损失的资产，不得提取贷款损失准备金在税前扣除。

金融企业准予当年税前扣除的贷款损失准备金计算公式如下：

$$\text{准予当年税前扣除的贷款损失准备金} = \text{本年末准予提取贷款损失准备金的贷款资产余额} \times 1\% - \text{截至上年年末已在税前扣除的贷款损失准备金的余额}$$

---

① 财政部、国家税务总局：《关于企业手续费及佣金支出税前扣除政策的通知》，财税〔2009〕29号。
② 国家税务总局：《关于企业所得税应纳税所得额若干税务处理问题的公告》，国家税务总局公告2012年第15号；国家税务总局：《关于电信企业手续费及佣金支出税前扣除问题的公告》，国家税务总局公告2013年第59号。
③ 财政部、国家税务总局：《关于金融企业贷款损失准备金企业所得税税前扣除有关政策的通知》，财税〔2015〕9号。

金融企业按上述公式计算的数额如为负数,应当相应调增当年应纳税所得额。

金融企业发生的符合条件的贷款损失,应先冲减已在税前扣除的贷款损失准备金,不足冲减部分可据实在计算当年应纳税所得额时扣除。

金融企业根据《贷款风险分类指引》①,对其涉农贷款(农户贷款、农村企业及各类组织贷款)和中小企业贷款(金融企业对年销售额和资产总额均不超过2亿元的企业的贷款)进行风险分类后,按照以下比例计提的贷款损失准备金,准予在计算应纳税所得额时扣除:关注类贷款,计提比例为2%;次级类贷款,计提比例为25%;可疑类贷款,计提比例为50%;损失类贷款,计提比例为100%。金融企业发生的符合条件的涉农贷款和中小企业贷款损失,应先冲减已在税前扣除的贷款损失准备金,不足冲减部分可据实在计算应纳税所得额时扣除。②

(2) 保险公司准备金的扣除。③ 自2011年1月1日至2015年12月31日,保险公司的相关准备金的扣除,按照以下规定执行:

① 保险保障基金的扣除保险保障基金,是指按照《保险法》和《保险保障基金管理办法》规定缴纳形成的,在规定情形下用于救助保单持有人、保单受让公司或者处置保险业风险的非政府性行业风险救助基金。保险公司按下列规定缴纳的保险保障基金,准予据实税前扣除:

非投资型财产保险业务,不得超过保费收入的0.8%;投资型财产保险业务,有保证收益的,不得超过业务收入的0.08%,无保证收益的,不得超过业务收入的0.05%。

有保证收益的人寿保险业务,不得超过业务收入的0.15%;无保证收益的人寿保险业务,不得超过业务收入的0.05%。

短期健康保险业务,不得超过保费收入的0.8%;长期健康保险业务,不得超过保费收入的0.15%。

非投资型意外伤害保险业务,不得超过保费收入的0.8%;投资型意外伤害保险业务,有保证收益的,不得超过业务收入的0.08%,无保证收益的,不得超过业务收入的0.05%。

② 保险公司有下列情形之一的,其缴纳的保险保障基金不得在税前扣除:一是财产保险公司的保险保障基金余额达到公司总资产6%的;二是人身保险公司的保险保障基金余额达到公司总资产1%的。

③ 保险公司按国务院财政部门的相关规定提取的未到期责任准备金、寿险责任准备金、长期健康险责任准备金、已发生已报案未决赔款准备金和已发生未报案未决赔款准备金,准予在税前扣除。

未到期责任准备金、寿险责任准备金、长期健康险责任准备金依据经中国保监会核准任职资格的精算师或出具专项审计报告的中介机构确定的金额提取。

---

① 中国银监会:《关于印发〈贷款风险分类指引〉的通知》,银监发〔2007〕54号。
② 财政部、国家税务总局:《关于金融企业涉农贷款和中小企业贷款损失准备金税前扣除有关问题的通知》,财税〔2015〕3号。
③ 财政部、国家税务总局:《关于保险公司准备金支出企业所得税税前扣除有关政策问题的通知》,财税〔2012〕45号;财政部、国家税务总局:《关于保险企业计提准备金有关税收处理问题的通知》,财税〔2015〕115号。

已发生已报案未决赔款准备金,按最高不超过当期已经提出的保险赔款或者给付金额的100%提取;已发生未报案未决赔款准备金按不超过当年实际赔款支出额的8%提取。

④ 保险公司实际发生的各种保险赔款、给付,应首先冲抵按规定提取的准备金,不足冲抵部分,准予在当年税前扣除。

⑤ 保险公司经营财政给予保费补贴的种植业险种(以下简称"补贴险种")的,按不超过补贴险种当年保费收入25%的比例计提的巨灾风险准备金,准予在企业所得税前据实扣除。具体计算公式如下:①

$$\text{本年度扣除的巨灾风险准备金} = \text{本年度保费收入} \times 25\% - \text{上年度已在税前扣除的巨灾风险准备金结存余额}$$

按上述公式计算的数额如为负数,应调增当年应纳税所得额。

(3) 证券类准备金的扣除。②

自2011年1月1日起至2015年12月31日,证券类准备金的扣除按照以下规定执行:

① 证券交易所风险基金。上海、深圳证券交易所依据《证券交易所风险基金管理暂行办法》的有关规定,按证券交易所交易收取经手费的20%、会员年费的10%提取的证券交易所风险基金,在各基金净资产不超过10亿元的额度内,准予在企业所得税税前扣除。

② 证券结算风险基金。中国证券登记结算公司所属上海分公司、深圳分公司依据《证券结算风险基金管理办法》的有关规定,按证券登记结算公司业务收入的20%提取的证券结算风险基金,在各基金净资产不超过30亿元的额度内,准予在企业所得税税前扣除。

证券公司依据《证券结算风险基金管理办法》的有关规定,作为结算会员按人民币普通股和基金成交金额的十万分之三、国债现货成交金额的十万分之一、1天期国债回购成交额的千万分之五、2天期国债回购成交额的千万分之十、3天期国债回购成交额的千万分之十五、4天期国债回购成交额的千万分之二十、7天期国债回购成交额的千万分之五十、14天期国债回购成交额的十万分之一、28天期国债回购成交额的十万分之二、91天期国债回购成交额的十万分之六、182天期国债回购成交额的十万分之十二逐日缴纳的证券结算风险基金,准予在企业所得税税前扣除。

③ 证券投资者保护基金。上海、深圳证券交易所依据《证券投资者保护基金管理办法》的有关规定,在风险基金分别达到规定的上限后,按交易经手费的20%缴纳的证券投资者保护基金,准予在企业所得税税前扣除。

证券公司依据《证券投资者保护基金管理办法》(证监会令第27号)的有关规定,按

---

① 财政部、国家税务总局:《关于保险公司农业巨灾风险准备金企业所得税税前扣除政策的通知》,财税〔2012〕23号。

② 财政部、国家税务总局:《关于证券行业准备金支出企业所得税税前扣除有关政策问题的通知》,财税〔2012〕11号。

其营业收入0.5%—5%缴纳的证券投资者保护基金,准予在企业所得税税前扣除。

上述准备金如发生清算、退还,应按规定补征企业所得税。

(4) 期货类准备金。[①] 自2011年1月1日起至2015年12月31日,证券类准备金的扣除按照以下规定执行:

① 期货交易所风险准备金。大连商品交易所、郑州商品交易所和中国金融期货交易所依据《期货交易管理条例》《期货交易所管理办法》和《商品期货交易财务管理暂行规定》的有关规定,上海期货交易所依据《期货交易管理条例》《期货交易所管理办法》和《关于调整上海期货交易所风险准备金规模的批复》的有关规定,分别按向会员收取手续费收入的20%计提的风险准备金,在风险准备金余额达到有关规定的额度内,准予在企业所得税税前扣除。

② 期货公司风险准备金。期货公司依据《期货公司管理办法》和《商品期货交易财务管理暂行规定》的有关规定,从其收取的交易手续费收入减去应付期货交易所手续费后的净收入的5%提取的期货公司风险准备金,准予在企业所得税税前扣除。

③ 期货投资者保障基金。上海期货交易所、大连商品交易所、郑州商品交易所和中国金融期货交易所依据《期货投资者保障基金管理暂行办法》的有关规定,按其向期货公司会员收取的交易手续费的3‰缴纳的期货投资者保障基金,在基金总额达到有关规定的额度内,准予在企业所得税税前扣除。

期货公司依据《期货投资者保障基金管理暂行办法》的有关规定,从其收取的交易手续费中按照代理交易额的千万分之五至千万分之十的比例缴纳的期货投资者保障基金,在基金总额达到有关规定的额度内,准予在企业所得税税前扣除。

上述准备金如发生清算、退还,应按规定补征企业所得税。

(5) 中小企业信用担保机构有关准备金。[②] 自2011年1月1日起至2015年12月31日,符合条件的中小企业信用担保机构有关准备金的扣除按照以下规定执行:

① 符合条件的中小企业信用担保机构按照不超过当年年末担保责任余额1%的比例计提的担保赔偿准备,允许在企业所得税税前扣除,同时将上年度计提的担保赔偿准备余额转为当期收入。

② 符合条件的中小企业信用担保机构按照不超过当年担保费收入50%的比例计提的未到期责任准备,允许在企业所得税税前扣除,同时将上年度计提的未到期责任准备余额转为当期收入。

③ 中小企业信用担保机构实际发生的代偿损失,符合税收法律法规关于资产损失税前扣除政策规定的,应冲减已在税前扣除的担保赔偿准备,不足冲减部分据实在企业所得税税前扣除。

---

① 财政部、国家税务总局:《关于证券行业准备金支出企业所得税税前扣除有关政策问题的通知》,财税〔2012〕11号。

② 财政部、国家税务总局:《关于中小企业信用担保机构有关准备金企业所得税税前扣除政策的通知》,财税〔2012〕25号。

18. 母子公司服务费的扣除①

母公司为其子公司提供各种服务而发生的费用,应按照独立企业之间公平交易原则确定服务的价格,作为企业正常的劳务费用进行税务处理。母子公司未按照独立企业之间的业务往来收取价款的,税务机关有权予以调整。母公司以管理费形式向子公司提取费用,子公司因此支付给母公司的管理费,不得在税前扣除。

母公司向其子公司提供各项服务,双方应签订服务合同或协议,明确规定提供服务的内容、收费标准及金额等,凡按上述合同或协议规定所发生的服务费,母公司应作为营业收入申报纳税;子公司作为成本费用在税前扣除。

母公司向其多个子公司提供同类项服务,其收取的服务费可以采取分项签订合同或协议收取;也可以采取服务分摊协议的方式,即,由母公司与各子公司签订服务费用分摊合同或协议,以母公司为其子公司提供服务所发生的实际费用并附加一定比例利润作为向子公司收取的总服务费,在各服务受益子公司(包括盈利企业、亏损企业和享受减免税企业)之间按照独立交易原则合理分摊。

子公司申报税前扣除向母公司支付的服务费用,应向主管税务机关提供与母公司签订的服务合同或者协议等与税前扣除该项费用相关的材料。不能提供相关材料的,支付的服务费用不得税前扣除。

19. 折旧与摊销

企业按照规定计算的固定资产折旧、无形资产摊销费用和长期待摊费用按照规定摊销的,准予在计算应纳税所得额时扣除。

煤矿企业实际发生的维简费支出和高危行业企业实际发生的安全生产费用支出,属于收益性支出的,可直接作为当期费用在税前扣除;属于资本性支出的,应计入有关资产成本,并按企业所得税法规定计提折旧或摊销费用在税前扣除。企业按照有关规定预提的维简费和安全生产费用,不得在税前扣除。②

四、不得扣除的项目

按照企业所得税法及其实施条例的规定,在计算应纳税所得额时,下列支出不得扣除。

(1) 向投资者支付的股息、红利等权益性投资收益款项。

(2) 企业所得税税款。

(3) 税收滞纳金。

(4) 罚金、罚款和被没收财物的损失。

(5) 非公益性捐赠支出以及公益性捐赠超过规定标准的部分。

(6) 赞助支出,是指企业发生的与生产经营活动无关的各种非广告性质支出。之所以规定赞助支出不得税前扣除,主要是考虑到:一是赞助支出本身并不是与取得收入有

---

① 国家税务局:《关于母子公司间提供服务支付费用有关企业所得税处理问题的通知》,国税发〔2008〕86号。
② 国家税务总局:《关于企业维简费支出企业所得税税前扣除问题的公告》,国家税务总局公告2013年第67号;国家税务总局:《关于煤矿企业维简费和高危行业企业安全生产费用企业所得税税前扣除问题的公告》,国家税务总局公告2011年第26号。

关正常、必要的支出,不符合税前扣除的基本原则;二是如果允许赞助支出在税前扣除,纳税人往往会以赞助支出的名义开支不合理甚至非法的支出,容易出现纳税人借此逃税,侵害国家的税收利益,不利于加强税收征管。[①]

(7) 未经核定的准备金支出,是指不符合国务院财政、税务主管部门规定的各项资产减值准备、风险准备等准备金支出。

企业所得税税前允许扣除的项目,原则上必须遵循真实发生的据实扣除原则。一方面,企业各项资产减值准备的提取,是由会计人员根据会计制度和自身职业判断进行的,不同的企业提取的比例不同,允许企业准备金扣除可能成为企业会计人员据以操纵的工具,而税务人员从企业外部很难判断企业会计人员据以提取准备的依据是否充分合理。另一方面,企业提取相关准备金支出,尽管在提取年度在税前不允许扣除,但企业资产损失实际发生时,在实际发生年度允许扣除,体现了企业所得税据实扣除和确定性的原则。因此,企业所得税法规定,未经核定的准备金支出,不得税前扣除,而经国务院财政、税务主管部门核定的准备金,则准予税前扣除。这样也为一些特殊企业,如金融、保险、证券等企业提取的准备金的税前扣除提供了依据。

(8) 企业之间支付的管理费、企业内营业机构之间支付的租金和特许权使用费,以及非银行企业内营业机构之间支付的利息,不得扣除。

由于企业所得税法采取法人所得税,对总分机构之间因总机构提供管理服务而分摊的合理管理费,通过总分机构自动汇总得到解决。对属于不同独立法人的母子公司之间,确实发生提供管理服务的管理费,应按照独立企业之间公平交易原则确定管理服务的价格,作为企业正常的劳务费用进行税务处理,不得再采用分摊管理费用的方式在税前扣除,以避免重复扣除。

需要注意的是,考虑到银行企业内部营业机构主要从事的就是资金拆借行为,其成本和费用的支出,主要就体现为利息,如果不允许银行企业内营业机构之间支付的利息扣除,对各银行企业内营业机构的会计账务、业绩等都无法如实准确反映,且由于实行法人汇总纳税后,准许银行企业内营业机构之间支付的利息扣除,相应获取这部分利息的其他银行企业内营业机构就将这部分利息作为收入,两者相抵,并不影响企业的应纳税总额,国家的税收利益不会受到影响。

(9) 企业向未履行功能、承担风险,无实质性经营活动的境外关联方支付的费用,在计算企业应纳税所得额时不得扣除。

企业因接受境外关联方提供劳务而支付费用,该劳务应当能够使企业获得直接或者间接经济利益。企业因接受下列劳务而向境外关联方支付的费用,在计算企业应纳税所得额时不得扣除:与企业承担功能风险或者经营无关的劳务活动;关联方为保障企业直接或者间接投资方的投资利益,对企业实施的控制、管理和监督等劳务活动;关联方提供的,企业已经向第三方购买或者已经自行实施的劳务活动;企业虽由于附属于某个集团而获得额外收益,但并未接受集团内关联方实施的针对该企业的具体劳务活动;已经在

[①] 《中华人民共和国企业所得税法实施条例》立法起草小组:《中华人民共和国企业所得税法实施条例释义及适用指南》,中国财政经济出版社2007年版,第173页。

其他关联交易中获得补偿的劳务活动;其他不能为企业带来直接或者间接经济利益的劳务活动。

企业使用境外关联方提供的无形资产需支付特许权使用费的,应当考虑关联各方对该无形资产价值创造的贡献程度,确定各自应当享有的经济利益。企业向仅拥有无形资产法律所有权而未对其价值创造做出贡献的关联方支付特许权使用费,不符合独立交易原则的,在计算企业应纳税所得额时不得扣除。

企业以融资上市为主要目的,在境外成立控股公司或者融资公司,因融资上市活动所产生的附带利益向境外关联方支付的特许权使用费,在计算企业应纳税所得额时不得扣除。[1]

(10) 与取得收入无关的其他支出,不得扣除。

四、亏损弥补

亏损,是指企业根据企业所得税法及其实施条例的规定将每一纳税年度的收入总额减除不征税收入、免税收入和各项扣除以后小于零的数额。企业所得税法规定,企业纳税年度发生的亏损,准予向以后年度结转,用以后年度的所得弥补,但结转年限最长不得超过五年。

(1) 亏损弥补是企业自亏损年度的下一个年度起连续不间断地计算,企业连续发生年度亏损的,也必须从第一个亏损年度算起,先亏先补,按顺序连续计算亏损弥补期,不得将每个亏损年度的连续弥补期相加,更不得断开计算。

(2) 企业筹办期间不计算为亏损年度,企业自开始生产经营的年度,为开始计算企业损益的年度。企业从事生产经营之前进行筹办活动期间发生筹办费用支出,不得计算为当期的亏损,企业可以在开始经营之日的当年一次性扣除,也可以按照新税法有关长期待摊费用的处理规定处理,但一经选定,不得改变。

(3) 亏损企业追补确认以前年度未在企业所得税前扣除的支出,或盈利企业经过追补确认后出现亏损的,应首先调整该项支出所属年度的亏损额,然后再按照弥补亏损的原则计算以后年度多缴的企业所得税款,并按前款规定处理。

(4) 税务机关对企业以前年度纳税情况进行检查时调增的应纳税所得额,凡企业以前年度发生亏损、且该亏损属于企业所得税法规定允许弥补的,应允许调增的应纳税所得额弥补该亏损。弥补该亏损后仍有余额的,按照企业所得税法规定计算缴纳企业所得税。

(5) 企业在汇总计算缴纳企业所得税时,其境外营业机构的亏损不得抵减境内营业机构的盈利。

(6) 被投资企业发生的经营亏损,由被投资企业按规定结转弥补,不得由投资企业弥补或扣除。

(7) 应税项目与减免税项目亏损可互相抵减,同时所得减免不能增加可弥补的亏

---

[1] 国家税务总局:《关于企业向境外关联方支付费用有关企业所得税问题的公告》,国家税务总局公告 2015 年第 16 号。

损额。①

五、非居民企业应纳税所得额的确定

(一) 一般规定

在中国境内未设立机构、场所的非居民企业取得的所得；在中国境内设立机构、场所的但其取得的所得与其所设机构、场所没有实际联系的非居民企业取得的所得；按照下列方法计算其应纳税所得额：

(1) 股息、红利等权益性投资收益和利息、租金、特许权使用费所得，以收入全额为应纳税所得额。收入全额，是指非居民企业向支付人收取的全部价款和价外费用。

非居民企业取得来源于中国境内的担保费，应按照企业所得税法对利息所得规定的税率计算缴纳企业所得税。源于中国境内的担保费，是指中国境内企业、机构或个人在借贷、买卖、货物运输、加工承揽、租赁、工程承包等经济活动中，接受非居民企业提供的担保所支付或负担的担保费或相同性质的费用。

在中国境内未设立机构、场所的非居民企业，以融资租赁方式将设备、物件等租给中国境内企业使用，租赁期满后设备、物件所有权归中国境内企业(包括租赁期满后作价转让给中国境内企业)，非居民企业按照合同约定的期限收取租金，应以租赁费(包括租赁期满后作价转让给中国境内企业的价款)扣除设备、物件价款后的余额，作为贷款利息所得计算缴纳企业所得税，由中国境内企业在支付时代扣代缴。非居民企业出租位于中国境内的房屋、建筑物等不动产，对未在中国境内设立机构、场所进行日常管理的，以其取得的租金收入全额计算缴纳企业所得税，由中国境内的承租人在每次支付或到期应支付时代扣代缴。②

(2) 转让财产所得，以收入全额减除财产净值后的余额为应纳税所得额。财产净值，是指有关资产、财产的计税基础减除已经按照规定扣除的折旧、折耗、摊销、准备金等后的余额。

其中，股权转让所得是指股权转让价减除股权成本价后的差额。股权转让价是指股权转让人就转让的股权所收取的包括现金、非货币资产或者权益等形式的金额。如被持股企业有未分配利润或税后提存的各项基金等，股权转让人随股权一并转让该股东留存收益权的金额，不得从股权转让价中扣除。股权成本价是指股权转让人投资入股时向中国居民企业实际交付的出资金额，或购买该项股权时向该股权的原转让人实际支付的股权转让金额。在计算股权转让所得时，以非居民企业向被转让股权的中国居民企业投资时或向原投资方购买该股权时的币种计算股权转让价和股权成本价。如果同一非居民企业存在多次投资的，以首次投入资本时的币种计算股权转让价和股权成本价，以加权平均法计算股权成本价；多次投资时币种不一致的，则应按照每次投入资本当日的汇率换算成首次投资时的币种。③

---

① 国家税务总局：《关于发布〈中华人民共和国企业所得税年度纳税申报表(A类，2014年版)〉的公告》，国家税务总局公告2014年第63号。
② 国家税务总局：《关于非居民企业所得税管理若干问题的公告》，国家税务总局公告2011年第24号。
③ 国家税务总局：《关于加强非居民企业股权转让所得企业所得税管理的通知》，国税函〔2009〕698号。

非居民企业在中国境内未设立机构、场所而转让中国境内土地使用权，或者虽设立机构、场所但取得的土地使用权转让所得与其所设机构、场所没有实际联系的，应以其取得的土地使用权转让收入总额减除计税基础后的余额作为土地使用权转让所得计算缴纳企业所得税。①

（二）非居民企业间接转让财产所得②

1. 相关概念界定

非居民企业通过实施不具有合理商业目的的安排，间接转让中国居民企业股权等财产，规避企业所得税纳税义务的，应按照企业所得税法相关规定，重新定性该间接转让交易，确认为直接转让中国居民企业股权等财产。

中国居民企业股权等财产，是指非居民企业直接持有，且转让取得的所得按照中国税法规定，应在中国缴纳企业所得税的中国境内机构、场所财产，中国境内不动产，在中国居民企业的权益性投资资产等（以下简称"中国应税财产"）。

间接转让中国应税财产，是指非居民企业通过转让直接或间接持有中国应税财产的境外企业（不含境外注册中国居民企业，以下简称"境外企业"）股权及其他类似权益（以下简称"股权"），产生与直接转让中国应税财产相同或相近实质结果的交易，包括非居民企业重组引起境外企业股东发生变化的情形。间接转让中国应税财产的非居民企业称股权转让方。

需要注意的是，非居民企业在公开市场买入并卖出同一上市境外企业股权取得间接转让中国应税财产所得，以及在非居民企业直接持有并转让中国应税财产的情况下，按照可适用的税收协定或安排的规定，该项财产转让所得在中国可以免予缴纳企业所得税，这两种情形不适用非居民企业间接转让财产所得的相关规定。

2. 税务处理原则

股权转让方取得的转让境外企业股权所得归属于中国应税财产的数额（以下简称"间接转让中国应税财产所得"），应按以下顺序进行税务处理：

（1）对归属于境外企业及直接或间接持有中国应税财产的下属企业在中国境内所设机构、场所财产的数额，应作为与所设机构、场所有实际联系的所得，按照企业所得税法相关规定征税。

（2）除适用第（1）项规定情形外，对归属于中国境内不动产的数额，应作为来源于中国境内的不动产转让所得，按照企业所得税法相关规定征税。

（3）除适用第（1）项或第（2）项规定情形外，对归属于在中国居民企业的权益性投资资产的数额，应作为来源于中国境内的权益性投资资产转让所得，按照企业所得税法相关规定征税。

---

① 国家税务总局：《关于发布〈中华人民共和国企业所得税年度纳税申报表（A类，2014年版）〉的公告》，国家税务总局公告2014年第63号；国家税务总局：《关于非居民企业所得税管理若干问题的公告》，国家税务总局公告2011年第24号。

② 国家税务总局：《关于非居民企业间接转让财产企业所得税若干问题的公告》，国家税务总局公告2015年第7号。

3. 合理商业目的的判断

判断合理商业目的，应整体考虑与间接转让中国应税财产交易相关的所有安排，结合实际情况综合分析以下相关因素：

(1) 境外企业股权主要价值是否直接或间接来自中国应税财产。

(2) 境外企业资产是否主要由直接或间接在中国境内的投资构成，或其取得的收入是否主要直接或间接来源于中国境内。

(3) 境外企业及直接或间接持有中国应税财产的下属企业实际履行的功能和承担的风险能否证实企业架构具有经济实质。

(4) 境外企业股东、业务模式及相关组织架构的存续时间。

(5) 间接转让中国应税财产交易在境外应缴纳所得税情况。

(6) 股权转让方间接投资、间接转让中国应税财产交易与直接投资、直接转让中国应税财产交易的可替代性。

(7) 间接转让中国应税财产所得在中国可适用的税收协定或安排情况。

(8) 其他相关因素。

此外，间接转让中国应税财产同时符合以下条件的，应认定为具有合理商业目的：

(1) 交易双方的股权关系具有下列情形之一：股权转让方直接或间接拥有股权受让方 80% 以上的股权；股权受让方直接或间接拥有股权转让方 80% 以上的股权；股权转让方和股权受让方被同一方直接或间接拥有 80% 以上的股权。如果境外企业股权 50% 以上(不含 50%)价值直接或间接来自中国境内不动产的，上述持股比例应为 100%。上述间接拥有的股权按照持股链中各企业的持股比例乘积计算。

(2) 本次间接转让交易后可能再次发生的间接转让交易相比在未发生本次间接转让交易情况下的相同或类似间接转让交易，其中国所得税负担不会减少。

(3) 股权受让方全部以本企业或与其具有控股关系的企业的股权(不含上市企业股权)支付股权交易对价。

与间接转让中国应税财产相关的整体安排同时符合以下情形的，应直接认定为不具有合理商业目的：

(1) 境外企业股权 75% 以上价值直接或间接来自中国应税财产。

(2) 间接转让中国应税财产交易发生前一年内任一时点，境外企业资产总额(不含现金)的 90% 以上直接或间接由在中国境内的投资构成，或间接转让中国应税财产交易发生前一年内，境外企业取得收入的 90% 以上直接或间接来源于中国境内。

(3) 境外企业及直接或间接持有中国应税财产的下属企业虽在所在国家(地区)登记注册，以满足法律所要求的组织形式，但实际履行的功能及承担的风险有限，不足以证实其具有经济实质。

(4) 间接转让中国应税财产交易在境外应缴所得税税负低于直接转让中国应税财产交易在中国的可能税负。

4. 相关规定

间接转让机构、场所财产所得按照规定应缴纳企业所得税的，应计入纳税义务发生之日所属纳税年度该机构、场所的所得，按照有关规定申报缴纳企业所得税。间接转让不动产所得或间接转让股权所得按照规定应缴纳企业所得税的,依照有关法律规定或者合同约定对股权转让方直接负有支付相关款项义务的单位或者个人为扣缴义务人。

第五节 资产的税务处理

资产是指过去的交易或者事项形成并由企业拥有或者控制的、预期会给企业带来经济利益的资源。企业所得税法规定了企业资产的税务处理,其目的是通过对资产的分类,区别资本性支出与收益性支出,确定准予扣除的项目和不准扣除的项目,正确计算应纳税所得额。

按照税法规定,企业的固定资产、生物资产、无形资产、长期待摊费用、投资资产、存货等各项资产,可以按照国务院财政、税务主管部门规定的具体税务处理办法计算折旧、摊销、成本和净值等,可在计算应纳税所得额时扣除。企业的固定资产、生物资产、无形资产、长期待摊费用、投资资产、存货等各项资产,均以历史成本为计税基础。历史成本,是指企业取得该项资产时实际发生的支出。企业收回资产账面价值过程中,计算应纳税所得额时按税法规定可以从应纳税所得中扣除的金额,称作该项资产的计税基础。企业持有各项资产期间资产增值或者减值,除国务院财政、税务主管部门规定可以确认损益外,不得调整该资产的计税基础。

一、固定资产的税务处理

固定资产,是指企业为生产产品、提供劳务、出租或者经营管理而持有的、使用时间超过 12 个月的非货币性资产,包括房屋、建筑物、机器、机械、运输工具以及其他与生产经营活动有关的设备、器具、工具等。

（一）固定资产的计税基础

(1) 外购的固定资产,以购买价款和支付的相关税费为计税基础。

(2) 自行建造的固定资产,以竣工结算前发生的支出为计税基础。

(3) 融资租入的固定资产,以租赁合同约定的付款总额和承租人在签订租赁合同过程中发生的相关费用为计税基础;租赁合同未约定付款总额的,以该资产的公允价值和承租人在签订租赁合同过程中发生的相关费用为计税基础。

(4) 盘盈的固定资产,以同类固定资产的重置完全价值为计税基础。

(5) 通过捐赠、投资、非货币性资产交换、债务重组等方式取得的固定资产,以该资产的公允价值和支付的相关税费为计税基础。

(6) 改建的固定资产,除已足额提取折旧的固定资产的改建支出和租入固定资产的改建支出外,以改建过程中发生的改建支出增加计税基础。

(7) 对符合条件的居民企业之间固定资产的划转,划入方企业取得被划固定资产的计税基础,以被固定资产资产的原计税基础确定。①

需要注意的是,企业对房屋、建筑物固定资产在未足额提取折旧前进行改扩建的,如

---

① 国家税务总局:《关于资产(股权)划转企业所得税征管问题的公告》,国家税务总局公告 2015 年第 40 号。

属于推倒重置的,该资产原值减除提取折旧后的净值,应并入重置后的固定资产计税成本,并在该固定资产投入使用后的次月起,按照税法规定的折旧年限,一并计提折旧;如属于提升功能、增加面积的,该固定资产的改扩建支出,并入该固定资产计税基础,并从改扩建完工投入使用后的次月起,重新按税法规定的该固定资产折旧年限计提折旧,如该改扩建后的固定资产尚可使用的年限低于税法规定的最低年限的,可以按尚可使用的年限计提折旧。[①]

(二) 固定资产的折旧范围

在计算应纳税所得额时,企业按照规定计算的固定资产折旧,准予扣除。下列固定资产不得计算折旧扣除:

(1) 房屋、建筑物以外未投入使用的固定资产。
(2) 以经营租赁方式租入的固定资产。
(3) 以融资租赁方式租出的固定资产。
(4) 已足额提取折旧仍继续使用的固定资产。
(5) 与经营活动无关的固定资产。
(6) 单独估价作为固定资产入账的土地。
(7) 其他不得计算折旧扣除的固定资产。

(三) 固定资产的折旧方法

(1) 固定资产按照直线法计算的折旧,准予扣除。
(2) 企业应当自固定资产投入使用月份的次月起计算折旧;停止使用的固定资产,应当自停止使用月份的次月起停止计算折旧。
(3) 企业应当根据固定资产的性质和使用情况,合理确定固定资产的预计净残值。固定资产的预计净残值一经确定,不得变更。
(4) 企业固定资产投入使用后,由于工程款项尚未结清未取得全额发票的,可暂按合同规定的金额计入固定资产计税基础计提折旧,待发票取得后进行调整。但该项调整应在固定资产投入使用后 12 个月内进行。[②]

企业固定资产会计折旧年限如果短于税法规定的最低折旧年限,其按会计折旧年限计提的折旧高于按税法规定的最低折旧年限计提的折旧部分,应调增当期应纳税所得额;企业固定资产会计折旧年限已期满且会计折旧已提足,但税法规定的最低折旧年限尚未到期且税收折旧尚未足额扣除,其未足额扣除的部分准予在剩余的税收折旧年限继续按规定扣除。企业固定资产会计折旧年限如果长于税法规定的最低折旧年限,其折旧应按会计折旧年限计算扣除,税法另有规定除外。[③]

企业按会计规定提取的固定资产减值准备,不得税前扣除,其折旧仍按税法确定的固定资产计税基础计算扣除。

[①] 国家税务总局:《关于企业所得税若干问题的公告》,国家税务总局公告 2011 年第 34 号。
[②] 国家税务总局:《关于贯彻落实企业所得税法若干税收问题的通知》,国税函〔2010〕79 号。
[③] 国家税务总局:《国家税务总局关于企业所得税应纳税所得额若干问题的公告》,国家税务总局公告 2014 年第 29 号。

（四）固定资产的折旧年限

除国务院财政、税务主管部门另有规定外，固定资产计算折旧的最低年限如下：

（1）房屋、建筑物，为20年。

（2）飞机、火车、轮船、机器、机械和其他生产设备，为10年。

（3）与生产经营活动有关的器具、工具、家具等，为5年。

（4）飞机、火车、轮船以外的运输工具，为4年。

（5）电子设备，为3年。

（五）加速折旧[①]

企业的固定资产由于技术进步，产品更新换代较快的固定资产和常年处于强震动、高腐蚀状态的固定资产，确需加速折旧的，可以缩短折旧年限或者采取加速折旧的方法。

采取缩短折旧年限方法的，最低折旧年限不得低于企业所得税法实施条例规定折旧年限的60%；采取加速折旧方法的，可以采取双倍余额递减法或者年数总和法。加速折旧方法一经确定，一般不得变更。

（1）双倍余额递减法，是指在不考虑固定资产预计净残值的情况下，根据每期期初固定资产原值减去累计折旧后的金额和双倍的直线法折旧率计算固定资产折旧的一种方法。应用这种方法计算折旧额时，由于每年年初固定资产净值没有减去预计净残值，所以在计算固定资产折旧额时，应在其折旧年限到期前的两年期间，将固定资产净值减去预计净残值后的余额平均摊销。计算公式如下：

$$年折旧率 = 2/预计使用寿命(年) \times 100\%$$

$$月折旧率 = 年折旧率/12$$

$$月折旧额 = 月初固定资产账面净值 \times 月折旧率$$

（2）年数总和法，又称年限合计法，是指将固定资产的原值减去预计净残值后的余额，乘以一个以固定资产尚可使用寿命为分子、以预计使用寿命逐年数字之和为分母的逐年递减的分数计算每年的折旧额。计算公式如下：

$$年折旧率 = 尚可使用年限/预计使用寿命的年数总和 \times 100\%$$

$$月折旧率 = 年折旧率/12$$

$$月折旧额 = (固定资产原值 - 预计净残值) \times 月折旧率$$

对于采取缩短折旧年限的固定资产，足额计提折旧后继续使用而未进行处置（包括报废等情形）超过12个月的，今后对其更新替代、改造改建后形成的功能相同或者类似的固定资产，不得再采取缩短折旧年限的方法。

二、生产性生物资产的税务处理

生物资产是指有生命的动物和植物，分为消耗性生物资产、生产性生物资产和公益性生物资产。其中，消耗性生物资产，是指为出售而持有的，或在将来收获为农产品的生

[①] 国家税务总局：《关于企业固定资产加速折旧所得税处理有关问题的通知》，国税发〔2009〕81号。

物资产,包括生长中的大田作物、蔬菜、可用材料以及存栏待售的牲畜等。生产性生物资产,是指企业为生产农产品、提供劳务或者出租等而持有的生物资产,包括经济林、薪炭林、产畜和役畜等。公益性生物资产,是指以防护、环境保护为主要目的的生物资产,包括防风固沙林、水土保持林和水源涵养林等。

对于消耗性生物资产,在企业所得税上,将其作为存货来看待,适用存货的有关规定;因公益性资产而发生的支出,在企业所得税上,已经作为费用直接税前扣除,也不存在提取折旧的问题。所以,企业所得税法实施条例未对消耗性生物资产和公益性生物资产的折旧、扣除等作出专门规定。

(一) 生产性生物资产的计税基础

生产性生物资产按照以下方法确定计税基础:

(1) 外购生产性生物资产,以购买价款和支付的相关税费为计税基础。

(2) 通过捐赠、投资、非货币性资产交换、债务重组等方式取得的生产性生物资产,以该资产的公允价值和支付的相关税费为计税基础。

需要注意的是,对于企业自行营造或繁殖的生物资产,在达到预定用途前发生的种苗、肥料、人工费、农药等直接费用支出,应当资本化,作为生物资产计税基础,并按实施条例规定的折旧年限和方法计提折旧;生物资产达到预定用途后发生的各项费用支出,应当作为企业当期费用处理。[①]

(二) 生产性生物资产的折旧方法和折旧年限

生产性生物资产按照直线法计算的折旧,准予扣除。企业应当自生产性生物资产投入使用月份的次月起计算折旧;停止使用的生产性生物资产,应当自停止使用月份的次月起停止计算折旧。

企业应当根据生产性生物资产的性质和使用情况,合理确定生产性生物资产的预计净残值。生产性生物资产的预计净残值一经确定,不得变更。

生产性生物资产计算折旧的最低年限如下:林木类生产性生物资产,为 10 年;畜类生产性生物资产,为 3 年。

三、无形资产的税务处理

无形资产,是指企业为生产产品、提供劳务、出租或者经营管理而持有的、没有实物形态的非货币性长期资产,包括专利权、商标权、著作权、土地使用权、非专利技术、商誉等。

(一) 无形资产的计税基础

(1) 外购的无形资产,以购买价款和支付的相关税费以及直接归属于使该资产达到预定用途发生的其他支出为计税基础。

(2) 自行开发的无形资产,以开发过程中该资产符合资本化条件后至达到预定用途前发生的支出为计税基础。

---

① 国家税务总局:《关于农垦企业自行营造或繁殖的橡胶树生物资产计税基础确定问题的批复》,国税函〔2009〕513 号。

(3) 通过捐赠、投资、非货币性资产交换、债务重组等方式取得的无形资产,以该资产的公允价值和支付的相关税费为计税基础。

(4) 对符合条件的居民企业之间无形资产资产的划转,划入方企业取得被划无形资产的计税基础,以被划转无形资产的原计税基础确定。①

(二) 无形资产摊销的范围

在计算应纳税所得额时,企业按照规定计算的无形资产摊销费用,准予扣除。下列无形资产不得计算摊销费用扣除:

(1) 自行开发的支出已在计算应纳税所得额时扣除的无形资产。

(2) 自创商誉。

(3) 与经营活动无关的无形资产。

(4) 其他不得计算摊销费用扣除的无形资产。

(三) 无形资产的摊销方法和摊销年限

无形资产按照直线法计算的摊销费用,准予扣除。无形资产的摊销年限不得低于10年。作为投资或者受让的无形资产,有关法律规定或者合同约定了使用年限的,可以按照规定或者约定的使用年限分期摊销。外购商誉的支出,在企业整体转让或者清算时,准予扣除。

四、长期待摊费用的税务处理

长期待摊费用,是指企业已经支出、摊销期限在1年以上(不含1年)的各项费用。在计算应纳税所得额时,企业发生的下列支出作为长期待摊费用,按照规定摊销的,准予扣除:

(一) 已足额提取折旧的固定资产的改建支出

固定资产的改建支出,是指改变房屋或者建筑物结构、延长使用年限等发生的支出。对于已足额提取折旧的固定资产来说,固定资产的价值形式已经消失,后续支出也已失去了可以附着的载体,这时在这些资产上发生的改建支出,不能将其计入固定资产成本,而应将其作为长期待摊费用,按照被改建的资产预计尚可使用的年限分期摊销改建支出。

(二) 租入固定资产的改建支出

以经营租赁方式租入的固定资产,与该资产相关的风险和报酬并没有转移给承租方,因而资产的所有权仍属于出租方,承租方只在协议规定的期限内拥有对该资产的使用权,因而对以经营租赁方式租入的固定资产发生的改建支出,不能计入固定资产成本,只能计入长期待摊费用,在协议约定的租赁期内平均分摊。

需要注意的是,除了已足额提取折旧的固定资产和以经营租赁方式租入的固定资产,企业所拥有的固定资产,仍然具有可利用价值,仍然在计算折旧予以扣除,而这时企业用于对这些固定资产的改建支出,将增加固定资产的价值或者延长固定资产的使用年限,其性质属于资本化投入,应计入固定资产原值,按规定提取折旧后进行扣除,而不是

---

① 国家税务总局:《关于资产(股权)划转企业所得税征管问题的公告》,国家税务总局公告2015年第40号。

作为长期待摊费用分期摊销。

（三）固定资产的大修理支出

固定资产的大修理支出，是指同时符合下列条件的支出：

(1) 修理支出达到取得固定资产时的计税基础50%以上。

(2) 修理后固定资产的使用年限延长2年以上。

按照税法规定，固定资产的一般修理支出，在发生当期予以扣除；固定资产的大修理支出，需要作为长期待摊费用，按照固定资产尚可使用年限分期摊销。

（四）其他应当作为长期待摊费用的支出

其他应当作为长期待摊费用的支出，自支出发生月份的次月起，分期摊销，摊销年限不得低于3年。

对于开（筹）办费，企业可以在开始经营之日的当年一次性扣除，也可以按照有关长期待摊费用的处理规定处理，但一经选定，不得改变。

五、投资资产的税务处理

投资资产，是指企业对外进行权益性投资和债权性投资形成的资产。权益性投资，是指以购买被投资单位股票、股份、股权等类似形式进行的投资，投资企业拥有被投资单位的产权，是被投资单位的所有者之一，投资企业有权参与被投资单位的经营管理和利润分配。债权性投资，主要指购买债权、债券的投资，投资企业与被投资企业之间形成了一种债权、债务关系，双方以契约形式规定了还本付息的期限和金额，投资企业对被投资企业只有投资本金和利息的索偿权，而没有参与被投资企业的经营管理权和利润分配权。

（一）一般规定

企业对外投资期间，投资资产的成本在计算应纳税所得额时不得扣除。企业在转让或者处置投资资产时，投资资产的成本，准予扣除。投资资产按照以下方法确定成本：

(1) 通过支付现金方式取得的投资资产，以购买价款为成本。

(2) 通过支付现金以外的方式取得的投资资产，以该资产的公允价值和支付的相关税费为成本。

企业在不同时间购买同一品种国债的，其转让时的成本计算方法，可在先进先出法、加权平均法、个别计价法中选用一种。计价方法一经选用，不得随意改变。[①]

（二）特殊规定[②]

除了通常所说的权益性投资和债权性投资，还有一种混合性投资。企业混合性投资业务，是指兼具权益和债权双重特性的投资业务。同时符合下列条件的混合性投资业务：

(1) 被投资企业接受投资后，需要按投资合同或协议约定的利率定期支付利息（或定

---

① 国家税务总局：《关于企业国债投资业务企业所得税处理问题的公告》，国家税务总局公告2011年第36号。

② 国家税务总局：《关于企业混合性投资业务企业所得税处理问题的公告》，国家税务总局公告2013年第41号。

期支付保底利息、固定利润、固定股息,下同)。

(2) 有明确的投资期限或特定的投资条件,并在投资期满或者满足特定投资条件后,被投资企业需要赎回投资或偿还本金。

(3) 投资企业对被投资企业净资产不拥有所有权。

(4) 投资企业不具有选举权和被选举权。

(5) 投资企业不参与被投资企业日常生产经营活动。

符合上述规定的混合性投资业务,对于被投资企业支付的利息,投资企业应于被投资企业应付利息的日期,确认收入的实现并计入当期应纳税所得额;被投资企业应于应付利息的日期,确认利息支出,并按税法的规定进行税前扣除。对于被投资企业赎回的投资,投资双方应于赎回时将赎价与投资成本之间的差额确认为债务重组损益,分别计入当期应纳税所得额。

六、存货的税务处理

(一) 存货的范围

存货,是指企业持有以备出售的产品或者商品、处在生产过程中的在产品、在生产或者提供劳务过程中耗用的材料和物料等。企业使用或者销售存货,按照规定计算的存货成本,准予在计算应纳税所得额时扣除。存货不仅包括产成品、商品,还包括原材料、在产品、半成品和周转材料等。

(二) 存货的成本

存货按照以下方法确定成本:

(1) 通过支付现金方式取得的存货,以购买价款和支付的相关税费为成本。

(2) 通过支付现金以外的方式取得的存货,以该存货的公允价值和支付的相关税费为成本。

(3) 生产性生物资产收获的农产品,以产出或者采收过程中发生的材料费、人工费和分摊的间接费用等必要支出为成本。

(三) 存货的计价方法

企业使用或者销售的存货的成本计算方法,可以在先进先出法、加权平均法、个别计价法中选用一种。计价方法一经选用,不得随意变更。为了适应企业的实际情况,和会计准则保持一致,存货的计价方法中取消了后进先出法,同时增加了个别计价法。

七、资产的视同销售问题

企业所得税法实施条例规定,企业发生非货币性资产交换,以及将货物、财产、劳务用于捐赠、偿债、赞助、集资、广告、样品、职工福利或者利润分配等用途的,应当视同销售货物、转让财产或者提供劳务,但国务院财政、税务主管部门另有规定的除外。

(一) 内部资产处置

企业发生下列情形的处置资产,除将资产转移至境外以外,由于资产所有权属在形式和实质上均不发生改变,可作为内部处置资产,不视同销售确认收入,相关资产的计税基础延续计算。①

(1) 将资产用于生产、制造、加工另一产品。
(2) 改变资产形状、结构或性能。
(3) 改变资产用途(如,自建商品房转为自用或经营)。
(4) 将资产在总机构及其分支机构之间转移。
(5) 上述两种或两种以上情形的混合。
(6) 其他不改变资产所有权属的用途。

(二) 资产的视同销售

企业将资产移送他人的下列情形,因资产所有权属已发生改变而不属于内部处置资产,应按规定视同销售确定收入。

(1) 用于市场推广或销售。
(2) 用于交际应酬。
(3) 用于职工奖励或福利。
(4) 用于股息分配。
(5) 用于对外捐赠。
(6) 其他改变资产所有权属的用途。

企业发生资产外部情形时,属于企业自制的资产,应按企业同类资产同期对外销售价格确定销售收入;属于外购的资产,可按购入时的价格确定销售收入。

八、政策性搬迁问题

为了规范企业政策性搬迁的税务处理,特别是搬迁资产的税务处理,国家税务总局颁布了《企业政策性搬迁所得税管理办法》并自 2012 年 10 月 1 日起施行。②

(一) 政策性搬迁的界定

企业政策性搬迁,是指由于社会公共利益的需要,在政府主导下企业进行整体搬迁或部分搬迁。企业搬迁属于列举的社会公共利益需要情形之一,提供相关文件证明资料的,属于政策性搬迁。

企业应按照要求,就政策性搬迁过程中涉及的搬迁收入、搬迁支出、搬迁资产税务处理、搬迁所得等所得税征收管理事项,单独进行税务管理和核算。不能单独进行税务管理和核算的,应视为企业自行搬迁或商业性搬迁等非政策性搬迁进行所得税处理。

(二) 搬迁收入

企业的搬迁收入,包括搬迁过程中从本企业以外(包括政府或其他单位)取得的搬迁补偿收入,以及本企业搬迁资产处置收入等。企业取得的搬迁补偿收入,是指企业由于搬迁取得的货币性和非货币性补偿收入。具体包括:对被征用资产价值的补偿;因搬迁、安置而给予的补偿;对停产停业形成的损失而给予的补偿;资产搬迁过程中遭到毁损而取得的保险赔款;其他补偿收入。

---

① 国家税务总局:《关于企业处置资产所得税处理问题的通知》,国税函〔2008〕828 号。
② 国家税务总局:《关于发布〈企业政策性搬迁所得税管理办法〉的公告》,国家税务总局公告 2012 年第 40 号。

企业搬迁资产处置收入,是指企业由于搬迁而处置企业各类资产所取得的收入。企业由于搬迁处置存货而取得的收入,应按正常经营活动取得的收入进行所得税处理,不作为企业搬迁收入。

(三) 搬迁支出

企业的搬迁支出,包括搬迁费用支出以及由于搬迁所发生的企业资产处置支出。

(1) 搬迁费用支出,是指企业搬迁期间所发生的各项费用,包括安置职工实际发生的费用、停工期间支付给职工的工资及福利费、临时存放搬迁资产而发生的费用、各类资产搬迁安装费用以及其他与搬迁相关的费用。

(2) 资产处置支出,是指企业由于搬迁而处置各类资产所发生的支出,包括变卖及处置各类资产的净值、处置过程中所发生的税费等支出。企业由于搬迁而报废的资产,如无转让价值,其净值作为企业的资产处置支出。

(四) 搬迁资产税务处理

(1) 企业搬迁的资产,简单安装或不需要安装即可继续使用的,在该项资产重新投入使用后,就其净值按税法规定的该资产尚未折旧或摊销的年限,继续计提折旧或摊销。

(2) 企业搬迁的资产,需要进行大修理后才能重新使用的,应就该资产的净值,加上大修理过程所发生的支出,为该资产的计税成本。在该项资产重新投入使用后,按该资产尚可使用的年限,计提折旧或摊销。

(3) 企业搬迁中被征用的土地,采取土地置换的,换入土地的计税成本按被征用土地的净值,以及该换入土地投入使用前所发生的各项费用支出,为该换入土地的计税成本,在该换入土地投入使用后,按税法规定年限摊销。

企业政策性搬迁被征用的资产,采取资产置换的,其换入资产的计税成本按被征用资产的净值,加上换入资产所支付的税费(涉及补价,还应加上补价款)计算确定。①

(4) 企业搬迁期间新购置的各类资产,应按税法有关规定,计算确定资产的计税成本及折旧或摊销年限。企业发生的购置资产支出,不得从搬迁收入中扣除。

(五) 应税所得

企业的搬迁收入,扣除搬迁支出后的余额,为企业的搬迁所得。企业应在搬迁完成年度,将搬迁所得计入当年度企业应纳税所得额计算纳税。企业在搬迁期间发生的搬迁收入和搬迁支出,可以暂不计入当期应纳税所得额,而在完成搬迁的年度,对搬迁收入和支出进行汇总清算。

(1) 符合下列情形之一的,为搬迁完成年度,企业应进行搬迁清算,计算搬迁所得:

① 从搬迁开始,5年内(包括搬迁当年度)任何一年完成搬迁的。

② 从搬迁开始,搬迁时间满5年(包括搬迁当年度)的年度。

(2) 企业搬迁收入扣除搬迁支出后为负数的,应为搬迁损失。搬迁损失可在下列方法中选择其一进行税务处理:

① 在搬迁完成年度,一次性作为损失进行扣除。

② 自搬迁完成年度起分3个年度,均匀在税前扣除。

---

① 国家税务总局:《关于企业政策性搬迁所得税有关问题的公告》,国家税务总局公告2013年第11号。

上述方法由企业自行选择,但一经选定,不得改变。

(3) 企业同时符合下列条件的,视为已经完成搬迁：

① 搬迁规划已基本完成；

② 当年生产经营收入占规划搬迁前年度生产经营收入 50％以上。

企业边搬迁、边生产的,搬迁年度应从实际开始搬迁的年度计算。

企业以前年度发生尚未弥补的亏损的,凡企业由于搬迁停止生产经营无所得的,从搬迁年度次年起,至搬迁完成年度前一年度止,可作为停止生产经营活动年度,从法定亏损结转弥补年限中减除；企业边搬迁、边生产的,其亏损结转年度应连续计算。[①]

第六节 资产损失的处理

一、资产损失的范围

资产损失,是指企业在生产经营活动中实际发生的、与取得应税收入有关的资产损失,包括现金损失,存款损失,坏账损失,贷款损失,股权投资损失,固定资产和存货的盘亏、毁损、报废、被盗损失,自然灾害等不可抗力因素造成的损失以及其他损失。

上述资产是指企业拥有或者控制的、用于经营管理活动且与取得应税收入有关的资产,包括现金、银行存款、应收及预付款项（包括应收票据、各类垫款（垫款、企业之间往来款项、无形资产）等货币资产,存货、固定资产、在建工程、生产性生物资产等非货币资产,以及债权性投资和股权（权益）性投资）。

二、资产损失扣除的一般性规定[②]

(1) 企业清查出的现金短缺减除责任人赔偿后的余额,作为现金损失在计算应纳税所得额时扣除。

(2) 企业将货币性资金存入法定具有吸收存款职能的机构,因该机构依法破产、清算,或者政府责令停业、关闭等原因,确实不能收回的部分,作为存款损失在计算应纳税所得额时扣除。

(3) 企业除贷款类债权外的应收、预付账款符合下列条件之一的,减除可收回金额后确认的无法收回的应收、预付款项,可以作为坏账损失在计算应纳税所得额时扣除：

① 债务人依法宣告破产、关闭、解散、被撤销,或者被依法注销、吊销营业执照,其清算财产不足清偿的；

② 债务人死亡,或者依法被宣告失踪、死亡,其财产或者遗产不足清偿的；

③ 债务人逾期 3 年以上未清偿,且有确凿证据证明已无力清偿债务的；

④ 与债务人达成债务重组协议或法院批准破产重整计划后,无法追偿的；

⑤ 因自然灾害、战争等不可抗力导致无法收回的。

[①] 国家税务总局：《关于企业政策性搬迁所得税有关问题的公告》,国家税务总局公告 2013 年第 11 号。

[②] 财政部、国家税务总局：《关于企业资产损失税前扣除政策的通知》,财税〔2009〕57 号。

⑥ 国务院财政、税务主管部门规定的其他条件。

(4) 企业经采取所有可能的措施和实施必要的程序之后,符合下列条件之一的贷款类债权,可以作为贷款损失在计算应纳税所得额时扣除:

① 借款人和担保人依法宣告破产、关闭、解散、被撤销,并终止法人资格,或者已完全停止经营活动,被依法注销、吊销营业执照,对借款人和担保人进行追偿后,未能收回的债权。

② 借款人死亡,或者依法被宣告失踪、死亡,依法对其财产或者遗产进行清偿,并对担保人进行追偿后,未能收回的债权。

③ 借款人遭受重大自然灾害或者意外事故,损失巨大且不能获得保险补偿,或者以保险赔偿后,确实无力偿还部分或者全部债务,对借款人财产进行清偿和对担保人进行追偿后,未能收回的债权。

④ 借款人触犯刑律,依法受到制裁,其财产不足归还所借债务,又无其他债务承担者,经追偿后确实无法收回的债权。

⑤ 由于借款人和担保人不能偿还到期债务,企业诉诸法律,经法院对借款人和担保人强制执行,借款人和担保人均无财产可执行,法院裁定执行程序终结或终止(中止)后,仍无法收回的债权。

⑥ 由于借款人和担保人不能偿还到期债务,企业诉诸法律后,经法院调解或经债权人会议通过,与借款人和担保人达成和解协议或重整协议,在借款人和担保人履行完还款义务后,无法追偿的剩余债权。

⑦ 由于上述第 1 至第 6 项原因借款人不能偿还到期债务,企业依法取得抵债资产,抵债金额小于贷款本息的差额,经追偿后仍无法收回的债权。

⑧ 开立信用证、办理承兑汇票、开具保函等发生垫款时,凡开证申请人和保证人由于上述第 1 至第 7 项原因,无法偿还垫款,金融企业经追偿后仍无法收回的垫款。

⑨ 银行卡持卡人和担保人由于上述第 1 项至第 7 项原因,未能还清透支款项,金融企业经追偿后仍无法收回的透支款项。

⑩ 助学贷款逾期后,在金融企业确定的有效追索期限内,依法处置助学贷款抵押物(质押物),并向担保人追索连带责任后,仍无法收回的贷款。

⑪ 经国务院专案批准核销的贷款类债权。

⑫ 国务院财政、税务主管部门规定的其他条件。

(5) 企业的股权投资符合下列条件之一的,减除可收回金额后确认的无法收回的股权投资,可以作为股权投资损失在计算应纳税所得额时扣除:

① 被投资方依法宣告破产、关闭、解散、被撤销,或者被依法注销、吊销营业执照的。

② 被投资方财务状况严重恶化,累计发生巨额亏损,已连续停止经营 3 年以上,且无重新恢复经营改组计划的。

③ 对被投资方不具有控制权,投资期限届满或者投资期限已超过 10 年,且被投资单位因连续 3 年经营亏损导致资不抵债的。

④ 被投资方财务状况严重恶化,累计发生巨额亏损,已完成清算或清算期超过 3 年以上的。

⑤ 国务院财政、税务主管部门规定的其他条件。

(6) 对企业盘亏的固定资产或存货,以该固定资产的账面净值或存货的成本减除责任人赔偿后的余额,作为固定资产或存货盘亏损失在计算应纳税所得额时扣除。

(7) 对企业毁损、报废的固定资产或存货,以该固定资产的账面净值或存货的成本减除残值、保险赔款和责任人赔偿后的余额,作为固定资产或存货毁损、报废损失在计算应纳税所得额时扣除。

(8) 对企业被盗的固定资产或存货,以该固定资产的账面净值或存货的成本减除保险赔款和责任人赔偿后的余额,作为固定资产或存货被盗损失在计算应纳税所得额时扣除。

(9) 企业因存货盘亏、毁损、报废、被盗等原因不得从增值税销项税额中抵扣的进项税额,可以与存货损失一起在计算应纳税所得额时扣除。

(10) 企业在计算应纳税所得额时已经扣除的资产损失,在以后纳税年度全部或者部分收回时,其收回部分应当作为收入计入收回当期的应纳税所得额。

(11) 企业境内、境外营业机构发生的资产损失应分开核算,对境外营业机构由于发生资产损失而产生的亏损,不得在计算境内应纳税所得额时扣除。

(12) 企业对其扣除的各项资产损失,应当提供能够证明资产损失确属已实际发生的合法证据,包括具有法律效力的外部证据、具有法定资质的中介机构的经济鉴证证明、具有法定资质的专业机构的技术鉴定证明等。

三、资产损失扣除的具体规定①

(一)扣除原则

(1) 准予在企业所得税税前扣除的资产损失,是指企业在实际处置、转让上述资产过程中发生的合理损失(以下简称"实际资产损失"),以及企业虽未实际处置、转让上述资产,但符合规定条件计算确认的损失(以下简称"法定资产损失")。

(2) 企业实际资产损失,应当在其实际发生且会计上已作损失处理的年度申报扣除;法定资产损失,应当在企业向主管税务机关提供证据资料证明该项资产已符合法定资产损失确认条件,且会计上已作损失处理的年度申报扣除。

(3) 企业发生的资产损失,应按规定的程序和要求向主管税务机关申报后方能在税前扣除。未经申报的损失,不得在税前扣除。

(4) 企业以前年度发生的资产损失未能在当年税前扣除的,可以按照规定,向税务机关说明并进行专项申报扣除。其中,属于实际资产损失,准予追补至该项损失发生年度扣除,其追补确认期限一般不得超过五年,但因计划经济体制转轨过程中遗留的资产损失、企业重组上市过程中因权属不清出现争议而未能及时扣除的资产损失、因承担国家政策性任务而形成的资产损失以及政策定性不明确而形成资产损失等特殊原因形成的资产损失,其追补确认期限经国家税务总局批准后可适当延长。属于法定资产损失,应

---

① 国家税务总局:《关于发布〈企业资产损失所得税税前扣除管理办法〉的公告》,国家税务总局公告2011年第25号。

在申报年度扣除。

企业因以前年度实际资产损失未在税前扣除而多缴的企业所得税税款,可在追补确认年度企业所得税应纳税款中予以抵扣,不足抵扣的,向以后年度递延抵扣。

企业实际资产损失发生年度扣除追补确认的损失后出现亏损的,应先调整资产损失发生年度的亏损额,再按弥补亏损的原则计算以后年度多缴的企业所得税税款,并按前款办法进行税务处理。

(二)申报管理

(1)企业在进行企业所得税年度汇算清缴申报时,可将资产损失申报材料和纳税资料作为企业所得税年度纳税申报表的附件一并向税务机关报送。

(2)企业资产损失按其申报内容和要求的不同,分为清单申报和专项申报两种申报形式。其中,属于清单申报的资产损失,企业可按会计核算科目进行归类、汇总,然后再将汇总清单报送税务机关,有关会计核算资料和纳税资料留存备查;属于专项申报的资产损失,企业应逐项(或逐笔)报送申请报告,同时附送会计核算资料及其他相关的纳税资料。

企业在申报资产损失税前扣除过程中不符合上述要求的,税务机关应当要求其改正,企业拒绝改正的,税务机关有权不予受理。

(3)下列资产损失,应以清单申报的方式向税务机关申报扣除:

① 企业在正常经营管理活动中,按照公允价格销售、转让、变卖非货币资产的损失。

② 企业各项存货发生的正常损耗。

③ 企业固定资产达到或超过使用年限而正常报废清理的损失。

④ 企业生产性生物资产达到或超过使用年限而正常死亡发生的资产损失。

⑤ 企业按照市场公平交易原则,通过各种交易场所、市场等买卖债券、股票、期货、基金以及金融衍生产品等发生的损失。

(4)前条规定以外的资产损失,应以专项申报的方式向税务机关申报扣除。企业无法准确判别是否属于清单申报扣除的资产损失,可以采取专项申报的形式申报扣除。

(5)在中国境内跨地区经营的汇总纳税企业发生的资产损失,应按以下规定申报扣除:

① 总机构及其分支机构发生的资产损失,除应按专项申报和清单申报的有关规定,各自向当地主管税务机关申报外,各分支机构同时还应上报总机构。

② 总机构对各分支机构上报的资产损失,除税务机关另有规定外,应以清单申报的形式向当地主管税务机关进行申报。

③ 总机构将跨地区分支机构所属资产捆绑打包转让所发生的资产损失,由总机构向当地主管税务机关进行专项申报。

(6)属于专项申报的资产损失,企业因特殊原因不能在规定的时限内报送相关资料的,可以向主管税务机关提出申请,经主管税务机关同意后,可适当延期申报。

(7)企业应当建立健全资产损失内部核销管理制度,及时收集、整理、编制、审核、申报、保存资产损失税前扣除证据材料,方便税务机关检查。

(8)税务机关应按分项建档、分级管理的原则,建立企业资产损失税前扣除管理台账和纳税档案,及时进行评估。对资产损失金额较大或经评估后发现不符合资产损失税前扣除规定或存有疑点、异常情况的资产损失,应及时进行核查。对有证据证明申报扣除的资产损失不真实、不合法的,应依法作出税收处理。

(三)资产损失确认证据

企业资产损失相关的证据包括具有法律效力的外部证据和特定事项的企业内部证据。具有法律效力的外部证据,是指司法机关、行政机关、专业技术鉴定部门等依法出具的与本企业资产损失相关的具有法律效力的书面文件。特定事项的企业内部证据,是指会计核算制度健全、内部控制制度完善的企业,对各项资产发生毁损、报废、盘亏、死亡、变质等内部证明或承担责任的声明。[①]

(四)货币资产损失的确认

企业货币资产损失包括现金损失、银行存款损失和应收及预付款项损失等。

金融机构应清算而未清算超过三年的,企业可将该款项确认为资产损失,但应有法院或破产清算管理人出具的未完成清算证明。

企业逾期三年以上的应收款项在会计上已作为损失处理的,可以作为坏账损失,但应说明情况,并出具专项报告。

企业逾期一年以上,单笔数额不超过五万元或者不超过企业年度收入总额万分之一的应收款项,会计上已经作为损失处理的,可以作为坏账损失,但应说明情况,并出具专项报告。

(五)非货币资产损失的确认

企业非货币资产损失包括存货损失、固定资产损失、无形资产损失、在建工程损失、生产性生物资产损失等。

(六)投资损失的确认

企业投资损失包括债权性投资损失和股权(权益)性投资损失。企业债权投资损失应依据投资的原始凭证、合同或协议、会计核算资料等相关证据材料确认。

企业委托金融机构向其他单位贷款,或委托其他经营机构进行理财,到期不能收回贷款或理财款项,按照投资损失的有关规定进行处理。

企业对外提供与本企业生产经营活动有关的担保,因被担保人不能按期偿还债务而承担连带责任,经追索,被担保人无偿还能力,对无法追回的金额,比照应收款项损失进行处理。与本企业生产经营活动有关的担保是指企业对外提供的与本企业应税收入、投资、融资、材料采购、产品销售等生产经营活动相关的担保。

企业按独立交易原则向关联企业转让资产而发生的损失,或向关联企业提供借款、担保而形成的债权损失,准予扣除,但企业应作专项说明,同时出具中介机构出具的专项报告及其相关的证明材料。

下列股权和债权不得作为损失在税前扣除:

(1)债务人或者担保人有经济偿还能力,未按期偿还的企业债权。

---

① 各项扣除需要出具的具体证据资料,参见国家税务总局:《关于发布〈企业资产损失所得税税前扣除管理办法〉的公告》,国家税务总局公告2011年第25号。

(2) 违反法律、法规的规定，以各种形式、借口逃废或悬空的企业债权。

(3) 行政干预逃废或悬空的企业债权。

(4) 企业未向债务人和担保人追偿的债权。

(5) 企业发生非经营活动的债权。

(6) 其他不应当核销的企业债权和股权。

(七) 其他资产损失的确认

(1) 企业将不同类别的资产捆绑（打包），以拍卖、询价、竞争性谈判、招标等市场方式出售，其出售价格低于计税成本的差额，可以作为资产损失并准予在税前申报扣除，但应出具资产处置方案、各类资产作价依据、出售过程的情况说明、出售合同或协议、成交及入账证明、资产计税基础等确定依据。

(2) 企业正常经营业务因内部控制制度不健全而出现操作不当、不规范或因业务创新但政策不明确、不配套等原因形成的资产损失，应由企业承担的金额，可以作为资产损失并准予在税前申报扣除，但应出具损失原因证明材料或业务监管部门定性证明、损失专项说明。

(3) 企业因刑事案件原因形成的损失，应由企业承担的金额，或经公安机关立案侦查两年以上仍未追回的金额，可以作为资产损失并准予在税前申报扣除，但应出具公安机关、人民检察院的立案侦查情况或人民法院的判决书等损失原因证明材料。

四、资产损失扣除的特殊规定

(一) 商业零售企业[①]

商业零售企业存货因零星失窃、报废、废弃、过期、破损、腐败、鼠咬、顾客退换货等正常因素形成的损失，为存货正常损失，准予按会计科目进行归类、汇总，然后再将汇总数据以清单的形式进行企业所得税纳税申报，同时出具损失情况分析报告。

商业零售企业存货因风、火、雷、震等自然灾害，仓储、运输失事，重大案件等非正常因素形成的损失，为存货非正常损失，应当以专项申报形式进行企业所得税纳税申报。存货单笔（单项）损失超过 500 万元的，无论何种因素形成的，均应以专项申报方式进行企业所得税纳税申报。

(二) 金融企业涉农贷款等损失[②]

金融企业涉农贷款、中小企业贷款逾期 1 年以上，经追索无法收回，应依据涉农贷款、中小企业贷款分类证明，按下列规定计算确认贷款损失进行税前扣除：

(1) 单户贷款余额不超过 300 万元（含 300 万元）的，应依据向借款人和担保人的有关原始追索记录（包括司法追索、电话追索、信件追索和上门追索等原始记录之一，并由经办人和负责人共同签章确认），计算确认损失进行税前扣除。

(2) 单户贷款余额超过 300 万元至 1 000 万元（含 1 000 万元）的，应依据有关原始追

---

① 国家税务总局：《关于商业零售企业存货损失税前扣除问题的公告》，国家税务总局公告 2014 年第 3 号。

② 国家税务总局：《关于金融企业涉农贷款和中小企业贷款损失税前扣除问题的公告》，国家税务总局公告 2015 年第 25 号。

索记录(应当包括司法追索记录,并由经办人和负责人共同签章确认),计算确认损失进行税前扣除。

(3)单户贷款余额超过1000万元的,仍按《国家税务总局关于发布〈企业资产损失所得税税前扣除管理办法〉的公告》(国家税务总局公告2011年第25号)有关规定计算确认损失进行税前扣除。

(三)国务院决定事项

企业因国务院决定事项形成的资产损失,不再上报国家税务总局审核。企业因国务院决定事项形成的资产损失,应以专项申报的方式向主管税务机关申报扣除。①

第七节 企业重组的税务处理②

企业重组,是指企业在日常经营活动以外发生的法律结构或经济结构重大改变的交易,包括企业法律形式改变、债务重组、股权收购、资产收购、合并、分立等。

企业重组的税务处理区分不同条件分别适用一般性税务处理规定和特殊性税务处理规定。适用一般性处理规定时,重组业务的相关方应当在交易发生时确认有关资产的转让所得或者损失,相关资产应当按照交易价格重新确定计税基础;适用特殊性税务处理规定时,重组业务的相关方在交易发生时可以暂不确认有关资产的转让所得或者损失,相关资产应当按照原有的计税基础确定。

企业重组同时符合下列条件的,适用特殊性税务处理规定:

(1)具有合理的商业目的,且不以减少、免除或者推迟缴纳税款为主要目的。
(2)被收购、合并或分立部分的资产或股权比例符合规定的比例。
(3)企业重组后的连续12个月内不改变重组资产原来的实质性经营活动。
(4)重组交易对价中涉及股权支付金额符合规定比例。

股权支付,是指企业重组中购买、换取资产的一方支付的对价中,以本企业或其控股企业的股权、股份作为支付的形式;非股权支付,是指以本企业的现金、银行存款、应收款项、本企业或其控股企业股权和股份以外的有价证券、存货、固定资产、其他资产以及承担债务等作为支付的形式。

(5)企业重组中取得股权支付的原主要股东,在重组后连续12个月内,不得转让所取得的股权。

"企业重组后的连续12个月内",是指自重组日起计算的连续12个月内。原主要股东,是指原持有转让企业或被收购企业20%以上股权的股东。

企业重组业务适用特殊性税务处理的,申报时,当事各方还应向主管税务机关提交

---

① 国家税务总局:《关于企业因国务院决定事项形成的资产损失税前扣除问题的公告》,国家税务总局公告2014年第18号。
② 财政部、国家税务总局:《关于企业重组业务企业所得税处理若干问题的通知》,财税〔2009〕59号;国家税务总局:《企业重组业务企业所得税管理办法》,国家税务总局公告2010年第4号;国家税务总局:《关于企业重组业务企业所得税征收管理若干问题的公告》,国家税务总局公告2015年第48号;财政部、国家税务总局:《关于促进企业重组有关企业所得税处理问题的通知》,财税〔2014〕109号;财政部、国家税务总局:《关于非货币性资产投资企业所得税政策问题的通知》,财税〔2014〕116号。

重组前连续 12 个月内有无与该重组相关的其他股权、资产交易情况的说明,并说明这些交易与该重组是否构成分步交易,是否作为一项企业重组业务进行处理。

若同一项重组业务涉及在连续 12 个月内分步交易,且跨两个纳税年度,当事各方在首个纳税年度交易完成时预计整个交易符合特殊性税务处理条件,经协商一致选择特殊性税务处理的,可以暂时适用特殊性税务处理,并在当年企业所得税年度申报时提交书面申报资料。在下一纳税年度全部交易完成后,企业应判断是否适用特殊性税务处理。如适用特殊性税务处理的,当事各方应按要求申报相关资料;如适用一般性税务处理的,应调整相应纳税年度的企业所得税年度申报表,计算缴纳企业所得税。①

需要注意的是,同一重组业务的当事各方应采取一致税务处理原则,即统一按一般性或特殊性税务处理。②

一、企业法律形式改变

企业法律形式改变,是指企业注册名称、住所以及企业组织形式等的简单改变,但符合其他重组的类型除外。

企业由法人转变为个人独资企业、合伙企业等非法人组织,或将登记注册地转移至中华人民共和国境外(包括港澳台地区),应视同企业进行清算、分配,股东重新投资成立新企业。企业的全部资产以及股东投资的计税基础均应以公允价值为基础确定。

企业发生其他法律形式简单改变的,可直接变更税务登记,除另有规定外,有关企业所得税纳税事项(包括亏损结转、税收优惠等权益和义务)由变更后企业承继,但因住所发生变化而不符合税收优惠条件的除外。

二、债务重组

债务重组,是指在债务人发生财务困难的情况下,债权人按照其与债务人达成的书面协议或者法院裁定书,就其债务人的债务作出让步的事项。债务重组中当事各方为债务人、债权人。重组当事各方企业适用特殊性税务处理的,主导方为债务人。

(一)一般性税务处理

企业债务重组的一般性税务处理应按以下规定进行:

(1)以非货币资产清偿债务,应当分解为转让相关非货币性资产、按非货币性资产公允价值清偿债务两项业务,确认相关资产的所得或损失。

(2)发生债权转股权的,应当分解为债务清偿和股权投资两项业务,确认有关债务清偿所得或损失。

(3)债务人应当按照支付的债务清偿额低于债务计税基础的差额,确认债务重组所得;债权人应当按照收到的债务清偿额低于债权计税基础的差额,确认债务重组损失。

(4)债务人的相关所得税纳税事项原则上保持不变。

---

① 国家税务总局:《关于企业重组业务企业所得税征收管理若干问题的公告》,国家税务总局公告 2015 年第 48 号。

② 国家税务总局:《企业重组业务企业所得税管理办法》,国家税务总局公告 2010 年第 4 号。

（二）特殊性税务处理

对于符合特殊性税务处理条件的债务重组，交易各方对其交易中的股权支付部分，可以按以下规定处理：

（1）企业债务重组确认的应纳税所得额占该企业当年应纳税所得额50%以上，可以在5个纳税年度的期间内，均匀计入各年度的应纳税所得额。

（2）企业发生债权转股权业务，对债务清偿和股权投资两项业务暂不确认有关债务清偿所得或损失，股权投资的计税基础以原债权的计税基础确定。企业的其他相关所得税事项保持不变。

三、股权收购

股权收购，是指一家企业（以下简称"收购企业"）购买另一家企业（以下简称"被收购企业"）的股权，以实现对被收购企业控制的交易。收购企业支付对价的形式包括股权支付、非股权支付或两者的组合。股权收购中当事各方为收购方、转让方及被收购企业。股权收购当事各方企业适用特殊性税务处理的，主导方为股权转让方，涉及两个或两个以上股权转让方，由转让被收购企业股权比例最大的一方作为主导方（转让股权比例相同的可协商确定主导方）。股权收购中转让方可以是自然人。当事各方中的自然人应按个人所得税的相关规定进行税务处理。

（一）一般性税务处理

企业股权收购重组交易，如果适用一般性税务处理，相关交易应按以下规定处理：

（1）被收购方应确认股权、资产转让所得或损失。

（2）收购方取得股权或资产的计税基础应以公允价值为基础确定。

（3）被收购企业的相关所得税事项原则上保持不变。

由于被收购企业只是股东发生了变更，其各项资产和负债的权属等事项没有发生改变，因此被收购企业并不涉及企业所得税的处理问题，其原有各项资产和负债的计税基础和其他相关所得税事项保持不变。

（二）特殊性税务处理

股权收购，收购企业购买的股权不低于被收购企业全部股权的50%[①]，且收购企业在该股权收购发生时的股权支付金额不低于其交易支付总额的85%，可以选择按以下规定处理：

（1）被收购企业的股东取得收购企业股权的计税基础，以被收购股权的原有计税基础确定。

也就是说，被收购企业的股东可以暂不确认股权转让所得或损失。需要注意的是，如果涉及非股份支付，仍需要确认非股权支付对应的股权转让所得或损失。

$$非股权支付对应的股权转让所得或损失 = （被转让股权的公允价值 - 被转让股权的计税基础） \times （非股权支付金额 / 被转让股权的公允价值）$$

[①] 财政部、国家税务总局：《关于促进企业重组有关企业所得税处理问题的通知》，财税〔2014〕109号。

如果涉及非股份支付,股权转让方确认了非股权支付对应的股权所得或损失,那么收购企业应调整取得的股权的计税基础。根据企业所得税的原理可以得到:

$$\begin{matrix}\text{被收购股权的}\\\text{原计税基础}\end{matrix} + \begin{matrix}\text{被收购企业股东确认的}\\\text{股权转让所得或损失}\end{matrix} = \begin{matrix}\text{被收购企业股东取得的}\\\text{收购企业股权的计税基础}\end{matrix} + \begin{matrix}\text{非股权支付}\\\text{的金额}\end{matrix}$$

进而得到:

$$\begin{matrix}\text{被收购企业股东取得的}\\\text{收购企业股权的计税基础}\end{matrix} = \begin{matrix}\text{被收购股权的}\\\text{原计税基础}\end{matrix} + \begin{matrix}\text{被收购企业股东确认的}\\\text{股权转让所得或损失}\end{matrix} - \begin{matrix}\text{非股权支付}\\\text{的金额}\end{matrix}$$

(2)收购企业取得被收购企业股权的计税基础,以被收购股权的原有计税基础确定。

由于被收购企业的股东暂时没有确认股权转让所得或损失,收购企业取得被收购股权计税基础保持不变,仍然为原有的计税基础。

需要注意的是,如果涉及非股份支付,由于股权转让方确认了非股权支付对应的股权转让所得或损失,那么收购企业应调整取得的股权的计税基础:

$$\begin{matrix}\text{收购企业取得被收购}\\\text{企业股权的计税基础}\end{matrix} = \begin{matrix}\text{被收购股权的}\\\text{原计税基础}\end{matrix} + \begin{matrix}\text{股权转让方确认的非股权}\\\text{支付对应的股权所得}\end{matrix}[1]$$

(3)收购企业、被收购企业的原有各项资产和负债的计税基础与其他相关所得税事项保持不变。

四、资产收购

资产收购,是指一家企业(以下简称"受让企业")购买另一家企业(以下简称"转让企业")实质经营性资产的交易。受让企业支付对价的形式包括股权支付、非股权支付或两者的组合。资产收购中当事各方为收购方、转让方。资产收购当事各方企业适用特殊性税务处理的,主导方为资产转让方。

(一)一般性税务处理

资产收购如果适用一般性税务处理,相关交易应按以下规定处理:

(1)被收购方应确认股权、资产转让所得或损失。

(2)收购方取得股权或资产的计税基础应以公允价值为基础确定。

(3)被收购企业的相关所得税事项原则上保持不变。

(二)特殊性税务处理

资产收购,受让企业收购的资产不低于转让企业全部资产的50%,且受让企业在该资产收购发生时的股权支付金额不低于其交易支付总额的85%,可以选择按以下规定处理:

(1)转让企业取得受让企业股权的计税基础,以被转让资产的原有计税基础确定。

也就是说,由于被收购企业暂时没有确认资产的转让所得或损失,收购企业取得被

---

[1] 尹磊:《对股权收购企业所得税待遇的若干思考》,《税务研究》,2015年第8期。

收购资产计税基础保持不变,仍然以被收购资产原有的计税基础作为其计税基础。

但是,如果涉及非股份支付,由于转让方确认了非股权支付对应的资产转让所得或损失,那么收购企业应调整取得收购资产的计税基础:

$$\text{收购企业取得收购资产的计税基础} = \text{被收购资产的原计税基础} + \text{资产转让方确认的非股权支付对应的资产所得或损失}$$

(2) 受让企业取得转让企业资产的计税基础,以被转让资产的原有计税基础确定。

受让企业取得转让企业资产的计税基础,以被转让资产的原有计税基础确定,意味着受让企业即资产转让方可以暂不确认资产转让所得或损失。但是如果涉及非股份支付,仍需要确认非股权支付对应的资产转让所得或损失。

$$\text{非股权支付对应的资产转让所得或损失} = (\text{被转让资产的公允价值} - \text{被转让资产的计税基础}) \times (\text{非股权支付金额}/\text{被转让资产的公允价值})$$

如果涉及非股份支付,既然转让方确认了非股权支付对应的资产转让所得或损失,那么资产转让方应调整取得的股权的计税基础。根据前面对股权收购的分析,同理可以得到

$$\text{资产转让方取得的股权支付的计税基础} = \text{被收购资产的原计税基础} + \text{被收购企业确认的资产转让所得或损失} - \text{非股权支付的金额}$$

五、企业合并

合并,是指一家或多家企业(以下简称"被合并企业")将其全部资产和负债转让给另一家现存或新设企业(以下简称"合并企业"),被合并企业股东换取合并企业的股权或非股权支付,实现两个或两个以上企业的依法合并。企业合并中当事各方为合并企业、被合并企业及被合并企业股东。分立中当事各方企业适用特殊性税务处理的,主导方为被合并企业,涉及同一控制下多家被合并企业的,以净资产最大一方为主导方。合并中被合并企业股东可以是自然人。当事各方中的自然人应按个人所得税的相关规定进行税务处理。

(一) 一般性税务处理

企业合并,如果适用一般性税务处理,当事各方应按下列规定处理:

(1) 合并企业应按公允价值确定接受被合并企业各项资产和负债的计税基础。被合并企业应按公允价值确认相应资产的转让所得或损失。

(2) 被合并企业及其股东都应按清算进行所得税处理。

(3) 被合并企业的亏损不得在合并企业结转弥补。

(二) 特殊性税务处理

企业合并,企业股东在该企业合并发生时取得的股权支付金额不低于其交易支付总额的85%,以及同一控制下且不需要支付对价的企业合并,可以选择按以下规定处理:

(1) 合并企业接受被合并企业资产和负债的计税基础,以被合并企业的原有计税基

础确定。

在特殊处理的情况下,由于被合并企业暂时没有确认资产的转让所得或损失,合并企业接受被合并资产的计税基础保持不变,仍然等于合并资产原有的计税基础。

如果涉及非股份支付,由于被合并企业需要确认非股权支付对应的合并资产的转让所得或损失,那么合并企业应调整取得的被合并企业资产的计税基础:

$$\text{合并企业取得的被合并企业资产的计税基础} = \text{被合并资产的原计税基础} + \text{被合并企业确认的非股权支付对应的资产所得或损失}$$

(2) 被合并企业合并前的相关所得税事项由合并企业承继。

在一般性处理的条件下,由于被合并企业及其股东都应按清算进行所得税处理,被合并企业合并前的相关所得税事项需要按照企业清算的相关规定自行处理,与合并企业无直接关系。在特殊性处理的条件下,被合并企业不需要按照进行清算,被合并企业合并前的相关所得税事项,包括符合条件的税收优惠和企业亏损等事项可以由合并企业承继。

(3) 可由合并企业弥补的被合并企业亏损的限额=被合并企业净资产公允价值×截至合并业务发生当年年末国家发行的最长期限的国债利率。

需要注意的是,可由合并企业弥补的被合并企业亏损的限额,是指按税法规定的剩余结转年限内,每年可由合并企业弥补的被合并企业亏损的限额。

(4) 被合并企业股东取得合并企业股权的计税基础,以其原持有的被合并企业股权的计税基础确定。

被合并企业股东取得合并企业股权的计税基础,以其原持有的被合并企业股权的计税基础确定,意味着受被合并企业股东可以暂不确认其原持有的被合并企业股权的转让所得或损失。但是如果涉及非股权支付,被合并企业股东仍需要确认非股权支付对应的其原持有的被合并企业股权的转让所得或损失

$$\text{非股权支付对应的其原持有的被合并企业股权的转让所得或损失} = (\text{支付对价的公允价值} - \text{被合并企业股权的计税基础}) \times (\text{非股权支付金额} / \text{支付对价的公允价值})$$

在涉及非股权支付的情况下,既然被合并企业股东确认了非股权支付对应的其原持有的被合并企业股权的转让所得或损失,那么被合并企业股东应调整取得的合并企业股权的计税基础。同理可以得到

$$\text{被合并企业股东取得的合并企业股权的计税基础} = \text{被合并企业股东原持有的被合并企业股权的计税基础} + \text{被合并企业股东确认的股权转让所得或损失} - \text{非股权支付的金额}$$

在企业吸收合并中,合并后的存续企业性质及适用税收优惠的条件未发生改变的,可以继享受合并前该企业剩余期限的税收优惠,其优惠金额按存续企业合并前一年的应纳税所得额(亏损计为零)计算。

六、企业分立

分立,是指一家企业(以下简称"被分立企业")将部分或全部资产分离转让给现存或

新设的企业(以下简称"分立企业"),被分立企业股东换取分立企业的股权或非股权支付,实现企业的依法分立。分立中当事各方为分立企业、被分立企业及分立企业股东。分立中当事各方企业适用特殊性税务处理的,主导方为被分立企业。分立中被分立企业股东可以是自然人,当事各方中的自然人应按个人所得税的相关规定进行税务处理。

(一)一般性税务处理

企业分立,如果适用一般性税务处理,当事各方应按下列规定处理:

(1)被分立企业对分立出去资产应按公允价值确认资产转让所得或损失。通常情况下,企业分立相当于被分立企业将其资产按公允价值转让给被分立企业,因此应对被分割的资产确认转让所得或损失。

(2)分立企业应按公允价值确认接受资产的计税基础。由于被分立企业确认了被分立资产的转让所得或损失,相当于按公允价值转让此部分资产,因此分立企业应按公允价值确定其计税基础。

(3)被分立企业继续存在时,其股东取得的对价应视同被分立企业分配进行处理。在这种情况下,如果被分立企业股东取得的对价,未超过被分立企业留存收益份额的部分,属于分配的股息;超过被分立公司留存收益份额的部分,如果低于投资成本,视同投资成本的收回,应相应冲减被分立公司股权的计税基础;如果高于投资成本,应确认股权转让所得。同时,被分立企业股东应按公允价值确定取得支付对价的计税基础。

(4)被分立企业不再继续存在时,被分立企业及其股东都应按清算进行所得税处理。也就是说,如果被分立企业不再存续,则其股东取得的对价,应视同因被分立企业清算而分回的剩余财产进行所得税处理,即应从取得的对价中减除被分立企业留存收益份额(属于股息),再减除投资的计税基础,确认股权转让所得或损失。

(5)企业分立相关企业的亏损不得相互结转弥补。

(二)特殊性税务处理

企业分立,被分立企业所有股东按原持股比例取得分立企业的股权,分立企业和被分立企业均不改变原来的实质经营活动,且被分立企业股东在该企业分立发生时取得的股权支付金额不低于其交易支付总额的85%,可以选择按以下规定处理:

(1)分立企业接受被分立企业资产和负债的计税基础,以被分立企业的原有计税基础确定。

在符合特殊处理的条件下,如果不涉及非股权支付,则被分立企业未确认被分立资产的转让所得或损失,因此不能按照公允价值确定被分立资产在分立企业的计税基础,而应按照被分立资产的原计税基础确定其在分立企业的计税基础。在涉及非股权支付的情况下,由于被分立企业确认了非股权支付对应的资产转让所得或损失,因此分立企业确定被分立资产的计税基础应包括被分立企业已确认的此部分资产的转让所得或损失,即:

$$\text{被分立资产的计税基础} = \text{原计税基础} + \text{已确认的非股权支付对应的资产转让所得或损失}$$

(2)被分立企业已分立出去资产相应的所得税事项由分立企业承继。

(3) 被分立企业未超过法定弥补期限的亏损额可按分立资产占全部资产的比例进行分配,由分立企业继续弥补。

(4) 被分立企业的股东取得分立企业的股权(以下简称"新股"),如需部分或全部放弃原持有的被分立企业的股权(以下简称"旧股"),新股的计税基础应以放弃旧股的计税基础确定。如不需放弃旧股,则其取得新股的计税基础可从以下两种方法中选择确定:直接将新股的计税基础确定为零;或者以被分立企业分立出去的净资产占被分立企业全部净资产的比例先调减原持有的旧股的计税基础,再将调减的计税基础平均分配到新股上。也就是说,在被分立企业没有办理减资手续的情况下,被分立企业股东取得分立企业新股时不需要放弃旧股,其取得的新股及非股权支付相当于从被分立企业取得股息所得,不涉及确认旧股转让所得或损失问题;而当被分立企业办理减资手续情况下,如果涉及非股权支付,应当确认非股权支付对应的放弃旧股的转让所得或损失。

① 被分立企业股东部分或全部放弃旧股。按照税法规定,此时新股应按照放弃旧股的原计税基础调整确定。在不涉及非股权支付的情况下,新股的计税基础即为放弃旧股的原计税基础。在涉及非股权支付的情况下,根据企业所得税的原理,被分立企业股东取得的全部经济利益(即新股和非股权支付)的计税基础应等于放弃旧股的原计税基础与非股权支付对应的旧股转让所得或损失之和,即

放弃旧股的原计税基础+已确认的旧股转让所得或损失=新股计税基础+非股权支付额

据此可直接推出:

新股计税基础=放弃旧股的原计税基础+已确认的旧股转让所得或损失-非股权支付额

② 被分立企业股东没有放弃旧股。按照税法规定,此时新股的计税基础可从以下两种方法中选择确定:一是直接将新股的计税基础确定为零;二是以被分立企业分立出去的净资产占被分立企业全部净资产的比例先调减原持有的旧股的计税基础,再将调减的计税基础平均分配到新股上。需要注意的是,由于被分立企业股东取得新股未放弃旧股,如上所述取得的新股及非股权支付相当于从被分立企业取得的股息所得,所以非股权支付既不影响旧股计税基础,也不影响新股计税基础。

在企业存续分立中,分立后的存续企业性质及适用税收优惠的条件未发生改变的,可以继续享受分立前该企业剩余期限的税收优惠,其优惠金额按该企业分立前一年的应纳税所得额(亏损计为零)乘以分立后存续企业资产占分立前该企业全部资产的比例计算。

七、股权、资产划转[①]

(一) 一般规定

对100%直接控制的居民企业之间,以及受同一或相同多家居民企业100%直接控

[①] 财政部、国家税务总局:《关于促进企业重组有关企业所得税处理问题的通知》,财税〔2014〕109号;国家税务总局:《关于资产(股权)划转企业所得税征管问题的公告》,国家税务总局公告2015年第40号。

制的居民企业之间按账面净值划转股权或资产,凡具有合理商业目的、不以减少、免除或者推迟缴纳税款为主要目的,股权或资产划转后连续12个月内不改变被划转股权或资产原来实质性经营活动,且划出方企业和划入方企业均未在会计上确认损益的,可以选择按以下规定进行特殊性税务处理:

(1) 划出方企业和划入方企业均不确认所得。

(2) 划入方企业取得被划转股权或资产的计税基础,以被划转股权或资产的原计税基础确定。

(3) 划入方企业取得的被划转资产,应按被划转资产的原计税基础计算折旧扣除或摊销。

(二) 具体规定

100%直接控制的居民企业之间,以及受同一或相同多家居民企业100%直接控制的居民企业之间按账面净值划转股权或资产,限于以下情形:

(1) 100%直接控制的母子公司之间,母公司向子公司按账面净值划转其持有的股权或资产,母公司获得子公司100%的股权支付。母公司按增加长期股权投资处理,子公司按接受投资(包括资本公积,下同)处理。母公司获得子公司股权的计税基础以划转股权或资产的原计税基础确定。

(2) 100%直接控制的母子公司之间,母公司向子公司按账面净值划转其持有的股权或资产,母公司没有获得任何股权或非股权支付。母公司按冲减实收资本(包括资本公积,下同)处理,子公司按接受投资处理。

(3) 100%直接控制的母子公司之间,子公司向母公司按账面净值划转其持有的股权或资产,子公司没有获得任何股权或非股权支付。母公司按收回投资处理,或按接受投资处理,子公司按冲减实收资本处理。母公司应按被划转股权或资产的原计税基础,相应调减持有子公司股权的计税基础。

(4) 受同一或相同多家母公司100%直接控制的子公司之间,在母公司主导下,一家子公司向另一家子公司按账面净值划转其持有的股权或资产,划出方没有获得任何股权或非股权支付。划出方按冲减所有者权益处理,划入方按接受投资处理。

八、境内与境外企业之间的股权和资产收购

企业发生涉及中国境内与境外(包括港澳台地区)之间的股权和资产收购交易,除应符合适用特殊性税务处理的条件外,还应同时符合下列条件,才可选择适用特殊性税务处理的规定:

(1) 非居民企业向其100%直接控股的另一非居民企业转让其拥有的居民企业股权,没有因此造成以后该项股权转让所得预提税负担变化,且转让方非居民企业向主管税务机关书面承诺在3年(含3年)内不转让其拥有受让方非居民企业的股权。

(2) 非居民企业向与其具有100%直接控股关系的居民企业转让其拥有的另一居民企业股权。

(3) 居民企业以其拥有的资产或股权向其100%直接控股的非居民企业进行投资。

(4) 财政部、国家税务总局核准的其他情形。

这里需要注意的是，居民企业以其拥有的资产或股权向其100%直接控股关系的非居民企业进行投资，其资产或股权转让收益如选择特殊性税务处理，可以在10个纳税年度内均匀计入各年度应纳税所得额。

九、非货币性资产投资的处理

非货币性资产，是指现金、银行存款、应收账款、应收票据以及准备持有至到期的债券投资等货币性资产以外的资产。非货币性资产投资，是指以非货币性资产出资设立新的居民企业，或将非货币性资产注入现存的居民企业。与直接销售非货币性资产并取得货币形式的收入相比，非货币性投资在企业所得税处理上存在的最大困难在于，虽然投资方发生了企业所得税的纳税义务，但是其所得的形式是被投资方的股权。股权作为企业非货币形式的收入，既不能直接进入市场流通，也不能作为缴纳税款的方式，而且短期内也难以变现，使得投资方出现了有"应税所得"，但是缺"纳税能力"的现象。如果非货币性资产投资的金额比较大，在一次性缴纳企业所得税的情况下很可能会占用企业大量的资金，给企业的日常经营带来一定的困难。①

为了解决这一问题，现行税法规定，居民企业以非货币性资产对外投资，应于投资协议生效并办理股权登记手续时，确认非货币性资产转让收入的实现，并对非货币性资产进行评估并按评估后的公允价值扣除计税基础后的余额，计算确认非货币性资产转让所得，且可在不超过5年期限内，分期均匀计入相应年度的应纳税所得额，按规定计算缴纳企业所得税。②

在非货币性资产投资业务中，企业以非货币性资产对外投资而取得被投资企业的股权，应以非货币性资产的原计税成本为计税基础，加上每年确认的非货币性资产转让所得，逐年进行调整。被投资企业取得非货币性资产的计税基础，应按非货币性资产的公允价值确定。

企业在对外投资5年内转让上述股权或投资收回的，应停止执行递延纳税政策，并就递延期内尚未确认的非货币性资产转让所得，在转让股权或投资收回当年的企业所得税年度汇算清缴时，一次性计算缴纳企业所得税；企业在计算股权转让所得时，可将股权的计税基础一次调整到位。企业在对外投资5年内注销的，应停止执行递延纳税政策，并就递延期内尚未确认的非货币性资产转让所得，在注销当年的企业所得税年度汇算清缴时，一次性计算缴纳企业所得税。

需要说明的是，企业发生非货币性资产投资，符合企业重组特殊性税务处理条件的，也可选择按特殊性税务处理规定执行。

第八节　房地产开发企业的所得税处理

房地产开发周期长，资金投入大，会计核算较为复杂，在收入确认和成本费用归集方

---

① 尹磊：《非货币性资产投资企业所得税政策解析》，《中国税务》，2015年第2期。
② 财政部、国家税务总局：《关于非货币性资产投资企业所得税政策问题的通知》，财税〔2014〕116号。

面存在一些特殊性,企业所得税法对于房地产开发企业的税务处理作出了专门性的规定。具体而言,企业房地产开发经营业务包括土地的开发,建造、销售住宅、商业用房以及其他建筑物、附着物、配套设施等开发产品。①

一、收入的税务处理

开发产品销售收入的范围为销售开发产品过程中取得的全部价款,包括现金、现金等价物及其他经济利益。企业代有关部门、单位和企业收取的各种基金、费用和附加等,凡纳入开发产品价内或由企业开具发票的,应按规定全部确认为销售收入;未纳入开发产品价内并由企业之外的其他收取部门、单位开具发票的,可作为代收代缴款项进行管理。

(一) 收入确认的条件

企业通过正式签订《房地产销售合同》或《房地产预售合同》所取得的收入,应确认为销售收入的实现,具体按以下规定确认:

(1) 采取一次性全额收款方式销售开发产品的,应于实际收讫价款或取得索取价款凭据(权利)之日,确认收入的实现。

(2) 采取分期收款方式销售开发产品的,应按销售合同或协议约定的价款和付款日确认收入的实现。付款方提前付款的,在实际付款日确认收入的实现。

(3) 采取银行按揭方式销售开发产品的,应按销售合同或协议约定的价款确定收入额,其首付款应于实际收到日确认收入的实现,余款在银行按揭贷款办理转账之日确认收入的实现。

(4) 采取委托方式销售开发产品的,应按以下原则确认收入的实现:

① 采取支付手续费方式委托销售开发产品的,应按销售合同或协议中约定的价款于收到受托方已销开发产品清单之日确认收入的实现。

② 采取视同买断方式委托销售开发产品的,属于企业与购买方签订销售合同或协议,或企业、受托方、购买方三方共同签订销售合同或协议的,如果销售合同或协议中约定的价格高于买断价格,则应按销售合同或协议中约定的价格计算的价款于收到受托方已销开发产品清单之日确认收入的实现;如果属于前两种情况中销售合同或协议中约定的价格低于买断价格,以及属于受托方与购买方签订销售合同或协议的,则应按买断价格计算的价款于收到受托方已销开发产品清单之日确认收入的实现。

③ 采取基价(保底价)并实行超基价双方分成方式委托销售开发产品的,属于由企业与购买方签订销售合同或协议,或企业、受托方、购买方三方共同签订销售合同或协议的,如果销售合同或协议中约定的价格高于基价,则应按销售合同或协议中约定的价格计算的价款于收到受托方已销开发产品清单之日确认收入的实现,企业按规定支付受托方的分成额,不得直接从销售收入中减除;如果销售合同或协议约定的价格低于基价的,则应按基价计算的价款于收到受托方已销开发产品清单之日确认收入的实现。属于由受托方与购买方直接签订销售合同的,则应按基价加上按规定取得的分成额于收到受托

---

① 国家税务总局:《关于印发〈房地产开发经营业务企业所得税处理办法〉的通知》,国税发〔2009〕31号。

方已销开发产品清单之日确认收入的实现。

④ 采取包销方式委托销售开发产品的,包销期内可根据包销合同的有关约定,参照上述规定确认收入的实现;包销期满后尚未出售的开发产品,企业应根据包销合同或协议约定的价款和付款方式确认收入的实现。

(二) 视同销售收入的确认

企业将开发产品用于捐赠、赞助、职工福利、奖励、对外投资、分配给股东或投资人、抵偿债务、换取其他企事业单位和个人的非货币性资产等行为,应视同销售,于开发产品所有权或使用权转移,或于实际取得利益权利时确认收入(或利润)的实现。确认收入(或利润)的方法和顺序为:

(1) 按本企业近期或本年度最近月份同类开发产品市场销售价格确定。

(2) 由主管税务机关参照当地同类开发产品市场公允价值确定。

(3) 按开发产品的成本利润率确定。开发产品的成本利润率不得低于15%,具体比例由主管税务机关确定。

(三) 销售未完工产品

除土地开发之外,如果开发产品竣工证明材料已报房地产管理部门备案,或开发产品已开始投入使用,以及开发产品已取得了初始产权证明,应视为开发产品已经完工。

企业销售未完工开发产品的计税毛利率由各省、自治区、直辖市国家税务局、地方税务局按下列规定进行确定:

(1) 开发项目位于省、自治区、直辖市和计划单列市人民政府所在地城市城区及郊区的,不得低于15%。

(2) 开发项目位于地及地级市城区及郊区的,不得低于10%。

(3) 开发项目位于其他地区的,不得低于5%。

(4) 属于经济适用房、限价房和危改房的,不得低于3%。

企业销售未完工开发产品取得的收入,应先按预计计税毛利率分季(或月)计算出预计毛利额,计入当期应纳税所得额。开发产品完工后,企业应及时结算其计税成本并计算此前销售收入的实际毛利额,同时将其实际毛利额与其对应的预计毛利额之间的差额,计入当年度企业本项目与其他项目合并计算的应纳税所得额。

在年度纳税申报时,企业须出具对该项开发产品实际毛利额与预计毛利额之间差异调整情况的报告以及税务机关需要的其他相关资料。

企业新建的开发产品在尚未完工或办理房地产初始登记、取得产权证前,与承租人签订租赁预约协议的,自开发产品交付承租人使用之日起,出租方取得的预租价款按租金确认收入的实现。

二、成本、费用扣除的税务处理

(一) 扣除原则

企业在进行成本、费用的核算与扣除时,必须按规定区分期间费用和开发产品计税成本、已销开发产品计税成本与未销开发产品计税成本。企业发生的期间费用、已销开发产品计税成本、营业税金及附加、土地增值税准予当期按规定扣除。

（二）开发成本的扣除

已销开发产品的计税成本，按当期已实现销售的可售面积和可售面积单位工程成本确认。可售面积单位工程成本和已销开发产品的计税成本按下列公式计算确定：

可售面积单位工程成本＝成本对象总成本／成本对象总可售面积

已销开发产品的计税成本＝已实现销售的可售面积×可售面积单位工程成本

企业对尚未出售的已完工开发产品和按照有关法律、法规或合同规定对已售开发产品（包括共用部位、共用设施设备）进行日常维护、保养、修理等实际发生的维修费用，准予在当期据实扣除。

企业将已计入销售收入的共用部位、共用设施设备维修基金按规定移交给有关部门、单位的，应于移交时扣除。

（三）配套设施的扣除

企业在开发区内建造的会所、物业管理场所、电站、热力站、水厂、文体场馆、幼儿园等配套设施，按以下规定进行处理：

（1）属于非营利性且产权属于全体业主的，或无偿赠与地方政府、公用事业单位的，可将其视为公共配套设施，其建造费用按公共配套设施费的有关规定进行处理。

（2）属于营利性的，或产权归企业所有的，或未明确产权归属的，或无偿赠与地方政府、公用事业单位以外其他单位的，应当单独核算其成本。除企业自用应按建造固定资产进行处理外，其他一律按建造开发产品进行处理。

企业在开发区内建造的邮电通信、学校、医疗设施应单独核算成本，其中，由企业与国家有关业务管理部门、单位合资建设，完工后有偿移交的，国家有关业务管理部门、单位给予的经济补偿可直接抵扣该项目的建造成本，抵扣后的差额应调整当期应纳税所得额。

（四）相关费用的扣除

企业采取银行按揭方式销售开发产品的，凡约定企业为购买方的按揭贷款提供担保的，其销售开发产品时向银行提供的保证金（担保金）不得从销售收入中减除，也不得作为费用在当期税前扣除，但实际发生损失时可据实扣除。

企业委托境外机构销售开发产品的，其支付境外机构的销售费用（含佣金或手续费）不超过委托销售收入10%的部分，准予据实扣除。

企业的利息支出按以下规定进行处理：

（1）企业为建造开发产品借入资金而发生的符合税收规定的借款费用，可按企业会计准则的规定进行归集和分配，其中属于财务费用性质的借款费用，可直接在税前扣除。

（2）企业集团或其成员企业统一向金融机构借款分摊集团内部其他成员企业使用的，借入方凡能出具从金融机构取得借款的证明文件，可以在使用借款的企业间合理地分摊利息费用，使用借款的企业分摊的合理利息准予在税前扣除。

企业因国家无偿收回土地使用权而形成的损失，可作为财产损失按有关规定在税前扣除。企业开发产品（以成本对象为计量单位）整体报废或毁损，其净损失按有关规定审核确认后准予在税前扣除。

需要注意的是,企业开发产品转为自用的,其实际使用时间累计未超过12个月又销售的,不得在税前扣除折旧费用。

三、计税成本的核算

计税成本是指企业在开发、建造开发产品(包括固定资产,下同)过程中所发生的按照税收规定进行核算与计量的应归入某项成本对象的各项费用。

(一)计税成本的核算原则

成本对象是指为归集和分配开发产品开发、建造过程中的各项耗费而确定的费用承担项目。计税成本对象的确定原则如下:

(1)可否销售原则。开发产品能够对外经营销售的,应作为独立的计税成本对象进行成本核算;不能对外经营销售的,可先作为过渡性成本对象进行归集,然后再将其相关成本摊入能够对外经营销售的成本对象。

(2)分类归集原则。对同一开发地点、竣工时间相近、产品结构类型没有明显差异的群体开发的项目,可作为一个成本对象进行核算。

(3)功能区分原则。开发项目某组成部分相对独立,且具有不同使用功能时,可以作为独立的成本对象进行核算。

(4)定价差异原则。开发产品因其产品类型或功能不同等而导致其预期售价存在较大差异的,应分别作为成本对象进行核算。

(5)成本差异原则。开发产品因建筑上存在明显差异可能导致其建造成本出现较大差异的,要分别作为成本对象进行核算。

(6)权益区分原则。开发项目属于受托代建的或多方合作开发的,应结合上述原则分别划分成本对象进行核算。

为了加强房地产开发企业成本费用的管理,房地产开发企业应依据计税成本对象确定原则确定已完工开发产品的成本对象,并就确定原则、依据,共同成本分配原则、方法,以及开发项目基本情况、开发计划等出具专项报告,在开发产品完工当年企业所得税年度纳税申报时,随同《企业所得税年度纳税申报表》一并报送主管税务机关。房地产开发企业将已确定的成本对象报送主管税务机关后,不得随意调整或相互混淆。如确需调整成本对象的,应就调整的原因、依据和调整前后成本变化情况等出具专项报告,在调整当年企业所得税年度纳税申报时报送主管税务机关。房地产开发企业应建立健全成本对象管理制度,合理区分已完工成本对象、在建成本对象和未建成本对象,及时收集、整理、保存成本对象涉及的证据材料,以备税务机关检查。①

(二)计税成本支出内容

(1)土地征用费及拆迁补偿费。指为取得土地开发使用权(或开发权)而发生的各项费用,主要包括土地买价或出让金、大市政配套费、契税、耕地占用税、土地使用费、土地

---

① 国家税务总局:《关于房地产开发企业成本对象管理问题的公告》,国家税务总局公告2014年第35号。

闲置费、土地变更用途和超面积补交的地价及相关税费、拆迁补偿支出、安置及动迁支出、回迁房建造支出、农作物补偿费、危房补偿费等。

（2）前期工程费。指项目开发前期发生的水文地质勘察、测绘、规划、设计、可行性研究、筹建、场地通平等前期费用。

（3）建筑安装工程费。指开发项目开发过程中发生的各项建筑安装费用。主要包括开发项目建筑工程费和开发项目安装工程费等。

（4）基础设施建设费。指开发项目在开发过程中所发生的各项基础设施支出，主要包括开发项目内道路、供水、供电、供气、排污、排洪、通信、照明等社区管网工程费和环境卫生、园林绿化等园林环境工程费。

（5）公共配套设施费：指开发项目内发生的、独立的、非营利性的，且产权属于全体业主的，或无偿赠与地方政府、政府公用事业单位的公共配套设施支出。

（6）开发间接费。指企业为直接组织和管理开发项目所发生的，且不能将其归属于特定成本对象的成本费用性支出。主要包括管理人员工资、职工福利费、折旧费、修理费、办公费、水电费、劳动保护费、工程管理费、周转房摊销以及项目营销设施建造费等。

（三）计税成本核算的程序

（1）对当期实际发生的各项支出，按其性质、经济用途及发生的地点、时间区进行整理、归类，并将其区分为应计入成本对象的成本和应在当期税前扣除的期间费用。同时还应按规定对在有关预提费用和待摊费用进行计量与确认。

（2）对应计入成本对象中的各项实际支出、预提费用、待摊费用等合理的划分为直接成本、间接成本和共同成本，并按规定将其合理的归集、分配至已完工成本对象、在建成本对象和未建成本对象。

（3）对期前已完工成本对象应负担的成本费用按已销开发产品、未销开发产品和固定资产进行分配，其中应由已销开发产品负担的部分，在当期纳税申报时进行扣除，未销开发产品应负担的成本费用待其实际销售时再予扣除。

（4）对本期已完工成本对象分类为开发产品和固定资产并对其计税成本进行结算。其中属于开发产品的，应按可售面积计算其单位工程成本，据此再计算已销开发产品计税成本和未销开发产品计税成本。对本期已销开发产品的计税成本，准予在当期扣除，未销开发产品计税成本待其实际销售时再予扣除。

（5）对本期未完工和尚未建造的成本对象应当负担的成本费用，应按分别建立明细台账，待开发产品完工后再予结算。

（四）成本分配方法

企业开发、建造的开发产品应按制造成本法进行计量与核算。其中，应计入开发产品成本中的费用属于直接成本和能够分清成本对象的间接成本，直接计入成本对象，共同成本和不能分清负担对象的间接成本，应按受益的原则和配比的原则分配至各成本对象，具体分配方法可按以下规定选择其一：

（1）占地面积法。指按已动工开发成本对象占地面积占开发用地总面积的比例进行分配。

① 一次性开发的，按某一成本对象占地面积占全部成本对象占地总面积的比例进行

分配。

②分期开发的,首先按本期全部成本对象占地面积占开发用地总面积的比例进行分配,然后再按某一成本对象占地面积占期内全部成本对象占地总面积的比例进行分配。期内全部成本对象应负担的占地面积为期内开发用地占地面积减除应由各期成本对象共同负担的占地面积。

(2) 建筑面积法。指按已动工开发成本对象建筑面积占开发用地总建筑面积的比例进行分配。

①一次性开发的,按某一成本对象建筑面积占全部成本对象建筑面积的比例进行分配。

②分期开发的,首先按期内成本对象建筑面积占开发用地计划建筑面积的比例进行分配,然后再按某一成本对象建筑面积占期内成本对象总建筑面积的比例进行分配。

(3) 直接成本法。指按期内某一成本对象的直接开发成本占期内全部成本对象直接开发成本的比例进行分配。

(4) 预算造价法。指按期内某一成本对象预算造价占期内全部成本对象预算造价的比例进行分配。

(五) 特定成本的分配方法

(1) 土地成本,一般按占地面积法进行分配。如果确需结合其他方法进行分配的,应商税务机关同意。土地开发同时连结房地产开发的,属于一次性取得土地分期开发房地产的情况,其土地开发成本经商税务机关同意后可先按土地整体预算成本进行分配,待土地整体开发完毕再行调整。

(2) 单独作为过渡性成本对象核算的公共配套设施开发成本,应按建筑面积法进行分配。

(3) 借款费用属于不同成本对象共同负担的,按直接成本法或按预算造价法进行分配。

(4) 其他成本项目的分配法由企业自行确定。

(六) 以非货币交易方式取得土地使用权的成本确定

(1) 企业、单位以换取开发产品为目的,将土地使用权投资企业的,按下列规定进行处理:

① 换取的开发产品如为该项土地开发、建造的,接受投资的企业在接受土地使用权时暂不确认其成本,待首次分出开发产品时,再按应分出开发产品(包括首次分出的和以后应分出的)的市场公允价值和土地使用权转移过程中应支付的相关税费计算确认该项土地使用权的成本。如涉及补价,土地使用权的取得成本还应加上应支付的补价款或减除应收到的补价款。

② 换取的开发产品如为其他土地开发、建造的,接受投资的企业在投资交易发生时,按应付出开发产品市场公允价值和土地使用权转移过程中应支付的相关税费计算确认该项土地使用权的成本。如涉及补价,土地使用权的取得成本还应加上应支付的补价款或减除应收到的补价款。

(2) 企业、单位以股权的形式,将土地使用权投资企业的,接受投资的企业应在投资交易发生时,按该项土地使用权的市场公允价值和土地使用权转移过程中应支付的相关税费计算确认该项土地使用权的取得成本。如涉及补价,土地使用权的取得成本还应加上应支付的补价款或减除应收到的补价款。

(七)预提(应付)费用

除以下几项预提(应付)费用外,计税成本均应为实际发生的成本。

(1)出包工程未最终办理结算而未取得全额发票的,在证明资料充分的前提下,其发票不足金额可以预提,但最高不得超过合同总金额的10%。

(2)公共配套设施尚未建造或尚未完工的,可按预算造价合理预提建造费用。此类公共配套设施必须符合已在售房合同、协议或广告、模型中明确承诺建造且不可撤销,或按照法律法规规定必须配套建造的条件。

(3)应向政府上交但尚未上交的报批报建费用、物业完善费用可以按规定预提。物业完善费用是指按规定应由企业承担的物业管理基金、公建维修基金或其他专项基金。

(八)其他扣除事项

企业单独建造的停车场所,应作为成本对象单独核算。利用地下基础设施形成的停车场所,作为公共配套设施进行处理。

企业在结算计税成本时其实际发生的支出应当取得但未取得合法凭据的,不得计入计税成本的,待实际取得合法凭据时,再按规定计入计税成本。

开发产品完工以后,企业可在完工年度企业所得税汇算清缴前选择确定计税成本核算的终止日,不得滞后。凡已完工开发产品在完工年度未按规定结算计税成本的,主管税务机关有权确定或核定其计税成本,据此进行纳税调整,并按《中华人民共和国税收征收管理法》的有关规定对其进行处理。

四、特定事项的税务处理

企业以本企业为主体联合其他企业、单位、个人合作或合资开发房地产项目,且该项目未成立独立法人公司的,按下列规定进行处理:

(1)凡开发合同或协议中约定向投资各方(即合作、合资方,下同)分配开发产品的,企业在首次分配开发产品时,如该项目已经结算计税成本,其应分配给投资方开发产品的计税成本与其投资额之间的差额计入当期应纳税所得额;如未结算计税成本,则将投资方的投资额视同销售收入进行相关的税务处理。

(2)凡开发合同或协议中约定分配项目利润的,应按以下规定进行处理:

① 企业应将该项目形成的营业利润额并入当期应纳税所得额统一申报缴纳企业所得税,不得在税前分配该项目的利润。同时不能因接受投资方投资额而在成本中摊销或在税前扣除相关的利息支出。

② 投资方取得该项目的营业利润应视同股息、红利进行相关的税务处理。

企业以换取开发产品为目的,将土地使用权投资其他企业房地产开发项目的,企业应在首次取得开发产品时,将其分解为转让土地使用权和购入开发产品两项经济业务进行所得税处理,并按应从该项目取得的开发产品(包括首次取得的和以后应取得的)的市场公允价值计算确认土地使用权转让所得或损失。

五、土地增值税清算及企业所得税退税[①]

房地产开发企业由于土地增值税清算,导致多缴企业所得税的退税问题,按以下规定处理:

(1)企业按规定对开发项目进行土地增值税清算后,当年企业所得税汇算清缴出现亏损且有其他后续开发项目的,该亏损应按照税法规定向以后年度结转,用以后年度所得弥补。

(2)企业按规定对开发项目进行土地增值税清算后,当年企业所得税汇算清缴出现亏损,且没有后续开发项目的,可以按照以下方法,计算出该项目由于土地增值税原因导致的项目开发各年度多缴企业所得税税款,并申请退税:

① 该项目缴纳的土地增值税总额,应按照该项目开发各年度实现的项目销售收入占整个项目销售收入总额的比例,在项目开发各年度进行分摊,具体按以下公式计算:

$$各年度应分摊的土地增值税 = 土地增值税总额 \times \frac{项目年度销售收入}{整个项目销售收入总额}$$

销售收入包括视同销售房地产的收入,但不包括企业销售的增值额未超过扣除项目金额20%的普通标准住宅的销售收入。

② 该项目开发各年度应分摊的土地增值税减去该年度已经在企业所得税税前扣除的土地增值税后,余额属于当年应补充扣除的土地增值税;企业应调整当年度的应纳税所得额,并按规定计算当年度应退的企业所得税税款;当年度已缴纳的企业所得税税款不足退税的,应作为亏损向以后年度结转,并调整以后年度的应纳税所得额。

③ 按照上述方法进行土地增值税分摊调整后,导致相应年度应纳税所得额出现正数的,应按规定计算缴纳企业所得税。

④ 企业按上述方法计算的累计退税额,不得超过其在该项目开发各年度累计实际缴纳的企业所得税;超过部分作为项目清算年度产生的亏损,向以后年度结转。

(3)企业在申请退税时,应向主管税务机关提供书面材料说明应退企业所得税款的计算过程,包括该项目缴纳的土地增值税总额、项目销售收入总额、项目年度销售收入额、各年度应分摊的土地增值税和已经税前扣除的土地增值税、各年度的适用税率,以及是否存在后续开发项目等情况。

第九节 应纳税额的计算

一、应纳税额的计算

企业的应纳税所得额乘以适用税率,减除税法允许减免和抵免的税额后的余额,为应纳税额。具体计算公式如下:

---

① 国家税务总局:《国家税务总局关于房地产开发企业土地增值税清算涉及企业所得税退税有关问题的公告》,国家税务总局公告2016年第81号。

应纳税额＝应纳税所得额×适用税率－减免税额－抵免税额

公式中的减免税额和抵免税额,是指依照企业所得税法和国务院的税收优惠规定减征、免征和抵免的应纳税额。

这里需要注意的是,根据企业所得税应纳税额的计算公式,先应按法定税率计算享受税收优惠项目或者所得所应缴纳的税额,然后再根据企业所得税法实施条例确定的具体税收优惠方式减半或者免征、抵免企业所得税的规定计算出可以被减免或者抵免的税额,两者之差才是企业要缴纳的税款。①

二、境外所得税额抵免

（一）境外所得税税额抵免的基本规定

企业在中国境外取得的所得已在境外缴纳的所得税税额,可以从其当期应纳税额中抵免。企业在境外取得的所得主要是指:(1)居民企业来源于中国境外的应税所得;(2)非居民企业在中国境内设立机构、场所,取得发生在中国境外但与该机构、场所有实际联系的应税所得。企业在境外缴纳的所得税税额,是指企业来源于中国境外的所得依照外国的税收法律以及相关规定应当缴纳并已经实际缴纳的企业所得税性质的税款。

在进行境外已纳税额抵免时,以企业来源于中国境外的所得,依照企业所得税法及其实施条例的规定计算的应纳税额为抵免限额。超过抵免限额的部分,可以在以后5个年度内,用每年度抵免限额抵免当年应抵税额后的余额进行抵补。5个年度,是指从企业取得的来源于中国境外的所得,已经在中国境外缴纳的企业所得税性质的税额超过抵免限额的当年的次年起连续5个纳税年度。

居民企业从其直接或者间接控制的外国企业分得的来源于中国境外的股息、红利等权益性投资收益,外国企业在境外实际缴纳的所得税税额中属于该项所得负担的部分,可以作为该居民企业的可抵免境外所得税税额,在企业所得税法规定的抵免限额内抵免。这里"直接控制",是指居民企业直接持有外国企业20%以上股份。"间接控制",是指居民企业以间接持股方式持有外国企业20%以上股份,具体认定办法由国务院财政、税务主管部门另行制定。

（二）境外税额抵免的方法②

境外税额抵免分为直接抵免和间接抵免。直接抵免是指,企业直接作为纳税人就其境外所得在境外缴纳的所得税额在我国应纳税额中抵免。直接抵免主要适用于企业就来源于境外的营业利润所得在境外所缴纳的企业所得税,以及就来源于或发生于境外的股息、红利等权益性投资所得、利息、租金、特许权使用费、财产转让等所得在境外被源泉扣缴的预提所得税。

间接抵免是指,境外企业就分配股息前的利润缴纳的外国所得税税额中由我国居民企业就该项分得的股息性质的所得间接负担的部分,在我国的应纳税额中抵免。例如我

---

① 《中华人民共和国企业所得税法实施条例》立法起草小组:《中华人民共和国企业所得税法实施条例释义及适用指南》,中国财政经济出版社2007年版,第233页。

② 国家税务总局:《关于发布〈企业境外所得税收抵免操作指南〉的公告》,国家税务总局公告2010年第1号。

国居民企业(母公司)的境外子公司在所在国(地区)缴纳企业所得税后,将税后利润的一部分作为股息、红利分配给该母公司,子公司在境外就其应税所得实际缴纳的企业所得税税额中按母公司所得股息占全部税后利润之比的部分即属于该母公司间接负担的境外企业所得税税额。间接抵免的适用范围为居民企业从其符合规定的境外子公司取得的股息、红利等权益性投资收益所得。

(三)境外所得抵免限额的计算

抵免限额,除国务院财政、税务主管部门另有规定外,该抵免限额应当分国(地区)不分项计算,计算公式如下:

$$抵免限额 = \frac{中国境内、境外所得的应纳税总额 \times 来源于某国(地区)的应纳税所得额}{中国境内、境外应纳税所得总额}$$

计算抵免限额时需要注意的问题是:

(1)在计算企业境内外所得的应纳税总额时,其境外营业机构的亏损不得抵减境内营业机构的盈利,但其境外营业机构的盈利可以抵减境内营业机构的亏损。

(2)按照分国不分项原则,"分国"强调的是,企业来源于多个国家(地区)的所得,以每个国家(地区)为单位,分别计算各个国家(地区)的抵免限额。这样,来源于某国的所得已缴纳的税款超过抵免限额,不允许在当期全部抵免;来源于另一个国家的所得已缴纳的税款低于抵免限额,需要在当期补税;两者的余额不能相互调剂使用。"不分项"强调的是,企业来源于同一国家(地区)的所得,不区分具体的项目,应汇总全部应纳税所得,作为一个整体计算抵免限额。

(3)境外不同国家(地区)的营业机构之间的亏损和盈利,不得相互弥补。

(4)境外同一国家(地区)的营业机构之间的亏损和盈利,可以相互弥补。

企业依照企业所得税法的规定抵免企业所得税税额时,应当提供中国境外税务机关出具的税款所属年度的有关纳税凭证。

(四)境外所得抵免的具体规定[①]

(1)企业应按照企业所得税法及其实施条例、税收协定以及相关规定,准确计算下列当期与抵免境外所得税有关的项目后,确定当期实际可抵免分国(地区)别的境外所得税税额和抵免限额:

① 境内所得的应纳税所得额和分国(地区)别的境外所得的应纳税所得额;

② 分国(地区)别的可抵免境外所得税税额;

③ 分国(地区)别的境外所得税的抵免限额。

企业不能准确计算上述项目实际可抵免分国(地区)别的境外所得税税额的,在相应国家(地区)缴纳的税收均不得在该企业当期应纳税额中抵免,也不得结转以后年度抵免。

(2)企业应就其按照税法规定确定的中国境外所得(境外税前所得),按以下规定计算境外应纳税所得额:

---

① 财政部、国家税务总局:《关于企业境外所得税收抵免有关问题的通知》,财税〔2009〕125号。

① 居民企业在境外投资设立不具有独立纳税地位的分支机构，其来源于境外的所得，以境外收入总额扣除与取得境外收入有关的各项合理支出后的余额为应纳税所得额。各项收入、支出按企业所得税法及实施条例的有关规定确定。居民企业在境外设立不具有独立纳税地位的分支机构取得的各项境外所得，无论是否汇回中国境内，均应计入该企业所属纳税年度的境外应纳税所得额。

② 居民企业应就其来源于境外的股息、红利等权益性投资收益，以及利息、租金、特许权使用费、转让财产等收入，扣除按照企业所得税法及实施条例等规定计算的与取得该项收入有关的各项合理支出后的余额为应纳税所得额。来源于境外的股息、红利等权益性投资收益，应按被投资方作出利润分配决定的日期确认收入实现；来源于境外的利息、租金、特许权使用费、转让财产等收入，应按有关合同约定应付交易对价款的日期确认收入实现。

③ 非居民企业在境内设立机构、场所的，应就其发生在境外但与境内所设机构、场所有实际联系的各项应税所得，比照上述第②项的规定计算相应的应纳税所得额。

④ 在计算境外应纳税所得额时，企业为取得境内、外所得而在境内、境外发生的共同支出，与取得境外应税所得有关的、合理的部分，应在境内、境外（分国（地区）别，下同）应税所得之间，按照合理比例进行分摊后扣除。

⑤ 在汇总计算境外应纳税所得额时，企业在境外同一国家（地区）设立不具有独立纳税地位的分支机构，按照企业所得税法及实施条例的有关规定计算的亏损，不得抵减其境内或他国（地区）的应纳税所得额，但可以用同一国家（地区）其他项目或以后年度的所得按规定弥补。

(3) 可抵免境外所得税税额，是指企业来源于中国境外的所得依照中国境外税收法律以及相关规定应当缴纳并已实际缴纳的企业所得税性质的税款。但不包括：

① 按照境外所得税法律及相关规定属于错缴或错征的境外所得税税款；

② 按照税收协定规定不应征收的境外所得税税款；

③ 因少缴或迟缴境外所得税而追加的利息、滞纳金或罚款；

④ 境外所得税纳税人或者其利害关系人从境外征税主体得到实际返还或补偿的境外所得税税款；

⑤ 按照我国企业所得税法及其实施条例规定，已经免征我国企业所得税的境外所得负担的境外所得税税款；

⑥ 按照国务院财政、税务主管部门有关规定已经从企业境外应纳税所得额中扣除的境外所得税税款。

(4) 居民企业在按照企业所得税法规定用境外所得间接负担的税额进行税收抵免时，其取得的境外投资收益实际间接负担的税额，是指根据直接或者间接持股方式合计持股20%以上（含20%，下同）的规定层级的外国企业股份，由此应分得的股息、红利等权益性投资收益中，从最低一层外国企业起逐层计算的属于由上一层企业负担的税额，其计算公式如下：

$$\begin{aligned}&\text{本层企业所纳税额}\\&\text{属于由一家上一层}\\&\text{企业负担的税额}\end{aligned} = \frac{\left(\begin{aligned}&\text{本层企业就利润和}&&\text{符合规定的由}\\&\text{投资收益所实际}&+&\text{本层企业间接}\\&\text{缴纳的税额}&&\text{负担的税额}\end{aligned}\right)}{\text{本层企业所得税后利润额}} \times \begin{aligned}&\text{本层企业向一家}\\&\text{上一层企业分配}\\&\text{的股息(红利)}\end{aligned}$$

(5) 除国务院财政、税务主管部门另有规定外,按照实施条例第八十条规定由居民企业直接或者间接持有20%以上股份的外国企业,限于符合以下持股方式的三层外国企业:

① 第一层:单一居民企业直接持有20%以上股份的外国企业;

② 第二层:单一第一层外国企业直接持有20%以上股份,且由单一居民企业直接持有或者通过一个或多个符合本条规定持股条件的外国企业间接持有总和达到20%以上股份的外国企业;

③ 第三层:单一第二层外国企业直接持有20%以上股份,且由单一居民企业直接持有或通过一个或多个符合本条规定持股条件的外国企业间接持有总和达到20%以上股份的外国企业。

(6) 居民企业从与我国政府订立税收协定(或安排)的国家(地区)取得的所得,按照该国(地区)税收法律享受了免税或减税待遇,且该免税或减税的数额按照税收协定规定应视同已缴税额在中国的应纳税额中抵免的,该免税或减税数额可作为企业实际缴纳的境外所得税额用于办理税收抵免。

(7) 属于下列情形的,经企业申请,主管税务机关核准,可以采取简易办法对境外所得已纳税额计算抵免:

① 企业从境外取得营业利润所得以及符合境外税额间接抵免条件的股息所得,虽有所得来源国(地区)政府机关核发的具有纳税性质的凭证或证明,但因客观原因无法真实、准确地确认应当缴纳并已经实际缴纳的境外所得税税额的,除就该所得直接缴纳及间接负担的税额在所得来源国(地区)的实际有效税率低于我国税法规定税率50%以上的外,可按境外应纳税所得额的12.5%作为抵免限额,企业按该国(地区)税务机关或政府机关核发具有纳税性质凭证或证明的金额,其不超过抵免限额的部分,准予抵免;超过的部分不得抵免。

属于上述规定以外的股息、利息、租金、特许权使用费、转让财产等投资性所得,均应按其他规定计算境外税额抵免。

② 企业从境外取得营业利润所得以及符合境外税额间接抵免条件的股息所得,凡就该所得缴纳及间接负担的税额在所得来源国(地区)的法定税率且其实际有效税率明显高于我国的,可直接以按规定计算的境外应纳税所得额和我国企业所得税法规定的税率计算的抵免限额作为可抵免的已在境外实际缴纳的企业所得税税额。具体国家(地区)美国、阿根廷、布隆迪、喀麦隆、古巴、法国、日本、摩洛哥、巴基斯坦、赞比亚、科威特、孟加拉国、叙利亚、约旦、老挝。财政部、国家税务总局可根据实际情况适时对名单进行调整。

属于上述规定以外的股息、利息、租金、特许权使用费、转让财产等投资性所得,均应按其他规定计算境外税额抵免。

(8) 企业在境外投资设立不具有独立纳税地位的分支机构,其计算生产、经营所得的纳税年度与我国规定的纳税年度不一致的,与我国纳税年度当年度相对应的境外纳税年度,应为在我国有关纳税年度中任何一日结束的境外纳税年度。

企业取得上款以外的境外所得实际缴纳或间接负担的境外所得税,应在该项境外所得实现日所在的我国对应纳税年度的应纳税额中计算抵免。

三、应纳税款的核定征收①

为了加强企业所得税征收管理,保障国家税款及时足额入库,维护纳税人合法权益,企业所得税对部分居民企业和非居民企业采取核定征收的办法,计算其应纳税额。

(一) 居民企业核定征收

1. 核定征收企业所得税的适用范围

居民企业纳税人具有下列情形之一的,采取核定征收方式征收企业所得税:

(1) 依照法律、行政法规的规定可以不设置账簿的。

(2) 依照法律、行政法规的规定应当设置但未设置账簿的。

(3) 擅自销毁账簿或者拒不提供纳税资料的。

(4) 虽设置账簿,但账目混乱或者成本资料、收入凭证、费用凭证残缺不全,难以查账的。

(5) 发生纳税义务,未按照规定的期限办理纳税申报,经税务机关责令限期申报,逾期仍不申报的。

(6) 申报的计税依据明显偏低,又无正当理由的。

特殊行业、特殊类型的纳税人和一定规模以上的纳税人不适用核定征收办法。不适用核定征收办法的"特定纳税人"包括以下类型的企业:享受企业所得税法及其实施条例和国务院规定的一项或几项企业所得税优惠政策的企业(不包括仅享受企业所得税法第二十六条规定免税收入优惠政策的企业);汇总纳税企业;上市公司;银行、信用社、小额贷款公司、保险公司、证券公司、期货公司、信托投资公司、金融资产管理公司、融资租赁公司、担保公司、财务公司、典当公司等金融企业;会计、审计、资产评估、税务、房地产估价、土地估价、工程造价、律师、价格鉴证、公证机构、基层法律服务机构、专利代理、商标代理以及其他经济鉴证类社会中介机构;国家税务总局规定的其他企业。②

专门从事股权(股票)投资业务的企业,不得核定征收企业所得税。③

2. 核定征收的办法

核定征收方式包括核定应税所得率和核定应纳所得税额两种办法。

(1) 核定应税所得率。纳税人具有下列情形之一的,核定其应税所得率:

① 能正确核算(查实)收入总额,但不能正确核算(查实)成本费用总额的;

② 能正确核算(查实)成本费用总额,但不能正确核算(查实)收入总额的;

③ 通过合理方法,能计算和推定纳税人收入总额或成本费用总额的。

---

① 国家税务总局:《企业所得税核定征收办法》(试行),国税发〔2008〕30号。
② 国家税务总局:《关于企业所得税核定征收若干问题的通知》,国税函〔2009〕377号。
③ 国家税务总局:《关于企业所得税核定征收有关问题的公告》,国家税务总局公告〔2012〕27号。

采用应税所得率方式核定征收企业所得税的,应纳所得税额计算公式如下:

$$应纳所得税额 = 应纳税所得额 \times 适用税率$$

$$应纳税所得额 = 应税收入额 \times 应税所得率$$

或: $$应纳税所得额 = 成本(费用)支出额 / (1 - 应税所得率) \times 应税所得率$$

其中, $$应税收入额 = 收入总额 - 不征税收入 - 免税收入$$

应税所得率按表6-1规定的幅度标准确定:

表6-1 应税所得率表

行业	应税所得率(%)
农、林、牧、渔业	3—10
制造业	5—15
批发和零售贸易业	4—15
交通运输业	7—15
建筑业	8—20
饮食业	8—25
娱乐业	15—30
其他行业	10—30

实行应税所得率方式核定征收企业所得税的纳税人,经营多业的,无论其经营项目是否单独核算,均由税务机关根据其主营项目确定适用的应税所得率。主营项目应为纳税人所有经营项目中,收入总额或者成本(费用)支出额或者耗用原材料、燃料、动力数量所占比重最大的项目。

依法按核定应税所得率方式核定征收企业所得税的企业,取得的转让股权(股票)收入等转让财产收入,应全额计入应税收入额,按照主营项目(业务)确定适用的应税所得率计算征税;若主营项目(业务)发生变化,应在当年汇算清缴时,按照变化后的主营项目(业务)重新确定适用的应税所得率计算征税。[①]

(2)核定应纳所得税额。纳税人不属于适用核定应税所得率情形的,核定其应纳所得税额。税务机关采用下列方法核定征收企业所得税:

① 参照当地同类行业或者类似行业中经营规模和收入水平相近的纳税人的税负水平核定;

② 按照应税收入额或成本费用支出额定率核定;

③ 按照耗用的原材料、燃料、动力等推算或测算核定;

④ 按照其他合理方法核定。

采用上述一种方法不足以正确核定应纳税所得额或应纳税额的,可以同时采用两种以上的方法核定。采用两种以上方法测算的应纳税额不一致时,可按测算的应纳税额从高核定。

---

① 国家税务总局:《关于企业所得税核定征收有关问题的公告》,国家税务总局公告〔2012〕27号。

纳税人年度终了后,在规定的时限内按照实际经营额或实际应纳税额向税务机关申报纳税。申报额超过核定经营额或应纳税额的,按申报额缴纳税款;申报额低于核定经营额或应纳税额的,按核定经营额或应纳税额缴纳税款。

纳税人的生产经营范围、主营业务发生重大变化,或者应纳税所得额或应纳税额增减变化达到20%的,应及时向税务机关申报调整已确定的应纳税额或应税所得率。

税务机关应在每年6月底前对上年度实行核定征收企业所得税的纳税人进行重新鉴定。重新鉴定工作完成前,纳税人可暂按上年度的核定征收方式预缴企业所得税;重新鉴定工作完成后,按重新鉴定的结果进行调整。

(二)非居民企业核定征收[①]

非居民企业在中国境内设立机构、场所的,适用于非居民企业核定征收的规定,外国企业常驻代表机构企业所得税核定办法按照有关规定办理。

1. 核定征收的适用范围

非居民企业应当按照税收征管法及有关法律法规设置账簿,根据合法、有效凭证记账,进行核算,并应按照其实际履行的功能与承担的风险相匹配的原则,准确计算应纳税所得额,据实申报缴纳企业所得税。非居民企业因会计账簿不健全,资料残缺难以查账,或者其他原因不能准确计算并据实申报其应纳税所得额的,税务机关有权核定其应纳税所得额。

2. 核定应纳税所得额的方法

(1)按收入总额核定应纳税所得额:适用于能够正确核算收入或通过合理方法推定收入总额,但不能正确核算成本费用的非居民企业。计算公式如下:

$$应纳税所得额 = 收入总额 \times 经税务机关核定的利润率$$

(2)按成本费用核定应纳税所得额:适用于能够正确核算成本费用,但不能正确核算收入总额的非居民企业。计算公式如下:

$$应纳税所得额 = \frac{成本费用总额}{1 - 经税务机关核定的利润率} \times 经税务机关核定的利润率$$

(3)按经费支出换算收入核定应纳税所得额:适用于能够正确核算经费支出总额,但不能正确核算收入总额和成本费用的非居民企业。计算公式:

$$应纳税所得额 = \frac{经费支出总额}{1 - 经税务机关核定的利润率} \times 经税务机关核定的利润率 \ [②]$$

3. 利润率的确定

税务机关可按照以下标准确定非居民企业的利润率:

(1)从事承包工程作业、设计和咨询劳务的,利润率为15%—30%。

[①] 国家税务总局:《关于印发〈非居民企业所得税核定征收管理办法〉的通知》,国税发〔2010〕19号。

[②] 国家税务总局:《关于修改按经费支出换算收入方式核定非居民企业应纳税所得额计算公式的公告》,国家税务总局公告2016年第28号。

(2) 从事管理服务的,利润率为 30%—50%。

(3) 从事其他劳务或劳务以外经营活动的,利润率不低于 15%。

采取核定征收方式征收企业所得税的非居民企业,在中国境内从事适用不同核定利润率的经营活动,并取得应税所得的,应分别核算并适用相应的利润率计算缴纳企业所得税;凡不能分别核算的,应从高适用利润率,计算缴纳企业所得税。税务机关有根据认为非居民企业的实际利润率明显高于上述标准的,可以按照比上述标准更高的利润率核定其应纳税所得额。

4. 需要注意的问题

(1) 非居民企业与中国居民企业签订机器设备或货物销售合同,同时提供设备安装、装配、技术培训、指导、监督服务等劳务,其销售货物合同中未列明提供上述劳务服务收费金额,或者计价不合理的,主管税务机关可以根据实际情况,参照相同或相近业务的计价标准核定劳务收入。无参照标准的,以不低于销售货物合同总价款的 10% 为原则,确定非居民企业的劳务收入。

(2) 非居民企业为中国境内客户提供劳务取得的收入,凡其提供的服务全部发生在中国境内的,应全额在中国境内申报缴纳企业所得税。凡其提供的服务同时发生在中国境内外的,应以劳务发生地为原则划分其境内外收入,并就其在中国境内取得的劳务收入申报缴纳企业所得税。税务机关对其境内外收入划分的合理性和真实性有疑义的,可以要求非居民企业提供真实有效的证明,并根据工作量、工作时间、成本费用等因素合理划分其境内外收入;如非居民企业不能提供真实有效的证明,税务机关可视同其提供的服务全部发生在中国境内,确定其劳务收入并据以征收企业所得税。

第十节 税 收 优 惠

企业所得税的税收优惠,是指企业所得税法规定的优惠事项,以及税法授权国务院和民族自治地方制定的优惠事项,包括免税收入、减计收入、加计扣除、加速折旧、所得减免、抵扣应纳税所得额、减低税率、税额抵免、民族自治地方分享部分减免等。①

一、小型微利企业的企业所得税优惠

为了支持小型微利企业发展,我国不断增强对小型微利企业的所得税优惠力度。自 2015 年 1 月 1 日至 2017 年 12 月 31 日,对年应纳税所得额低于 20 万元(含 20 万元)的小型微利企业,其所得减按 50% 计入应纳税所得额,按 20% 的税率缴纳企业所得税。② 自 2015 年 10 月 1 日起至 2017 年 12 月 31 日,对年应纳税所得额在 20 万元到 30 万元(含

---

① 国家税务总局:《关于发布〈企业所得税优惠政策事项办理办法〉的公告》,国家税务总局公告 2015 年第 76 号。

② 财政部、国家税务总局:《关于小型微利企业所得税优惠政策有关问题的通知》,财税〔2014〕34 号;财政部、国家税务总局:《关于小型微利企业有关企业所得税政策的通知》,财税〔2009〕133 号;财政部、国家税务总局:《关于小型微利企业所得税优惠政策有关问题的通知》,财税〔2011〕117 号;财政部、国家税务总局:《关于小型微利企业所得税优惠政策的通知》,财税〔2015〕34 号。

30万元)的小型微利企业,其所得减按50%计入应纳税所得额,按20%的税率缴纳企业所得税。① 符合规定条件的小型微利企业,无论采取查账征收还是核定征收方式,均可以享受上述税收优惠。②

二、企业从事农、林、牧、渔业项目的所得,可以免征、减征企业所得税

(一)企业从事下列项目的所得,免征企业所得税

蔬菜、谷物、薯类、油料、豆类、棉花、麻类、糖料、水果、坚果的种植;农作物新品种的选育;中药材的种植;林木的培育和种植;牲畜、家禽的饲养;林产品的采集;灌溉、农产品初加工、兽医、农技推广、农机作业和维修等农、林、牧、渔服务业项目;远洋捕捞。

(二)企业从事下列项目的所得,减半征收企业所得税

花卉、茶以及其他饮料作物和香料作物的种植;海水养殖、内陆养殖。

企业从事国家限制和禁止发展的项目,不得享受企业所得税法实施条例规定的免征、减征企业所得税的优惠。

(三)补充规定

(1)需要注意的是,并非所有的农、林、牧、渔业项目都享有免征、减征企业所得税的优惠,只有企业所得税法实施条例中列举的项目以及属于财政部、国家税务总局发布的《享受企业所得税优惠政策的农产品初加工范围(试行)》③和《关于享受企业所得税优惠的农产品初加工有关范围的补充通知》④内的农产品加工项目才享有免征、减征企业所得税优惠的待遇。

(2)一些企业采取"公司+农户"经营模式从事牲畜、家禽的饲养,即公司与农户签订委托养殖合同,向农户提供畜禽苗、饲料、兽药及疫苗等,农户将畜禽养大成为成品后交付公司回收。鉴于采取"公司+农户"经营模式的企业,虽不直接从事畜禽的养殖,但系委托农户饲养,并承担诸如市场、管理、采购、销售等经营职责及绝大部分经营管理风险,公司和农户是劳务外包关系。为此,对此类以"公司+农户"经营模式从事农、林、牧、渔业项目生产的企业,可以按照有关规定,享受减免企业所得税优惠政策。⑤

(3)企业根据委托合同,受托对符合上述减免税规定的农产品进行初加工服务,其所收取的加工费,可以按照农产品初加工的免税项目处理。企业委托其他企业或个人从事税法规定的农、林、牧、渔业项目取得的所得,可享受相应的税收优惠政策。企业受托从事税法规定的农、林、牧、渔业项目取得的收入,比照委托方享受相应的税收优惠政策。⑥

---

① 财政部、国家税务总局:《关于进一步扩大小型微利企业所得税优惠政策范围的通知》,财税〔2015〕99号。
② 国家税务总局:《关于贯彻落实进一步扩大小型微利企业减半征收企业所得税范围有关问题的公告》,国家税务总局公告2015年第61号。
③ 财政部、国家税务总局:《享受企业所得税优惠政策的农产品初加工范围(试行)》,财税〔2008〕149号。
④ 财政部、国家税务总局:《关于享受企业所得税优惠的农产品初加工有关范围的补充通知》,财税〔2011〕26号。
⑤ 国家税务总局:《关于"公司+农户"经营模式企业所得税优惠问题的公告》,国家税务总局公告2010年第2号。
⑥ 国家税务总局:《关于实施农林牧渔业项目企业所得税优惠问题的公告》,国家税务总局公告2011年第48号。

(4) 企业将购入的农、林、牧、渔产品,在自有或租用的场地进行育肥、育秧等再种植、养殖,经过一定的生长周期,使其生物形态发生变化,且并非由于本环节对农产品进行加工而明显增加了产品的使用价值的,可视为农产品的种植、养殖项目享受相应的税收优惠。企业购买农产品后直接进行销售的贸易活动产生的所得,不能享受农、林、牧、渔业项目的税收优惠政策。①

三、企业从事国家重点扶持的公共基础设施项目投资经营的所得,可以免征、减征企业所得税②

国家重点扶持的公共基础设施项目,是指《公共基础设施项目企业所得税优惠目录》规定的港口码头、机场、铁路、公路、城市公共交通、电力、水利等项目。企业从事《公共基础设施项目企业所得税优惠目录》内符合相关条件和技术标准及国家投资管理相关规定,于2008年1月1日后经批准的公共基础设施项目,其投资经营的所得,自该项目取得第一笔生产经营收入所属纳税年度起,第一年至第三年免征企业所得税,第四年至第六年减半征收企业所得税。

项目采用一次核准、分批次(如码头、泊位、航站楼、跑道、路段、发电机组等)建设的,凡符合规定条件的,可按每一批次为单位计算所得,并享受企业所得税"三免三减半"优惠③:

企业承包经营、承包建设和内部自建自用的公共基础设施项目,不得享受该项企业所得税优惠。④ 这一限制的目的,主要是鼓励对重点扶持的公共基础设施项目的投资,而企业承包经营和内部自建自用上述项目,对于大力快速发展公共基础设施建设的作用有限;承包建设只是属于单纯的施工建设,并不负责投资,对扩大公共基础设施规模没有直接作用。⑤

上述按照企业所得税法实施条例规定享受减免税优惠的项目,在减免税期限内转让的,受让方自受让之日起,可以在剩余期限内享受规定的减免税优惠;减免税期限届满后转让的,受让方不得就该项目重复享受减免税优惠。

四、企业从事的符合条件的环境保护、节能节水项目的所得,可以免征、减征企业所得税

符合条件的环境保护、节能节水项目,包括公共污水处理、公共垃圾处理、沼气综合开发利用、节能减排技术改造、海水淡化等。

---

① 国家税务总局:《关于实施农林牧渔业项目企业所得税优惠问题的公告》,国家税务总局公告2011年第48号。
② 国家税务总局:《关于实施国家重点扶持的公共基础设施项目企业所得税优惠问题的通知》,国税发〔2009〕80号。
③ 财政部、国家税务总局:《关于公共基础设施项目享受企业所得税优惠政策问题的补充通知》,财税〔2014〕55号。
④ 财政部、国家税务总局:《关于执行公共基础设施项目企业所得税优惠目录有关问题的通知》,财税〔2008〕46号。
⑤ 《中华人民共和国企业所得税法实施条例》立法起草小组:《中华人民共和国企业所得税法实施条例释义及适用指南》,中国财政经济出版社2007年版,第265页。

企业从事符合条件的环境保护、节能节水项目的所得,自项目取得第一笔生产经营收入所属纳税年度起,第一年至第三年免征企业所得税,第四年至第六年减半征收企业所得税。

上述按照企业所得税法实施条例规定享受减免税优惠的项目,在减免税期限内转让的,受让方自受让之日起,可以在剩余期限内享受规定的减免税优惠;减免税期限届满后转让的,受让方不得就该项目重复享受减免税优惠。

此外,对符合条件的节能服务公司实施合同能源管理项目,符合企业所得税法有关规定的,自项目取得第一笔生产经营收入所属纳税年度起,第一年至第三年免征企业所得税,第四年至第六年按照25%的法定税率减半征收企业所得税。①

五、符合条件的技术转让所得免征、减征企业所得税

符合条件的技术转让所得免征、减征企业所得税,是指一个纳税年度内,居民企业技术转让所得不超过500万元的部分,免征企业所得税;超过500万元的部分,减半征收企业所得税。具体减免的规定如下:

(一)减免税的范围②

技术转让的范围,包括居民企业转让专利技术、计算机软件著作权、集成电路布图设计权、植物新品种、生物医药新品种,以及财政部和国家税务总局确定的其他技术。其中,专利是指法律授予独占权的发明、实用新型和非简单改变产品图案的外观设计。所称技术转让,是指居民企业转让其拥有符合规定技术的所有权或5年以上(含5年)全球独占许可使用权的行为。自2015年10月1日起,居民企业转让5年以上非独占许可使用权取得的技术转让所得,纳入享受企业所得税优惠的技术转让所得范围。③ 享受减免企业所得税优惠的技术转让需符合国务院有关部门规定的条件。④

居民企业取得禁止出口和限制出口技术转让所得,不享受技术转让减免企业所得税优惠政策。

居民企业从直接或间接持有股权之和达到100%的关联方取得的技术转让所得,不享受技术转让减免企业所得税优惠政策。

(二)符合条件的技术转让所得的计算方法

技术转让所得=技术转让收入-技术转让成本-相关税费

技术转让收入是指当事人履行技术转让合同后获得的价款,不包括销售或转让设备、仪器、零部件、原材料等非技术性收入。不属于与技术转让项目密不可分的技术咨询、技术服务、技术培训等收入,不得计入技术转让收入。可以计入技术转让收入的技

---

① 财政部、国家税务总局:《关于促进节能服务产业发展增值税营业税和企业所得税政策问题的通知》,财税〔2010〕110号;国家税务总局、国家发展改革委:《关于落实节能服务企业合同能源管理项目企业所得税优惠政策有关征收管理问题的公告》,国家税务总局、国家发展改革委公告2013年第77号。
② 财政部、国家税务总局:《关于居民企业技术转让有关企业所得税政策问题的通知》,财税〔2010〕111号。
③ 财政部、国家税务总局:《关于将国家自主创业示范区有关税收试点政策推广到全国范围实施的通知》,财税〔2015〕116号。
④ 国家税务总局:《关于技术转让所得减免企业所得税有关问题的通知》,国税函〔2009〕212号。

咨询、技术服务、技术培训收入,是指转让方为使受让方掌握所转让的技术投入使用、实现产业化而提供的必要的技术咨询、技术服务、技术培训所产生的收入,并应同时符合以下条件[①]:

(1) 在技术转让合同中约定的与该技术转让相关的技术咨询、技术服务、技术培训。

(2) 技术咨询、技术服务、技术培训收入与该技术转让项目收入一并收取价款。

技术转让成本是指转让的无形资产的净值,即该无形资产的计税基础减除在资产使用期间按照规定计算的摊销扣除额后的余额。

相关税费是指技术转让过程中实际发生的有关税费,包括除企业所得税和允许抵扣的增值税以外的各项税金及其附加、合同签订费用、律师费等相关费用及其他支出。

符合条件的5年以上非独占许可使用权技术转让所得应按以下方法计算:

技术转让所得=技术转让收入-无形资产摊销费用-相关税费-应分摊期间费用

企业发生技术转让,应在纳税年度终了后至报送年度纳税申报表以前,向主管税务机关办理减免税备案手续。

六、外国政府及国际金融组织贷款利息

企业所得税法实施条例规定,下列所得可以免征企业所得税:

(1) 外国政府向中国政府提供贷款取得的利息所得。

(2) 国际金融组织向中国政府和居民企业提供优惠贷款取得的利息所得。

(3) 经国务院批准的其他所得。

七、民族自治地方的税收优惠

民族自治地方,是指依照《民族区域自治法》的规定,实行民族区域自治的自治区、自治州、自治县。

民族自治地方的自治机关对本民族自治地方的企业应缴纳的企业所得税中属于地方分享的部分,可以决定减征或者免征。自治州、自治县决定减征或者免征的,须报省、自治区、直辖市人民政府批准。

对民族自治地方内国家限制和禁止行业的企业,不得减征或者免征企业所得税。

八、企业研发的税收优惠[②]

(一) 研发活动及研发费用归集范围

研发活动,是指企业为获得科学与技术新知识,创造性运用科学技术新知识,或实质性改进技术、产品(服务)、工艺而持续进行的具有明确目标的系统性活动。

1. 允许加计扣除的研发费用

对于会计核算健全、实行查账征收并能够准确归集研发费用的居民企业开展研发活

---

① 国家税务总局:《关于技术转让所得减免企业所得税有关问题的公告》,国家税务总局公告2013年第62号。
② 财政部、国家税务总局:《关于完善研究开发费用税前加计扣除政策的通知》,财税〔2015〕119号。

动中实际发生的研发费用,未形成无形资产计入当期损益的,在按规定据实扣除的基础上,按照本年度实际发生额的50%,从本年度应纳税所得额中扣除;形成无形资产的,按照无形资产成本的150%在税前摊销。研发费用的具体范围包括:

(1) 人员人工费用。直接从事研发活动人员的工资薪金、基本养老保险费、基本医疗保险费、失业保险费、工伤保险费、生育保险费和住房公积金,以及外聘研发人员的劳务费用。

(2) 直接投入费用。包括研发活动直接消耗的材料、燃料和动力费用;用于中间试验和产品试制的模具、工艺装备开发及制造费,不构成固定资产的样品、样机及一般测试手段购置费,试制产品的检验费;用于研发活动的仪器、设备的运行维护、调整、检验、维修等费用,以及通过经营租赁方式租入的用于研发活动的仪器、设备租赁费。

(3) 折旧费用。用于研发活动的仪器、设备的折旧费。

(4) 无形资产摊销。用于研发活动的软件、专利权、非专利技术(包括许可证、专有技术、设计和计算方法等)的摊销费用。

(5) 新产品设计费、新工艺规程制定费、新药研制的临床试验费、勘探开发技术的现场试验费。

(6) 其他相关费用。与研发活动直接相关的其他费用,如技术图书资料费、资料翻译费、专家咨询费、高新科技研发保险费,研发成果的检索、分析、评议、论证、鉴定、评审、评估、验收费用,知识产权的申请费、注册费、代理费,差旅费、会议费等。此项费用总额不得超过可加计扣除研发费用总额的10%。

(7) 财政部和国家税务总局规定的其他费用。

2. 不适用税前加计扣除政策的情形

(1) 企业产品(服务)的常规性升级。

(2) 对某项科研成果的直接应用,如直接采用公开的新工艺、材料、装置、产品、服务或知识等。

(3) 企业在商品化后为顾客提供的技术支持活动。

(4) 对现存产品、服务、技术、材料或工艺流程进行的重复或简单改变。

(5) 市场调查研究、效率调查或管理研究。

(6) 作为工业(服务)流程环节或常规的质量控制、测试分析、维修维护。

(7) 社会科学、艺术或人文方面的研究。

(二) 特别事项的处理

(1) 企业委托外部机构或个人进行研发活动所发生的费用,按照费用实际发生额的80%计入委托方研发费用并计算加计扣除,受托方不得再进行加计扣除。委托外部研究开发费用实际发生额应按照独立交易原则确定。委托方与受托方存在关联关系的,受托方应向委托方提供研发项目费用支出明细情况。企业委托境外机构或个人进行研发活动所发生的费用,不得加计扣除。

(2) 企业共同合作开发的项目,由合作各方就自身实际承担的研发费用分别计算加计扣除。

(3) 企业集团根据生产经营和科技开发的实际情况,对技术要求高、投资数额大,需要集中研发的项目,其实际发生的研发费用,可以按照权利和义务相一致、费用支出和收益分享相配比的原则,合理确定研发费用的分摊方法,在受益成员企业间进行分摊,由相关成员企业分别计算加计扣除。

(4)企业为获得创新性、创意性、突破性的产品进行创意设计活动而发生的相关费用,可按照规定进行税前加计扣除。创意设计活动是指多媒体软件、动漫游戏软件开发、数字动漫、游戏设计制作;房屋建筑工程设计(绿色建筑评价标准为三星)、风景园林工程专项设计;工业设计、多媒体设计、动漫及衍生产品设计、模型设计等。

(三)会计核算与管理

(1)企业应按照国家财务会计制度要求,对研发支出进行会计处理;同时,对享受加计扣除的研发费用按研发项目设置辅助账,准确归集核算当年可加计扣除的各项研发费用实际发生额。企业在一个纳税年度内进行多项研发活动的,应按照不同研发项目分别归集可加计扣除的研发费用。

(2)企业应对研发费用和生产经营费用分别核算,准确、合理归集各项费用支出,对划分不清的,不得实行加计扣除。

(四)不适用税前加计扣除政策的行业

烟草制造业、住宿和餐饮业、批发和零售业、房地产业、租赁和商务服务业、娱乐业以及财政部和国家税务总局规定的其他行业不适用税前加计扣除政策。

九、企业安置残疾人员及国家鼓励安置的其他就业人员的税收优惠

(一)企业安置残疾人员的税收优惠[①]

企业安置残疾人员所支付的工资的加计扣除,是指企业安置残疾人员的,在按照支付给残疾职工工资据实扣除的基础上,按照支付给残疾职工工资的100%加计扣除。以劳务派遣形式就业的残疾人,属于劳务派遣单位的职工,劳务派遣单位可享受加计扣除的税收优惠。[②] 企业就支付给残疾职工的工资,在进行企业所得税预缴申报时,允许据实计算扣除;在年度终了进行企业所得税年度申报和汇算清缴时,再依照规定计算加计扣除。

残疾人员的范围适用《残疾人保障法》的有关规定。企业享受安置残疾职工工资100%加计扣除应同时具备如下条件:

(1)依法与安置的每位残疾人签订了1年以上(含1年)的劳动合同或服务协议,并且安置的每位残疾人在企业实际上岗工作。

(2)为安置的每位残疾人按月足额缴纳了企业所在区县人民政府根据国家政策规定的基本养老保险、基本医疗保险、失业保险和工伤保险等社会保险。其中,基本养老保险和基本医疗保险是指职工基本养老保险和职工基本医疗保险,不含城镇居民社会养老保险、新型农村社会养老保险、城镇居民基本医疗保险和新型农村合作医疗。[③]

[①] 财政部、国家税务总局:《关于安置残疾人员就业有关企业所得税优惠政策问题的通知》,财税〔2009〕70号。
[②] 国家税务总局:《关于促进残疾人就业税收优惠政策相关问题的公告》,国家税务总局公告2015年第55号。
[③] 国家税务总局:《关于促进残疾人就业税收优惠政策有关问题的公告》,国家税务总局公告2013年第78号。

（3）定期通过银行等金融机构向安置的每位残疾人实际支付了不低于企业所在区县适用的经省级人民政府批准的最低工资标准的工资。

（4）具备安置残疾人上岗工作的基本设施。

（二）企业安置失业人员的税收优惠①

对商贸企业、服务型企业、劳动就业服务企业中的加工型企业和街道社区具有加工性质的小型企业实体，在新增加的岗位中，当年新招用在人力资源社会保障部门公共就业服务机构登记失业半年以上且持《就业创业证》（注明"企业吸纳税收政策"）人员，与其签订1年以上期限劳动合同并依法缴纳社会保险费的，在3年内按实际招用人数予以定额依次扣减增值税、城市维护建设税、教育费附加、地方教育附加和企业所得税优惠。定额标准为每人每年4000元，最高可上浮30%，各省、自治区、直辖市人民政府可根据本地区实际情况在此幅度内确定具体定额标准，并报财政部和国家税务总局备案。

（三）企业安置退役士兵的税收优惠②

对商贸企业、服务型企业、劳动就业服务企业中的加工型企业和街道社区具有加工性质的小型企业实体，在新增加的岗位中，当年新招用自主就业退役士兵，与其签订1年以上期限劳动合同并依法缴纳社会保险费的，在3年内按实际招用人数予以定额依次扣减增值税、城市维护建设税、教育费附加、地方教育附加和企业所得税优惠。定额标准为每人每年4000元，最高可上浮50%，各省、自治区、直辖市人民政府可根据本地区实际情况在此幅度内确定具体定额标准，并报财政部和国家税务总局备案。

十、创业投资企业的税收优惠

创业投资企业③采取股权投资方式投资于未上市的中小高新技术企业2年（24个月）以上，凡符合规定条件的，可以按照其对中小高新技术企业投资额的70%，在股权持有满2年的当年抵扣该创业投资企业的应纳税所得额；当年不足抵扣的，可以在以后纳税年度结转抵扣。④

有限合伙制创业投资企业采取股权投资方式投资于未上市的中小高新技术企业满2年（24个月）的，该有限合伙制创业投资企业的法人合伙人可按其对未上市中小高新技术企业投资额的70%抵扣该法人合伙人从该有限合伙制创业投资企业分得的应纳税所得额，当年不足抵扣的，可以在以后纳税年度结转抵扣。有限合伙制创业投资企业的法人合伙人对未上市中小高新技术企业的投资额，按照有限合伙制创业投资企业对中小高新技术企业的投资额和合伙协议约定的法人合伙人占有限合伙制创业投资企业的出资

---

① 财政部等：《关于继续实施支持和促进重点群体创业就业有关税收政策的通知》，财税〔2014〕39号；《关于支持和促进重点群体创业就业税收政策有关问题的补充通知》，财税〔2015〕18号；《关于扩大企业吸纳就业税收优惠适用人员范围的通知》，财税〔2015〕77号。

② 财政部等：《关于调整完善扶持自主就业退役士兵创业就业有关税收政策的通知》，财税〔2014〕42号。

③ 《创业投资企业管理暂行办法》（国家发展和改革委员会等10部委令2005年第39号）和《外商投资创业投资企业管理规定》（商务部等5部委令2003年第2号）。

④ 国家税务总局：《关于实施创业投资企业所得税优惠问题的通知》，国税发〔2009〕87号。

比例计算确定。①

十一、加速折旧税收优惠

企业的固定资产由于技术进步等原因,确需加速折旧的,可以缩短折旧年限或者采取加速折旧的方法。可以采取缩短折旧年限或者采取加速折旧的方法的固定资产,包括:由于技术进步,产品更新换代较快的固定资产;常年处于强震动、高腐蚀状态的固定资产。

采取缩短折旧年限方法的,最低折旧年限不得低于企业所得税法实施条例规定折旧年限的60%;采取加速折旧方法的,可以采取双倍余额递减法或者年数总和法。

对生物药品制造业,专用设备制造业,铁路、船舶、航空航天和其他运输设备制造业,计算机、通信和其他电子设备制造业,仪器仪表制造业,信息传输、软件和信息技术服务业等6个行业的企业2014年1月1日后新购进的固定资产,可缩短折旧年限或采取加速折旧的方法。对轻工、纺织、机械、汽车等4个领域重点行业的企业2015年1月1日后新购进的固定资产,可由企业选择缩短折旧年限或采取加速折旧的方法。对上述行业的小型微利企业在政策实施后新购进的研发和生产经营共用的仪器、设备,单位价值不超过100万元的,允许一次性计入当期成本费用在计算应纳税所得额时扣除,不再分年度计算折旧;单位价值超过100万元的,可缩短折旧年限或采取加速折旧的方法。②符合条件的企业是指以上述行业业务为主营业务,其固定资产投入使用当年的主营业务收入占企业收入总额50%(不含)以上的企业;收入总额,是指企业所得税法第六条规定的收入总额。③

对所有行业企业2014年1月1日后新购进的专门用于研发的仪器、设备,单位价值不超过100万元的,允许一次性计入当期成本费用在计算应纳税所得额时扣除,不再分年度计算折旧;单位价值超过100万元的,可缩短折旧年限或采取加速折旧的方法。对所有行业企业持有的单位价值不超过5 000元的固定资产,允许一次性计入当期成本费用在计算应纳税所得额时扣除,不再分年度计算折旧。④

按照企业所得税法及其实施条例有关规定,企业根据自身生产经营需要,也可选择不实行加速折旧政策。

十二、企业综合利用资源的税收优惠

企业综合利用资源,生产符合国家产业政策规定的产品所取得的收入,可以在计算应纳税所得额时减计收入。具体是指,企业自2008年1月1日起以《资源综合利用企业所得税优惠目录》中所列资源为主要原材料,生产《资源综合利用企业所得税优惠目录》

---

① 财政部、国家税务总局:《关于将国家自主创新示范区有关税收试点政策推广到全国范围实施的通知》,财税〔2015〕116号;国家税务总局:《关于有限合伙制创业投资企业法人合伙人企业所得税有关问题的公告》,国家税务总局公告2015年第81号。
② 财政部、国家税务总局:《关于进一步完善固定资产加速折旧企业所得税政策的通知》,财税〔2015〕106号。
③ 国家税务总局:《关于进一步完善固定资产加速折旧企业所得税政策有关问题的公告》,国家税务总局公告2015年第68号。
④ 财政部、国家税务总局:《关于完善固定资产加速折旧企业所得税政策的通知》,财税〔2014〕75号。

内符合国家或行业相关标准的产品取得的收入,在计算应纳税所得额时,减按90%计入当年收入总额。

企业同时从事其他项目而取得的非资源综合利用收入,应与资源综合利用收入分开核算,没有分开核算的,不得享受优惠政策。

企业从事不符合实施条例和《资源综合利用企业所得税优惠目录》规定范围、条件和技术标准的项目,不得享受资源综合利用企业所得税优惠政策。[①]

按照企业所得税法及其实施条例的规定,列入《资源综合利用企业所得税优惠目录(2008年版)》的共生伴生矿产资源,废水(液)废气、废渣和再生资源3个类别的16种产品可以享受减计应税收入的优惠政策。[②]

十三、企业购置用于环境保护、节能节水、安全生产等专用设备的税收优惠

企业所得税法规定,企业购置用于环境保护、节能节水、安全生产等专用设备的投资额,可以按一定比例实行税额抵免。根据企业所得税法及其实施条例以及相关税收政策,税额抵免的具体规定是[③]:

(1) 企业自2008年1月1日起购置并实际使用列入《环境保护专用设备企业所得税优惠目录(2008年版)》《节能节水专用设备企业所得税优惠目录(2008年版)》和《安全生产专用设备企业所得税优惠目录(2008年版)》范围内的环境保护、节能节水和安全生产专用设备,可以按专用设备投资额的10%抵免当年企业所得税应纳税额;企业当年应纳税额不足抵免的,可以向以后年度结转,但结转期不得超过5个纳税年度。

(2) 专用设备投资额,是指购买专用设备发票价税合计价格,但不包括按有关规定退还的增值税税款以及设备运输、安装和调试等费用。

增值税一般纳税人购进符合条件的专用设备,在进行税额抵免时,如增值税进项税额允许抵扣,其专用设备投资额不再包括增值税进项税额;如增值税进项税额不允许抵扣,其专用设备投资额应为增值税专用发票上注明的价税合计金额。企业购买专用设备取得普通发票的,其专用设备投资额为普通发票上注明的金额。[④]

(3) 当年应纳税额,是指企业当年的应纳税所得额乘以适用税率,扣除依照企业所得税法和国务院有关税收优惠规定以及税收过渡优惠规定减征、免征税额后的余额。

(4) 企业利用自筹资金和银行贷款购置专用设备的投资额,可以按企业所得税法的规定抵免企业应纳所得税额;企业利用财政拨款购置专用设备的投资额,不得抵免企业应纳所得税额。

(5) 企业购置并实际投入适用、已开始享受税收优惠的专用设备,如从购置之日起5个纳税年度内转让、出租的,应在该专用设备停止使用当月停止享受企业所得税优惠,并

---

① 财政部、国家税务总局:《关于执行资源综合利用企业所得税优惠目录有关问题的通知》,财税〔2008〕47号。
② 财政部、国家税务总局、国家发展改革委:《关于公布资源综合利用企业所得税优惠目录(2008年版)的通知》,财税〔2008〕117号。
③ 财政部、国家税务总局:《关于执行环境保护专用设备企业所得税优惠目录节能节水专用设备企业所得税优惠目录和安全生产专用设备企业所得税优惠目录有关问题的通知》,财税〔2008〕48号。
④ 国家税务总局:《关于环境保护节能节水安全生产等专用设备投资抵免企业所得税有关问题的通知》,国税函〔2010〕256号。

补缴已经抵免的企业所得税税款。转让的受让方可以按照该专用设备投资额的10%抵免当年企业所得税应纳税额；当年应纳税额不足抵免的，可以在以后5个纳税年度结转抵免。

需要注意的是，企业购置并实际使用的环境保护、节能节水和安全生产专用设备，包括承租方企业以融资租赁方式租入的，并在融资租赁合同中约定租赁期届满时租赁设备所有权转移给承租方企业，且符合规定条件的上述专用设备。凡融资租赁期届满后租赁设备所有权未转移至承租方企业的，承租方企业应停止享受抵免企业所得税优惠，并补缴已经抵免的企业所得税税款。①

十四、关于鼓励软件产业和集成电路产业发展的优惠政策

为进一步推动科技创新和产业结构升级，促进信息技术产业发展，企业所得税对符合条件的软件企业和集成电路企业规定了优惠政策。② 经认定的动漫企业自主开发、生产动漫产品，可申请享受国家现行鼓励软件产业发展的所得税优惠政策。③

(1) 集成电路线宽小于0.8微米（含）的集成电路生产企业，经认定后，在2017年12月31日前自获利年度起计算优惠期，第一年至第二年免征企业所得税，第三年至第五年按照25%的法定税率减半征收企业所得税，并享受至期满为止。

(2) 集成电路线宽小于0.25微米或投资额超过80亿元的集成电路生产企业，经认定后，减按15%的税率征收企业所得税，其中经营期在15年以上的，在2017年12月31日前自获利年度起计算优惠期，第一年至第五年免征企业所得税，第六年至第十年按照25%的法定税率减半征收企业所得税，并享受至期满为止。

(3) 我国境内新办的集成电路设计企业和符合条件的软件企业，经认定后，在2017年12月31日前自获利年度起计算优惠期，第一年至第二年免征企业所得税，第三年至第五年按照25%的法定税率减半征收企业所得税，并享受至期满为止。

(4) 国家规划布局内的重点软件企业和集成电路设计企业，如当年未享受免税优惠的，可减按10%的税率征收企业所得税。

(5) 符合条件的增值税一般纳税人软件企业，销售其自行开发生产的软件产品，按17%税率征收增值税后，对其增值税实际税负超过3%的部分实行即征即退政策。该即征即退增值税款，由企业专项用于软件产品研发和扩大再生产并单独进行核算，可以作为不征税收入，在计算应纳税所得额时从收入总额中减除。

(6) 集成电路设计企业和符合条件软件企业的职工培训费用，应单独进行核算并按实际发生额在计算应纳税所得额时扣除。

(7) 集成电路生产企业的生产设备，其折旧年限可以适当缩短，最短可为3年（含）。

(8) 集成电路生产企业、集成电路设计企业、软件企业等依照规定可以享受的企业所得税优惠政策与企业所得税其他相同方式优惠政策存在交叉的，由企业选择一项最优惠

---

① 财政部、国家税务总局：《关于执行企业所得税优惠政策若干问题的通知》，财税〔2009〕69号。
② 财政部、国家税务总局：《关于进一步鼓励软件产业和集成电路产业发展企业所得税政策的通知》，财税〔2012〕27号。
③ 财政部、国家税务总局：《关于扶持动漫产业发展有关税收政策问题的通知》，财税〔2009〕65号。

政策执行,不叠加享受。

(9) 企业外购的软件,凡符合固定资产或无形资产确认条件的,可以按照固定资产或无形资产进行核算,其折旧或摊销年限可以适当缩短,最短可为 2 年(含)。

(10) 符合条件的集成电路封装、测试企业以及集成电路关键专用材料生产企业、集成电路专用设备生产企业,在 2017 年(含 2017 年)前实现获利的,自获利年度起,第一年至第二年免征企业所得税,第三年至第五年按照 25% 的法定税率减半征收企业所得税,并享受至期满为止;2017 年前未实现获利的,自 2017 年起计算优惠期,享受至期满为止。①

享受上述税收优惠政策的软件、集成电路企业,每年汇算清缴时应按照《企业所得税优惠政策事项办理办法》规定向税务机关备案,同时提交规定的备案资料。②

十五、关于鼓励证券投资基金发展的优惠政策③

(1) 对证券投资基金从证券市场中取得的收入,包括买卖股票、债券的差价收入,股权的股息、红利收入,债券的利息收入及其他收入,暂不征收企业所得税。

(2) 对投资者从证券投资基金分配中取得的收入,暂不征收企业所得税。

(3) 对证券投资基金管理人运用基金买卖股票、债券的差价收入,暂不征收企业所得税。

十六、其他优惠政策

(1) 2008 年 1 月 1 日之前外商投资企业形成的累积未分配利润,在 2008 年以后分配给外国投资者的,免征企业所得税;2008 年及以后年度外商投资企业新增利润分配给外国投资者的,依法缴纳企业所得税。④

(2) 经营性文化事业单位转制为企业,自转制注册之日起免征企业所得税。"经营性文化事业单位",是指从事新闻出版、广播影视和文化艺术的事业单位,转制包括整体转制和剥离转制。⑤

(3) 自 2008 年 12 月 15 日起,对台湾航运公司从事海峡两岸海上直航业务取得的来源于大陆的所得,免征企业所得税。台湾航运公司,是指取得交通运输部颁发的"台湾海峡两岸间水路运输许可证"且上述许可证上注明的公司登记地址在台湾的航运公司。⑥

(4) 对符合条件的企业在新增加的岗位中,当年新招用持《再就业优惠证》人员,与其签订 1 年以上期限劳动合同并缴纳社会保险费的,3 年内按实际招用人数予以定额依次

---

① 财政部、国家税务总局、国家发展改革委、工业和信息化部:《关于进一步鼓励集成电路产业发展企业所得税政策的通知》,财税〔2015〕6 号。
② 财政部、国家税务总局:《关于软件和集成电路产业企业所得税优惠政策有关问题的通知》,财税〔2016〕49 号。
③ 财政部、国家税务总局:《关于企业所得税若干优惠政策的通知》,财税〔2008〕1 号。
④ 同上。
⑤ 财政部、国家税务总局:《关于继续实施文化体制改革中经营性文化事业单位转制为企业若干税收政策的通知》,财税〔2014〕84 号。
⑥ 财政部、国家税务总局:《关于海峡两岸海上直航营业税和企业所得税政策的通知》,财税〔2009〕4 号。

扣减营业税、城市维护建设税、教育费附加和企业所得税。定额标准为每人每年 4 000 元,可上下浮动 20%。由各省、自治区、直辖市人民政府根据本地区实际情况在此幅度内确定具体定额标准,并报财政部和国家税务总局备案。

(5) 从 2014 年 11 月 17 日起,对合格境外机构投资者(以下简称"QFII")、人民币合格境外机构投资者(以下简称"RQFII")取得的来源于中国境内的股票等权益性投资资产转让所得,暂免征收企业所得税。①

(6) 内地居民企业连续持有 H 股满 12 个月取得的股息红利所得,免征企业所得税。对香港市场投资者(包括企业和个人)投资上交所上市 A 股取得的转让差价所得,暂免征收所得税。② 对香港市场投资者(包括企业和个人)通过基金互认买卖内地基金份额取得的转让差价所得,暂免征收所得税。③ 对香港市场投资者(包括企业和个人)投资深交所上市 A 股取得的转让差价所得,暂免征收所得税。④

(7) 对承担地方粮、油、棉、糖、肉等商品储备任务的地方商品储备管理公司及其直属库取得的财政补贴收入免征营业税、企业所得税。⑤

(8) 自 2008 年 1 月 1 日起到股权分置试点改革结束,股权分置改革中非流通股股东通过对价方式向流通股股东支付的股份、现金等收入,暂免征收流通股股东应缴纳的企业所得税。股权分置改革中,上市公司因股权分置改革而接受的非流通股股东作为对价注入资产和被非流通股股东豁免债务,上市公司应增加注册资本或资本公积,不征收企业所得税。⑥

(9) 对企业持有的 2011—2018 年发行的中国铁路建设债券取得的利息收入,减半征收企业所得税。⑦

(10) 为支持和帮助鲁甸地震受灾地区积极开展生产自救,重建家园,鼓励和引导社会各方面力量参与灾后恢复重建工作,使灾区基本生产生活条件和经济社会发展全面恢复并超过灾前水平,对受灾严重地区损失严重的企业,免征 2014 年至 2016 年度的企业所得税。自 2014 年 8 月 3 日起,对受灾地区企业通过公益性社会团体、县级以上人民政府及其部门取得的抗震救灾和灾后恢复重建款项和物资,以及税收法律、法规规定和国务院批准的减免税金及附加收入,免征企业所得税。自 2014 年 1 月 1 日至 2018 年 12 月 31 日,对受灾地区农村信用社免征企业所得税。⑧

(11) 对金融机构农户小额贷款的利息收入在计算应纳税所得额时,按 90% 计入收入总额;对保险公司为种植业、养殖业提供保险业务的保费收入,在计算应纳税所得额

---

① 财政部、国家税务总局、证监会:《关于 QFII 和 RQFII 取得中国境内的股票等权益性投资资产转让所得暂免征收企业所得税问题的通知》,财税〔2014〕79 号。
② 财政部等:《关于沪港股票市场交易互联互通机制试点有关税收政策的通知》,财税〔2014〕81 号。
③ 财政部、国家税务总局、证监会:《关于内地与香港基金互认有关税收政策的通知》,财税〔2015〕125 号。
④ 财政部、国家税务总局、证监会:《关于深港股票市场交易互联互通机制试点有关税收政策的通知》,财税〔2016〕127 号。
⑤ 财政部、国家税务总局:《关于地方商品储备有关税收问题的通知》,财税〔2008〕110 号。
⑥ 国家税务总局:《关于股权分置改革中上市公司取得资产及债务豁免对价收入征免所得税问题的批复》,国税函〔2009〕375 号。
⑦ 财政部、国家税务总局:《关于铁路债券利息收入所得税政策问题的通知》,财税〔2016〕30 号。
⑧ 财政部、国家税务总局:《关于支持鲁甸地震灾后恢复重建有关税收政策问题的通知》,财税〔2015〕27 号。

时,按 90% 计入收入。中和农信项目管理有限公司和中国扶贫基金会举办的农户自立服务社(中心)从事农户小额贷款取得的利息收入按照对金融机构农户小额贷款的利息收入在计算应纳税所得额时按 90% 计入收入总额的规定执行。[1]

(12) 自 2015 年 1 月 1 日起至 2017 年 12 月 31 日,对中国保险保障基金有限责任公司根据《保险保障基金管理办法》取得的下列收入,免征企业所得税[2]:

① 境内保险公司依法缴纳的保险保障基金;

② 依法从撤销或破产保险公司清算财产中获得的受偿收入和向有关责任方追偿所得,以及依法从保险公司风险处置中获得的财产转让所得;

③ 捐赠所得;

④ 银行存款利息收入;

⑤ 购买政府债券、中央银行、中央企业和中央级金融机构发行债券的利息收入;

⑥ 国务院批准的其他资金运用取得的收入。

(13) 对中央电视台的广告费和有线电视费收入,免予征收企业所得税。[3]

(14) 自 2016 年 1 月 1 日至 2020 年 12 月 31 日期间,对生产和装配伤残人员专门用品的居民企业,符合规定条件的免征企业所得税。[4]

第十一节 源泉扣缴

企业所得税法规定,非居民企业在中国境内未设立机构、场所的,或者虽设立机构、场所但取得的所得与其所设机构、场所没有实际联系的,应当就其来源于中国境内的所得缴纳企业所得税;其应缴纳的所得税,实行源泉扣缴。源泉扣缴是企业所得税的一种国际上通行的征收方式,是指以所得支付者为扣缴义务人,支付人在支付相关款项时,按照税法及其实施条例和税收协定规定税率,扣缴非居民企业在我国应缴纳的税款。其优点是能够有效保护税源,防止偷漏税,又能简化纳税手续,便于征收管理。[5]

《非居民企业所得税源泉扣缴管理暂行办法》规定,对非居民企业取得来源于中国境内的股息、红利等权益性投资收益和利息、租金、特许权使用费所得、转让财产所得以及其他所得应当缴纳的企业所得税,实行源泉扣缴。[6]

---

[1] 国家税务总局:《关于发布〈企业所得税优惠政策事项办理办法〉的公告》,国家税务总局公告 2015 年第 76 号。

[2] 财政部、国家税务总局:《关于保险保障基金有关税收政策问题的通知》,财税〔2016〕10 号。

[3] 财政部、国家税务总局:《关于中央电视台广告费和有线电视费收入企业所得税政策问题的通知》,财税〔2016〕80 号。

[4] 财政部、国家税务总局、民政部:《关于生产和装配伤残人员专门用品企业免征企业所得税的通知》,财税〔2016〕111 号。

[5] 《中华人民共和国企业所得税法实施条例》立法起草小组:《中华人民共和国企业所得税法实施条例释义及适用指南》,中国财政经济出版社 2007 年版,第 311 页。

[6] 国家税务总局:《非居民企业所得税源泉扣缴管理暂行办法》,国税发〔2009〕3 号。

一、扣缴义务人[①]

实行源泉扣缴,以依照有关法律规定或者合同约定对非居民企业直接负有支付相关款项义务的单位或者个人为扣缴义务人。扣缴义务人与非居民企业首次签订与需要扣缴的所得有关的业务合同或协议(以下简称"合同")的,扣缴义务人应当自合同签订之日起 30 日内,向其主管税务机关申报办理扣缴税款登记。

(1) 对非居民企业应当缴纳的企业所得税实行源泉扣缴的,以支付人为扣缴义务人。税款由扣缴义务人在每次支付或者到期应支付时,从支付或者到期应支付的款项中扣缴。

(2) 对非居民企业在中国境内取得工程作业和劳务所得应缴纳的所得税,税务机关可以指定工程价款或者劳务费的支付人为扣缴义务人。可以指定扣缴义务人的情形,包括:

① 预计工程作业或者提供劳务期限不足一个纳税年度,且有证据表明不履行纳税义务的;

② 没有办理税务登记或者临时税务登记,且未委托中国境内的代理人履行纳税义务的;

③ 未按照规定期限办理企业所得税纳税申报或者预缴申报的。

(3) 中国居民企业向合格境外机构投资者(以下简称"QFII")支付股息、红利、利息需要代扣代缴企业所得税。QFII 取得来源于中国境内的股息、红利和利息收入,应当按照企业所得税法规定缴纳 10% 的企业所得税。如果是股息、红利,则由派发股息、红利的企业代扣代缴;如果是利息,则由企业在支付或到期应支付时代扣代缴。QFII 取得股息、红利和利息收入,需要享受税收协定(安排)待遇的,可向主管税务机关提出申请,主管税务机关审核无误后按照税收协定的规定执行;涉及退税的,应及时予以办理。[②]

我国银行在境外设立的不具备所在国家(地区)法人资格的分行,境外分行作为中国居民企业在境外设立的分支机构,与其总机构属于同一法人。境外分行开展境内业务,并从境内机构取得的利息,为该分行的收入,计入分行的营业利润,与总机构汇总缴纳企业所得税。境内机构向境外分行支付利息时,不代扣代缴企业所得税。境外分行从境内取得的利息如果属于代收性质,据以产生利息的债权属于境外非居民企业,境内机构向境外分行支付利息时,应代扣代缴企业所得税。[③]

扣缴义务人,由县级以上税务机关指定,并同时告知扣缴义务人所扣税款的计算依据、计算方法、扣缴期限和扣缴方式。

[①] 国家税务总局:《非居民企业所得税源泉扣缴管理暂行办法》,国税发〔2009〕3 号。
[②] 国家税务总局:《关于中国居民企业向 QFII 支付股息、红利、利息代扣代缴企业所得税有关问题的通知》,国税函〔2009〕47 号。
[③] 国家税务总局:《关于境内机构向我国银行的境外分行支付利息扣缴企业所得税有关问题的公告》,国家税务总局公告 2015 年第 47 号。

二、税款计算

1. 扣缴企业所得税应纳税额的计算

$$扣缴企业所得税应纳税额＝应纳税所得额×实际征收率$$

其中，应纳税所得额是：

（1）股息、红利等权益性投资收益和利息、租金、特许权使用费所得，以收入全额为应纳税所得额，不得扣除税法规定之外的税费支出。

（2）转让财产所得，以收入全额减除财产净值后的余额为应纳税所得额。

（3）其他所得，参照前两项规定的方法计算应纳税所得额。

（4）营改增试点中的非居民企业，应以不含增值税的收入全额作为应纳税所得额。①

2. 注意事项

实际征收率是指企业所得税法及其实施条例等相关法律法规规定的税率，或者税收协定规定的更低的税率。

扣缴义务人对外支付或者到期应支付的款项为人民币以外货币的，在申报扣缴企业所得税时，应当按照扣缴当日国家公布的人民币汇率中间价，折合成人民币计算应纳税所得额。

扣缴义务人与非居民企业签订与需要扣缴的所得有关的业务合同时，凡合同中约定由扣缴义务人负担应纳税款的，应将非居民企业取得的不含税所得换算为含税所得后计算征税。

按照企业所得税法及其实施条例和相关税收法规规定，给予非居民企业减免税优惠的，应按相关税收减免管理办法和行政审批程序的规定办理。对未经审批或者减免税申请未得到批准之前，扣缴义务人发生支付款项的，应按规定代扣代缴企业所得税。

非居民企业可以适用的税收协定与现行扣缴办法有不同规定的，可申请执行税收协定规定；非居民企业未提出执行税收协定规定申请的，按国内税收法律法规的有关规定执行。

三、税款缴纳

（1）扣缴义务人在每次向非居民企业支付或者到期应支付所得时，应从支付或者到期应支付的款项中扣缴企业所得税。到期应支付的款项，是指支付人按照权责发生制原则应当计入相关成本、费用的应付款项。

境内企业（以下简称"企业"）和非居民企业签订与利息、租金、特许权使用费等所得有关的合同或协议，如果未按照合同或协议约定的日期支付上述所得款项，或者变更或修改合同或协议延期支付，但已计入企业当期成本、费用，并在企业所得税年度纳税申报中作税前扣除的，应在企业所得税年度纳税申报时按照企业所得税法有关规定代扣代缴

---

① 国家税务总局：《关于营业税改征增值税试点中非居民企业缴纳企业所得税有关问题的公告》，国家税务总局公告2013年第9号。

企业所得税。①

① 如果企业上述到期未支付的所得款项，不是一次性计入当期成本、费用，而是计入相应资产原价或企业筹办费，在该类资产投入使用或开始生产经营后分期摊入成本、费用，分年度在企业所得税前扣除的，应在企业计入相关资产的年度纳税申报时就上述所得全额代扣代缴企业所得税。

② 如果企业在合同或协议约定的支付日期之前支付上述所得款项的，应在实际支付时按照企业所得税法有关规定代扣代缴企业所得税。

（2）扣缴义务人每次代扣代缴税款时，应当向其主管税务机关报送《中华人民共和国扣缴企业所得税报告表》及相关资料，并自代扣之日起7日内缴入国库。

（3）非居民企业已按国内税收法律法规的有关规定征税后，提出享受减免税或税收协定待遇申请的，主管税务机关经审核确认应享受减免税或税收协定待遇的，对多缴纳的税款应依据税收征管法及其实施细则的有关规定予以退税。

（4）因非居民企业拒绝代扣税款的，扣缴义务人应当暂停支付相当于非居民企业应纳税款的款项，并在1日之内向其主管税务机关报告，并报送书面情况说明。

（5）扣缴义务人未依法扣缴或者无法履行扣缴义务的，非居民企业应于扣缴义务人支付或者到期应支付之日起7日内，到所得发生地主管税务机关申报缴纳企业所得税。

（6）股权转让交易双方为非居民企业且在境外交易的，由取得所得的非居民企业自行或委托代理人向被转让股权的境内企业所在地主管税务机关申报纳税。被转让股权的境内企业应协助税务机关向非居民企业征缴税款。

（7）扣缴义务人所在地与所得发生地不在一地的，扣缴义务人所在地主管税务机关应自确定扣缴义务人未依法扣缴或者无法履行扣缴义务之日起5个工作日内，向所得发生地主管税务机关发送《非居民企业税务事项联络函》，告知非居民企业的申报纳税事项。

（8）按照企业所得税法的规定应当扣缴的所得税，扣缴义务人未依法扣缴或者无法履行扣缴义务的，由纳税人在所得发生地缴纳。纳税人未依法缴纳的，税务机关可以从该纳税人在中国境内其他收入项目的支付人应付的款项中，追缴该纳税人的应纳税款。

所得发生地，是指依照企业所得税法实施条例规定的"来源于中国境内、境外所得的确定原则"②确定的所得发生地。在中国境内存在多处所得发生地的，由纳税人选择其中之一申报缴纳企业所得税。该纳税人在中国境内其他收入，是指该纳税人在中国境内取得的其他各种来源的收入。

税务机关在追缴该纳税人应纳税款时，应当将追缴理由、追缴数额、缴纳期限和缴纳方式等告知该纳税人。

---

① 国家税务总局：《关于非居民企业所得税管理若干问题的公告》，国家税务总局公告2011年第24号。
② 《中华人民共和国企业所得税法实施条例》，第七条。

四、非居民企业船舶、航空运输收入企业所得税的计算征收①

非居民企业在我国从事船舶、航空运输取得国际运输收入的企业所得税按以下方法计算征收：

非居民企业在我国境内从事船舶、航空等国际运输业务的，以其在中国境内起运客货收入总额的5%为应纳税所得额。

纳税人的应纳税额，按照每次从中国境内起运旅客、货物出境取得的收入总额，依照1.25%的计征率计算征收企业所得税。

第十二节 特别纳税调整②

一、特别纳税调整的基本规定

特别纳税调整，是指企业与其关联方之间的业务往来，不符合独立交易原则而减少企业或者其关联方应纳税收入或者所得额的，税务机关有权按照合理方法调整。独立交易原则，是指没有关联关系的交易各方，按照公平成交价格和营业常规进行业务往来遵循的原则。

税务机关特别纳税调整管理，主要是税务机关对企业的转让定价、预约定价安排、成本分摊协议、受控外国企业、资本弱化以及一般反避税等特别纳税调整事项的管理。

(一)关联方的界定

关联方，是指与企业有下列关联关系之一的企业、其他组织或者个人：在资金、经营、购销等方面存在直接或者间接的控制关系；直接或者间接地同为第三者控制；在利益上具有相关联的其他关系。实际管理中界定的"关联关系"，主要是指企业与其他企业、组织或个人具有下列之一关系：

(1) 一方直接或间接持有另一方的股份总和达到25%以上，或者双方直接或间接同为第三方所持有的股份达到25%以上。若一方通过中间方对另一方间接持有股份，只要一方对中间方持股比例达到25%以上，则一方对另一方的持股比例按照中间方对另一方的持股比例计算。

(2) 一方与另一方(独立金融机构除外)之间借贷资金占一方实收资本50%以上，或者一方借贷资金总额的10%以上是由另一方(独立金融机构除外)担保。

(3) 一方半数以上的高级管理人员(包括董事会成员和经理)或至少一名可以控制董事会的董事会高级成员是由另一方委派，或者双方半数以上的高级管理人员(包括董事会成员和经理)或至少一名可以控制董事会的董事会高级成员同为第三方委派。

(4) 一方半数以上的高级管理人员(包括董事会成员和经理)同时担任另一方的高级管理人员(包括董事会成员和经理)，或者一方至少一名可以控制董事会的董事会高级成

---

① 国家税务总局：《关于非居民企业船舶、航空运输收入计算征收企业所得税有关问题的通知》，国税函〔2008〕952号。

② 国家税务总局：《关于印发〈特别纳税调整实施办法(试行)〉的通知》，国税发〔2009〕2号。

员同时担任另一方的董事会高级成员。

(5) 一方的生产经营活动必须由另一方提供的工业产权、专有技术等特许权才能正常进行。

(6) 一方的购买或销售活动主要由另一方控制。

(7) 一方接受或提供劳务主要由另一方控制。

(8) 一方对另一方的生产经营、交易具有实质控制，或者双方在利益上具有相关联的其他关系，包括虽未达到前述第(1)项持股比例，但一方与另一方的主要持股方享受基本相同的经济利益，以及家族、亲属关系等。

(二) 关联交易的类型

(1) 有形资产的购销、转让和使用，包括房屋建筑物、交通工具、机器设备、工具、商品、产品等有形资产的购销、转让和租赁业务。

(2) 无形资产的转让和使用，包括土地使用权、版权（著作权）、专利、商标、客户名单、营销渠道、牌号、商业秘密和专有技术等特许权，以及工业品外观设计或实用新型等工业产权的所有权转让和使用权的提供业务。

(3) 融通资金，包括各类长短期资金拆借和担保以及各类计息预付款和延期付款等业务。

(4) 提供劳务，包括市场调查、行销、管理、行政事务、技术服务、维修、设计、咨询、代理、科研、法律、会计事务等服务的提供。

(三) 相关资料的报送

企业向税务机关报送年度企业所得税纳税申报表时，应当就其与关联方之间的业务往来，附送年度关联业务往来报告表。

税务机关在进行关联业务调查时，企业及其关联方，以及与关联业务调查有关的其他企业，应当按照规定提供相关资料。相关资料[①]包括：

(1) 与关联业务往来有关的价格、费用的制定标准、计算方法和说明等同期资料。

(2) 关联业务往来所涉及的财产、财产使用权、劳务等的再销售（转让）价格或者最终销售（转让）价格的相关资料。

(3) 与关联业务调查有关的其他企业应当提供的与被调查企业可比的产品价格、定价方式以及利润水平等资料。

(4) 其他与关联业务往来有关的资料。

属于下列情形之一的企业，可免于准备同期资料：

(1) 年度发生的关联购销金额（来料加工业务按年度进出口报关价格计算）在2亿元人民币以下且其他关联交易金额（关联融通资金按利息收付金额计算）在4 000万元人民币以下，上述金额不包括企业在年度内执行成本分摊协议或预约定价安排所涉及的关联交易金额。

(2) 关联交易属于执行预约定价安排所涉及的范围。

---

① 报送相关资料的具体内容见国家税务总局：《关于印发〈特别纳税调整实施办法（试行）〉的通知》，国税发〔2009〕2号。

(3) 外资股份低于50%且仅与境内关联方发生关联交易。

二、特别纳税调整的内容与方法

（一）转让定价及其调整

企业发生关联交易以及税务机关审核、评估关联交易均应遵循独立交易原则,选用合理的转让定价方法。根据企业所得税法实施条例的规定,转让定价方法包括可比非受控价格法、再销售价格法、成本加成法、交易净利润法、利润分割法和其他符合独立交易原则的方法。选用合理的转让定价方法应进行可比性分析,可比性分析因素主要包括交易资产或劳务特性、交易各方功能和风险、合同条款、经济环境、经营策略等五个方面。

1. 可比非受控价格法

可比非受控价格法以非关联方之间进行的与关联交易相同或类似业务活动所收取的价格作为关联交易的公平成交价格。

可比性分析应特别考察关联交易与非关联交易在交易资产或劳务的特性、合同条款及经济环境上的差异,关联交易与非关联交易之间在以上方面存在重大差异的,应就该差异对价格的影响进行合理调整,无法合理调整的,应选择其他合理的转让定价方法。

可比非受控价格法可以适用于所有类型的关联交易。

2. 再销售价格法

再销售价格法以关联方购进商品再销售给非关联方的价格减去可比非关联交易毛利后的金额作为关联方购进商品的公平成交价格。其计算公式如下：

公平成交价格＝再销售给非关联方的价格×(1－可比非关联交易毛利率)
可比非关联交易毛利率＝可比非关联交易毛利/可比非关联交易收入净额×100%

可比性分析应特别考察关联交易与非关联交易在功能风险及合同条款上的差异以及影响毛利率的其他因素,具体包括销售、广告及服务功能,存货风险,机器、设备的价值及使用年限,无形资产的使用及价值,批发或零售环节,商业经验,会计处理及管理效率等。

关联交易与非关联交易之间在以上方面存在重大差异的,应就该差异对毛利率的影响进行合理调整,无法合理调整的,应选择其他合理的转让定价方法。

再销售价格法通常适用于再销售者未对商品进行改变外形、性能、结构或更换商标等实质性增值加工的简单加工或单纯购销业务。

3. 成本加成法

成本加成法以关联交易发生的合理成本加上可比非关联交易毛利作为关联交易的公平成交价格。其计算公式如下：

公平成交价格＝关联交易的合理成本×(1+可比非关联交易成本加成率)
可比非关联交易成本加成率＝可比非关联交易毛利/可比非关联交易成本×100%

可比性分析应特别考察关联交易与非关联交易在功能风险及合同条款上的差异以及影响成本加成率的其他因素,具体包括制造、加工、安装及测试功能,市场及汇兑风险,机器、设备的价值及使用年限，无形资产的使用及价值，商业经验，会计处理及管理效率等。

关联交易与非关联交易之间在以上方面存在重大差异的，应就该差异对成本加成率的影响进行合理调整，无法合理调整的，应选择其他合理的转让定价方法。

成本加成法通常适用于有形资产的购销、转让和使用，劳务提供或资金融通的关联交易。

4. 交易净利润法

交易净利润法以可比非关联交易的利润率指标确定关联交易的净利润的方法。利润率指标包括资产收益率、销售利润率、完全成本加成率、贝里比率等。

可比性分析应特别考察关联交易与非关联交易之间在功能风险及经济环境上的差异以及影响营业利润的其他因素，具体包括执行功能、承担风险和使用资产，行业和市场情况，经营规模，经济周期和产品生命周期，成本、费用、所得和资产在各交易间的分摊，会计处理及经营管理效率等。

关联交易与非关联交易之间在以上方面存在重大差异的，应就该差异对营业利润的影响进行合理调整，无法合理调整的，应选择其他合理的转让定价方法。

交易净利润法通常适用于有形资产的购销、转让和使用，无形资产的转让和使用以及劳务提供等关联交易。

5. 利润分割法

利润分割法根据企业与其关联方对关联交易合并利润的贡献计算各自应该分配的利润额。利润分割法分为一般利润分割法和剩余利润分割法。

一般利润分割法根据关联交易各参与方所执行的功能、承担的风险以及使用的资产，确定各自应取得的利润。

剩余利润分割法将关联交易各参与方的合并利润减去分配给各方的常规利润的余额作为剩余利润，再根据各方对剩余利润的贡献程度进行分配。

可比性分析应特别考察交易各方执行的功能、承担的风险和使用的资产，成本、费用、所得和资产在各交易方之间的分摊，会计处理，确定交易各方对剩余利润贡献所使用信息和假设条件的可靠性等。

利润分割法通常适用于各参与方关联交易高度整合且难以单独评估各方交易结果的情况。

6. 其他符合独立交易原则的方法

(二) 关联交易的预约定价安排

预约定价安排，是指企业就其未来年度关联交易的定价原则和计算方法，向税务机关提出申请，与税务机关按照独立交易原则协商、确认后达成的协议。

预约定价安排的谈签与执行通常经过预备会谈、正式申请、审核评估、磋商、签订安排和监控执行 6 个阶段。预约定价安排包括单边、双边和多边 3 种类型。

预约定价安排应由设区的市、自治州以上的税务机关受理。预约定价安排一般适用于同时满足以下条件的企业：年度发生的关联交易金额在 4 000 万元人民币以上；依法履行关联申报义务；按规定准备、保存和提供同期资料。

预约定价安排适用于自企业提交正式书面申请年度的次年起3个至5个连续年度的关联交易。预约定价安排的谈签不影响税务机关对企业提交预约定价安排正式书面申请当年或以前年度关联交易的转让定价调查调整。如果企业申请当年或以前年度的关联交易与预约定价安排适用年度相同或类似,经企业申请,税务机关批准,可将预约定价安排确定的定价原则和计算方法适用于申请当年或以前年度关联交易的评估和调整。

(三)关联交易的成本分摊协议

成本分摊协议是指参与方共同签署的对开发、受让的无形资产或参与的劳务活动享有受益权,并承担相应的活动成本的协议。

按照企业所得税法规定,企业与其关联方共同开发、受让无形资产,或者共同提供、接受劳务发生的成本,可以在计算应纳税所得额时按照独立交易原则和成本与预期收益相配比的原则进行分摊,并达成成本分摊协议。成本分摊协议的参与方对开发、受让的无形资产或参与的劳务活动享有受益权,并承担相应的活动成本。关联方承担的成本应与非关联方在可比条件下为获得上述受益权而支付的成本相一致。

参与方使用成本分摊协议所开发或受让的无形资产不需另支付特许权使用费。

企业对成本分摊协议所涉及无形资产或劳务的受益权应有合理的、可计量的预期收益,且以合理商业假设和营业常规为基础。涉及劳务的成本分摊协议一般适用于集团采购和集团营销策划。

企业应自成本分摊协议达成之日起30日内,层报国家税务总局备案。税务机关判定成本分摊协议是否符合独立交易原则须层报国家税务总局审核。

成本分摊协议执行期间,参与方实际分享的收益与分摊的成本不相配比的,应根据实际情况作出补偿调整。

对于符合独立交易原则的成本分摊协议,有关税务处理如下:企业按照协议分摊的成本,应在协议规定的各年度税前扣除;涉及补偿调整的,应在补偿调整的年度计入应纳税所得额;涉及无形资产的成本分摊协议,加入支付、退出补偿或终止协议时对协议成果分配的,应按资产购置或处置的有关规定处理。

企业与其关联方签署成本分摊协议,有下列情形之一的,其自行分摊的成本不得税前扣除:不具有合理商业目的和经济实质;不符合独立交易原则;没有遵循成本与收益配比原则;未按有关规定备案或准备、保存和提供有关成本分摊协议的同期资料;自签署成本分摊协议之日起经营期限少于20年。

(四)受控外国企业及其管理

受控外国企业是指根据企业所得税法规定,由居民企业,或者由居民企业和居民个人(统称中国居民股东,包括中国居民企业股东和中国居民个人股东)控制的设立在实际税负低于25%标准税率水平50%的国家(地区),并非出于合理经营需要对利润不作分配或减少分配的外国企业。

这里所说的"控制",是指在股份、资金、经营、购销等方面构成实质控制。其中,股份控制是指由中国居民股东在纳税年度任何一天单层直接或多层间接单一持有外国企业10%以上有表决权股份,且共同持有该外国企业50%以上股份。中国居民股东多层间接持有股份按各层持股比例相乘计算,中间层持有股份超过50%的,按100%计算。

中国居民企业股东应在年度企业所得税纳税申报时提供对外投资信息,附送《对外投资情况表》。税务机关应汇总、审核中国居民企业股东申报的对外投资信息,向受控外国企业的中国居民企业股东送达《受控外国企业中国居民股东确认通知书》。中国居民企业股东控制的设立在实际税负低于12.5%的国家(地区)的企业,并非由于合理的经营需要而对利润不作分配或者减少分配的,上述利润中应归属于该居民企业的部分,应当计入该居民企业的当期收入,按照有关规定征税。

计入中国居民企业股东当期的视同受控外国企业股息分配的所得,应按以下公式计算:

$$\text{中国居民企业股东当期所得} = \text{视同股息分配额} \times \frac{\text{实际持股天数}}{\text{受控外国企业纳税年度天数}} \times \text{股东持股比例}$$

中国居民股东多层间接持有股份的,股东持股比例按各层持股比例相乘计算。

受控外国企业与中国居民企业股东纳税年度存在差异的,应将视同股息分配所得计入受控外国企业纳税年度终止日所属的中国居民企业股东的纳税年度。计入中国居民企业股东当期所得已在境外缴纳的企业所得税税款,可按照所得税法或税收协定的有关规定抵免。受控外国企业实际分配的利润已根据所得税法相关规定征税的,不再计入中国居民企业股东的当期所得。

中国居民企业股东能够提供资料证明其控制的外国企业满足以下条件之一的,可免于将外国企业不作分配或减少分配的利润视同股息分配额,计入中国居民企业股东的当期所得:设立在国家税务总局指定的非低税率国家(地区);主要取得积极经营活动所得;年度利润总额低于500万元人民币。

境外中资企业被判定为非境内注册居民企业的,不视为受控外国企业,但其所控制的其他受控外国企业仍应按照有关规定进行税务处理。①

(五)资本弱化及其调整

资本弱化是指企业通过加大借贷款(债权性筹资)而减少股份资本(权益性筹资)比例的方式增加税前扣除,以降低企业税负的一种行为。

企业所得税法规定,企业从其关联方接受的债权性投资与权益性投资的比例超过规定标准而发生的利息支出,不得在计算应纳税所得额时扣除。债权性投资,是指企业直接或者间接从关联方获得的,需要偿还本金和支付利息或者需要以其他具有支付利息性质的方式予以补偿的融资。权益性投资,是指企业接受的不需要偿还本金和支付利息,投资人对企业净资产拥有所有权的投资。

企业间接从关联方获得的债权性投资,包括:关联方通过无关联第三方提供的债权性投资;无关联第三方提供的、由关联方担保且负有连带责任的债权性投资;其他间接从关联方获得的具有负债实质的债权性投资。

不得在计算应纳税所得额时扣除的利息支出应按以下公式计算:

---

① 国家税务总局:《关于境外注册中资控股企业依据实际管理机构标准认定为居民企业有关问题的通知》,国税发〔2009〕82号。

不得扣除利息支出＝年度实际支付的全部关联方利息×(1－标准比例/关联债资比例)

其中,标准比例是指企业实际支付给关联方的利息支出,其接受关联方债权性投资与其权益性投资比例为:金融企业为5∶1;其他企业为2∶1。[①]

关联债资比例是指根据企业所得税法及其实施条例的规定,企业从其全部关联方接受的债权性投资(以下简称"关联债权投资")占企业接受的权益性投资(以下简称"权益投资")的比例,关联债权投资包括关联方以各种形式提供担保的债权性投资。关联债资比例的具体计算方法如下：

关联债资比例＝年度各月平均关联债权投资之和/年度各月平均权益投资之和

其中,

各月平均关联债权投资＝(关联债权投资月初账面余额＋月末账面余额)/2
各月平均权益投资＝(权益投资月初账面余额＋月末账面余额)/2

权益投资为企业资产负债表所列示的所有者权益金额。如果所有者权益小于实收资本(股本)与资本公积之和,则权益投资为实收资本(股本)与资本公积之和;如果实收资本(股本)与资本公积之和小于实收资本(股本)金额,则权益投资为实收资本(股本)金额。

利息支出包括直接或间接关联债权投资实际支付的利息、担保费、抵押费和其他具有利息性质的费用。

不得在计算应纳税所得额时扣除的利息支出,不得结转到以后纳税年度;应按照实际支付给各关联方利息占关联方利息总额的比例,在各关联方之间进行分配,其中,分配给实际税负高于企业的境内关联方的利息准予扣除;直接或间接实际支付给境外关联方的利息应视同分配的股息,按照股息和利息分别适用的所得税税率差补征企业所得税,如已扣缴的所得税税款多于按股息计算应征所得税税款,多出的部分不予退税。

企业关联债资比例超过标准比例的利息支出,如要在计算应纳税所得额时扣除,要按照国家税务总局《特别纳税调整管理办法》的要求,准备、保存、并按税务机关要求提供相关同期资料,证明关联债权投资金额、利率、期限、融资条件以及债资比例等均符合独立交易原则。企业未按规定准备、保存和提供同期资料证明关联债权投资金额、利率、期限、融资条件以及债资比例等符合独立交易原则的,其超过标准比例的关联方利息支出,不得在计算应纳税所得额时扣除。

(六) 一般反避税管理

企业所得税法规定,企业实施其他不具有合理商业目的(以减少、免除或者推迟缴纳税款为主要目的)的安排而减少其应纳税收入或者所得额的,税务机关有权按照合理方法调整。因此,税务机关可依法对存在以下避税安排的企业,启动一般反避税调查:滥用税收优惠;滥用税收协定;滥用公司组织形式;利用避税港避税;其他不具有合理商业目

[①] 财政部、国家税务总局:《关于企业关联方利息支出税前扣除标准有关税收政策问题的通知》,财税〔2008〕121号。

的的安排。一般反避税调查及调整须层报国家税务总局批准。

税务机关应按照实质重于形式的原则审核企业是否存在避税安排,并综合考虑安排的以下内容:安排的形式和实质;安排订立的时间和执行期间;安排实现的方式;安排各个步骤或组成部分之间的联系;安排涉及各方财务状况的变化;安排的税收结果。

税务机关应按照经济实质对企业的避税安排重新定性,取消企业从避税安排获得的税收利益。对于没有经济实质的企业,特别是设在避税港并导致其关联方或非关联方避税的企业,可在税收上否定该企业的存在。

(七) 其他管理规定

1. 核定应纳税额

实行查账征收的居民企业和在中国境内设立机构、场所并据实申报缴纳企业所得税的非居民企业向税务机关报送年度企业所得税纳税申报表时,应附送《中华人民共和国企业年度关联业务往来报告表》,包括《关联关系表》《关联交易汇总表》《购销表》《劳务表》《无形资产表》《固定资产表》《融通资金表》《对外投资情况表》和《对外支付款项情况表》。同时,需要准备、保存、提供同期资料或其他相关资料。

企业不提供与其关联方之间业务往来资料,或者提供虚假、不完整资料,未能真实反映其关联业务往来情况的,税务机关有权依法核定其应纳税所得额。

税务机关核定企业的应纳税所得额时,可以采用下列方法:

(1) 参照同类或者类似企业的利润率水平核定。
(2) 按照企业成本加合理的费用和利润的方法核定。
(3) 按照关联企业集团整体利润的合理比例核定。
(4) 按照其他合理方法核定。

企业对税务机关按照前款规定的方法核定的应纳税所得额有异议的,应当提供相关证据,经税务机关认定后,调整核定的应纳税所得额。

2. 纳税调整后的处理

税务机关依照企业所得税法规定作出纳税调整,需要补征税款的,应当补征税款,并按照国务院规定加收利息。应当对补征的税款,自税款所属纳税年度的次年6月1日起至补缴税款之日止的期间,按日加收利息。加收的利息,不得在计算应纳税所得额时扣除。

利息率按照税款所属纳税年度12月31日实行的与补税期间同期的中国人民银行人民币贷款基准利率(以下简称"基准利率")加5个百分点计算,并按一年365天折算日利息率。

企业按照规定提供同期资料和其他相关资料的,或者企业符合免于准备同期资料但根据税务机关要求提供其他相关资料的,可以只按基准利率计算加收利息。

企业按照规定免于准备同期资料,但经税务机关调查,其实际关联交易额达到必须准备同期资料的标准的,税务机关对补征税款按照规定加收利息。

企业在税务机关做出特别纳税调整决定前预缴税款的,收到调整补税通知书后补缴税款时,按照应补缴税款所属年度的先后顺序确定已预缴税款的所属年度,以预缴入库日为截止日,分别计算应加收的利息额。

企业对特别纳税调整应补征的税款及利息,应在税务机关调整通知书规定的期限内缴纳入库。企业有特殊困难,不能按期缴纳税款的,应依照征管法及其实施细则的有关规定办理延期缴纳税款。逾期不申请延期又不缴纳税款的,税务机关应按照征管法的有关规定处理。

3. 关联申报和同期资料管理补充规定[①]

实行查账征收的居民企业和在中国境内设立机构、场所并据实申报缴纳企业所得税的非居民企业向税务机关报送年度企业所得税纳税申报表时,应当就其与关联方之间的业务往来进行关联申报,附送《中华人民共和国企业年度关联业务往来报告表(2016年版)》。

企业与其他企业、组织或者个人具有下列关系之一的,构成本关联关系:

(1) 一方直接或者间接持有另一方的股份总和达到25%以上;双方直接或者间接同为第三方所持有的股份达到25%以上。

如果一方通过中间方对另一方间接持有股份,只要其对中间方持股比例达到25%以上,则其对另一方的持股比例按照中间方对另一方的持股比例计算。

两个以上具有夫妻、直系血亲、兄弟姐妹以及其他抚养、赡养关系的自然人共同持股同一企业,在判定关联关系时持股比例合并计算。

(2) 双方存在持股关系或者同为第三方持股,虽持股比例未达到本条第1项规定,但双方之间借贷资金总额占任一方实收资本比例达到50%以上,或者一方全部借贷资金总额的10%以上由另一方担保(与独立金融机构之间的借贷或者担保除外)。

借贷资金总额占实收资本比例＝年度加权平均借贷资金/年度加权平均实收资本

其中:

$$年度加权平均借贷资金 = \sum_{i=1}^{n} i 笔借入或者贷出资金账面金额 \times i 笔借入或者贷出资金年度实际占用天数 /365$$

$$年度加权平均实收资本 = \sum_{i=1}^{n} i 笔实收资本账面金额 \times i 笔实收资本年度实际占用天数 /365$$

(3) 双方存在持股关系或者同为第三方持股,虽持股比例未达到本条第(1)项规定,但一方的生产经营活动必须由另一方提供专利权、非专利技术、商标权、著作权等特许权才能正常进行。

(4) 双方存在持股关系或者同为第三方持股,虽持股比例未达到本条第(1)项规定,但一方的购买、销售、接受劳务、提供劳务等经营活动由另一方控制。

上述控制是指一方有权决定另一方的财务和经营政策,并能据以从另一方的经营活动中获取利益。

[①] 国家税务总局:《关于完善关联申报和同期资料管理有关事项的公告》,国家税务总局公告2016年第42号。

(5) 一方半数以上董事或者半数以上高级管理人员(包括上市公司董事会秘书、经理、副经理、财务负责人和公司章程规定的其他人员)由另一方任命或者委派,或者同时担任另一方的董事或高级管理人员;或者双方各自半数以上董事或半数以上高级管理人员同为第三方任命或者委派。

(6) 具有夫妻、直系血亲、兄弟姐妹以及其他抚养、赡养关系的两个自然人分别与双方具有本条第(1)项至第(5)项关系之一。

(7) 双方在实质上具有其他共同利益。

第十三节 征收管理

一、纳税地点

(1) 除税收法律、行政法规另有规定外,居民企业以企业登记注册地为纳税地点;但登记注册地在境外的,以实际管理机构所在地为纳税地点。

(2) 居民企业在中国境内设立不具有法人资格的营业机构的,应当汇总计算并缴纳企业所得税。企业汇总计算并缴纳企业所得税时,应当统一核算应纳税所得额,具体办法由国务院财政、税务主管部门另行制定。

(3) 非居民企业在中国境内设立机构、场所的,其所设机构、场所取得的来源于中国境内的所得,以及发生在中国境外但与其所设机构、场所有实际联系的所得,以机构、场所所在地为纳税地点。非居民企业在中国境内设立两个或者两个以上机构、场所的,经税务机关审核批准,可以选择由其主要机构、场所汇总缴纳企业所得税。

(4) 非居民企业在中国境内未设立机构、场所的,或者虽设立机构、场所但取得的所得与其所设机构、场所没有实际联系的,其来源于中国境内的所得,以扣缴义务人所在地为纳税地点。

(5) 除国务院另有规定外,企业之间不得合并缴纳企业所得税。

二、纳税期限

企业所得税按纳税年度计算,分月或者分季预缴,年终汇算清缴,多退少补。符合条件的小型微利企业,实行按季度申报预缴企业所得税。[①]

纳税年度自公历1月1日起至12月31日止。企业在一个纳税年度中间开业,或者终止经营活动,使该纳税年度的实际经营期不足十二个月的,应当以其实际经营期为一个纳税年度。企业依法清算时,应当以清算期间作为一个纳税年度。

三、纳税申报

(一) 纳税申报的一般规定

企业应当自月份或者季度终了之日起十五日内,向税务机关报送预缴企业所得税纳

[①] 国家税务总局:《关于合理简并纳税人申报缴税次数的公告》,国家税务总局公告2016年第6号。

税申报表,预缴税款。分月或者分季预缴企业所得税时,应当按照月度或者季度的实际利润额预缴;按照月度或者季度的实际利润额预缴有困难的,可以按照上一纳税年度应纳税所得额的月度或者季度平均额预缴,或者按照经税务机关认可的其他方法预缴。预缴方法一经确定,该纳税年度内不得随意变更。

企业应当自年度终了之日起五个月内,向税务机关报送年度企业所得税纳税申报表,并汇算清缴,结清应缴应退税款。企业在报送企业所得税纳税申报表时,应当按照规定附送财务会计报告和其他有关资料。

企业在年度中间终止经营活动的,应当自实际经营终止之日起六十日内,向税务机关办理当期企业所得税汇算清缴。

企业应当在办理注销登记前,就其清算所得向税务机关申报并依法缴纳企业所得税。

企业在纳税年度内无论盈利或者亏损,都应当依照企业所得税法第五十四条规定的期限,向税务机关报送预缴企业所得税纳税申报表、年度企业所得税纳税申报表、财务会计报告和税务机关规定应当报送的其他有关资料。

企业所得以人民币以外的货币计算的,预缴企业所得税时,应当按照月度或者季度最后一日的人民币汇率中间价,折合成人民币计算应纳税所得额。年度终了汇算清缴时,对已经按照月度或者季度预缴税款的,不再重新折合计算,只就该纳税年度内未缴纳企业所得税的部分,按照纳税年度最后一日的人民币汇率中间价,折合成人民币计算应纳税所得额。

经税务机关检查确认,企业少计或者多计前款规定的所得的,应当按照检查确认补税或者退税时的上一个月最后一日的人民币汇率中间价,将少计或者多计的所得折合成人民币计算应纳税所得额,再计算应补缴或者应退的税款。

(二) 核定征收方式的纳税申报

(1) 纳税人实行核定应税所得率方式的,按下列规定申报纳税[①]:

① 主管税务机关根据纳税人应纳税额的大小确定纳税人按月或者按季预缴,年终汇算清缴。预缴方法一经确定,一个纳税年度内不得改变。

② 纳税人应依照确定的应税所得率计算纳税期间实际应缴纳的税额,进行预缴。按实际数额预缴有困难的,经主管税务机关同意,可按上一年度应纳税额的 1/12 或 1/4 预缴,或者按经主管税务机关认可的其他方法预缴。

③ 纳税人预缴税款或年终进行汇算清缴时,应按规定填写《企业所得税月(季)度预缴纳税申报表(B类)》,在规定的纳税申报时限内报送主管税务机关。

(2) 纳税人实行核定应纳所得税额方式的,按下列规定申报纳税:

① 纳税人在应纳所得税额尚未确定之前,可暂按上年度应纳所得税额的 1/12 或 1/4 预缴,或者按经主管税务机关认可的其他方法,按月或按季分期预缴。

② 在应纳所得税额确定以后,减除当年已预缴的所得税额,余额按剩余月份或季度均分,以此确定以后各月或各季的应纳税额,由纳税人按月或按季填写《企业所得税月

---

① 国家税务总局:《企业所得税核定征收办法》(试行),国税发〔2008〕30号。

(季)度预缴纳税申报表(B类)》,在规定的纳税申报期限内进行纳税申报。

③ 纳税人年度终了后,在规定的时限内按照实际经营额或实际应纳税额向税务机关申报纳税。申报额超过核定经营额或应纳税额的,按申报额缴纳税款;申报额低于核定经营额或应纳税额的,按核定经营额或应纳税额缴纳税款。

四、跨地区经营汇总纳税[①]

(一)汇总纳税的范围

居民企业在中国境内跨地区(指跨省、自治区、直辖市和计划单列市,下同)设立不具有法人资格分支机构的,该居民企业为跨地区经营汇总纳税企业(以下简称"汇总纳税企业"),除另有规定外,其企业所得税征收管理适用本办法。

国有邮政企业(包括中国邮政集团公司及其控股公司和直属单位)、中国工商银行股份有限公司、中国农业银行股份有限公司、中国银行股份有限公司、国家开发银行股份有限公司、中国农业发展银行、中国进出口银行、中国投资有限责任公司、中国建设银行股份有限公司、中国建银投资有限责任公司、中国信达资产管理股份有限公司、中国石油天然气股份有限公司、中国石油化工股份有限公司、海洋石油天然气企业(包括中国海洋石油总公司、中海石油(中国)有限公司、中海油田服务股份有限公司、海洋石油工程股份有限公司)、中国长江电力股份有限公司等企业缴纳的企业所得税(包括滞纳金、罚款)为中央收入,全额上缴中央国库,其企业所得税征收管理不适用汇总纳税办法。铁路运输企业所得税征收管理不适用汇总纳税办法。

(二)基本原则与方法

汇总纳税企业实行"统一计算、分级管理、就地预缴、汇总清算、财政调库"的企业所得税征收管理办法:

统一计算,是指总机构统一计算包括汇总纳税企业所属各个不具有法人资格分支机构在内的全部应纳税所得额、应纳税额。

分级管理,是指总机构、分支机构所在地的主管税务机关都有对当地机构进行企业所得税管理的责任,总机构和分支机构应分别接受机构所在地主管税务机关的管理。

就地预缴,是指总机构、分支机构应按规定,分月或分季分别向所在地主管税务机关申报预缴企业所得税。

汇总清算,是指在年度终了后,总机构统一计算汇总纳税企业的年度应纳税所得额、应纳所得税额,抵减总机构、分支机构当年已就地分期预缴的企业所得税款后,多退少补。

财政调库,是指财政部定期将缴入中央国库的汇总纳税企业所得税待分配收入,按照核定的系数调整至地方国库。

总机构和具有主体生产经营职能的二级分支机构,就地分摊缴纳企业所得税。二级分支机构,是指汇总纳税企业依法设立并领取非法人营业执照(登记证书),且总机构对

---

① 国家税务总局:《关于印发跨地区经营汇总纳税企业所得税征收管理办法的公告》,国家税务总局公告 2012 年第 57 号。

其财务、业务、人员等直接进行统一核算和管理的分支机构。

以下二级分支机构不就地分摊缴纳企业所得税：

（1）不具有主体生产经营职能，且在当地不缴纳增值税、营业税的产品售后服务、内部研发、仓储等汇总纳税企业内部辅助性的二级分支机构，不就地分摊缴纳企业所得税。

（2）上年度认定为小型微利企业的，其二级分支机构不就地分摊缴纳企业所得税。

（3）新设立的二级分支机构，设立当年不就地分摊缴纳企业所得税。

（4）当年撤销的二级分支机构，自办理注销税务登记之日所属企业所得税预缴期间起，不就地分摊缴纳企业所得税。

（5）汇总纳税企业在中国境外设立的不具有法人资格的二级分支机构，不就地分摊缴纳企业所得税。

（三）税款预缴和汇算清缴

汇总纳税企业按照企业所得税法规定汇总计算的企业所得税，包括预缴税款和汇算清缴应缴应退税款，50%在各分支机构间分摊，各分支机构根据分摊税款就地办理缴库或退库；50%由总机构分摊缴纳，其中25%就地办理缴库或退库，25%就地全额缴入中央国库或退库。企业所得税分月或者分季预缴，由总机构所在地主管税务机关具体核定。

汇总纳税企业应根据当期实际利润额，按照规定的预缴分摊方法计算总机构和分支机构的企业所得税预缴额，分别由总机构和分支机构就地预缴；在规定期限内按实际利润额预缴有困难的，也可以按照上一年度应纳税所得额的1/12或1/4，按照规定的预缴分摊方法计算总机构和分支机构的企业所得税预缴额，分别由总机构和分支机构就地预缴。预缴方法一经确定，当年度不得变更。

总机构应将本期企业应纳所得税额的50%部分，在每月或季度终了后15日内就地申报预缴。总机构应将本期企业应纳所得税额的另外50%部分，按照各分支机构应分摊的比例，在各分支机构之间进行分摊，并及时通知到各分支机构；各分支机构应在每月或季度终了之日起15日内，就其分摊的所得税额就地申报预缴。

（四）总分机构分摊税款的计算

总机构按以下公式计算分摊税款：

总机构分摊税款＝汇总纳税企业当期应纳所得税额×50%

分支机构按以下公式计算分摊税款：

所有分支机构分摊税款总额＝汇总纳税企业当期应纳所得税额×50%

某分支机构分摊税款＝所有分支机构分摊税款总额×该分支机构分摊比例

总机构应按照上年度分支机构的营业收入、职工薪酬和资产总额三个因素计算各分支机构分摊所得税款的比例；三级及以下分支机构，其营业收入、职工薪酬和资产总额统一计入二级分支机构；三因素的权重依次为0.35、0.35、0.30。计算公式如下：

某分支机构分摊比例 ＝（该分支机构营业收入／各分支机构营业收入之和）×0.35
　　　　　　　　　　＋（该分支机构职工薪酬／各分支机构职工薪酬之和）×0.35
　　　　　　　　　　＋（该分支机构资产总额／各分支机构资产总额之和）×0.30

上年度分支机构的营业收入、职工薪酬和资产总额,是指分支机构上年度全年的营业收入、职工薪酬数据和上年度 12 月 31 日的资产总额数据,是依照国家统一会计制度的规定核算的数据。分支机构营业收入,是指分支机构销售商品、提供劳务、让渡资产使用权等日常经营活动实现的全部收入。其中,生产经营企业分支机构营业收入是指生产经营企业分支机构销售商品、提供劳务、让渡资产使用权等取得的全部收入。金融企业分支机构营业收入是指金融企业分支机构取得的利息、手续费、佣金等全部收入。保险企业分支机构营业收入是指保险企业分支机构取得的保费等全部收入。分支机构职工薪酬,是指分支机构为获得职工提供的服务而给予各种形式的报酬以及其他相关支出。分支机构资产总额,是指分支机构在经营活动中实际使用的应归属于该分支机构的资产合计额。

对于按照税收法律、法规和其他规定,总机构和分支机构处于不同税率地区的,先由总机构统一计算全部应纳税所得额,然后按规定的比例和计算的分摊比例,计算划分不同税率地区机构的应纳税所得额,再分别按各自的适用税率计算应纳税额后加总计算出汇总纳税企业的应纳所得税总额,最后按规定的比例和计算的分摊比例,向总机构和分支机构分摊就地缴纳的企业所得税款。

(五) 日常管理

汇总纳税企业总机构和分支机构应依法办理税务登记,接受所在地主管税务机关的监督和管理。

总机构所在地主管税务机关应加强对汇总纳税企业申报缴纳企业所得税的管理,可以对企业自行实施税务检查,也可以与二级分支机构所在地主管税务机关联合实施税务检查。

总机构所在地主管税务机关应对查实项目按照企业所得税法的规定统一计算查增的应纳税所得额和应纳税额。总机构应将查补所得税款(包括滞纳金、罚款,下同)的 50% 按照规定计算的分摊比例,分摊给各分支机构(不包括不就地分摊的分支机构)缴纳,各分支机构根据分摊查补税款就地办理缴库;50% 分摊给总机构缴纳,其中 25% 就地办理缴库,25% 就地全额缴入中央国库。

二级分支机构所在地主管税务机关应配合总机构所在地主管税务机关对其主管二级分支机构实施税务检查,也可以自行对该二级分支机构实施税务检查。二级分支机构所在地主管税务机关自行对其主管二级分支机构实施税务检查,可对查实项目按照企业所得税法的规定自行计算查增的应纳税所得额和应纳税额。

计算查增的应纳税所得额时,应减除允许弥补的汇总纳税企业以前年度亏损;对于需由总机构统一计算的税前扣除项目,不得由分支机构自行计算调整。

二级分支机构应将查补所得税款的 50% 分摊给总机构缴纳,其中 25% 就地办理缴库,25% 就地全额缴入中央国库;50% 分摊给该二级分支机构就地办理缴库。具体的税款缴库程序按照财预〔2012〕40 号文件第五条等相关规定执行。

本章小结

企业所得税的纳税人是指在中国境内的企业和其他取得收入的组织。按照登记注册地标准和实际管理机构标准,将企业所得税纳税人分为居民企业和非居民企业。居民企业负无限纳税义务,要就来源于中国境内、境外所得在我国缴纳企业所得税;非居民企业负有限纳税义务,主要就来源于中国境内的所得缴纳企业所得税。企业所得税的征税对象是企业取得的所得,包括销售货物所得、提供劳务所得、转让财产所得、股息红利等权益性投资所得、利息所得、租金所得、特许权使用费所得、接受捐赠所得和其他所得。企业所得税实行25%的比例税率,对特定企业实行低税率。企业的应纳税所得额乘以适用税率,减除依照税法关于税收优惠规定的减免和抵免的税额后的余额,为应纳税额。应纳税所得额是指企业每一纳税年度的收入总额,减除不征税收入、免税收入、各项扣除以及允许弥补的以前年度亏损后的余额。在计算应纳税所得额时准予从收入额中扣除的项目,是指企业每一纳税年度发生的与取得应税收入有关的所有必要和正常的成本、费用、税金、损失和其他支出。企业所得税对于扣除项目规定有扣除范围和标准,需要按照规定在税前扣除。企业的各项资产需要按照规定的方法扣除。在计算应纳税额时,企业在中国境外取得的所得已在境外缴纳的所得税税额,可以从其当期应纳税额中抵免。

现行企业所得税法规定的税收优惠包括免税收入、定期减免税、优惠税率、加计扣除、抵扣应纳税所得额、加速折旧、减计收入、税额抵免和其他专项优惠政策等形式,分别用于不同的优惠项目。

特别纳税调整,是指企业与其关联方之间的业务往来,不符合独立交易原则而减少企业或者其关联方应纳税收入或者所得额的,税务机关有权按照合理方法调整。税务机关特别纳税调整管理,主要是税务机关对企业的转让定价、预约定价安排、成本分摊协议、受控外国企业、资本弱化以及一般反避税等特别纳税调整事项的管理。

居民企业在中国境内设立不具有法人资格的营业机构的,应当汇总计算并缴纳企业所得税。

本章重要术语

居民企业 非居民企业 注册地标准 实际管理机构标准 不征税收入 免税收入 资本化 费用化 三项费用 亏损弥补 直线法 加速折旧 年数总和法 双倍余额递减法 长期待摊费用 投资资产 资产损失 企业重组 债务重组 股权收购 资产收购 企业合并 企业分立 股权支付 非股权支付 税收抵免 预提所得税 高新技术企业 小型微利企业 创业投资企业 源泉扣缴 特别纳税调整 关联方 转让定价 预约定价安排 成本分摊协议 受控外国企业 资本弱化 汇算清缴 汇总纳税

复习思考题

1. 简述居民企业和非居民企业的纳税范围的差异。

2. 不征税收入和免税收入的区别有哪些？
3. 企业所得税税前扣除的原则有哪些？
4. 简述固定资产加速折旧的范围和方法。
5. 简述企业重组适用特殊性税务处理的条件。
6. 简述转让定价及其方法。

计算题

1. 某市一家电视生产企业为增值税一般纳税人，2015年生产经营业务如下：

（1）1月1日，企业将闲置的机器设备出租给B公司，全年收取不含税租金120万元；

（2）2月，企业将自产的一批电视换取A公司的原材料，该批电视的市场价格为200万元，成本为130万元，企业已做销售账务处理，换取的原材料价值200万元，双方均开具了增值税专用发票；

（3）全年直接销售电视取得销售收入8000万元（不含换取原材料的部分），全年购进原材料，取得增值税专用发票，注明税款为850万元（已通过主管税务机关认证）；

（4）全年电视销售成本为4800万元（不含换取原材料的部分），发生的销售费用为1800万元（其中广告费1500万元），管理费用800万元（其中业务招待费90万元，符合条件的新产品开发费120万元），财务费用350万元（其中借款利息超标10万元）；

（5）企业接受捐赠原材料一批，价值100万元并取得捐赠方开具的增值税专用发票，进项税额17万元，该项捐赠收入企业已计入营业外收入核算；

（6）已计入成本、费用中的全年实发工资总额为400万元（属于合理限度的范围），实际发生的职工工会经费6万元、职工福利费60万元、职工教育经费15万元；

（7）对外转让液晶电视技术所有权，取得收入700万元，相配比的成本、费用为100万元（符合技术转让的企业所得税优惠条件）；

（8）6月，从国内购入安全生产设备并于当月投入使用，增值税专用发票注明价款400万元、进项税额68万元并抵扣了进项税，企业采用直线法按5年计提折旧，残值率为8%（经税务机关认可），税法规定该设备直线法折旧年限为10年；

（9）全年发生的营业外支出包括：通过当地民政局向贫困山区捐款130万元，违反工商管理规定被工商局罚款6万元。

不考虑房产税和印花税因素，计算该企业2015年应缴纳的企业所得税。

2. 某市一居民企业为增值税一般纳税人，从事冰箱的生产销售。2015年1—11月实现销售收入7000万元，销售成本4200万元，缴纳增值税450万元、城市维护建设税和教育费附加45万元，取得国债利息收入50万元，发生销售费用800万元，管理费用950万元（其中业务招待费80万元），财务费用300万元（未包括支付给关联企业借款的利息），1—11月实现会计利润755万元。2015年12月发生相关业务如下：

（1）12月8日销售一批冰箱给某大型商场，不含税价款700万元，与收入相配比的销售成本420万元，合同约定，如果商场在12月22日前付清全部款项，企业将给予商场

不含税价款3‰的销售折扣;12月20日商场付清了全部款项;

(2) 12月15日按成本价销售20台冰箱给本企业职工,共计收款2.4万元,同型号的冰箱的市场价为0.2万元/台;

(3) 12月18日接受某公司捐赠的机器设备一台,取得该公司开具的增值税专用发票,注明价款10万元、增值税1.7万元;

(4) 12月购进原材料共计500万元,增值税专用发票注明进项税额85万元;取得的增值税专用发票注明运输费用20万元;

(5) 12月25日通过公益性社会团体向某山区小学捐款60万元,取得公益性社会团体开具的合法票据;

(6) 12月28日对库存原材料盘存,发现以前月份购进的包装物由于保管不善发生损失,金额为43万元(其中含运输费成本金额3万元,购进时运费按11%的税率抵扣了进项税);

(7) 12月30日转让2年前投资的股权取得收入150万元,该股权的投资成本为100万元;

(8) 12月31日归还关联企业一年期借款本金1 200万元,另支付利息费用90万元(关联企业对该居民企业的权益性投资额为480万元,且实际税负低于该居民企业,同期银行贷款年利率为5.8%);

(9) 12月共计发生销售费用90万元、管理费用300万元(其中业务招待费10万元)。

计算该企业2015年应缴纳的企业所得税。

3. 甲公司为境内上市公司,出于公司发展和经营战略的需要,拟通过股权收购方式来持有乙公司的股权。截至股权收购日丙公司持有乙公司60%的股权,该股权的计税基础为3 600万元,公允价值为6 000万元。甲公司与丙公司签订的股权收购协议约定,甲公司收购丙公司持有的乙公司60%的股权,甲公司向丙公司支付的对价为定向增发500万股公司股票,发行价11元/股,甲公司另支付500万银行存款给丙公司。已知甲、乙、丙均为法人企业,假设该股权收购业务符合特殊处理的相关条件,并采取特殊性税务处理。根据所给资料:

(1) 列举股权收购适用特殊性税务处理的条件;
(2) 分析计算丙公司是否需要确认股权转让所得;
(3) 分析计算甲公司取得的乙公司80%股权的计税基础;
(4) 分析计算丙公司取得的500万股的计税基础。

推荐阅读文献

1. 于芳芳:《企业所得税与会计准则差异分析——案例讲解与纳税申报》,中国税务出版社2016年版。

2. 国家税务总局所得税司:《新企业所得税年度纳税申报表项目解析与填报实务》,法律出版社2015年版。

3. 国家税务总局:《新企业所得税法解读》,中国税务出版社2008年版。

21世纪经济与管理规划教材
税 收 系 列

第六章

个人所得税

学习目标

通过本章的学习,读者应该能够

■ 掌握现行个人所得税关于纳税人、征税对象、税率的基本规定;掌握各个所得项目以及特殊收入项目税款计征的方法;掌握个人所得税的各项税收优惠政策。

■ 计算个人所得税的应纳税额。

个人所得税是对个人取得的应税所得征收的一种税。中华人民共和国成立后,我国确立的税制中包括对个人所得的课税。1950年政务院公布的《税政实施要则》中,就列有对个人所得征收的"薪给报酬所得税",但由于种种原因一直没有开征。1978年我国开始实行改革开放政策,为了解决对来华工作的外国人的所得征税问题,1980年9月10日第五届全国人民代表大会第三次会议审议通过了《中华人民共和国个人所得税法》,并同时公布实施。同年12月14日,经国务院批准,财政部公布了《中华人民共和国个人所得税法施行细则》。

为了有效调节我国经济发展中出现的社会成员收入差距拉大的情况,国务院于1986年1月7日发布了《中华人民共和国城乡个体工商业户所得税暂行条例》,自1986年度起施行;1986年9月25日,国务院发布了《中华人民共和国个人收入调节税暂行条例》,自1987年1月1日起施行,并规定《中华人民共和国个人所得税法》自1987年1月1日起只适用于外籍人员。这样,形成了我国对个人所得课税根据不同纳税主体分别适用三部税收法律法规的状况。

随着我国社会经济的发展,为了规范和完善个人所得课税制度,适应建立社会主义市场经济体制的要求,1993年10月31日,第八届全国人民代表大会常务委员会第九次会议通过了《关于修改〈中华人民共和国个人所得税法〉的决定》,同时公布了修改后的《中华人民共和国个人所得税法》,自1994年1月1日起施行,并同时废止了《中华人民共和国城乡个体工商业户所得税暂行条例》和《中华人民共和国个人收入调节税暂行条例》,标志着我国统一的个人所得税制度的形成。1994年1月28日,国务院发布了《中华人民共和国个人所得税法实施条例》。

1999年8月、2005年10月、2007年6月、2007年12月,全国人民代表大会常务委员会先后对《中华人民共和国个人所得税法》进行了修正。

2011年6月30日,第十一届全国人民代表大会常务委员会第二十一次会议通过了第六次修正的《中华人民共和国个人所得税法》(以下简称"个人所得税法"),2011年7月19日,国务院公布了修改后的《中华人民共和国个人所得税法实施条例》(以下简称"个人所得税法实施条例"),并自2011年9月1日起施行。

第一节 纳 税 人

个人所得税,以取得所得的自然人为纳税人。个人所得税的纳税人,依据住所和居住时间两个标准,区分为居民纳税人和非居民纳税人,分别承担不同的纳税义务。

一、居民纳税人

根据个人所得税法规定,居民纳税人是指在中国境内有住所,或者无住所而在中国境内居住满1年的个人。居民纳税人负有无限纳税义务,要就其来源于中国境内和境外的所得在中国缴纳个人所得税。

所谓在中国境内有住所的个人,是指因户籍、家庭、经济利益关系,而在中国境内习惯性居住的个人。习惯性居住,是判定纳税人是居民或非居民的一个法律意义上的标准,不是指实际居住或在某一个特定时期内的居住地。如因学习、工作、探亲、旅游等而在中国境外居住的,在其原因消除之后,必须回到中国境内居住的个人,则中国即为该纳税人习惯性居住地。①

所谓在境内居住满一年,是指在一个纳税年度中在中国境内居住 365 日。临时离境的,不扣减日数。临时离境,是指在一个纳税年度中一次不超过 30 日或者多次累计不超过 90 日的离境。

对在中国境内无住所的个人,需要计算确定其在中国境内居住天数,以便依照税法和协定或安排的规定判定其在华负有何种纳税义务时,均应以该个人实际在华逗留天数计算。在中国境内无住所的个人入境、离境、往返或多次往返境内外的当日,均按一天计算其在华实际逗留天数。②

个人所得税法实施条例规定,在中国境内无住所,但是居住一年以上五年以下的个人,其来源于中国境外的所得,经主管税务机关批准,可以只就由中国境内公司、企业以及其他经济组织或者个人支付的部分缴纳个人所得税;居住超过五年的个人,从第六年起,应当就其来源于中国境外的全部所得缴纳个人所得税。

个人在中国境内居住满五年,是指个人在中国境内连续居住满五年,即在连续五年中的每一纳税年度内均居住满一年。个人在中国境内居住满五年后,从第六年起的以后各年度中,凡在境内居住满一年的,应当就其来源于境内、境外的所得申报纳税;凡在境内居住不满一年的,则仅就该年内来源于境内的所得申报纳税。如该个人在第六年起以后的某一纳税年度内在境内居住不足 90 天,可以按个人所得税法实施条例第七条"其来源于中国境内的所得,由境外雇主支付并且不由该雇主在中国境内的机构、场所负担的部分,免予缴纳个人所得税"的规定确定纳税义务,并从再次居住满一年的年度起重新计算五年期限。③

二、非居民纳税人

非居民纳税人,是指不符合居民纳税人判定标准的纳税人,即在中国境内无住所又不居住或者无住所而在境内居住不满一年的个人。非居民纳税人承担有限纳税义务,即仅就其来源于中国境内的所得,向中国缴纳个人所得税。

个人所得税法实施条例规定,在中国境内无住所,但是在一个纳税年度中在中国境内连续或者累计居住不超过 90 日的个人,其来源于中国境内的所得,由境外雇主支付并且不由该雇主在中国境内的机构、场所负担的部分,免予缴纳个人所得税。

对于非居民纳税人,由于只就其来源于中国境内的所得征税,因此判断其所得来源地十分重要。个人所得税法实施条例规定,下列所得,不论支付地点是否在中国境内,均为来源于中国境内的所得:

---

① 国家税务总局:《关于印发〈征收个人所得税若干问题的规定〉的通知》,国税发〔1994〕89 号。
② 国家税务总局:《关于在中国境内无住所的个人执行税收协定和个人所得税法若干问题的通知》,国税发〔2004〕97 号。
③ 财政部、国家税务总局:《关于在华无住所的个人如何计算在华居住满五年问题的通知》,财税字〔1995〕98 号。

(1) 因任职、受雇、履约等而在中国境内提供劳务取得的所得。

以工资薪金为例，属于来源于中国境内的工资薪金所得应为个人实际在中国境内工作期间取得的工资薪金，即：个人实际在中国境内工作期间取得的工资薪金，不论是由中国境内还是境外企业或个人雇主支付的，均属来源于中国境内的所得；个人实际在中国境外工作期间取得的工资薪金，不论是由中国境内还是境外企业或个人雇主支付的，均属于来源于中国境外的所得。[①]

(2) 将财产出租给承租人在中国境内使用而取得的所得。

(3) 转让中国境内的建筑物、土地使用权等财产或者在中国境内转让其他财产取得的所得。

(4) 许可各种特许权在中国境内使用而取得的所得。

(5) 从中国境内的公司、企业以及其他经济组织或者个人取得的利息、股息、红利所得。

第二节 征税对象

个人所得税的征税对象为个人取得的各项所得。我国个人所得税实行分类课征制，不同的应税所得项目采取不同的方法计算应纳税额，税法通过列举应税所得项目的方式明确了征税对象的具体范围。同时，现行税法对于个人取得的一些特定所得也明确了其所得项目归属及个人所得税计征方式。

一、工资、薪金所得

工资、薪金所得，是指个人因任职或者受雇而取得的工资、薪金、奖金、年终加薪、劳动分红、津贴、补贴以及与任职或者受雇有关的其他所得。

按现行政策规定，对于个人收入中一些不属于工资、薪金性质的补贴、津贴或者不属于纳税人本人工资、薪金所得项目的收入，不征收个人所得税。这些项目包括：独生子女补贴；执行公务员工资制度未纳入基本工资总额的补贴、津贴差额和家属成员的副食品补贴；托儿补助费；差旅费津贴、误餐补助。[②]

这里需要注意的是，所谓不征税的"误餐补助"，是指按财政部门规定，个人因公在城区、郊区工作，不能在工作单位或返回就餐，确实需要在外就餐的，根据实际误餐顿数，按规定的标准领取的误餐费。一些单位以误餐补助名义发给职工的补贴、津贴，应当并入当月工资、薪金所得计征个人所得税。[③]

根据个人所得税法实施条例的规定，下列项目应属于个人取得工资、薪金所得，需要按照相关规定缴纳个人所得税。

(1) 企业雇员为本企业提供非有形商品推销、代理等服务活动取得佣金、奖励和劳务

[①] 国家税务总局：《关于在中国境内无住所的个人取得工资薪金所得纳税义务问题的通知》，国税发〔1994〕148号。

[②] 国家税务总局：《征收个人所得税若干问题的规定》，国税发〔1994〕89号。

[③] 财政部、国家税务总局：《关于误餐补助范围确定问题的通知》，财税字〔1995〕82号。

费等名目的收入,无论该收入采用何种计取方法和支付方式,均应计入该雇员的当期工资、薪金所得。①

(2) 出租汽车经营单位对出租车驾驶员采取单车承包或承租方式运营,出租车驾驶员从事客货运营取得的收入,按"工资、薪金所得"征税。②

(3) 个人因公务用车和通讯制度改革而取得的公务用车、通讯补贴收入,扣除一定标准的公务费用后,按照"工资、薪金所得"计征个人所得税。按月发放的,并入当月"工资、薪金所得"计征个人所得税;不按月发放的,分解到所属月份并与该月份"工资、薪金所得"合并后计征个人所得税。公务费用的扣除标准,由省级地方税务局根据纳税人公务交通、通讯费用的实际发生情况调查测算,报经省级人民政府批准后确定,并报国家税务总局备案。③

因公务用车制度改革而以现金、报销等形式向职工个人支付的收入,均应视为个人取得公务用车补贴收入,计入工资、薪金所得。④

(4) 对于个人因解除劳动合同而取得一次性经济补偿收入,按"工资、薪金所得"计征个人所得税。⑤

(5) 实行内部退养的个人在其办理内部退养手续后至法定离退休年龄之间从原任职单位取得的工资、薪金,不属于离退休工资,按"工资、薪金所得"计征个人所得税。个人在办理内部退养手续后从原任职单位取得的一次性收入,属于工资、薪金所得,按照规定办法计征个人所得税。⑥

(6) 机关、企事业单位对未达到法定退休年龄、正式办理提前退休手续的个人,按照统一标准向提前退休工作人员支付一次性补贴,不属于免税的离退休工资收入,应按照"工资、薪金所得"征收个人所得税。⑦

(7) 退休人员再任职取得的收入,在减除按个人所得税法规定的费用扣除标准后,按"工资、薪金所得"应税项目缴纳个人所得税。⑧ 离退休人员从原任职单位取得的各类补贴、奖金、实物,应在减除费用扣除标准后,按"工资、薪金所得"缴纳个人所得税。⑨

需要注意的是,退休人员再任职,应同时符合下列条件⑩:

---

① 财政部、国家税务总局:《关于个人提供非有形商品推销、代理等服务活动取得收入征收营业税和个人所得税有关问题的通知》,财税字〔1997〕103号。
② 国家税务总局:《机动出租车驾驶员个人所得税征收管理暂行办法》,国税发〔1995〕50号。
③ 国家税务总局:《关于个人所得税有关政策问题的通知》,国税发〔1999〕58号。
④ 国家税务总局:《关于个人因公务用车制度改革取得补贴收入征收个人所得税问题的通知》,国税函〔2006〕245号。
⑤ 国家税务总局:《关于个人因解除劳动合同取得经济补偿金征收个人所得税问题的通知》,国税发〔1999〕178号。
⑥ 国家税务总局:《关于个人所得税有关政策问题的通知》,国税发〔1999〕58号。
⑦ 国家税务总局:《关于个人提前退休取得补贴收入个人所得税问题的公告》,国家税务总局公告2011年第6号。
⑧ 国家税务总局:《关于个人兼职和退休人员再任职取得收入如何计算征收个人所得税问题的批复》,国税函〔2005〕382号。
⑨ 国家税务总局:《关于离退休人员取得单位发放离退休工资以外奖金补贴征收个人所得税的批复》,国税函〔2008〕723号。
⑩ 国家税务总局:《关于离退休人员再任职界定问题的批复》,国税函〔2006〕526号。

① 受雇人员与用人单位签订一年以上(含一年)劳动合同(协议),存在长期或连续的雇用与被雇用关系;

② 受雇人员因事假、病假、休假等原因不能正常出勤时,仍享受固定或基本工资收入;

③ 受雇人员与单位其他正式职工享受同等福利、培训及其他待遇①;

④ 受雇人员的职务晋升、职称评定等工作由用人单位负责组织。

同时符合以上四个条件,离退休人员再任职取得的所得按"工资薪金所得"缴纳个人所得税,否则按劳务报酬所得缴纳个人所得税。

(8) 商品营销活动中,企业和单位对营销业绩突出的企业雇员以培训班、研讨会、工作考察等名义组织旅游活动,通过免收差旅费、旅游费对雇员实行的营销业绩奖励(包括实物、有价证券等),根据所发生费用全额与雇员当期的工资薪金合并,按照"工资、薪金所得"征收个人所得税。②

(9) 企事业单位和个人超过规定的比例和标准缴付的基本养老保险费、基本医疗保险费、失业保险费以及住房公积金,应将超过部分并入个人当期的工资、薪金收入,计征个人所得税。③

企业为员工支付各项免税之外的保险金,应在企业向保险公司缴付时(即该保险落到被保险人的保险账户)并入员工当期的工资收入。④ 单位为职工个人购买商业性补充养老保险等,在办理投保手续时作为个人所得税的"工资、薪金所得"项目;因各种原因退保,个人未取得实际收入的,已缴纳的个人所得税应予以退回。⑤

企业以现金形式发给个人的住房补贴,医疗补助费,应全额计入领取人的当期工资、薪金收入计征个人所得税。但对外籍个人以实报实销形式取得的住房补贴,暂免征收个人所得税。⑥

(10) 企业和事业单位(以下统称"单位")根据国家有关政策规定的办法和标准,为在本单位任职或者受雇的全体职工缴付的企业年金或职业年金(以下统称"年金")单位缴费部分,在计入个人账户时,个人暂不缴纳个人所得税。个人根据国家有关政策规定缴付的年金个人缴费部分,在不超过本人缴费工资计税基数的4%标准内的部分,暂从个人当期的应纳税所得额中扣除。超过规定标准缴付的年金单位缴费和个人缴费部分,应并入个人当期的工资、薪金所得,依法计征个人所得税。

个人达到国家规定的退休年龄后领取的年金,全额按照"工资、薪金所得"适用的税

---

① 国家税务总局:《关于个人所得税有关问题的公告》,国家税务总局公告2011年第27号。
② 财政部、国家税务总局:《关于企业以免费旅游方式提供对营销人员个人奖励有关个人所得税政策的通知》,财税[2004]11号。
③ 财政部、国家税务总局:《关于基本养老保险费基本医疗保险费失业保险费住房公积金有关个人所得税政策的通知》,财税[2006]10号。
④ 国家税务总局:《关于单位为员工支付有关保险缴纳个人所得税问题的批复》,国税函[2005]318号。
⑤ 财政部、国家税务总局:《关于个人所得税有关问题的批复》,财税[2005]94号。
⑥ 财政部、国家税务总局:《关于住房公积金 医疗保险金养老保险金征收个人所得税问题的通知》,财税字[1997]144号。

率,计征个人所得税。①

(11) 企业员工取得的股票期权所得、个人认购股票等有价证券而从雇主取得的折扣或补贴收入以及个人从上市公司取得的股票增值权所得和限制性股票所得,属于个人取得的工资、薪金所得。② 个人在股票认购权行使前,将其股票认购权转让所取得的所得,应并入其当月工资收入,按照"工资、薪金所得"缴纳个人所得税。③

自2016年1月1日起,全国范围内的高新技术企业转化科技成果,给予本企业相关技术人员的股权奖励,在个人获得股权奖励时,按照"工资、薪金所得"项目,参照有关规定计算确定应纳税额。股权奖励的计税价格参照获得股权时的公平市场价格确定。④

(12) 任职、受雇于报纸、杂志等单位的记者、编辑等专业人员,因在本单位的报纸、杂志上发表作品取得的所得,属于因任职、受雇而取得的所得,应与其当月工资收入合并,按"工资、薪金所得"项目征收个人所得税。⑤

(13) 单位在住房制度改革期间,按照所在地县级以上人民政府规定的房改成本价格向职工出售公有住房,职工因支付的房改成本价格低于房屋建造成本价格或市场价格而取得的差价收益,免征个人所得税。除此种情形外,单位按低于购置或建造成本价格出售住房给职工,职工因此而少支出的差价部分(指职工实际支付的购房价款低于该房屋的购置或建造成本价格的差额),属于个人所得税应税所得,应按照"工资、薪金所得"缴纳个人所得税,具体比照全年一次性奖金的征税办法征收。⑥

(14) 企业为员工支付与企业生产经营无关的消费性支出及购买汽车、住房等财产性支出;或员工向企业借款用于购买房屋及其他财产并将所有权登记为员工个人的,且借款超过一年未归还借款的,其实质均为企业对雇员进行了实物性质的分配,对企业雇员取得的所得,按照"工资、薪金所得"计征个人所得税。⑦

(15) 个人在公司(包括关联公司)任职、受雇,同时兼任董事、监事的,应将董事费、监事费与个人工资收入合并,统一按工资、薪金所得缴纳个人所得税。⑧

二、个体工商户的生产、经营所得

个体工商户的生产、经营所得,是指:个体工商户从事工业、手工业、建筑业、交通运

---

① 财政部、人力资源社会保障部、国家税务总局:《关于企业年金职业年金个人所得税有关问题的通知》,财税〔2013〕103号。
② 财政部、国家税务总局:《关于个人股票期权所得征收个人所得税问题的通知》,财税〔2005〕35号;国家税务总局:《关于个人认购股票等有价证券而从雇主取得折扣或补贴收入有关征收个人所得税问题的通知》,国税发〔1998〕9号;财政部、国家税务总局:《关于股票增值权所得和限制性股票所得征收个人所得税有关问题的通知》,财税〔2009〕5号。
③ 国家税务总局:《关于企业高级管理人员行使股票认购权取得所得征收个人所得税问题的批复》,国税函〔2005〕482号。
④ 财政部、国家税务总局:《关于将国家自主创新示范区有关税收试点政策推广到全国范围实施的通知》,财税〔2015〕116号。
⑤ 国家税务总局:《关于个人所得税若干业务问题的批复》,国税函〔2002〕146号。
⑥ 财政部、国家税务总局:《关于单位低价向职工售房有关个人所得税问题的通知》,财税〔2007〕13号。
⑦ 财政部、国家税务总局:《关于规范个人投资者个人所得税征收管理的通知》,财税〔2003〕158号;财政部、国家税务总局:《关于企业为个人购买房屋或其他财产征收个人所得税问题的批复》,财税〔2008〕83号。
⑧ 国家税务总局:《关于明确个人所得税若干政策执行问题的通知》,国税发〔2009〕121号。

输业、商业、饮食业、服务业、修理业及其他行业取得的所得;个人经政府有关部门批准,取得执照,从事办学、医疗、咨询以及其他有偿活动取得的所得;其他个人从事个体工商业生产、经营取得的所得;上述个体工商户和个人取得的与生产、经营有关的各项应税所得。

个人独资企业和合伙企业投资者的生产、经营所得,比照"个体工商户的生产、经营所得"征收个人所得税。①

这里需要注意的是,按照税法规定,对于个体工商户取得的生产经营以外的各项所得需要区分不同性质的所得项目,分别适用不同的课征方法。个体工商户与企业联营而分得的利润,按"利息、股息、红利所得"征收个人所得税;个体工商户和从事生产、经营的个人,取得与生产、经营活动无关的各项应税所得,应按规定分别计算征收个人所得税。②如取得银行存款的利息所得、对外投资取得的股息所得,应按"股息、利息、红利"税目的规定单独计征个人所得税。

个人独资企业和合伙企业对外投资分回的利息或者股息、红利,不并入企业的收入,而应单独作为投资者个人取得的利息、股息、红利所得,按"利息、股息、红利所得"计算缴纳个人所得税。以合伙企业名义对外投资分回利息或者股息、红利的,应按照合伙协议约定的分配比例或者合伙人数量平均计算确定各个投资者的利息、股息、红利所得,分别按"利息、股息、红利所得"计算缴纳个人所得税。③

根据个人所得税法及其实施条例的规定,下列项目需要按照"个体工商户的生产、经营所得"项目征收个人所得税。

(1)从事个体出租车运营的出租车驾驶员取得的收入,按"个体工商户的生产、经营所得"项目缴纳个人所得税。出租车属个人所有,但挂靠出租汽车经营单位或企事业单位,驾驶员向挂靠单位缴纳管理费的,或出租汽车经营单位将出租车所有权转移给驾驶员的,出租车驾驶员从事客货运营取得的收入,比照"个体工商户的生产、经营所得"征税。④

(2)企业实行个人承包、承租经营后,工商登记改变为个体工商户的,应依照"个体工商户的生产、经营所得"计征个人所得税,不再征收企业所得税。⑤

(3)个人经政府有关部门批准并取得执照举办学习班、培训班的,其取得的办班收入属于"个体工商户的生产、经营所得"应税项目。⑥

(4)个人独资企业、合伙企业的个人投资者以企业资金为本人、家庭成员及其相关人员支付与企业生产经营无关的消费性支出及购买汽车、住房等财产性支出,视为企业对个人投资者的利润分配,并入投资者个人的生产经营所得,依照"个体工商户的生产、经

---

① 国务院:《关于个人独资企业和合伙企业征收所得税问题的通知》,国发〔2000〕16号。
② 财政部、国家税务总局:《关于个人所得税若干政策问题的通知》,财税字〔1994〕20号。
③ 财政部、国家税务总局:《关于个人独资企业和合伙企业投资者征收个人所得税的规定》,财税〔2000〕91号。
④ 国家税务总局:《机动出租车驾驶员个人所得税征收管理暂行办法》,国税发〔1995〕50号。
⑤ 国家税务总局:《关于个人对企事业单位实行承包经营、承租经营取得所得征税问题的通知》,国税发〔1994〕179号。
⑥ 国家税务总局:《关于个人举办各类学习班取得的收入征收个人所得税问题的批复》,国税函〔1996〕658号。

营所得"计征个人所得税。企业的上述支出不允许在所得税前扣除。① 符合以下情形的房屋或其他财产,不论所有权人是否将财产无偿或有偿交付企业使用,其实质均为企业对个人进行了实物性质的分配。① 企业出资购买房屋及其他财产,将所有权登记为投资者个人、投资者家庭成员的;② 企业投资者个人、投资者家庭成员向企业借款用于购买房屋及其他财产,将所有权登记为投资者、投资者家庭成员,且借款超过一年未归还借款的。②

(5) 个人经政府有关部门批准,取得执照,以门诊部、诊所、卫生所(室)、卫生院、医院等医疗机构形式从事疾病诊断、治疗及售药等服务活动,应当以该医疗机构取得的所得,作为个人的应纳税所得,按照"个体工商户的生产、经营所得"缴纳个人所得税。个人未经政府有关部门批准,自行连续从事医疗服务活动,不管是否有经营场所,其取得与医疗服务活动相关的所得,按照"个体工商户的生产、经营所得"计征个人所得税。③

个人投资或个人合伙投资开设医院(诊所)而取得的收入,按照"个体工商户的生产、经营所得"计征个人所得税。④

(6) 个人因从事彩票代销业务而取得所得,应按照"个体工商户的生产、经营所得"计征个人所得税。⑤

三、对企事业单位的承包经营、承租经营的所得

对企事业单位的承包经营、承租经营所得,是指个人承包经营、承租经营以及转包、转租取得的所得,包括个人按月或者按次取得的工资、薪金性质的所得。

承包经营、承租经营者按照承包、承租经营合同(协议)规定取得的所得,依照个人所得税法的有关规定计征个人所得税,具体为:

(1) 承包、承租人对企业经营成果不拥有所有权,仅是按合同(协议)规定取得一定所得的,其所得按"工资、薪金所得"征税。

(2) 承包、承租人按合同(协议)的规定只向发包、出租方交纳一定费用后,企业经营成果归其所有的,承包、承租人取得的所得,按"对企事业单位的承包经营、承租经营所得"征税。⑥

商业企业在职职工对企业下属部门实行自筹资金、自主经营、独立核算、自负盈亏的承包、承租经营方式,虽不是对整个企业的承包、承租经营,但其承包和经营的方式基本与税法规定的承包经营、承租经营相同。应按照"对企事业单位的承包经营、承租经营所得"征收个人所得税。⑦

---

① 财政部、国家税务总局:《关于规范个人投资者个人所得税征收管理的通知》,财税〔2003〕158号。
② 财政部、国家税务总局:《关于企业为个人购买房屋或其他财产征收个人所得税问题的批复》,财税〔2008〕83号。
③ 财政部、国家税务总局:《关于医疗机构有关个人所得税政策问题的通知》,财税〔2003〕109号。
④ 同上。
⑤ 国家税务总局:《关于个人所得税若干政策问题的批复》,国税函〔2002〕52号。
⑥ 国家税务总局:《关于个人对企事业单位实行承包经营、承租经营取得所得征税问题的通知》,国税发〔1994〕179号。
⑦ 国家税务总局:《关于个人承包承租经营所得征收个人所得税问题的批复》,国税函〔2000〕395号。

医生或其他个人承包、承租经营医疗机构,经营成果归承包人所有的,承包人取得的所得,应按照"对企事业单位的承包经营、承租经营所得"计征个人所得税。①

对于由集体、合伙或个人出资的乡村卫生室(站),由医生承包经营,经营成果归医生个人所有,承包人取得的所得,按照"对企事业单位的承包经营、承租经营所得"计征个人所得税。乡村卫生室(站)的医务人员取得的所得,按照"工资、薪金所得"计征个人所得税。②

四、劳务报酬所得

劳务报酬所得,是指个人从事设计、装潢、安装、制图、化验、测试、医疗、法律、会计、咨询、讲学、新闻、广播、翻译、审稿、书画、雕刻、影视、录音、录像、演出、表演、广告、展览、技术服务、介绍服务、经纪服务、代办服务以及其他劳务取得的所得。

工资、薪金所得与劳务报酬所得的区别是:工资、薪金所得是属于非独立个人劳务活动,即在机关、团体、学校、部队、企事业单位及其他组织中任职、受雇而得到的报酬;劳务报酬所得则是个人独立从事各种技艺、提供各项劳务取得的报酬。两者的主要区别在于,前者存在雇佣与被雇佣关系,后者则不存在这种关系。③

根据个人所得税法及其实施条例的规定,下列情形应属于个人取得劳务报酬所得。

(1) 个人担任公司董事、监事,且不在公司任职、受雇,其取得的董事费收入,属于劳务报酬所得性质,按照"劳务报酬所得"征收个人所得税。④

(2) 个人在广告设计、制作、发布过程中提供名义、形象而取得的所得,属于劳务报酬所得。个人在广告设计、制作、发布过程中提供其他劳务取得的所得,视其情况分别按照税法规定的劳务报酬所得、稿酬所得、特许权使用费所得等应税项目计算纳税。但广告主、广告经营者、受托从事广告制作的单位和广告发布者本单位人员在广告设计、制作、发布过程中取得的由本单位支付的所得,属于工资、薪金所得。⑤

(3) 个人无须经政府有关部门批准并取得执照举办学习班、培训班的,其取得的办班收入属于"劳务报酬所得"应税项目。⑥

(4) 非本企业雇员为企业提供非有形商品推销、代理等服务活动取得的佣金、奖励和劳务费等名目的收入,无论该收入采用何种计取方法和支付方式,均属于个人的劳务报酬所得。⑦ 保险企业营销员(非雇员)取得的收入按"劳务报酬所得"计征个人所得税。⑧

(5) 对商品营销活动中,企业和单位对营销业绩突出人员以培训班、研讨会、工作考

---

① 财政部、国家税务总局:《关于医疗机构有关个人所得税政策问题的通知》,财税〔2003〕109号。
② 国家税务总局:《关于个人从事医疗服务活动征收个人所得税问题的通知》,国税发〔1997〕178号。
③ 国家税务总局:《征收个人所得税若干问题的规定》,国税发〔1994〕89号。
④ 国家税务总局:《关于明确个人所得税若干政策执行问题的通知》,国税发〔2009〕121号。
⑤ 国家税务总局:《广告市场个人所得税征收管理暂行办法》,国税发〔1996〕148号。
⑥ 国家税务总局:《关于个人举办各类孝习班取得的收入征收个人所得税问题的批复》,国税函〔1996〕658号。
⑦ 财政部、国家税务总局:《关于个人提供非有形商品推销、代理等服务活动取得收入征收营业税和个人所得税有关问题的通知》,财税字〔1997〕103号。
⑧ 国家税务总局:《关于保险企业营销员(非雇员)取得的收入计征个人所得税问题的通知》,国税发〔1998〕13号。

察等名义组织旅游活动,通过免收差旅费、旅游费对个人实行的营销业绩奖励(包括实物、有价证券等),应根据所发生费用全额计入营销人员应税所得,依法征收个人所得税,并由提供上述费用的企业和单位代扣代缴。其中,对企业雇员以外的其他人员享受的此类奖励,作为当期的劳务收入,按照"劳务报酬所得"征收个人所得税。①

(6) 个人兼职取得的收入按照"劳务报酬所得"缴纳个人所得税。②

(7) 受医疗机构临时聘请坐堂门诊及售药,由该医疗机构支付报酬,或收入与该医疗机构按比例分成的人员,其取得的所得,按照"劳务报酬所得"缴纳个人所得税,以一个月内取得的所得为一次,税款由该医疗机构代扣代缴。③

(8) 证券经纪人从证券公司取得的佣金收入,应按照"劳务报酬所得"缴纳个人所得税。④

五、稿酬所得

稿酬所得,是指个人因其作品以图书、报刊形式出版、发表而取得的所得。对于不以图书、报刊形式出版、发表的翻译、审稿、书画等所得属于劳务报酬所得。

根据个人所得税法及其实施条例的规定,下列项目应属于个人取得的稿酬所得。

(1) 作者去世后,对取得其遗作稿酬的个人,按"稿酬所得"征收个人所得税。⑤

(2) 任职、受雇于报纸、杂志等单位的记者、编辑等专业人员以外的其他人员在本单位的报纸、杂志上发表作品取得的所得,应按"稿酬所得"征收个人所得税。

出版社的专业作者撰写、编写或翻译的作品,由本社以图书形式出版而取得的稿费收入,按"稿酬所得"计算缴纳个人所得税。⑥

六、特许权使用费所得

特许权使用费所得,是指个人提供专利权、商标权、著作权、非专利技术以及其他特许权的使用权取得的所得。提供著作权的使用权取得的所得,不包括稿酬所得。

根据个人所得税法及其实施条例的规定,下列项目应属于个人取得的特许权使用费所得。

(1) 作者将自己的文字作品手稿原件或复印件公开拍卖(竞价)取得的所得,按"特许权使用费所得"计征个人所得税。⑦

(2) 电影制片厂买断已出版的作品或向作者征稿而支付给作者的报酬,属于提供著

---

① 财政部、国家税务总局:《关于企业以免费旅游方式提供对营销人员个人奖励有关个人所得税政策的通知》,财税〔2004〕11号。
② 国家税务总局:《关于个人兼职和退休人员再任职取得收入如何计算征收个人所得税问题的批复》,国税函〔2005〕382号。
③ 国家税务总局:《关于个人从事医疗服务活动征收个人所得税问题的通知》,国税发〔1997〕178号。
④ 国家税务总局:《关于证券经纪人佣金收入征收个人所得税问题的公告》,国家税务总局公告2012年第45号。
⑤ 国家税务总局:《征收个人所得税若干问题的规定》,国税发〔1994〕89号。
⑥ 国家税务总局:《关于个人所得税若干业务问题的批复》,国税函〔2002〕146号。
⑦ 国家税务总局:《征收个人所得税若干问题的规定》,国税发〔1994〕89号;国家税务总局:《关于加强和规范个人取得拍卖收入征收个人所得税有关问题的通知》,国税发〔2007〕38号。

作权的使用权而取得的所得,按"特许权使用费所得"计征个人所得税。①

(3) 剧本作者从电影、电视剧的制作单位取得的剧本使用费,不区分剧本的使用方是否为其任职单位,统一按"特许权使用费所得"计征个人所得税。②

(4) 专利所有者因其专利权被其他单位或个人使用而取得的经济赔偿收入,应按照"特许权使用费所得"缴纳个人所得税。③

七、利息、股息、红利所得

利息、股息、红利所得,是指个人拥有债权、股权而取得的利息、股息、红利所得。

根据个人所得税法及其实施条例的规定,下列情形应按照利息、股息、红利所得项目计征个人所得税。

(1) 股份制企业在分配股息、红利时,以股票形式向股东个人支付应得的股息、红利(即派发红股),应以派发红股的股票票面金额为收入额,按"利息、股息、红利所得"计征个人所得税。④

(2) 股份制企业用盈余公积金派发红股属于股息、红利性质的分配,对个人取得的红股数额,应征收个人所得征税。⑤ 自2016年1月1日起,全国范围内的中小高新技术企业以未分配利润、盈余公积、资本公积向个人股东转增股本时,个人股东获得转增的股本,应按照"利息、股息、红利所得",适用20%税率征收个人所得税。个人股东一次缴纳个人所得税确有困难的,可根据实际情况自行制订分期缴税计划,在不超过5个公历年度内(含)分期缴纳,并将有关资料报主管税务机关备案。股东转让股权并取得现金收入的,该现金收入应优先用于缴纳尚未缴清的税款。⑥

(3) 股份制企业用资本公积金转增股本不属于股息、红利性质的分配,对个人取得的转增股本数额,不作为个人所得,不征收个人所得税。⑦ 需要注意的是,这里的"资本公积金"是指股份制企业股票溢价发行收入所形成的资本公积金。将此转增股本由个人取得的数额,不作为应税所得征收个人所得税。而与此不相符合的其他资本公积金分配个人所得部分,应当依法征收个人所得税。⑧

(4) 股份制企业将从税后利润中提取的法定公积金和任意公积金转增注册资本,实际上是股份制企业将盈余公积金向股东分配了股息、红利,股东再以分得的股息、红利增加注册资本。因此,对属于个人股东分得并再投入股份制企业(转增注册资本)的部分应按照"利息、股息、红利所得"征收个人所得税。⑨

---

① 国家税务总局:《关于影视演职人员个人所得税问题的批复》,国税函〔1997〕385号。
② 国家税务总局:《关于剧本使用费征收个人所得税问题的通知》,国税发〔2002〕52号。
③ 国家税务总局:《关于个人取得专利赔偿所得征收个人所得税问题的批复》,国税函〔2000〕257号。
④ 国家税务总局:《征收个人所得税若干问题的规定》,国税发〔1994〕89号。
⑤ 国家税务总局:《关于盈余公积金转增注册资本征收个人所得税问题的批复》,国税函发〔1998〕333号。
⑥ 财政部、国家税务总局:《关于将国家自主创新示范区有关税收试点政策推广到全国范围实施的通知》,财税〔2015〕116号。
⑦ 国家税务总局:《关于股份制企业转增股本和派发红股征免个人所得税的通知》,国税发〔1997〕198号。
⑧ 国家税务总局:《关于原城市信用社在转制为城市合作银行过程中个人股增值所得应纳个人所得税的批复》,国税函〔1998〕289号。
⑨ 国家税务总局:《关于转增注册资本征收个人所得税问题的批复》,国税函〔1998〕333号。

(5) 集体所有制企业在改组改制过程中个人取得量化资产,对职工个人以股份形式取得的仅作为分红依据,不拥有所有权的企业量化资产,不应征收个人所得税。对职工个人以股份形式取得的拥有所有权的企业量化资产,暂缓征收个人所得税。对职工个人以股份形式取得的企业量化资产参与企业分配而获得的股息、红利,应按"利息、股息、红利"征收个人所得税。①

(6) 科研机构、高等学校转化职务科技成果以股份或出资比例等股权形式给予科技人员个人奖励,经主管税务机关审核后,暂不征收个人所得税。在获奖人按股份、出资比例获得分红时,对其所得按"利息、股息、红利所得"征收个人所得税。②

(7) 除个人独资企业、合伙企业以外的其他企业的个人投资者,以企业资金为本人、家庭成员支付与企业生产经营无关的消费性支出及购买汽车、住房等财产性支出,视为企业对个人投资者的红利分配,依照"利息、股息、红利所得"计征个人所得税。③

(8) 纳税年度内个人投资者从其投资企业(个人独资企业、合伙企业除外)借款,对期限超过一年后既不归还,又未用于企业生产经营的,其未归还的借款可视为企业对个人投资者的红利分配,依照"利息、股息、红利所得"项目计征个人所得税。④

(9) 个人取得的股份分红所得包括债权、债务形式的应收账款、应付账款相抵后的所得。个人股东取得公司债权、债务形式的股份分红,应以其债权形式应收账款的账面价值减去债务形式应付账款的账面价值的余额,加上实际分红所得为应纳税所得,按照规定缴纳个人所得税。⑤

(10) 对投资者从基金分配中获得的股票的股息、红利收入以及企业债券的利息收入,由上市公司和发行债券的企业在向基金派发股息、红利、利息时代扣代缴20%的个人所得税,基金向个人投资者分配股息、红利、利息时,不再代扣代缴个人所得税。⑥

(11) 企业员工参与企业股票期权计划,因拥有股权而参与企业税后利润分配取得的所得,应按照"利息、股息、红利所得"适用的规定计算缴纳个人所得税。⑦

(12) 房屋买受人在未办理房屋产权证的情况下,按照与房地产公司约定条件(如对房屋的占有、使用、收益和处分权进行限制)在一定时期后无条件退房而取得的补偿款,应按照"利息、股息、红利所得"项目缴纳个人所得税。⑧

---

① 国家税务总局:《关于企业改组改制过程中个人取得的量化资产征收个人所得税问题的通知》,国税发〔2000〕60号。

② 财政部、国家税务总局:《关于促进科技成果转化有关税收政策的通知》,财税字〔1999〕45号;国家税务总局:《关于促进科技成果转化有关个人所得税问题的通知》,国税发〔1999〕125号。

③ 财政部、国家税务总局:《关于规范个人投资者个人所得税征收管理的通知》,财税〔2003〕158号;财政部、国家税务总局:《关于企业为个人购买房屋或其他财产征收个人所得税问题的批复》,财税〔2008〕83号。

④ 国家税务总局:《个人所得税管理办法》,国税发〔2005〕120号。

⑤ 国家税务总局:《关于个人股东取得公司债权债务形式的股份分红计征个人所得税问题的批复》,国税函〔2008〕267号。

⑥ 财政部、国家税务总局:《关于证券投资基金税收问题的通知》,财税字〔1998〕55号。

⑦ 财政部、国家税务总局:《关于个人股票期权所得征收个人所得税问题的通知》,财税〔2005〕35号。

⑧ 国家税务总局:《关于房屋买受人按照约定退房取得的补偿款有关个人所得税问题的批复》,税总函〔2013〕748号。

八、财产租赁所得

财产租赁所得,是指个人出租建筑物、土地使用权、机器设备、车船以及其他财产取得的所得。

在确认纳税人时,应以产权凭证为依据;对无产权凭证的,由主管税务机关根据实际情况确定。产权所有人死亡,在未办理产权继承手续期间,该财产出租而有租金收入的,以领取租金的个人为纳税人。①

个人取得的财产转租收入,属于"财产租赁所得"的征税范围,由财产转租人缴纳个人所得税。②

根据个人所得税法及其实施条例的规定,下列项目应按照财产租赁所得项目计征个人所得税。

(1) 酒店产权式经营业主在约定的时间内提供房产使用权与酒店进行合作经营,如房产产权并未归属新的经济实体,业主按照约定取得的固定收入和分红收入均应视为租金收入,按照"财产租赁所得"征收个人所得税。③

(2) 房地产开发企业与商店购买者个人签订协议规定,房地产开发企业按优惠价格出售其开发的商店给购买者个人,但购买者个人在一定期限内必须将购买的商店无偿提供给房地产开发企业对外出租使用。其实质是购买者个人以所购商店交由房地产开发企业出租而取得的房屋租赁收入支付了部分购房价款。对这种情形的购买者个人少支出的购房价款,应视同个人财产租赁所得,按照"财产租赁所得"征收个人所得税。每次财产租赁所得的收入额,按照少支出的购房价款和协议规定的租赁月份数平均计算确定。④

九、财产转让所得

财产转让所得,是指个人转让有价证券、股权、建筑物、土地使用权、机器设备、车船以及其他财产取得的所得。

根据个人所得税法及其实施条例的规定,下列项目应按照财产转让所得项目计征个人所得税。

(1) 自 2010 年 1 月 1 日起,对个人转让限售股取得的所得,按照"财产转让所得",适用 20% 的比例税率征收个人所得税。⑤ 限售股包括⑥:

① 上市公司股权分置改革完成后股票复牌日之前股东所持原非流通股股份,以及股

---

① 国家税务总局:《征收个人所得税若干问题的规定》,国税发〔1994〕89号。
② 国家税务总局:《关于个人转租房屋征收个人所得税问题的通知》,国税函〔2009〕639号。
③ 国家税务总局:《关于酒店产权式经营业主税收问题的批复》,国税函〔2006〕478号。
④ 国家税务总局:《关于个人与房地产开发企业签订有条件优惠价格协议购买商店征收个人所得税问题的批复》,国税函〔2008〕576号。
⑤ 财政部、国家税务总局:《关于个人转让上市公司限售股所得征收个人所得税有关问题的通知》,财税〔2009〕167号。
⑥ 财政部、国家税务总局:《关于个人转让上市公司限售股所得征收个人所得税有关问题的补充通知》,财税〔2010〕70号。

票复牌日至解禁日期间由上述股份孳生的送、转股,即股改限售股;

② 2006年股权分置改革新老划断后,首次公开发行股票并上市的公司形成的限售股,以及上市首日至解禁日期间由上述股份孳生的送、转股,即新股限售股;

③ 个人从机构或其他个人受让的未解禁限售股;

④ 个人依法继承或家庭财产依法分割取得的限售股;

⑤ 个人持有的从代办股份转让系统转到主板市场(或中小板、创业板市场)的限售股;

⑥ 上市公司吸收合并中,个人持有的原被合并方公司限售股所转换的合并方公司股份;

⑦ 上市公司分立中,个人持有的被分立方公司限售股所转换的分立后公司股份;

⑧ 其他限售股。

(2) 个人拍卖除文字作品原稿及复印件外的其他财产,应以其转让收入额减除财产原值和合理费用后的余额为应纳税所得额,按照"财产转让所得"缴纳个人所得税。①

(3) 科研机构、高等学校转化职务科技成果以股份或出资比例等股权形式给予科技人员个人奖励,经主管税务机关审核后,暂不征收个人所得税。获奖人转让股权、出资比例,对其所得按"财产转让所得"征收个人所得税,财产原值为零。②

(4) 集体所有制企业在改组改制过程中个人取得量化资产,对职工个人以股份形式取得的仅作为分红依据,不拥有所有权的企业量化资产,不应征收个人所得税。对职工个人以股份形式取得的拥有所有权的企业量化资产,暂缓征收个人所得税;待个人将股份转让时,就其转让收入额,减除个人取得该股份时实际支付的费用支出和合理转让费用后的余额,按"财产转让所得"计征个人所得税。③

(5) 个人通过招标、竞拍或其他方式购置债权以后,通过相关司法或行政程序主张债权而取得的所得,按照"财产转让所得"缴纳个人所得税。④

(6) 对个人在行使股票认购权后,将已认购的股票(不包括境内上市公司股票)转让所取得的所得,应按照"财产转让所得"缴纳个人所得税。⑤

(7) 对于纳税人收回转让的股权,如果股权转让合同履行完毕、股权已作变更登记,且所得已经实现的,转让人取得的股权转让收入应当依法缴纳个人所得税。转让行为结束后,当事人双方签订并执行解除原股权转让合同、退回股权的协议,是另一次股权转让行为,对前次转让行为征收的个人所得税款不予退回。如果股权转让合同未履行完毕,因执行仲裁委员会作出的解除股权转让合同及补充协议的裁决、停止执行原股权转让合同,并原价收回已转让股权的,由于其股权转让行为尚未完成、收入未完全实现,随着股

---

① 国家税务总局:《关于加强和规范个人取得拍卖收入征收个人所得税有关问题的通知》,国税发〔2007〕38号。
② 财政部、国家税务总局:《关于促进科技成果转化有关税收政策的通知》,财税字〔1999〕45号;国家税务总局:《关于促进科技成果转化有关个人所得税问题的通知》,国税发〔1999〕125号。
③ 国家税务总局:《关于企业改组改制过程中个人取得的量化资产征收个人所得税问题的通知》,国税发〔2000〕60号。
④ 国家税务总局:《关于个人因购买和处置债权取得所得征收个人所得税问题的批复》,国税函〔2005〕655号。
⑤ 国家税务总局:《关于企业高级管理人员行使股票认购权取得所得征收个人所得税问题的批复》,国税函〔2005〕482号。

权转让关系的解除,股权收益不复存在,根据个人所得税法和征管法的有关规定,以及从行政行为合理性原则出发,纳税人不应缴纳个人所得税。①

(8) 股权成功转让后,转让方个人因受让方个人未按规定期限支付价款而取得的违约金收入,属于因财产转让而产生的收入。转让方个人取得的该违约金应并入财产转让收入,按照"财产转让所得"项目计算缴纳个人所得税。②

(9) 企业员工参与企业股票期权计划,员工将行权后的股票再转让时获得的高于购买日公平市场价的差额,是因个人在证券二级市场上转让股票等有价证券而获得的所得,应按照"财产转让所得"适用的征免规定计算缴纳个人所得税。③

(10) 个人通过网络收购玩家的虚拟货币,加价后向他人出售取得的收入,属于个人所得税应税所得,应按照"财产转让所得"计算缴纳个人所得税。④

(11) 个人以非货币性资产投资,属于个人转让非货币性资产和投资同时发生。对个人转让非货币性资产的所得,应按照"财产转让所得"计算缴纳个人所得税。纳税人一次性缴税有困难的,可合理确定分期缴纳计划并报主管税务机关备案后,自发生上述应税行为之日起不超过5个公历年度内(含)分期缴纳个人所得税。⑤

(12) 企业原全体股东,通过签订股权转让协议,以转让企业全部资产方式将股权转让给新股东,协议约定时间以前的债权债务由原股东负责,协议约定时间以后的债权债务由新股东负责。原股东取得股权转让所得,应按"财产转让所得"征收个人所得税。⑥

(13) 个人因各种原因终止投资、联营、经营合作等行为,从被投资企业或合作项目、被投资企业的其他投资者以及合作项目的经营合作人取得股权转让收入、违约金、补偿金、赔偿金及以其他名目收回的款项等,均属于个人所得税应税收入,应按照"财产转让所得"适用的规定计算缴纳个人所得税。⑦

> 需要注意的是,通过离婚析产的方式分割房屋产权是夫妻双方对共同共有财产的处置,个人因离婚办理房屋产权过户手续,不征收个人所得税。个人转让离婚析产房屋所取得的收入,允许扣除其相应的财产原值和合理费用后,余额按照规定的税率缴纳个人所得税;其相应的财产原值,为房屋初次购置全部原值和相关税费之和乘以转让者占房屋所有权的比例。个人转让离婚析产房屋所取得的收入,符合家庭生活自用五年以上唯一住房的,可以申请免征个人所得税,其购置时间按照离婚财产分割行为前的购房时间确定。⑧

---

① 国家税务总局:《关于纳税人收回转让的股权征收个人所得税问题的批复》,国税函〔2005〕130号。
② 国家税务总局:《关于个人股权转让过程中取得违约金收入征收个人所得税问题的批复》,国税函〔2006〕866号。
③ 财政部、国家税务总局:《关于个人股票期权所得征收个人所得税问题的通知》,财税〔2005〕35号。
④ 国家税务总局:《关于个人通过网络买卖虚拟货币取得收入征收个人所得税问题的批复》,国税函〔2008〕818号。
⑤ 财政部、国家税务总局:《关于个人非货币性资产投资有关个人所得税政策的通知》,财税〔2015〕41号。
⑥ 国家税务总局:《关于股权转让收入征收个人所得税问题的批复》,国税函〔2007〕244号。
⑦ 国家税务总局:《关于个人终止投资经营收回款项征收个人所得税问题的公告》,国家税务总局公告2011年第41号。
⑧ 国家税务总局:《关于明确个人所得税若干政策执行问题的通知》,国税发〔2009〕121号;国家税务总局:《关于房地产税收政策执行中几个具体问题的通知》,国税发〔2005〕172号。

十、偶然所得

偶然所得,是指个人得奖、中奖、中彩以及其他偶然性质的所得。得奖是指参加各种有奖竞赛活动,取得名次得到的奖金;中奖、中彩是指参加各种有奖活动,如有奖销售、有奖储蓄,或者购买彩票,经过规定程序,抽中、摇中号码而取得的奖金。偶然所得应缴纳的个人所得税税款,一律由发奖单位或机构代扣代缴。按照税法规定,下列所得也属于偶然所得:

(1) 资产购买方企业向个人支付的不竞争款项,属于个人因偶然因素取得的一次性所得,为此,资产出售方企业自然人股东取得的所得,应按照"偶然所得"项目计算缴纳个人所得税,税款由资产购买方企业在向资产出售方企业自然人股东支付不竞争款项时代扣代缴。不竞争款项是指资产购买方企业与资产出售方企业自然人股东之间在资产购买交易中,通过签订保密和不竞争协议等方式,约定资产出售方企业自然人股东在交易完成后一定期限内,承诺不从事有市场竞争的相关业务,并负有相关技术资料的保密义务,资产购买方企业则在约定期限内,按一定方式向资产出售方企业自然人股东所支付的款项。①

(2) 个人取得有奖发票奖金,应按照"偶然所得"征收个人所得税。②

(3) 企业对累积消费达到一定额度的顾客,给予额外抽奖机会,个人的获奖所得,按照"偶然所得"缴纳个人所得税。③

(4) 对个人取得企业派发的现金网络红包,应按照偶然所得项目计算缴纳个人所得税,税款由派发红包的企业代扣代缴。对个人取得企业派发的且用于购买该企业商品(产品)或服务才能使用的非现金网络红包,包括各种消费券、代金券、抵用券、优惠券等,以及个人因购买该企业商品或服务达到一定额度而取得企业返还的现金网络红包,属于企业销售商品(产品)或提供服务的价格折扣、折让,不征收个人所得税。个人之间派发的现金网络红包,不属于个人所得税法规定的应税所得,不征收个人所得税。④

十一、经国务院财政部门确定征税的其他所得

除上述列举的10项个人应税所得外,其他确有必要征税的个人所得,由国务院财政部门确定。个人取得的所得,难以界定应纳税所得项目的,由主管税务机关确定。

根据个人所得税法及其实施条例的规定,下列项目应按照其他所得项目计征个人所得税。

(1) 对保险公司按投保金额,以银行同期储蓄存款利率支付给在保期内未出险的人寿保险保户的利息(或以其他名义支付的类似收入),按"其他所得"应税项目征收个人所得税,税款由支付利息的保险公司代扣代缴。⑤

---

① 财政部、国家税务总局:《关于企业向个人支付不竞争款项征收个人所得税问题的批复》,财税〔2007〕102号。
② 财政部、国家税务总局:《关于个人取得有奖发票奖金征免个税问题的通知》,财税〔2007〕34号。
③ 财政部、国家税务总局:《关于企业促销展业赠送礼品有关个人所得税问题的通知》,财税〔2011〕50号。
④ 国家税务总局:《关于加强网络红包个人所得税征收管理的通知》,税总函〔2015〕409号。
⑤ 国家税务总局:《关于未分配的投资者收益和个人人寿保险收入征收个人所得税问题的批复》,国税函〔1998〕546号。

(2) 对于个人因任职单位缴纳有关保险费用而取得的无赔款优待收入,按照"其他所得"应税项目计征个人所得税。对于个人自己缴纳有关商业保险费(保费全部返还个人的保险除外)而取得的无赔款优待收入,不作为个人的应纳税收入,不征收个人所得税。[①]

(3) 企业在业务宣传、广告等活动中,随机向本单位以外的个人赠送礼品,对个人取得的礼品所得,按照"其他所得"缴纳个人所得税。[②]

(4) 企业在年会、座谈会、庆典以及其他活动中向本单位以外的个人赠送礼品,对个人取得的礼品所得,按照"其他所得"缴纳个人所得税。

> 这里需要注意的是,企业在销售商品(产品)和提供服务过程中向个人赠送礼品,包括:企业通过价格折扣、折让方式向个人销售商品(产品)和提供服务;企业在向个人销售商品(产品)和提供服务的同时给予赠品,如通信企业对个人购买手机赠话费、入网费,或者购话费赠手机等;企业对累积消费达到一定额度的个人按消费积分反馈礼品;不征收个人所得税。[③]

(5) 个人为单位或他人提供担保获得报酬,应按照个人所得税法规定的"其他所得"缴纳个人所得税,税款由支付所得的单位或个人代扣代缴。[④]

(6) 商品房买卖过程中,有的房地产公司因未协调好与按揭银行的合作关系,造成购房人不能按合同约定办妥按揭贷款手续,从而无法缴纳后续房屋价款,致使房屋买卖合同难以继续履行,房地产公司因双方协商解除商品房买卖合同而向购房人支付违约金。购房个人因上述原因从房地产公司取得的违约金收入,应按照"其他所得"缴纳个人所得税,税款由支付违约金的房地产公司代扣代缴。[⑤]

(7) 证券公司为了招揽大户股民在本公司开户交易,证券公司从其取得的交易手续费中支付部分金额给大户股民。对于股民个人从证券公司取得的此类回扣收入或交易手续费返还收入,应按照"其他所得"征收个人所得税。[⑥]

(8) 除以下三种情形以外,房屋产权所有人将房屋产权无偿赠与他人的,受赠人因无偿受赠房屋取得的受赠所得,按照"经国务院财政部门确定征税的其他所得"缴纳个人所得税。[⑦]

① 房屋产权所有人将房屋产权无偿赠与配偶、父母、子女、祖父母、外祖父母、孙子女、外孙子女、兄弟姐妹;

② 房屋产权所有人将房屋产权无偿赠与对其承担直接抚养或者赡养义务的抚养人或者赡养人;

[①] 国家税务总局:《关于个人所得税有关政策问题的通知》,国税发〔1999〕58号。
[②] 财政部、国家税务总局:《关于企业促销展业赠送礼品有关个人所得税问题的通知》,财税〔2011〕50号。
[③] 同上。
[④] 财政部、国家税务总局:《关于个人所得税有关问题的批复》,财税〔2005〕94号。
[⑤] 国家税务总局:《关于个人取得解除商品房买卖合同违约金征收个人所得税问题的批复》,国税函〔2006〕865号。
[⑥] 国家税务总局:《关于股民从证券公司取得的回扣收入征收个人所得税问题的批复》,国税函〔1999〕627号。
[⑦] 财政部、国家税务总局:《关于个人无偿受赠房屋有关个人所得税问题的通知》,财税〔2009〕78号。

③ 房屋产权所有人死亡,依法取得房屋产权的法定继承人、遗嘱继承人或者受遗赠人。

(9) 对银行部门以超过国家规定利率和保值贴补率支付给储户的揽储奖金,应按"其他所得"征收个人所得税。①

第三节 税 率

个人所得税的税率按所得项目不同分别确定为:

一、工资、薪金所得适用税率

工资、薪金所得,适用超额累进税率,税率为3%—45%,如表6-1所示。

表6-1 个人所得税工资、薪金所得适用税率及速算扣除数表

级数	全月应纳税所得额	税率(%)	速算扣除数(元)
1	不超过1 500元的	3	0
2	超过1 500元至4 500元的部分	10	105
3	超过4 500元至9 000元的部分	20	555
4	超过9 000元至35 000元的部分	25	1 005
5	超过35 000元至55 000元的部分	30	2 755
6	超过55 000元至80 000元的部分	35	5 505
7	超过80 000元的部分	45	13 505

注:本表所称全月应纳税所得额是指依照税法规定,以每月收入额减除费用3 500元后的余额或者减除附加减除费用后的余额。

二、个体工商户的生产、经营所得和对企事业单位的承包经营、承租经营所得适用税率

个体工商户的生产、经营所得和对企事业单位的承包经营、承租经营所得,适用5%—35%的超额累进税率,如表6-2所示。

表6-2 个体工商户的生产、经营所得和对企事业单位的承包、承租经营所得适用税率表

级数	全年应纳税所得额	税率(%)	速算扣除数(元)
1	不超过15 000元的部分	5	0
2	超过15 000元至30 000元的部分	10	750
3	超过30 000元至60 000元的部分	20	3 750
4	超过60 000元至100 000元的部分	30	9 750
5	超过100 000元的部分	35	14 750

注:本表所称全年应纳税所得额是指依照个人所得税法第六条的规定,以每一纳税年度的收入总额,减除成本、费用以及损失后的余额。

---

① 财政部、国家税务总局:《关于银行部门以超过国家利率支付给储户的揽储奖金征收个人所得税问题的批复》,财税〔1995〕64号。

个人独资企业和合伙企业的生产经营所得,比照个人所得税法的"个体工商户的生产经营所得"应税项目,适用5%—35%的五级超额累进税率。[1]

对企事业单位的承包经营、承租经营所得,分为两种情况:如果承包、承租人对企业经营成果不拥有所有权,仅是按合同(协议)规定取得一定所得的,其所得按工资、薪金所得项目征税,适用3%—45%的七级超额累进税率;如果承包、承租人按合同(协议)的规定只向发包、出租方交纳一定费用后,企业经营成果归其所有的,承包、承租人取得的所得,按对企事业单位的承包经营、承租经营所得项目,适用5%—35%的五级超额累进税率征税。[2]

三、稿酬所得适用税率

稿酬所得,适用比例税率,税率为20%,并按应纳税额减征30%。故其实际税率为14%。

四、劳务报酬所得适用税率

劳务报酬所得,适用比例税率,税率为20%。但现行个人所得税法规定,对劳务报酬所得一次收入畸高的,实行加成征收。

"劳务报酬所得一次收入畸高",是指个人一次取得劳务报酬,其应纳税所得额超过20 000元。对应纳税所得额超过20 000元至50 000元的部分,依照税法规定计算应纳税额后再按照应纳税额加征五成;超过50 000元的部分,加征十成。因此,劳务报酬所得的实际税率为20%、30%、40%的三级超额累进税率,如表6-3所示。

表6-3 劳务报酬所得适用税率表

级数	每次应纳税所得额	税率(%)	速算扣除数(元)
1	不超过20 000元的部分	20	0
2	超过20 000元至50 000元的部分	30	2 000
3	超过50 000元的部分	40	7 000

五、其他各项所得适用税率

特许权使用费所得,利息、股息、红利所得,财产租赁所得,财产转让所得,偶然所得和其他所得,适用比例税率,税率为20%。

这里需要注意的是,储蓄存款在1999年11月1日至2007年8月14日孳生的利息所得,按照20%的比例税率征收个人所得税;储蓄存款在2007年8月15日至2008年10月8日孳生的利息所得,按照5%的比例税率征收个人所得税;储蓄存款在2008年10月9日后(含10月9日)孳生的利息所得,暂免征收个人所得税。[3]

---

[1] 国家税务总局:《关于个人独资企业和合伙企业投资者征收个人所得税的规定》,财税〔2000〕91号。
[2] 国家税务总局:《关于个人对企事业单位实行承包经营、承租经营取得所得征税问题的通知》,国税发〔1994〕179号。
[3] 财政部、国家税务总局:《关于储蓄存款利息所得有关个人所得税政策的通知》,财税〔2008〕132号;国家税务总局:《关于做好对储蓄存款利息所得暂免征收个人所得税工作的通知》,国税函〔2008〕826号。

第四节 应纳税额的计算

一、一般性规定

分类所得税制下,是按照不同应税项目分别规定费用减除标准及适用税率,因此,在计算应纳税所得额时,需要按不同应税项目分项计算。但有一些具有共性的规定,是各个所得项目在计算应纳税所得额时均适用的。

按照个人所得税法及其实施条例的规定,应纳税所得额的确定,是以某项应税项目的收入额减去税法规定的该项费用减除标准后的余额,为该所得项目的应纳税所得额。

两个或者两个以上的个人共同取得同一项目收入的,应当对每个人取得的收入分别按照税法规定减除费用后计算纳税。

个人所得的形式,包括现金、实物、有价证券和其他形式的经济利益。所得为实物的,应当按照取得的凭证上所注明的价格计算应纳税所得额;无凭证的实物或者凭证上所注明的价格明显偏低的,参照市场价格核定应纳税所得额。所得为有价证券的,根据票面价格和市场价格核定应纳税所得额。所得为其他形式的经济利益的,参照市场价格核定应纳税所得额。

按照现行法律法规的规定,在计算各所得项目应纳税所得额时,下列项目可以按照相关规定扣除。

(1) 个人将其所得通过中国境内的社会团体、国家机关向教育和其他社会公益事业以及遭受严重自然灾害地区、贫困地区捐赠,捐赠额未超过纳税人申报的应纳税所得额30%的部分,可以从其应纳税所得额中扣除。

(2) 个人通过非营利性的社会团体和国家机关(包括中国红十字会)向红十字事业的捐赠,向教育事业的捐赠,向福利性、非营利性的老年服务机构的捐赠,对公益性青少年活动场所(其中包括新建)的捐赠,在计算缴纳个人所得税时准予全额扣除。①

(3) 个人向中华健康快车基金会、孙冶方经济科学基金会、中华慈善总会、中国法律援助基金会和中华见义勇为基金会的捐赠,准予在个人所得税前全额扣除。②

(4) 个人通过宋庆龄基金会、中国福利会、中国残疾人福利基金会、中国扶贫基金会、中国煤矿尘肺病治疗基金会、中华环境保护基金会、中国教育发展基金会、中国医药卫生事业发展基金会、中国老龄事业发展基金会、中国华文教育基金会、中国绿化基金会、中国妇女发展基金会、中国关心下一代健康体育基金会、中国生物多样性保护基金会、中国儿童少年基金会和中国光彩事业基金会用于公益救济性的捐赠,准予在缴纳个人所得税

---

① 财政部、国家税务总局:《关于企业等社会力量向红十字事业捐赠有关所得税政策问题的通知》,财税〔2000〕30号;财政部、国家税务总局:《关于教育税收政策的通知》,财税〔2004〕39号;财政部、国家税务总局:《关于对老年服务机构有关税收政策问题的通知》,财税〔2000〕97号;财政部、国家税务总局:《关于对青少年活动场所电子游戏厅有关所得税和营业税政策问题的通知》,财税字〔2000〕21号。

② 财政部、国家税务总局:《关于向中华健康快车基金会等5家单位的捐赠所得税税前扣除问题的通知》,财税〔2003〕204号。

前全额扣除。①

(5) 个人捐赠住房作为廉租住房的,捐赠额未超过其申报的应纳税所得额30%的部分,准予从其应纳税所得额中扣除。②

(6) 个人通过中国境内非营利的社会团体、国家机关,将所得(不含偶然所得、经国务院财政部门确定征税的其他所得)用于资助非关联的科研机构和高等学校研究开发新产品、新技术、新工艺所发生的研究开发经费,可以全额在下月(工资、薪金所得)或下次(按次计征的所得)或当年(按年计征的所得)计征个人所得税时,从应纳税所得额中扣除,不足抵扣的,不得结转抵扣。纳税人直接向科研机构和高等学校的资助不允许在税前扣除。③

(7) 对试点地区个人购买符合规定的商业健康保险产品的支出,允许在当年(月)计算应纳税所得额时予以税前扣除,扣除限额为2 400元/年(200元/月)。2 400元/年(200元/月)的限额扣除为个人所得税法规定减除费用标准之外的扣除。试点地区企事业单位统一组织并为员工购买符合规定的商业健康保险产品的支出,应分别计入员工个人工资薪金,视同个人购买,按上述限额予以扣除。需要注意的是,适用商业健康保险税收优惠政策的纳税人,是指试点地区取得工资薪金所得、连续性劳务报酬所得的个人,以及取得个体工商户生产经营所得、对企事业单位的承包承租经营所得的个体工商户业主、个人独资企业投资者、合伙企业合伙人和承包承租经营者。④

二、工资、薪金所得应纳税额的计算

(一) 应纳税所得额的计算

工资、薪金所得,以每月收入额减除费用3 500元后的余额,为应纳税所得额。

个人按照国家或省(自治区、直辖市)人民政府规定的缴费比例或办法实际缴付的基本养老保险费、基本医疗保险费和失业保险费,允许在个人应纳税所得额中扣除。单位和个人分别在不超过职工本人上一年度月平均工资12%的幅度内实际缴存的住房公积金允许在个人应纳税所得额中扣除。月平均工资不得超过职工工作地所在设区城市上一年度职工月平均工资的3倍,具体标准按照各地有关规定执行。⑤

对试点地区个人购买符合规定的商业健康保险产品的支出,允许在当年(月)计算应纳税所得额时予以税前扣除,扣除限额为2 400元/年(200元/月)。试点地区企事业单位统一组织并为员工购买符合规定的商业健康保险产品的支出,应分别计入员工个人工资

---

① 财政部、国家税务总局:《关于向宋庆龄基金会等6家单位捐赠所得税政策问题的通知》,财税〔2004〕172号;财政部、国家税务总局:《关于中国教育发展基金会捐赠所得税政策问题的通知》,财税〔2006〕68号;财政部、国家税务总局:《关于中国医药卫生事业发展基金会捐赠所得税政策问题的通知》,财税〔2006〕67号;财政部、国家税务总局:《关于中国老龄事业发展基金会等8家单位捐赠所得税政策问题的通知》,财税〔2006〕66号。

② 财政部、国家税务总局:《关于廉租住房经济适用住房和住房租赁有关税收政策的通知》,财税〔2008〕24号。

③ 国家税务总局:《关于贯彻落实〈中共中央国务院关于加强技术创新,发展高科技,实现产业化的决定〉有关所得税问题的通知》,国税发〔2000〕24号。

④ 财政部、国家税务总局:《关于开展商业健康保险个人所得税政策试点工作的通知》,财税〔2015〕56号。

⑤ 财政部、国家税务总局:《关于基本养老保险费基本医疗保险费失业保险费住房公积金有关个人所得税政策的通知》,财税〔2006〕10号。

薪金,视同个人购买,按上述限额予以扣除。①

个人所得税法规定,对在中国境内无住所而在中国境内取得工资、薪金所得的纳税人和在中国境内有住所而在中国境外取得工资、薪金所得的纳税人,可以根据其平均收入水平、生活水平以及汇率变化情况确定附加减除费用,附加减除费用适用的范围和标准由国务院规定。

个人所得税法实施条例规定,附加减除费用标准为1 300元。附加减除费用适用范围内的人员取得的工资、薪金所得,每月在减除3 500元费用的基础上,再减除1 300元的费用。附加减除费用适用的范围,包括:

(1) 在中国境内的外商投资企业和外国企业中工作的外籍人员。

(2) 应聘在中国境内的企业、事业单位、社会团体、国家机关中工作的外籍专家。

(3) 在中国境内有住所而在中国境外任职或者受雇取得工资、薪金所得的个人。

(4) 华侨和香港、澳门、台湾同胞参照税法规定的附加减除费用标准执行。

(5) 考虑到远洋运输具有跨国流动的特性,因此,对远洋运输船员每月的工资、薪金收入在统一扣除3 500元费用的基础上,准予再扣除税法规定的附加减除费用标准。②

(6) 国务院财政、税务主管部门确定的其他人员。

(二) 应纳税额的计算方法

工资、薪金所得应纳税额的计算公式为:

$$应纳税额 = 应纳税所得额 \times 适用税率 - 速算扣除数$$
$$= (每月收入额 - 3 500元或4 800元) \times 适用税率 - 速算扣除数$$

在现实生活中,由于各单位采取多种形式向员工发放属于工资、薪金性质的收入,同时税法也规定了一些属于工资、薪金的所得项目按照特殊的计算方法计征应纳税额。因此,工资、薪金所得项目的应纳税额有以下几种特殊计税方式。

1. 关于单位或个人为纳税人负担税款的计税方法③

(1) 雇主全额为其雇员负担税款的处理。单位或个人(雇主)为纳税人(雇员)负担个人所得税税款,应将纳税人取得的不含税收入换算为应纳税所得额,计算征收个人所得税。计算公式如下:

① 应纳税所得额=(不含税收入额-费用扣除标准-速算扣除数)/(1-税率)

② 应纳税额=应纳税所得额×适用税率-速算扣除数

公式①中的税率,是指不含税所得按不含税级距(见表6-4)对应的税率;公式②中的税率,是指应纳税所得额按含税级距对应的税率(见表6-1)。

(2) 雇主为其雇员负担部分税款的处理。分为以下两种情况:

情况一:雇主为其雇员定额负担税款的,应将雇员取得的工资薪金所得换算成应纳

---

① 财政部、国家税务总局:《关于开展商业健康保险个人所得税政策试点工作的通知》,财税〔2015〕56号。
② 国家税务总局:《关于远洋运输船员工资薪金所得个人所得税费用扣除问题的通知》,国税发〔1999〕202号。
③ 国家税务总局:《征收个人所得税若干问题的规定》,国税发〔1994〕89号;国家税务总局:《关于雇主为其雇员负担个人所得税税款计征问题的通知》,国税发〔1996〕199号。

税所得额后,计算征收个人所得税。工资薪金收入换算成应纳税所得额的计算公式为:

应纳税所得额=雇员取得的工资+雇主代雇员负担的税款-费用扣除标准

情况二:雇主为其雇员负担一定比例的工资应纳的税款或者负担一定比例的实际应纳税款的,以其未含雇主负担税款的收入额换算成应纳税所得额,并计算应纳税款。即:

应纳税所得额=(未含雇主负担的税款的收入额-费用扣除标准-速算扣除数×负担比例)/(1-税率×负担比例)

应纳税额=应纳税所得额×适用税率-速算扣除数

需要注意的是,情况二公式中的税率,都是应纳税所得额按含税级距对应的税率(见表6-4)。

表6-4 工资、薪金所得适用税率表

级数	全月应纳税所得额	全月应纳税所得额（不含税）	税率（%）	速算扣除数（元）
1	不超过1 500元的	不超过1 455元的	3	0
2	超过1 500元至4 500元的部分	超过1 455元至4 155元的部分	10	105
3	超过4 500元至9 000元的部分	超过4 155元至7 755元的部分	20	555
4	超过9 000元至35 000元的部分	超过7 755元至27 255元的部分	25	1 005
5	超过35 000元至55 000元的部分	超过27 255元至41 255元的部分	30	2 755
6	超过55 000元至80 000元的部分	超过41 255元至57 505元的部分	35	5 505
7	超过80 000元的部分	超过57 505元的部分	45	13 505

注:(1)表中所列含税级距与不含税级距,均为按照税法规定减除有关费用后的所得额。
(2)含税级距适用于由纳税人负担税款的工资、薪金所得;不含税级距适用于由他人(单位)代付税款的工资、薪金所得。

2. 特定行业职工取得的工资、薪金所得的计税方法

个人所得税法及其实施条例规定,采掘业、远洋运输业、远洋捕捞业以及国务院财政、税务主管部门确定的其他行业,这些特定行业职工的工资、薪金所得应纳的税款,按月预缴,自年度终了之日起30日内,合计其全年工资、薪金所得,再按12个月平均并计算实际应纳的税款,多退少补。其公式表示为:

应纳所得税额=[(全年工资、薪金收入/12-费用扣除标准)×税率-速算扣除数]×12

这里需要特别注意的是,远洋运输行船员每月工资、薪金的费用扣除标准为4 800元。同时,由于船员的伙食费统一用于集休用餐,不发给个人,故特案允许该项补贴不计入船员个人的应纳税工资、薪金收入。[1]

3. 个人取得全年一次性奖金等计税方法[2]

全年一次性奖金是指行政机关、企事业单位等扣缴义务人根据其全年经济效益和对

---

[1] 国家税务总局:《关于远洋运输船员工资薪金所得个人所得税费用扣除问题的通知》,国税发〔1999〕202号。
[2] 国家税务总局:《关于调整个人取得全年一次性奖金等计算征收个人所得税方法问题的通知》,国税发〔2005〕9号。

雇员全年工作业绩的综合考核情况,向雇员发放的一次性奖金。一次性奖金也包括年终加薪(双薪)、实行年薪制和绩效工资办法的单位根据考核情况年终兑现的年薪和绩效工资。

纳税人取得全年一次性奖金,单独作为一个月工资、薪金所得计算纳税,并按以下计税办法,由扣缴义务人发放时代扣代缴:

(1) 先将雇员当月内取得的全年一次性奖金,除以12个月,按其商数确定适用税率和速算扣除数。

如果在发放年终一次性奖金的当月,雇员当月工资薪金所得低于税法规定的费用扣除额,应将全年一次性奖金减除"雇员当月工资薪金所得与费用扣除额的差额"后的余额,按上述办法确定全年一次性奖金的适用税率和速算扣除数。

(2) 将雇员个人当月内取得的全年一次性奖金,按确定的适用税率和速算扣除数计算征税,计算公式如下:

① 如果雇员当月工资薪金所得高于(或等于)税法规定的费用扣除额的,适用公式为:

$$应纳税额 = 雇员当月取得全年一次性奖金 \times 适用税率 - 速算扣除数$$

② 如果雇员当月工资薪金所得低于税法规定的费用扣除额的,适用公式为:

$$应纳税额 = \left(雇员当月取得全年一次性奖金 - 雇员当月工资薪金所得与费用扣除额的差额\right) \times 适用税率 - 速算扣除数$$

(3) 在一个纳税年度内,对每一个纳税人,该计税办法只允许采用一次。

(4) 雇员取得除全年一次性奖金以外的其他各种名目奖金,如半年奖、季度奖、加班奖、先进奖、考勤奖等,一律与当月工资、薪金收入合并,按税法规定缴纳个人所得税。

需要注意的是,实行"双薪制"(单位为雇员多发放一个月的工资)后个人取得的"双薪",不再单独作为一个月的工资、薪金所得计征个人所得税,可以并入全年一次性奖金计算缴纳个人所得税。[①]

4. 个人取得不含税全年一次性奖金计税方法[②]

个人取得不含税全年一次性奖金,首先换算为含税奖金,然后按照规定方法计征个人所得税。具体方法和步骤为:

(1) 按照不含税的全年一次性奖金收入除以12的商数,查找相应适用税率A和速算扣除数A。

(2) 含税的全年一次性奖金收入=(不含税的全年一次性奖金收入-速算扣除数A)÷(1-适用税率A)。

(3) 按含税的全年一次性奖金收入除以12的商数,重新查找适用税率B和速算扣除数B。

---

① 国家税务总局:《关于明确个人所得税若干政策执行问题的通知》,国税发〔2009〕121号。
② 国家税务总局:《关于纳税人取得不含税全年一次性奖金收入计征个人所得税问题的批复》,国税函〔2005〕715号。

(4) 应纳税额＝含税的全年一次性奖金收入×适用税率 B－速算扣除数 B。

如果纳税人取得不含税全年一次性奖金收入的当月工资薪金所得,低于税法规定的费用扣除额,应先将不含税全年一次性奖金减去当月工资薪金所得低于税法规定费用扣除额的差额部分后,再按照以上办法处理。

5. 雇主为雇员承担全年一次性奖金部分税款的计税方法①

雇主为雇员负担全年一次性奖金部分个人所得税款,属于雇员又额外增加了收入,应将雇主负担的这部分税款并入雇员的全年一次性奖金,换算为应纳税所得额后,按照规定方法计征个人所得税。

(1) 雇主为雇员定额负担税款的计算公式:

应纳税所得额＝雇员取得的全年一次性奖金＋雇主替雇员定额负担的税款
－当月工资薪金低于费用扣除标准的差额

(2) 雇主为雇员按一定比例负担税款的计算公式:

① 查找不含税全年一次性奖金的适用税率和速算扣除数:

未含雇主负担税款的全年一次性奖金收入除以 12,根据其商数找出不含税级距对应的适用税率 A 和速算扣除数 A。

② 计算含税全年一次性奖金:

应纳税所得额 ＝(未含雇主负担税款的全年一次性奖金收入
－当月工资薪金低于费用扣除标准的差额
－不含税级距的速算扣除数 A×雇主负担比例)/
(1－不含税级距的适用税率 A×雇主负担比例)

(3) 对上述应纳税所得额,扣缴义务人应按照前述全年一次性奖金的方法计算应扣缴税款。即:将应纳税所得额除以 12,根据其商数找出对应的适用税率 B 和速算扣除数 B,据以计算税款。计算公式:

应纳税额＝应纳税所得额×适用税率 B－速算扣除数 B
实际缴纳税额＝应纳税额－雇主为雇员负担的税额

6. 中央企业负责人绩效薪金和任期奖励收入计税方法②

按照有关规定,中央企业负责人的薪酬发放采取按年度经营业绩和任期经营业绩考核的方式,具体办法是:中央企业负责人薪酬由基薪、绩效薪金和任期奖励构成,其中基薪和绩效薪金的 60% 在当年度发放,绩效薪金的 40% 和任期奖励于任期结束后发放。

中央企业负责人任期结束后取得的绩效薪金 40% 部分和任期奖励,两部分收入合计,按照个人取得全年一次性奖金等计征个人所得税的方法计算缴纳个人所得税。

---

① 国家税务总局:《关于雇主为雇员承担全年一次性奖金部分税款有关个人所得税计算方法问题的公告》,国家税务总局〔2011〕28 号。

② 国家税务总局:《关于中央企业负责人年度绩效薪金延期兑现收入和任期奖励征收个人所得税问题的通知》,国税发〔2007〕118 号。

中央企业的下列人员,适用此方法,其他人员不得比照执行:

(1) 国有独资企业和未设董事会的国有独资公司的总经理(总裁)、副总经理(副总裁)、总会计师。

(2) 设董事会的国有独资公司(国资委确定的董事会试点企业除外)的董事长、副董事长、董事、总经理(总裁)、副总经理(副总裁)、总会计师。

(3) 国有控股公司国有股权代表出任的董事长、副董事长、董事、总经理(总裁),列入国资委党委管理的副总经理(副总裁)、总会计师。

(4) 国有独资企业、国有独资公司和国有控股公司党委(党组)书记、副书记、常委(党组成员)、纪委书记(纪检组长)。

7. 内部退养人员从原任职单位取得的一次性收入计税方法[①]

个人在办理内部退养手续后从原任职单位取得的一次性收入,应按办理内部退养手续后至法定离退休年龄之间的所属月份进行平均,并与领取当月的"工资、薪金"所得合并后减除当月费用扣除标准,以余额为基数确定适用税率,再将当月工资、薪金加上取得的一次性收入,减去费用扣除标准,按适用税率计征个人所得税。

实行内部退养的个人在其办理内部退养手续后至法定离退休年龄之间从原任职单位取得的工资、薪金,不属于离退休工资,应按"工资、薪金所得"项目计征个人所得税。

个人在办理内部退养手续后至法定离退休年龄之间重新就业取得的"工资、薪金"所得,应与其从原任职单位取得的同一月份的"工资、薪金"所得合并,并依法自行向主管税务机关申报缴纳个人所得税。

8. 个人与用人单位解除劳动关系取得的一次性补偿收入计税方法[②]

个人因与用人单位解除劳动关系而取得的一次性补偿收入(包括用人单位发放的经济补偿金、生活补助费和其他补助费用),其收入在当地上年职工平均工资3倍数额以内的部分,免征个人所得税;超过的部分按照规定方法,计算征收个人所得税。

具体方法为:以个人取得的一次性经济补偿收入(应税部分),除以个人在本企业的工作年限数,以其商数作为个人的月工资、薪金收入,按照税法规定计算缴纳个人所得税。个人在本企业的工作年限数按实际工作年限数计算,超过12年的按12年计算。之所以这样规定,是考虑到个人取得的一次性经济补偿收入数额较大,而且被解聘的人员可能在一段时间内没有固定收入,因此,对于个人取得的一次性经济补偿收入,可视为一次取得数月的工资、薪金收入,允许在一定期限内进行平均。

个人领取一次性补偿收入时按照国家和地方政府规定的比例实际缴纳的住房公积金、医疗保险费、基本养老保险费、失业保险费,可以在计征其一次性补偿收入的个人所得税时予以扣除。

个人在解除劳动合同后又再次任职、受雇的,对个人已缴纳个人所得税的一次性经

---

① 国家税务总局:《关于个人所得税有关政策问题的通知》,国税发〔1999〕58号。
② 财政部、国家税务总局:《关于个人与用人单位解除劳动关系取得的一次性补偿收入征免个人所得税问题的通知》,财税〔2001〕157号。

济补偿收入,不再与再次任职、受雇的工资、薪金所得合并计算补缴个人所得税。[①]

9. 关于个人提前退休取得补贴收入的计税方法[②]

机关、企事业单位对未达到法定退休年龄、正式办理提前退休手续的个人,按照统一标准向提前退休工作人员支付一次性补贴,不属于免税的离退休工资收入,应按照"工资、薪金所得"项目征收个人所得税。

个人因办理提前退休手续而取得的一次性补贴收入,应按照办理提前退休手续至法定退休年龄之间所属月份平均分摊计算个人所得税。计税公式:

$$应纳税额 = \left[\left(\frac{一次性补贴收入}{办理提前退休手续至法定退休年龄的实际月份数} - 费用扣除标准\right) \times 适用税率 - 速算扣除数\right] \times 提前办理退休手续至法定退休年龄的实际月份数$$

10. 企事业年金的计税方法

企业年金和职业年金分别是企业、事业单位根据国家相关政策规定,在基本养老保险的基础上,自愿建立的补充养老保险制度。

自 2014 年 1 月 1 日起,企业年金和职业年金按照以下规定进行处理[③]:

(1) 企业年金和职业年金缴费的个人所得税处理

企业和事业单位(以下统称"单位")根据国家有关政策规定的办法和标准,为在本单位任职或者受雇的全体职工缴付的企业年金或职业年金(以下统称"年金")单位缴费部分,在计入个人账户时,个人暂不缴纳个人所得税。

个人根据国家有关政策规定缴付的年金个人缴费部分,在不超过本人缴费工资计税基数的4%标准内的部分,暂从个人当期的应纳税所得额中扣除。

超过上述规定的标准缴付的年金单位缴费和个人缴费部分,应并入个人当期的工资、薪金所得,依法计征个人所得税。税款由建立年金的单位代扣代缴,并向主管税务机关申报解缴。

企业年金个人缴费工资计税基数为本人上一年度月平均工资。月平均工资按国家统计局规定列入工资总额统计的项目计算。月平均工资超过职工工作地所在设区城市上一年度职工月平均工资 300% 以上的部分,不计入个人缴费工资计税基数。

职业年金个人缴费工资计税基数为职工岗位工资和薪级工资之和。职工岗位工资和薪级工资之和超过职工工作地所在设区城市上一年度职工月平均工资 300% 以上的部分,不计入个人缴费工资计税基数。

(2) 年金基金投资运营收益的个人所得税处理

年金基金投资运营收益分配计入个人账户时,个人暂不缴纳个人所得税。

[①] 国家税务总局:《关于个人因解除劳动合同取得经济补偿金征收个人所得税问题的通知》,国税发〔1999〕178号。

[②] 国家税务总局:《关于个人提前退休取得补贴收入个人所得税问题的公告》,国家税务总局公告 2011 年第 6 号。

[③] 财政部、人社部、国家税务总局:《关于企业年金职业年金个人所得税有关问题的通知》,财税〔2013〕103 号。

需要注意的是,按照原规定,企业年金的个人缴费部分,不得在个人当月工资、薪金计算个人所得税时扣除。企业年金的企业缴费在计入个人账户时,应视为个人一个月的工资、薪金(不与正常工资、薪金合并),不扣除任何费用,按照"工资、薪金所得"计算当期应纳个人所得税款,并由企业在缴费时代扣代缴。①

显然,对于企业年金和事业年金,新规定采取了递延纳税的政策,即在年金缴费环节和年金基金投资收益环节暂不征收个人所得税,将纳税义务递延到个人实际领取年金的环节,这又称作 EET 模式(E 代表免税,T 代表征税)。

(3)领取年金的个人所得税处理

个人达到国家规定的退休年龄,在现行规定实施之后按月领取的年金,全额按照"工资、薪金所得"项目适用的税率,计征个人所得税;在现行规定实施之后按年或按季领取的年金,平均分摊计入各月,每月领取额全额按照"工资、薪金所得"项目适用的税率,计征个人所得税。

对单位和个人在现行规定实施之前开始缴付年金缴费,个人在现行规定实施之后领取年金的,允许其从领取的年金中减除在规定实施之前缴付的年金单位缴费和个人缴费且已经缴纳个人所得税的部分,就其余额按照规定征税。在个人分期领取年金的情况下,可按规定实施之前缴付的年金缴费金额占全部缴费金额的百分比减计当期的应纳税所得额,减计后的余额,按照规定计算缴纳个人所得税。

对个人因出境定居而一次性领取的年金个人账户资金,或个人死亡后,其指定的受益人或法定继承人一次性领取的年金个人账户余额,允许领取人将一次性领取的年金个人账户资金或余额按 12 个月分摊到各月,就其每月分摊额,按照规定计算缴纳个人所得税。对个人除上述特殊原因外一次性领取年金个人账户资金或余额的,则不允许采取分摊的方法,而是就其一次性领取的总额,单独作为一个月的工资薪金所得,按照规定计算缴纳个人所得税。

个人领取年金时,其应纳税款由受托人代表委托人委托托管人代扣代缴。年金账户管理人应及时向托管人提供个人年金缴费及对应的个人所得税纳税明细。托管人根据受托人指令及账户管理人提供的资料,按照规定计算扣缴个人当期领取年金待遇的应纳税款,并向托管人所在地主管税务机关申报解缴。

11. 职工个人取得单位低价售房所得的计税方法②

除单位在住房制度改革期间,职工取得符合规定的差价收入免税外,单位按低于购置或建造成本价格出售住房给职工,职工因此而少支出的差价部分应按照"工资、薪金所得"项目缴纳个人所得税。

职工取得的差价部分,是指职工实际支付的购房价款低于该房屋的购置或建造成本价格的差额。这部分所得比照全年一次性奖金的征税办法计税。具体是:先将全部所得数额除以 12,按其商数并根据个人所得税法规定的税率表确定适用的税率和速算扣除数,再根据全部所得数额、适用的税率和速算扣除数,按照税法规定计算征税。

---

① 国家税务总局:《关于企业年金个人所得税征收管理有关问题的通知》,国税函〔2009〕694 号。
② 财政部、国家税务总局:《关于单位低价向职工售房有关个人所得税问题的通知》,财税〔2007〕13 号。

12. 在中国境内无住所的个人取得工资薪金所得的计税方法①

（1）关于在中国境内无住所而在一个纳税年度中在中国境内连续或累计居住不超过90日或在税收协定规定的期间中在中国境内连续或累计居住不超过183日的个人纳税义务的确定。

在中国境内无住所而在一个纳税年度中在中国境内连续或累计工作不超过90日或在税收协定规定的期间中在中国境内连续或累计居住不超过183日的个人，由中国境外雇主支付并且不是由该雇主的中国境内机构负担的工资薪金，免于申报缴纳个人所得税。上述个人应仅就其实际在中国境内工作期间由中国境内企业或个人雇主支付或者由中国境内机构负担的工资薪金所得申报纳税。凡是该中国境内企业、机构属于采取核定利润方法计征企业所得税或没有营业收入而不征收企业所得税的，在该中国境内企业、机构任职、受雇的个人实际在中国境内工作期间取得的工资薪金，不论是否在该中国境内企业、机构会计账簿中有记载，均应视为该中国境内企业支付或由该中国境内机构负担的工资薪金。适用的计算公式为：

应纳税额 =（当月境内外工资薪金应纳税所得额 × 适用税率 − 速算扣除数）
　　　　　× （当月境内支付工资 / 当月境内外支付工资总额）
　　　　　× （当月境内工作天数 / 当月天数）

（2）在中国境内无住所而在一个纳税年度中，在中国境内连续或累计居住超过90日或在税收协定规定的期间中在中国境内连续或累计居住超过183日但不满1年的个人纳税义务的确定。

在中国境内无住所而在一个纳税年度中在中国境内连续或累计工作超过90日或在税收协定规定的期间中在中国境内连续或累计居住超过183日但不满1年的个人，其实际在中国境内工作期间取得的由中国境内企业或个人雇主支付和由境外企业或个人雇主支付的工资薪金所得，均应申报缴纳个人所得税；其在中国境外工作期间取得的工资薪金所得，除担任中国境内企业董事或高层管理职务的个人外，不予征收个人所得税。

应纳税额 =（当月境内外工资薪金应纳税所得额 × 适用税率 − 速算扣除数）
　　　　　× （当月境内工作天数 / 当月天数）

（3）在中国境内无住所但在境内居住满1年而不超过5年的个人纳税义务的确定。

在中国境内无住所但在境内居住满1年而不超过5年的个人，其在中国境内工作期间取得的由中国境内企业或个人雇主支付和由中国境外企业或个人雇主支付的工资薪金，均应申报缴纳个人所得税；其在临时离境工作期间的工资薪金所得，仅就由中国境内企业或个人雇主支付的部分申报纳税，凡是该中国境内企业、机构属于采取核定利润方法计征企业所得税或没有营业收入而不征收企业所得税的，在该中国境内企业、机构任职、受雇的个人取得的工资薪金，不论是否在中国境内企业、机构会计账簿中有记载，均

---

① 国家税务总局：《关于在中国境内无住所的个人取得工资薪金所得纳税义务问题的通知》，国税发〔1994〕148号；国家税务总局：《关于在中国境内无住所的个人计算缴纳个人所得税若干具体问题的通知》，国税函〔1995〕125号；国家税务总局：《关于在中国境内无住所的个人执行税收协定和个人所得税法若干问题的通知》，国税发〔2004〕97号。

应视为由其任职的中国境内企业、机构支付。

在一个月中既有在中国境内工作期间的工资薪金所得,也有在临时离境期间由境内企业或个人雇主支付的工资薪金所得的,应合并计算当月应纳税款,并按规定的期限申报缴纳。计算公式为:

应纳税额 =(当月境内外工资薪金应纳税所得额×适用税率 — 速算扣除数)
×[1-(当月境外支付工资/当月境内外支付工资总额)
×(当月境外工作天数/当月天数)]

如果属于上述情况的个人取得的是日工资薪金,应以日工资薪金乘以当月天数换算成月工资薪金后,按上述公式计算应纳税额。

(4) 中国境内企业董事、高层管理人员纳税义务的确定。

担任中国境内企业董事或高层管理职务的个人(指公司正、副(总)经理、各职能技师、总监及其他类似公司管理层的职务),其取得的由该中国境内企业支付的董事费或工资薪金,不适用上述第(1)项、第(2)项对境外企业支付的工资薪金免税的规定,而应自其担任该中国境内企业董事或高层管理职务起,至其解除上述职务止的期间,不论其是否在中国境外履行职务,均应申报缴纳个人所得税;其取得的由中国境外企业支付的工资薪金,再依照上述第(1)、(2)、(3)项规定确定纳税义务。

(5) 不满一个月的工资薪金所得应纳税款的计算。

在中国境内无住所的个人,凡应仅就不满一个月期间的工资薪金所得申报纳税的,均应按全月工资薪金所得计算实际应纳税额,其计算公式如下:

应纳税额 =(当月工资薪金应纳税所得额×适用税率 — 速算扣除数)
×当月实际在中国天数/当月天数

如果属于上述情况的个人取得的是日工资薪金,应以日工资薪金乘以当月天数换算成月工资薪金后,按上述公式计算应纳税额。

(6) 对在中国境内无住所的个人在中国境内实际工作期间的确定。

在中国境内企业、机构中任职(包括兼职,下同)、受雇的个人,其实际在中国境内工作期间,应包括在中国工作期间在境内、外享受的公休假日、个人休假日以及接受培训的天数;其在境外营业机构中任职并在境外履行该项职务或在境外营业场所中提供劳务的期间,包括该期间的公休假日,为在中国境外的工作期间。税务机关在核实个人申报的境外工作期间时,可要求纳税人提供派遣单位出具的其在境外营业机构任职的证明,或者企业在境外设有营业场所的项目合同书及派往该营业场所工作的证明。不在中国境内企业、机构中任职、受雇的个人受派来华工作,其实际在中国境内工作期间应包括来华工作期间在中国境内所享受的公休假日。[①]

对在中国境内、境外机构同时担任职务或仅在境外机构任职的境内无住所个人,在按规定计算缴纳个人所得税,需要计算其境内工作期间时,对其入境、离境、往返或多次

---

① 国家税务总局:《关于在中国境内无住所的个人计算缴纳个人所得税若干具体问题的通知》,国税函〔1995〕125号。

往返境内外的当日,均按半天计算为在华实际工作天数。①

13. 在中国境内无住所的个人一次取得数月奖金或年终加薪、劳动分红的计税方法

对在中国境内无住所的个人一次取得数月奖金或年终加薪、劳动分红(以下简称"奖金",不包括应按月支付的奖金),可单独作为一个月的工资、薪金所得计算纳税。由于对每月的工资、薪金所得计税时已按月扣除了费用,因此,对该奖金不再减除费用,全额作为应纳税所得额直接按适用税率计算应纳税款,并且不再按居住天数进行划分计算。取得奖金的个人应在取得奖金月份的次月7日内申报纳税。②

> 需要注意的是,在中国境内无住所的个人在担任境外企业职务的同时,兼任该外国企业在华机构的职务,但并不实际或不经常到华履行该在华机构职务,对其一次取得的数月奖金中属于全月未在华的月份奖金,依照劳务发生地原则,可不作为来源于中国境内的奖金收入计算纳税。③

14. 员工股票期权所得的计税方法④

(1) 相关概念。股票期权是指上市公司按照规定的程序授予本公司及其控股企业员工的一项权利,该权利允许被授权员工在未来时间内以某一特定价格购买本公司一定数量的股票。"某一特定价格"被称为"授予价"或"施权价",即根据股票期权计划可以购买股票的价格,一般为股票期权授予日的市场价格或该价格的折扣价格,也可以是按照事先设定的计算方法约定的价格;"授予日",也称"授权日",是指公司授予员工上述权利的日期;"行权",也称"执行",是指员工根据股票期权计划选择购买股票的过程;员工行使上述权利的当日为"行权日",也称"购买日"。

股票增值权,是指上市公司授予公司员工在未来一定时期和约定条件下,获得规定数量的股票价格上升所带来收益的权利。被授权人在约定条件下行权,上市公司按照行权日与授权日二级市场股票差价乘以授权股票数量,发放给被授权人现金。

限制性股票,是指上市公司按照股权激励计划约定的条件,授予公司员工一定数量本公司的股票。⑤

个人因任职、受雇从上市公司取得的股票增值权所得和限制性股票所得,由上市公司或其境内机构按照"工资、薪金所得"和股票期权所得个人所得税计税方法,依法扣缴其个人所得税。⑥

(2) 员工取得上市公司股票期权所得。员工接受雇主(含上市公司和非上市公司)授

---

① 国家税务总局:《关于在中国境内无住所的个人执行税收协定和个人所得税法若干问题的通知》,国税发〔2004〕97号。
② 国家税务总局:《关于在中国境内无住所的个人取得奖金征税问题的通知》,国税发〔1996〕183号。
③ 国家税务总局:《关于在中国境内无住所个人取得不在华履行职务的月份奖金确定纳税义务问题的通知》,国税函〔1999〕245号。
④ 财政部、国家税务总局:《关于个人股票期权所得征收个人所得税问题的通知》,财税〔2005〕35号;国家税务总局:《关于个人股票期权所得缴纳个人所得税有关问题的补充通知》,国税函〔2006〕902号。
⑤ 财政部、国家税务总局:《关于股票增值权所得和限制性股票所得征收个人所得税有关问题的通知》,财税〔2009〕5号。
⑥ 国家税务总局:《关于股权激励有关个人所得税问题的通知》,国税函〔2009〕461号。

予的股票期权,凡该股票期权指定的股票为上市公司(含境内、外上市公司)股票的,均按以下方法进行税务处理。

① 企业员工(包括在中国境内有住所和无住所的个人)接受实施股票期权计划企业授予的股票期权时,除另有规定外,一般不作为应税所得征税。

② 员工行权时,其从企业取得股票的实际购买价(施权价)低于购买日公平市场价(指该股票当日的收盘价,下同)的差额,是因员工在企业的表现和业绩情况而取得的与任职、受雇有关的所得,应按"工资、薪金所得"适用的规定计算缴纳个人所得税。

对因特殊情况,员工在行权日之前将股票期权转让的,以股票期权的转让净收入,作为工资薪金所得征收个人所得税。"股票期权的转让净收入",一般是指股票期权转让收入。如果员工以折价购入方式取得股票期权的,可以股票期权转让收入扣除折价购入股票期权时实际支付的价款后的余额,作为股票期权的转让净收入。①

员工行权日所在期间的工资薪金所得,应按下列公式计算工资薪金应纳税所得额:

股票期权形式的工资薪金应纳税所得额
＝(行权股票的每股市场价 － 员工取得该股票期权支付的每股施权价)× 股票数量

公式中"员工取得该股票期权支付的每股施权价",一般是指员工行使股票期权购买股票实际支付的每股价格。如果员工以折价购入方式取得股票期权的,上述施权价可包括员工折价购入股票期权时实际支付的价格。②

③ 在中国境内无住所的个人在华工作期间或离华后以折扣认购股票等有价证券形式取得工资薪金所得,仍应依照劳务发生地原则判定其来源地及纳税义务。上述个人来华后以折扣认购股票等形式收到的工资薪金性质所得,凡能够提供雇佣单位有关工资制度及折扣认购有价证券办法,证明上述所得含有属于该个人来华之前工作所得的,可仅就其中属于在华工作期间的所得征收个人所得税。与此相应,上述个人停止在华履约或执行职务离境后收到的属于在华工作期间的所得,也应确定为来源于我国的所得,但该项工资薪金性质所得未在中国境内的企业或机构、场所负担的,可免予扣缴个人所得税。③

因此,需对在中国境内无住所的员工因参加企业股票期权计划而取得的工资薪金所得确定境内或境外来源的,应按照该员工据以取得上述工资薪金所得的境内、外工作期间月份数比例计算划分。④ 该境、内外工作期间月份总数是指员工按企业股票期权计划规定,在可行权以前须履行工作义务的月份总数。⑤

④ 认购股票所得(行权所得)的税款计算。员工因参加股票期权计划而从中国境内取得的所得,按规定应按工资薪金所得计算纳税的,对该股票期权形式的工资薪金所得可区别于所在月份的其他工资薪金所得,单独按下列公式计算当月应纳税款:

---

① 国家税务总局:《关于个人股票期权所得缴纳个人所得税有关问题的补充通知》,国税函〔2006〕902号。
② 同上。
③ 国家税务总局:《关于在中国境内无住所个人以有价证券形式取得工资薪金所得确定纳税义务有关问题的通知》,国税函〔2000〕190号。
④ 财政部、国家税务总局:《关于个人股票期权所得征收个人所得税问题的通知》,财税〔2005〕35号。
⑤ 国家税务总局:《关于个人股票期权所得缴纳个人所得税有关问题的补充通知》,国税函〔2006〕902号。

$$应纳税额=\left(\frac{股票期权形式的工资薪金应纳税所得额}{规定月份数}\times 适用税率-速算扣除数\right)\times 规定月份数$$

公式中的规定月份数,是指员工取得来源于中国境内的股票期权形式工资薪金所得的境内工作期间月份数,长于12个月的,按12个月计算;公式中的适用税率和速算扣除数,以股票期权形式的工资薪金应纳税所得额除以规定月份数后的商数,对照税率表确定。

⑤ 凡取得股票期权的员工在行权日不实际买卖股票,而按行权日股票期权所指定股票的市场价与施权价之间的差额,直接从授权企业取得价差收益的,该项价差收益应作为员工取得的股票期权形式的工资薪金所得,按照上述方法计算缴纳个人所得税。①

⑥ 员工以在一个公历月份中取得的股票期权形式工资薪金所得为一次。员工在一个纳税年度中多次取得股票期权形式工资薪金所得的,其在该纳税年度内首次取得股票期权形式的工资薪金所得应按公式计算应纳税款;本年度内以后每次取得股票期权形式的工资薪金所得,应按以下公式计算应纳税款:

$$应纳税款=\left(\frac{本纳税年度内取得的股票期权形式工资薪金所得累计应纳税所得额}{规定月份数}\times 适用税率-速算扣除数\right)\times 规定月份数-本纳税年度内股票期权形式工资薪金所得累计已纳税款$$

公式中的本纳税年度内取得的股票期权形式工资薪金所得累计应纳税所得额,包括本次及本次以前各次取得的股票期权形式工资薪金所得应纳税所得额;

公式中的规定月份数,是指员工取得来源于中国境内的股票期权形式工资薪金所得的境内工作期间月份数,长于12个月的,按12个月计算;

公式中的适用税率和速算扣除数,以本纳税年度内取得的股票期权形式工资薪金所得累计应纳税所得额除以规定月份数后的商数,对照税率表确定;

公式中的本纳税年度内股票期权形式的工资薪金所得累计已纳税款,不含本次股票期权形式的工资薪金所得应纳税款。

员工多次取得或者一次取得多项来源于中国境内的股票期权形式工资薪金所得,而且各次或各项股票期权形式工资薪金所得的境内工作期间月份数不相同的,以境内工作期间月份数的加权平均数为计算公式中的规定月份数,但最长不超过12个月,计算公式如下:

$$规定月份数=\frac{\sum 各次或各项股票期权形式工资薪金应纳税所得额与该次或该项所得境内工作期间月份数的乘积}{\sum 各次或各项股票期权形式工资薪金应纳税所得额}[2]$$

---

[1] 国家税务总局:《关于个人股票期权所得缴纳个人所得税有关问题的补充通知》,国税函〔2006〕902号。
[2] 同上。

⑦ 由于《公司法》和《证券法》对上市公司董事、监事、高级管理人员等（以下简称"上市公司高管人员"）转让本公司股票在期限和数量比例上存在一定限制，导致其股票期权行权时无足额资金及时纳税问题。因此，上市公司高管人员取得股票期权所得，应按照有关规定，计算个人所得税应纳税额。对上市公司高管人员取得股票期权在行权时，纳税确有困难的，经主管税务机关审核，可自其股票期权行权之日起，在不超过6个月的期限内分期缴纳个人所得税。其他股权激励方式可以参照执行。①

⑧ 员工将行权后的股票转让股票（销售），对于员工转让股票等有价证券取得的所得，按现行税法和政策规定征免个人所得税。即：个人将行权后的境内上市公司股票再行转让而取得的所得，暂不征收个人所得税；个人转让境外上市公司的股票而取得的所得，应按税法的规定计算应纳税所得额和应纳税额。②

⑨ 员工因拥有股权参与税后利润分配而取得的股息、红利所得，除依照有关规定可以免税或减税的外，应全额按规定税率计算纳税。③

（3）员工取得上市公司股票增值权所得。股票增值权被授权人获取的收益，是由上市公司根据授权日与行权日股票差价乘以被授权股数，直接向被授权人支付的现金。上市公司应于向股票增值权被授权人兑现时依法扣缴其个人所得税。被授权人股票增值权应纳税所得额计算公式为：

股票增值权某次行权应纳税所得额 ＝（行权日股票价格－授权日股票价格）×行权股票份数

（4）员工取得上市公司限售股所得。按照个人所得税法及其实施条例等有关规定，原则上应在限制性股票所有权归属于被激励对象时确认其限制性股票所得的应纳税所得额。即：上市公司实施限制性股票计划时，应以被激励对象限制性股票在中国证券登记结算公司（境外为证券登记托管机构）进行股票登记日期的股票市价（指当日收盘价，下同）和本批次解禁股票当日市价（指当日收盘价，下同）的平均价格乘以本批次解禁股票份数，减去被激励对象本批次解禁股份数所对应的为获取限制性股票实际支付资金数额，其差额为应纳税所得额。被激励对象限制性股票应纳税所得额计算公式为：

应纳税所得额＝股票登记日股票市价＋本批次解禁股票当日市价/2×本批次解禁股票份数－被激励对象实际支付的资金总额×本批次解禁股票份数/被激励对象获取的限制性股票总份数

（5）员工可公开交易的股票期权所得。④ 按照现行政策规定，企业员工接受实施股票期权计划企业授予的股票期权时，一般不作为应税所得征税。但是，部分股票期权在授权时即约定可以转让，且在境内或境外存在公开市场及挂牌价格（以下简称"可公开交

---

① 财政部、国家税务总局：《关于上市公司高管人员股票期权所得缴纳个人所得税有关问题的通知》，财税〔2009〕40号。
② 财政部、国家税务总局：《关于个人股票期权所得征收个人所得税问题的通知》，财税〔2005〕35号。
③ 同上。
④ 国家税务总局：《关于个人股票期权所得缴纳个人所得税有关问题的补充通知》，国税函〔2006〕902号。

易的股票期权")。员工接受该可公开交易的股票期权时,应按以下规定进行税务处理:

① 员工取得可公开交易的股票期权,属于员工已实际取得有确定价值的财产,应按授权日股票期权的市场价格,作为员工授权日所在月份的工资薪金所得,并单独按下列公式计算当月应纳税款:

$$应纳税额 = \left(\frac{股票期权形式的工资薪金应纳税所得额}{规定月份数} \times 适用税率 - 速算扣除数\right) \times 规定月份数$$

公式中的规定月份数,是指员工取得来源于中国境内的股票期权形式工资薪金所得的境内工作期间月份数,长于12个月的,按12个月计算;公式中的适用税率和速算扣除数,以股票期权形式的工资薪金应纳税所得额除以规定月份数后的商数,对照税率表确定。

如果员工以折价购入方式取得股票期权的,可以授权日股票期权的市场价格扣除折价购入股票期权时实际支付的价款后的余额,作为授权日所在月份的工资薪金所得。

② 员工取得可公开交易的股票期权后,实际行使该股票期权购买股票时,不再计算缴纳个人所得税。

③ 员工取得可公开交易的股票期权后,转让该股票期权所取得的所得,属于财产转让所得,按相关规定进行税务处理。

(6) 计税方法的适用范围。有关股权激励个人所得税政策,适用于上市公司(含所属分支机构)和上市公司控股企业的员工,其中上市公司占控股企业股份比例最低为30%。[①] 间接持股比例,按各层持股比例相乘计算,上市公司对一级子公司持股比例超过50%的,按100%计算。

具有下列情形之一的股权激励所得,不适用优惠计税方法,直接计入个人当期所得征收个人所得税:

① 不符合前述规定的集团公司、非上市公司员工取得的股权激励所得;
② 公司上市之前设立股权激励计划,待公司上市后取得的股权激励所得;
③ 上市公司未按照规定向其主管税务机关报备有关资料的。

实施股票期权、股票增值权和限制性股票计划的境内企业,应在股票期权计划实施之前,将企业的股票期权计划或实施方案、股票期权协议书、授权通知书等资料报送主管税务机关;应在员工行权之前,将股票期权行权通知书和行权调整通知书等资料报送主管税务机关。

15. 对中关村国家自主创新示范区内高新技术企业和科技型中小企业转化科技成果的计税方法

以股份或出资比例等股权形式给予本企业相关人员的奖励,获得奖励人员在获得股权时,按照"工资、薪金所得",参照股票期权所得征收个人所得税的有关规定计算确定应纳税,股权奖励的计税价格参照获得股权时的公平市价确定,但暂不缴纳税款;该部分税款在获得奖励人员取得分红或转让股权时一并缴纳,税款由企业代扣代缴。

---

① 国家税务总局:《关于个人所得税有关问题的公告》,国家税务总局公告2011年第27号。

获得奖励人员取得按股权的分红时,企业应依法按照"利息、股息、红利所得"项目计算扣缴个人所得税,并将税后部分优先用于扣缴获得奖励人员取得股权按"工资薪金所得"计算确定的应纳税额。获得奖励人员在转让股权时,对转让收入超出其原值的部分,按照"财产转让所得"适用的征免规定计算缴纳个人所得税;税后部分优先用于缴纳其取得股权按照"工资薪金所得"计算确定的应纳税额尚未缴纳的部分。

三、个体工商户的生产、经营所得应纳税额的计算

(一)应纳税所得额的计算①

个体工商户应纳税所得额的计算,以权责发生制为原则,属于当期的收入和费用,不论款项是否收付,均作为当期的收入和费用;不属于当期的收入和费用,即使款项已经在当期收付,均不作为当期收入和费用。

1. 基本规定

个体工商户的生产、经营所得,以每一纳税年度的收入总额,减除成本、费用、税金、损失、其他支出以及允许弥补的以前年度亏损后的余额,为应纳税所得额。

个体工商户从事生产经营以及与生产经营有关的活动(以下简称"生产经营")取得的货币形式和非货币形式的各项收入,为收入总额。包括销售货物收入、提供劳务收入、转让财产收入、利息收入、租金收入、接受捐赠收入、其他收入。其他收入包括个体工商户资产溢余收入、逾期一年以上的未退包装物押金收入、确实无法偿付的应付款项、已作坏账损失处理后又收回的应收款项、债务重组收入、补贴收入、违约金收入、汇兑收益等。

成本是指个体工商户在生产经营活动中发生的销售成本、销货成本、业务支出以及其他耗费。费用是指个体工商户在生产经营活动中发生的销售费用、管理费用和财务费用,已经计入成本的有关费用除外。税金是指个体工商户在生产经营活动中发生的除个人所得税和允许抵扣的增值税以外的各项税金及其附加。损失是指个体工商户在生产经营活动中发生的固定资产和存货的盘亏、毁损、报废损失,转让财产损失,坏账损失,自然灾害等不可抗力因素造成的损失以及其他损失。个体工商户发生的损失,减除责任人赔偿和保险赔款后的余额,参照财政部、国家税务总局有关企业资产损失税前扣除的规定扣除。个体工商户已经作为损失处理的资产,在以后纳税年度又全部收回或者部分收回时,应当计入收回当期的收入。其他支出是指除成本、费用、税金、损失外,个体工商户在生产经营活动中发生的与生产经营活动有关的、合理的支出。

个体工商户发生的支出应当区分收益性支出和资本性支出。收益性支出在发生当期直接扣除;资本性支出应当分期扣除或者计入有关资产成本,不得在发生当期直接扣除。除税收法律法规另有规定外,个体工商户实际发生的成本、费用、税金、损失和其他支出,不得重复扣除。个体工商户使用或者销售存货,按照规定计算的存货成本,以及转让资产的净值,准予在计算应纳税所得额时扣除。不得扣除的支出项目有:个人所得税税款,税收滞纳金,罚金、罚款和被没收财物的损失,不符合扣除规定的捐赠支出,赞助支出,用于个人和家庭的支出,与取得生产经营收入无关的其他支出以及国家税务总局规

---

① 国家税务总局:《个体工商户个人所得税计税办法》,国家税务总局令第35号。

定不准扣除的支出。赞助支出,是指个体工商户发生的与生产经营活动无关的各种非广告性质支出。

个体工商户生产经营活动中,应当分别核算生产经营费用和个人、家庭费用。对于生产经营与个人、家庭生活混用难以分清的费用,其40%视为与生产经营有关费用,准予扣除。

个体工商户纳税年度发生的亏损,准予向以后年度结转,用以后年度的生产经营所得弥补,但结转年限最长不得超过五年。

2. 扣除项目及标准

个体工商户实际支付给从业人员的、合理的工资薪金支出,准予扣除。个体工商户业主的费用扣除标准,依照相关法律、法规和政策规定执行。个体工商户业主的工资薪金支出不得税前扣除。

个体工商户按照国务院有关主管部门或者省级人民政府规定的范围和标准为其业主和从业人员缴纳的基本养老保险费、基本医疗保险费、失业保险费、生育保险费、工伤保险费和住房公积金,准予扣除。

个体工商户为从业人员缴纳的补充养老保险费、补充医疗保险费,分别在不超过从业人员工资总额5%标准内的部分据实扣除;超过部分,不得扣除。

个体工商户业主本人缴纳的补充养老保险费、补充医疗保险费,以当地(地级市)上年度社会平均工资的3倍为计算基数,分别在不超过该计算基数5%标准内的部分据实扣除;超过部分,不得扣除。

除个体工商户依照国家有关规定为特殊工种从业人员支付的人身安全保险费和财政部、国家税务总局规定可以扣除的其他商业保险费外,个体工商户业主本人或者为从业人员支付的商业保险费,不得扣除。

个体工商户在生产经营活动中发生的合理的不需要资本化的借款费用,准予扣除。个体工商户为购置、建造固定资产、无形资产和经过12个月以上的建造才能达到预定可销售状态的存货发生借款的,在有关资产购置、建造期间发生的合理的借款费用,应当作为资本性支出计入有关资产的成本,并依照规定扣除。

个体工商户在生产经营活动中向金融企业借款的利息支出,以及向非金融企业和个人借款的利息支出且不超过按照金融企业同期同类贷款利率计算的数额的部分,准予扣除。个体工商户在货币交易中,以及纳税年度终了时将人民币以外的货币性资产、负债按照期末即期人民币汇率中间价折算为人民币时产生的汇兑损失,除已经计入有关资产成本部分外,准予扣除。

个体工商户向当地工会组织拨缴的工会经费、实际发生的职工福利费支出、职工教育经费支出分别在工资薪金总额的2%、14%、2.5%的标准内据实扣除。工资薪金总额是指允许在当期税前扣除的工资薪金支出数额。职工教育经费的实际发生数额超出规定比例当期不能扣除的数额,准予在以后纳税年度结转扣除。个体工商户业主本人向当地工会组织缴纳的工会经费、实际发生的职工福利费支出、职工教育经费支出,以当地(地级市)上年度社会平均工资的3倍为计算基数,在规定比例内据实扣除。

个体工商户发生的与生产经营活动有关的业务招待费,按照实际发生额的60%扣除,但最高不得超过当年销售(营业)收入的 5‰。业主自申请营业执照之日起至开始生产经营之日止所发生的业务招待费,按照实际发生额的 60% 计入个体工商户的开办费。

个体工商户每一纳税年度发生的与其生产经营活动直接相关的广告费和业务宣传费不超过当年销售(营业)收入 15% 的部分,可以据实扣除;超过部分,准予在以后纳税年度结转扣除。个体工商户按照规定缴纳的摊位费、行政性收费、协会会费等,按实际发生数额扣除。

个体工商户代其从业人员或者他人负担的税款,不得税前扣除。

个体工商户根据生产经营活动的需要租入固定资产支付的租赁费,以经营租赁方式租入固定资产发生的租赁费支出,按照租赁期限均匀扣除;以融资租赁方式租入固定资产发生的租赁费支出,按照规定构成融资租入固定资产价值的部分应当提取折旧费用,分期扣除。

个体工商户参加财产保险按照规定缴纳的保险费,以及个体工商户发生的合理的劳动保护支出,准予扣除。

个体工商户自申请营业执照之日起至开始生产经营之日止所发生的费用,除为取得固定资产、无形资产的支出,以及应计入资产价值的汇兑损益、利息支出外,作为开办费,个体工商户可以选择在开始生产经营的当年一次性扣除,也可自生产经营月份起在不短于 3 年期限内摊销扣除,但一经选定,不得改变。开始生产经营之日为个体工商户取得第一笔销售(营业)收入的日期。

个体工商户通过公益性社会团体或者县级以上人民政府及其部门,用于《公益事业捐赠法》规定的公益事业的捐赠,捐赠额不超过其应纳税所得额 30% 的部分可以据实扣除。财政部、国家税务总局规定可以全额在税前扣除的捐赠支出项目,按有关规定执行。个体工商户直接对受益人的捐赠不得扣除。

个体工商户研究开发新产品、新技术、新工艺所发生的开发费用,以及研究开发新产品、新技术而购置单台价值在 10 万元以下的测试仪器和试验性装置的购置费准予直接扣除;单台价值在 10 万元以上(含 10 万元)的测试仪器和试验性装置,按固定资产管理,不得在当期直接扣除。

3. 个人独资企业、合伙企业应纳税所得额的规定①

个人独资企业、合伙企业凡实行查账征税办法的,生产经营所得比照个体工商户的规定确定,适用 5%—35% 的 5 级超额累进税率,计算征收个人所得税。

个人独资企业的投资者以全部生产经营所得,包括企业分配给投资者个人的所得和企业当年留存的所得(利润)为应纳税所得额。

合伙企业生产经营所得和其他所得采取"先分后税"的原则,生产经营所得和其他所得,包括合伙企业分配给所有合伙人的所得和企业当年留存的所得(利润)。合伙企业的合伙人以合伙企业的生产经营所得和其他所得,按照合伙协议约定的分配比例确定应纳税所得额。合伙协议未约定或者约定不明确的,以全部生产经营所得和其他所得,按照

---

① 国家税务总局:《关于个人独资企业和合伙企业投资者征收个人所得税的规定》,财税〔2000〕91 号;财政部、国家税务总局:《关于合伙企业合伙人所得税问题的通知》,财税〔2008〕159 号。

合伙人协商决定的分配比例确定应纳税所得额。协商不成的,以全部生产经营所得和其他所得,按照合伙人实缴出资比例确定应纳税所得额。无法确定出资比例的,以全部生产经营所得和其他所得,按照合伙人数量平均计算每个合伙人的应纳税所得额。合伙协议不得约定将全部利润分配给部分合伙人。

合伙企业的合伙人是法人和其他组织的,合伙人在计算其缴纳企业所得税时,不得用合伙企业的亏损抵减其盈利。

投资者及其家庭发生的生活费用不允许在税前扣除。投资者及其家庭发生的生活费用与企业生产经营费用混合在一起,并且难以划分的,全部视为投资者个人及其家庭发生的生活费用,不允许在税前扣除。

企业生产经营和投资者及其家庭生活共用的固定资产,难以划分的,由主管税务机关根据企业的生产经营类型、规模等具体情况,核定准予在税前扣除的折旧费用的数额或比例。

企业计提的各种准备金不得扣除。

投资者兴办(包括参与兴办)两个或两个以上企业的,年度终了时,应汇总从所有企业取得的应纳税所得额,据此确定适用税率并计算缴纳应纳税款。

投资者兴办两个或两个以上企业的,按照规定准予扣除的个人费用,由投资者选择在其中一个企业的生产经营所得中扣除。

企业的年度亏损,允许用本企业下一年度的生产经营所得弥补,下一年度所得不足弥补的,允许逐年延续弥补,但最长不得超过5年。投资者兴办两个或两个以上企业的,企业的年度经营亏损不能跨企业弥补。实行查账征税方式的个人独资企业和合伙企业改为核定征税方式后,在查账征税方式下认定的年度经营亏损未弥补完的部分,不得再继续弥补。

自2015年10月1日起,全国范围内的有限合伙制创业投资企业采取股权投资方式投资于未上市的中小高新技术企业满2年(24个月)的,该有限合伙制创业投资企业的法人合伙人可按照其对未上市中小高新技术企业投资额的70%抵扣该法人合伙人从该有限合伙制创业投资企业分得的应纳税所得额,当年不足抵扣的,可以在以后纳税年度结转抵扣。有限合伙制创业投资企业的法人合伙人对未上市中小高新技术企业的投资额,按照有限合伙制创业投资企业对中小高新技术企业的投资额和合伙协议约定的法人合伙人占有限合伙制创业投资企业的出资比例计算确定。[1]

4. 律师事务所从业人员征收个人所得税的规定[2]

律师个人出资兴办的独资和合伙性质的律师事务所的年度经营所得,作为出资律师的个人经营所得,按照有关规定,比照"个体工商户的生产、经营所得"征收个人所得税,在计算其经营所得时,出资律师本人的工资、薪金不得扣除。

合伙制律师事务所应将年度经营所得全额作为基数,按出资比例或者事先约定的比

---

[1] 财政部、国家税务总局:《关于将国家自主创新示范区有关税收试点政策推广到全国范围实施的通知》,财税〔2015〕116号。

[2] 国家税务总局:《关于律师事务所从业人员有关个人所得税问题的公告》,国家税务总局公告2012年第53号;国家税务总局:《关于律师事务所从业人员取得收入征收个人所得税有关业务问题的通知》,国税发〔2000〕149号。

例计算各合伙人应分配的所得,据以征收个人所得税。

律师事务所支付给雇员(包括律师及行政辅助人员,但不包括律师事务所的投资者,下同)的所得,按"工资、薪金所得"征收个人所得税。

作为律师事务所雇员的律师与律师事务所按规定的比例对收入分成,律师事务所不负担律师办理案件支出的费用(如交通费、资料费、通信费及聘请人员等费用),律师当月的分成收入按规定标准扣除办理案件支出的费用后,余额与律师事务所发给的工资合并,按"工资、薪金所得"计征个人所得税。

律师从其分成收入中扣除办理案件支出费用的标准,由各省级地方税务局根据当地律师办理案件费用支出的一般情况、律师与律师事务所之间的收入分成比例及其他相关参考因素,在律师当月分成收入的35%比例内确定。

兼职律师从律师事务所取得工资、薪金性质的所得,律师事务所在代扣代缴其个人所得税时,不再减除个人所得税法规定的费用扣除标准,以收入全额(取得分成收入的为扣除办理案件支出费用后的余额)直接确定适用税率,计算扣缴个人所得税。兼职律师应于次月7日内自行向主管税务机关申报两处或两处以上取得的工资、薪金所得,合并计算缴纳个人所得税。兼职律师是指取得律师资格和律师执业证书,不脱离本职工作从事律师职业的人员。

律师以个人名义再聘请其他人员为其工作而支付的报酬,应由该律师按"劳务报酬所得"负责代扣代缴个人所得税。为了便于操作,税款可由其任职的律师事务所代为缴入国库。

律师从接受法律事务服务的当事人处取得法律顾问费或其他酬金等收入,应并入其从律师事务所取得的其他收入,按照规定计算缴纳个人所得税。

律师个人承担的按照律师协会规定参加的业务培训费用,可据实扣除。

自2013年1月1日至2015年12月31日,执行查账征收的合伙人律师在计算应纳税所得额时,应凭合法有效凭据按照个人所得税法和有关规定扣除费用;对确实不能提供合法有效凭据而实际发生与业务有关的费用,经当事人签名确认后,可再按下列标准扣除费用:个人年营业收入不超过50万元的部分,按8%扣除;个人年营业收入超过50万元至100万元的部分,按6%扣除;个人年营业收入超过100万元的部分,按5%扣除。

(二) 应纳税额的计算

个体工商户的生产、经营所得应纳税额的计算公式为:

应纳税所得额=该年度收入总额-成本、费用及损失-当年投资者本人的费用扣除额

个体工商户业主、个人独资企业和合伙企业自然人投资者本人的费用扣除标准统一确定为42 000元/年(3 500元/月)。因各种原因,导致该纳税年度的实际经营期不足1年,以其实际经营期为1个纳税年度。投资者本人的费用扣除标准,应按照其实际经营月份数,以每月3 500元的减除标准确定。①

---

① 国家税务总局:《关于个体工商户、个人独资企业和合伙企业个人所得税问题的公告》,国家税务总局公告2014年第25号;财政部、国家税务总局:《关于调整个体工商户业主 个人独资企业和合伙企业自然人投资者个人所得税费用扣除标准的通知》,财税〔2011〕62号。

当年投资者本人的费用扣除额＝月减除费用(3 500元/月)×当年实际经营月份数

应纳税额＝应纳税所得额×税率－速算扣除数

实行查账征收的个人独资企业和合伙企业,应纳税额的计算同样比照个体工商户的方法。但投资者兴办两个或两个以上企业,并且企业性质全部是独资的,年度终了后汇算清缴时,应纳税款的计算按以下方法进行:汇总其投资兴办的所有企业的经营所得作为应纳税所得额,以此确定适用税率,计算出全年经营所得的应纳税额,再根据每个企业的经营所得占所有企业经营所得的比例,分别计算出每个企业的应纳税额和应补缴税额。①

计算公式如下:

$$应纳税所得额 = \sum 各个企业的经营所得$$

$$应纳税额 = 应纳税所得额 \times 税率 - 速算扣除数$$

$$本企业应纳税额 = 应纳税额 \times 本企业的经营所得 \Big/ \sum 各个企业的经营所得$$

$$本企业应补缴的税额 = 本企业应纳税额 - 本企业预缴的税额$$

(三) 核定征收

1. 个体工商户税收定期定额征收②

个体工商户税收定期定额征收,是指税务机关依照法律、行政法规及定期定额征收管理办法的规定,对个体工商户在一定经营地点、一定经营时期、一定经营范围内的应纳税经营额或所得额进行核定,并以此为计税依据,确定其应纳税额的一种征收方式。适用于经主管税务机关认定和县以上税务机关批准的生产、经营规模小,达不到《个体工商户建账管理暂行办法》规定设置账簿标准的个体工商户的税收征收管理。

税务机关应当根据定期定额户的经营规模、经营区域、经营内容、行业特点、管理水平等因素核定定额,可以采用下列一种或两种以上的方法核定:

(1) 按照耗用的原材料、燃料、动力等推算或者测算核定。

(2) 按照成本加合理的费用和利润的方法核定。

(3) 按照盘点库存情况推算或者测算核定。

(4) 按照发票和相关凭据核定。

(5) 按照银行经营账户资金往来情况测算核定。

(6) 参照同类行业或类似行业中同规模、同区域纳税人的生产、经营情况核定。

(7) 按照其他合理方法核定。

2. 个人独资企业和合伙企业的核定征收

对于个人独资企业和合伙企业,有下列情形之一的,主管税务机关应采取核定征收方式征收个人所得税:

---

① 国家税务总局:《关于〈关于个人独资企业和合伙企业投资者征收个人所得税的规定〉执行口径的通知》,国税函〔2001〕84号。

② 国家税务总局:《个体工商户税收定期定额征收管理办法》,国家税务总局令第16号。

（1）企业依照国家有关规定应当设置但未设置账簿的。

（2）企业虽设置账簿，但账目混乱或者成本资料、收入凭证、费用凭证残缺不全，难以查账的。

（3）纳税人发生纳税义务，未按照规定的期限办理纳税申报，经税务机关责令限期申报，逾期仍不申报的。

核定征收方式，包括定额征收、核定应税所得率征收以及其他合理的征收方式。

实行核定应税所得率征收方式的，应纳所得税额的计算公式如下：

$$应纳所得税额 = 应纳税所得额 \times 适用税率$$

$$应纳税所得额 = 收入总额 \times 应税所得率$$

$$或：应纳税所得额 = 成本费用支出额 / (1 - 应税所得率) \times 应税所得率$$

应税所得率应按表6-5规定的标准执行。

表6-5　个人所得税应税所得率表

行业	应税所得率（%）
工业、交通运输业、商业	5—20
建筑业、房地产开发业	7—20
饮食服务业	7—25
娱乐业	20—40
其他行业	10—30

企业经营多业的，无论其经营项目是否单独核算，均应根据其主营项目确定其适用的应税所得率。

实行核定征税的投资者，不能享受个人所得税的优惠政策。

另外，对于代开货物运输业发票的个体工商户、个人独资企业和合伙企业（以下简称"代开货运发票的个人所得税纳税人"），代开票单位代开发票时，统一按开票金额的1.5%预征个人所得税。① 年度终了后，查账征税的代开货运发票个人所得税纳税人，按规定预征的个人所得税可以在汇算清缴时扣除；实行核定征收个人所得税的，预征的个人所得税，不得从已核定税额中扣除。②

四、对企事业单位的承包经营、承租经营所得应纳税额的计算

对企事业单位的承包经营、承租经营所得，以每一纳税年度的收入总额，减除必要费用后的余额，为应纳税所得额。每一纳税年度的收入总额，是指纳税人按照承包经营、承租经营合同规定分得的经营利润和工资、薪金性质的所得；减除必要费用，是指按月减除3 500元。

---

① 国家税务总局：《关于代开货物运输业发票个人所得税预征率问题的公告》，国家税务总局公告2011年第44号。

② 国家税务总局：《关于代开货物运输业发票个人所得税预征问题的通知》，国税函〔2008〕977号；国家税务总局：《关于货物运输业若干税收问题的通知》，国税发〔2004〕88号；国家税务总局：《关于加强货物运输业税收征收管理的通知》，国税发〔2003〕121号。

对企事业单位的承包经营、承租经营所得,其个人所得税应纳税额的计算公式为:

应纳税额＝应纳税所得额×适用税率－速算扣除数
　　　＝(纳税年度收入总额－必要费用)×适用税率－速算扣除数

实行承包、承租经营的纳税人,应以每一纳税年度取得的承包、承租经营所得计算纳税,在一个纳税年度内,承包、承租经营不足12个月的,以其实际承包、承租经营的月份数为一个纳税年度计算纳税。① 计算公式为:

应纳税所得额＝该年度承包、承租经营收入额－(3 500×该年度实际承包、承租经营月份数)
应纳税额＝应纳税所得额×适用税率－速算扣除数

五、劳务报酬所得应纳税额的计算

(一)应纳税所得额的计算

劳务报酬所得实行按次纳税,每次收入不超过4 000元的,减除费用800元;每次收入在4 000元以上的,减除20%的费用,其余额为应纳税所得额。

劳务报酬所得是按次计算征税的。扣除费用依据每次应纳税所得额的大小,分别规定了定额和定率两种标准。因此,无论是从正确贯彻税法的立法精神,维护纳税人的合法权益方面来看,还是从避免税收漏洞,防止税款流失,保证国家税收收入方面来看,如何准确划分"次",都是十分重要的。② 因此,需要准确把握劳务报酬所得"次"的规定。

(1) 属于一次性收入的,以取得该项收入为一次。

(2) 属于同一项目连续性收入的,以一个月内取得的收入为一次。

(3) 劳务报酬所得的"同一项目",是指劳务报酬所得列举具体劳务项目中的某一单项,个人兼有不同的劳务报酬所得,应当分别减除费用,计算缴纳个人所得税。③ 也就是说,个人取得多项劳务报酬时,以取得"每项"所得为一次。④

(4) 考虑属地管辖与时间划定有交叉的特殊情况,统一规定以县(含县级市、区)为一地,其管辖内的一个月的劳务服务为一次;当月跨县地域的,则应分别计算。⑤

(5) 纳税人参与广告的设计、制作、发布取得的劳务报酬所得,以纳税人每参与一项广告的设计、制作、发布所取得的所得为一次。⑥

(6) 个人无须经政府有关部门批准并取得执照举办学习班、培训班,取得办班收入的。办班者一次收取学费的,以一期取得的收入为一次;分次收取学费的,以每月取得的收入为一次。⑦

获取劳务报酬所得的纳税人从其收入中支付给中介人和相关人员的报酬,在定率扣

---

① 国家税务总局:《征收个人所得税若干问题的规定》,国税发〔1994〕89号。
② 中国注册会计师协会:《税法》,经济科学出版社2009年版,第420页。
③ 国家税务总局:《征收个人所得税若干问题的规定》,国税发〔1994〕89号。
④ 同上。
⑤ 国家税务总局:《关于个人所得税偷税案件查处中有关问题的补充规定》,国税函〔1996〕602号。
⑥ 国家税务总局:《广告市场个人所得税征收管理暂行办法》,国税发〔1996〕148号。
⑦ 国家税务总局:《关于个人举办各类学习班取得的收入征个人所得税问题的批复》,国税函〔1996〕658号。

除20%的费用后,一律不再扣除。对中介人和相关人员取得的上述报酬,应分别计征个人所得税。①

需要注意的是,计算保险营销员和证券经纪人应纳税所得额的特殊规定:保险营销员、证券经纪人的佣金由展业成本和劳务报酬构成。对佣金中的展业成本,不征收个人所得税;根据目前保险营销员和证券经纪人展业的实际情况,佣金中展业成本的比例暂定为40%。属于劳务报酬的,个人保险代理人以其取得的佣金、奖励和劳务费等相关收入(不含增值税)减去地方税费附加及展业成本,按照规定计算个人所得税。②

(二) 应纳税额的计算

1. 应纳税额计算的基本方法

劳务报酬所得,其个人所得税应纳税额的计算公式为:

(1) 每次收入不足4 000元的:

$$应纳税额 = 应纳税所得额 \times 适用税率$$
$$= (每次收入额 - 800) \times 20\%$$

(2) 每次收入在4 000元以上的:

$$应纳税额 = 应纳税所得额 \times 适用税率$$
$$= 每次收入额 \times (1 - 20\%) \times 20\%$$

(3) 每次收入的应纳税所得额超过20 000元的:

$$应纳税额 = 应纳税所得额 \times 适用税率 - 速算扣除数$$
$$= 每次收入额 \times (1 - 20\%) \times 适用税率 - 速算扣除数$$

2. 单位或个人为纳税人代付劳务报酬所得应纳个人所得税款的计算方法③

对纳税人取得的不含税(或称由支付所得的单位或个人包税)的劳务报酬收入,单位和个人在计算为纳税人代付劳务报酬所得应纳的税款时,按将纳税人取得的不含税劳务报酬收入额换算为应纳税所得额,再计算应纳税额。计算公式如下:

(1) 不含税收入额为3 360元(即含税收入额4 000元)以下的:

$$应纳税所得额 = (不含税收入额 - 800) / (1 - 税率)$$

(2) 不含税收入额为3 360元(即含税收入额4 000元)以上的:

$$应纳税所得额 = [(不含税收入额 - 速算扣除数) \times (1 - 20\%)] / [1 - 税率 \times (1 - 20\%)]$$

(3) 应纳税额 = 应纳税所得额 × 适用税率 - 速算扣除数

需要注意的是,公式(1)、(2)中的税率,是指不含税收入额按表6-6中不含劳务报酬

---

① 国家税务总局:《关于个人所得税偷税案件查处中有关问题的补充规定》,国税函〔1996〕602号。
② 国家税务总局:《关于个人保险代理人税收征管有关问题的公告》,国家税务总局公告2016年第45号。
③ 国家税务总局:《关于明确单位或个人为纳税义务人的劳务报酬所得代付税款计算公式的通知》,国税发〔1996〕161号;国家税务总局:《关于明确单位或个人为纳税义务人的劳务报酬所得代付税款计算公式对应税率表的通知》,国税发〔2000〕192号。

收入额对应的税率;公式(3)中的税率,是指应纳税所得额按表6-6中含税劳务报酬收入额对应的税率。

表6-6 不含税劳务报酬收入所对应的税率和速算扣除数

级数	含税劳务报酬收入额	不含税劳务报酬收入额	税率(%)	速算扣除数(元)
1	不超过20 000元的	21 000元以下的部分	20	0
2	超过20 000元至50 000元的部分	超过21 000元至49 500元的部分	30	2 000
3	超过50 000元的部分	超过49 500元的部分	40	7 000

六、稿酬所得应纳税额的计算

(一)应纳税所得额的计算

稿酬所得实行按次纳税,每次收入不超过4 000元的,减除费用800元;每次收入在4 000元以上的,减除20%的费用,其余额为应纳税所得额。

稿酬所得,以每次出版、发表取得的收入为一次。[①] 具体又可细分为:

(1) 同一作品再版取得的所得,应视作另一次稿酬所得计征个人所得税。

(2) 同一作品出版、发表后,因添加印数而追加稿酬的,应与以前出版、发表时取得的稿酬合并计算为一次,计征个人所得税。

(3) 同一作品先在报刊上连载,然后再出版,或先出版,再在报刊上连载的,应视为两次稿酬所得征税。即连载作为一次,出版作为另一次。

(4) 同一作品在报刊上连载取得收入的,以连载完成后取得的所有收入合并为一次,计征个人所得税。

(5) 同一作品在出版和发表时,以预付稿酬或分次支付稿酬等形式取得的稿酬收入,应合并计算为一次。

(6) 纳税人在广告设计、制作、发布过程中取得的稿酬所得,以在图书、报刊上发布一项广告时使用其作品而取得的所得为一次;采取分笔支付的,应合并为一次所得计算纳税。[②]

(二)应纳税额的计算

稿酬所得应纳税额的计算公式为:

(1) 每次收入不足4 000元的:

$$应纳税额 = 应纳税所得额 \times 适用税率 \times (1-30\%)$$
$$= (每次收入额 - 800) \times 20\% \times (1-30\%)$$

(2) 每次收入在4 000元以上的:

$$应纳税额 = 应纳税所得额 \times 适用税率 \times (1-30\%)$$
$$= 每次收入额 \times (1-20\%) \times 20\% \times (1-30\%)$$

---

① 国家税务总局:《征收个人所得税若干问题的规定》,国税发〔1994〕89号。
② 国家税务总局:《广告市场个人所得税征收管理暂行办法》,国税发〔1996〕148号。

七、特许权使用费所得

(一)应纳税所得额的计算

特许权使用费所得实行按次纳税,每次收入不超过4 000元的,减除费用800元;每次收入在4 000元以上的,减除20%的费用,其余额为应纳税所得额。

特许权使用费所得,以某项使用权的一次转让所取得的收入为一次。一个纳税人,可能不仅拥有一项特许权利,每一项特许权的使用权也可能不止一次地向他人提供。因此,对特许权使用费所得的"次"的界定,明确为每一项使用权的每次转让所取得的收入为一次。如果该次转让取得的收入是分笔支付的,则应将各笔收入相加为一次的收入,计征个人所得税。

(二)应纳税额的计算

特许权使用费所得应纳税额的计算公式为:

(1) 每次收入不足4 000元的:

$$应纳税额 = 应纳税所得额 \times 适用税率$$
$$= (每次收入额 - 800) \times 20\%$$

(2) 每次收入在4 000元以上的:

$$应纳税额 = 应纳税所得额 \times 适用税率$$
$$= 每次收入额 \times (1 - 20\%) \times 20\%$$

八、利息、股息、红利所得应纳税额的计算

利息、股息、红利所得,以每次收入额为应纳税所得额。利息、股息、红利所得,以支付利息、股息、红利时取得的收入为一次。

个人取得的股份分红所得包括债权、债务形式的应收账款、应付账款相抵后的所得。个人股东取得公司债权、债务形式的股份分红,应以其债权形式应收账款的账面价值减去债务形式应付账款的账面价值的余额,加上实际分红所得为应纳税所得。[①]

企业购买车辆并将车辆所有权办到股东个人名下,按照"利息、股息、红利所得"征收个人所得税,考虑到该股东个人名下的车辆同时也为企业经营使用的实际情况,允许合理减除部分所得,减除的具体数额由主管税务机关根据车辆的实际使用情况合理确定。[②]

利息、股息、红利所得应纳税额的计算公式为:

$$应纳税额 = 应纳税所得额 \times 适用税率 = 每次收入额 \times 20\%$$

[①] 国家税务总局:《关于个人股东取得公司债权债务形式的股份分红计征个人所得税问题的批复》,国税函〔2008〕267号。

[②] 国家税务总局:《关于企业为股东个人购买汽车征收个人所得税的批复》,国税函〔2005〕364号。

需要注意的是,个人从公开发行和转让市场取得的上市公司股票,持股期限在1个月以内(含1个月)的,其股息红利所得全额计入应纳税所得额;持股期限在1个月以上至1年(含1年)的,暂减按50%计入应纳税所得额;个人从公开发行和转让市场取得的上市公司股票,持股期限超过1年的,股息红利所得暂免征收个人所得税。①

九、财产租赁所得应纳税额的计算

(一)应纳税所得额的计算

财产租赁所得,实行按次纳税,且以一个月内取得的收入为一次。财产租赁所得,每次收入不超过4 000元的,减除费用800元;每次收入在4 000元以上的,减除20%的费用,其余额为应纳税所得额。

纳税人出租财产取得财产租赁收入,在计算征税时,除可依法减除规定费用和有关税、费外,还准予扣除能够提供有效、准确凭证,证明由纳税人负担的该出租财产实际开支的修缮费用。允许扣除的修缮费用,以每次800元为限,一次扣除不完的,准予在下一次继续扣除,直至扣完为止。②

个人出租房屋的应税收入不含增值税,计算房屋出租所得可扣除的税费不包括本次出租缴纳的增值税。个人转租房屋的,其向房屋出租方支付的租金及增值税额,在计算转租所得时予以扣除。免征增值税的,确定计税依据时,租金收入不扣减增值税额。③

需要注意的是,个人将承租房屋转租取得租金收入,取得转租收入的个人向房屋出租方支付的租金,凭房屋租赁合同和合法支付凭据允许在计算个人所得税时,从该项转租收入中扣除。此时财产租赁所得个人所得税前扣除税费的扣除次序为:财产租赁过程中缴纳的税费;向出租方支付的租金;由纳税人负担的租赁财产实际开支的修缮费用;税法规定的费用扣除标准。④

(二)应纳税额的计算

财产租赁所得应纳税额的计算公式为:

(1)每次收入不足4 000元的:

$$应纳税额 = 应纳税所得额 \times 适用税率$$
$$= (每次收入额 - 800) \times 20\%$$

---

① 财政部、国家税务总局:《关于上市公司股息红利差别化个人所得税政策有关问题的通知》,财税〔2015〕101号。
② 国家税务总局:《征收个人所得税若干问题的规定》,国税发〔1994〕89号。
③ 财政部、国家税务总局:《关于营改增后契税 房产税 土地增值税 个人所得税计税依据问题的通知》,财税〔2016〕43号。
④ 国家税务总局:《关于个人转租房屋取得收入征收个人所得税问题的通知》,国税函〔2009〕639号;国家税务总局:《关于个人所得税若干业务问题的批复》,国税函〔2002〕146号。

(2) 每次收入在 4 000 元以上的：

$$应纳税额 = 应纳税所得额 \times 适用税率$$
$$= 每次收入额 \times (1 - 20\%) \times 20\%$$

十、财产转让所得应纳税额的计算

(一) 应纳税所得额的计算

财产转让所得，以转让财产的收入额减除财产原值和合理费用后的余额，为应纳税所得额。财产原值是指：

(1) 有价证券，为买入价以及买入时按照规定交纳的有关费用。

(2) 建筑物，为建造费或者购进价格以及其他有关费用。

(3) 土地使用权，为取得土地使用权所支付的金额、开发土地的费用以及其他有关费用。

(4) 机器设备、车船，为购进价格、运输费、安装费以及其他有关费用。

(5) 其他财产，参照以上方法确定。

纳税人未提供完整、准确的财产原值凭证，不能正确计算财产原值的，由主管税务机关核定其财产原值。合理费用，是指卖出财产时按照规定支付的有关费用。

(二) 应纳税额的计算

财产转让所得应纳税额的计算公式为：

$$应纳税额 = 应纳税所得额 \times 适用税率$$
$$= (收入总额 - 财产原值 - 合理费用) \times 20\%$$

(三) 特殊财产转让项目应纳税额的计算

1. 股权转让[①]

个人转让股权，以股权转让收入减除股权原值和合理费用后的余额为应纳税所得额，按"财产转让所得"缴纳个人所得税。合理费用是指股权转让时按照规定支付的有关税费。

(1) 股权转让收入的确认。股权转让收入应当按照公平交易原则确定。股权转让收入是指转让方因股权转让而获得的现金、实物、有价证券和其他形式的经济利益。转让方取得与股权转让相关的各种款项，包括违约金、补偿金以及其他名目的款项、资产、权益等，均应当并入股权转让收入。纳税人按照合同约定，在满足约定条件后取得的后续收入，应当作为股权转让收入。

符合下列情形之一，视为股权转让收入明显偏低：

① 申报的股权转让收入低于股权对应的净资产份额的，其中，被投资企业拥有土地使用权、房屋、房地产企业未销售房产、知识产权、探矿权、采矿权、股权等资产的，申报的

[①] 国家税务总局：关于发布《股权转让所得个人所得税管理办法（试行）》的公告，国家税务总局公告 2014 年第 67 号。

股权转让收入低于股权对应的净资产公允价值份额的；

② 申报的股权转让收入低于初始投资成本或低于取得该股权所支付的价款及相关税费的；

③ 申报的股权转让收入低于相同或类似条件下同一企业同一股东或其他股东股权转让收入的；

④ 申报的股权转让收入低于相同或类似条件下同类行业的企业股权转让收入的；

⑤ 不具合理性的无偿让渡股权或股份；

⑥ 主管税务机关认定的其他情形。

(2) 正当理由的判定。符合下列条件之一的股权转让收入明显偏低，视为有正当理由：

① 能出具有效文件，证明被投资企业因国家政策调整，生产经营受到重大影响，导致低价转让股权；

② 继承或将股权转让给其能提供具有法律效力身份关系证明的配偶、父母、子女、祖父母、外祖父母、孙子女、外孙子女、兄弟姐妹以及对转让人承担直接抚养或者赡养义务的抚养人或者赡养人；

③ 相关法律、政府文件或企业章程规定，并有相关资料充分证明转让价格合理且真实的本企业员工持有的不能对外转让股权的内部转让；

④ 股权转让双方能够提供有效证据证明其合理性的其他合理情形。

(3) 核定股权转让收入。符合下列情形之一的，主管税务机关可以核定股权转让收入：

① 申报的股权转让收入明显偏低且无正当理由的；

② 未按照规定期限办理纳税申报，经税务机关责令限期申报，逾期仍不申报的；

③ 转让方无法提供或拒不提供股权转让收入的有关资料；

④ 其他应核定股权转让收入的情形。

主管税务机关应依次按照下列方法核定股权转让收入：

① 净资产核定法。股权转让收入按照每股净资产或股权对应的净资产份额核定。被投资企业的土地使用权、房屋、房地产企业未销售房产、知识产权、探矿权、采矿权、股权等资产占企业总资产比例超过20%的，主管税务机关可参照纳税人提供的具有法定资质的中介机构出具的资产评估报告核定股权转让收入。6个月内再次发生股权转让且被投资企业净资产未发生重大变化的，主管税务机关可参照上一次股权转让时被投资企业的资产评估报告核定此次股权转让收入。

② 类比法。参照相同或类似条件下同一企业同一股东或其他股东股权转让收入核定；参照相同或类似条件下同类行业企业股权转让收入核定。

③ 其他合理方法。主管税务机关采用以上方法核定股权转让收入存在困难的，可以采取其他合理方法核定。

2. 限售股转让

(1) 纳税义务的判定。自2010年1月1日起，个人转让限售股或发生具有转让限售股实质的其他交易，取得现金、实物、有价证券和其他形式的经济利益均应缴纳个人所得税。限售股在解禁前被多次转让的,转让方对每一次转让所得均应按规定缴纳个人所得税。对具有下列情形的,应按规定征收个人所得税[①]:

① 个人通过证券交易所集中交易系统或大宗交易系统转让限售股;
② 个人用限售股认购或申购交易型开放式指数基金(ETF)份额;
③ 个人用限售股接受要约收购;
④ 个人行使现金选择权将限售股转让给提供现金选择权的第三方;
⑤ 个人协议转让限售股;
⑥ 个人持有的限售股被司法扣划;
⑦ 个人因依法继承或家庭财产分割让渡限售股所有权;
⑧ 个人用限售股偿还上市公司股权分置改革中由大股东代其向流通股股东支付的对价;
⑨ 其他具有转让实质的情形。

(2) 税款计算。[②] 个人转让限售股,以每次限售股转让收入,减除股票原值和合理税费后的余额,为应纳税所得额。即:

$$应纳税所得额 = 限售股转让收入 - (限售股原值 + 合理税费)$$
$$应纳税额 = 应纳税所得额 \times 20\%$$

限售股转让收入,是指转让限售股股票实际取得的收入。限售股原值,是指限售股买入时的买入价及按照规定缴纳的有关费用。合理税费,是指转让限售股过程中发生的印花税、佣金、过户费等与交易相关的税费。

如果纳税人未能提供完整、真实的限售股原值凭证的,不能准确计算限售股原值的,主管税务机关一律按限售股转让收入的15%核定限售股原值及合理税费。

(3) 税款缴纳。根据证券机构技术和制度准备完成情况,对不同阶段形成的限售股,采取不同的征收管理办法。

① 证券机构技术和制度准备完成前形成的限售股,证券机构按照股改限售股股改复牌日收盘价,或新股限售股上市首日收盘价计算转让收入,按照计算出的转让收入的15%确定限售股原值和合理税费,以转让收入减去原值和合理税费后的余额,适用20%税率,计算预扣预缴个人所得税额。纳税人按照实际转让收入与实际成本计算出的应纳税额,与证券机构预扣预缴税额有差异的,纳税人应自证券机构代扣并解缴税款的次月1日起3个月内,持加盖证券机构印章的交易记录和相关完整、真实凭证,向主管税务机关提出清算申报并办理清算事宜。主管税务机关审核确认后,按照重新计算的应纳税额,办理退(补)税手续。纳税人在规定期限内未到主管税务机关办理清算事宜的,税务机关不再办理清算事宜,已预扣预缴的税款从纳税保证金账户全额缴入国库。

② 证券机构技术和制度准备完成后新上市公司的限售股,按照证券机构事先植入结

[①] 财政部、国家税务总局、证监会:《关于个人转让上市公司限售股所得征收个人所得税有关问题的补充通知》,财税[2010]70号。

[②] 财政部、国家税务总局、证监会:《关于个人转让上市公司限售股所得征收个人所得税有关问题的通知》,财税[2009]167号。

算系统的限售股成本原值和发生的合理税费,以实际转让收入减去原值和合理税费后的余额,适用20%税率,计算直接扣缴个人所得税额。

在证券机构技术和制度准备完成后形成的限售股,自股票上市首日至解禁日期间发生送、转、缩股的,证券登记结算公司应依据送、转、缩股比例对限售股成本原值进行调整;而对于其他权益分派的情形(如现金分红、配股等),不对限售股的成本原值进行调整。

> 需要注意的是,纳税人同时持有限售股及该股流通股的,其股票转让所得,按照限售股优先原则,即:转让股票视同先转让限售股,按规定计算缴纳个人所得税。

3. 财产拍卖①

(1) 个人拍卖除文字作品原稿及复印件外的其他财产,以该项财产最终拍卖成交价格为其转让收入额。应以其转让收入额减除财产原值和合理费用后的余额为应纳税所得额。

(2) 个人财产拍卖所得适用"财产转让所得"项目计算应纳税所得额时,纳税人凭合法有效凭证(税务机关监制的正式发票、相关境外交易单据或海关报关单据、完税证明等),从其转让收入额中减除相应的财产原值、拍卖财产过程中缴纳的税金及有关合理费用。

财产原值,是指售出方个人取得该拍卖品的价格(以合法有效凭证为准)。具体为:通过商店、画廊等途径购买的,为购买该拍卖品时实际支付的价款;通过拍卖行拍得的,为拍得该拍卖品实际支付的价款及缴纳的相关税费;通过祖传收藏的,为其收藏该拍卖品而发生的费用;通过赠送取得的,为其受赠该拍卖品时发生的相关税费;通过其他形式取得的,参照以上原则确定财产原值。

拍卖财产过程中缴纳的税金,是指在拍卖财产时纳税人实际缴纳的相关税金及附加。有关合理费用,是指拍卖财产时纳税人按照规定实际支付的拍卖费(佣金)、鉴定费、评估费、图录费、证书费等费用。

(3) 纳税人如不能提供合法、完整、准确的财产原值凭证,不能正确计算财产原值的,按转让收入额的3%征收率计算缴纳个人所得税;拍卖品为经文物部门认定是海外回流文物的,按转让收入额的2%征收率计算缴纳个人所得税。

纳税人的财产原值凭证内容填写不规范,或者一份财产原值凭证包括多件拍卖品且无法确认每件拍卖品一一对应的原值的,不得将其作为扣除财产原值的计算依据,应视为不能提供合法、完整、准确的财产原值凭证,并按规定的征收率计算缴纳个人所得税。

纳税人能够提供合法、完整、准确的财产原值凭证,但不能提供有关税费凭证的,不得按征收率计算纳税,应当就财产原值凭证上注明的金额据实扣除,并按照税法规定计算缴纳个人所得税。

---

① 国家税务总局:《关于加强和规范个人取得拍卖收入征收个人所得税有关问题的通知》,国税发〔2007〕38号。

4. 住房转让[①]

(1) 对住房转让所得征收个人所得税时,以实际成交价格为转让收入。纳税人申报的住房成交价格明显低于市场价格且无正当理由的,征收机关依法有权根据有关信息核定其转让收入,但必须保证各税种计税价格一致。

个人转让房屋的应税收入不含增值税,其取得房屋时所支付价款中包含的增值税计入财产原值,计算转让所得时可扣除的税费不包括本次转让缴纳的增值税。免征增值税的,确定计税依据时,成交价格、转让房地产取得的收入不扣减增值税额。[②]

(2) 对转让住房收入计算个人所得税应纳税所得额时,纳税人可凭原购房合同、发票等有效凭证,经税务机关审核后,允许从其转让收入中减除房屋原值、转让住房过程中缴纳的税金及有关合理费用。

① 房屋原值具体为:

商品房:购置该房屋时实际支付的房价款及缴纳的相关税费。

自建住房:实际发生的建造费用及建造和取得产权时实际缴纳的相关税费。

经济适用房(含集资合作建房、安居工程住房):原购房人实际支付的房价款及相关税费,以及按规定交纳的土地出让金。

已购公有住房:原购公有住房标准面积按当地经济适用房价格计算的房价款,加上原购公有住房超标准面积实际支付的房价款以及按规定向财政部门(或原产权单位)缴纳的所得收益及相关税费。已购公有住房是指城镇职工根据国家和县级(含县级)以上人民政府有关城镇住房制度改革政策规定,按照成本价(或标准价)购买的公有住房。

经济适用房价格按县级(含县级)以上地方人民政府规定的标准确定。城镇拆迁安置住房:根据《城市房屋拆迁管理条例》(国务院令第305号)和《建设部关于印发〈城市房屋拆迁估价指导意见〉的通知》(建住房〔2003〕234号)等有关规定,其原值分别为:

房屋拆迁取得货币补偿后购置房屋的,为购置该房屋实际支付的房价款及缴纳的相关税费;房屋拆迁采取产权调换方式的,所调换房屋原值为《房屋拆迁补偿安置协议》注明的价款及缴纳的相关税费;房屋拆迁采取产权调换方式,被拆迁人除取得所调换房屋,又取得部分货币补偿的,所调换房屋原值为《房屋拆迁补偿安置协议》注明的价款和缴纳的相关税费,减去货币补偿后的余额;房屋拆迁采取产权调换方式,被拆迁人取得所调换房屋,又支付部分货币的,所调换房屋原值为《房屋拆迁补偿安置协议》注明的价款,加上所支付的货币及缴纳的相关税费。

② 转让住房过程中缴纳的税金是指:纳税人在转让住房时实际缴纳的营业税、城市维护建设税、教育费附加、土地增值税、印花税等税金。

③ 合理费用是指:纳税人按照规定实际支付的住房装修费用、住房贷款利息、手续费、公证费等费用。

支付的住房装修费用。纳税人能提供实际支付装修费用的税务统一发票,并且发票

[①] 国家税务总局:《关于个人住房转让所得征收个人所得税有关问题的通知》,国税发〔2006〕108号。

[②] 财政部、国家税务总局:《关于营改增后契税 房产税 土地增值税 个人所得税计税依据问题的通知》,财税〔2016〕43号。

上所列付款人姓名与转让房屋产权人一致的,经税务机关审核,其转让的住房在转让前实际发生的装修费用,可在以下规定比例内扣除:已购公有住房、经济适用房,最高扣除限额为房屋原值的15%;商品房及其他住房,最高扣除限额为房屋原值的10%。

纳税人原购房为装修房,即合同注明房价款中含有装修费(铺装了地板,装配了洁具、厨具等)的,不得再重复扣除装修费用。

支付的住房贷款利息。纳税人出售以按揭贷款方式购置的住房的,其向贷款银行实际支付的住房贷款利息,凭贷款银行出具的有效证明据实扣除。

纳税人按照有关规定实际支付的手续费、公证费等,凭有关部门出具的有效证明据实扣除。

(3)纳税人未提供完整、准确的房屋原值凭证,不能正确计算房屋原值和应纳税额的,由税务机关对其实行核定征税,即按纳税人住房转让收入的一定比例核定应纳个人所得税额。具体比例由省级地方税务局或者省级地方税务局授权的地市级地方税务局根据纳税人出售住房的所处区域、地理位置、建造时间、房屋类型、住房平均价格水平等因素,在住房转让收入1%—3%的幅度内确定。

(4)个人通过拍卖市场取得的房屋拍卖收入在计征个人所得税时,其房屋原值应按照纳税人提供的合法、完整、准确的凭证予以扣除;不能提供完整、准确的房屋原值凭证,不能正确计算房屋原值和应纳税额的,统一按转让收入全额的3%计算缴纳个人所得税。[①]

5. 转让债券

转让债券,采用"加权平均法"确定其应予减除的财产原值和合理费用。即以纳税人购进的同一种类债券买入价和买进过程中缴纳的税费总和,除以纳税人购进的该种类债券数量之和,乘以纳税人卖出的该种类债券数量,再加上卖出的该种类债券过程中缴纳的税费。用公式表示为[②]:

$$
\begin{aligned}
&\text{一次卖出某一种类债券允许扣除的买入价和费用}\\
&=\frac{\text{纳税人购进的该种类债券买入价和买入过程中缴纳的税费总额}}{\text{纳税人购进的该种类债券总数量}}\\
&\quad\times\text{一次卖出的该种类债券的数量}\\
&\quad+\text{卖出该种类债券过程中缴纳的税费}
\end{aligned}
$$

6. 购买并处置债权

个人通过招标、竞拍或其他方式购置债权以后,通过相关司法或行政程序主张债权而取得的所得,作为"财产转让所得"项目征税的具体规定是:个人通过招标、竞拍或其他方式取得"打包"债权,只处置部分债权的,其应纳税所得额按以下方式确定:

(1)以每次处置部分债权的所得,作为一次财产转让所得征税。

(2)其应税收入按照个人取得的货币资产和非货币资产的评估价值或市场价值的合计数确定。

[①] 国家税务总局:《关于个人取得房屋拍卖收入征收个人所得税问题的批复》,国税函〔2007〕1145号。

[②] 国家税务总局:《征收个人所得税若干问题的规定》,国税发〔1994〕89号。

(3) 所处置债权成本费用(即财产原值),按下列公式计算:

当次处置债权成本费用＝个人购置"打包"债权实际支出×当次处置债权账面价值(或拍卖机构公布价值)/"打包"债权账面价值(或拍卖机构公布价值)

(4) 个人购买和和处置债权过程中发生的拍卖招标手续费、诉讼费、审计评估费以及缴纳的税金等合理税费,在计算个人所得税时允许扣除。[①]

7. 个人投资者收购企业股权后将原盈余积累转增股本[②]

一名或多名个人投资者以股权收购方式取得被收购企业100％股权,股权收购前,被收购企业原账面金额中的"资本公积、盈余公积、未分配利润"等盈余积累未转增股本,而在股权交易时将其一并计入股权转让价格并履行了所得税纳税义务。股权收购后,企业将原账面金额中的盈余积累向个人投资者(新股东,下同)转增股本,有关个人所得税问题区分以下情形处理:

(1) 新股东以不低于净资产价格收购股权的,企业原盈余积累已全部计入股权交易价格,新股东取得盈余积累转增股本的部分,不征收个人所得税。

(2) 新股东以低于净资产价格收购股权的,企业原盈余积累中,对于股权收购价格减去原股本的差额部分已经计入股权交易价格,新股东取得盈余积累转增股本的部分,不征收个人所得税;对于股权收购价格低于原所有者权益的差额部分未计入股权交易价格,新股东取得盈余积累转增股本的部分,应按照"利息、股息、红利所得"项目征收个人所得税。

新股东以低于净资产价格收购企业股权后转增股本,应按照下列顺序进行,即:先转增应税的盈余积累部分,然后再转增免税的盈余积累部分。

新股东将所持股权转让时,其财产原值为其收购企业股权实际支付的对价及相关税费。

8. 个人终止投资经营收回款项[③]

个人因各种原因终止投资、联营、经营合作等行为,从被投资企业或合作项目、被投资企业的其他投资者以及合作项目的经营合作人取得股权转让收入、违约金、补偿金、赔偿金及以其他名目收回的款项等。其应纳税所得额的计算公式如下:

应纳税所得额＝个人取得的股权转让收入、违约金、补偿金、赔偿金及以其他名目收回款项合计数－原实际出资额(投入额)及相关税费

9. 非货币性资产投资[④]

非货币性资产,是指现金、银行存款等货币性资产以外的资产,包括股权、不动产、技术发明成果以及其他形式的非货币性资产。非货币性资产投资,包括以非货币性资产出

[①] 国家税务总局:《关于个人因购买和处置债权取得所得征收个人所得税问题的批复》,国税函〔2005〕655号。
[②] 国家税务总局:《关于个人投资者收购企业股权后将原盈余积累转增股本个人所得税问题的公告》,国家税务总局公告2013年第23号。
[③] 国家税务总局:《关于个人终止投资经营收回款项征收个人所得税问题的公告》,国家税务总局公告2011年第41号。
[④] 财政部、国家税务总局:《关于个人非货币性资产投资有关个人所得税政策的通知》,财税〔2015〕41号。

资设立新的企业,以及以非货币性资产出资参与企业增资扩股、定向增发股票、股权置换、重组改制等投资行为。

个人以非货币性资产投资,属于个人转让非货币性资产和投资同时发生。对个人转让非货币性资产的所得,应按照"财产转让所得"项目,依法计算缴纳个人所得税。个人以非货币性资产投资,应按评估后的公允价值确认非货币性资产转让收入。非货币性资产转让收入减除该资产原值及合理税费后的余额为纳税所得额。

个人以非货币性资产投资,应于非货币性资产转让、取得被投资企业股权时,确认非货币性资产转让收入的实现,个人应在发生上述应税行为的次月15日内向主管税务机关申报纳税。为鼓励和引导民间个人投资,纳税人一次性缴税有困难的,可合理确定分期缴纳计划并报主管税务机关备案后,自发生上述应税行为之日起不超过5个公历年度内(含)分期缴纳个人所得税。

> 需要注意的是,个人以非货币性资产投资交易过程中取得现金补价的,现金部分应优先用于缴税;现金不足以缴纳的部分,可分期缴纳。个人在分期缴税期间转让其持有的上述全部或部分股权,并取得现金收入的,该现金收入应优先用于缴纳尚未缴清的税款。

十一、偶然所得应纳税额的计算

偶然所得实行按次纳税,以每次收入为一次。偶然所得以每次收入额为应纳税所得额。

偶然所得应纳税额的计算公式为:

$$应纳税额 = 应纳税所得额 \times 适用税率 = 每次收入额 \times 20\%$$

十二、其他所得应纳税额的计算

其他所得实行按次纳税,以每次收入为一次。其他所得以每次收入额为应纳税所得额。

其他所得应纳税额的计算公式为:

$$应纳税额 = 应纳税所得额 \times 适用税率 = 每次收入额 \times 20\%$$

十三、境外所得的税额扣除

中国的居民纳税人要就其来源于中国境内外的所得在中国缴纳个人所得税。通常情况下,纳税人的境外所得往往在其境外所得来源地已经缴纳了个人所得税。为了避免对纳税人的同一所得的双重征税,现行个人所得税法规定,纳税人从中国境外取得的所得,准予其在应纳税额中扣除已在境外缴纳的个人所得税税额。但扣除额不得超过该纳税人境外所得依照中国个人所得税法规定计算的应纳税额。

对于境外所得的税额扣除,需要把握以下几点:

(1)个人所得税法实施条例规定,在中国境内有住所,或者无住所而在境内居住满一年的个人,从中国境内和境外取得的所得,应当分别计算应纳税额。

(2)税法允许纳税人在应纳税额中扣除的"已在境外缴纳的个人所得税税额",是指纳税人从中国境外取得的所得,依照该所得来源国家或者地区的法律应当缴纳并且实际已经缴纳的税额。

(3)依照中国个人所得税法规定计算的应纳税额,是指纳税人从中国境外取得的所得,区别不同国家或者地区和不同所得项目,依照税法规定的费用减除标准和适用税率计算的应纳税额;同一国家或者地区内不同所得项目的应纳税额之和,为该国家或者地区的扣除限额。

(4)纳税人在中国境外一个国家或者地区实际已经缴纳的个人所得税税额,低于依照中国个人所得税法规定计算出的该国家或者地区扣除限额的,应当在中国缴纳差额部分的税款;超过该国家或者地区扣除限额的,其超过部分不得在本纳税年度的应纳税额中扣除,但是可以在以后纳税年度的该国家或者地区扣除限额的余额中补扣。补扣期限最长不得超过五年。

(5)纳税人依照税法的规定申请扣除已在境外缴纳的个人所得税税额时,应当提供境外税务机关填发的完税凭证原件。

第五节 税 收 优 惠

一、免纳个人所得税的所得项目

(1)省级人民政府、国务院部委和中国人民解放军军以上单位,以及外国组织、国际组织颁发的科学、教育、技术、文化、卫生、体育、环境保护等方面的奖金。

(2)国债和国家发行的金融债券利息。国债利息,是指个人持有中国财政部发行的债券而取得的利息;国家发行的金融债券利息,是指个人持有经国务院批准发行的金融债券而取得的利息。

对个人取得的2009年及以后发行的地方政府债券利息所得,免征个人所得税。[①]

(3)按照国家统一规定发给的补贴、津贴。按照国家统一规定发给的补贴、津贴,是指按照国务院规定发给的政府特殊津贴、院士津贴、资深院士津贴,以及国务院规定免纳个人所得税的其他补贴、津贴。

(4)福利费、抚恤金、救济金。福利费,是指根据国家有关规定,从企业、事业单位、国家机关、社会团体提留的福利费或者工会经费中支付给个人的生活补助费。[②] 救济金,是

[①] 财政部、国家税务总局:《关于地方政府债券利息所得免征所得税问题的通知》,财税〔2011〕76号;财政部、国家税务总局:《关于地方政府债券利息免征所得税问题的通知》,财税〔2013〕5号。

[②] 国家税务总局:《关于生活补助费范围确定问题的通知》,国税发〔1998〕155号。

指各级人民政府民政部门支付给个人的生活困难补助费。

> 需要注意的是,从超出国家规定的比例或基数计提的福利费、工会经费中支付给个人的各种补贴、补助;从福利费和工会经费中支付给本单位职工的人人有份的补贴补助;单位为个人购买汽车、住房、电子计算机等不属于临时性生活困难补助性质的支出。这些收入项目不属于免税的福利费范围,应当并入纳税人的工资、薪金收入计征个人所得税。

(5) 保险赔款。

(6) 军人的转业费、复员费。

(7) 按照国家统一规定发给干部、职工的安家费、退职费、退休工资、离休工资、离休生活补助费。

(8) 依照我国有关法律规定应予免税的各国驻华使馆、领事馆的外交代表、领事官员和其他人员的所得。

(9) 中国政府参加的国际公约、签订的协议中规定免税的所得。

(10) 对乡、镇(含乡、镇)以上人民政府或经县(含县)以上人民政府主管部门批准成立的有机构、有章程的见义勇为基金或者类似性质组织,奖励见义勇为者的奖金或奖品,经主管税务机关核准,免征个人所得税。①

(11) 个人因与用人单位解除劳动关系而取得的一次性补偿收入(包括用人单位发放的经济补偿金、生活补助费和其他补助费用),其收入在当地上年职工平均工资3倍数额以内的部分,免征个人所得税。

企业依照国家有关法律规定宣告破产,企业职工从该破产企业取得的一次性安置费收入,免征个人所得税。②

(12) 从事个体经营的随军家属、军队转业干部,经主管税务机关批准,自领取税务登记证之日起,3年内免征个人所得税和营业税。③

(13) 城镇房屋拆迁中,对被拆迁人按照国家有关城镇房屋拆迁管理办法规定的标准取得的拆迁补偿款,免征个人所得税。④

对符合地方政府规定条件的低收入住房保障家庭从地方政府领取的住房租赁补贴,免征个人所得税。⑤

(14) 单位在住房制度改革期间,按照所在地县级以上人民政府规定的房改成本价格向职工出售公有住房,职工因支付的房改成本价格低于房屋建造成本价格或市场价格而

---

① 财政部、国家税务总局:《关于发给见义勇为者的奖金免征个人所得税问题的通知》,财税字〔1995〕25号。
② 财政部、国家税务总局:《关于个人与用人单位解除劳动关系取得的一次性补偿收入征免个人所得税问题的通知》,财税〔2001〕157号。
③ 财政部、国家税务总局:《关于随军家属就业有关税收政策的通知》,财税〔2000〕84号;财政部、国家税务总局:《关于自主择业的军队转业干部有关税收政策问题的通知》,财税〔2003〕第026号。
④ 财政部、国家税务总局:《关于城镇房屋拆迁有关税收政策的通知》,财税〔2005〕45号。
⑤ 财政部、国家税务总局:《关于促进公共租赁住房发展有关税收优惠政策的通知》,财税〔2014〕52号。

取得的差价收益,免征个人所得税。①

(15) 企业和个人按照省级以上人民政府规定的比例提取并缴付的住房公积金、医疗保险金、基本养老保险金、失业保险金,不计入个人当期的工资、薪金收入,免予征收个人所得税。超过规定的比例缴付的部分计征个人所得税。

个人实际领(支)取原提存的基本养老保险金、基本医疗保险金、失业保险金和住房公积金时,免征个人所得税。②

(16) 按照国家或省级地方政府规定的比例缴付的下列专项基金或资金存入银行个人账户所取得的利息收入免征个人所得税:住房公积金、医疗保险金、基本养老保险金、失业保险基金。③

(17) 对个人取得的教育储蓄存款利息所得以及国务院财政部门确定的其他专项储蓄存款或者储蓄性专项基金存款的利息所得,免征个人所得税。

教育储蓄是指个人按照国家有关规定在指定银行开户、存入规定数额资金、用于教育目的的专项储蓄。④

(18) 储蓄机构内从事代扣代缴工作的办税人员取得的扣缴利息税手续费所得免征个人所得税。⑤

(19) 生育妇女按照县级以上人民政府根据国家有关规定制定的生育保险办法,取得的生育津贴、生育医疗费或其他属于生育保险性质的津贴、补贴,免征个人所得税。⑥

(20) 对工伤职工及其近亲属按照《工伤保险条例》规定取得的工伤保险待遇,免征个人所得税。工伤保险待遇,包括工伤职工按照《工伤保险条例》规定取得的一次性伤残补助金、伤残津贴、一次性工伤医疗补助金、一次性伤残就业补助金、工伤医疗待遇、住院伙食补助费、外地就医交通食宿费用、工伤康复费用、辅助器具费用、生活护理费等,以及职工因工死亡,其近亲属按照《工伤保险条例》规定取得的丧葬补助金、供养亲属抚恤金和一次性工亡补助金等。⑦

(21) 福建省人民政府根据《国务院关于平潭综合实验区总体发展规划的批复》以及《平潭综合实验区总体发展规划》有关规定,按不超过大陆与台湾地区个人所得税负差额,给予在平潭综合实验区工作的台湾居民的补贴,免征个人所得税。⑧

---

① 财政部、国家税务总局:《关于单位低价向职工售房有关个人所得税问题的通知》,财税〔2007〕13号。
② 财政部、国家税务总局:《关于基本养老保险费基本医疗保险费失业保险费住房公积金有关个人所得税政策的通知》,财税〔2006〕10号。
③ 财政部、国家税务总局:《关于住房公积金医疗保险金基本养老保险金失业保险基金个人账户存款利息所得免征个人所得税的通知》,财税字〔1999〕267号。
④ 国务院:《对储蓄存款利息所得征收个人所得税的实施办法》,国务院令〔1999〕第272号。
⑤ 国家税务总局:《关于代扣代缴储蓄存款利息所得个人所得税手续费收入征免税问题的通知》,国税发〔2001〕31号。
⑥ 财政部、国家税务总局:《关于生育津贴和生育医疗费有关个人所得税政策的通知》,财税〔2008〕8号。
⑦ 财政部、国家税务总局:《关于工伤职工取得的工伤保险待遇有关个人所得税政策的通知》,财税〔2012〕40号。
⑧ 财政部、国家税务总局:《关于福建平潭综合实验区个人所得税优惠政策的通知》,财税〔2014〕24号。

二、经批准可以减征个人所得税的所得项目

有下列情形之一的,经批准可以减征个人所得税
(1) 残疾、孤老人员和烈属的所得。经省级人民政府批准可减征个人所得税的残疾、孤老人员和烈属的所得仅限于劳动所得,具体所得项目为:工资、薪金所得;个体工商户的生产经营所得;对企事业单位的承包经营、承租经营所得;劳务报酬所得;稿酬所得;特许权使用费所得。除以上项目外,税法所列的其他各项所得,不属减征照顾的范围。[①]
(2) 因严重自然灾害造成重大损失的。
(3) 其他经国务院财政部门批准减税的。

三、暂免征收个人所得税的所得项目[②]

(1) 外籍个人以非现金形式或实报实销形式取得的住房补贴、伙食补贴、搬迁费、洗衣费。对外籍个人因到中国任职或离职,以实报实销形式取得的搬迁收入免征个人所得税,应由纳税人提供有效凭证,由主管税务机关审核认定,就其合理的部分免税。外商投资企业和外国企业在中国境内的机构、场所,以搬迁费名义每月或定期向其外籍雇员支付的费用,应计入工资薪金所得征收个人所得税。[③]

(2) 外籍个人按合理标准取得的境内、外出差补贴。

(3) 外籍个人取得的探亲费、语言训练费、子女教育费等,经当地税务机关审核批准为合理的部分。可以享受免征个人所得税优惠的探亲费,仅限于外籍个人在我国的受雇地与其家庭所在地(包括配偶或父母居住地)之间搭乘交通工具,且每年不超过两次的费用。[④]

(4) 个人举报、协查各种违法、犯罪行为而获得的奖金。

(5) 个人办理代扣代缴税款手续,按规定取得的扣缴手续费。

(6) 个人转让自用达5年以上并且是唯一的家庭居住用房取得的所得。

(7) 对按《国务院关于高级专家离休退休若干问题的暂行规定》和《国务院办公厅关于杰出高级专家暂缓离休审批问题的通知》精神,达到离休、退休年龄,但确因工作需要,适当延长离休、退休年龄的高级专家,其在延长离休、退休期间的工资、薪金所得,视同退休工资、离休工资免征个人所得税。所称延长离休退休年龄的高级专家是指:享受国家发放的政府特殊津贴的专家、学者;中国科学院、中国工程院院士。

高级专家延长离休退休期间取得的工资薪金所得,其免征个人所得税政策口径按下列标准执行:对高级专家从其劳动人事关系所在单位取得的,单位按国家有关规定向职工统一发放的工资、薪金、奖金、津贴、补贴等收入,视同离休、退休工资,免征个人所得税;除以上项目收入以外各种名目的津补贴收入等,以及高级专家从其劳动人事关系所

[①] 国家税务总局:《关于明确残疾人所得征免个人所得税范围的批复》,国税函〔1999〕329号。
[②] 财政部、国家税务总局:《关于个人所得税若干政策问题的通知》,财税字〔1994〕20号。
[③] 国家税务总局:《关于外籍个人取得有关补贴征免个人所得税执行问题的通知》,国税发〔1997〕54号。
[④] 国家税务总局:《关于外籍个人取得的探亲费免征个人所得税有关执行标准问题的通知》,国税函〔2001〕336号。

在单位之外的其他地方取得的培训费、讲课费、顾问费、稿酬等各种收入,依法计征个人所得税。高级专家从两处以上取得应税工资、薪金所得以及具有税法规定应当自行纳税申报的其他情形的,应在税法规定的期限内自行向主管税务机关办理纳税申报。①

(8) 凡符合下列条件之一的外籍专家取得的工资、薪金所得可免征个人所得税:

① 根据世界银行专项贷款协议由世界银行直接派往我国工作的外国专家;

② 联合国组织直接派往我国工作的专家;

③ 为联合国援助项目来华工作的专家;

④ 援助国派往我国专为该国无偿援助项目工作的专家;

⑤ 根据两国政府签订文化交流项目来华工作2年以内的文教专家,其工资、薪金所得由该国负担的;

⑥ 根据我国大专院校国际交流项目来华工作2年以内的文教专家,其工资、薪金所得由该国负担的;

⑦ 通过民间科研协定来华工作的专家,其工资、薪金所得由该国政府机构负担的。

(9) 股权分置改革中非流通股股东通过对价方式向流通股股东支付的股份、现金等收入,暂免征收流通股股东应缴纳的个人所得税。②

(10) 对持有B股或海外股(包括H股)的外籍个人,从发行该B股或海外股的中国境内企业所取得的股息(红利)所得,暂免征收个人所得税。③

(11) 个人所得税法规定,对储蓄存款利息所得开征、减征、停征个人所得税及其具体办法,由国务院规定。按照规定,个人储蓄存款在2008年10月9日后(含10月9日)孳生的利息所得,暂免征收个人所得税。④

(12) 对个人购买体育彩票,凡一次中奖收入不超过1万元的,暂免征收个人所得税;超过1万元的,应按税法规定全额征收个人所得税。⑤

(13) 个人取得单张有奖发票奖金所得不超过800元(含800元)的,暂免征收个人所得税;个人取得单张有奖发票奖金所得超过800元的,应全额按照"偶然所得"项目征收个人所得税。⑥

(14) 对个人购买社会福利有奖募捐奖券、体育彩票一次中奖收入不超过10000元的暂免征收个人所得税,对一次中奖收入超过10000元的,应按全额征税。⑦

(15) 对个人转让上市公司股票取得的所得暂免征收个人所得税。⑧

---

① 财政部、国家税务总局:《关于高级专家延长离休退休期间取得工资薪金所得有关个人所得税问题的通知》,财税〔2008〕7号。

② 财政部、国家税务总局:《关于股权分置试点改革有关税收政策问题的通知》,财税〔2005〕103号。

③ 国家税务总局:《关于外籍个人持有中国境内上市公司股票所取得的股息有关税收问题的函》,国税函〔1994〕440号。

④ 财政部、国家税务总局:《关于储蓄存款利息所得有关个人所得税政策的通知》,财税〔2008〕132号。

⑤ 财政部、国家税务总局:《关于个人取得体育彩票中奖所得征免个人所得税问题的通知》,财税字〔1998〕12号。

⑥ 财政部、国家税务总局:《关于个人取得有奖发票奖金征免个人所得税问题的通知》,财税〔2007〕34号;财政部、国家税务总局:《关于个人取得体育彩票中奖所得征免个人所得税问题的通知》,财税字〔1998〕12号。

⑦ 国家税务总局:《关于社会福利有奖募捐发行收入税收问题的通知》,国税发〔1994〕127号。

⑧ 财政部、国家税务总局:《关于个人转让股票所得继续暂免征个人所得税的通知》,财税字〔1998〕61号。

（16）对个人投资者买卖基金单位获得的差价收入，在对个人买卖股票的差价收入未恢复征收个人所得税以前，暂不征收个人所得税。

对投资者从基金分配中获得的国债利息、储蓄存款利息以及买卖股票价差收入，在国债利息收入、个人储蓄存款利息收入以及个人买卖股票差价收入未恢复征收所得税以前，暂不征收所得税。

对投资者从基金分配中获得的股票的股息、红利收入以及企业债券的利息收入，由上市公司和发行债券的企业在向基金派发股息、红利、利息时代扣代缴20%的个人所得税，基金向个人投资者分配股息、红利、利息时，不再代扣代缴个人所得税。但对个人投资者从基金分配中获得的企业债券差价收入，应按税法规定对个人投资者征收个人所得税，税款由基金在分配时依法代扣代缴。①

（17）对个人投资者申购和赎回基金单位取得的差价收入，在对个人买卖股票的差价收入未恢复征收个人所得税以前，暂不征收个人所得税。

对基金取得的股票的股息、红利收入，债券的利息收入、储蓄存款利息收入，由上市公司、发行债券的企业和银行在向基金支付上述收入时代扣代缴20%的个人所得税；对投资者从基金分配中取得的收入，暂不征收个人所得税。②

（18）个人独资企业和合伙企业从事种植业、养殖业、饲养业和捕捞业，其投资者取得的"四业"所得暂不征收个人所得税。③

（19）对内地个人投资者通过基金互认买卖香港基金份额取得的转让差价所得，自2015年12月18日起至2018年12月17日止，三年内暂免征收个人所得税。对香港市场投资者通过基金互认买卖内地基金份额取得的转让差价所得，暂免征收个人所得税。④

四、其他税收优惠项目

（1）个人持有全国中小企业股份转让系统挂牌公司的股票，比照持有上市公司股票的个人所得税规定，对持股期限超过1年的，股息红利所得暂免征收个人所得税；持股期限在1个月以内（含1个月）的，其股息红利所得全额计入应纳税所得额；持股期限在1个月以上至1年（含1年）的，暂减按50%计入应纳税所得额。⑤

（2）对个人按《廉租住房保障办法》规定取得的廉租住房货币补贴，免征个人所得税；对于所在单位以廉租住房名义发放的不符合规定的补贴，应征收个人所得税。对个人出租住房取得的所得减按10%的税率征收个人所得税。⑥

（3）对持《就业失业登记证》人员从事个体经营的，在3年内按每户每年8000元为限额依次扣减其当年实际应缴纳的营业税、城市维护建设税、教育费附加、地方教育附加和

---

① 财政部、国家税务总局：《关于证券投资基金税收问题的通知》，财税字〔1998〕55号。
② 财政部、国家税务总局：《关于开放式证券投资基金有关税收问题的通知》，财税〔2002〕128号。
③ 财政部、国家税务总局：《关于个人独资企业和合伙企业投资者取得种植业 养殖业 饲养业 捕捞业所得有关个人所得税问题的批复》，财税〔2010〕96号。
④ 财政部等：《关于内地与香港基金互认有关税收政策的通知》，财税〔2015〕125号。
⑤ 财政部、国家税务总局：《关于上市公司股息红利差别化个人所得税政策有关问题的通知》，财税〔2015〕101号。
⑥ 财政部、国家税务总局：《关于廉租住房经济适用住房和住房租赁有关税收政策的通知》，财税〔2008〕24号。

个人所得税。①

第六节 征收管理

个人所得税的纳税办法,有自行申报纳税和代扣代缴两种。

一、自行申报纳税②

自行申报纳税,是由纳税人自行在税法规定的纳税期限内,向税务机关申报取得的应税所得项目和数额,如实填写个人所得税纳税申报表,并按照税法规定计算应纳税额,据此缴纳个人所得税的一种方法。③

(一) 自行申报纳税的纳税人

凡依据个人所得税法负有纳税义务的纳税人,有下列情形之一的,应当按照规定办理纳税申报:

(1) 年所得12万元以上的。
(2) 从中国境内两处或者两处以上取得工资、薪金所得的。
(3) 从中国境外取得所得的。
(4) 取得应税所得,没有扣缴义务人的。
(5) 国务院规定的其他情形。

> 需要注意的是,年所得12万元以上的纳税人(不包括在中国境内无住所,且在一个纳税年度中在中国境内居住不满1年的个人),无论取得的各项所得是否已足额缴纳了个人所得税,均应当按照规定,于纳税年度终了后向主管税务机关办理纳税申报。

纳税人发生从中国境内两处或者两处以上取得工资、薪金所得的,从中国境外取得所得的(是指在中国境内有住所,或者无住所而在一个纳税年度中在中国境内居住满1年的个人在境外取得所得),取得应税所得没有扣缴义务人的三种情形,应当于取得所得后向主管税务机关办理纳税申报。

(二) 申报内容

年所得12万元以上的纳税人,在纳税年度终了后,应当填写《个人所得税纳税申报表(适用于年所得12万元以上的纳税人申报)》,并在办理纳税申报时报送主管税务机关,同时报送个人有效身份证件复印件(包括纳税人的身份证、护照、回乡证、军人身份证件等),以及主管税务机关要求报送的其他有关资料。

---

① 财政部、国家税务总局:《关于继续实施支持和促进重点群体创业就业有关税收政策的通知》,财税〔2014〕39号。
② 国家税务总局:《个人所得税自行纳税申报办法(试行)》,国税发〔2006〕162号。
③ 中国注册会计师协会:《税法》,经济科学出版社2009年版,第459页。

1. 申报内容

年所得12万元以上,是指纳税人在一个纳税年度取得个人所得税法列举的11项所得的合计数额达到12万元。申报的各项所得不包含个人所得税法及其实施条例规定的免税所得、暂免征税所得和可以免税的来源于中国境外的所得,以及按照国家规定单位为个人缴付和个人缴付的基本养老保险费、基本医疗保险费、失业保险费、住房公积金。

2. 计算方法

各项所得的年所得在计算时需要注意:工资、薪金所得,劳务报酬所得,稿酬所得,特许权使用费所得按照未减除税法规定的费用减除标准的收入额计算;财产租赁所得,按照未减除费用和修缮费用的收入额计算;利息、股息、红利所得,偶然所得和其他所得,按照收入额全额计算;财产转让所得,个体工商户的生产、经营所得,按照应纳税所得额计算;对企事业单位的承包经营、承租经营所得,按照每一纳税年度的收入总额计算,即按照承包经营、承租经营者实际取得的经营利润,加上从承包、承租的企事业单位中取得的工资、薪金性质的所得计算。

(三) 申报地点

(1) 年所得12万元以上的纳税人,纳税申报地点分别为:

① 在中国境内有任职、受雇单位的,向任职、受雇单位所在地主管税务机关申报。

② 在中国境内有两处或者两处以上任职、受雇单位的,选择并固定向其中一处单位所在地主管税务机关申报。

③ 在中国境内无任职、受雇单位,年所得项目中有个体工商户的生产、经营所得或者对企事业单位的承包经营、承租经营所得(以下统称"生产、经营所得")的,向其中一处实际经营所在地主管税务机关申报。

④ 在中国境内无任职、受雇单位,年所得项目中无生产、经营所得的,向户籍所在地主管税务机关申报。在中国境内有户籍,但户籍所在地与中国境内经常居住地不一致的,选择并固定向其中一地主管税务机关申报。在中国境内没有户籍的,向中国境内经常居住地主管税务机关申报。

(2) 从两处或者两处以上取得工资、薪金所得的,选择并固定向其中一处单位所在地主管税务机关申报。

(3) 从中国境外取得所得的,向中国境内户籍所在地主管税务机关申报。在中国境内有户籍,但户籍所在地与中国境内经常居住地不一致的,选择并固定向其中一地主管税务机关申报。在中国境内没有户籍的,向中国境内经常居住地主管税务机关申报。

(4) 个体工商户向实际经营所在地主管税务机关申报。

(5) 个人独资、合伙企业投资者兴办两个或两个以上企业的,区分不同情形确定纳税申报地点:

① 兴办的企业全部是个人独资性质的,分别向各企业的实际经营管理所在地主管税务机关申报。

② 兴办的企业中含有合伙性质的,向经常居住地主管税务机关申报。

③ 兴办的企业中含有合伙性质,个人投资者经常居住地与其兴办企业的经营管理所在地不一致的,选择并固定向其参与兴办的某一合伙企业的经营管理所在地主管税务机

关申报。纳税申报地点确定后,除特殊情况外,5年以内不得变更。

(6) 除以上情形外,纳税人应当向取得所得所在地主管税务机关申报。

(7) 纳税人不得随意变更纳税申报地点,因特殊情况变更纳税申报地点的,须报原主管税务机关备案。

经常居住地,是指纳税人离开住所地最后连续居住一年以上的地方。

(四) 申报期限

(1) 年所得12万元以上的纳税人,在纳税年度终了后3个月内向主管税务机关办理纳税申报。

(2) 个体工商户和个人独资、合伙企业投资者取得的生产、经营所得应纳的税款,分月预缴的,纳税人在每月终了后7日内办理纳税申报;分季预缴的,纳税人在每个季度终了后7日内办理纳税申报。纳税年度终了后,纳税人在3个月内进行汇算清缴。

(3) 纳税人年终一次性取得对企事业单位的承包经营、承租经营所得的,自取得所得之日起30日内办理纳税申报;在1个纳税年度内分次取得承包经营、承租经营所得的,在每次取得所得后的次月7日内申报预缴,纳税年度终了后3个月内汇算清缴。

(4) 从中国境外取得所得的纳税人,在纳税年度终了后30日内向中国境内主管税务机关办理纳税申报。

(5) 纳税人取得其他各项所得须申报纳税的,在取得所得的次月7日内向主管税务机关办理纳税申报。

(6) 纳税人不能按照规定的期限办理纳税申报,需要延期的,按照税收征管法及其实施细则的规定办理延期申报。

(五) 申报方式

纳税人可以采取数据电文、邮寄等方式申报,也可以直接到主管税务机关申报,或者采取符合主管税务机关规定的其他方式申报。

纳税人采取数据电文方式申报的,应当按照税务机关规定的期限和要求保存有关纸质资料。纳税人采取邮寄方式申报的,以邮政部门挂号信函收据作为申报凭据,以寄出的邮戳日期为实际申报日期。纳税人可以委托有税务代理资质的中介机构或者他人代为办理纳税申报。

受理纳税申报的主管税务机关根据纳税人的申报情况,按照规定办理税款的征、补、退、抵手续。主管税务机关按照规定为已经办理纳税申报并缴纳税款的纳税人开具完税凭证。

二、扣缴申报[①]

个人所得税法规定,个人所得税以所得人为纳税人,以支付所得的单位或者个人为扣缴义务人。扣缴义务人应当按照国家规定办理全员全额扣缴申报。

个人所得税全员全额扣缴申报,是指扣缴义务人向个人支付应税所得时,不论其是否属于本单位人员、支付的应税所得是否达到纳税标准,扣缴义务人应当在代扣税款的

---

① 国家税务总局:《个人所得税全员全额扣缴申报管理暂行办法》,国税发〔2005〕205号。

次月内,向主管税务机关报送其支付应税所得个人的基本信息、支付所得项目和数额、扣缴税款数额以及其他相关涉税信息。

(一)扣缴范围

实行个人所得税全员全额扣缴申报的应税所得包括:工资、薪金所得;劳务报酬所得;稿酬所得;特许权使用费所得;利息、股息、红利所得;财产租赁所得;财产转让所得;偶然所得;经国务院财政部门确定征税的其他所得。

扣缴义务人向个人支付应纳税所得时,不论纳税人是否属于本单位人员,均应代扣代缴其应纳的个人所得税税款。需要注意的是,支付包括现金支付、汇拨支付、转账支付和以有价证券、实物以及其他形式的支付。

(二)基础信息报送

扣缴义务人应向主管税务机关报送个人的以下基础信息:姓名、身份证照类型及号码、职务、户籍所在地、有效联系电话、有效通信地址及邮政编码等。

对下列个人,扣缴义务人还应加报有关信息:

(1)非雇员(不含股东、投资者):工作单位名称等。

(2)股东、投资者:公司股本(投资)总额、个人股本(投资)额等。

(3)在中国境内无住所的个人(含雇员和非雇员):外文姓名、国籍或地区、出生地(中、外文)、居留许可号码(或台胞证号码、回乡证号码)、劳动就业证号码、职业、境内职务、境外职务、入境时间、任职期限、预计在华时间、预计离境时间、境内任职单位名称及税务登记证号码、境内任职单位地址和邮政编码及联系电话、境外派遣单位名称(中、外文)、境外派遣单位地址(中、外文)、支付地(包括境内支付和境外支付)等。

储蓄机构向储户支付的储蓄存款利息所得、证券兑付机构向企业债券持有人兑付的企业债券利息所得和上市公司向股民支付的股息、红利所得,可暂报送以下信息:姓名、身份证照类型及号码、支付的利息(股息、红利)所得、扣缴税款等。

各地应根据这些基础信息和管理工作的要求,制定《个人基础信息登记表》,并要求扣缴义务人填报。

扣缴义务人在进行初次扣缴申报时,应报送以上个人的基础信息。个人及基础信息发生变化时,扣缴义务人应在次月扣缴申报时,将变更信息报送主管税务机关。

(三)扣缴申报的期限与方式

扣缴义务人每月所扣的税款,应当在次月七日内缴入国库,并向税务机关报送纳税申报表。扣缴义务人应设立代扣代缴个人所得税款备查簿,正确反映扣缴个人所得税情况。

(1)扣缴义务人在税法规定的期限内解缴代扣税款时,应向主管税务机关报送《扣缴个人所得税报告表》《支付个人收入明细表》和个人基础信息。但同时报送有困难的,应最迟在扣缴税款的次月底前报送。

(2)扣缴义务人可以直接到税务机关办理扣缴申报,也可以按照规定采取邮寄、数据电文或者其他方式办理扣缴申报。

(3)扣缴义务人不能按期报送《扣缴个人所得税报告表》《支付个人收入明细表》和个人基础信息,需要延期申报的,应按征管法的有关规定办理。

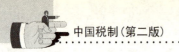

(4)扣缴义务人代扣税款时,纳税人要求扣缴义务人开具代扣税款凭证的,扣缴义务人应当开具。扣缴义务人应在开具代扣税款凭证的次月扣缴申报时,将开具代扣税款凭证的底联一并报送主管税务机关。

(5)主管税务机关应按照"一户式"管理的要求,对每个扣缴义务人建立档案,主管税务机关应以个人身份证照号码或个人纳税编码为标识,归集个人的基础信息、收入及纳税信息,逐人建立个人收入与纳税档案。

(6)税务机关应于年度终了3个月内,为已经实行扣缴申报后的个人按其全年实际缴纳的个人所得税额开具《中华人民共和国个人所得税完税证明》。

(四)法律责任

扣缴义务人在代扣税款时,必须向纳税人开具税务机关统一印制的代扣代收税款凭证,并详细注明纳税人姓名、工作单位、家庭住址和居民身份证或护照号码(无上述证件的,可用其他能有效证明身份的证件)等个人情况。对工资、奖金所得和利息、股息、红利所得等,因纳税人数众多、不便一一开具代扣代收税款凭证的,经主管税务机关同意,可不开具代扣代收税款凭证,但应通过一定形式告知纳税人已扣缴税款。纳税人为持有完税依据而向扣缴义务人索取代扣代收税款凭证的,扣缴义务人不得拒绝。

扣缴义务人应主动向税务机关申领代扣代收税款凭证,据以向纳税人扣税。非正式扣税凭证,纳税人可以拒收。

扣缴义务人对纳税人的应扣未扣的税款,其应纳税款仍然由纳税人缴纳,扣缴义务人应承担应扣未扣税款50%以上至3倍的罚款。

本章小结

个人所得税,以取得所得的自然人为纳税人,以支付所得的单位或者个人为扣缴义务人。依据住所和居住时间两个标准,个人所得税的纳税人分为居民纳税人和非居民纳税人,居民纳税人负有无限纳税义务,要就其来源于中国境内和境外的所得在中国缴纳个人所得税;非居民纳税人承担有限纳税义务,仅就其来源于中国境内的所得,向中国缴纳个人所得税。个人所得税的征税对象为个人取得的各项所得。中国个人所得税实行分类课征制,不同的应税所得项目采取不同的方法计算应纳税额,税法通过列举应税所得项目的方式明确了征税对象的具体范围。同时,现行税法对于个人取得的一些特定所得也明确了其所得项目归属及个人所得税计征方式。个人所得税有三种税率,工资、薪金所得,适用超额累进税率,税率为3%—45%;个体工商户的生产、经营所得和对企事业单位的承包经营、承租经营所得,适用5%—35%的超额累进税率;稿酬所得、劳务报酬所得、特许权使用费所得、利息、股息、红利所得、财产租赁所得、财产转让所得、偶然所得和其他所得,适用比例税率,税率为20%。现行个人所得税法规定,纳税人从中国境外取得的所得,准予其在应纳税额中扣除已在境外缴纳的个人所得税税额,但扣除额不得超过该纳税人境外所得依照中国个人所得税法规定计算的应纳税额。

本章重要术语

居民纳税人　非居民纳税人　工资、薪金所得　劳务报酬所得　特许权使用费所得　财产租赁所得　财产转让所得　偶然所得　其他所得　免征额　起征点　附加减除费用　全年一次性奖金　年金　股权激励　限售股　自行申报纳税　全员全额扣缴申报

复习思考题

1. 简述居民纳税人与非居民纳税人的划分标准。
2. 简述企业年金和事业年金的个人所得税处理。
3. 简述全年一次性奖金的个人所得税处理。
4. 简述个人转让限售股的个人所得税处理。

计算题

1. 我国公民李先生任职于北京某公司,同时还在上海某公司担任独立董事,2015年个人部分收入项目如下:

（1）4月取得工资收入8 000元,季度奖10 000元,加班补贴3 000元;

（2）5月取得境内某有限责任公司的股息收入20 000元,取得境内某上市公司的股息收入6 000元(系2015年2月通过深圳证券交易所购买);

（3）6月从上海公司取得董事费收入58 000元;

（4）7月从国外取得特许权使用费120 000元,按该国税法缴纳的个人所得税折合人民币15 000元;

（5）7月持有的限售股解禁后转让,取得转让收入160 000元,不能准确计算限售股原值;

（6）8月将2月购买的境内上市公司的股票出售,取得收入250 000元,已知该股票的购买价和相关税费合计为200 000元。

逐项计算李先生应缴纳的个人所得税。

2. 我国公民王先生2015年5月取得收入如下:

（1）利用两个周末为某设计单位讲学,合同约定讲课费标准为4万元;

（2）在某建筑学杂志上发表一篇论文,稿酬标准为3 000元;

（3）与某出版社签订建筑学图书翻译合同,合同中规定王某为该出版社出版中文图书配译英文简介,并为该出版社译制图书宣传册,以便在国际书展上使用,报酬为50元/千字,实际翻译字数150千字,宣传册20千字;

（4）与天津某出版社签订出版合同,合同中规定李某为该出版社出版的某本图书绘制建筑插图30幅,每幅报酬80元,李某可在版权页"插图"一栏处署名,合同同时规定该出版社在一定时期内取得该作品的专有使用权。

计算王先生当月应缴纳的个人所得税。

3. 我国公民张先生是境内甲公司的工程师,每月基本工资5 000元。2015年3月,甲公司派张先生到境内乙公司协助完成一项重要工程。在乙公司工作期间,甲公司继续向张先生支付基本工资,但取消职务津贴,由乙公司每月向张先生支付补助。2015年张先生的收入情况如下:

(1) 1—2月除基本工资外,从甲公司每月取得职务津贴4 000元;

(2) 3—12月从乙公司每月取得补助6 000元;

(3) 12月从甲公司取得年终奖金30 000元;

(4) 张先生为甲公司监事会成员,12月领取监事费30 000元;

(5) 6月从境内某上市公司分得股息1 500元(该股票系当年2月购进),从银行取得存款利息3 000元,从某投资公司(非上市公司)分得股息2 000元;

(6) 1—12月在丙公司兼职,每月取得兼职收入4 000元。

逐项计算张先生应缴纳的个人所得税。

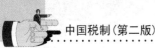

推荐阅读文献

1. 国家税务总局:《新个人所得税法手册》,中国税务出版社2011年版。
2. 许建国:《中国个人所得税改革研究》,中国财政经济出版社2016年版。
3. 国家税务总局所得税司:《个人所得税法规汇编》,中国税务出版社2016年版。

21世纪经济与管理规划教材

税 收 系 列

第七章

资源课税

学习目标

通过本章的学习,读者应该能够

■ 掌握现行资源税、城镇土地使用税和耕地占用税纳税人、征税范围与税率等税制要素的基本规定和税款征收管理办法。

■ 计算资源税、城镇土地使用税和耕地占用税的应纳税额。

第一节 资 源 税

资源税是对在中国境内从事资源开采的单位和个人征收的一种税。为保护国有资源,促进国有资源合理开发和有效利用,调节级差收入,1984 年 9 月 18 日国务院颁布了《中华人民共和国资源税条例(草案)》,从当年 10 月 1 日起对原油、天然气和煤炭三种矿产品征收资源税,同时国务院发布了《中华人民共和国盐税条例(草案)》,将盐税从原工商税中分离出来,成为一个独立的税种。国务院于 1993 年 12 月 25 日重新修订颁布了《中华人民共和国资源税暂行条例》,于 1994 年 1 月 1 日起施行。财政部于 1993 年 12 月 30 日发布了《中华人民共和国资源税暂行条例实施细则》,同时取消了盐税,将盐纳入资源税的征收范围。

2010 年 6 月 1 日,经国务院批准,将新疆原油、天然气资源税由原来的从量计征改为从价计征,税率为 5%。自 2010 年 12 月 1 日起,将在新疆实行的石油、天然气资源税改革推广到西部地区的 12 个省、区、市。2011 年 9 月 30 日,国务院公布了修改后的《中华人民共和国资源税暂行条例》,自 2011 年 11 月 1 日起,在全国范围内对原油、天然气实行从价定率计征。为促进资源节约集约利用和环境保护,推动转变经济发展方式,规范资源税费制度,自 2014 年 12 月 1 日起在全国范围内实施煤炭资源税从价计征改革。[1] 自 2015 年 5 月 1 日起实施稀土、钨、钼资源税从价计征改革。[2] 为深化财税制度改革,促进资源节约集约利用,加快生态文明建设,自 2016 年 7 月 1 日起,全面推开资源税从价计征改革,建立了税收与资源价格直接挂钩的调节机制,体现税收合理负担原则,有效调节资源收益,合理筹集国家财政收入,促进资源产业持续稳定健康发展。

一、纳税人

在中国领域及管辖海域开采应税矿产品或者生产盐(以下简称"开采或者生产应税产品")的单位和个人。单位,是指企业、行政单位、事业单位、军事单位、社会团体及其他单位。个人,是指个体工商户和其他个人。

自 2011 年 11 月 1 日起,中外合作开采海洋石油资源的中国企业和外国企业依法缴纳资源税,不再缴纳矿区使用费。但是,在此前已依法订立的中外合作开采海洋石油资源的合同,在已约定的合同有效期内,继续依照当时国家有关规定缴纳矿区使用费,不缴纳资源税;合同期满后,依法缴纳资源税。[3]

资源税仅对在中国境内开采或生产应税产品的单位和个人征收,进口的矿产品和盐不征收资源税。相应地,对出口应税产品也不免征或退还已纳资源税。

为促进水资源节约、保护和合理利用,自 2016 年 7 月 1 日起,在河北省实施水资源税改革试点。试点办法规定:利用取水工程或者设施直接从江河、湖泊(含水库)和地下取

---

[1] 财政部、国家税务总局:《关于实施煤炭资源税改革的通知》,财税〔2014〕72 号。
[2] 财政部、国家税务总局:《关于实施稀土、钨、钼资源税从价计征改革的通知》,财税〔2015〕52 号。
[3] 国务院:《关于修改〈中华人民共和国对外合作开采海洋石油资源条例〉的决定》,国务院令第 607 号。

用地表水、地下水的单位和个人,为水资源税纳税人。①

由于森林、草场、滩涂等资源在各地区的市场开发利用情况不尽相同,对其全面开征资源税条件尚不成熟,目前资源税改革不在全国范围统一规定对森林、草场、滩涂等资源征税,但对具备征收条件的,授权省级政府可结合本地实际,根据森林、草场、滩涂等资源开发利用情况提出征收资源税具体方案建议,报国务院批准后实施。

二、扣缴义务人

收购未税矿资源税产品的单位为资源税的扣缴义务人,由扣缴义务人在收购矿产品时代扣代缴资源税。

收购未税矿产品的单位是指独立矿山、联合企业及其他收购未税矿产品的单位。扣缴义务人履行代扣代缴的适用范围是:收购的除原油、天然气、煤炭以外的资源税未税矿产品。"未税矿产品"是指资源税纳税人在销售其矿产品时不能向扣缴义务人提供"资源税管理证明"的矿产品。"资源税管理证明"是证明销售的矿产品已缴纳资源税或已向当地税务机关办理纳税申报的有效凭证。② 独立矿山是指只有采矿或只有采矿和选矿,独立核算、自负盈亏的单位,其生产的原矿和精矿主要用于对外销售。联合企业是指采矿、选矿、冶炼(或加工)连续生产的企业或采矿、冶炼(或加工)连续生产的企业,其采矿单位,一般是该企业的二级或二级以下核算单位。③ 其他收购未税矿产品的单位,包括收购未税矿产品的个体户在内。④

将收购未税矿产品的单位规定为资源税的扣缴义务人,是为了加强资源税的征管,主要是适应税源小、零散、不定期开采、易漏税等税务机关认为不易控管、由扣缴义务人在收购时代扣代缴未税矿产品资源税为宜的情况。

三、征税对象与征收范围

资源税的征税对象为矿产品和盐,现行资源税通过列举税目的方式,明确了资源税的具体征税对象及其征收范围。

(1) 原油,是指开采的天然原油,不包括人造石油。凝析油视同原油,征收资源税。⑤

(2) 天然气,是指专门开采或与原油同时开采的天然气,暂不包括煤矿生产的天然气。对地面抽采煤层气暂不征收资源税。⑥

(3) 煤炭,应税煤炭包括原煤和以未税原煤即自采原煤加工的洗选煤。原煤是指开采出的毛煤经过简单选矸(矸石直径 50 mm 以上)后的煤炭,以及经过筛选分类后的筛选煤等。洗选煤是指经过筛选、破碎、水洗、风洗等物理化学工艺,去灰去矸后的煤炭产品,包括精煤、中煤、煤泥等,不包括煤矸石。⑦

---

① 财政部、国家税务总局、水利部:《关于印发〈水资源税改革试点暂行办法〉的通知》,财税〔2016〕55 号。
② 国家税务总局:《中华人民共和国资源税代扣代缴管理办法》,国税发〔1998〕49 号。
③ 国家税务总局:《资源税若干问题的规定》,国家税务总局公告 2011 年第 63 号。
④ 国家税务总局:《关于认定收购未税矿产品的个体户为资源税扣缴义务人的批复》,国税函〔2000〕733 号。
⑤ 国家税务总局:《资源税若干问题的规定》,国家税务总局公告 2011 年第 63 号。
⑥ 财政部、国家税务总局:《关于加快煤层气抽采有关税收政策问题的通知》,财税〔2007〕16 号。
⑦ 国家税务总局:关于发布《煤炭资源税征收管理办法(试行)》的公告,国家税务总局公告 2015 年第 51 号。

(4)非金属矿原矿,是指原油、天然气、煤炭和井矿盐以外的非金属矿原矿。

(5)金属矿原矿,包括黑色金属矿原矿和有色金属矿原矿,是指纳税人开采后自用、销售的,用于直接入炉冶炼或作为主产品先入选精矿、制造人工矿,再最终入炉冶炼的金属矿石原矿。①

(6)盐,包括固体盐、液体盐。固体盐是指海盐原盐、湖盐原盐和井矿盐;液体盐,是指卤水。

(7)水资源税的征税对象为地表水和地下水。地表水是陆地表面上动态水和静态水的总称,包括江、河、湖泊(含水库)、雪山融水等水资源;地下水是埋藏在地表以下各种形式的水资源。②

各税目的征税对象包括原矿、精矿(或原矿加工品)、金锭、氯化钠初级产品,具体按照《资源税税目税率幅度表》(表7-1)相关规定执行。对未列举名称的其他矿产品,省级人民政府可对本地区主要矿产品按矿种设定税目,对其余矿产品按类别设定税目,并按其销售的主要形态(如原矿、精矿)确定征税对象。③

纳税人开采或者生产应税产品自用于连续生产应税产品的,不缴纳资源税;自用于其他方面的(包括用于非生产项目和生产非应税产品两部分④),视同销售,缴纳资源税。

为促进共伴生矿的综合利用,纳税人开采销售共伴生矿,共伴生矿与主矿产品销售额分开核算的,对共伴生矿暂不计征资源税;没有分开核算的,共伴生矿按主矿产品的税目和适用税率计征资源税。财政部、国家税务总局另有规定的,从其规定。⑤

四、税目税率

资源税对绝大部分资源品目实行从价计征,仅对难以取得交易价格的黏土、砂石等极少数资源品目,按照有利于征管的原则,继续实行从量定额计征。对《资源税税目税率幅度表》中未列举名称的其他非金属矿产品,按照从价计征为主、从量计征为辅的原则,由省级人民政府确定计征方式。

对于资源税应税产品的具体适用税率,凡《资源税税目税率幅度表》中列举名称的资源品目,由省级人民政府在规定的税率幅度内提出具体适用税率建议,报财政部、国家税务总局确定核准。对未列举名称的其他金属和非金属矿产品,由省级人民政府根据实际情况确定具体税目和适用税率,报财政部、国家税务总局备案。⑥ 一个矿种原则上设定一档税率,少数资源条件差异较大的矿种可按不同资源条件、不同地区设定两档税率。⑦

---

① 国家税务总局:《资源税若干问题的规定》,国家税务总局公告2011年第63号。
② 财政部、国家税务总局、水利部:《关于印发〈水资源税改革试点暂行办法〉的通知》,财税〔2016〕55号。
③ 财政部、国家税务总局:《关于资源税改革具体政策问题的通知》,财税〔2016〕54号。
④ 国家税务总局:《资源税若干问题的规定》,国家税务总局公告2011年第63号。
⑤ 财政部、国家税务总局:《关于资源税改革具体政策问题的通知》,财税〔2016〕54号。
⑥ 财政部、国家税务总局:《关于全面推进资源税改革的通知》,财税〔2016〕53号。
⑦ 财政部、国家税务总局:《关于资源税改革具体政策问题的通知》,财税〔2016〕54号。

表 7-1 资源税税目税率幅度表

序号	税目		征税对象	税率幅度
1	原油			6%—10%
2	天然气			6%—10%
3	煤炭			2%—10%
4	金属矿	铁矿	精矿	1%—6%
5		金矿	金锭	1%—4%
6		铜矿	精矿	2%—8%
7		铝土矿	原矿	3%—9%
8		铅锌矿	精矿	2%—6%
9		镍矿	精矿	2%—6%
10		锡矿	精矿	2%—6%
11		钨	精矿	6.5%
12		钼	精矿	11%
13		稀土		轻稀土按地区执行不同的适用税率,其中,内蒙古为11.5%,四川为9.5%,山东为7.5% 中重稀土资源税适用税率为27% 钨资源税适用税率为6.5%
14		未列举名称的其他金属矿产品	原矿或精矿	税率不超过20%
15	非金属矿	石墨	精矿	3%—10%
16		硅藻土	精矿	1%—6%
17		高岭土	原矿	1%—6%
18		萤石	精矿	1%—6%
19		石灰石	原矿	1%—6%
20		硫铁矿	精矿	1%—6%
21		磷矿	原矿	3%—8%
22		氯化钾	精矿	3%—8%
23		硫酸钾	精矿	6%—12%
24		井矿盐	氯化钠初级产品	1%—6%
25		湖盐	氯化钠初级产品	1%—6%
26		提取地下卤水晒制的盐	氯化钠初级产品	3%—15%
27		煤层(成)气	原矿	1%—2%
28		黏土、砂石	原矿	每吨或立方米0.1元—5元
29		未列举名称的其他非金属矿产品	原矿或精矿	从量税率每吨或立方米不超过30元;从价税率不超过20%
30	海盐		氯化钠初级产品	1%—5%

注:
(1) 铝土矿包括耐火级矾土、研磨级矾土等高铝黏土。
(2) 氯化钠初级产品是指井矿盐、湖盐原盐、提取地下卤水晒制的盐和海盐原盐,包括固体和液体形态的初级产品。
(3) 海盐是指海水晒制的盐,不包括提取地下卤水晒制的盐。

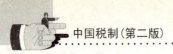

纳税人开采或者生产不同税目应税产品的,应当分别核算不同税目应税产品的销售额或者销售数量;未分别核算或者不能准确提供不同税目应税产品的销售额或者销售数量的,从高适用税率。

资源税扣缴义务人在代扣代缴资源税时,适用的税额(税率)为:独立矿山、联合企业收购未税资源税应税产品的单位,按照本单位应税产品税额(率)标准,依据收购的数量(金额)代扣代缴资源税。其他收购单位收购的未税资源税应税产品,按主管税务机关核定的应税产品税额(率)标准,依据收购的数量(金额)代扣代缴资源税。①

五、计税依据

资源税采取从价定率和从量定额征收的方式。实行从价定率征收的以销售额作为计税依据,实行从量定额征收的以销售数量为计税依据。

扣缴义务人代扣代缴资源税的计税依据为收购数量或者收购金额。收购数量(金额)的确定比照课税数量(销售额)的规定执行。

纳税人以未税产品和已税产品混合销售或者混合加工为应税产品销售的,应当准确核算已税产品的购进金额,在计算加工后的应税产品销售额时,准予扣减已税产品的购进金额;未分别核算的,一并计算缴纳资源税。

为公平原矿与精矿之间的税负,对同一种应税产品,征税对象为精矿的,纳税人销售原矿时,应将原矿销售额换算为精矿销售额缴纳资源税;征税对象为原矿的,纳税人自采原矿加工的精矿,应将精矿销售额折算为原矿销售额缴纳资源税。换算比或折算率原则上应通过原矿售价、精矿售价和选矿比计算,也可通过原矿销售额、加工环节平均成本和利润计算。②

金矿以标准金锭为征税对象,纳税人销售金原矿、金精矿的,应比照上述规定将其销售额换算为金锭销售额缴纳资源税。

换算比或折算率应按简便可行、公平合理的原则,由省级财税部门确定,并报财政部、国家税务总局备案。

(一)从价定率

1. 一般规定

实行从价定率征收的以销售额作为计税依据,销售额是指纳税人销售应税产品向购买方收取的全部价款和价外费用③,不包括增值税销项税额和运杂费用。

运杂费用是指应税产品从坑口或洗选(加工)地到车站、码头或购买方指定地点的运输费用、建设基金以及随运销产生的装卸、仓储、港杂费用。运杂费用应与销售额分别核算,凡未取得相应凭据或不能与销售额分别核算的,应当一并计征资源税。④

纳税人开采应税产品由其关联单位对外销售的,按其关联单位的销售额征收资源税。纳税人既有对外销售应税产品,又有将应税产品自用于除连续生产应税产品以外的

---

① 国家税务总局:《资源税若干问题的规定》,国家税务总局公告2011年第63号。
② 财政部、国家税务总局:《关于资源税改革具体政策问题的通知》,财税〔2016〕54号。
③ 价外费用的内容及其例外同增值税、消费税等税种的规定相同。
④ 财政部、国家税务总局:《关于资源税改革具体政策问题的通知》,财税〔2016〕54号。

其他方面的,则自用的这部分应税产品,按纳税人对外销售应税产品的平均价格计算销售额征收资源税。纳税人将其开采的应税产品直接出口的,按其离岸价格(不含增值税)计算销售额征收资源税。①

纳税人以自产的液体盐加工固体盐,按固体盐税率征税,以加工的固体盐数量为课税数量。纳税人以外购的液体盐加工成固体盐,其加工固体盐所耗用液体盐的已纳税额准予抵扣。②

纳税人以人民币以外的货币结算销售额的,应当折合成人民币计算。其销售额的人民币折合率可以选择销售额发生的当天或者当月1日的人民币汇率中间价。纳税人应在事先确定采用何种折合率计算方法,确定后1年内不得变更。

2. 煤炭资源税的计税依据③

(1) 纳税人开采原煤直接对外销售的,以原煤销售额作为应税煤炭销售额计算缴纳资源税。原煤销售额不含从坑口到车站、码头等的运输费用。

纳税人将其开采的原煤,自用于连续生产洗选煤的,在原煤移送使用环节不缴纳资源税;自用于其他方面的,视同销售原煤计算缴纳资源税。

(2) 纳税人将其开采的原煤加工为洗选煤销售的,以洗选煤销售额乘以折算率作为应税煤炭销售额计算缴纳资源税。洗选煤销售额包括洗选副产品的销售额,不包括洗选煤从洗选煤厂到车站、码头等的运输费用。

折算率可通过洗选煤销售额扣除洗选环节成本、利润计算,公式为:

$$洗选煤折算率=(洗选煤平均销售额-洗选环节平均成本-洗选环节平均利润)/洗选煤平均销售额\times100\%$$

洗选煤平均销售额、洗选环节平均成本、洗选环节平均利润可按照上年当地行业平均水平测算确定

折算率确定的另一种方法是可通过洗选煤市场价格与其所用同类原煤市场价格的差额及综合回收率计算,公式为:

$$洗选煤折算率=原煤平均销售额/(洗选煤平均销售额\times综合回收率)\times100\%$$

原煤平均销售额、洗选煤平均销售额可按照上年当地行业平均水平测算确定。

$$综合回收率=洗选煤数量/入洗前原煤数量\times100\%$$

折算率由省、自治区、直辖市财税部门或其授权地市级财税部门确定。

(3) 纳税人将其开采的原煤加工为洗选煤自用的,视同销售洗选煤,依照税法关于确定"计税价格"的规定和方法确定销售额,计算缴纳资源税。

(4) 原煤及洗选煤销售额中包含的运输费用、建设基金以及随运销产生的装卸、仓

---

① 国家税务总局:《资源税若干问题的规定》,国家税务总局公告2011年第63号。
② 同上。
③ 财政部、国家税务总局:《关于实施煤炭资源税改革的通知》,财税〔2014〕72号;国家税务总局:关于发布《煤炭资源税征收管理办法(试行)》的公告,国家税务总局公告2015年第51号。

储、港杂等费用应与煤价分别核算,凡取得相应凭证的,允许在计算煤炭计税销售额时予以扣减。[①] 运输费用明显高于当地市场价格导致应税煤炭产品价格偏低,且无正当理由的,主管税务机关有权合理调整计税价格。

(5) 纳税人以自采原煤或加工的洗选煤连续生产焦炭、煤气、煤化工、电力等产品,自产自用且无法确定应税煤炭移送使用量的,可采取最终产成品的煤耗指标确定用煤量,即:煤电一体化企业可按照每千瓦时综合供电煤耗指标进行确定;煤化工一体化企业可按照煤化工产成品的原煤耗用率指标进行确定;其他煤炭连续生产企业可采取其产成品煤耗指标进行确定,或者参照其他合理方法进行确定。

(6) 纳税人将自采原煤与外购原煤(包括煤矸石)进行混合后销售的,应当准确核算外购原煤的数量、单价及运费,在确认计税依据时可以扣减外购相应原煤的购进金额。

$$计税依据 = 当期混合原煤销售额 - 当期用于混售的外购原煤的购进金额$$
$$外购原煤的购进金额 = 外购原煤的购进数量 \times 单价$$

纳税人将自采原煤连续加工的洗选煤与外购洗选煤进行混合后销售的,比照上述有关规定计算缴纳资源税。

(7) 纳税人以自采原煤和外购原煤混合加工洗选煤的,应当准确核算外购原煤的数量、单价及运费,在确认计税依据时可以扣减外购相应原煤的购进金额。

$$计税依据 = 当期洗选煤销售额 \times 折算率 - 当期用于混洗混售的外购原煤的购进金额$$
$$外购原煤的购进金额 = 外购原煤的购进数量 \times 单价$$

3. 稀土、钨、钼的计税依据[②]

稀土、钨、钼应税产品包括原矿和以自采原矿加工的精矿。纳税人将其开采的原矿加工为精矿销售的,按精矿销售额(不含增值税)和适用税率计算缴纳资源税。纳税人开采并销售原矿的,将原矿销售额(不含增值税)换算为精矿销售额计算缴纳资源税。

纳税人销售(或者视同销售)其自采原矿的,可采用成本法或市场法将原矿销售额换算为精矿销售额计算缴纳资源税。其中成本法公式为:

$$精矿销售额 = 原矿销售额 + 原矿加工为精矿的成本 \times (1 + 成本利润率)$$

市场法公式为:

$$精矿销售额 = 原矿销售额 \times 换算比$$
$$换算比 = 同类精矿单位价格 / (原矿单位价格 \times 选矿比)$$
$$选矿比 = 加工精矿耗用的原矿数量 / 精矿数量$$

与稀土共生、伴生的铁矿石,在计征铁矿石资源税时,准予扣减其中共生、伴生的稀土矿石数量。与稀土、钨和钼共生、伴生的应税产品,或者稀土、钨和钼为共生、伴生矿的,在改革前未单独计征资源税的,改革后暂不计征资源税。

---

① 财政部、国家税务总局:《关于煤炭资源税费有关政策的补充通知》,财税〔2015〕70号。
② 财政部、国家税务总局:《关于实施稀土、钨、钼资源税从价计征改革的通知》,财税〔2015〕52号。

（二）从量定额

实行从量定额征收的以销售数量为计税依据，销售数量的具体规定为：

(1) 销售数量，包括纳税人开采或者生产应税产品的实际销售数量和视同销售的自用数量。

(2) 纳税人不能准确提供应税产品销售数量的，以应税产品的产量或者主管税务机关确定的折算比换算成的数量为计征资源税的销售数量。

(3) 纳税人在资源税纳税申报时，除财政部、国家税务总局另有规定外，应当将其应税与减免税项目分别计算和报送。

(4) 非金属矿产品原矿，因无法准确掌握纳税人移送使用原矿数量的，可将其精矿按选矿比折算成原矿数量，以此作为课税数量，其计算公式为：

$$选矿比 = 精矿数量 / 耗用原矿数量$$

六、应纳税额的计算

（一）从价定率

实行从价定率征收的，根据应税产品的销售额和规定的适用税率计算应纳税额，具体计算公式为：

$$应纳税额 = 应税产品销售额 \times 适用税率$$

$$代扣代缴应纳税额 = 收购未税矿产品的金额 \times 适用税率$$

（二）从量定额

实行从量定额征收的，根据应税产品的课税数量和规定的单位税额计算应纳税额，具体计算公式为：

$$应纳税额 = 课税数量 \times 单位税额$$

$$代扣代缴应纳税额 = 收购未税矿产品的数量 \times 适用的单位税额$$

（三）水资源税应纳税额的计算[①]

水资源税实行从量计征。应纳税额计算公式：

$$应纳税额 = 取水口所在地税额标准 \times 实际取用水量$$

水资源税的征税对象为地表水和地下水，按地表水和地下水分类确定水资源税适用税额标准。地表水分为农业、工商业、城镇公共供水、水力发电、火力发电贯流式、特种行业及其他取用地表水。地下水分为农业、工商业、城镇公共供水、特种行业及其他取用地下水。特种行业取用水包括洗车、洗浴、高尔夫球场、滑雪场等取用水。

水力发电和火力发电贯流式取用水量按照实际发电量确定。对水力发电和火力发电贯流式以外的取用水设置最低税额标准，地表水平均不低于每立方米0.4元，地下水

[①] 财政部、国家税务总局、水利部：《关于印发〈水资源税改革试点暂行办法〉的通知》，财税〔2016〕55号。

平均不低于每立方米1.5元。水力发电和火力发电贯流式取用水的税额标准为每千瓦小时0.005元。

为加大水资源保护力度，有效抑制地下水超采，对取用地下水从高制定税额标准。对同一类型取用水，地下水水资源税税额标准要高于地表水，水资源紧缺地区地下水水资源税税额标准要大幅高于地表水。超采地区的地下水水资源税税额标准要高于非超采地区，严重超采地区的地下水水资源税税额标准要大幅高于非超采地区。

城镇公共供水管网覆盖范围内取用地下水的，水资源税税额标准要高于公共供水管网未覆盖地区，原则上要高于当地同类用途的城市供水价格。

对特种行业取用水，从高制定税额标准。对超计划或者超定额取用水，从高制定税额标准。

为确保改革的平稳推进，不影响正常生产生活用水，对超过规定限额的农业生产取用水，包括种植业、畜牧业、水产养殖业、林业取用水，以及主要供农村人口生活用水的集中式饮水工程取用水，从低制定税额标准。对企业回收利用的采矿排水（疏干排水）和地温空调回用水，从低制定税额标准。

七、税收优惠

（一）资源税暂行条例规定的优惠

(1) 开采原油过程中用于加热、修井的原油，免税。

(2) 纳税人开采或者生产应税产品过程中，因意外事故或者自然灾害等原因遭受重大损失的，由省、自治区、直辖市人民政府酌情决定减税或者免税。

(3) 国务院规定的其他减税、免税项目。

（二）财政部国家税务总局规定的优惠

(1) 对衰竭期煤矿开采的煤炭，资源税减征30%。衰竭期煤矿，是指剩余可采储量下降到原设计可采储量的20%（含）以下，或者剩余服务年限不超过5年的煤矿。对充填开采置换出来的煤炭，资源税减征50%。纳税人开采的煤炭，同时符合上述减税情形的，纳税人只能选择其中一项执行，不能叠加适用。①

(2) 对油田范围内运输稠油过程中用于加热的原油、天然气免征资源税。对稠油、高凝油和高含硫天然气资源税减征40%。对三次采油资源税减征30%。三次采油，是指二次采油后继续以聚合物驱、复合驱、泡沫驱、气水交替驱、二氧化碳驱、微生物驱等方式进行采油。对低丰度油气田资源税暂减征20%。对深水油气田资源税减征30%。需要注意的是，符合上述减免税规定的原油、天然气划分不清的，一律不予减免资源税；同时符合上述两项及两项以上减税规定的，只能选择其中一项执行，不能叠加适用。②

(3) 对青藏铁路公司及其所属单位自采自用的砂、石等材料免征资源税；对青藏铁路公司及其所属单位自采外销及其他单位和个人开采销售给青藏铁路公司及其所属单位

---

① 财政部、国家税务总局：《关于实施煤炭资源税改革的通知》，财税〔2014〕72号。
② 财政部、国家税务总局：《关于西部地区原油天然气资源税改革若干问题的规定的通知》，财税〔2010〕112号。

的砂、石等材料照章征收资源税。①

（4）对依法在建筑物下、铁路下、水体下通过充填开采方式采出的矿产资源,资源税减征50％。充填开采是指随着回采工作面的推进,向采空区或离层带等空间充填废石、尾矿、废渣、建筑废料以及专用充填合格材料等采出矿产品的开采方法。

（5）对实际开采年限在15年以上的衰竭期矿山开采的矿产资源,资源税减征30％。衰竭期矿山是指剩余可采储量下降到原设计可采储量的20％（含）以下或剩余服务年限不超过5年的矿山,以开采企业下属的单个矿山为单位确定。

（6）对鼓励利用的低品位矿、废石、尾矿、废渣、废水、废气等提取的矿产品,由省级人民政府根据实际情况确定是否给予减税或免税。②

（7）对规定限额内的农业生产取用水,免征水资源税。对取用污水处理回用水、再生水等非常规水源,免征水资源税。③

需要注意的是,纳税人的减税、免税项目,应当单独核算课税数量;未单独核算或者不能准确提供课税数量的,不予减税或者免税。

八、征收管理

（一）纳税时间

纳税人销售应税产品,纳税义务发生时间为收讫销售款或者取得索取销售款凭据的当天;具体纳税义务发生时间是：

（1）纳税人采取分期收款结算方式的,为销售合同规定的收款日期的当天。

（2）纳税人采取预收货款结算方式的,为发出应税产品的当天。

（3）纳税人采取其他结算方式的,为收讫销售款或者取得索取销售款凭据的当天。

（4）纳税人自产自用应税产品的,为移送使用应税产品的当天。

扣缴义务人代扣代缴税款的纳税义务发生时间,为支付货款的当天,具体为支付首笔货款或首次开具支付货款凭据的当天。④

（二）纳税环节⑤

资源税在应税产品的销售或自用环节计算缴纳。以自采原矿加工精矿产品的,在原矿移送使用时不缴纳资源税,在精矿销售或自用时缴纳资源税。

纳税人以自采原矿加工金锭的,在金锭销售或自用时缴纳资源税。纳税人销售自采原矿或者自采原矿加工的金精矿、粗金,在原矿或者金精矿、粗金销售时缴纳资源税,在移送使用时不缴纳资源税。

以应税产品投资、分配、抵债、赠与、以物易物等,视同销售,依照本通知有关规定计算缴纳资源税。

（三）纳税期限

资源税的纳税期限为1日、3日、5日、10日、15日或者1个月,由主管税务机关根据

---

① 财政部、国家税务总局：《关于青藏铁路公司运营期间有关税收等政策问题的通知》,财税〔2007〕第011号。
② 财政部、国家税务总局：《关于资源税改革具体政策问题的通知》,财税〔2016〕54号。
③ 财政部、国家税务总局、水利部：《关于印发〈水资源税改革试点暂行办法〉的通知》,财税〔2016〕55号。
④ 国家税务总局：《资源税若干问题的规定》,国家税务总局公告2011年第63号。
⑤ 财政部、国家税务总局：《关于资源税改革具体政策问题的通知》,财税〔2016〕54号

实际情况具体核定。不能按固定期限计算纳税的,可以按次计算纳税。

纳税人以1个月为一期纳税的,自期满之日起10日内申报纳税;以1日、3日、5日、10日或者15日为一期纳税的,自期满之日起5日内预缴税款,于次月1日起10日内申报纳税并结清上月税款。

扣缴义务人的解缴税款期限,比照纳税人纳税期限的规定执行。

(四)纳税地点

纳税人应当向矿产品的开采地或盐的生产地缴纳资源税。纳税人在本省、自治区、直辖市范围开采或者生产应税产品,其纳税地点需要调整的,由省级地方税务机关决定。

跨省、自治区、直辖市开采或者生产资源税应税产品的纳税人,其下属生产单位与核算单位不在同一省、自治区、直辖市的,对其开采或者生产的应税产品,一律在开采地或者生产地纳税。实行从量计征的应税产品,其应纳税款一律由独立核算的单位按照每个开采地或者生产地的销售量及适用税率计算划拨;实行从价计征的应税产品,其应纳税款一律由独立核算的单位按照每个开采地或者生产地的销售量、单位销售价格及适用税率计算划拨。

扣缴义务人代扣代缴的资源税,应当向收购地主管税务机关缴纳。

第二节　城镇土地使用税

城镇土地使用税是以城镇土地为征税对象,对拥有土地使用权的单位和个人征收的一种税。国务院于1988年9月27日发布了《中华人民共和国城镇土地使用税暂行条例》,同年11月1日起施行。国务院于2006年12月30日重新修订、公布了《中华人民共和国城镇土地使用税暂行条例》,并自2007年1月1日起执行。2013年12月7日,国务院公布了《国务院关于修改部分行政法规的决定》,对《中华人民共和国城镇土地使用税暂行条例》进行了修订,并自2013年12月7日起开始实施。

一、征收范围

城镇土地使用税的征收范围,包括在城市、县城、建制镇和工矿区内的国家所有和集体所有的土地。①

城市是指国务院批准设立的市;城市的征收范围为市区和郊区。县城是指县人民政府所在地;县城的征收范围为县人民政府所在的城镇。建制镇是指经省、自治区、直辖市人民政府批准设立的建制镇;建制镇的征收范围为镇人民政府所在地。工矿区是指工商业比较发达,人口比较集中,符合国务院规定的建制镇标准,但尚未设立建制镇的大中型工矿企业所在地,工矿区须经省、自治区、直辖市人民政府批准。城市、县城、建制镇、工矿区的具体征收范围,由各省、自治区、直辖市人民政府划定。②

---

① 国家税务局:《关于城镇土地使用税若干具体问题的解释和暂行规定》,国税地字〔1988〕15号。
② 同上。

对农林牧渔业用地和农民居住房用土地,不征收城镇土地使用税。①

二、纳税人

城镇土地使用税的纳税人为在城市、县城、建制镇、工矿区范围内使用土地的单位和个人。单位,包括国有企业、集体企业、私营企业、股份制企业、外商投资企业、外国企业以及其他企业和事业单位、社会团体、国家机关、军队以及其他单位;个人,包括个体工商户以及其他个人。

城镇土地使用税,一般是由拥有土地使用权的单位或个人缴纳,拥有土地使用权的纳税人不在土地所在地的,由代管人或实际使用人纳税;土地使用权未确定或权属纠纷未解决的,由实际使用人纳税;土地使用权共有的,由共有各方分别纳税。②

在城镇土地使用税征收范围内实际使用应税集体所有建设用地、但未办理土地使用权流转手续的,由实际使用集体土地的单位和个人按规定缴纳城镇土地使用税。③

土地使用者不论以何种方式取得土地使用权,是否缴纳土地使用金,只要在城镇土地使用税的开征范围内,都应依照规定缴纳城镇土地使用税。④

三、计税依据

城镇土地使用税以纳税人实际占用的土地面积为计税依据,土地面积计量标准为每平方米。即税务机关根据纳税人实际占用的土地面积,按照规定的税额计算应纳税额,向纳税人征收城镇土地使用税。

对在城镇土地使用税征税范围内单独建造的地下建筑用地,征收城镇土地使用税。其中,已取得地下土地使用权证的,按土地使用权证确认的土地面积计算应征税款;未取得地下土地使用权证或地下土地使用权证上未标明土地面积的,按地下建筑垂直投影面积计算应征税款。对地下建筑用地暂按应征税款的50%征收城镇土地使用税。⑤

对纳税人实际占用土地面积的确定,以由省、自治区、直辖市人民政府确定的单位组织测定的土地面积为计税依据;尚未组织测量,但纳税人持有政府部门核发的土地使用证书的,以证书确认的土地面积为计税依据;尚未核发土地使用证书的,以纳税人据实申报土地面积为计税依据,待核发土地使用证、地籍测量后再作调整。⑥

土地使用权共有的各方,应按其实际使用的土地面积占总面积的比例,分别计算缴纳土地使用税。⑦

---

① 国家税务总局:《关于调整房产税和土地使用税具体征税范围解释规定的通知》,国税发〔1999〕44号。
② 国家税务局:《关于城镇土地使用税若干具体问题的解释和暂行规定》,国税地字〔1988〕15号。
③ 财政部、国家税务总局:《关于集体土地城镇土地使用税有关政策的通知》,财税〔2006〕56号。
④ 国家税务总局:《关于对已缴纳土地使用金的土地使用者应征收城镇土地使用税的批复》,国税函发〔1998〕669号;国家税务局:《关于受让土地使用权者应征收城镇土地使用税问题的批复》,国税函〔1993〕501号。
⑤ 财政部、国家税务总局:《关于房产税城镇土地使用税有关问题的通知》,财税〔2009〕128号。
⑥ 国家税务局:《关于城镇土地使用税若干具体问题的解释和暂行规定》,国税地字〔1988〕15号;国家土地管理局、国家税务局:《关于提供土地使用权属资料问题的通知》,国土(籍)字〔1988〕189号。
⑦ 国家税务局:《关于城镇土地使用税若干具体问题的解释和暂行规定》,国税地字〔1988〕15号。

四、税率

城镇土地使用税采用定额税率,按大、中、小城市和县城、建制镇、工矿区的不同,实行有幅度的差别税额。城镇土地使用税每平方米年税额如下:大城市1.5元至30元;中等城市1.2元至24元;小城市0.9元至18元;县城、建制镇、工矿区0.6元至12元。

中、小城市以公安部门登记在册的非农业正式户口人数为依据,按照国务院颁布的《城市规划条例》中规定的标准划分。现行的划分标准是:市区及郊区非农业人口总计在20万至50万的,为中等城市;市区及郊区非农业人口总计在20万以下的,为小城市。①

省、自治区、直辖市人民政府,应当在规定的税额幅度内,根据市政建设状况、经济繁荣程度等条件,确定所辖地区的适用税额幅度。

市、县人民政府应当根据实际情况,将本地区土地划分为若干等级,在省、自治区、直辖市人民政府确定的税额幅度内,制定相应的适用税额标准,报省、自治区、直辖市人民政府批准执行。

经省、自治区、直辖市人民政府批准,经济落后地区城镇土地使用税的适用税额标准可以适当降低,但降低额不得超过最低税额的30%。经济发达地区城镇土地使用税的适用税额标准可以适当提高,但须报经财政部批准。

五、应纳税额计算

城镇土地使用税的应纳税额按照纳税人实际占用的土地面积乘以适用税额计算。计算公式为:

$$\text{全年应纳税额} = \text{实际占用应税土地面积(平方米)} \times \text{适用税额}$$

六、税收优惠

(一)法定减免

按照城镇土地使用税暂行条例的规定,下列土地免缴城镇土地使用税:

(1)国家机关、人民团体、军队自用的土地,具体是指这些单位本身的办公用地和公务用地。

(2)由国家财政部门拨付事业经费的单位自用的土地,具体是指这些单位本身的业务用地。由国家财政部门拨付事业经费的单位,是指由国家财政部门拨付经费,实行全额预算管理或差额预算管理的事业单位。不包括实行自收自支,自负盈亏的事业单位。②

(3)宗教寺庙、公园、名胜古迹自用的土地。

"宗教寺庙"包括寺、庙、宫观、教堂等各种宗教活动场所。宗教寺庙自用的土地,是指举行宗教仪式等的用地和寺庙内的宗教人员生活用地。③

---

① 国家税务局:《关于城镇土地使用税若干具体问题的解释和暂行规定》,国税地字〔1988〕15号。
② 同上。
③ 国家税务总局:《对"关于中华人民共和国城镇土地使用税暂行条例第六条中'宗教寺庙'适用范围的请示"的复函》,国税地字〔1988〕20号;国家税务局:《关于城镇土地使用税若干具体问题的解释和暂行规定》,国税地字〔1988〕15号。

公园、名胜古迹自用的土地，是指供公共参观游览的用地及其管理单位的办公用地。以上单位的生产、经营用地和其他用地，不属于免税范围，应按规定缴纳城镇土地使用税。公园名胜古迹中附设的营业单位，如影剧院、饮食部、茶社照相馆等使用的土地，以及公园、名胜古迹内的索道公司经营用地，应征收城镇土地使用税。[①]

(4) 市政街道、广场、绿化地带等公共用地。

(5) 直接用于农、林、牧、渔业的生产用地，具体是指直接从事于种植养殖、饲养的专业用地，不包括农副产品加工场地和生活、办公用地。

在城镇土地使用税征收范围内经营采摘、观光农业的单位和个人，其直接用于采摘、观光的种植、养殖、饲养的土地，属于"直接用于农、林、牧、渔业的生产用地"，免征城镇土地使用税。在城镇土地使用税征收范围内，利用林场土地兴建度假村等休闲娱乐场所的，其经营、办公和生活用地，应规定征收城镇土地使用税。[②] 凡在开征范围内的土地，除直接用于农、林、牧、渔业的按规定免予征税以外，均应照章征收城镇土地使用税。[③]

(6) 经批准开山填海整治的土地和改造的废弃土地，从使用的月份起免缴城镇土地使用税5—10年。开山填海整治的土地和改造的废弃土地，以土地管理机关出具的证明文件为依据确定；具体免税期限由各省、自治区、直辖市税务局在城镇土地使用税暂行条例规定的期限内自行确定。[④] 享受免缴城镇土地使用税5—10年的填海整治的土地，是指纳税人经有关部门批准后自行填海整治的土地，不包括纳税人通过出让、转让、划拨等方式取得的已填海整治的土地。[⑤]

(7) 由财政部另行规定免税的能源、交通、水利设施用地和其他用地。

(8) 纳税人因缴纳城镇土地使用税确有困难（含遭受自然灾害）需要减税免税的，不再报国家税务总局审批。纳税人办理城镇土地使用税困难减免须提出书面申请并提供相关情况材料，报主管地方税务机关审核后，由省、自治区、直辖市和计划单列市地方税务局审批。城镇土地使用税减免税审批权限应集中在省级（含计划单列市）地方税务机关，不得下放。[⑥]

(二) 特定减免

(1) 企业办的学校、医院、托儿所、幼儿园，其用地能与企业其他用地明确区分的，免征城镇土地使用税。[⑦]

(2) 对生产核系列产品的厂矿，为照顾其特殊情况，除生活区、办公区用地应依照规定征收城镇土地使用税外，其他用地暂予免征城镇土地使用税。对除生产核系列产品厂

[①] 国家税务局：《关于城镇土地使用税若干具体问题的解释和暂行规定》，国税地字〔1988〕15号；财政部、国家税务总局：《关于房产税城镇土地使用税有关问题的通知》，财税〔2008〕152号。
[②] 财政部、国家税务总局：《关于房产税、城镇土地使用税有关政策的通知》，财税〔2006〕186号。
[③] 国家税务局：《关于印发〈关于土地使用税若干具体问题的补充规定〉的通知》，国税地字〔1989〕140号。
[④] 国家税务局：《关于城镇土地使用税若干具体问题的解释和暂行规定》，国税地字〔1988〕15号。
[⑤] 国家税务总局：《关于填海整治土地免征城镇土地使用税问题的批复》，国税函〔2005〕968号。
[⑥] 国家税务总局：《关于下放城镇土地使用税困难减免审批项目管理层级后有关问题的通知》，国税函〔2004〕940号。
[⑦] 国家税务局：《关于城镇土地使用税若干具体问题的解释和暂行规定》，国税地字〔1988〕15号；财政部、国家税务总局：《关于教育税收政策的通知》，财税〔2004〕39号。

矿以外的其他企业,如仪表企业、机械修造企业、建筑安装企业等,应依照规定征收城镇土地使用税。① 对核电站的核岛、常规岛、辅助厂房和通信设施用地(不包括地下线路用地)、生活、办公用地按规定征收城镇土地使用税,其他用地免征城镇土地使用税。对核电站应税土地在基建期内减半征收城镇土地使用税。②

(3) 对火电厂厂区围墙外的灰场、输灰管、输油(气)管道、铁路专用线用地、水源用地以及热电厂供热管道用地,免征城镇土地使用税;对厂区围墙内的用地,厂区围墙外的其他用地,应照章征税。对水电站的发电厂房用地(包括坝内、坝外式厂房),生产、办公、生活用地,照章征收城镇土地使用税;对其他用地给予免税照顾。对供电部门的输电线路用地、交电站用地,免征城镇土地使用税。③

(4) 对水利设施及其管护用地(如水库库区、大坝、堤防、灌渠、泵站等用地),免征城镇土地使用税;其他用地,如生产、办公、生活用地,应照章征收城镇土地使用税。对兼有发电的水利设施用地征免城镇土地使用税问题,比照电力行业征免城镇土地使用税的有关规定办理。④

(5) 机场飞行区(包括跑道、滑行道、停机坪、安全带、夜航灯光区)用地,场内外通信导航设施用地和飞行区四周排水防洪设施用地,免征城镇土地使用税。机场道路,区分为场内、场外道路。场外道路用地免征城镇土地使用税;场内道路用地依照规定征收城镇土地使用税。机场工作区(包括办公、生产和维修用地及候机楼、停车场)用地、生活区用地、绿化用地,均须依照规定征收城镇土地使用税。⑤

(6) 石油天然气(含页岩气、煤层气)生产企业用地城镇土地使用税政策主要有两个方面:一是石油天然气生产建设用地暂免征收城镇土地使用税,包括地质勘探、钻井、井下作业、油气田地面工程等施工临时用地,企业厂区以外的铁路专用线、公路及输油(气、水)管道用地以及油气长输管线用地。二是在城市、县城、建制镇以外工矿区内的消防、防洪排涝、防风、防沙设施用地,暂免征收城镇土地使用税。需要注意的是,享受上述税收优惠的用地,用于非税收优惠用途的,不得享受本通知规定的税收优惠;其他油气生产及办公、生活区用地,依照规定征收城镇土地使用税。⑥

(7) 煤炭企业的矸石山、排土场用地,防排水沟用地,矿区办公、生活区以外的公路、铁路专用线及轻便道和输变电线路用地,火炸药库库房外安全区用地,向社会开放的公园及公共绿化带用地,暂免征收城镇土地使用税。⑦ 对企业的铁路专用线、公路等用地,除另有规定者外,在企业厂区(包括生产、办公及生活区)以内的,应照章征收土地使用税;在厂区以外、与社会公用地段未加隔离的,暂免征收城镇土地使用税。⑧

---

① 国家税务局:《关于对核工业总公司所属企业征免城镇土地使用税问题的若干规定》,国税地字〔1989〕7号。
② 财政部、国家税务总局:《关于核电站用地征免城镇土地使用税的通知》,财税〔2007〕124号。
③ 国家税务局:《关于电力行业征免城镇土地使用税问题的规定》,国税地字〔1989〕13号;国家税务局:《对〈关于请求再次明确电力行业土地使用税征免范围问题的函〉的复函》,国税地字〔1989〕44号。
④ 国家税务局:《关于水利设施用地征免城镇土地使用税问题的规定》,国税地字〔1989〕14号。
⑤ 国家税务局:《关于对民航机场用地征免土地使用税问题的规定》,国税地字〔1989〕32号。
⑥ 财政部、国家税务总局:《关于石油天然气生产企业城镇土地使用税政策的通知》,财税〔2015〕76号。
⑦ 国家税务局:《关于对煤炭企业用地征免土地使用税问题的规定》,国税地字〔1989〕89号。
⑧ 国家税务局:《关于印发〈关于土地使用税若干具体问题的补充规定〉的通知》,国税地字〔1989〕140号。

(8) 对矿山(石灰厂、水泥厂、大理石厂、沙石厂等企业)的采矿场、排土场、尾矿库、炸药库的安全区、采区运矿及运岩公路、尾矿输送管道及回水系统用地,免征城镇土地使用税。对矿山企业采掘地下矿造成的塌陷地以及荒山占地,在未利用之前,暂免征收城镇土地使用税。①

(9) 对港口的码头(即泊位,包括岸边码头、伸入水中的浮码头、堤岸、堤坝、栈桥等)用地,免征城镇土地使用税。②

(10) 企业搬迁后,原有场地不使用的;企业范围内的荒山、林地、湖泊等占地,尚未利用的;企业厂区以外的公共绿化用地和向社会开放的公园用地,暂免征收城镇土地使用税。③

对已按规定免征城镇土地使用税的企业范围内荒山、林地、湖泊等占地,自2014年1月1日至2015年12月31日,按应纳税额减半征收城镇土地使用税,自2016年1月1日起,全额征收城镇土地使用税。④

(11) 对盐场的盐滩、盐矿的矿井用地,暂免征收城镇土地使用税。对盐场、盐矿的其他用地,由省、自治区、直辖市税务局根据实际情况,确定征收城镇土地使用税或给予定期减征、免征的照顾。但对盐场、盐矿的生产厂房、办公、生活区用地,应照章征收土地使用税。⑤

(12) 中国海洋石油总公司及其所属公司下列用地,暂免征收城镇土地使用税:导管架、平台组块等海上结构物建造用地;码头用地;输油气管线用地;通信天线用地;办公、生活区以外的公路、铁路专用线、机场用地。⑥

(13) 对林区的有林地、运材道、防火道、防火设施用地,免征土地使用税。林业系统的森林公园、自然保护区,可比照公园免征城镇土地使用税。⑦

(14) 对非营利性医疗机构、疾病控制机构和妇幼保健机构等卫生机构自用的土地免征城镇土地使用税。对营利性医疗机构自用的土地,自其取得执业登记之日起,3年内免征城镇土地使用税。3年免税期满后恢复征税。⑧ 非营利性科研机构自用的土地,免征城镇土地使用税。⑨

(15) 铁道部所属铁路运输企业自用的土地免征城镇土地使用税。⑩ 享受免征城镇

---

① 国家税务局:《关于对矿山企业征免土地使用税问题的通知》,国税地字〔1989〕122号;国家税务局:《关于建材企业的采石场、排土场等用地征免土地使用税问题的批复》,国税函〔1990〕853号。
② 国家税务局:《关于对交通部门的港口用地征免土地使用税问题的规定》,国税地字〔1989〕123号。
③ 国家税务局:《关于印发〈关于土地使用税若干具体问题的补充规定〉的通知》,国税地字〔1989〕140号;国家税务总局:《关于城镇土地使用税部分行政审批项目取消后加强后续管理工作的通知》,国税函〔2004〕939号;财政部、国家税务总局:《关于调整城镇土地使用税有关减免税政策的通知》,财税〔2004〕180号。
④ 财政部、国家税务总局:《关于企业范围内的荒山、林地、湖泊等占地城镇土地使用税有关政策的通知》,财税〔2014〕1号。
⑤ 国家税务局:《关于对盐场、盐矿征免城镇土地使用税问题的通知》,国税地字〔1989〕141号。
⑥ 国家税务局:《关于对中国海洋石油总公司及其所属公司用地征免土地使用税问题的规定》,国税油发〔1990〕3号。
⑦ 国家税务局:《关于林业系统征免土地使用税问题的通知》,国税函〔1991〕1404号。
⑧ 财政部、国家税务总局:《关于医疗卫生机构有关税收政策的通知》,财税字〔2000〕42号。
⑨ 财政部、国家税务总局:《关于非营利性科研机构税收政策的通知》,财税字〔2001〕5号。
⑩ 财政部、国家税务总局:《关于调整铁路系统房产税城镇土地使用税政策的通知》,财税〔2003〕149号。

土地使用税优惠政策的铁道部所属铁路运输企业是指铁路局及国有铁路运输控股公司铁路办事处、中铁集装箱运输有限责任公司、中铁特货运输有限责任公司、中铁快运股份有限公司。对青藏铁路公司及其所属单位自用的土地免征城镇土地使用税。①

（16）政府部门和社会力量兴办的老年服务机构自用土地免征城镇土地使用税。老年服务机构是指专门为老年人提供生活照料、文化、护理、健身等多方面服务的福利性、非营利性的机构，主要包括：老年社会福利院、敬老院（养老院）、老年服务中心、老年公寓（含老年护理院、康复中心、托老所）等。②

（17）对公共租赁住房建设期间用地及公共租赁住房建成后占地免征城镇土地使用税。在其他住房项目中配套建设公共租赁住房，依据政府部门出具的相关材料，按公共租赁住房建筑面积占总建筑面积的比例免征建设、管理公共租赁住房涉及的城镇土地使用税。对企事业单位、社会团体以及其他组织转让旧房作为公共租赁住房房源，且增值额未超过扣除项目金额20%的，免征土地增值税。③

对个人出租住房，不区分用途，免征城镇土地使用税。对经济适用住房建设用地免征城镇土地使用税。开发商在商品住房项目中配套建造经济适用住房，如能提供政府部门出具的相关材料，可按经济适用住房建筑面积占总建筑面积的比例免征开发商应缴纳的城镇土地使用税。④

（18）对商品储备管理公司及其直属库承担商品储备业务自用的土地，免征城镇土地使用税。⑤

（19）对免税单位无偿使用纳税单位的土地（如公安、海关等单位使用铁路、民航等单位的土地），免征土地使用税；对纳税单位无偿使用免税单位的土地，纳税单位应照章缴纳土地使用税。纳税单位与免税单位共同使用共有使用权土地上的多层建筑，对纳税单位可按其占用的建筑面积占建筑总面积的比例计征土地使用税。⑥

（20）对行使国家行政管理职能的中国人民银行总行（含国家外汇管理局）所属分支机构自用的土地，免征城镇土地使用税。⑦

（21）自2016年1月1日至2018年12月31日，对向居民供热而收取采暖费的供热企业，为居民供热所使用的厂房及土地免征镇土地使用税；对供热企业其他厂房及土地，应当按规定征收城镇土地使用税。对专业供热企业，按其向居民供热取得的采暖费收入占全部采暖费收入的比例计算免征的城镇土地使用税。对兼营供热企业，视其供热所使用的厂房及土地与其他生产经营活动所使用的厂房及土地是否可以区分，按照不同方法

---

① 财政部、国家税务总局：《关于明确免征房产税城镇土地使用税的铁路运输企业范围的补充通知》，财税〔2006〕17号；财政部、国家税务总局：《关于青藏铁路公司运营期间有关税收等政策问题的通知》，财税〔2007〕11号。
② 财政部、国家税务总局：《关于对老年服务机构有关税收政策问题的通知》，财税字〔2000〕97号；全国老龄委办公室、发展改革委、教育部、民政部、劳动保障部、财政部、建设部、卫生部、人口计生委、税务总局：《关于全面推进居家养老服务工作的意见》，全国老龄办发〔2008〕4号。
③ 财政部、国家税务总局：《关于公共租赁住房税收优惠政策的通知》，财税〔2015〕139号。
④ 财政部、国家税务总局：《关于廉租住房经济适用住房和住房租赁有关税收政策的通知》，财税〔2008〕24号。
⑤ 财政部、国家税务总局：《关于部分国家储备商品有关税收政策的通知》，财税〔2016〕28号。
⑥ 国家税务局：《关于印发〈关于土地使用税若干具体问题的补充规定〉的通知》，国税地字〔1989〕140号。
⑦ 国家税务总局：《关于中国人民银行总行所属分支机构免征房产税、城镇土地使用税的通知》，国税函〔2001〕770号。

计算免征的城镇土地使用税。可以区分的,对其供热所使用厂房及土地,按向居民供热取得的采暖费收入占全部采暖费收入的比例计算减免税。难以区分的,对其全部厂房及土地,按向居民供热取得的采暖费收入占其营业收入的比例计算减免税。对自供热单位,按向居民供热建筑面积占总供热建筑面积的比例计算免征供热所使用的厂房及土地的房产税、城镇土地使用税。①

(22) 对在一个纳税年度内月平均实际安置残疾人就业人数占单位在职职工总数的比例高于25%(含25%)且实际安置残疾人人数高于10人(含10人)的单位,可减征或免征该年度城镇土地使用税。具体减免税比例及管理办法由省、自治区、直辖市财税主管部门确定。②

(23) 自2012年1月1日起至2016年12月31日止,对物流企业自有的(包括自用和出租)大宗商品仓储设施用地,减按所属土地等级适用税额标准的50%计征城镇土地使用税。物流企业的办公、生活区用地及其他非直接从事大宗商品仓储的用地,不属于本通知规定的优惠范围,应按规定征收城镇土地使用税。非物流企业的内部仓库,不属于本通知规定的优惠范围,应按规定征收城镇土地使用税。③

(24) 自2016年1月1日至至2018年12月31日,对符合条件的孵化器自用以及无偿或通过出租等方式提供给孵化企业使用的房产、土地,免征城镇土地使用税;对符合条件的国家大学科技园自用以及无偿或通过出租等方式提供给孵化企业使用的房产、土地,免征城镇土地使用税。④

(25) 为贯彻落实《国务院关于加快棚户区改造工作的意见》,在棚户区改造过程中,对改造安置住房建设用地免征城镇土地使用税。在商品住房等开发项目中配套建造安置住房的,依据政府部门出具的相关材料、房屋征收(拆迁)补偿协议或棚户区改造合同(协议),按改造安置住房建筑面积占总建筑面积的比例免征城镇土地使用税。⑤

(26) 对商品储备管理公司及其直属库承担商品储备业务自用的房产、土地,免征城镇土地使用税。⑥

(27) 对城市公交站场、道路客运站场、城市轨道交通系统运营用地,免征城镇土地使用税。⑦

(28) 对股改铁路运输企业及合资铁路运输公司自用的房产、土地暂免征收城镇土地使用税。其中股改铁路运输企业是指铁路运输企业经国务院批准进行股份制改革成立的企业;合资铁路运输公司是指由铁道部及其所属铁路运输企业与地方政府、企业或其

---

① 财政部、国家税务总局:《关于供热企业增值税 房产税 城镇土地使用税优惠政策的通知》,财税〔2016〕94号。
② 财政部、国家税务总局:关于安置残疾人就业单位城镇土地使用税等政策的通知,财税〔2010〕121号。
③ 财政部、国家税务总局:《关于继续实施物流企业大宗商品仓储设施用地城镇土地使用税优惠政策的通知》,财税〔2015〕98号。
④ 财政部、国家税务总局:《关于科技企业孵化器税收政策的通知》,财税〔2016〕89号;财政部、国家税务总局:《关于国家大学科技园税收政策的通知》,财税〔2016〕98号。
⑤ 财政部、国家税务总局:《关于棚户区改造有关税收政策的通知》,财税〔2013〕101号。
⑥ 财政部、国家税务总局:《关于部分国家储备商品有关税收政策的通知》,财税〔2013〕59号。
⑦ 财政部、国家税务总局:《关于城市公交站场道路客运站场城市轨道交通系统城镇土地使用税优惠政策的通知》,财税〔2016〕16号。

他投资者共同出资成立的铁路运输企业。①

（29）自2013年1月1日至2018年12月31日,对专门经营农产品的农产品批发市场、农贸市场使用(包括自有和承租)的房产、土地,暂免征收城镇土地使用税。对同时经营其他产品的农产品批发市场和农贸市场使用的房产、土地,按其他产品与农产品交易场地面积的比例确定征免房产税和城镇土地使用税。农产品批发市场、农贸市场的行政办公区、生活区,以及商业餐饮娱乐等非直接为农产品交易提供服务的房产、土地,不属于本通知规定的优惠范围,应按规定征收房产税和城镇土地使用税。②

（30）为支持国家天然林资源保护二期工程的实施,自2011年1月1日至2020年12月31日,对长江上游、黄河中上游地区,东北、内蒙古等国有林区天然林二期工程实施企业和单位专门用于天然林保护工程的土地免征城镇土地使用税。对上述企业和单位用于其他生产经营活动的土地按规定征收城镇土地使用税。

对由于实施天然林二期工程造成森工企业土地闲置一年以上不用的,暂免征收城镇土地使用税;闲置土地用于出租或重新用于天然林二期工程之外其他生产经营的,按规定征收城镇土地使用税。

用于天然林二期工程的免税土地应单独划分,与其他应税土地划分不清的,按规定征收城镇土地使用税。③

（31）国家机关、军队、人民团体、财政补助事业单位、居民委员会、村民委员会拥有的体育场馆,用于体育活动的房产、土地,免征城镇土地使用税。

经费自理事业单位、体育社会团体、体育基金会、体育类民办非企业单位拥有并运营管理的体育场馆,同时符合下列条件的,其用于体育活动的房产、土地,免征城镇土地使用税:

① 向社会开放,用于满足公众体育活动需要;

② 体育场馆取得的收入主要用于场馆的维护、管理和事业发展;

③ 拥有体育场馆的体育社会团体、体育类基金会及体育类民办非企业单位,除当年新设立或登记的以外,前一年度登记管理机关的检查结论为"合格"。

企业拥有并运营管理的大型体育场馆,其用于体育活动的房产、土地,减半征收房产税和城镇土地使用税。高尔夫球、马术、汽车、卡丁车、摩托车的比赛场、训练场、练习场,除另有规定外,不得享受房产税、城镇土地使用税优惠政策。④

（32）对农村饮水安全工程运营管理单位自用的生产、办公用土地,免征城镇土地使用税。对于既向城镇居民供水,又向农村居民供水的饮水工程运营管理单位,依据向农

---

① 财政部、国家税务总局：《关于股改及合资铁路运输企业房产税 城镇土地使用税有关政策的通知》,财税〔2009〕132号。

② 财政部、国家税务总局：《关于继续实行农产品批发市场房产税 城镇土地使用税优惠政策的通知》,财税〔2016〕1号。

③ 财政部、国家税务总局：《关于天然林保护工程（二期）实施企业和单位房产税城镇土地使用税政策的通知》,财税〔2011〕90号。

④ 财政部、国家税务总局：《关于体育场馆房产税和城镇土地使用税政策的通知》,财税〔2015〕130号。

村居民供水量占总供水量的比例免征城镇土地使用税。①

（三）省级地方税务局确定的减免

（1）下列土地的征免税，由省、自治区、直辖市税务局确定：个人所有的居住房屋及院落用地；房产管理部门在房租调整改革前经租的居民住房用地；免税单位职工家属的宿舍用地；民政部门举办的安置残疾人占一定比例的福利工厂用地；集体和个人办的各类学校、医院、托儿所、幼儿园用地。②

（2）城镇内的集贸市场（农贸市场）用地，按规定应征收城镇土地使用税。为了促进集贸市场的发展及照顾各地的不同情况，各省、自治区、直辖市地方税务局可根据具体情况自行确定对集贸市场用地征收或者免征城镇土地使用税。③

（3）原房管部门代管的私房，落实政策后，有些私房产权已归还给房主，但由于各种原因，房屋仍由原住户居住，并且住户仍是按照房管部门在房租调整改革之前确定的租金标准向房主产交纳租金。对这类房屋用地，房主缴纳城镇土地使用税确有困难的，可由各省、自治区、直辖市地方税务局根据实际情况，给予定期减征或免征城镇土地使用税的照顾。④

（4）对于各类危险品仓库、厂房所需的防火、防爆、防毒等安全防范用地，可由各省、自治区、直辖市税务局确定，暂免征收城镇土地使用税；对仓库库区、厂房本身用地，应照章征收城镇土地使用税。⑤

（5）应税单位按照国家住房制度改革有关规定，将住房出售给职工并按规定进行核销账务处理后，住房用地在未办理土地使用权过户期间的城镇土地使用税征免，比照各省、自治区、直辖市对个人所有住房用地的现行政策执行。⑥

（6）省地方税务机关在确定申请困难减免税情形时要符合国家关于调整产业结构和促进土地节约集约利用的要求。对因风、火、水、地震等造成的严重自然灾害或其他不可抗力因素遭受重大损失、从事国家鼓励和扶持产业或社会公益事业发生严重亏损，缴纳城镇土地使用税确有困难的，可给予定期减免税。对从事国家限制或不鼓励发展的产业不予减免税。⑦

七、征收管理

（一）纳税时间

（1）征收的耕地，自批准征收之日起满1年时开始缴纳城镇土地使用税；征收的非耕

---

① 财政部、国家税务总局：《关于继续实行农村饮水安全工程建设运营税收优惠政策的通知》，财税〔2016〕19号。
② 国家税务局：《关于城镇土地使用税若干具体问题的解释和暂行规定》，国税地字〔1988〕15号。
③ 国家税务局：《关于印发〈关于土地使用税若干具体问题的补充规定〉的通知》，国税地字〔1989〕140号。
④ 同上。
⑤ 同上。
⑥ 财政部、国家税务总局：《关于房改房用地未办理土地使用权过户期间城镇土地使用税政策的通知》，财税〔2013〕44号。
⑦ 国家税务总局：《关于下放城镇土地使用税困难减免税审批权限有关事项的公告》，国家税务总局公告2014年第1号。

地,自批准征收次月起缴纳城镇土地使用税。①

(2) 以出让或转让方式有偿取得土地使用权的,应由受让方从合同约定交付土地时间的次月起缴纳城镇土地使用税;合同未约定交付土地时间的,由受让方从合同签订的次月起缴纳城镇土地使用税。②

通过招标、拍卖、挂牌方式取得的建设用地,不属于新征用的耕地,纳税人应按照上述规定,从合同约定交付土地时间的次月起缴纳城镇土地使用税;合同未约定交付土地时间的,从合同签订的次月起缴纳城镇土地使用税。③

(3) 购置新建商品房,自房屋交付使用之次月起计征城镇土地使用税;购置存量房,自办理房屋权属转移、变更登记手续,房地产权属登记机关签发房屋权属证书之次月起计征城镇土地使用税。④

(4) 出租、出借房产,自交付出租、出借房产之次月起计征城镇土地使用税。房地产开发企业自用、出租、出借本企业建造的商品房,自房屋使用或交付之次月起计征城镇土地使用税。⑤

(5) 纳税人因房产、土地的实物或权利状态发生变化而依法终止城镇土地使用税纳税义务的,其应纳税款的计算应截止到房产、土地的实物或权利状态发生变化的当月末。⑥

(二) 纳税期限

城镇土地使用税实行按年计算、分期缴纳的征收方法,缴纳期限由省、自治区、直辖市人民政府确定。

(三) 纳税地点

城镇土地使用税由土地所在地的税务机关征收。纳税人使用的土地不属于同一省(自治区、直辖市)管辖范围的,应由纳税人分别向土地所在地的税务机关缴纳土地使用税。在同一省(自治区、直辖市)管辖范围内,纳税人跨地区使用的土地,如何确定纳税地点,由各省、自治区、直辖市税务局确定。⑦

第三节 耕地占用税

耕地占用税是对单位或个人占用耕地建房或者从事非农业建设的行为征收的一种税。为了合理利用土地资源,加强土地管理,保护耕地,1987年4月1日,国务院发布了《中华人民共和国耕地占用税暂行条例》,决定对占用耕地建房或者从事非农业建设的单位和个人征收耕地占用税。2007年12月1日,国务院发布了修订后的《中华人民共和国

---

① 国务院:《国务院关于废止和修改部分行政法规的决定》,国务院令第588号。
② 财政部、国家税务总局:《关于房产税、城镇土地使用税有关政策的通知》,财税〔2006〕186号。
③ 国家税务总局:《关于通过招拍挂方式取得土地缴纳城镇土地使用税问题的公告》,国家税务总局公告2014年第74号。
④ 国家税务总局:《关于房产税城镇土地使用税有关政策规定的通知》,国税发〔2003〕89号。
⑤ 同上。
⑥ 财政部、国家税务总局:《关于房产税城镇土地使用税有关问题的通知》,财税〔2008〕152号。
⑦ 国家税务局:《关于城镇土地使用税若干具体问题的解释和暂行规定》,国税地字〔1988〕15号。

耕地占用税暂行条例》，自 2008 年 1 月 1 日起施行。

一、征收范围

耕地占用税的征收范围包括为建房或者从事非农业建设而占用的国家所有和集体所有的耕地。建房，包括建设建筑物和构筑物。耕地，是指用于种植农作物的土地。占用园地建房或者从事非农业建设的，视同占用耕地征收耕地占用税。园地包括苗圃、花圃、茶园、果园、桑园和其他种植经济林木的土地。[①]

占用林地、牧草地、农田水利用地、养殖水面以及渔业水域滩涂等其他农用地建房或者从事非农业建设的，比照占用耕地情况征收耕地占用税。

林地，包括有林地、灌木林地、疏林地、未成林地、迹地、苗圃等，不包括居民点内部的绿化林木用地，铁路、公路征地范围内的林木用地，以及河流、沟渠的护堤林用地。牧草地，包括天然牧草地、人工牧草地。农田水利用地，包括农田排灌沟渠及相应附属设施用地。养殖水面，包括人工开挖或者天然形成的用于水产养殖的河流水面、湖泊水面、水库水面、坑塘水面及相应附属设施用地。渔业水域滩涂，包括专门用于种植或者养殖水生动植物的海水潮浸地带和滩地。草地，是指用于农业生产并已由相关行政主管部门发放使用权证的草地。苇田，是指用于种植芦苇并定期进行人工养护管理的苇田。[②]

农业生产服务的生产设施，是指直接为农业生产服务而建设的建筑物和构筑物。具体包括：储存农用机具和种子、苗木、木材等农业产品的仓储设施；培育、生产种子、种苗的设施；畜禽养殖设施；木材集材道、运材道；农业科研、试验、示范基地；野生动植物保护、护林、森林病虫害防治、森林防火、木材检疫的设施；专为农业生产服务的灌溉排水、供水、供电、供热、供气、通信基础设施；农业生产者从事农业生产必需的食宿和管理设施；其他直接为农业生产服务的生产设施。

纳税人临时占用耕地，应当缴纳耕地占用税。纳税人在批准临时占用耕地的期限内恢复所占用耕地原状的，全额退还已经缴纳的耕地占用税。临时占用耕地，是指纳税人因建设项目施工、地质勘查等需要，在一般不超过 2 年内临时使用耕地并且没有修建永久性建筑物的行为。

因污染、取土、采矿塌陷等损毁耕地的，比照临时占用耕地的情况，由造成损毁的单位或者个人缴纳耕地占用税。超过 2 年未恢复耕地原状的，已征税款不予退还。

> 需要注意的是，对于农田水利占用耕地；建设直接为农业生产服务的生产设施占用林地、牧草地、农田水利用地、养殖水面以及渔业水域滩涂等其他农用地；农村居民经批准搬迁，原宅基地恢复耕种，凡新建住宅占用耕地不超过原宅基地面积的，不征收耕地占用税。

[①] 财政部：《关于耕地占用税具体政策的规定》，财农字〔1987〕206 号。
[②] 国家税务总局：《关于发布〈耕地占用税管理规程（试行）〉的公告》，国家税务总局公告 2016 年第 2 号。

二、纳税人

凡在中国境内占用应税土地建房或者从事非农业建设的单位和个人为耕地占用税的纳税人。单位,包括国有企业、集体企业、私营企业、股份制企业、外商投资企业、外国企业以及其他企业和事业单位、社会团体、国家机关、部队以及其他单位;个人,包括个体工商户以及其他个人。

经申请批准占用耕地的,纳税人为农用地转用审批文件中标明的建设用地人;农用地转用审批文件中未标明建设用地人的,纳税人为用地申请人。未经批准占用耕地的,纳税人为实际用地人。

城市和村庄、集镇建设用地审批中,按土地利用年度计划分批次批准的农用地转用审批,批准文件中未标明建设用地人且用地申请人为各级人民政府的,由同级土地储备中心履行耕地占用税申报纳税义务;没有设立土地储备中心的,由国土资源管理部门或政府委托的其他部门履行耕地占用税申报纳税义务。

三、计税依据

耕地占用税以纳税人实际占用的耕地面积为计税依据,按照规定的适用税额一次性征收。

实际占用的耕地面积,包括经批准占用的耕地面积和未经批准占用的耕地面积。

四、税率

耕地占用税采用定额税率实行有幅度的地区差别税额。税额的具体规定如下:

(1) 人均耕地不超过1亩的地区(以县级行政区域为单位,下同),每平方米为10元至50元。

(2) 人均耕地超过1亩但不超过2亩的地区,每平方米为8元至40元。

(3) 人均耕地超过2亩但不超过3亩的地区,每平方米为6元至30元。

(4) 人均耕地超过3亩的地区,每平方米为5元至25元。

各地适用税额,由省、自治区、直辖市人民政府在耕地占用税暂行条例规定的税额幅度内,根据本地区情况核定。各省、自治区、直辖市人民政府核定的适用税额的平均水平,不得低于国务院财政、税务主管部门根据人均耕地面积和经济发展情况确定的各省、自治区、直辖市的平均税额(见表7-2)。县级行政区域的适用税额,按照耕地占用税暂行条例及其细则和各省、自治区、直辖市人民政府的规定执行。

表7-2 各省、自治区、直辖市耕地占用税平均税额表

地区	每平方米平均税额(元)
上海	45
北京	40
天津	35
江苏、浙江、福建、广东	30

(续表)

地区	每平方米平均税额(元)
辽宁、湖北、湖南	25
河北、安徽、江西、山东、河南、重庆、四川	22.5
广西、海南、贵州、云南、陕西	20
山西、吉林、黑龙江	17.5
内蒙古、西藏、甘肃、青海、宁夏、新疆	12.5

经济特区、经济技术开发区和经济发达且人均耕地特别少的地区,适用税额可以适当提高,但是提高的部分最高不得超过各省、自治区、直辖市核定的当地适用税额的50%。

占用基本农田的,适用税额应当在各省级政府核定的当地适用税额或者经济特区、经济技术开发区和经济发达且人均耕地特别少的地区核定的当地适用税额的基础上提高50%。基本农田,是指依据《基本农田保护条例》划定的基本农田保护区范围内的耕地。

占用林地、牧草地、农田水利用地、养殖水面以及渔业水域滩涂等其他农用地建房或者从事非农业建设的,适用税额可以适当低于当地占用耕地的适用税额,具体适用税额按照各省、自治区、直辖市人民政府的规定执行。

五、应纳税额的计算

耕地占用税以纳税人实际占用的耕地面积为计税依据(包括经批准占用面积和未经批准占用面积),以每平方米土地为计税单位,按当地适用的税额计税。计算公式为:

$$应纳税额 = 实际占用的耕地面积(平方米) \times 适用税额$$

六、税收优惠

(一) 免征耕地占用税

下列情形免征耕地占用税:

(1) 军事设施占用耕地。免税的军事设施,具体范围包括:地上、地下的军事指挥、作战工程;军用机场、港口、码头;营区、训练场、试验场;军用洞库、仓库;军用通信、侦察、导航、观测台站和测量、导航、助航标志;军用公路、铁路专用线,军用通信、输电线路,军用输油、输水管道;其他直接用于军事用途的设施。

(2) 学校、幼儿园、养老院、医院占用耕地。免税的学校,具体范围包括县级以上人民政府教育行政部门批准成立的大学、中学、小学、学历性职业教育学校以及特殊教育学校,以及由国务院人力资源社会保障行政部门,省、自治区、直辖市人民政府或其人力资源社会保障行政部门批准成立的技工院校。[①] 学校内经营性场所和教职工住房占用耕地

---

① 财政部、国家税务总局:《关于技工院校占用耕地免征耕地占用税的通知》,财税〔2012〕22号。

的,按照当地适用税额缴纳耕地占用税。免税的幼儿园,具体范围限于县级人民政府教育行政部门登记注册或者备案的幼儿园内专门用于幼儿保育、教育的场所。免税的养老院,具体范围限于经批准设立的养老院内专门为老年人提供生活照顾的场所。免税的医院,具体范围限于县级以上人民政府卫生行政部门批准设立的医院内专门用于提供医护服务的场所及其配套设施。医院内职工住房占用耕地的,按照当地适用税额缴纳耕地占用税。

(3) 为支持和帮助鲁甸地震受灾地区积极开展生产自救,重建家园,鼓励和引导社会各方面力量参与灾后恢复重建工作,使灾区基本生产生活条件和经济社会发展全面恢复并超过灾前水平,对因地震住房倒塌的农民重建住房占用耕地的,在规定标准内的部分免征耕地占用税。①

(二) 减征耕地占用税

(1) 铁路线路、公路线路、飞机场跑道、停机坪、港口、航道占用耕地,减按每平方米2元的税额征收耕地占用税。减税的铁路线路,具体范围限于铁路路基、桥梁、涵洞、隧道及其按照规定两侧留地。专用铁路和铁路专用线占用耕地的,按照当地适用税额缴纳耕地占用税。减税的公路线路,具体范围限于经批准建设的国道、省道、县道、乡道和属于农村公路的村道的主体工程以及两侧边沟或者截水沟。专用公路和城区内机动车道占用耕地的,按照当地适用税额缴纳耕地占用税。减税的飞机场跑道、停机坪,具体范围限于经批准建设的民用机场专门用于民用航空器起降、滑行、停放的场所。减税的港口,具体范围限于经批准建设的港口内供船舶进出、停靠以及旅客上下、货物装卸的场所。减税的航道,具体范围限于在江、河、湖泊、港湾等水域内供船舶安全航行的通道。

根据实际需要,国务院财政、税务主管部门商国务院有关部门并报国务院批准后,可以对以上规定的情形免征或者减征耕地占用税。

(2) 农村居民占用耕地新建住宅,按照当地适用税额减半征收耕地占用税。减税的农村居民占用耕地新建住宅,是指农村居民经批准在户口所在地按照规定标准占用耕地建设自用住宅。农村居民经批准搬迁,原宅基地恢复耕种,凡新建住宅占用耕地不超过原宅基地面积的,不征收耕地占用税;超过原宅基地面积的,对超过部分按照当地适用税额减半征收耕地占用税。

农村烈士家属、残疾军人、鳏寡孤独以及革命老根据地、少数民族聚居区和边远贫困山区生活困难的农村居民,在规定用地标准以内新建住宅缴纳耕地占用税确有困难的,经所在地乡(镇)人民政府审核,报经县级人民政府批准后,可以免征或者减征耕地占用税。农村烈士家属,包括农村烈士的父母、配偶和子女。革命老根据地、少数民族聚居地区和边远贫困山区生活困难的农村居民,其标准按照各省、自治区、直辖市人民政府有关规定执行。

申报耕地占用税减免的纳税人应在用地申请获得批准后的30日内,向与批准其占用耕地的土地管理机关同级的税务机关提出减免申报。②

---

① 财政部、国家税务总局:《关于支持鲁甸地震灾后恢复重建有关税收政策问题的通知》,财税〔2015〕27号。
② 国家税务总局:《耕地占用税契税减免管理办法》,国税发〔2004〕99号。

免征或者减征耕地占用税后,纳税人改变原占地用途,不再属于免征或者减征耕地占用税情形的,应当按照当地适用税额补缴耕地占用税。具体是:应自改变用途之日起30日内按改变用途的实际占用耕地面积和当地适用税额补缴税款。

> 需要注意的是,免征或减征耕地占用税后,纳税人改变原占地用途,不再属于免税或减税情形的,应按办理减免税时依据的适用税额对享受减免税的纳税人补征耕地占用税。[①]

七、征收管理

耕地占用税由地方税务机关负责征收,原则上在应税土地所在地进行申报纳税。涉及集中征收、跨地区占地需要调整纳税地点的,由省地税机关确定。

经批准占用耕地的,耕地占用税纳税义务发生时间为纳税人收到土地管理部门办理占用农用地手续通知的当天。未经批准占用耕地的,耕地占用税纳税义务发生时间为纳税人实际占用耕地的当天。已享受减免税的应税土地改变用途,不再属于减免税范围的,耕地占用税纳税义务发生时间为纳税人改变土地用途的当天。

对于未经批准占用耕地但已经完纳耕地占用税税款的,在补办占地手续时,不再征收耕地占用税。[②]

土地管理部门在通知单位或者个人办理占用耕地手续时,应当同时通知耕地所在地同级地方税务机关。获准占用耕地的单位或者个人应当在收到土地管理部门的通知之日起30日内缴纳耕地占用税。土地管理部门凭耕地占用税完税凭证或者免税凭证和其他有关文件发放建设用地批准书。

本章小结

资源税是对在中国境内从事资源开采的单位和个人征收的一种税,征收范围包括原油、天然气、煤炭、其他非金属矿原矿、黑色金属矿原矿、有色金属矿原矿和盐,在河北省实施水资源税改革试点,并授权省级政府可结合本地实际,根据森林、草场、滩涂等资源开发利用情况提出征收资源税具体方案建议,报国务院批准后实施资源课税。资源税采取从价定率和从量定额征收的方式,其计税依据分别为应税资源产品的销售额或课税数量,并根据应税产品的适用税率计算应纳税额。

城镇土地使用税的征收范围包括在城市、县城、建制镇和工矿区内的国家所有和集体所有的土地;城镇土地使用税的纳税人为在城市、县城、建制镇、工矿区范围内使用土地的单位和个人。城镇土地使用税以纳税人实际占用的土地面积为计税依据,土地面积计量标准为每平方米。城镇土地使用税采用定额税率,按大、中、小城市和县城、建制镇、工矿区的不同,实行有幅度的差别税额。城镇土地使用税的应纳税额按照纳税人实际占

---

① 财政部、国家税务总局:《关于耕地占用税减免税补征税款等问题的批复》,财税〔2009〕19号。
② 同上。

用的土地面积乘以适用税额计算。

耕地占用税的征收范围包括建为建房或者从事非农业建设而占用的国家所有和集体所有的耕地；耕地占用税的纳税人为占用耕地建房或者从事非农业建设的单位或者个人。耕地占用税采用定额税率实行有幅度的地区差别税额，应纳税额以纳税人实际占用的耕地面积为计税依据，以每平方米土地为计税单位，按当地适用的税额计税。

本章重要术语

资源税　未税矿产品　折算比　选矿比　城镇土地使用税　差别税额　耕地占用税

复习思考题

1. 简述近年来资源税的改革发展历程。
2. 简述城镇土地使用税的计税依据。
3. 简述耕地占用税的征税范围。

计算题

1. 2016年8月，某盐场销售井矿盐取得含税收入56.5万元，销售湖盐取得不含税收入40万元，另单独收取运费0.5万元；将价值20万元（不含税）的井矿盐用于抵偿所欠的债务。已知井矿盐的资源税税率为2%，湖盐的资源税税率为3%，计算该盐场当月应缴纳的资源税。

2. 2014年某企业占用某市二等地段土地6 000平方米，三等地段土地12 000平方米（其中1 200平方米为该企业幼儿园用地）；2015年4月该企业在城郊征用耕地4 000平方米，该耕地当年已经缴纳耕地占用税；2015年8月征用非耕地6 000平方米。计算该企业2014年和2015年应缴纳城镇土地使用税（城镇土地使用税年税额：二等地段7元/平方米，三等地段4元/平方米，城郊征用的耕地和非耕地1.2元/平方米）。

3. 某养殖企业占用耕地户3亩、牧草地6亩建办公楼，占用园地12亩建员工宿舍，占用林地2亩建鸡舍。计算该企业应缴纳的耕地占用税（1亩＝666.67平方米，当地适用税额为23元/平方米）。

推荐阅读文献

1. 崔景华：《资源税费制度研究》，中国财政经济出版社2014年版。
2. 许建国：《中国地方税体系研究》，中国财政经济出版社2014年版。

第八章 财产课税

学习目标

通过本章的学习,读者应该能够

- 掌握现行房产税、车船税和契税的纳税人、征税范围和税率等税制要素的基本规定和应纳税额的计征方法;掌握各税种的税收优惠政策。
- 计算房产税、车船税、契税的应纳税额。

第一节 房 产 税

房产税是以房屋为征税对象,按照房屋的计税余值或租金收入,向产权所有人征收的一种财产税。中华人民共和国成立之初,我国就开始建立房地产税。1951年8月政务院颁布了《中华人民共和国城市房地产税暂行条例》。1973年税制改革时,将对企业征收的城市房地产税并入工商税,城市房地产税只对房地产管理部门、个人和外侨的房屋征收。改革开放以后,为了适应新形势的需要,1986年9月15日国务院颁布了《中华人民共和国房产税暂行条例》,当年10月1日正式实施。同时,城市房地产税继续保留,对在我国拥有房产的外国侨民和涉外企业征收。为进一步公平税负,完善房地产税收制度,2008年12月31日,国务院废止了《中华人民共和国城市房地产税暂行条例》,自2009年1月1日起,内外资企业和个人统一适用《中华人民共和国房产税暂行条例》。2010年12月8日,国务院第136次常务会议同意在部分城市进行对个人住房房产税改革试点,上海和重庆于2011年1月28日正式启动改革试点工作。

一、征税对象与征收范围

房产税的征税对象是房产。"房产"是以房屋形态表现的财产。房屋是指有屋面和围护结构(有墙或两边有柱),能够遮风避雨,可供人们在其中生产、工作、学习、娱乐、居住或储藏物资的场所。独立于房屋之外的建筑物,如围墙、烟囱、水塔、变电塔、油池油柜、酒窖菜窖、酒精池、糖蜜池、室外游泳池、玻璃暖房、砖瓦石灰窑以及各种油气罐等,不属于房产。[①] 加油站罩棚不属于房产,不征收房产税。[②]

凡在征收范围内的具备房屋功能的地下建筑,包括与地上房屋相连的地下建筑以及完全建在地面以下的建筑、地下人防设施等,均应当依照有关规定征收房产税。具备房屋功能的地下建筑是指有屋面和围护结构,能够遮风避雨,可供人们在其中生产、经营、工作、学习、娱乐、居住或储藏物资的场所。[③] 对于已按商品房销售并办理产权证的地下人防工程,购房人即是产权所有人,应按规定缴纳房产税。[④]

鉴于房地产开发企业开发的商品房在出售前,对房地产开发企业而言是一种产品,因此,对房地产开发企业建造的商品房,在售出前,不征收房产税;但对售出前房地产开发企业已使用或出租、出借的商品房,应按规定征收房产税。[⑤]

按照房产税暂行条例的规定,房产税的征税范围为:城市、县城、建制镇和工矿区。

(1) 城市是指国务院批准设立的市。城市的征税范围为市区、郊区和市辖县县城,不包括农村。

(2) 县城是指县人民政府所有地的地区。

[①] 财政部、国家税务总局:《关于房产税和车船使用税几个业务问题的解释与规定》,税地字〔1987〕3号。
[②] 财政部、国家税务总局:《关于加油站罩棚房产税问题的通知》,财税〔2008〕123号。
[③] 财政部、国家税务总局:《关于具备房屋功能的地下建筑征收房产税的通知》,财税〔2005〕181号。
[④] 国家税务总局:《关于新疆地下人防工程征收房产税问题的批复》,税总函〔2013〕602号。
[⑤] 国家税务总局:《关于房产税城镇土地使用税有关政策规定的通知》,国税发〔2003〕89号。

(3) 建制是指经省、自治区、直辖市人民政府批准设立的建制镇。建制镇的征税范围为镇人民政府所在地,不包括所辖的行政村。

(4) 工矿区是指工商业比较发达、人口比较集中、符合国务院规定的建制镇标准但尚未设立建制镇的大中型工矿企业所在地。开征房产税的工矿区须经省、自治区、直辖市人民政府批准。不在开征地区范围之内的工厂、仓库,不应征收房产税。①

对农民居住用房屋不征收房产税。②

二、纳税人

房产税的纳税人是房屋的产权所有人。产权属于国家所有的,由经营管理的单位纳税;产权属于集体和个人所有的,由集体单位和个人纳税;产权出典的,由承典人纳税;产权所有人、承典人不在房产所在地的,或者产权未确定及租典纠纷未解决的,由房产代管人或者使用人纳税。产权所有人、经营管理单位、承典人、房产代管人或者使用人,统称为房产税的纳税人。

纳税单位和个人无租使用房产管理部门、免税单位及纳税单位的房产,应由使用人代缴纳房产税。承租人使用房产,以支付修理费抵交房产租金,仍应由房产的产权所有人依照规定交纳房产税。③

纳税单位与免税单位共同使用的房屋,按各自使用的部分划分,分别征收或免征房产税。④

自 2009 年 1 月 1 日起,外商投资企业、外国企业和组织以及外籍个人(包括港澳台资企业和组织以及华侨、港澳台同胞)依照房产税暂行条例缴纳房产税。⑤

三、计税依据

房产税的计税依据是房产的计税价值或房产的租金收入。按照房产计税价值征税的,称为从价计征;按照房产租金收入计征的,称为从租计征。以人民币以外的货币为记账本位币的外资企业及外籍个人在缴纳房产税时,均应将其根据记账本位币计算的税款按照缴款上月最后一日的人民币汇率中间价折合成人民币。⑥

(一) 从价计征

房产税依照房产原值一次减除 10%—30% 后的余值计算缴纳。具体减除幅度,由省、自治区、直辖市人民政府规定。没有房产原值作为依据的,由房产所在地税务机关参考同类房产核定。

无租使用其他单位房产的应税单位和个人,依照房产余值代缴纳房产税。产权出典的房产,由承典人依照房产余值缴纳房产税。融资租赁的房产,由承租人自融资租赁合

---

① 财政部、国家税务总局:《关于房产税若干具体问题的解释和暂行规定》,财税地字〔1986〕8 号。
② 国家税务总局:《关于调整房产税和土地使用税具体征税范围解释规定的通知》,国税发〔1999〕44 号。
③ 财政部、国家税务总局:《关于房产税若干具体问题的解释和暂行规定》,财税地字〔1986〕8 号。
④ 同上。
⑤ 财政部、国家税务总局:《关于对外资企业及外籍个人征收房产税有关问题的通知》,财税〔2009〕3 号。
⑥ 同上。

同约定开始日的次月起依照房产余值缴纳房产税。合同未约定开始日的,由承租人自合同签订的次月起依照房产余值缴纳房产税。①

对依照房产原值计税的房产,不论是否记载在会计账簿固定资产科目中,均应按照房屋原价计算缴纳房产税。房屋原价应根据国家有关会计制度规定进行核算。对纳税人未按国家会计制度规定核算并记载的,应按规定予以调整或重新评估。②

对按照房产原值计税的房产,无论会计上如何核算,房产原值均应包含地价,包括为取得土地使用权支付的价款、开发土地发生的成本费用等。宗地容积率低于0.5的,按房产建筑面积的2倍计算土地面积并据此确定计入房产原值的地价。③

为了维持和增加房屋的使用功能或使房屋满足设计要求,凡以房屋为载体,不可随意移动的附属设备和配套设施,如给排水、采暖、消防、中央空调、电气及智能化楼宇设备等,无论在会计核算中是否单独记账与核算,都应计入房产原值,计征房产税。对于更换房屋附属设备和配套设施的,在将其价值计入房产原值时,可扣减原来相应设备和设施的价值;对附属设备和配套设施中易损坏、需要经常更换的零配件,更新后不再计入房产原值。④

对国有企业固定资产重估后的新增价值,应按照有关税收法规规定征收房产税。⑤

(二) 从租计征

房产出租的,以房产租金收入为房产税的计税依据。个人出租的房产,不分用途,均应征收房产税。⑥ 对出租房产,租赁双方签订的租赁合同约定有免收租金期限的,免收租金期间由产权所有人按照房产原值缴纳房产税。⑦ 房产出租的,计征房产税的租金收入不含增值税。⑧

> 需要注意的是,对纳税人不申报或者不如实申报租金收入的,主管税务机关可按照《税收征收管理法》及其实施细则的有关规定实行核定征收。对房屋出租人不申报租金收入或申报的租金收入低于计税租金标准又无正当理由的,可按计税租金标准计算征税。⑨

以下两种情况,需要在实际征收中根据具体情形来确定房产税的计征方式:

(1) 对投资联营的房产,在计征房产税时应予以区别对待。对于以房产投资联营,投资者参与投资利润分红,共担风险的,按房产余值作为计税依据计征房产税;对以房产投

---

① 财政部、国家税务总局:《关于房产税城镇土地使用税有关问题的通知》,财税〔2009〕128号。
② 财政部、国家税务总局:《关于房产税城镇土地使用税有关问题的通知》,财税〔2008〕152号。
③ 财政部、国家税务总局:《关于安置残疾人就业单位城镇土地使用税等政策的通知》,财税〔2010〕121号。
④ 国家税务总局:《关于进一步明确房屋附属设备和配套设施计征房产税有关问题的通知》,国税发〔2005〕173号。
⑤ 财政部、国家税务总局:《关于清产核资企业有关税收问题的通知》,财税字〔1996〕69号。
⑥ 财政部税务总局:《关于房产税若干具体问题的解释和暂行规定》,财税地字〔1986〕8号。
⑦ 财政部、国家税务总局:《关于安置残疾人就业单位城镇土地使用税等政策的通知》,财税〔2010〕121号。
⑧ 财政部、国家税务总局:《关于营改增后契税 房产税 土地增值税 个人所得税计税依据问题的通知》,财税〔2016〕43号。
⑨ 国家税务总局:《关于加强出租房屋税收征管的通知》,国税发〔2005〕159号。

资,收取固定收入,不承担联营风险的,实际是以联营名义取得房产租金,应由出租方按租金收入计缴房产税。①

(2) 对居民住宅区内业主共有的经营性房产,由实际经营(包括自营和出租)的代管人或使用人缴纳房产税。其中自营的,依照房产原值减除10%至30%后的余值计征。没有房产原值或不能将业主共有房产与其他房产的原值准确划分开的,由房产所在地地方税务机关参照同类房产核定房产原值;出租的,依照租金收入计征。②

四、税率

房产税实行比例税率。依照房产余值计算缴纳的,税率为1.2%;依照房产租金收入计算缴纳的,税率为12%。

自2001年1月1日起,对个人按市场价格出租的居民住房,暂减按4%的税率征收房产税。③ 自2008年3月1日起对个人出租住房,不区分用途,按4%的税率征收房产税。对企事业单位、社会团体以及其他组织按市场价格向个人出租用于居住的住房,减按4%的税率征收房产税。④

五、应纳税额的计算

根据房产税的计税依据不同,房产税应纳税额计算分为两种:一是从价计征的计算,二是从租计征的计算。

(一) 从价计征的计算

从价计征房产税的计算公式为:

$$应纳税额 = 应税房产原值 \times (1 - 扣除比例) \times 1.2\%$$

对于具备房屋功能的地下建筑,在具体计征房产税时,与一般房产征税,略有不同。按照现行规定,自用的地下建筑,按以下方式计税:⑤

(1) 工业用途房产,以房屋原价的50%—60%作为应税房产原值。

$$应纳税额 = 应税房产原值 \times [1 - (10\% \sim 30\%)] \times 1.2\%$$

(2) 商业和其他用途房产,以房屋原价的70%—80%作为应税房产原值。

$$应纳税额 = 应税房产原值 \times [1 - (10\% \sim 30\%)] \times 1.2\%$$

房屋原价折算为应税房产原值的具体比例,由各省、自治区、直辖市和计划单列市财政和地方税务部门在上述幅度内自行确定。

(3) 对于与地上房屋相连的地下建筑,如房屋的地下室、地下停车场、商场的地下部

---

① 国家税务总局:《关于安徽省若干房产税业务问题的批复》,国税函〔1993〕368号。
② 财政部、国家税务总局:《关于房产税、城镇土地使用税有关政策的通知》,财税〔2006〕186号。
③ 财政部、国家税务总局:《关于调整住房租赁市场税收政策的通知》,财税字〔2000〕125号。
④ 财政部、国家税务总局:《关于廉租住房经济适用住房和住房租赁有关税收政策的通知》,财税〔2008〕24号。
⑤ 财政部、国家税务总局:《关于具备房屋功能的地下建筑征收房产税的通知》,财税〔2005〕181号。

分等,应将地下部分与地上房屋视为一个整体按照地上房屋建筑的有关规定计算征收房产税。

(二) 从租计征的计算

从租计征是按房产的租金收入计征,其公式为:

$$应纳税额 = 租金收入 \times 12\%$$

出租的地下建筑,按照出租地上房屋建筑的有关规定计算征收房产税。[①]

六、税收优惠

(一) 法定免税房产

(1) 国家机关、人民团体、军队自用的房产。人民团体,是指经国务院授权的政府部门批准设立或登记备案并由国家拨付行政事业费的各种社会团体。自用的房产,是指这些单位本身的办公用房和公务用房。[②]

(2) 由国家财政部门拨付事业经费的单位自用的房产。是指这些单位本身的业务用房。企业办的各类学校、医院、托儿所、幼儿园自用的房产,可以比照由国家财政部门拨付事业经费的单位自用的房产,免征房产税。[③]

(3) 宗教寺庙、公园、名胜古迹自用的房产。宗教寺庙自用的房产,是指举行宗教仪式等的房屋和宗教人员使用的生活用房屋。公园、名胜古迹自用的房产,是指供公共参观游览的房屋及其管理单位的办公用房屋。公园、名胜古迹中附设的营业单位,如影剧院、饮食部、茶社、照相馆等所使用的房产及出租的房产,不属于免税范围,应照章纳税。[④]

(4) 个人所有非营业用的房产免征房产税。个人所有的非营业用房,主要是个人所有的居住用房,不分面积多少,均免征房产税。[⑤] 个人所有的营业用房或者出租的房产,不属于免税范围,应按照规定缴纳房产税。

需要注意的是,以上免税单位出租的房产以及非本身业务用的生产、营业用房产不属于免税范围,应征收房产税。[⑥]

(二) 经财政部、国家税务总局批准免税的其他房产[⑦]

(1) 损坏不堪使用的房屋和危险房屋,经有关部门鉴定,在停止使用后,可免征房产税。

(2) 房产大修停用半年以上的,在大修期间可免征房产税。免征税额由纳税人在申报缴纳房产税时自行计算扣除,并在申报表附表或备注栏中作相应说明。

---

① 财政部、国家税务总局:《关于具备房屋功能的地下建筑征收房产税的通知》,财税〔2005〕181号。
② 财政部、国家税务总局:《关于房产税若干具体问题的解释和暂行规定》,财税地字〔1986〕8号;财政部、国家税务总局:《关于调整房产税有关减免税政策的通知》,财税〔2004〕140号。
③ 财政部、国家税务总局:《关于房产税若干具体问题的解释和暂行规定》,财税地字〔1986〕8号;财政部、国家税务总局:《关于教育税收政策的通知》,财税〔2004〕39号。
④ 财政部、国家税务总局:《关于房产税若干具体问题的解释和暂行规定》,财税地字〔1986〕8号。
⑤ 同上。
⑥ 同上。
⑦ 同上;国家税务总局:《关于房产税部分行政审批项目取消后加强后续管理工作的通知》,国税函〔2004〕839号;财政部、国家税务总局:《关于调整房产税有关减免税政策的通知》,财税〔2004〕140号。

(3) 在基建工地为基建工地服务的各种工棚、材料棚、休息棚和办公室、食堂、茶炉房、汽车房等临时性房屋,在施工期间,一律免征房产税。但工程结束后,施工企业将这种临时性房屋交还或估价转让给基建单位的,应从基建单位接收的次月起,按照规定征收房产税。

(4) 对非营利性医疗机构、疾病控制机构和妇幼保健机构等卫生机构自用的房产,免征房产税。对营利性医疗机构自用的房产,自其取得执业登记之日起,3年内免征房产税。3年免税期满后恢复征税。① 非营利性科研机构自用的房产,免征房产税。②

(5) 政府部门和社会力量兴办的老年服务机构自用的房产。老年服务机构是指专门为老年人提供生活照料、文化、护理、健身等多方面服务的福利性、非营利性的机构,主要包括:老年社会福利院、敬老院(养老院)、老年服务中心、老年公寓(含老年护理院、康复中心、托老所)等。③

(6) 对按政府规定价格出租的公有住房和公共租赁住房,包括企业和自收自支事业单位向职工出租的单位自有住房、房管部门向居民出租的公有住房、落实私房政策中带户发还产权并以政府规定租金标准向居民出租的私有住房等,暂免征收房产税。④ 其中,暂免征收房产税、营业税的企业和自收自支事业单位向职工出租的单位自有住房,是指按照公有住房管理或纳入县级以上政府廉租住房管理的单位自有住房。⑤

对纳入省、自治区、直辖市、计划单列市人民政府及新疆生产建设兵团批准的公共租赁住房发展规划和年度计划,并按照相关规定进行管理的公共租赁住房,免征房产税。⑥

(7) 对军队空余房产租赁收入暂免征收房产税;暂免征收房产税的军队空余房产,在出租时必须悬挂《军队房地产租赁许可证》,以备查验。⑦

(8) 铁道部所属铁路运输企业,主要是铁路局及国有铁路运输控股公司、铁路办事处、中铁集装箱运输有限责任公司、中铁特货运输有限责任公司、中铁快运股份有限公司自用的房产免税。对青藏铁路公司及其所属单位自用的房产免征房产税。⑧

(9) 对商品储备管理公司及其直属库承担商品储备业务自用的房产,免征房产税。⑨对承担地粮、油、棉、糖、肉等商品储备任务的地方商品储备管理公司及其直属库经营

---

① 财政部、国家税务总局:《关于医疗卫生机构有关税收政策的通知》,财税字〔2000〕42号。
② 财政部、国家税务总局:《关于非营利性科研机构税收政策的通知》,财税字〔2001〕5号。
③ 财政部、国家税务总局:《关于对老年服务机构有关税收政策问题的通知》,财税字〔2000〕97号;全国老龄委办公室、发展改革委、教育部、民政部、劳动保障部、财政部、建设部、卫生部、人口计生委、国家税务总局:《关于全面推进居家养老服务工作的意见》,全国老龄办发〔2008〕4号。
④ 财政部、国家税务总局:《关于调整住房租赁市场税收政策的通知》,财税字〔2000〕125号;财政部、国家税务总局:《关于廉租住房经济适用住房和住房租赁有关税收政策的通知》,财税〔2008〕24号。
⑤ 财政部、国家税务总局:《关于企业和自收自支事业单位向职工出租的单位自有住房房产税和营业税政策的通知》,财税〔2013〕94号。
⑥ 财政部、国家税务总局:《关于促进公共租赁住房发展有关税收优惠政策的通知》,财税〔2014〕52号。
⑦ 财政部、国家税务总局:《关于暂免征收军队空余房产租赁收入营业税房产税的通知》,财税〔2004〕123号。
⑧ 财政部、国家税务总局:《关于调整铁路系统房产税城镇土地使用税政策的通知》,财税〔2003〕149号;财政部、国家税务总局:《关于明确免征房产税城镇土地使用税的铁路运输企业范围的补充通知》,财税〔2006〕17号;财政部、国家税务总局:《关于青藏铁路公司运营期间有关税收等政策问题的通知》,财税〔2007〕11号。
⑨ 财政部、国家税务总局:《关于部分国家储备商品有关税收政策的通知》,财税〔2016〕28号。

上述地方储备商品业务自用的房产,免征房产税。①

(10) 2011年7月1日至2018年12月31日,对向居民供热而收取采暖费的供热企业,为居民供热所使用的厂房免征房产税;对供热企业其他厂房,应当按规定征收房产税。对专业供热企业,按其向居民供热取得的采暖费收入占全部采暖费收入的比例计算免征的房产税。对兼营供热企业,视其供热所使用的厂房及土地与其他生产经营活动所使用的厂房及土地是否可以区分,按照不同方法计算免征的房产税。可以区分的,对其供热所使用厂房及土地,按向居民供热取得的采暖费收入占全部采暖费收入的比例计算减免税。难以区分的,对其全部厂房及土地,按向居民供热取得的采暖费收入占其营业收入的比例计算减免税。对自供热单位,按向居民供热建筑面积占总供热建筑面积的比例计算免征供热所使用的厂房的房产税。②

(11) 2009年1月1日至2018年12月31日,由财政部门拨付事业经费的文化单位转制为企业,自转制注册之日起对其自用房产免征房产税。"经营性文化事业单位",是指从事新闻出版、广播影视和文化艺术的事业单位。转制包括整体转制和剥离转制。③

(12) 对专门经营农产品的农产品批发市场、农贸市场使用(包括自有和承租)的房产、土地,暂免征收房产税。对同时经营其他产品的农产品批发市场和农贸市场使用的房产、土地,按其他产品与农产品交易场地面积的比例确定征免房产税。④

(13) 为支持国家天然林资源保护二期工程的实施,自2011年1月1日至2020年12月31日,对长江上游、黄河中上游地区,东北、内蒙古等国有林区天然林二期工程实施企业和单位专门用于天然林保护工程的房产、土地免征房产税。对上述企业和单位用于其他生产经营活动的房产按规定征收房产税。

对由于实施天然林二期工程造成森工企业房产、土地闲置一年以上不用的,暂免征收房产税;闲置房产用于出租或重新用于天然林二期工程之外其他生产经营的,按规定征收房产税。

用于天然林二期工程的免税房产应单独划分,与其他应税房产划分不清的,按规定征收房产税。⑤

(14) 对股改铁路运输企业及合资铁路运输公司自用的房产免征收房产税。其中股改铁路运输企业是指铁路运输企业经国务院批准进行股份制改革成立的企业;合资铁路运输公司是指由铁道部及其所属铁路运输企业与地方政府、企业或其他投资者共同出资成立的铁路运输企业。⑥

---

① 财政部、国家税务总局:《关于地方商品储备有关税收问题的通知》,财税〔2008〕110号。
② 财政部、国家税务总局:《关于供热企业增值税 房产税 城镇土地使用税优惠政策的通知》,财税〔2016〕94号。
③ 财政部、国家税务总局:《关于继续实施文化体制改革中经营性文化事业单位转制为企业若干税收政策的通知》,财税〔2014〕84号。
④ 财政部、国家税务总局:《关于继续实行农产品批发市场房产税 城镇土地使用税优惠政策的通知》,财税〔2016〕1号。
⑤ 财政部、国家税务总局:《关于天然林保护工程(二期)实施企业和单位房产税城镇土地使用税政策的通知》,财税〔2011〕90号。
⑥ 财政部、国家税务总局:《关于股改及合资铁路运输企业房产税 城镇土地使用税有关政策的通知》,财税〔2009〕132号。

(15) 对商品储备管理公司及其直属库承担商品储备业务自用的房产,免征房产税。①

(16) 对行使国家行政管理职能的中国人民银行总行(含国家外汇管理局)所属分支机构自用的房产,免征房产税。②

(16) 自2013年1月1日至2018年12月31日,对高校学生公寓免征房产税。③

(17) 自2013年1月1日至至2018年12月31日,对符合条件的孵化器自用以及无偿或通过出租等方式提供给孵化企业使用的房产、土地,免征房产税。④

(18) 为支持和帮助鲁甸地震受灾地区积极开展生产自救,经省级人民政府批准,对经有关部门鉴定的因灾损毁的房产、土地,免征2014年至2016年度的房产税。对经批准免税的纳税人已缴税款可以从以后年度的应缴税款中抵扣。⑤

(19) 对农村饮水安全工程运营管理单位自用的生产、办公用房产,免征房产税。⑥

除以上规定外,如纳税人确有困难的,可由省、自治区、直辖市人民政府确定,定期减征或者免征房产税。

七、征收管理

(一) 纳税时间⑦

(1) 纳税人将原有房产用于生产经营,从生产经营之月起缴纳房产税。

(2) 纳税人自建的房屋,自建成之次月起征收房产税。

(3) 纳税人委托施工企业建设的房屋,从办理验收手续之次月起征收房产税。纳税人在办理验收手续前已使用或出租、出借的新建房屋,应按规定征收房产税。

(4) 购置新建商品房,自房屋交付使用之次月起计征房产税;购置存量房,自办理房屋权属转移、变更登记手续,房地产权属登记机关签发房屋权属证书之次月起计征房产税。⑧

(5) 出租、出借房产,自交付出租、出借房产之次月起计征房产税;房地产开发企业自用、出租、出借本企业建造的商品房,自房屋使用或交付之次月起计征房产税。⑨

(6) 纳税人因房产的实物或权利状态发生变化而依法终止房产税纳税义务的,其应纳税款的计算应截止到房产、土地的实物或权利状态发生变化的当月末。⑩

(二) 纳税期限

房产税实行按年计算、分期缴纳的征收方法,具体纳税期限由省、自治区、直辖市人

---

① 财政部、国家税务总局:《关于部分国家储备商品有关税收政策的通知》,财税〔2013〕59号。
② 国家税务总局:《关于中国人民银行总行所属分支机构免征房产税、城镇土地使用税的通知》,国税函〔2001〕770号。
③ 财政部、国家税务总局:《关于继续执行高校学生公寓和食堂有关税收政策的通知》,财税〔2016〕82号。
④ 财政部、国家税务总局:《关于科技企业孵化器税收政策的通知》,财税〔2016〕89号。
⑤ 财政部、国家税务总局:《关于支持鲁甸地震灾后恢复重建有关税收政策问题的通知》,财税〔2015〕27号。
⑥ 财政部、国家税务总局:《关于继续实行农村饮水安全工程建设运营税收优惠政策的通知》,财税〔2016〕19号。
⑦ 财政部、国家税务总局:《关于房产税若干具体问题的解释和暂行规定》,财税地字〔1986〕8号。
⑧ 国家税务总局:《关于房产税城镇土地使用税有关政策规定的通知》,国税发〔2003〕89号。
⑨ 同上。
⑩ 财政部、国家税务总局:《关于房产税城镇土地使用税有关问题的通知》,财税〔2008〕152号。

民政府确定。

(三) 纳税地点

房产税在房产所在地税务机关缴纳。房产不在一地的纳税人,应按房产的坐落地点,分别向房产所在地的税务机关纳税。①

第二节 车 船 税

车船税是对中国境内依法应当在车船管理部门登记的机动车辆、船舶,以及依法不需要在车船登记管理部门登记的在单位内部场所行驶或者作业的机动车辆和船舶征收的一种财产税。1951年政务院发布《车船使用牌照税暂行条例》,在全国范围内征收车船使用牌照税,20世纪70年代的税制改革,将对国营、集体企业征收的车船使用牌照税并入工商税,不再征收车船使用牌照税。1986年9月,国务院发布了《中华人民共和国车船使用税暂行条例》,于当年10月1日起施行,除对外资企业和外籍个人拥有使用的车船仍依照《车船使用牌照税暂行条例》的规定征收车船使用牌照税外,其他单位和个人均缴纳车船使用税。2006年12月,国务院发布《中华人民共和国车船税暂行条例》,自2007年1月1日起施行。2011年2月25日,十一届全国人民代表大会常务委员会第十九次会议通过了《中华人民共和国车船税法》。2011年11月23日,国务院第182次常务会议通过了《中华人民共和国车船税法实施条例》,自2012年1月1日起施行。

一、纳税人

在中国境内,依法应当在车船登记管理部门登记的机动车辆和船舶,以及依法不需要在车船登记管理部门登记的在单位内部场所行驶或者作业的机动车辆和船舶的所有人或者管理人为车船税的纳税人。车船管理部门,是指公安、交通、农业、渔业、军事等依法具有车船管理职能的部门。管理人,是指对车船具有管理使用权,不具有所有权的单位。

临时入境的外国车船和香港特别行政区、澳门特别行政区、台湾地区的车船,不征收车船税。

境内单位和个人租入外国籍船舶的,不征收车船税。境内单位和个人将船舶出租到境外的,应依法征收车船税。②

从事机动车第三者责任强制保险业务的保险机构为机动车车船税的扣缴义务人,应当在收取保险费时依法代收车船税,并出具代收税款凭证。没有扣缴义务人的,纳税人应当向主管税务机关自行申报缴纳车船税。

二、征税对象

车船税的征税对象是依法应当在车船登记管理部门登记的机动车辆和船舶,以及依

---

① 财政部、国家税务总局:《关于房产税若干具体问题的解释和暂行规定》,财税地字〔1986〕8号。
② 国家税务总局:《关于车船税征管若干问题的公告》,国家税务总局公告〔2013〕42号。

法不需要在车船登记管理部门登记的在单位内部场所行驶或者作业的机动车辆和船舶。车辆分为：乘用车、商用车、半挂牵引车、三轮汽车、低速载货汽车、挂车、专用作业车、轮式专用机械车、摩托车。船舶分为：机动、非机动船舶以及其他水上移动装置机动船舶、拖船、非机动驳船。

纯电动乘用车和燃料电池乘用车不属于车船税征税范围，对其不征车船税。①

三、税目、税率

车船税包括乘用车、商用车、其他车辆、摩托车和船舶5个税目。

乘用车，是指在设计和技术特性上主要用于载运乘客及随身行李，核定载客人数包括驾驶员在内不超过9人的汽车。

商用车，是指除乘用车外，在设计和技术特性上用于载运乘客、货物的汽车，划分为客车和货车。客货两用车，又称多用途货车，是指在设计和结构上主要用于载运货物，但在驾驶员座椅后带有固定或折叠式座椅，可运载3人以上乘客的货车。客货两用车依照货车的计税单位和年基准税额计征车船税。②

半挂牵引车，是指装备有特殊装置用于牵引半挂车的商用车。

三轮汽车，是指最高设计车速不超过每小时50千米，具有三个车轮的货车。

低速载货汽车，是指以柴油机为动力，最高设计车速不超过每小时70千米，具有四个车轮的货车。

挂车，是指就其设计和技术特性需由汽车或者拖拉机牵引，才能正常使用的一种无动力的道路车辆。

专用作业车，是指在其设计和技术特性上用于特殊工作的车辆。对于在设计和技术特性上用于特殊工作，并装置有专用设备或器具的汽车，应认定为专用作业车，如汽车起重机、消防车、混凝土泵车、清障车、高空作业车、洒水车、扫路车等。以载运人员或货物为主要目的的专用汽车，如救护车，不属于专用作业车。③

轮式专用机械车，是指有特殊结构和专门功能，装有橡胶车轮可以自行行驶，最高设计车速大于每小时20千米的轮式工程机械车。

摩托车，是指无论采用何种驱动方式，最高设计车速大于每小时50千米，或者使用内燃机，其排量大于50毫升的两轮或者三轮车辆。

船舶，是指各类机动、非机动船舶以及其他水上移动装置，但是船舶上装备的救生艇筏和长度小于5米的艇筏除外。其中，机动船舶是指用机器推进的船舶；拖船是指专门用于拖（推）动运输船舶的专业作业船舶；非机动驳船，是指在船舶登记管理部门登记为驳船的非机动船舶；游艇是指具备内置机械推进动力装置，长度在90米以下，主要用于游览观光、休闲娱乐、水上体育运动等活动，并应当具有船舶检验证书和适航证书的船舶。

---

① 财政部、国家税务总局：《关于节约能源使用新能源车船车船税优惠政策的通知》，财税〔2015〕51号。
② 国家税务总局：《关于车船税征管若干问题的公告》，国家税务总局公告〔2013〕42号。
③ 同上。

车船税采用定额税率。车辆的具体适用税额由省、自治区、直辖市人民政府依照《车船税税目税额表》规定的税额幅度和国务院的规定确定。船舶的具体适用税额由国务院在《车船税税目税额表》规定的税额幅度内确定(见表8-1)。

表8-1 车船税税目税额表

目录		计税单位	年基准税额	备注
乘用车按发动机气缸容量(排气量分档)	1.0升(含)以下的	每辆	60元至360元	核定载客人数9人(含)以下
	1.0升(含)以上至1.6升(含)的		360元至660元	
	1.6升以上至2.0升(含)的		660元至960元	
	2.0升以上至2.5升(含)的		960元至1620元	
	2.5升以上至3.0升(含)的		1620元至2460元	
	3.0升以上至4.0升(含)的		2460元至3600元	
	4.0升以上的		3600元至5400元	
商用车	客车	每辆	480元至1440元	核定载客人数9人(包括电车)
	货车	整备质量每吨	16元至120元	1. 包括半挂牵引车、挂车、客货两用汽车、三轮汽车和低速载货汽车等 2. 挂车按照货车税额的50%计算
其他车辆	专用作业车	整备质量每吨	16元至120元	不包括拖拉机
	轮式专用机械车	整备质量每吨	16元至120元	
摩托车		每辆	36元至180元	
船舶	机动船舶	净吨位每吨	3元至6元	拖船、非机动驳船分别按照机动船舶税额的50%计算
	游艇	艇身长度每米	600元至2000元	

机动船舶具体适用税额为：
(1) 净吨位不超过200吨的,每吨3元。
(2) 净吨位超过200吨但不超过2000吨的,每吨4元。
(3) 净吨位超过2000吨但不超过10000吨的,每吨5元。
(4) 净吨位超过10000吨的,每吨6元。

游艇具体适用税额为：
(1) 艇身长度不超过10米的,每米600元。
(2) 艇身长度超过10米但不超过18米的,每米900元。

(3) 艇身长度超过18米但不超过30米的,每米1300元。
(4) 艇身长度超过30米的,每米2000元。
(5) 辅助动力帆艇,每米600元。

车辆车船税的纳税人按照纳税地点所在的省、自治区、直辖市人民政府确定的具体适用税额缴纳车船税。

四、计税依据

车船税实行从量定额征收。车船税法和实施条例所涉及的排气量、整备质量、核定载客人数、净吨位、千瓦、艇身长度,以车船登记管理部门核发的车船登记证书或者行驶证所载数据为准。依法不需要办理登记的车船和依法应当登记而未办理登记或者不能提供车船登记证书、行驶证的车船,以车船出厂合格证明或者进口凭证标注的技术参数、数据为准;不能提供车船出厂合格证明或者进口凭证的,由主管税务机关参照国家相关标准核定,没有国家相关标准的参照同类车船核定。

拖船按照发动机功率每1千瓦折合净吨位0.67吨计算征收车船税。

关于车船税应纳税额的计算车船税法及其实施条例涉及的整备质量、净吨位、艇身长度等计税单位,有尾数的一律按照含尾数的计税单位据实计算车船税应纳税额。计算得出的应纳税额小数点后超过两位的可四舍五入保留两位小数。[①]

五、应税税额的计算

(1) 车船税应纳税额的计算公式为:

$$应纳税额 = 车船计税依据 \times 适用税额$$

(2) 购置的新车船,购置当年的应纳税额自纳税义务发生的当月起按月计算。计算公式为:

$$应纳税额 = (年应纳税额/12) \times 应纳税月份数$$

六、税收优惠

(一) 法定减免

根据车船税法和实施条例的规定,下列车船免征车船税:

(1) 捕捞、养殖渔船。
(2) 军队、武装警察部队专用的车船。
(3) 警用车船。
(4) 依照法律规定应当予以免税的外国驻华使领馆、国际组织驻华代表机构及其有关人员的车船。

对符合条件的新能源汽车,包括纯电动商用车、插电式(含增程式)混合动力汽车、燃

---

① 国家税务总局:《关于车船税征管若干问题的公告》,国家税务总局公告〔2013〕42号。

料电池商用车,免征车船税。对排量为1.6升以下(含1.6升)的燃用汽油、柴油的(含非插电式混合动力乘用车和双燃料乘用车)节约能源车船,减半征收车船税。①

对受严重自然灾害影响纳税困难以及有其他特殊原因确需减税、免税的,可以减征或者免征车船税。具体办法由国务院规定,并报全国人民代表大会常务委员会备案。

按照规定缴纳船舶吨税的机动船舶,自车船税法实施之日起5年内免征车船税。

依法不需要在车船登记管理部门登记的机场、港口、铁路站场内部行驶或者作业的车船,自车船税法实施之日起5年内免征车船税。

(二)特定减免

(1)省、自治区、直辖市人民政府根据当地实际情况,可以对公共交通车船,农村居民拥有并主要在农村地区使用的摩托车、三轮汽车和低速载货汽车定期减征或者免征车船税。

(2)对受地震、洪涝等严重自然灾害影响纳税困难以及其他特殊原因确需减免税的车船,可以在一定期限内减征或者免征车船税。具体减免期限和数额由省、自治区、直辖市人民政府确定,报国务院备案。

七、征收管理

(一)纳税期限

车船税纳税义务发生时间为取得车船所有权或者管理权的当月。取得车船所有权或者管理权的当月,应当以购买车船的发票或者其他证明文件所载日期的当月为准。

车船税按年申报缴纳。纳税年度,自公历1月1日起,至12月31日止。具体申报纳税期限由省、自治区、直辖市人民政府确定。

(二)纳税地点

车船税由地方税务机关负责征收。车船税的纳税地点为车船的登记地或者车船税扣缴义务人所在地。依法不需要办理登记的车船,车船税的纳税地点为车船的所有人或者管理人所在地。

(三)纳税申报

纳税人缴纳车船税时,应当提供反映排气量、整备质量、核定载客人数、净吨位、千瓦、艇身长度等与纳税相关信息的相应凭证以及税务机关根据实际需要要求提供的其他资料。纳税人以前年度已经提供前款所列资料信息的,可以不再提供。

从事机动车第三者责任强制保险业务的保险机构为机动车车船税的扣缴义务人,应当在收取保险费时依法代收车船税,并出具代收税款凭证。机动车车船税扣缴义务人在代收车船税时,应当在机动车交通事故责任强制保险的保险单以及保费发票上注明已收税款的信息,作为代收税款凭证。扣缴义务人已代收代缴车船税的,纳税人不再向车辆登记地的主管税务机关申报缴纳车船税。没有扣缴义务人的,纳税人应当向主管税务机关自行申报缴纳车船税。

保险机构作为车船税扣缴义务人,在代收车船税并开具增值税发票时,应在增值税

---

① 财政部、国家税务总局:《关于节约能源使用新能源车船车船税优惠政策的通知》,财税〔2015〕51号。

发票备注栏中注明代收车船税税款信息。具体包括:保险单号、税款所属期、代收车船税金额、滞纳金金额、金额合计等。该增值税发票可作为纳税人缴纳车船税及滞纳金的会计核算原始凭证。①

已完税或者依法减免税的车辆,纳税人应当向扣缴义务人提供登记地的主管税务机关出具的完税凭证或者减免税证明。

纳税人没有按照规定期限缴纳车船税的,扣缴义务人在代收代缴税款时,可以一并代收代缴欠缴税款的滞纳金。扣缴义务人应当及时解缴代收代缴的税款和滞纳金,并向主管税务机关申报。扣缴义务人向税务机关解缴税款和滞纳金时,应当同时报送明细的税款和滞纳金扣缴报告。车船税扣缴义务人代收代缴欠缴税款的滞纳金,从各省、自治区、直辖市人民政府规定的申报纳税期限截止日期的次日起计算。②

在一个纳税年度内,已完税的车船被盗抢、报废、灭失的,纳税人可以凭有关管理机关出具的证明和完税凭证,向纳税所在地的主管税务机关申请退还自被盗抢、报废、灭失月份起至该纳税年度终了期间的税款。已办理退税的被盗抢车船失而复得的,纳税人应当从公安机关出具相关证明的当月起计算缴纳车船税。

已缴纳车船税的车船在同一纳税年度内办理转让过户的,不另纳税,也不退税。

已经缴纳车船税的车船,因质量原因,车船被退回生产企业或者经销商的,纳税人可以向纳税所在地的主管税务机关申请退还自退货月份起至该纳税年度终了期间的税款,退货月份以退货发票所载日期的当月为准。③

第三节 契 税

契税是在土地使用权和房屋产权转移过程中,向产权承受人征收的一种财产税。中华人民共和国成立后,1950年4月公布了《契税暂行条例》;1954年财政部对《契税暂行条例》进行了修改。1997年7月7日国务院发布了新的《中华人民共和国契税暂行条例》,同年10月财政部发布了《中华人民共和国契税暂行条例细则》,并自10月1日开始施行。

一、纳税人

契税的纳税人是在中国境内转移土地、房屋权属,承受的单位和个人。土地、房屋权属是指土地使用权和房屋所有权。承受,是指以受让、购买、受赠、交换等方式取得土地、房屋权属的行为。单位是指企业单位、事业单位、国家机关、军事单位和社会团体以及其他组织。个人是指个体经营者及其他个人。

以招拍挂方式出让国有土地使用权的,纳税人为最终与土地管理部门签订出让合同

---

① 国家税务总局:《关于保险机构代收车船税开具增值税发票问题的公告》,国家税务总局公告2016年第51号。
② 国家税务总局:《关于车船税征管若干问题的公告》,国家税务总局公告〔2013〕42号。
③ 国家税务总局:《关于发布〈车船税管理规程(试行)〉的公告》,国家税务总局公告2015年第83号。

的土地使用权承受人。①

二、征税对象

（一）征税对象的一般规定

契税的征税对象是中国境内转移土地、房屋权属。具体包括以下内容：

1. 国有土地使用权出让

国有土地使用权出让，是指土地使用者向国家交付土地使用权出让费用，国家将国有土地使用权在一定年限内让予土地使用者的行为。

2. 土地使用权的转让

土地使用权的转让，是指土地使用者以出售、赠与、交换或者其他方式将土地使用权转移给其他单位和个人的行为。土地使用权出售，是指土地使用者以土地使用权作为交易条件，取得货币、实物、无形资产或者其他经济利益的行为。土地使用权赠与，是指土地使用者将其土地使用权无偿转让给受赠者的行为。称土地使用权交换，是指土地使用者之间相互交换土地使用权的行为。土地使用权的转让不包括农村集体土地承包经营权的转移。

3. 房屋买卖

房屋买卖是指房屋所有者将其房屋出售，由承受者付货币、实物、无形资产或者其他经济利益的行为。

4. 房屋赠与

房屋赠与是指房屋所有者将其房屋无偿转让给受赠者的行为。

5. 房屋交换

房屋交换是指房屋所有者之间互相交换房屋的行为。

6. 视同土地使用权转让、房屋买卖或房屋赠与

土地、房屋权属以下列方式转移的，视同土地使用权转让、房屋买卖或房屋赠与征税：

（1）以土地、房屋权属作价投资、入股。

（2）以土地、房屋权属抵债。

（3）以获奖方式承受土地、房屋权属。

（4）以预购方式或者预付集资建房款方式承受土地、房屋权属。

（二）征税对象的特殊规定

（1）根据我国婚姻法的规定，夫妻共有房屋属共同共有财产。因夫妻财产分割而将原共有房屋产权归属一方，是房产共有权的变动而不是现行契税政策规定征税的房屋产权转移行为。因此，对离婚后原共有房屋产权的归属人不征收契税。②

（2）由于房屋使用权与房屋所有权是两种不同性质的权属。因此，房屋使用权的转

---

① 财政部、国家税务总局：《关于企业以售后回租方式进行融资等有关契税政策的通知》，财税〔2012〕82号。
② 国家税务总局：《国家税务总局关于离婚后房屋权属变化是否征收契税的批复》，国税函〔1999〕391号。

移行为不属于契税征收范围,不应征收契税。①

(3) 购房人以按揭、抵押贷款方式购买房屋,当其从银行取得抵押凭证时,购房人与原产权人之间的房屋产权转移已经完成,契税纳税义务已经发生,必须依法缴纳契税。②

(4) 一方征用另一方土地建房,并在房屋建成后,将其中一部分房屋产权以补偿征地款方式转移给另一方,这种房地产转移方式实质上是一种以征地款购买房产的行为,应依法缴纳契税。③

(5) 对经法院判决的无效产权转移行为不征收契税。法院判决撤销房屋所有权证后,已纳契税款应予退还。④

(6) 由于股权变动引起企业法人名称变更,并因此进行相应土地、房屋权属人名称变更登记的过程中,土地、房屋权属不发生转移,不征收契税。⑤

(7) 土地使用权受让人通过完成土地使用权转让方约定的投资额度或投资特定项目,以此获取低价转让或无偿赠与的土地使用权,属于契税征收范围,其计税价格由征收机关参照纳税义务发生时当地的市场价格核定。⑥

(8) 对于承受与房屋相关的附属设施(包括停车位、汽车库、自行车库、顶层阁楼以及储藏室)所有权或土地使用权的行为,按照契税法律、法规的规定征收契税;对于不涉及土地使用权和房屋所有权转移变动的,不征收契税。⑦

(9) 对于《中华人民共和国继承法》规定的法定继承人(包括配偶、子女、父母、兄弟姐妹、祖父母、外祖父母)继承土地、房屋权属,不征契税;非法定继承人根据遗嘱承受死者生前的土地、房屋权属,属于赠与行为,应征收契税。⑧

(10) 对承受国有土地使用权所应支付的土地出让金,要计征契税。不得因减免土地出让金,而减免契税。⑨

(11) 对纳税人因改变土地用途而签订土地使用权出让合同变更协议或者重新签订土地使用权出让合同的,应征收契税。⑩

(12) 土地使用者转让、抵押或置换土地,无论其是否取得了该土地的使用权属证书,无论其在转让、抵押或置换土地过程中是否与对方当事人办理了土地使用权属证书变更登记手续,只要土地使用者享有占有、使用、收益或处分该土地的权利,且有合同等证据表明其实质转让、抵押或置换了土地并取得了相应的经济利益,土地使用者及其对方当事人应当依照税法规定缴纳契税等相关税收。⑪

(13) 单位、个人以房屋、土地以外的资产增资,相应扩大其在被投资公司的股权持有

---

① 国家税务总局:《国家税务总局关于出售或租赁房屋使用权是否征收契税问题的批复》国税函〔1999〕465号。
② 国家税务总局:《关于抵押贷款购买商品房征收契税的批复》,国税函〔1999〕613号。
③ 国家税务总局:《关于以补偿征地款方式取得的房产征收契税的批复》,国税函〔1999〕737号。
④ 国家税务总局:《关于无效产权转移征收契税的批复》,国税函〔2008〕438号。
⑤ 国家税务总局:《关于股权变动导致企业法人房地产权属更名登记不征契税的批复》,国税函〔2002〕771号。
⑥ 国家税务总局:《关于以项目换土地等方式承受土地使用权有关契税问题的批复》,国税函〔2002〕1094号。
⑦ 财政部、国家税务总局:《关于房屋附属设施有关契税政策的批复》,财税〔2004〕126号。
⑧ 国家税务总局:《关于继承土地、房屋权属有关契税问题的批复》,国税函〔2004〕1036号。
⑨ 国家税务总局:《关于免征土地出让金出让国有土地使用权征收契税的批复》,国税函〔2005〕436号。
⑩ 国家税务总局:《关于改变国有土地使用权出让方式征收契税的批复》,国税函〔2008〕662号。
⑪ 国家税务总局:《关于未办理土地使用权证转让土地有关税收问题的批复》,国税函〔2007〕645号。

比例,无论被投资公司是否变更工商登记,其房屋、土地权属不发生转移,不征收契税。①

(14) 自然人与其个人独资企业、一人有限责任公司之间土地、房屋权属的无偿划转属于同一投资主体内部土地、房屋权属的无偿划转,不征收契税。②

三、税率

契税实行3％—5％的幅度税率。实行幅度税率是考虑到我国经济发展的不平衡,各地经济差别较大的实际情况。因此,各省、自治区、直辖市人民政府可以在3％—5％的幅度税率规定范围内,按照本地区的实际情况决定。

对个人购买家庭唯一住房(家庭成员范围包括购房人、配偶以及未成年子女),面积为90平方米及以下的,减按1％的税率征收契税;面积为90平方米以上的,减按1.5％的税率征收契税。对个人购买家庭第二套改善性住房,面积为90平方米及以下的,减按1％的税率征收契税;面积为90平方米以上的,减按2％的税率征收契税。③

四、计税依据

契税的计税依据为不动产的价格。根据土地、房屋权属转移方式不同,计税依据的具体规定如下。

(1) 国有土地使用权出让、土地使用权出售、房屋买卖,以成交价格为计税依据。成交价格是指土地、房屋权属转移合同确定的价格,包括承受者应交付的货币、实物、无形资产或者其他经济利益。土地使用者将土地使用权及所附建筑物、构筑物等(包括在建的房屋、其他建筑物、构筑物和其他附着物)转让给他人的,应按照转让的总价款计征契税。④

另外,为了推动公有住房上市的进程,财政部、国家税务总局进一步明确与国有土地使用权出让相关的契税政策,具体如下⑤:

① 出让国有土地使用权的,其契税计税价格为承受人为取得该土地使用权而支付的全部经济利益。对通过"招、拍、挂"程序承受国有土地使用权的,应按照土地成交总价款计征契税,其中的土地前期开发成本不得扣除。⑥

(a) 以协议方式出让的,其契税计税价格为成交价格。成交价格包括土地出让金、土地补偿费、安置补助费、地上附着物和青苗补偿费、拆迁补偿费、市政建设配套费等承受者应支付的货币、实物、无形资产及其他经济利益。没有成交价格或者成交价格明显偏低的,征收机关可依次按下列两种方式确定:评估价格,即由政府批准设立的房地产评估机构根据相同地段、同类房地产进行综合评定,并经当地税务机关确认的价格。土地基准地价,即由县以上人民政府公示的土地基准地价。

---

① 财政部、国家税务总局:《关于企业以售后回租方式进行融资等有关契税政策的通知》,财税〔2012〕82号。
② 财政部、国家税务总局:《关于自然人与其个人独资企业或一人有限责任公司之间土地房屋权属划转有关契税问题的通知》,财税〔2008〕142号。
③ 财政部、国家税务总局:《关于调整房地产交易环节契税 营业税优惠政策的通知》,财税〔2016〕23号。
④ 财政部、国家税务总局:《关于土地使用税转让契税依据的批复的通知》,财税〔2007〕162号。
⑤ 财政部、国家税务总局:《关于国有土地使用权出让等有关契税问题的通知》,财税〔2004〕134号。
⑥ 国家税务总局:《关于明确国有土地使用权出让契税计税依据的批复》,国税函〔2009〕603号。

(b) 以竞价方式出让的,其契税计税价格,一般应确定为竞价的成交价格,土地出让金、市政建设配套费以及各种补偿费用应包括在内。

② 先以划拨方式取得土地使用权,后经批准改为出让方式取得该土地使用权的,应依法缴纳契税,其计税依据为应补缴的土地出让金和其他出让费用。

③ 已购公有住房经补缴土地出让金和其他出让费用成为完全产权住房的,免征土地权属转移的契税。

房屋买卖的契税计税价格为房屋买卖合同的总价款,买卖装修的房屋,装修费用应包括在内。①

(2) 土地使用权赠与、房屋赠与,由征收机关参照土地使用权出售、房屋买卖的市场价格核定。对于个人无偿赠与不动产行为,应对受赠人全额征收契税。②

(3) 土地使用权交换、房屋交换,以及土地使用权与房屋所有权之间相互交换,为所交换的土地使用权、房屋的价格差额。具体是:土地使用权交换、房屋交换,交换价格不相等的,由多交付货币、实物、无形资产或者其他经济利益的一方缴纳税款。交换价格相等的,免征契税。

(4) 以划拨方式取得土地使用权,经批准转让房地产时,由房地产转让者补缴契税。计税依据为补交的土地使用权出让费用或者土地收益。

(5) 采取分期付款方式购买房屋附属设施土地使用权、房屋所有权的,应按合同规定的总价款计征契税。承受的房屋附属设施权属如为单独计价的,按照当地确定的适用税率征收契税;如与房屋统一计价的,适用与房屋相同的契税税率。③

(6) 对纳税人因改变土地用途而签订土地使用权出让合同变更协议或者重新签订土地使用权出让合同的,征收契税的计税依据为因改变土地用途应补缴的土地收益金及应补缴政府的其他费用。④

> 需要注意的是,土地、房屋权属转移合同确定的价格,包括承受者应交付的货币、实物、无形资产或者其他经济利益。因此,土地、房屋权属转移合同确定的成交价格中包含的所有价款都属于计税依据范围。土地使用权出让、土地使用权转让、房屋买卖的成交价格中所包含的行政事业性收费,属于成交价格的组成部分,不应从中剔除,纳税人应按合同确定的成交价格全额计算缴纳契税。⑤

契税暂行条例规定,成交价格明显低于市场价格并且无正当理由的,或者所交换土地使用权、房屋的价格的差额明显不合理并且无正当理由的,征收机关可以参照市场价格核定计税依据。

---

① 国家税务总局:《关于承受装修房屋契税计税价格问题的批复》,国税函〔2007〕606 号。
② 国家税务总局:《关于加强房地产交易个人无偿赠与不动产税收管理有关问题的通知》,国税发〔2006〕144 号。
③ 财政部、国家税务总局:《关于房屋附属设施有关契税政策的批复》,财税〔2004〕126 号。
④ 国家税务总局:《关于改变国有土地使用权出让方式征收契税的批复》,国税函〔2008〕662 号。
⑤ 财政部、国家税务总局:《关于契税征收中几个问题的批复》,财税〔1998〕96 号。

五、应纳税额的计算

契税采用比例税率。计算公式为：

$$应纳税额 = 计税依据 \times 税率$$

计征契税的成交价格不含增值税。免征增值税的,确定计税依据时,成交价格不扣减增值税额。①

六、税收优惠

(1) 国家机关、事业单位、社会团体、军事单位承受土地、房屋用于办公、教学、医疗、科研和军事设施的,免征契税。对事业单位承受土地,房屋免征契税应同时符合两个条件:一是纳税人必须是按《事业单位财务规则》进行财务核算的事业单位;二是所承受的土地,房屋必须用于办公、教学、医疗、科研项目。凡不符合上述两个条件的,一律照章征收契税。②

(2) 城镇职工按规定第一次购买公有住房,免征契税。镇职工按规定第一次购买公有住房的,是指经县以上人民政府批准,在国家规定标准面积以内购买的公有住房。城镇职工享受免征契税,仅限于第一次购买的公有住房。超过国家规定标准面积的部分,仍应按照规定缴纳契税。

(3) 因不可抗力灭失住房而重新购买住房的,酌情减免。不可抗力是指自然灾害、战争等不能预见、不可避免,并不能克服的客观情况。

(4) 土地、房屋被县级以上人民政府征用、占用后,重新承受土地、房屋权属的,是否减征或者免征契税,由省、自治区、直辖市人民政府确定。

(5) 承受荒山、荒沟、荒丘、荒滩土地使用权,并用于农林、牧、渔业生产的,免征契税。

(6) 依照我国有关法律规定以及我国缔结或参加的双边和多边条约或协定的规定应当予以免税的外国驻华使馆、领事馆、联合国驻华机构及其外交代表、领事官员和其他外交人员承受土地、房屋权属的,经外交部确认,可以免征契税。

(7) 对个人购买经济适用住房,在法定税率基础上减半征收契税。③

(8) 对各类公有制单位为解决职工住房而采取集资建房方式建成的普通住房或由单位购买的普通商品住房,经当地县以上人民政府房改部门批准,按照国家房改政策出售给本单位职工的,如属职工首次购买住房,均比照契税暂行条例"城镇职工按规定第一次购买公有住房的,免征"的规定,免征契税。④

(9) 对县级以上人民政府教育行政主管部门或劳动行政主管部门批准并核发《社会力量办学许可》,由企业事业组织、社会团体及其他社会组织和公民个人利用非国家财政

---

① 财政部、国家税务总局:《关于营改增后契税 房产税 土地增值税 个人所得税计税依据问题的通知》,财税〔2016〕43号。
② 财政部、国家税务总局:《关于契税征收中几个问题的批复》,财税〔1998〕96号。
③ 财政部、国家税务总局:《关于廉租住房经济适用住房和住房租赁有关税收政策的通知》,财税〔2008〕24号。
④ 财政部、国家税务总局:《关于公有制单位职工首次购买住房免征契税的通知》,财税〔2000〕130号。

性教育经费面向社会举办的教育机构,其承受的土地、房屋权属用于教学的,免征契税。①

(10) 对公共租赁住房经营管理单位购买住房作为公共租赁住房,免征契税。公共租赁住房是指纳入省、自治区、直辖市、计划单列市人民政府及新疆生产建设兵团批准的公共租赁住房发展规划和年度计划,并按照相关规定进行管理的公共租赁住房。②

(11) 对青藏铁路公司及其所属单位承受土地、房屋权属用于办公及运输主业的,免征契税;对于因其他用途承受的土地、房屋权属,应照章征收契税。③

(12) 对金融租赁公司开展售后回租业务,承受承租人房屋、土地权属的,照章征税。对售后回租合同期满,承租人回购原房屋、土地权属的,免征契税。④

(13) 市、县级人民政府根据《国有土地上房屋征收与补偿条例》有关规定征收居民房屋,居民因个人房屋被征收而选择货币补偿用以重新购置房屋,并且购房成交价格不超过货币补偿的,对新购房屋免征契税;购房成交价格超过货币补偿的,对差价部分按规定征收契税。居民因个人房屋被征收而选择房屋产权调换,并且不缴纳房屋产权调换差价的,对新换房屋免征契税;缴纳房屋产权调换差价的,对差价部分按规定征收契税。⑤

(14) 个体工商户的经营者将其个人名下的房屋、土地权属转移至个体工商户名下,或个体工商户将其名下的房屋、土地权属转回原经营者个人名下,免征契税。合伙企业的合伙人将其名下的房屋、土地权属转移至合伙企业名下,或合伙企业将其名下的房屋、土地权属转回原合伙人名下,免征契税。⑥

(15) 对中国邮政速递物流公司、中国邮政速递物流股份有限公司及其子公司在邮政速递物流业务重组改制过程中承受中国邮政集团公司及所属邮政企业的土地、房屋权属,免征契税。对中国邮政集团公司及其所属企业以出让或国家作价出资(入股)方式取得原国有划拨土地使用权的,应征收契税。⑦

(16) 对中国联合网络通信集团有限公司及其所属子公司承受原中国联合通信有限公司、原中国网络通信集团公司、联通新国信通信有限公司、联通新时空移动通信有限公司的土地、房屋权属,中国联合网络通信有限公司承受原中国网通(集团)有限公司的土地、房屋权属,不征收契税。对中国联合网络通信集团有限公司及其所属子公司、中国联合网络通信有限公司以出让方式或国家作价出资(入股)方式承受原国有划拨用地的,应照章征收契税。⑧

(17) 对中国电信集团公司收购CDMA网络资产和中国电信股份有限公司收购CDMA网络业务过程中涉及的土地、房屋权属转移的契税予以免征。网络资产和中国电信

---

① 财政部、国家税务总局:《关于社会力量办学契税政策问题的通知》,财税〔2001〕156号。
② 财政部、国家税务总局:《关于促进公共租赁住房发展有关税收优惠政策的通知》,财税〔2014〕52号。
③ 财政部、国家税务总局:《关于青藏铁路公司运营期间有关税收等政策问题的通知》,财税〔2007〕11号。
④ 财政部、国家税务总局:《关于企业以售后回租方式进行融资等有关契税政策的通知》,财税〔2012〕82号。
⑤ 同上。
⑥ 同上。
⑦ 财政部、国家税务总局:《关于明确中国邮政集团公司邮政速递物流业务重组改制过程中有关契税和印花税政策的通》,财税〔2010〕92号。
⑧ 财政部、国家税务总局:《关于中国联合网络通信集团有限公司重组过程中有关契税政策的通知》,财税〔2010〕87号。

股份有限公司收购 CDMA 网络业务过程中涉及的土地、房屋权属转移的契税予以免征。①

（18）为贯彻落实《国务院关于加快棚户区改造工作的意见》，自 2013 年 7 月 4 日起，对经营管理单位回购已分配的改造安置住房继续作为改造安置房源的，免征契税。个人首次购买 90 平方米以下改造安置住房，按 1%的税率计征契税；购买超过 90 平方米，但符合普通住房标准的改造安置住房，按法定税率减半计征契税。个人因房屋被征收而取得货币补偿并用于购买改造安置住房，或因房屋被征收而进行房屋产权调换并取得改造安置住房，按有关规定减免契税。②

（19）在婚姻关系存续期间，房屋、土地权属原归夫妻一方所有，变更为夫妻双方共有或另一方所有的，或者房屋、土地权属原归夫妻双方共有，变更为其中一方所有的，或者房屋、土地权属原归夫妻双方共有，双方约定、变更共有份额的，免征契税。③

（20）对农村饮水安全工程运营管理单位为建设饮水工程而承受土地使用权，免征契税。④

需要注意的是，纳税人符合减征或者免征契税规定的，应当在签订土地、房屋权属转移合同后 10 日内，向土地、房屋所在地的契税征收机关办理减征或者免征契税手续。⑤

经批准减征、免征契税的纳税人改变有关土地、房屋的用途，不再属于《契税暂行条例》规定的减征、免征契税范围的，应当补缴已经减征、免征的税款。纳税人因改变土地、房屋用途应当补缴已经减征、免征契税的，其纳税义务发生时间为改变有关土地、房屋用途的当天。

七、企事业单位改制重组的契税政策⑥

（1）企业改制。企业按照《公司法》有关规定整体改制，包括非公司制企业改制为有限责任公司或股份有限公司，有限责任公司变更为股份有限公司，股份有限公司变更为有限责任公司，原企业投资主体存续并在改制（变更）后的公司中所持股权（股份）比例超过 75%，且改制（变更）后公司承继原企业权利、义务的，对改制（变更）后公司承受原企业土地、房屋权属，免征契税。

（2）事业单位改制。事业单位按照国家有关规定改制为企业，原投资主体存续并在改制后企业中出资（股权、股份）比例超过 50%的，对改制后企业承受原事业单位土地、房屋权属，免征契税。

（3）公司合并。两个或两个以上的公司，依照法律规定、合同约定，合并为一个公司，且原投资主体存续的，对合并后公司承受原合并各方土地、房屋权属，免征契税。

（4）公司分立。公司依照法律规定、合同约定分立为两个或两个以上与原公司投资

---

① 财政部、国家税务总局：《关于中国电信集团公司和中国电信股份有限公司收购 CDMA 网络资产和业务有关契税政策的通知》，财税〔2009〕42 号。
② 财政部、国家税务总局：《关于棚户区改造有关税收政策的通知》，财税〔2013〕101 号。
③ 财政部、国家税务总局：《关于夫妻之间房屋土地权属变更有关契税政策的通知》，财税〔2014〕4 号。
④ 财政部、国家税务总局：《关于继续实行农村饮水安全工程建设运营税收优惠政策的通知》，财税〔2016〕19 号。
⑤ 国家税务总局：《耕地占用税契税减免管理办法》，国税发〔2004〕99 号。
⑥ 财政部、国家税务总局：《关于进一步支持企业事业单位改制重组有关契税政策的通知》，财税〔2015〕37 号。

主体相同的公司,对分立后公司承受原公司土地、房屋权属,免征契税。

（5）企业破产。企业依照有关法律法规规定实施破产,债权人（包括破产企业职工）承受破产企业抵偿债务的土地、房屋权属,免征契税；对非债权人承受破产企业土地、房屋权属,凡按照《劳动法》等国家有关法律法规政策妥善安置原企业全部职工,与原企业全部职工签订服务年限不少于三年的劳动用工合同的,对其承受所购企业土地、房屋权属,免征契税；与原企业超过30%的职工签订服务年限不少于三年的劳动用工合同的,减半征收契税。

（6）资产划转。对承受县级以上人民政府或国有资产管理部门按规定进行行政性调整、划转国有土地、房屋权属的单位,免征契税。同一投资主体内部所属企业之间土地、房屋权属的划转,包括母公司与其全资子公司之间,同一公司所属全资子公司之间,同一自然人与其设立的个人独资企业、一人有限公司之间土地、房屋权属的划转,免征契税。

（7）债权转股权。经国务院批准实施债权转股权的企业,对债权转股权后新设立的公司承受原企业的土地、房屋权属,免征契税。

（8）划拨用地出让或作价出资。以出让方式或国家作价出资（入股）方式承受原改制重组企业、事业单位划拨用地的,不属上述规定的免税范围,对承受方应按规定征收契税。

（9）公司股权（股份）转让。在股权（股份）转让中,单位、个人承受公司股权（股份）,公司土地、房屋权属不发生转移,不征收契税。

八、征收管理

契税的纳税义务发生时间,为纳税人签订土地、房屋权属转移合同的当天,或者纳税人取得其他具有土地、房屋权属转移合同性质凭证的当天。取得其他具有土地、房屋权属转移合同性质凭证是指具有合同效力的契约、协议、和约、单据、确认书以及由省、自治区、直辖市人民政府确定的其他凭证。

纳税人应当自纳税义务发生之日起10日内,向土地、房屋所在地的契税征收机关办理纳税申报,并在契税征收机关核定的期限内缴纳税款。纳税人办理纳税事宜后,契税征收机关应当向纳税人开具契税完税凭证。

纳税人应当持契税完税凭证和其他规定的文件材料,依法向土地管理部门、房产管理部门办理有关土地、房屋的权属变更登记手续。纳税人未出具契税完税凭证的,土地管理部门、房产管理部门不予办理有关土地、房屋的权属变更登记手续。

> 需要注意的是,根据人民法院、仲裁委员会的生效法律文书发生土地、房屋权属转移,纳税人不能取得销售不动产发票的,可持人民法院执行裁定书原件及相关材料办理契税纳税申报,税务机关应予受理。购买新建商品房的纳税人在办理契税纳税申报时,由于销售新建商品房的房地产开发企业已办理注销税务登记或者被税务机关列为非正常户等原因,致使纳税人不能取得销售不动产发票的,税务机关在核实有关情况后应予受理。[①]

---

① 国家税务总局：《关于契税纳税申报有关问题的公告》,国家税务总局公告2015年第67号。

> 对交易双方已签订房屋买卖合同,但由于各种原因最终未能完成交易的,如购房者已按规定缴纳契税,在办理期房退房手续后,对其已纳契税款应予以退还。① 对已缴纳契税的购房单位和个人,在未办理房屋权属变更登记前退房的,退还已纳契税;在办理房屋权属变更登记后退房的,不予退还已纳契税。②

本章小结

房产税的征税范围为城市、县城、建制镇和工矿区的房产。房产税以房屋的产权所有人为纳税人,其计税依据是房产的计税价值或房产的租金收入。房产税实行比例税率,依照房产余值计算缴纳的,税率为1.2%;依照房产租金收入计算缴纳的,税率为12%。

车船税的征税对象是应税的车辆和船舶,在中国境内,应税车辆、船舶的所有人或者管理人为车船税的纳税人。车船税实行从量定额征收,根据应税车船的排气量、整备质量、核定载客人数、净吨位、千瓦、艇身长度采用有幅度的定额税率。

契税是在土地使用权和房屋产权转移过程中,向产权承受人征收的一种财产税。契税的纳税人是在中国境内转移土地、房屋权属,承受的单位和个人;征税对象是中国境内转移土地、房屋权属;计税依据为不动产的价格;契税实行3%—5%的幅度税率,各省、自治区、直辖市人民政府可以在3%—5%的幅度税率规定范围内,按照本地区的实际情况决定。

本章重要术语

房产税　房产　从价计征　计税余值　从租计征　车船税　契税　房屋权属　国有土地使用权出让　土地使用权的转让

复习思考题

1. 简述房产税的计税依据。
2. 购置新车船的当年应如何缴纳车船税?
3. 简述企事业单位改制重组的契税政策。

计算题

1. 某企业2015年年初委托施工企业建造厂房一幢,9月末办理验收手续,该厂房入账价值4000万元;9月30日将原值3000万元的仓库对外出租,当年收取租金100万元。

---

① 国家税务总局:《关于办理期房退房手续后应退还已征契税的批复》,国税函〔2002〕622号。
② 财政部、国家税务总局:《关于购房人办理退房有关契税问题的通知》,财税〔2011〕32号。

当地规定的房产计税余值扣除比例为30%。计算2015年该企业上述房产应缴纳的房产税。

2. 某企业2015年有5吨载重汽车3辆,4吨挂车2辆,2.5吨客货两用车4辆(其中1辆归企业后勤部门专用)。该企业所在地货车车船税年税额为80元/吨,客车年税额为600元/辆。计算该企业全年应缴纳的车船税。

3. 张某是某个人独资企业的业主,2015年5月张某以1000万元的价格购入一套房产作为该独资企业的办公场所,并将其价值120万元的自有房屋投入独资企业作为经营场所。2015年9月,张某将自有的价值500万元的住房与王某价值660万元的别墅进行互换,并向王某支付差价160万元。已知契税税率为3%,计算张某应就以上事项缴纳的契税。

推荐阅读文献

1. 侯一麟、任强、张平:《房产税在中国》,科学出版社2015年版。
2. 国家税务总局财产和行为税司:《契税 耕地占用税政策解读和征管指南》,中国税务出版社2014年版。

21世纪经济与管理规划教材

税 收 系 列

第九章

行为与特定目的课税

学习目标

通过本章的学习,读者应该能够

- 掌握现行城市维护建设税、印花税、车辆购置税、土地增值税、烟叶税、环境保护税等税种税制要素的基本规定和税款征收管理方法。
- 计算城市维护建设税、印花税、车辆购置税、土地增值税、烟叶税、环境保护税的应纳税额。

第一节　城市维护建设税

城市维护建设税是以增值税、消费税、营业税三税的税额为计税依据而征收的一种税。现行城市维护建设税的基本规范，是1985年2月8日国务院发布并于同年1月1日实施的《中华人民共和国城市维护建设税暂行条例》。

城市维护建设税作为特定目的税，其开征是为了加强城市的维护建设，扩大和稳定城市维护建设资金的来源。城市维护建设税的税款专门用于城市的公用事业和公共设施的维护建设，部分收入专用于乡镇的维护和建设。

一、纳税人

凡缴纳增值税、消费税的单位和个人，都是城市维护建设税的纳税人。自2010年12月1日起，对外商投资企业、外国企业及外籍个人征收城市维护建设税和教育费附加。[①]

增值税、消费税的代扣代缴、代收代缴义务人同时也是城市维护建设税的代扣代缴、代收代缴义务人。[②]

二、税率

城市维护建设税按纳税人所在地的不同，设置了7%、5%、1%三个档次的差别比例税率。不同地区的纳税人，适用不同档次的税率。具体是：

(1) 纳税人所在地为市区的，税率为7%。
(2) 纳税人所在地为县城、建制镇的，税率为5%。
(3) 纳税人所在地不在市区、县城或者建制镇的，税率为1%。

市区、县城、建制镇的范围，应按行政区划作为划分标准。[③] 纳税单位或个人缴纳城市维护建设税的适用税率，一律按其纳税所在地的规定税率执行。县政府设在城市市区，其在市区办的企业，按市区的规定税率计算纳税。纳税人所在地为工矿区的，应根据行政区划分按照7%、5%、1%的税率缴纳城市维护建设税。[④] 撤县建市后，城市维护建设税适用税率应为7%。[⑤]

城市维护建设税的适用税率，应按纳税人所在地的规定税率执行。但对下列两种情况，可按缴纳增值税、消费税所在地的规定税率就地缴纳城市维护建设税：

(1) 由受托方代征代扣增值税、消费税的单位和个人。
(2) 流动经营等无固定纳税地点的单位和个人。

[①] 财政部、国家税务总局：《关于对外资企业征收城市维护建设税和教育费附加有关问题的通知》，财税〔2010〕103号。
[②] 国家税务总局：《关于转发国务院办公厅对〈中华人民共和国城市维护建设税暂行条例〉第五条的解释的复函的通知》，国税函〔2004〕420号。
[③] 财政部：《关于城市维护建设税几个具体业务问题的补充规定》，财税字〔1985〕143号；财政部：《关于〈中华人民共和国城市维护建设税暂行条例〉执行日期等问题的通知》，财税字〔1985〕55号。
[④] 财政部、国家税务总局：《关于城市维护建设税几个具体问题的规定》，财税字〔1985〕69号。
[⑤] 国家税务总局：《关于撤县建市城市维护建设税适用税率问题的批复》，税总函〔2015〕511号。

开采海洋石油资源的中外合作油(气)田所在地在海上,其城市维护建设税适用1%的税率。①

三、计税依据

城市维护建设税,以纳税人实际缴纳的增值税、消费税税额为计税依据。由此也可以看出,城市维护建设税本身并没有特定的、独立的征税对象,具有附加税性质。

城建税的计税依据,是指纳税人实际缴纳的"两税"税额,不包括纳税人违反"两税"有关税法而加收的滞纳金和罚款,但纳税人在被查补增值税、消费税、营业税和被处以罚款时,应同时对其偷漏的城市维护建设税进行补税和罚款。②

纳税人跨地区提供建筑服务、销售和出租不动产的,应在建筑服务发生地、不动产所在地预缴增值税时,以预缴增值税税额为计税依据,并按预缴增值税所在地的城市维护建设税适用税率和教育费附加征收率就地计算缴纳城市维护建设税和教育费附加。

预缴增值税的纳税人在其机构所在地申报缴纳增值税时,以其实际缴纳的增值税税额为计税依据,并按机构所在地的城市维护建设税适用税率和教育费附加征收率就地计算缴纳城市维护建设税和教育费附加。③

这里需要注意对出口商品征收城市维护建设税的特别规定:供货企业在向出口企业和市县外贸企业销售出口产品时,以增值税当期销项税额抵扣当期进项税额后的余额为计税依据,计算缴纳城建税、教育费附加。④ 经国家税务局正式审核批准的当期免抵的增值税税额应纳入城市维护建设税和教育费附加的计征范围,分别按规定的税(费)率征收城市维护建设税和教育费附加。⑤

海关对进口产品代征的产品税、增值税,不征收城市维护建设税。⑥

四、应纳税额的计算

城市维护建设税的计算公式是:

$$应纳税额 = 纳税人实际缴纳的增值税、消费税税额 \times 适用税率$$

五、税收优惠

城市维护建设税原则上不予以单独减免,而是随"三税"的减免而减免。⑦ 如果要免

---

① 国家税务总局:《关于中外合作开采石油资源适用城市维护建设税教育费附加有关事宜的公告》,国家税务总局公告2010第31号。
② 财政部、国家税务总局:《关于城市维护建设税几个具体问题的规定》,财税字〔1985〕69号。
③ 财政部、国家税务总局:《关于纳税人异地预缴增值税有关城市维护建设税和教育费附加政策问题的通知》,财税〔2016〕74号。
④ 财政部、国家税务总局:《关于出口货物征收城市维护建设税教育费附加有关问题的通知》,财税字〔1996〕84号。
⑤ 财政部、国家税务总局:《关于生产企业出口货物实行免抵退税办法后有关城市维护建设税教育费附加政策的通知》,财税〔2005〕25号。
⑥ 财政部、国家税务总局:《关于城市维护建设税几个具体问题的规定》,财税字〔1985〕69号。
⑦ 财政部:《关于城市维护建设税几个具体业务问题的补充规定》,财税字〔1985〕143号。

征或者减征"三税",也就要同时免征或者减征城市维护建设税。除国务院另有规定,或财政部、国家税务总局根据国务院的指示精神确定的减免税外,各级财政、税务机关也不得自行审批决定减免城市维护建设税。① 对由于减免增值税、消费税、营业税而发生的退税,同时退还已纳税的城市维护建设税;但对出口产品退还增值税、消费税的,不退还已缴纳的城建税。②

对"三税"实行先征后返、先征后退、即征即退办法的,除另有规定外,对随"三税"附征的城市维护建设税和教育费附加,一律不予退(返)还。③

为支持国家重大水利工程建设,对国家重大水利工程建设基金免征城市维护建设税和教育费附加。④

六、征收管理

城市维护建设税的征收、管理、纳税环节、奖罚等事项,比照增值税、消费税、营业税的有关规定办理。城市维护建设税分别与增值税、消费税、营业税同时缴纳,因此城市维护建设税的纳税环节、纳税地点、纳税期限与"三税"相同。

增值税小规模纳税人缴纳增值税、消费税、文化事业建设费,以及随增值税、消费税附征的城市维护建设税、教育费附加等税费,原则上实行按季申报。纳税人要求不实行按季申报的,由主管税务机关根据其应纳税额大小核定纳税期限。随增值税、消费税附征的城市维护建设税、教育费附加免于零申报。⑤

> 需要注意的是,属于下列情况的,城市维护建设税的纳税地点为:
> (1) 代征代扣"三税"的单位和个人,其城市维护建设税的纳税地点在代征代扣地。
> (2) 对流动经营等无固定纳税地点的单位和个人,应随同"三税"在经营地缴纳城市维护建设税。

第二节 印 花 税

印花税是对经济活动和经济交往中书立、领受的凭证征收的一种税。1950 年 12 月 19 日,政务院公布了《印花税暂行条例》,自公布之日起施行;1951 年 1 月 4 日,财政部发布了《印花税暂行条例施行细则》。1953 年、1956 年我国曾两度对《印花税暂行条例》进行修订。1958 年全国税制改革时,将印花税并入工商统一税。1988 年 8 月 6 日国务院

---

① 财政部、国家税务总局:《关于做好取消城市维护建设税》,财税〔2003〕230 号。
② 财政部:《关于城市维护建设税几个具体业务问题的补充规定》,财税字〔1985〕143 号。
③ 财政部、国家税务总局:《关于增值税营业税消费税实行先征后返等办法有关城建税和教育费附加政策的通知》,财税〔2005〕72 号。
④ 财政部、国家税务总局:《关于免征国家重大水利工程建设基金的城市维护建设税和教育费附加的通知》,财税〔2010〕44 号。
⑤ 国家税务总局:《关于合理简并纳税人申报缴税次数的公告》,国家税务总局公告 2016 年第 6 号。

发布了《中华人民共和国印花税暂行条例》，自1988年10月1日起施行。1988年9月29日财政部发布了《中华人民共和国印花税暂行条例施行细则》，与条例同时施行。

一、纳税人

印花税的纳税人，是在中国境内书立、使用、领受印花税暂行条例所列举的凭证的单位和个人。

单位和个人，是指国内各类企业、事业、机关、团体、部队以及中外合资企业、合作企业、外资企业、外国公司和其他经济组织及其在华机构等单位及个人。

印花税的纳税人，按照书立、使用、领受应税凭证的不同，可分为立合同人、立据人、立账簿人、领受人和使用人。

（1）各类合同以立合同人为纳税人。立合同人是指合同的当事人，即对凭证有直接权利义务关系的单位和个人，但不包括合同的担保人、证人、鉴定人。当事人的代理人有代理纳税的义务。

（2）产权转移书据以立据人为纳税人。产权转移书据由立据人贴花，如未贴或者少贴印花，书据的持有人应负责补贴印花。所立书据以合同方式签订的，应由持有书据的各方分别按全额贴足印花税票（以下简称"贴花"）。

（3）营业账簿以立账簿人为纳税人。

（4）权利、许可证照以领受人为纳税人。

（5）在国外书立、领受，但在国内使用的应税凭证，以使用人为纳税人。

（6）各类电子应税凭证的签订人。①

> 值得注意的是，对应税凭证，凡由两方或两方以上当事人共同书立的，其当事人各方都是印花税的纳税人，应各就其所持凭证的计税金额履行纳税义务。
>
> 同一凭证，凡由两方或两方以上当事人签订并各执一份的，由各方就所执的一份各自全额贴花，当事人各方都是印花税的纳税人。

从2008年9月19日起，将现行的对买卖、继承、赠与所书立的A股、B股股权转让书据按千分之一的税率对双方当事人征收证券（股票）交易印花税，调整为单边征税，即对买卖、继承、赠与所书立的A股、B股股权转让书据的出让方按千分之一的税率征收证券（股票）交易印花税，对受让方不再征税。②

二、征税对象

印花税的征税对象是在中国境内书立、领受印花税暂行条例所列举的凭证，主要包括：合同或者具有合同性质的凭证；产权转移书据；营业账簿；权利、许可证照；经财政部确定征税的其他凭证。对纳税人以电子形式签订的各类应税凭证按规定征收印花税。③

---

① 财政部、国家税务总局：《关于印花税若干政策的通知》，财税〔2006〕162号。
② 财政部、国家税务总局：《关于调整证券（股票）交易印花税征收方式的通知》，财税明电〔2008〕2号。
③ 财政部、国家税务总局：《关于印花税若干政策的通知》，财税〔2006〕162号。

印花税只对列举的凭证和经财政部确定征税的其他凭证征税。例如,出版合同不属于印花税列举征税的凭证,不贴印花。① 所列举凭证,是指在中国境内具有法律效力、受中国法律保护的凭证。

印花税暂行条例通过列举税目的方式,明确了印花税的征税范围。印花税暂行条例共列举了5大类13个税目。

(一) 合同或者具有合同性质的凭证

合同,是指根据中国经济合同法和其他有关合同法规订立的合同;包括购销、加工承揽、建设工程承包、财产租赁、货物运输、仓储保管、借款、财产保险、技术合同等。具有合同性质的凭证,是指具有合同效力的协议、契约、合约、单据、确认书及其他各种名称的凭证。

> 需要注意的是,一些企业集团内部在经销和调拨商品物资时使用的各种形式的凭证(表、证、单、书、卡等),既有作为企业集团内部执行计划使用的,又有代替合同使用的。根据《印花税暂行条例》及有关规定,对于企业集团内具有平等法律地位的主体之间自愿订立、明确双方购销关系、据以供货和结算、具有合同性质的凭证,应按规定征收印花税。对于企业集团内部执行计划使用的、不具有合同性质的凭证,不征收印花税。②

(1) 购销合同。包括供应、预购、采购、购销结合及协作、调剂、补偿、易货等合同。

各类出版单位与发行单位之间订立的图书、报纸、期刊以及音像制品的征订凭证(包括订购单、订数单等),应由双方按购销合同纳税。③

供需双方当事人在供需业务活动中由单方签署开具的只标有数量,规格,交货日期,结算方式等内容的订单、要货单,双方当事人不再签订购销合同而以订单、要货单等作为当事人之间建立供需关系,明确供需双方责任的业务凭证,这类订单、要货单等属于合同性质的凭证,应按规定贴花。

外商投资企业与境外的母公司或子公司在经济活动中分属不同的独立法人。因此,外商投资企业与境外的母公司或子公司相互之间开出的订单,要货单,要货生产指令单等,均应按规定贴花。对在供需经济活动中使用电话、计算机联网订货,没有开具书面凭证的,暂不贴花。④

对于企业集团内具有平等法律地位的主体之间自愿订立、明确双方购销关系、据以供货和结算、具有合同性质的凭证,应按规定征收印花税。对于企业集团内部执行计划使用的、不具有合同性质的凭证,不征收印花税。⑤

---

① 国家税务局:《关于印花税若干具体问题的解释和规定的通知》,国税发〔1991〕155号。
② 国家税务总局:《关于企业集团内部使用的有关凭证征收印花税问题的通知》,国税函〔2009〕9号。
③ 国家税务局:《关于图书,报刊等征订凭证征免印花税问题的通知》,国税地〔1989〕142号。
④ 国家税务总局:《关于外商投资企业的订单要货单征收印花税问题的批复》,国税函发〔1997〕505号;国家税务局:《关于各种要货单据征收印花税问题的批复》,国税函发〔1990〕994号。
⑤ 国家税务总局:《关于企业集团内部使用的有关凭证征收印花税问题的通知》,国税函〔2009〕9号。

对发电厂与电网之间、电网与电网之间(国家电网公司系统、南方电网公司系统内部各级电网互供电量除外)签订的购售电合同按购销合同征收印花税。电网与用户之间签订的供用电合同不属于印花税列举征税的凭证,不征收印花税。①

在代理业务中,代理单位与委托单位之间签订的委托代理合同,凡仅明确代理事项,权限和责任的,不属于应税凭证,不贴印花。②

(2) 加工承揽合同。包括加工、定作、修缮、修理、印刷、广告、测绘、测试等合同。

对商店、门市部的零星加工修理业务开具的修理单,不贴印花。③

> 需要注意的是,由受托方提供原材料的加工、定作合同,凡在合同中分别记载加工费金额与原材料金额的,应分别按"加工承揽合同""购销合同"计税,两项税额相加数,即为合同应贴印花;合同中不划分加工费金额与原材料金额的,应按全部金额,依照"加工承揽合同"计税贴花。④

(3) 建设工程勘察设计合同。包括勘察、设计合同。

(4) 建筑安装工程承包合同。包括建筑、安装工程承包合同,其中包括总承包合同、分包合同和转包合同。

(5) 财产租赁合同。包括租赁房屋、船舶、飞机、机动车辆、机械、器具、设备等合同。

企业与主管部门等签订的租赁承包经营合同,不属于财产租赁合同,不应贴花。企业、个人出租门店、柜台等签订的合同,属于财产租赁合同,应按照规定贴花。⑤ 对房地产管理部门与个人订立的租房合同,凡用于生活居住的,暂免贴印花;用于生产经营的,应按规定贴花。⑥

(6) 货物运输合同。包括民用航空、铁路运输、海上运输、公路运输和联运合同。

在货运业务中,凡是明确承、托运双方业务关系的运输单据均属于合同性质的凭证。为了便于征管,以运费结算凭证作为各类货运的应税凭证。代办承、托运业务的单位负有代理纳税的义务;代办方与委托方之间办理的运费清算单据,不缴纳印花税。⑦

代办托运业务的代办方在向铁路运输企业交运货物并取得运费结算凭证时,应当代托运方缴纳印花税。代办方与托运方之间办理的运费结算清单,不缴纳印花税。铁路货运运费结算凭证为印花税应税凭证,具体包括:货票(发站发送货物时使用);运费杂费收据(到站收取货物运费时使用);合资、地方铁路货运运费结算凭证(合资铁路公司、地方铁路单独计算核收本单位管内运费时使用)。⑧

(7) 仓储保管合同。包括仓储、保管合同,以及作为合同使用的仓单、栈单(或称"入

---

① 财政部、国家税务总局:《关于印花税若干政策的通知》,财税〔2006〕162号。
② 国家税务局:《关于印花税若干具体问题的解释和规定的通知》,国税发〔1991〕155号。
③ 国家税务局:《关于印花税若干具体问题的规定》,国税地〔1988〕25号。
④ 同上。
⑤ 同上。
⑥ 同上。
⑦ 国家税务局:《关于货运凭证征收印花税几个具体问题的通知》,国税发〔1990〕173号。
⑧ 国家税务总局、铁道部:《关于铁路货运凭证印花税若干问题的通知》,国税发〔2006〕101号。

库单"等)。仓储保管业务中,对有些凭证使用不规范,不便计税的,可就其结算单据作为计税贴花的凭证。①

(8) 借款合同。指银行及其他金融组织与借款人(不包括银行同业拆借)所签订的合同。对办理借款展期业务使用借款展期合同或其他凭证,按信贷制度规定,仅载明延期还款事项的,可暂不贴花。同业拆借合同不属于列举征税的凭证,不贴印花。②

> 这里需要注意的问题是③:
> ① 借款方以财产作抵押,与贷款方签订的抵押借款合同,属于资金信贷业务,借贷双方应按"借款合同"计税贴花。因借款方无力偿还借款而将抵押财产转移给贷款方,应就双方书立的产权转移书据,按"产权转移书据"计税贴花。
> ② 银行及其金融机构经营的融资租赁业务,是一种以融物方式达到融资目的的业务,实际上是分期偿还的固定资金借款。因此,对融资租赁合同,可据合同所载的租金总额暂按"借款合同"计税贴花。

(9) 财产保险合同。包括财产、责任、保证、信用等保险合同。保险公司的财产保险分为企业财产保险、机动车辆保险、货物运输保险、家庭财产保险和农牧业保险五大类。

为了支持农村保险事业的发展,照顾农牧业生产的负担,除对农林作物、牧业畜类保险合同暂不贴花外,对其他几类财产保险合同均应按照规定计税贴花。其中,家庭财产保险由单位集体办理的,可分别按个人保费金额计税。④ 家庭财产两全保险属于家庭财产保险性质,其合同应照章贴花。⑤

(10) 技术合同。包括技术开发、转让、咨询、服务等合同。这里需要注意以下问题⑥:

① 技术转让包括专利权转让、专利申请权转让、专利实施许可和非专利技术转让,为这些不同类型技术转让所书立的凭证,分别适用不同的税目、税率。其中,专利申请权转让、非专利技术转让所书立的合同,适用"技术合同"税目;专利权转让、专利实施许可所书立的合同、书据,适用"产权转移书据"税目。

② 技术咨询合同,是当事人就有关项目的分析、论证、预测和调查订立的技术合同。一般的法律、会计、审计等方面的咨询不属于技术咨询,其所立合同不贴印花。

③ 技术服务合同的征税范围包括:技术服务合同、技术培训合同和技术中介合同。其中,技术服务合同是当事人一方委托另一方就解决有关特定技术问题,如为改进产品结构、改良工艺流程、提高产品质量、降低产品成本、保护资源环境、实现安全操作、提高经济效益等提出实施方案,进行实施指导所订立的技术合同。以常规手段或者为生产经营目的进行一般加工、修理、修缮、广告、印刷、测绘、标准化测试,以及勘察、设计等所书

---

① 国家税务局:《关于印花税若干具体问题的解释和规定的通知》,国税发〔1991〕155号。
② 同上。
③ 国家税务局:《关于对借款合同贴花问题的具体规定》,国税地〔1988〕30号。
④ 国家税务局:《关于对保险公司征收印花税有关问题的通知》,国税地〔1988〕37号。
⑤ 国家税务局:《关于家庭财产两全保险合同征收印花税问题的批复》,国税地〔1989〕77号。
⑥ 国家税务局:《关于对技术合同征收印花税问题的通知》,国税地〔1989〕34号。

立的合同,不属于技术服务合同。技术培训合同是当事人一方委托另一方对指定的专业技术人员进行特定项目的技术指导和专业训练所订立的技术合同。对各种职业培训、文化学习、职工业余教育等订立的合同,不属于技术培训合同,不贴印花。技术中介合同是当事人一方以知识、信息、技术为另一方与第三方订立技术合同进行联系,介绍、组织工业化开发所订立的技术合同。

(二) 产权转移书据

产权转移书据,是指单位和个人产权的买卖、继承、赠与、交换、分割等所立的书据。包括财产所有权和版权、商标专用权、专利权、专有技术使用权等转移书据。

"财产所有权"转移书据的征税范围,是指经政府管理机关登记注册的动产、不动产的所有权转移所立的书据,以及企业股权转让所立的书据。[①]

对商品房销售合同按照产权转移书据征收印花税。[②] 对土地使用权出让合同、土地使用权转让合同按产权转移书据征收印花税。[③]

对香港市场投资者通过基金互认买卖、继承、赠与内地基金份额,按照内地现行税制规定,暂不征收印花税。[④] 香港市场投资者通过沪港通买卖、继承、赠与上交所上市 A 股,按照内地现行税制规定缴纳证券(股票)交易印花税。[⑤]

(三) 营业账簿

营业账簿,是指单位或者个人记载生产经营活动的财务会计核算账簿。营业账簿按其反映内容的不同,可分为记载资金的账簿和其他账簿。记载资金的账簿,是指反映生产经营单位资本金数额增减变化的账簿。其他账簿,是指除记载资金的账簿以外的有关其他生产经营活动内容的账簿,包括日记账簿和各明细分类账簿。

中国人民银行各级机构经理国库业务及委托各专业银行各级机构代理国库业务设置的账簿,不是核算银行本身经营业务的账簿,不贴印花。[⑥]

对于营业账簿贴花,需要注意以下问题[⑦]:

(1) 对采用一级核算形式的,只就财会部门设置的账簿贴花;采用分级核算形式的,除财会部门的账簿应贴花外,财会部门设置在其他部门和车间的明细分类账,亦应按规定贴花。车间、门市部、仓库设置的不属于会计核算范围或虽属会计核算范围,但不记载金额的登记簿、统计簿、台账等,不贴印花。

(2) 对日常用单页表式记载资金活动情况,以表代账的,在未形成账簿(册)前,暂不贴花,待装订成册时,按册贴花。

(3) 凡是记载资金的账簿,启用新账时,资金未增加的,不再按件定额贴花。

(4) 对有经营收入的事业单位,凡属由国家财政部门拨付事业经费,实行差额预算管

[①] 国家税务局:《关于印花税若干具体问题的解释和规定的通知》,国税发〔1991〕155 号。
[②] 财政部、国家税务总局:《关于印花税若干政策的通知》,财税〔2006〕162 号。
[③] 同上。
[④] 财政部等:《关于内地与香港基金互认有关税收政策的通知》,财税〔2015〕125 号。
[⑤] 财政部、国家税务总局:《关于沪港股票市场交易互联互通机制试点有关税收政策的通知》,财税〔2014〕81 号。
[⑥] 国家税务局:《关于印花税若干具体问题的解释和规定的通知》,国税发〔1991〕155 号。
[⑦] 国家税务局:《关于印花税若干具体问题的规定》,国税地〔1988〕25 号。

理的单位,其记载经营业务的账簿,按其他账簿定额贴花,不记载经营业务的账簿不贴花;凡属经费来源实行自收自支的单位,其营业账簿,应对记载资金的账簿和其他账簿分别按规定贴花。

(5) 跨地区经营的分支机构使用的营业账簿,应由各分支机构在其所在地缴纳印花税。对上级单位核拨资金的分支机构,其记载资金的账簿按核拨的账面资金数额计税贴花,其他账簿按定额贴花;对上级单位不核拨资金的分支机构,只就其他账簿按定额贴花。为避免对同一资金重复计税贴花,上级单位记载资金的账簿,应按扣除拨给下属机构资金数额后的其余部分计税贴花。

(6) 凡银行用以反映资金存贷经营活动,记载经营资金增减变化,核算经营成果的账簿,如各种日记账、明细账和总账都属于营业账簿,应按照规定征收印花税。银行根据业务管理需要设置的各种登记簿,如空白重要凭证登记簿、有价单证登记簿、现金收付登记簿等,其记载的内容与资金活动无关,仅用于内部备查,属于非营业账簿,均不贴花。①

(7) 企业发生分立、合并和联营等变更后,凡依照有关规定办理法人登记的新企业所设立的资金账簿,应于启用时按规定计税贴花;凡无须重新进行法人登记的企业原有的资金账簿,已贴印花继续有效。② 经企业主管部门批准的国营、集体企业兼并,对并入单位的资产,凡已按资金总额贴花的,接收单位对并入的资金不再补贴印花。③

(8) 关于企业改制过程中的印花税政策规定是:实行公司制改造的企业在改制过程中成立的新企业(重新办理法人登记的),其新启用的资金账簿记载的资金或因企业建立资本纽带关系而增加的资金,凡原已贴花的部分可不再贴花,未贴花的部分和以后新增加的资金按规定贴花。以合并或分立方式成立的新企业,其新启用的资金账簿记载的资金,凡原已贴花的部分可不再贴花,未贴花的部分和以后新增加的资金按规定贴花。企业债权转股权新增加的资金按规定贴花。企业改制中经评估增加的资金按规定贴花。企业其他会计科目记载的资金转为实收资本或资本公积的资金按规定贴花。④

(四) 权利、许可证照

权利、许可证照,包括政府部门发给的房屋产权证、工商营业执照、商标注册证、专利证、土地使用证等。

(五) 其他应税凭证

对货物运输、仓储保管、财产保险、银行借款等,办理一项业务既书立合同,又开立单据的,只就合同贴花;凡不书立合同,只开立单据,以单据作为合同使用的,应按照规定贴花。⑤

仓储保管业务中,对有些凭证使用不规范,不便计税的,可就其结算单据作为计税贴花的凭证。⑥

---

① 国家税务局:《关于对金融系统营业账簿贴花问题的具体规定》,国税地〔1988〕28号。
② 国家税务局:《关于印花税若干具体问题的解释和规定的通知》,国税发〔1991〕155号。
③ 国家税务局:《关于印花税若干具体问题的规定》,国税地〔1988〕25号。
④ 财政部、国家税务总局:《关于企业改制过程中有关印花税政策的通知》,财税〔2003〕183号。
⑤ 国家税务局:《关于印花税若干具体问题的规定》,国税地〔1988〕25号。
⑥ 国家税务局:《关于印花税若干具体问题的解释和规定的通知》,国税发〔1991〕155号。

三、税率

印花税的税率有比例税率和定额税率两种形式,分别适用不同的应税凭证。

各类合同以及具有合同性质的凭证、产权转移书据、营业账簿中记载资金的账簿,分别适用 0.5‰、3‰、5‰、1‰ 的比例税率。

在上海证券交易所、深圳证券交易所、全国中小企业股份转让系统买卖、继承、赠与优先股所书立的股权转让书据,均依书立时实际成交金额,由出让方按 1‰ 的税率计算缴纳证券(股票)交易印花税。① 在全国中小企业股份转让系统买卖、继承、赠与股票所书立的股权转让书据,依书立时实际成交金额,由出让方按 1‰ 的税率计算缴纳证券(股票)交易印花税。②

权利、许可证照和营业账簿税中的其他账簿,适用定额税率,均为按件贴花,税额为 5 元。印花税税目税率表如表 9-1 所示。

表 9-1 印花税税目税率表

税目	范围	税率	纳税义务人	说明
1. 购销合同	包括供应、预购、采购、购销结合及协作、调剂、补偿、易货等合同	按购销金额万分之三贴花	立合同人	
2. 加工承揽合同	包括加工、定作、修缮、修理、印刷、广告、测绘、测试等合同	按加工或承揽收入万分之五贴花	立合同人	
3. 建设工程勘察设计合同	包括勘察、设计合同	按收取费用万分之五贴花	立合同人	
4. 建筑安装工程承包合同	包括建筑、安装工程承包合同	按承包金额万分之三贴花	立合同人	
5. 财产租赁合同	包括租赁房屋、船舶、飞机、机动车辆、机械、器具、设备等	按租赁金额千分之一贴花。税额不足一元的按一元贴花	立合同人	
6. 货物运输合同	包括民用航空、铁路运输、海上运输、内河运输、公路运输和联运合同	按运输费用万分之五贴花	立合同人	单据作为合同使用的,按合同贴花
7. 仓储保管合同	包括仓储、保管合同	按仓储保管费用千分之一贴花	立合同人	仓单或栈单作为合同使用的,按合同贴花

---

① 财政部、国家税务总局:《关于转让优先股有关证券(股票)交易印花税政策的通知》,财税〔2014〕46 号。
② 财政部、国家税务总局:《关于在全国中小企业股份转让系统转让股票有关证券(股票)交易印花税政策的通知》,财税〔2014〕47 号。

(续表)

税目	范围	税率	纳税义务人	说明
8. 借款合同	银行及其他金融组织和借款人(不包括银行同业拆借)所签订的借款合同	按借款金额万分之零点五贴花	立合同人	单据作为合同使用的,按合同贴花
9. 财产保险合同	包括财产、责任、保证、信用等保险合同	按收取的保险费收入千分之一贴花①对责任保险、保证保险和信用保险合同,暂按定额五元贴花。②	立合同人	单据作为合同使用的,按合同贴花
10. 技术合同	包括技术开发、转让、咨询、服务等合同	按所载金额万分之三贴花	立合同人	
11. 产权转移书据	包括财产所有权和版权、商标专用、专利权、专有技术使用权等转移书据;土地使用权出让合同、土地使用权转让合同、商品房销售合同	按所载金额万分之五贴花(股权转移书据按所载金额千分之一贴花)	立据人	
12. 营业账簿	生产经营用账册	记载资金的账簿,按固定资产原值与自有流动资金总额万分之五贴花。其他账簿按件贴花五元	立账簿人	
13. 权利、许可证照	包括政府部门发给的房屋产权证、工商营业执照、商标注册证、专利证、土地使用证	按件贴花五元	领受人	

四、计税依据

印花税的计税依据,分为两种情况:一种情况是,合同、产权转移书据和记载资金的营业账簿的计税依据为应税凭证上所记载的计税金额;另一种情况是,权利许可证照和营业账簿中的其他账簿,计税依据为应税凭证的件数。

(一) 计税金额的一般规定

(1) 购销合同的计税依据为购销金额。需要注意的是,商品购销活动中,采用以货换货方式进行商品交易签订的合同,是反映既购又销双重经济行为的合同。对此,应按合同所载的购、销合计金额计税贴花。合同未列明金额的,应按合同所载购、销数量依照国家牌价或市场价格计算应纳税金额。③

图书、报刊等征订凭证的计税金额,按订购数量及发行单位的进货价格计算。征订凭证发生次数频繁,为简化纳税手续,可由出版发行单位采取按期汇总方式,计算缴纳印

---

① 国家税务总局:《关于改变保险合同印花税计税办法的通知》,国税发〔1990〕428号。
② 国家税务局:《关于对保险公司征收印花税有关问题的通知》,国税地〔1988〕37号。
③ 国家税务局:《关于印花税若干具体问题的解释和规定的通知》,国税发〔1991〕155号。

花税。实行汇总缴纳以后,购销双方个别订立的协议均不再重复计税贴花。①

(2) 加工承揽合同的计税依据为加工或承揽收入。这里的加工或承揽收入额是指合同中规定的受托方的加工费收入和提供的辅助材料金额之和。

(3) 建设工程勘察设计合同的计税依据为收取的费用。

(4) 建筑安装工程承包合同的计税依据为承包金额。

(5) 财产租赁合同的计税依据为租赁金额。经计算,税额不足1元的,按1元贴花。

(6) 货物运输合同的计税依据为运输费用。对国内各种形式的货物联运,凡在起运地统一结算全程运费的,应以全程运费作为计税依据,由起运地运费结算双方缴纳印花税;凡分程结算运费的,应以分程的运费作为计税依据,分别由办理运费结算的各方缴纳印花税。②

国际货运凭证的征免税划分:由我国运输企业运输的,不论在我国境内、境外起运或中转分程运输,我国运输企业所持的一份运费结算凭证,均按本程运费计算应纳税额;托运方所持的一份运费结算凭证,按全程运费计算应纳税额。由外国运输企业运输进出口货物的,外国运输企业所持的一份运费结算凭证免纳印花税;托运方所持的一份运费结算凭证应缴纳印花税。国际货运运费结算凭证在国外办理的,应在凭证转回我国境内时按规定缴纳印花税。③

铁路货运运费结算凭证以凭证中所列运费为印花税的计税依据,包括统一运价运费、特价或加价运费、合资和地方铁路运费、新路均摊费、电力附加费。对分段计费一次核收运费的,以结算凭证所记载的全程运费为计税依据;对分段计费分别核收运费的,以分别核收运费的结算凭证所记载的运费为计税依据。④

(7) 仓储保管合同的计税依据为仓储保管费用。

(8) 借款合同的计税依据为借款金额。对于实际借贷活动中不同的借款方式,计税依据和计税方法有所不同,具体规定是⑤:

① 凡一项信贷业务既签订借款合同又一次或分次填开借据的,只就借款合同按所载借款金额计税贴花;凡只填开借据并作为合同使用的,应按照借据所载借款金额计税,在借据上贴花。

② 借贷双方签订的流动资金周转性借款合同,一般按年(期)签订,规定最高限额,借款人在规定的期限和最高限额内随借随还。为此,在签订流动资金周转借款合同时,应按合同规定的最高借款限额计税贴花。以后,只要在限额内随借随还、不再签新合同的,就不另贴印花。

③ 有些借款合同,借款总额中既有应免税的金额,也有应纳税的金额。对这类"混合"借款合同,凡合同中能划分免税金额与应税金额的,只就应税金额计税贴花;不能划分清楚的,应按借款总金额计税贴花。

---

① 国家税务局:《关于图书、报刊等征订凭证征免印花税问题的通知》,国税地〔1989〕142号。
② 国家税务局:《关于货运凭证征收印花税几个具体问题的通知》,国税发〔1990〕173号。
③ 同上。
④ 国家税务总局、铁道部:《关于铁路货运凭证印花税若干问题的通知》,国税发〔2006〕101号。
⑤ 国家税务局:《关于对借款合同贴花问题的具体规定》,国税地〔1988〕30号。

④ 信贷业务中,贷方是由若干银行组成的银团,银团各方均承担一定的贷款数额,借款合同由借款方与银团各方共同书立,各执一份合同正本。对这类借款合同,借款方与贷款银团各方应分别在所执合同正本上按各自的借贷金额计税贴花。

⑤ 基本建设贷款中,若先按年度用款计划分年签订借款分合同,在最后一年按总概算签订借款总合同。总合同的借款金额中包括各分合同的借款金额。对这类基建借款合同,应按分合同分别贴花,最后签订的总合同,只就借款总额扣除分合同借款金额后的余额计税贴花。

(9) 财产保险合同的计税依据为保险费收入。①

(10) 技术合同的计税依据为合同所载金额。对各类技术合同,应当按合同所载价款、报酬、使用费的金额依率计税。为鼓励技术研究开发,对技术开发合同,只就合同所载的报酬金额计税,研究开发经费不作为计税依据。但对合同约定按研究开发经费一定比例作为报酬的,应按一定比例的报酬金额计税贴花。②

(11) 产权转移书据的计税依据为所载金额。股份制试点企业向社会公开发行的股票,因购买、继承、赠与所书立的股权转让书据,计税依据为书立股权转让书据时证券市场当日实际成交价格计算的金额。③

(12) 营业账簿税目中记载资金的账簿的计税依据为"实收资本"与"资本公积"两项的合计金额。以后年度资金总额比已贴花资金总额增加的,增加部分应按规定贴花。④外国银行分行记载由其境外总行拨付的"营运资金"账簿,应按核拨的账面资金数额计税贴花。⑤

(二) 特殊情况下计税金额的规定

(1) 同一凭证,因载有两个或两个以上经济事项而适用不同税目税率,如分别记载金额的,应分别计算应纳税额,相加后按合计税额贴花;如未分别记载金额的,按税率高的计税贴花。

(2) 按金额比例贴花的应税凭证,未标明金额的,应按照凭证所载数量及国家牌价计算金额;没有国家牌价的,按市场价格计算金额,然后按规定税率计算应纳税额。

(3) 应税凭证所载金额为外国货币的,应按照凭证书立当日国家外汇管理局公布的外汇牌价折合成人民币,然后计算应纳税额。

(4) 有些合同在签订时无法确定计税金额,如技术转让合同中的转让收入,是按销售收入的一定比例收取或是按实现利润分成的;财产租赁合同,只是规定了月(天)租金标准而却无租赁期限的。对这类合同,可在签订时先按定额五元贴花,以后结算时再按实际金额计税,补贴印花。⑥

(5) 对已履行并贴花的合同,发现实际结算金额与合同所载金额不一致的,一般不再

---

① 国家税务总局:《关于改变保险合同印花税计税办法的通知》,国税发〔1990〕428号。
② 国家税务局:《关于对技术合同征收印花税问题的通知》,国税地〔1989〕34号。
③ 国家税务局、国家体改委:《股份制试点企业有关税收问题的暂行规定》,国税发〔1992〕137号。
④ 国家税务总局:《关于资金账簿印花税问题的通知》,国税发〔1994〕25号。
⑤ 国家税务总局:《关于外国银行分行营运资金缴纳印花税问题的批复》,国税函〔2002〕104号。
⑥ 国家税务局:《关于印花税若干具体问题的规定》,国税地〔1988〕25号。

补贴印花。凡修改合同增加金额的,应就增加部分补贴印花。①

(6) 施工单位将自己承包的建设项目,分包或者转包给其他施工单位所签订的分包合同或者转包合同,应按新的分包合同或转包合同所载金额计算应纳税额。这是因为印花税是一种具有行为税性质的凭证税,尽管总承包合同已依法计税贴花,但新的分包或转包合同是一种新的凭证,又发生了新的纳税义务。

(7) 对开展融资租赁业务签订的融资租赁合同(含融资性售后回租),统一按照其所载明的租金总额依照"借款合同"税目,按万分之零点五的税率计税贴花。在融资性售后回租业务中,对承租人、出租人因出售租赁资产及购回租赁资产所签订的合同,不征收印花税。②

五、应纳税额的计算

纳税人根据应纳税凭证的性质,分别按比例税率或者按件定额计算应纳税额。

适用比例税率的应税凭证的计算公式:

$$应纳税额 = 计税金额 \times 适用税率$$

适用定额税率的应税凭证的计算公式:

$$应纳税额 = 应税凭证件数 \times 单位税额$$

应纳税额不足1角的,免纳印花税;应纳税额1角以上的,其税额尾数不满5分的不计,满5分的按1角计算缴纳。印花税票为有价证券,其票面金额以人民币为单位,分为1角、2角、5角、1元、2元、5元、10元、50元、100元九种。

六、税收优惠

(一) 法定减免

按照印花税暂行条例规定,下列凭证免纳印花税:

(1) 已缴纳印花税的凭证的副本或者抄本。已缴纳印花税的凭证的副本或者抄本免纳印花税,是指凭证的正式签署本已按规定缴纳了印花税,其副本或者抄本对外不发生权利义务关系,仅备存查的免贴印花。

纳税人的已缴纳印花税凭证的正本遗失或毁损,而以副本替代的,即为副本视同正本使用,应另贴印花。③

(2) 财产所有人将财产赠给政府、社会福利单位、学校所立的书据。社会福利单位,是指抚养孤老伤残的社会福利单位。

(3) 国家指定的收购部门与村民委员会、农民个人书立的农副产品收购合同。"收购部门"和"农副产品"的范围,由省、自治区、直辖市税务局根据当地实际情况具体划定。④

---

① 国家税务局:《关于印花税若干具体问题的规定》,国税地〔1988〕25号。
② 财政部、国家税务总局:《关于融资租赁合同有关印花税政策的通知》,财税〔2015〕144号。
③ 国家税务局:《关于印花税若干具体问题的规定》,国税地〔1988〕25号。
④ 国家税务局:《关于印花税若干具体问题的解释和规定的通知》,国税发〔1991〕155号。

对农民专业合作社与本社成员签订的农业产品和农业生产资料购销合同,免征印花税。①

(4) 无息、贴息贷款合同。

(5) 外国政府或者国际金融组织向我国政府及国家金融机构提供优惠贷款所书立的合同。

(二) 其他减免

(1) 自 2008 年 3 月 1 日起对个人出租、承租住房签订的租赁合同,免征印花税。② 自 2008 年 11 月 1 日起,对个人销售或购买住房暂免征收印花税。③

(2) 对房地产管理部门与个人签订的用于生活居住的租赁合同免税。④

(3) 对公共租赁住房经营管理单位购买住房作为公共租赁住房,免征印花税。对公共租赁住房租赁双方免征签订租赁协议涉及的印花税。对公共租赁住房经营管理单位免征建设、管理公共租赁住房涉及的印花税。在其他住房项目中配套建设公共租赁住房,依据政府部门出具的相关材料,按公共租赁住房建筑面积占总建筑面积的比例免征建设、管理公共租赁住房涉及的印花税。⑤

(4) 为了支持农村保险事业的发展,照顾农牧业生产的负担,对农林作物、牧业畜类保险合同暂不贴花。⑥

(5) 对特殊货运凭证免税。⑦ 主要是:军事物资运输,凡附有军事运输命令或使用专用的军事物资运费结算凭证,免纳印花税。抢险救灾物资运输,凡附有县级以上(含县级)人民政府抢险救灾物资运输证明文件的运费结算凭证,免纳印花税。新建铁路的工程临管线运输,为新建铁路运输施工所需物料,使用工程临管线专用运费结算凭证,免纳印花税。另外,对铁路、公路、航运、水路承运快件行李、包裹开具的托运单据,暂免贴印花。⑧

(6) 各类发行单位之间,以及发行单位与订阅单位或个人之间书立的征订凭证,暂免征印花税。⑨

(7) 对投资者(包括个人和机构)买卖封闭式证券投资基金免征印花税。⑩

(8) 对青藏铁路公司及其所属单位营业账簿免征印花税;对青藏铁路公司签订的货物运输合同免征印花税,对合同其他各方当事人应缴纳的印花税照章征收。⑪

(9) 对经国务院和省级人民政府决定或批准进行的国有(含国有控股)企业改组改制而发生的上市公司国有股权无偿转让行为,暂不征收证券(股票)交易印花税。对不属于

---

① 财政部、国家税务总局:《关于农民专业合作社有关税收政策的通知》,财税〔2008〕81 号。
② 财政部、国家税务总局:《关于廉租住房经济适用住房和住房租赁有关税收政策的通知》,财税〔2008〕24 号。
③ 财政部、国家税务总局:《关于调整房地产交易环节税收政策的通知》,财税〔2008〕137 号。
④ 国家税务局:《关于印花税若干具体问题的规定》,国税地〔1988〕25 号。
⑤ 财政部、国家税务总局:《关于促进公共租赁住房发展有关税收优惠政策的通知》,财税〔2014〕52 号。
⑥ 国家税务局:《关于对保险公司征收印花税有关问题的通知》,国税地〔1988〕37 号。
⑦ 国家税务局:《关于货运凭证征收印花税几个具体问题的通知》,国税发〔1990〕173 号。
⑧ 国家税务局:《关于印花税若干具体问题的规定》,国税地〔1988〕25 号。
⑨ 国家税务局:《关于图书,报刊等征订凭证征免印花税问题的通知》,国税地〔1989〕142 号。
⑩ 财政部、国家税务总局:《关于对买卖封闭式证券投资基金继续予以免征印花税的通知》,财税〔2004〕173 号。
⑪ 财政部、国家税务总局:《关于青藏铁路公司运营期间有关税收等政策问题的通知》,财税〔2007〕11 号。

上述情况的上市公司国有股权无偿转让行为,仍应征收证券(股票)交易印花税。①

(10) 对证券投资者保护基金有限责任公司(以下简称"保护基金公司")及其管理的证券投资者保护基金(以下简称"保护基金")的优惠政策②:

① 对保护基金公司新设立的资金账簿免征印花税;

② 对保护基金公司与中国人民银行签订的再贷款合同、与证券公司行政清算机构签订的借款合同,免征印花税;

③ 对保护基金公司接收被处置证券公司财产签订的产权转移书据,免征印花税;

④ 对保护基金公司以保护基金自有财产和接收的受偿资产与保险公司签订的财产保险合同,免征印花税;

⑤ 对与保护基金公司签订上述应税合同或产权转移书据的其他当事人照章征收印花税。

(11) 对中国保险保障基金有限责任公司下列应税凭证,免征印花税③:

① 新设立的资金账簿;

② 在对保险公司进行风险处置和破产救助过程中签订的产权转移书据;

③ 在对保险公司进行风险处置过程中与中国人民银行签订的再贷款合同;

④ 以保险保障基金自有财产和接收的受偿资产与保险公司签订的财产保险合同。

对与保险保障基金公司签订上述产权转移书据或应税合同的其他当事人照章征收印花税。

(12) 中国海油集团与中国石油天然气集团、中国石油化工集团之间,中国海油集团内部各子公司之间,中国海油集团的各分公司和子公司之间互供石油和石油制品所使用的"成品油配置计划表"(或其他名称的表、证、单、书),暂不征收印花税。④

(13) 对中国联合网络通信集团有限公司吸收合并中国网络通信集团公司,中国联合网络通信有限公司吸收合并中国网通(集团)有限公司过程中,所签订的产权转移书据涉及的印花税,予以免征。⑤

(14) 中国邮政集团及其所属邮政企业与中国邮政速递物流公司、中国邮政速递物流股份有限公司及其子公司因重组改制签订的产权转移书据免予贴花。⑥

(15) 对中国铁路总公司组建时新启用(截至 2013 年 12 月 31 日)的资金账簿记载的资金免征印花税。对中国铁路总公司在改革过程中通过控股、参股等与所属企业建立资本关系而增加的资金账簿资金免征印花税。对中国铁路总公司承继的原以铁道部名义

---

① 国家税务总局:《关于办理上市公司国有股权无偿转让暂不征收证券(股票)交易印花税有关审批事项的通知》,国税函〔2004〕941号。

② 财政部、国家税务总局:《关于证券投资者保护基金有关印花税政策的通知》,财税〔2006〕104号。

③ 财政部、国家税务总局:《关于保险保障基金有关税收政策问题的通知》,财税〔2016〕10号。

④ 国家税务总局:《关于中国海洋石油总公司使用的"成品油配置计划表"有关印花税问题的公告》,国家税务总局公告 2012 第 58 号。

⑤ 财政部、国家税务总局:《关于中国联合网络通信集团有限公司转让 CDMA 网及其用户资产企业合并资产整合过程中涉及的增值税营业税印花税和土地增值税政策问题的通知》,财税〔2011〕13号。

⑥ 财政部、国家税务总局:《关于明确中国邮政集团公司邮政速递物流业务重组改制过程中有关契税和印花税政策的通知》,财税〔2010〕92号。

签订的尚未履行完的各类应税合同,改革后需要变更执行主体的,对仅改变执行主体、其余条款未作变动且改革前已经贴花的,不再贴花。对中国铁路总公司及其所属企业因铁路改革签订的产权转移书据免予贴花。①

(16) 对商品储备管理公司及其直属库资金账簿免征印花税;对其承担商品储备业务过程中书立的购销合同免征印花税,对合同其他各方当事人应缴纳的印花税照章征收。②

(17) 对与高校学生签订的高校学生公寓租赁合同,免征印花税。③

(18) 为了推进城市和国有工矿棚户区改造工作,对改造安置住房经营管理单位、开发商与改造安置住房相关的印花税以及购买安置住房的个人涉及的印花税予以免征。在商品住房等开发项目中配套建造安置住房的,依据政府部门出具的相关材料和拆迁安置补偿协议,按改造安置住房建筑面积占总建筑面积的比例免征印花税。④

(19) 为促进飞机租赁业健康发展,自 2014 年 1 月 1 日起至 2018 年 12 月 31 日止,暂免征收飞机租赁企业购机环节购销合同印花税。⑤

(20) 为鼓励金融机构对小型、微型企业提供金融支持,促进小型、微型企业发展,自 2011 年 11 月 1 日起至 2017 年 10 月 31 日止,对金融机构与小型、微型企业签订的借款合同免征印花税。⑥

(21) 对农村饮水安全工程运营管理单位为建设饮水工程取得土地使用权而签订的产权转移书据,以及与施工单位签订的建设工程承包合同免征印花税。⑦

七、征收管理

(一) 纳税方法

印花税暂行条例规定:印花税实行由纳税人根据规定自行计算应纳税额,购买并一次贴足印花税票的缴纳办法。为简化贴花手续,应纳税额较大或者贴花次数频繁的,纳税人可向税务机关提出申请,采取以缴款书代替贴花或者按期汇总缴纳的办法。此外,印花税可以委托核发应税凭证的单位代征。因此,印花税的纳税方法有三种,即自行贴花、汇贴或汇缴、委托代征。

1. 自行贴花

对于应税凭证较少、纳税数额较小或者贴花次数较少的,由纳税人根据印花税暂行条例的相关规定自行计算应纳税额,购买并一次贴足印花税票。印花税票应当粘贴在应纳税凭证上,并由纳税人在每枚税票的骑缝处盖戳注销或者画销。已贴用的印花税票不

---

① 财政部、国家税务总局:《关于组建中国铁路总公司有关印花税政策的通知》,财税〔2015〕57号。
② 财政部、国家税务总局:《关于部分国家储备商品有关税收政策的通知》,财税〔2016〕28号。
③ 财政部、国家税务总局:《关于继续执行高校学生公寓和食堂有关税收政策的通知》,财税〔2016〕82号。
④ 财政部、国家税务总局:《关于城市和国有工矿棚户区改造项目有关税收优惠政策的通知》,财税〔2010〕42号。
⑤ 财政部、国家税务总局:《关于飞机租赁企业有关印花税政策的通知》,财税〔2014〕18号。
⑥ 财政部、国家税务总局:《关于金融机构与小型微型企业签订借款合同免征印花税的通知》,财税〔2014〕78号。
⑦ 财政部、国家税务总局:《关于继续实行农村饮水安全工程建设运营税收优惠政策的通知》,财税〔2016〕19号。

得重用。

2. 汇贴或汇缴

为简化贴花手续,应纳税额较大或者贴花次数频繁的,纳税人可向税务机关提出申请,采取以缴款书代替贴花或者按期汇总缴纳的办法。一份凭证应纳税额超过五百元的,应向当地税务机关申请填写缴款书或者完税证,将其中一联粘贴在凭证上或者由税务机关在凭证上加注完税标记代替贴花。

同一种类应纳税凭证,需频繁贴花的,纳税人可以根据实际情况自行决定是否采用按期汇总缴纳印花税的方式。汇总缴纳的期限为一个月。采用按期汇总缴纳方式的纳税人应事先告知主管税务机关。缴纳方式一经选定,一年内不得改变。①

书刊征订凭证发生次数频繁,为简化纳税手续,可由出版发行单位采取按期汇总方式,计算缴纳印花税。实行汇总缴纳以后,购销双方个别订立的协议均不再重复计税贴花。②

实行印花税按期汇总缴纳的单位,对征税凭证和免税凭证汇总时,凡分别汇总的,按本期征税凭证的汇总金额计算缴纳印花税;凡确属不能分别汇总的,应按本期全部凭证的实际汇总金额计算缴纳印花税。③

凡汇总缴纳印花税的凭证,应加注税务机关指定的汇缴戳记、编号并装订成册后,将已贴印花或者缴款书的一联粘附册后,盖章注销,保存备查。

3. 委托代征

税务机关可以委托发放或者办理应纳税凭证的单位代为征收印花税。发放或者办理应纳税凭证的单位(指发放权利、许可证照的单位和办理凭证的鉴证、公证及其他有关事项的单位),负有监督纳税人依法纳税的义务,具体监督以下纳税事项:应纳税凭证是否已粘贴印花;粘贴的印花是否足额;粘贴的印花是否按规定注销。对未完成以上纳税手续的,发放或者办理应税凭证的单位应督促纳税人当场完成。

现行印花税管理办法规定:

(1) 保险公司委托其他单位或者个人代办的保险业务,在与投保方签订保险合同时,应由代办单位或者个人,负责代保险公司办理计税贴花手续。④

(2) 运费结算付方应缴纳的印花税,应由运费结算收方或其代理方实行代扣汇总缴纳。⑤

(3) 运费结算凭证由交通运输管理机关或其指定的单位填开或审核的,当地税务机关应委托凭证填开或审核单位,对运费结算双方应缴纳的印花税,实行代扣汇总缴纳。⑥

(4) 铁路运输企业在收取货物运杂费的同时必须代征托运方应纳的印花税,并记入运费结算凭证的"印花税"项目内,运费结算凭证不再加盖"印花税代扣专用章"。铁路运

---

① 财政部、国家税务总局:《关于改变印花税按期汇总缴纳管理办法的通知》,财税〔2004〕170号。
② 国家税务局:《关于图书,报刊等征订凭证征免印花税问题的通知》,国税地〔1989〕142号。
③ 国家税务局:《关于汇总缴纳印花税税额计算问题的通知》,国税函发〔1990〕433号。
④ 国家税务局:《关于对保险公司征收印花税有关问题的通知》,国税地〔1988〕37号。
⑤ 国家税务局:《关于货运凭证征收印花税几个具体问题的通知》,国税发〔1990〕173号。
⑥ 同上。

输企业代征的托运方应纳的印花税与铁路运输企业应纳的印花税统一由各铁路运输企业汇总后按规定方式缴入国库。①

（二）纳税地点

印花税实行就地纳税。在全国性商品物资订货会（包括展销会、交易会等）上所签合同应当缴纳的印花税，由纳税人回其所在地后即时办理贴花完税手续。对地方主办、不涉及省际关系的订货会、展销会上所签合同的印花税纳税地点，由各省、自治区、直辖市地方税务局自行确定。②

（三）纳税环节

印花税暂行条例规定：应纳税凭证应当于书立或者领受时贴花。对于纳税人，在合同签订时即应贴花，履行完税手续。因此，不论合同是否兑现或能否按期兑现，都一律按照规定贴花。对已履行并贴花的合同，发现实际结算金额与合同所载金额不一致的，一般不再补贴印花。③ 凡多贴印花税票者，不得申请退税或者抵用。已贴花的凭证，修改后所载金额增加的，其增加部分应当补贴印花税票。

（四）核定征收④

根据《税收征管法》第三十五条规定和印花税的税源特征，为加强印花税征收管理，纳税人有下列情形的，地方税务机关可以核定纳税人印花税计税依据：

（1）未按规定建立印花税应税凭证登记簿，或未如实登记和完整保存应税凭证的。

（2）拒不提供应税凭证或不如实提供应税凭证致使计税依据明显偏低的。

（3）采用按期汇总缴纳办法的，未按地方税务机关规定的期限报送汇总缴纳印花税情况报告，经地方税务机关责令限期报告，逾期仍不报告的或者地方税务机关在检查中发现纳税人有未按规定汇总缴纳印花税情况的。

地方税务机关核定征收印花税，应向纳税人发放核定征收印花税通知书，注明核定征收的计税依据和规定的税款缴纳期限。地方税务机关核定征收印花税，应根据纳税人的实际生产经营收入，参考纳税人各期印花税纳税情况及同行业合同签订情况，确定科学合理的数额或比例作为纳税人印花税计税依据。

第三节 车辆购置税

车辆购置税是以购置的车辆为征税对象而征收的一种税。2000年10月22日，国务院以第294号国务院令的形式发布了《中华人民共和国车辆购置税暂行条例》，于2001年1月1日起施行。车辆购置税由车辆购置附加费"费改税"转化而来，属中央财政收入，主要用于国道、省道干线公路建设。

---

① 国家税务总局、铁道部：《关于铁路货运凭证印花税若干问题的通知》，国税发〔2006〕101号。
② 国家税务局：《关于订货会所签合同印花税缴纳地点问题的通知》，国税函〔1991〕1187号。
③ 国家税务局：《关于印花税若干具体问题的规定》，国税地〔1988〕25号。
④ 国家税务总局：《关于进一步加强印花税征收管理有关问题的通知》，国税函〔2004〕150号。

一、纳税人

车辆购置税的纳税人是在中国境内购置应税车辆的单位和个人。单位,包括国有企业、集体企业、私营企业、股份制企业、外商投资企业、外国企业以及其他企业和事业单位、社会团体、国家机关、部队以及其他单位;个人,包括个体工商户以及其他个人。

所称购置,包括购买、进口、自产、受赠、获奖或者以其他方式取得并自用应税车辆的行为。

二、征税对象

车辆购置税以列举的车辆为征税对象;其的征收范围包括汽车、摩托车、电车、挂车、农用运输车。具体包括以下内容:

(1) 汽车:各类汽车。

(2) 摩托车。

① 轻便摩托车:最高设计时速不大于 50 km/h,发动机汽缸总排量不大于 50 cm³ 的两个或者三个车轮的机动车。

② 二轮摩托车:最高设计车速大于 50 km/h,或者发动机汽缸总排量大于 50 cm³ 的两个车轮的机动车。

③ 三轮摩托车:最高设计车速大于 50 km/h,或者发动机汽缸总排量大于 50 cm³,空车重量不大于 400 kg 的三个车轮的机动车。

(3) 电车。

① 无轨电车:以电能为动力,由专用输电电缆线供电的轮式公共车辆。

② 有轨电车:以电能为动力,在轨道上行驶的公共车辆。

(4) 挂车。

① 全挂车:无动力设备,独立承载,由牵引车辆牵引行驶的车辆。

② 半挂车:无动力设备,与牵引车辆共同承载,由牵引车辆牵引行驶的车辆。

(5) 农用运输车。

① 三轮农用运输车:柴油发动机,功率不大于 7.4 kw,载重量不大于 500 kg,最高车速不大于 40 km/h 的三个车轮的机动车。

② 四轮农用运输车:柴油发动机,功率不大于 28 kw,载重量不大于 1 500 kg,最高车速不大于 50 km/h 的四个车轮的机动车。

车辆购置税征收范围的调整,由国务院决定并公布。

三、税率

车辆购置税实行统一比例税率,税率为 10%。车辆购置税税率的调整,由国务院决定并公布。

自 2015 年 10 月 1 日起至 2016 年 12 月 31 日止,对购置 1.6 升及以下排量乘用车减按5%的税率征收车辆购置税。① 自2017年1月1日起至12月31日止,对购置1.6升及以下排量的乘用车减按7.5%的税率征收车辆购置税。自2018年1月1日起,恢复按10%的法定税率征收车辆购置税。②

四、计税依据

车辆购置税实行从价定率征收,其计税依据是车辆的计税价格。车辆购置税的计税价格根据不同情况,按照下列规定确定:

1. 购买自用的应税车辆

纳税人购买自用的应税车辆的计税价格,为纳税人购买应税车辆而支付给销售者的全部价款和价外费用,不包括增值税税款。价外费用是指销售方价外向购买方收取的基金、集资费、违约金(延期付款利息)和手续费、包装费、储存费、优质费、运输装卸费、保管费以及其他各种性质的价外收费,但不包括销售方代办保险等而向购买方收取的保险费,以及向购买方收取的代购买方缴纳的车辆购置税、车辆牌照费。③

在计征车辆购置税确定计税依据时,计算车辆不含增值税价格的计算方法与增值税相同,即:

$$不含税价=(全部价款+价外费用)/(1+增值税税率或征收率)④$$

2. 进口自用的应税车辆

纳税人进口自用的应税车辆的计税价格的计算公式为:

$$计税价格=关税完税价格+关税+消费税$$

纳税人购买自用或者进口自用应税车辆,申报的计税价格低于同类型应税车辆的最低计税价格,又无正当理由的,计税价格为国家税务总局核定的最低计税价格。

3. 其他方式取得的自用应税车辆

纳税人自产、受赠、获奖或者以其他方式取得并自用的应税车辆的计税价格,由主管税务机关按照国家税务总局规定的应税车辆的最低计税价格核定。

车辆购置税暂行条例规定,国家税务总局参照应税车辆市场平均交易价格,规定不同类型应税车辆的最低计税价格。纳税人购买自用或者进口自用应税车辆,申报的计税价格低于同类型应税车辆的最低计税价格,又无正当理由的,按照最低计税价格征收车辆购置税。

最低计税价格是指国家税务总局依据车辆生产企业提供的车辆价格信息并参照市场平均交易价格核定的车辆购置税计税价格。申报的计税价格低于同类型应税车辆的最低计税价格,又无正当理由的,是指纳税人申报的车辆计税价格低于出厂价格或进口

---

① 财政部、国家税务总局:《关于减征1.6升及以下排量乘用车车辆购置税的通知》,财税[2015]104号。
② 财政部、国家税务总局:《关于减征1.6升及以下排量乘用车车辆购置税的通知》,财税[2016]136号。
③ 国家税务总局:《关于修改〈车辆购置税征收管理办法〉的决定》,国家税务总局令第38号。
④ 国家税务总局:《关于确定车辆购置税计税依据的通知》,国税函[2006]1139号。

自用车辆的计税价格。①

4. 按特殊规定确定的计税依据②

(1) 免税条件消失的车辆,自初次办理纳税申报之日起,使用年限未满10年的,计税价格以免税车辆初次办理纳税申报时确定的计税价格为基准,每满1年扣减10%;未满1年的,计税价格为免税车辆的原计税价格;使用年限10年(含)以上的,计税价格为0。

(2) 国家税务总局未核定最低计税价格的车辆,计税价格为纳税人提供的有效价格证明注明的价格。有效价格证明注明的价格明显偏低的,主管税务机关有权核定应税车辆的计税价格。最低计税价格是指国家税务总局依据机动车生产企业或者经销商提供的车辆价格信息,参照市场平均交易价格核定的车辆购置税计税价格。核定计税价格的方法如下③:

$$核定计税价格 = \frac{车辆销售企业车辆进价}{(进货合同或者发票注明的价格)} \times (1+成本利润率)$$

成本利润率,由省、自治区、直辖市和计划单列市国家税务局确定。

(3) 进口旧车、因不可抗力因素导致受损的车辆、库存超过3年的车辆、行驶8万千米以上的试验车辆、国家税务总局规定的其他车辆,计税价格为纳税人提供的有效价格证明注明的价格。纳税人无法提供车辆有效价格证明的,主管税务机关有权核定应税车辆的计税价格。

五、应纳税额的计算

车辆购置税实行从价定率的办法计算应纳税额。应纳税额的计算公式为:

$$应纳税额 = 计税价格 \times 税率$$

纳税人以外汇结算应税车辆价款的,按照申报纳税之日中国人民银行公布的人民币基准汇价,折合成人民币计算应纳税额。

六、税收优惠④

车辆购置税的免税、减税,按下列规定执行:

(1) 外国驻华使馆、领事馆和国际组织驻华机构及其外交人员自用的车辆,免税。

(2) 中国人民解放军和中国人民武装警察部队列入军队武器装备订货计划的车辆,免税。

(3) 设有固定装置的非运输车辆,免税;设有固定装置的非运输车辆是指,挖掘机、平地机、叉车、装载车(铲车)、起重机(吊车)、推土机等工程机械。⑤ 具体是指列入国家税务

---

① 国家税务总局:《关于车辆购置税税收政策及征收管理有关问题的通知》,国税发〔2004〕160号。
② 国家税务总局:《关于修改〈车辆购置税征收管理办法〉的决定》,国家税务总局令第38号。
③ 国家税务总局:《关于车辆购置税征收管理有关问题的公告》,国家税务总局公告2015年第4号。
④ 国家税务总局:《关于车辆购置税税收政策及征收管理有关问题的通知》,国税发〔2004〕160号。
⑤ 同上。

总局印发的《设有固定装置免税车辆图册》的车辆;未列入免税图册但经国家税务总局批准免税的车辆。主管税务机关依据免税图册或国家税务总局批准的免税文件为设有固定装置的非运输车辆办理免税。①

设有固定装置的非运输车辆是指用于特种用途的专用作业车辆,须设有为实现该用途并采用焊接、铆接或者螺栓连接等方式固定安装在车体上的专用设备或装置,不包括载运人员和物品的专用运输车辆。② 自卸式垃圾车不属于设有固定装置非运输车辆,纳税人购买自卸式垃圾车应按照规定申报缴纳车辆购置税。③

（4）防汛部门和森林消防等部门购置的由指定厂家生产的指定型号的用于指挥、检查、调度、防汛（警）、联络的专用车辆,免税。防汛专用车和森林消防专用车的型号和配置数量、流向,每年由财政部和国家税务总局共同下达。车辆注册登记地车辆购置税征收部门据此办理免征车辆购置税手续。④

（5）回国服务的在外留学人员购买的 1 辆国产小汽车,免税。

（6）长期来华定居专家进口 1 辆自用小汽车,免税。

（7）为促进农业生产发展,切实减轻农民负担,经国务院批准,自 2004 年 10 月 1 日起对农用三轮车免征车辆购置税。⑤

（8）对城市公交企业自 2012 年 1 月 1 日起至 2020 年 12 月 31 日止购置的公共汽电车辆免征车辆购置税。⑥

（9）为促进我国交通能源战略转型、推进生态文明建设、支持新能源汽车产业发展,自 2014 年 9 月 1 日至 2017 年 12 月 31 日,对购置的新能源汽车免征车辆购置税。⑦

《车辆购置税条例》规定,免税、减税车辆因转让、改变用途等原因不再属于免税、减税范围的,应当在办理车辆过户手续前或者办理变更车辆登记注册手续前缴纳车辆购置税。

七、征收管理⑧

1. 纳税期限

纳税人购买自用应税车辆的,应当自购买之日起 60 日内申报纳税;进口自用应税车辆的,应当自进口之日起 60 日内申报纳税;自产、受赠、获奖或者以其他方式取得并自用应税车辆的,应当自取得之日起 60 日内申报纳税。

---

① 国家税务总局:《关于车辆购置税〈设有固定装置免税车辆图册〉有关问题的通知》,国税函〔2005〕1019 号;国家税务总局:《关于修改〈车辆购置税征收管理办法〉的决定》,国家税务总局令第 38 号。
② 国家税务总局:《关于设有固定装置非运输车辆免征车辆购置税有关事项的公告》,国家税务总局公告 2016 年第 43 号。
③ 国家税务总局:《关于自卸式垃圾车车辆购置税有关问题的公告》,国家税务总局公告 2014 年第 53 号。
④ 财政部、国家税务总局:《关于防汛专用等车辆免征车辆购置税的通知》,财税字〔2001〕39 号。
⑤ 财政部、国家税务总局:《关于农用三轮车免征车辆购置税的通知》,财税〔2004〕66 号。
⑥ 财政部、国家税务总局:《关于城市公交企业购置公共汽电车辆免征车辆购置税的通知》,财税〔2016〕84 号。
⑦ 财政部、国家税务总局、工业和信息化部:《关于免征新能源汽车车辆购置税的公告》,财政部国家税务总局工业和信息化部公告 2014 年第 53 号。
⑧ 国家税务总局:《关于修改〈车辆购置税征收管理办法〉的决定》,国家税务总局令第 38 号。

2. 纳税地点①

纳税人应到下列地点办理车辆购置税纳税申报：

（1）需要办理车辆登记注册手续的纳税人，向车辆登记注册地的主管税务机关办理纳税申报。

（2）不需要办理车辆登记注册手续的纳税人，向纳税人所在地的主管税务机关办理纳税申报。

3. 纳税申报

车购税实行一车一申报制度。纳税人办理纳税申报时应如实填写《车辆购置税纳税申报表》，同时提供车主身份证明、车辆价格证明、车辆合格证明以及税务机关要求提供的其他资料。

免税车辆因转让、改变用途等原因，其免税条件消失的，纳税人应在免税条件消失之日起60日内到主管税务机关重新申报纳税。免税车辆发生转让，但仍属于免税范围的，受让方应当自购买或取得车辆之日起60日内到主管税务机关重新申报免税。

对于已税车辆底盘、车架发生更换的，不需重新办理车辆购置税纳税申报。

纳税人应当在向公安机关车辆管理机构办理车辆登记注册前，缴纳车辆购置税。纳税人应当持主管税务机关出具的完税证明或者免税证明，向公安机关车辆管理机构办理车辆登记注册手续；没有完税证明或者免税证明的，公安机关车辆管理机构不得办理车辆登记注册手续。税务机关发现纳税人未按照规定缴纳车辆购置税的，有权责令其补缴；纳税人拒绝缴纳的，税务机关可以通知公安机关车辆管理机构暂扣纳税人的车辆牌照。

4. 退税制度

已缴纳车辆购置税的车辆，车辆退回生产企业或者经销商的，或符合免税条件的设有固定装置的非运输车辆但已征税的，以及其他依据法律法规规定应予退税的情形，准予纳税人申请退税。

车辆退回生产企业或者经销商的，纳税人申请退税时，主管税务机关自纳税人办理纳税申报之日起，按已缴纳税款每满1年扣减10%计算退税额；未满1年的，按已缴纳税款全额退税。该车辆已缴纳税款时限的界定方法是：自纳税人办理纳税申报之日起，至纳税人退车行为发生之日止（红字发票开具日期）。②

5. 机动车电子信息采集和最低计税价格核定③

为了方便纳税人，加快核定车辆购置税最低计税价格，提高征收效率，自2013年8月1日起，国家税务总局决定将增值税防伪税控系统有关数据导入机动车合格证电子信息系统，并上传国家税务总局。国家税务总局自动采集机动车出厂价格信息，并按规定审核下发车辆购置税最低计税价格。

（1）自2013年8月1日起，国内机动车生产企业和国外机动车进口企业（不含进口

---

① 国家税务总局：《关于修改〈车辆购置税征收管理办法〉的决定》，国家税务总局令第38号。
② 国家税务总局：《关于车辆购置税征收管理有关问题的补充公告》，国家税务总局公告2016年第52号。
③ 国家税务总局：《关于机动车电子信息采集和最低计税价格核定有关事项的公告》，国家税务总局公告2013年第36号。

自用,以下统称"机动车生产企业")销售本企业生产(改装)或进口的车辆配置序列号不同或者价格不同的机动车,开具增值税专用发票或增值税普通发票时,在发票(包括《销售货物或提供应税劳务清单》)"货物或应税名称"栏中应当分别开具,不应在同一行中混开。

(2) 自2014年1月1日起,机动车生产企业销售本企业生产(改装)或进口的机动车,使用增值税防伪税控系统开具增值税发票后应导出发票信息,通过"合格证信息管理系统—车辆票据关联子系统"将发票信息与所售机动车的合格证电子信息或进口机动车车辆电子信息(以下简称"合格证电子信息")进行关联。

(3) 自2014年1月1日起,税务总局根据应税车辆价格(增值税含税价格)信息,按照车辆购置税最低计税价格核定的规定,实时核定每台应税车辆最低计税价格并下发各地执行。

(4) 税务总局于2013年11月核发2013年度最后一期车辆购置税最低计税价格。2014年1月1日前机动车生产企业销售出厂的应税车辆,在车辆购置税纳税申报时执行本期最低计税价格,税务总局未核定最低计税价格的,仍按现行规定执行。

(5) 税务总局未核定最低计税价格的应税车辆,纳税人申报的计税价格低于同类型应税车辆最低计税价格,又无正当理由的,主管税务机关可比照已核定的同类型车辆最低计税价格征税。

第四节　土地增值税

土地增值税是对有偿转让国有土地使用权、地上建筑物及其他附着物,并取得增值收益的单位和个人征收的一种税。为了规范土地、房地产市场交易秩序,合理调节土地增值收益,维护国家权益,1993年12月13日,国务院颁布了《中华人民共和国土地增值税暂行条例》,自1994年1月1日起施行。1995年1月27日,财政部发布了《中华人民共和国土地增值税暂行条例实施细则》,自发布之日起施行。

一、纳税人

土地增值税的纳税人为转让国有土地使用权、地上的建筑及其附着物(以下简称"转让房地产")并取得收入的单位和个人。单位和个人包括各类企业单位、事业单位、机关、社会团体、个体工商业户以及其他单位和个人。外商投资企业、外国企业、外国驻华机构、外国公民、华侨,以及港澳台同胞等,只要转让房地产并取得收入,就是土地增值税的纳税人。[1]

二、征收范围

(一) 基本规定

土地增值税的征税对象是转让国有土地使用权、地上的建筑物及其附着物所取得的

---

[1] 国家税务总局:《土地增值税宣传提纲》,国税函〔1995〕110号。

增值额。土地增值税的征收范围包括:转让国有土地使用权;地上的建筑物及其附着物连同国有土地使用权一并转让。

国有土地,是指按国家法律规定属于国家所有的土地。地上的建筑物,是指建于土地上的一切建筑物,包括地上地下的各种附属设施。附着物,是指附着于土地上的不能移动,一经移动即遭损坏的物品。

(二)征收范围的界定标准①

1. 转让国有土地使用权

土地增值税仅对转让国有土地使用权的征收,对转让集体土地使用权的不征税。这是因为,根据《中华人民共和国土地管理法》的规定,国家为了公共利益,可以依照法律规定对集体土地实行征用,依法被征用后的土地属于国家所有。未经国家征用的集体土地不得转让,如要自行转让是一种违法行为。对这种违法行为应由有关部门依照相关法律来处理,而不应纳入土地增值税的征税范围。

2. 发生转让房地产权属的行为

土地增值税只对转让的房地产征税,不转让的不征税。如房地产的出租,虽然取得了收入,但没有发生房地产的产权转让,不应属于土地增值税的征收范围。

国有使用权土地出让,不属于土地增值税的征收范围。国有土地使用权出让,是指国家以土地所有者的身份将土地使用权在一定年限内让与土地使用者,并由土地使用者向国家支付土地使用权出让金的行为,属于土地买卖的一级市场。土地使用权出让的出让方是国家,国家凭借土地的所有权向土地使用者收取土地的租金。出让的目的是实行国有土地的有偿使用制度,合理开发、利用、经营土地,因此,土地使用权的出让不属于土地增值税的征税范围。②

3. 转让房地产并取得收入

土地增值税对转让房地产并取得收入的行为征税,对发生转让行为,而未取得收入的行为不征税。如通过继承、赠与方式转让房地产的,虽然发生了转让行为,但未取得收入,就不能征收土地增值税。

(三)征收范围的具体规定

(1)以出售方式转让国有土地使用权、地上的建筑物及附着物,包括出售新建房和旧房,属于土地增值税征收范围。

(2)以继承、赠与方式无偿转让房地产的行为不属于土地增值税的征收范围。"赠与"是指如下情况:房产所有人、土地使用权所有人将房屋产权、土地使用权赠与直系亲属或承担直接赡养义务人的。房产所有人、土地使用权所有人通过中国境内非营利的社会团体、国家机关将房屋产权、土地使用权赠与教育、民政和其他社会福利、公益事业的。"社会团体"是指中国青少年发展基金会、希望工程基金会、宋庆龄基金会、减灾委员会、中国红十字会、中国残疾人联合会、全国老年基金会、老区促进会以及经民政部门批准成

---

① 国家税务总局:《土地增值税宣传提纲》,国税函发〔1995〕110号。
② 中国注册会计师协会:《税法》,经济科学出版社2009年版,第227页。

立的其他非营利的公益性组织。①

(3) 房地产出租,不属于土地增值税的征税范围。

(4) 房地产抵押,在抵押期间不征收土地增值税。待抵押期满后,对于以房地产抵债而发生房地产权属转让的,应列入土地增值税的征税范围。

(5) 土地使用者转让、抵押或置换土地,无论其是否取得了该土地的使用权属证书,无论其在转让、抵押或置换土地过程中是否与对方当事人办理了土地使用权属证书变更登记手续,只要土地使用者享有占有、使用、收益或处分该土地的权利,且有合同等证据表明其实质转让、抵押或置换了土地并取得了相应的经济利益,应当依照税法规定缴纳土地增值税。②

(6) 房地产的交换。房地产交换行为既发生了房产产权、土地使用权的转移,交换双方又取得了实物形态的收入,属于土地增值税的征税范围。但对个人之间互换自有居住用房地产的,经当地税务机关核实,可以免征土地增值税。

(7) 合作建房。对于一方出地,另一方出资金,双方合作建房,建成后按比例分房自用的,暂免征收土地增值税;建成后转让的,应征收土地增值税。③

(8) 房地产的代建房行为。是指房地产开发公司代客户进行房地产的开发,开发完成后向客户收取代建收入的行为。对于房地产开发公司而言,虽然取得了收入,但没有发生房地产权属的转移,其收入属于劳务收入性质,故不属于土地增值税的征税范围。

(9) 房地产的重新评估。这主要是指国有企业在清产核资时对房地产进行重新评估而使其升值的情况。这种情况下,房地产虽然有增值,但其既没有发生房地产权属的转移,房产产权、土地使用权人也未取得收入,因此不属于土地增值税的征税范围。

三、计税依据

土地增值税的计税依据是增值额。土地增值税纳税人转让房地产所取得的收入减除规定的扣除项目金额后的余额,为增值额。

纳税人转让房地产取得的应税收入,包括转让房地产的全部价款及有关的经济收益,包括货币收入、实物收入和其他收入。土地增值税纳税人转让房地产取得的收入为不含增值税收入。免征增值税的,确定计税依据时,转让房地产取得的收入不扣减增值税额。④

计征土地增值税,首先需要计算纳税人转让房地产的增值额,而计算增值额的关键在于扣除项目的确定。按照土地增值税暂行条例及其实施细则的规定,计算增值额的扣除项目包括以下几项:

(1) 取得土地使用权所支付的金额。取得土地使用权所支付的金额,是指纳税人为取得土地使用权所支付的地价款和按国家统一规定缴纳的有关费用。

---

① 财政部、国家税务总局:《关于土地增值税一些具体问题规定的通知》,财税字〔1995〕48号。
② 国家税务总局:《关于未办理土地使用权证转让土地有关税收问题的批复》,国税函〔2007〕645号。
③ 财政部、国家税务总局:《关于土地增值税一些具体问题规定的通知》,财税字〔1995〕48号。
④ 财政部、国家税务总局:《关于营改增后契税 房产税 土地增值税 个人所得税计税依据问题的通知》,财税〔2016〕43号。

(2) 房地产开发成本。房地产开发的成本,是指纳税人房地产开发项目实际发生的成本,是在开发土地和新建房及配套设施而发生的,包括土地征用及拆迁补偿费、前期工程费、建筑安装工程费、基础设施费、公共配套设施费、开发间接费用。

① 土地征用及拆迁补偿费,包括土地征用费、耕地占用税、劳动力安置费及有关地上、地下附着物拆迁补偿的净支出、安置动迁用房支出等。

② 前期工程费,包括规划、设计、项目可行性研究和水文、地质、勘察、测绘、"三通一平"等支出。

③ 建筑安装工程费,是指以出包方式支付给承包单位的建筑安装工程费,以自营方式发生的建筑安装工程费。

④ 基础设施费,包括开发小区内道路、供水、供电、供气、排污、排洪、通信、照明、环卫、绿化等工程发生的支出。

⑤ 公共配套设施费,包括不能有偿转让约开发小区内公共配套设施发生的支出。

⑥ 开发间接费用,是指直接组织、管理开发项目发生的费用,包括工资、职工福利费、折旧费、修理费、办公费、水电费、劳动保护费、周转房摊销等。

需要注意的是,土地增值税扣除项目涉及的增值税进项税额,允许在销项税额中计算抵扣的,不计入扣除项目;不允许在销项税额中计算抵扣的,可以计入扣除项目。

(3) 房地产开发费用。房地产开发费用,是指与房地产开发项目有关的销售费用、管理费用、财务费用。具体确定费用扣除时,按下列规定执行。

① 财务费用中的利息支出,凡能够按转让房地产项目计算分摊并提供金融机构证明的,允许据实扣除,但最高不能超过按商业银行同类同期贷款利率计算的金额;其他房地产开发费用,按取得土地使用权所支付的金额和房地产开发土地成本两项金额之和的 5% 以内计算扣除。计算扣除的具体比例,由各省、自治区、直辖市人民政府规定。

$$房地产开发费用 = 分摊利息 + (取得土地使用权所支付的金额 + 房地产开发成本) \times 5\% 以内$$

② 凡不能按转让房地产项目计算分摊利息支出或不能提供金融机构证明的,房地产开发费用按取得土地使用权所支付的金额和房地产开发土地成本两项金额之和的 10% 以内计算扣除。计算扣除的具体比例,由各省、自治区、直辖市人民政府规定。

$$房地产开发费用 = (取得土地使用权所支付的金额 + 房地产开发成本) \times 10\% 以内$$

需要注意的是,对扣除项目金额中的利息支出需要符合以下规定:利息的上浮幅度按国家的有关规定执行,超过上浮幅度的部分不允许扣除;对于超过贷款期限的利息部分和加罚的利息不允许扣除。①

(4) 旧房及建筑物的评估价格。旧房及建筑物的评估价格是指地转让已使用的房屋及建筑物时,由政府批准设立的房地产评估机构评定的重置成本价乘以成新度折扣率后的价格。评估价格须经当地税务机关确认。

---

① 财政部、国家税务总局:《关于土地增值税一些具体问题规定的通知》,财税字〔1995〕48号。

转让旧房的,应按房屋及建筑物的评估价格、取得土地使用权所支付的地价款和按国家统一规定交纳的有关费用以及在转让环节缴纳的税金作为扣除项目金额计征土地增值税。对取得土地使用权时未支付地价款或不能提供已支付的地价款凭据的,不允许扣除取得土地使用权所支付的金额。[①]

纳税人转让旧房及建筑物,凡不能取得评估价格,但能提供购房发票的,经当地税务部门确认,对于"取得土地使用权所支付的金额"和"旧房及建筑物的评估价格"的扣除项目的金额,可按发票所载金额并从购买年度起至转让年度止每年加计5%计算。对纳税人购房时缴纳的契税,凡能提供契税完税凭证的,准予作为"与转让房地产有关的税金"予以扣除,但不作为加计5%的基数。对于转让旧房及建筑物,既没有评估价格,又不能提供购房发票的,地方税务机关可以根据《中华人民共和国税收征收管理法》的规定,实行核定征收。

纳税人转让旧房及建筑物时因计算纳税的需要而对房地产进行评估,其支付的评估费用允许在计算增值额时予以扣除。对纳税人存在隐瞒、虚报房地产成交价格,提供扣除项目金额不实,以及转让房地产的成交价格低于房地产评估价格,又无正当理由等情形;而需要按房地产评估价格计算征收土地增值税所发生的评估费用的,不允许在计算土地增值税时予以扣除。[②]

(5) 与转让房地产有关的税金。与转让房地产有关的税金,是指在转让房地产时缴纳的营业税、城市维护建设税、印花税。因转让房地产交纳的教育费附加,也可视同税金予以扣除。

允许扣除的印花税,是指在转让房地产时缴纳的印花税。房地产开发企业按照《施工、房地产开发企业财务制度》的有关规定,其缴纳的印花税列入管理费用,已相应予以扣除,这里不能重复扣除。其他的土地增值税纳税义务人在计算土地增值税时允许扣除在转让时缴纳的印花税。[③]

对于个人购入房地产再转让的,其在购入时已缴纳的契税,在旧房及建筑物的评估价中已包括此项因素,在计征土地增值税时,不另作为"与转让房地产有关的税金"予以扣除。[④]

(6) 企业改制重组后再转让国有土地使用权并申报缴纳土地增值税时,应以改制前取得该宗国有土地使用权所支付的地价款和按国家统一规定缴纳的有关费用,作为该企业"取得土地使用权所支付的金额"扣除。企业在重组改制过程中经省级以上(含省级)国土管理部门批准,国家以国有土地使用权作价出资入股的,再转让该宗国有土地使用权并申报缴纳土地增值税时,应以该宗土地作价入股时省级以上(含省级)国土管理部门批准的评估价格,作为该企业"取得土地使用权所支付的金额"扣除。办理纳税申报时,企业应提供该宗土地作价入股时省级以上(含省级)国土管理部门的批准文件和批准的

[①] 财政部、国家税务总局:《关于土地增值税一些具体问题规定的通知》,财税字〔1995〕48号。
[②] 同上。
[③] 同上。
[④] 同上。

评估价格,不能提供批准文件和批准的评估价格的,不得扣除。①

(7) 财政部规定的其他扣除项目。从事房地产开发的纳税人可按取得土地使用权所支付的金额和房地产开发土地成本两项金额之和,加计20%的扣除。② 此项扣除只适用于从事房地产开发的纳税人,除此之外的其他纳税人不适用。这样规定,目的是抑制炒买炒卖房地产的投机行为,保护正常开发投资者的积极性。③

对于县级及县级以上人民政府要求房地产开发企业在售房时代收的各项费用,如果代收费用是计入房价中向购买方一并收取的,可作为转让房地产所取得的收入计税;如果代收费用未计入房价中,而是在房价之外单独收取的,可以不作为转让房地产的收入。对于代收费用作为转让收入计税的,在计算扣除项目金额时,可予以扣除,但不允许作为加计20%扣除的基数;对于代收费用未作为转让房地产的收入计税的,在计算增值额时不允许扣除代收费用。④

> 这里需要注意的是,土地增值税以纳税人房地产成本核算的最基本的核算项目或核算对象为单位计算。纳税人成片受让土地使用权后,分期分批开发、转让房地产的,其扣除项目金额的确定,可按转让土地使用权的面积占总面积的比例计算分摊,或按建筑面积计算分摊,也可按税务机关确认的其他方式计算分摊。

(8) 其他规定。纳税人隐瞒、虚报房地产成交价格的;提供扣除项目金额不实的;转让房地产的成交价格低于房地产评估价格,又无正当理由的,按照房地产评估价格计算征收。房地产评估价格,是指由政府批准设立的房地产评估机构根据相同地段、同类房地产进行综合评定的价格。具体办法是:

① 隐瞒、虚报房地产成交价格,应由评估机构参照同类房地产的市场交易价格进行评估。税务机关根据评估价格确定转让房地产的收入。

② 提供扣除项目金额不实的,应由评估机构按照房屋重置成本价乘以成新度折扣率计算的房屋成本价和取得土地使用权时的基准地价进行评估。税务机关根据评估价格确定扣除项目金额。

③ 转让房地产的成交价格低于房地产评估价格,又无正当理由的,由税务机关参照房地产评估价格确定转让房地产的收入。

四、税率

土地增值税实行四级超率累进税率,具体规定见表9-2。

---

① 财政部、国家税务总局:《关于企业改制重组有关土地增值税政策的通知》,财税〔2015〕5号。
② 财政部、国家税务总局:《关于土地增值税一些具体问题规定的通知》,财税字〔1995〕48号。
③ 中国注册会计师协会:《税法》,经济科学出版社2009年版,第232页。
④ 财政部、国家税务总局:《关于土地增值税一些具体问题规定的通知》,财税字〔1995〕48号。

表 9-2　土地增值税税率表

级数	土地增值额	税率(%)	速算扣除系数(%)
1	增值额未超过扣除项目金额50%的部分	30	0
2	增值额超过扣除项目金额50%，未超过100%的	40	5
3	增值额超过扣除项目金额100%，未超过200%的	50	15
4	增值额超过扣除项目金额200%的部分	60	35

所列四级超率累进税率，每级"增值额未超过扣除项目金额"的比例，均包括本比例数。

五、应纳税额的计算

土地增值税按照纳税人转让房地产所取得的增值额和规定的税率计算征收。土地增值税应纳税额的计算公式是：

$$应纳税额 = \sum(每级距的土地增值额 \times 适用税率)$$

但在实际工作中，分步计算比较烦琐，一般可以采用速算扣除法计算。即：计算土地增值税税额，可按增值额乘以适用的税率减去扣除项目金额乘以速算扣除系数的简便方法计算，具体公式如下：

$$应纳税额 = 增值额 \times 适用税率 - 扣除项目金额 \times 速算扣除系数$$

对于取得的收入为外国货币的，依照细则规定，以取得收入当天或当月1日国家公布的市场汇价折合人民币，据以计算土地增值税税额。对于以分期收款形式取得的外币收入，也应按实际收款日或收款当月1日国家公布的市场汇价折合人民币。①

六、土地增值税的预征

按照土地增值税暂行条例及其实施细则的规定，纳税人在项目全部竣工结算前转让房地产取得的收入，由于涉及成本确定或其他原因，而无法据以计算土地增值税的，可以预征土地增值税，待该项目全部竣工、办理结算后再进行清算，多退少补。具体办法由各省、自治区、直辖市地方税务局根据当地情况制定。

为了发挥土地增值税在预征阶段的调节作用，除保障性住房外，东部地区省份预征率不得低于2%，中部和东北地区省份不得低于1.5%，西部地区省份不得低于1%，各地要根据不同类型房地产确定适当的预征率。②

对未按预征规定期限预缴税款的，应根据《税收征管法》及其实施细则的有关规定，从限定的缴纳税款期限届满的次日起，加收滞纳金。③

---

① 财政部、国家税务总局：《关于土地增值税一些具体问题规定的通知》，财税字〔1995〕48号。
② 国家税务总局：《关于加强土地增值税征管工作的通知》，国税发〔2010〕53号。
③ 财政部、国家税务总局：《关于土地增值税若干问题的通知》，财税〔2006〕21号。

七、土地增值税的清算①

(一)土地增值税的清算单位

土地增值税以国家有关部门审批的房地产开发项目为单位进行清算,对于分期开发的项目,以分期项目为单位清算。

开发项目中同时包含普通住宅和非普通住宅的,应分别计算增值额。

(二)土地增值税的清算条件

(1)符合下列情形之一的,纳税人应进行土地增值税的清算:

① 房地产开发项目全部竣工、完成销售的;

② 整体转让未竣工决算房地产开发项目的;

③ 直接转让土地使用权的。

(2)符合下列情形之一的,主管税务机关可要求纳税人进行土地增值税清算:

① 已竣工验收的房地产开发项目,已转让的房地产建筑面积占整个项目可售建筑面积的比例在85%以上,或该比例虽未超过85%,但剩余的可售建筑面积已经出租或自用的;

② 取得销售(预售)许可证满3年仍未销售完毕的;

③ 纳税人申请注销税务登记但未办理土地增值税清算手续的;

④ 省税务机关规定的其他情况。

(三)非直接销售和自用房地产的收入确定

(1)房地产开发企业将开发产品用于职工福利、奖励、对外投资、分配给股东或投资人、抵偿债务、换取其他单位和个人的非货币性资产等,发生所有权转移时应视同销售房地产,其收入按下列方法和顺序确认:

① 按本企业在同一地区、同一年度销售的同类房地产的平均价格确定;

② 由主管税务机关参照当地当年、同类房地产的市场价格或评估价值确定。

(2)房地产开发企业将开发的部分房地产转为企业自用或用于出租等商业用途时,如果产权未发生转移,不征收土地增值税,在税款清算时不列收入,不扣除相应的成本和费用。

(3)土地增值税清算时,已全额开具商品房销售发票的,按照发票所载金额确认收入;未开具发票或未全额开具发票的,以交易双方签订的销售合同所载的售房金额及其他收益确认收入。销售合同所载商品房面积与有关部门实际测量面积不一致,在清算前已发生补、退房款的,应在计算土地增值税时予以调整。

(四)土地增值税的扣除项目

(1)房地产开发企业办理土地增值税清算时计算与清算项目有关的扣除项目金额,按土地增值税暂行条例及其实施细则的规定执行。除另有规定外,扣除取得土地使用权所支付的金额、房地产开发成本、费用及与转让房地产有关税金,须提供合法有效凭证;不能提供合法有效凭证的,不予扣除。

---

① 国家税务总局:《关于印发〈土地增值税清算管理规程〉的通知》,国税发〔2009〕91号。

（2）房地产开发企业办理土地增值税清算所附送的前期工程费、建筑安装工程费、基础设施费、开发间接费用的凭证或资料不符合清算要求或不实的，地方税务机关可参照当地建设工程造价管理部门公布的建安造价定额资料，结合房屋结构、用途、区位等因素，核定上述四项开发成本的单位面积金额标准，并据以计算扣除。具体核定方法由省税务机关确定。

（3）房地产开发企业开发建造的与清算项目配套的居委会和派出所用房、会所、停车场（库）、物业管理场所、变电站、热力站、水厂、文体场馆、学校、幼儿园、托儿所、医院、邮电通信等公共设施，按以下原则处理：

① 建成后产权属于全体业主所有的，其成本、费用可以扣除；

② 建成后无偿移交给政府、公用事业单位用于非营利性社会公共事业的，其成本、费用可以扣除；

③ 建成后有偿转让的，应计算收入，并准予扣除成本、费用。

（4）房地产开发企业销售已装修的房屋，其装修费用可以计入房地产开发成本。房地产开发企业的预提费用，除另有规定外，不得扣除。

（5）属于多个房地产项目共同的成本费用，应按清算项目可售建筑面积占多个项目可售总建筑面积的比例或其他合理的方法，计算确定清算项目的扣除金额。

（6）房地产开发企业在工程竣工验收后，根据合同约定，扣留建筑安装施工企业一定比例的工程款，作为开发项目的质量保证金，在计算土地增值税时，建筑安装施工企业就质量保证金对房地产开发企业开具发票的，按发票所载金额予以扣除；未开具发票的，扣留的质保金不得计算扣除。

（7）房地产开发企业逾期开发缴纳的土地闲置费不得扣除。

（8）房地产开发企业为取得土地使用权所支付的契税，应视同"按国家统一规定交纳的有关费用"，计入"取得土地使用权所支付的金额"中扣除。

（9）拆迁安置费的扣除，按以下规定处理：

① 房地产企业用建造的该项目房地产安置回迁户的，安置用房视同销售处理，按"非直接销售和自用房地产的收入确定"[①]方法确认收入，同时将此确认为房地产开发项目的拆迁补偿费。房地产开发企业支付给回迁户的补差价款，计入拆迁补偿费；回迁户支付给房地产开发企业的补差价款，应抵减本项目拆迁补偿费。

② 开发企业采取异地安置，异地安置的房屋属于自行开发建造的，房屋价值按非直接销售和自用房地产的收入确定方法的规定计算，计入本项目的拆迁补偿费；异地安置的房屋属于购入的，以实际支付的购房支出计入拆迁补偿费。

③ 货币安置拆迁的，房地产开发企业凭合法有效凭据计入拆迁补偿费。

（10）财务费用中的利息支出，凡能够按转让房地产项目计算分摊并提供金融机构证明的，允许据实扣除，但最高不能超过按商业银行同类同期贷款利率计算的金额。其他房地产开发费用，在按照"取得土地使用权所支付的金额"与"房地产开发成本"金额之和的5%以内计算扣除。凡不能按转让房地产项目计算分摊利息支出或不能提供金融机构

---

① 国家税务总局：《关于房地产开发企业土地增值税清算管理有关问题的通知》，国税发〔2006〕187号。

证明的,房地产开发费用在按"取得土地使用权所支付的金额"与"房地产开发成本"金额之和的10%以内计算扣除。全部使用自有资金,没有利息支出的,按照以上方法扣除。具体适用的比例按省级人民政府此前规定的比例执行。

房地产开发企业既向金融机构借款,又有其他借款的,其房地产开发费用计算扣除时不能同时适用以上两种办法。

土地增值税清算时,已经计入房地产开发成本的利息支出,应调整至财务费用中计算扣除。

房地产开发企业为取得土地使用权所支付的契税,应视同"按国家统一规定交纳的有关费用",计入"取得土地使用权所支付的金额"中扣除。[①]

(五)土地增值税的核定征收

房地产开发企业有下列情形之一的,税务机关可以参照与其开发规模和收入水平相近的当地企业的土地增值税税负情况,按不低于预征率的征收率核定征收土地增值税:

(1)依照法律、行政法规的规定应当设置但未设置账簿的。

(2)擅自销毁账簿或者拒不提供纳税资料的。

(3)虽设置账簿,但账目混乱或者成本资料、收入凭证、费用凭证残缺不全,难以确定转让收入或扣除项目金额的。

(4)符合土地增值税清算条件,未按照规定的期限办理清算手续,经税务机关责令限期清算,逾期仍不清算的。

(5)申报的计税依据明显偏低,又无正当理由的。

核定征收必须严格依照税收法律法规规定的条件进行,任何单位和个人不得擅自扩大核定征收范围,严禁在清算中出现"以核定为主、一核了之""求快图省"的做法。凡擅自将核定征收作为本地区土地增值税清算主要方式的,必须立即纠正。对确需核定征收的,要严格按照税收法律法规的要求,从严、从高确定核定征收率。为了规范核定工作,核定征收率原则上不得低于5%,各省级税务机关要结合本地实际,区分不同房地产类型制定核定征收率。

(六)清算后再转让房地产的处理

在土地增值税清算时未转让的房地产,清算后销售或有偿转让的,纳税人应按规定进行土地增值税的纳税申报,扣除项目金额按清算时的单位建筑面积成本费用乘以销售或转让面积计算。

单位建筑面积成本费用=清算时的扣除项目总金额/清算的总建筑面积

(七)土地增值税清算后应补缴的土地增值税加收滞纳金

纳税人按规定预缴土地增值税后,清算补缴的土地增值税,在主管税务机关规定的期限内补缴的,不加收滞纳金。

八、税收优惠

(1)纳税人建造普通标准住宅出售,增值额未超过扣除项目金额20%的,免征土地

---

① 国家税务总局:《关于土地增值税清算有关问题的通知》,国税函〔2010〕220号。

增值税。增值税额超过扣除项目金额20%的,应就其全部增值额按规定计税。

普通标准住宅的认定,根据"普通住房标准"①的范围内从严掌握:住宅小区建筑容积率在1.0以上、单套建筑面积在120平方米以下、实际成交价格低于同级别土地上住房平均交易价格1.2倍以下。各省、自治区、直辖市根据实际情况,制定本地区享受优惠政策普通住房的具体标准。允许单套建筑面积和价格标准适当浮动,但向上浮动的比例不得超过上述标准的20%。

对于纳税人既建普通标准住宅又搞其他房地产开发的,应分别核算增值额。不分别核算增值额或不能准确核算增值额的,其建造的普通住宅不能适用建造普通住宅出售免税的规定。②

(2)因国家建设需要要依法征用、收回的房地产,免征土地增值税。因国家建设需要依法征用、收回的房地产,是指因城市实施规划、国家建设的需要而被政府批准征用的房产或收回的土地使用权。因城市实施规划、国家建设的需要而搬迁,由纳税人自行转让原房地产的,比照这一免税规定免征土地增值税。③

(3)《土地增值税暂行条例实施细则》规定,个人因工作调动或改善居住条件而转让原自用住房,经向税务机关申报核准,凡居住满5年或5年以上的,免予征收土地增值税;居住满3年未满5年的,减半征收土地增值税。居住未满3年的,按规定计征土地增值税。

自1999年8月1日起,对居民个人拥有的普通住宅,在其转让时暂免征收土地增值税。④ 自2008年11月1日起,对个人销售住房暂免征收土地增值税。⑤

(4)对个人之间互换自有居住用房地产的,经当地税务机关核实,可以免征土地增值税。⑥

(5)按照《公司法》的规定,非公司制企业整体改建为有限责任公司或者股份有限公司,有限责任公司(股份有限公司)整体改建为股份有限公司(有限责任公司)。对改建前的企业将国有土地、房屋权属转移、变更到改建后的企业,暂不征土地增值税。整体改建是指不改变原企业的投资主体,并承继原企业权利、义务的行为。

按照法律规定或者合同约定,两个或两个以上企业合并为一个企业,且原企业投资主体存续的,对原企业将国有土地、房屋权属转移、变更到合并后的企业,暂不征土地增值税。按照法律规定或者合同约定,企业分设为两个或两个以上与原企业投资主体相同的企业,对原企业将国有土地、房屋权属转移、变更到分立后的企业,暂不征土地增值税。

单位、个人在改制重组时以国有土地、房屋进行投资,对其将国有土地、房屋权属转移、变更到被投资的企业,暂不征土地增值税。

---

① 国务院办公厅:《国务院办公厅转发建设部等部门关于做好稳定住房价格工作意见的通知》,国办发〔2005〕26号。
② 财政部、国家税务总局:《关于土地增值税一些具体问题规定的通知》,财税字〔1995〕48号。
③ 财政部、国家税务总局:《财政部国家税务总局关于土地增值税若干问题的通知》,财税〔2006〕21号。
④ 财政部、国家税务总局:《关于调整房地产市场若干税收政策的通知》,财税字〔1999〕210号。
⑤ 财政部、国家税务总局:《关于调整房地产交易环节税收政策的通知》,财税〔2008〕137号。
⑥ 财政部、国家税务总局:《关于土地增值税一些具体问题规定的通知》,财税字〔1995〕48号。

企业改制重组有关土地增值税政策不适用于房地产开发企业。①

（6）对于一方出地，另一方出资金，双方合作建房，建成后按比例分房自用的，暂免征收土地增值税；建成后转让的，应征收土地增值税。②

（7）对企事业单位、社会团体以及其他组织转让旧房作为公共租赁住房房源，且增值额未超过扣除项目金额20%的，免征土地增值税。③

（8）为支持棚户区改造，企事业单位、社会团体以及其他组织转让旧房作为改造安置住房房源且增值额未超过扣除项目金额20%的，免征土地增值税。④

（9）对因中国邮政集团公司邮政速递物流业务重组改制，中国邮政集团公司向中国邮政速递物流股份有限公司、各省邮政公司向各省邮政速递物流有限公司转移房地产产权应缴纳的土地增值税，予以免征。⑤

（10）对中国联合网络通信集团有限公司、联通新时空通信有限公司、中国联合网络通信有限公司向中国电信转让CDMA网络资产和业务过程中，转让房地产涉及的土地增值税，予以免征。

对中国联合网络通信集团有限公司吸收合并中国网络通信集团公司、中国联合网络通信有限公司吸收合并中国网通（集团）有限公司过程中涉及的土地增值税，予以免征。

对联通新国信通信有限公司在资产整合过程中，向中国联合网络通信集团有限公司（原中国联合通信有限公司）转让房地产涉及的土地增值税，予以免征。⑥

九、征收管理

（一）纳税申报

纳税人在在转让房地产合同签订后的7日内，到房地产所在地主管税务机关办理纳税申报，并向税务机关提交房屋及建筑物产权、土地使用权证书，土地转让、房产买卖合同，房地产评估报告及其他与转让房地产有关的资料。纳税人因经常发生房地产转让而难以在每次转让后申报的，经税务机关审核同意后，可以定期进行纳税申报，具体期限由税务机关根据情况确定。

土地增值税由税务机关征收。土地管理部门、房产管理部门应当向税务机关提供有关资料，并协助税务机关依法征收土地增值税。纳税人未按照本条例缴纳土地增值税的，土地管理部门、房产管理部门不得办理有关的权属变更手续。

（二）纳税地点与纳税期限

土地增值税的纳税人应向房产所在地主管税务机关办理纳税申报，并在税务机关核定的期限内缴纳土地增值税。纳税人转让的房地产坐落在两个或两个以上的地区的，应

---

① 财政部、国家税务总局：《关于企业改制重组有关土地增值税政策的通知》，财税〔2015〕5号。
② 财政部、国家税务总局：《关于土地增值税一些具体问题规定的通知》，财税字〔1995〕48号。
③ 财政部、国家税务总局：《关于促进公共租赁住房发展有关税收优惠政策的通知》，财税〔2014〕52号。
④ 财政部、国家税务总局：《关于棚户区改造有关税收政策的通知》，财税〔2013〕101号。
⑤ 财政部、国家税务总局：《关于中国邮政集团公司邮政速递物流业务重组改制有关税收问题的通知》，财税〔2011〕116号。
⑥ 财政部、国家税务总局：《关于中国联合网络通信集团有限公司转让CDMA网及其用户资产企业合并资产整合过程中涉及的增值税营业税印花税和土地增值税政策问题的通知》，财税〔2011〕13号。

按房地产所在地分别申报纳税。

税务机关核定的纳税期限,应在纳税人签订房地产转让合同之后、办理房地产权属转让(即过户及登记)手续之前。①

第五节 烟 叶 税

烟叶税是以纳税人收购烟叶的收购金额为计税依据征收的一种税。1994年之前,我国对烟叶征收产品税和工商统一税。1994年1月30日,国务院发布了《关于对农业特产收入征收农业税的规定》,其中规定对烟叶在收购环节征收农业特产农业税。2004年6月,中共中央、国务院发布了《关于促进农民增加收入若干政策的意见》,从2004年起,除对烟叶暂保留征收农业特产农业税外,取消对其他农业特产品征收的农业特产农业税。2005年12月29日,十届全国人大常委会第十九次会议决定,《中华人民共和国农业税条例》自2006年1月1日起废止,对烟叶征收农业特产农业税失去了法律依据。2006年4月28日,国务院公布了《中华人民共和国烟叶税暂行条例》,并自公布之日起施行。

一、纳税人

烟叶税的纳税人为在中国境内收购烟叶的单位。收购烟叶的单位,是指依照《烟草专卖法》的规定有权收购烟叶的烟草公司或者受其委托收购烟叶的单位。②

依照《烟草专卖法》查处没收的违法收购的烟叶,由收购罚没烟叶的单位按照购买金额计算缴纳烟叶税。③

二、征税对象

烟叶税的征税对象为烟叶。烟叶是指晾晒烟叶、烤烟叶。晾晒烟叶,包括列入名晾晒烟名录的晾晒烟叶和未列入名晾晒烟名录的其他晾晒烟叶。④

三、计税依据

烟叶税的计税依据为烟叶的收购金额。

收购金额,包括纳税人支付给烟叶销售者的烟叶收购价款和价外补贴。⑤ 按照简化手续、方便征收的原则,对价外补贴统一暂按烟叶收购价款的10%计入收购金额征税。收购金额计算公式如下:

$$收购金额 = 收购价款 \times (1 + 10\%)$$

---

① 财政部、国家税务总局:《关于土地增值税一些具体问题规定的通知》,财税字〔1995〕48号。
② 财政部、国家税务总局:《关于烟叶税若干具体问题的规定》,财税〔2006〕64号。
③ 同上。
④ 同上。
⑤ 同上。

四、税率

烟叶税实行比例税率,税率为 20%。烟叶税税率的调整,由国务院决定。

五、应纳税额的计算

烟叶税的应纳税额按照纳税人收购烟叶的收购金额和规定的税率计算,计算公式为:

$$应纳税额 = 烟叶收购金额 \times 税率$$

应纳税额以人民币计算。

六、征收管理

烟叶税由地方税务机关征收。纳税人收购烟叶,应当向烟叶收购地的主管税务机关申报纳税。主管税务机关是指烟叶收购地的县级地方税务局或者其所指定的税务分局、所。

烟叶税的纳税义务发生时间为纳税人收购烟叶的当天。收购烟叶的当天,是指纳税人向烟叶销售者付讫收购烟叶款项或者开具收购烟叶凭据的当天。

纳税人应当自纳税义务发生之日起 30 日内申报纳税。具体纳税期限由主管税务机关核定。

第六节 环境保护税

环境保护税是对生产经营者向环境中直接排放的污染物为课税对象而征收的一种税。目的是保护和改善环境,减少污染物排放,推进生态文明建设。我国 1979 年确立排污收费制度,选择对大气、水、固体、噪声等四类污染物征收排污费,对防治环境污染起到了重要作用。党的十八届三中、四中全会提出"推动环境保护费改税""用严格的法律制度保护生态环境"。我国将排污费制度向环保税制度平稳转移。2016 年 12 月 25 日,十二届全国人大常委会第二十五次会议表决通过了《中华人民共和国环境保护税法》,自 2018 年 1 月 1 日起施行。

一、纳税人

环境保护税的纳税人为在中国领域和中国管辖的其他海域,直接向环境排放应税污染物的企业事业单位和其他生产经营者。

二、征税对象与征税范围

环境保护税的征税对象为大气污染物、水污染物、固体废物和噪声等四类。具体税目按照《环境保护税税目税额表》(表 9-3)执行。

表 9-3 环境保护税税目税额表

税目		计税单位	税额	备注
大气污染物		每污染当量	1.2 元至 12 元	
水污染物		每污染当量	1.4 元至 14 元	
固体废物	煤矸石	每吨	5 元	
	尾矿	每吨	15 元	
	危险废物	每吨	1 000 元	
	冶炼渣、粉煤灰、炉渣、其他固体废物(含半固态、液态废物)	每吨	25 元	
噪声	工业噪声	超标 1—3 分贝	每月 350 元	1. 一个单位边界上有多处噪声超标,根据最高一处超标声级计算应纳税额;当沿边界长度超过 100 米有两处以上噪声超标,按照两个单位计算应纳税额。 2. 一个单位有不同地点作业场所的,应当分别计算应纳税额,合并计征。 3. 昼、夜均超标的环境噪声,昼、夜分别计算应纳税额,累计计征。 4. 声源一个月内超标不足 15 天的,减半计算应纳税额。 5. 夜间频繁突发和夜间偶然突发厂界超标噪声,按等效声级和峰值噪声两种指标中超标分贝值高的一项计算应纳税额。
		超标 4—6 分贝	每月 700 元	
		超标 7—9 分贝	每月 1 400 元	
		超标 10—12 分贝	每月 2 800 元	
		超标 13—15 分贝	每月 5 600 元	
		超标 16 分贝以上	每月 11 200 元	

注:《应税污染物和当量值表》见《中华人民共和国环境保护税法》。

每一排放口或者没有排放口的应税大气污染物,按照污染当量数从大到小排序,对前三项污染物征税。每一排放口的应税水污染物,按照污染当量数从大到小排序,对重金属污染物按照前五项、对其他污染物按照前三项征税。同时,省、自治区、直辖市人民政府根据本地区污染物减排的特殊需要,可以增加同一排放口征收环境保护税的应税污染物种类数,报同级人大常委会决定,并报全国人大常委会和国务院备案。

下列情形,不属于直接向环境排放污染物,不缴纳相应污染物的环境保护税:

(1) 企业事业单位和其他生产经营者向依法设立的污水集中处理、生活垃圾集中处理场所排放应税污染物的。

(2) 企业事业单位和其他生产经营者在符合国家和地方环境保护标准的设施、场所贮存或者处置固体废物的。

依法设立的城乡污水集中处理、生活垃圾集中处理场所超过国家和地方规定的排放标准向环境排放应税污染物的,应当缴纳环境保护税。

企业事业单位和其他生产经营者贮存或者处置固体废物不符合国家和地方环境保护标准的,应当缴纳环境保护税。

三、税目、税额

环境保护税实行从量定额税率。具体税目、税额,依照《环境保护税税目税额表》执行。应税大气污染物和水污染物的具体适用税额的确定和调整,由省、自治区、直辖市人民政府统筹考虑本地区环境承载能力、污染物排放现状和经济社会生态发展目标要求,在《环境保护税税目税额表》规定的税额幅度内提出,报同级人民代表大会常务委员会决定,并报全国人民代表大会常务委员会和国务院备案。依照《环境保护税税目税额表》(表9-3)执行。

四、计税依据

(一)应税污染物的计税依据

应税污染物的计税依据,按照下列方法确定:
(1)应税大气污染物按照污染物排放量折合的污染当量数确定。
(2)应税水污染物按照污染物排放量折合的污染当量数确定。
(3)应税固体废物按照固体废物的排放量确定。
(4)应税噪声按照超过国家规定标准的分贝数确定。

(二)应税大气污染物、水污染物的污染当量数

应税大气污染物、水污染物的污染当量数,以该污染物的排放量除以该污染物的污染当量值计算。每种应税大气污染物、水污染物的具体污染当量值,依照环境税法规定的《应税污染物和当量值表》执行。

这里需要注意的是,每一排放口或者没有排放口的应税大气污染物,按照污染当量数从大到小排序,对前三项污染物征税。每一排放口的应税水污染物,按照《应税污染物和当量值表》,区分第一类水污染物和其他类水污染物,按照污染当量数从大到小排序,对第一类水污染物按照前五项征税,对其他类水污染物按照前三项征税。

(三)应税大气污染物、水污染物、固体废物的排放量和噪声的分贝数

应税大气污染物、水污染物、固体废物的排放量和噪声的分贝数,按照下列方法和顺序计算:
(1)纳税人安装使用符合国家规定和监测规范的污染物自动监测设备的,按照污染物自动监测数据计算。
(2)纳税人未安装使用污染物自动监测设备的,按照监测机构出具的符合国家有关规定和监测规范的监测数据计算。
(3)因排放污染物种类多等原因不具备监测条件的,按照国务院环境保护主管部门规定的排污系数、物料衡算方法计算。
(4)不能按照本条第(1)项至第(3)项规定的方法计算的,按照省、自治区、直辖市人民政府环境保护主管部门规定的抽样测算的方法核定计算。

五、应纳税额计算

环境保护税的应纳税额按照下列方法计算:

$$应税大气污染物的应纳税额 = 污染当量数 \times 适用税额$$
$$应税水污染物的应纳税额 = 污染当量数 \times 适用税额$$
$$应税固体废物的应纳税额 = 固体废物排放量 \times 适用税额$$

应税噪声的应纳税额为超过国家规定标准的分贝数对应的具体适用税额。

采用核定计算污染物排放量的,由税务机关会同环境保护主管部门核定污染物排放种类、数量和应纳税额。

六、税收减免

(1) 下列情形,暂予免征环境保护税:

① 农业生产(不包括规模化养殖)排放应税污染物的;

② 机动车、铁路机车、非道路移动机械、船舶和航空器等流动污染源排放应税污染物的;

③ 依法设立的城乡污水集中处理、生活垃圾集中处理场所排放相应应税污染物,不超过国家和地方规定的排放标准的;

④ 纳税人综合利用的固体废物,符合国家和地方环境保护标准的;

⑤ 国务院批准免税的其他情形。

(2) 纳税人排放应税大气污染物或者水污染物的浓度值低于国家和地方规定的污染物排放标准30%的,减按75%征收环境保护税。纳税人排放应税大气污染物或者水污染物的浓度值低于国家和地方规定的污染物排放标准50%的,减按50%征收环境保护税。

七、征收管理

(1) 环境保护税由税务机关征收管理。环境保护主管部门负责对污染物的监测管理。

环境保护主管部门应当将排污单位的排污许可、污染物排放数据、环境违法和受行政处罚情况等环境保护相关信息,定期交送税务机关。税务机关应当将纳税人的纳税申报、税款入库、减免税额、欠缴税款以及风险疑点等环境保护税涉税信息,定期交送环境保护主管部门。

(2) 纳税人应当向应税污染物排放地的税务机关申报缴纳环境保护税。

(3) 纳税义务发生时间为纳税人排放应税污染物的当日。

环境保护税按月计算,按季申报缴纳。不能按固定期限计算缴纳的,可以按次申报缴纳。纳税人申报缴纳时,应当向税务机关报送所排放应税污染物的种类、数量,大气污染物、水污染物的浓度值,以及税务机关根据实际需要要求纳税人报送的其他纳税资料。

纳税人按季申报缴纳的,应当自季度终了之日起十五日内,向税务机关办理纳税申报并缴纳税款。纳税人按次申报缴纳的,应当自纳税义务发生之日起十五日内,向税务机关办理纳税申报并缴纳税款。

(4) 税务机关应当将纳税人的纳税申报数据资料与环境保护主管部门交送的相关数据资料进行比对。税务机关发现纳税人的纳税申报数据资料异常或者纳税人未按照规定期限办理纳税申报的,可以提请环境保护主管部门进行复核,环境保护主管部门应当自收到税务机关的数据资料之日起十五日内向税务机关出具复核意见。税务机关应当按照环境保护主管部门复核的数据资料调整纳税人的应纳税额。

（5）纳税人从事海洋工程向中华人民共和国管辖海域排放应税大气污染物、水污染物或者固体废物，申报缴纳环境保护税的具体办法，由国务院税务主管部门会同国务院海洋主管部门规定。

本章小结

城市维护建设税的纳税人是缴纳增值税、消费税的单位和个人；计税依据是纳税人实际缴纳的增值税、消费税的税额；按照纳税人所在地的不同设置了7％、5％、1％三档税率。

印花税的纳税人，是在中国境内书立、使用、领受税法所列举的凭证的单位和个人；征税对象主要包括合同或者具有合同性质的凭证，产权转移书据，营业账簿，权利、许可证照，经财政部确定征税的其他凭证。印花税的税率有比例税率和定额税率两种形式，分别适用不同的应税凭证。合同、产权转移书据和记载资金的营业账簿的计税依据为应税凭证上所记载的计税金额；权利许可证照和营业账簿中的其他账簿，计税依据为应税凭证的件数。

车辆购置税的纳税人是在中国境内购置应税车辆的单位和个人。车辆购置税以列举的车辆为征税对象；其征收范围包括汽车、摩托车、电车、挂车、农用运输车。车辆购置税实行统一比例税率，税率为10％。车辆购置税实行从价定率征收，其计税依据是车辆的计税价格。

土地增值税的征税对象是转让国有土地使用权、地上的建筑物及其附着物所取得的增值额；纳税人为转让国有土地使用权、地上的建筑及其附着物（以下简称"转让房地产"）并取得收入的单位和个人。土地增值税的计税依据是增值额，增值额是纳税人转让房地产所取得的收入减除规定的扣除项目金额后的余额。土地增值税实行30％到60％的四级超率累进税率。

烟叶税的征收范围为烟叶，烟叶税的纳税人为在中国境内收购烟叶的单位。烟叶税的计税依据为烟叶的收购金额，税率为20％。烟叶税的应纳税额按照纳税人收购烟叶的收购金额和规定的税率计算。

环境保护税的纳税人为在中国领域和中国管辖的其他海域，直接向环境排放应税污染物的企业事业单位和其他生产经营者。征税对象包括大气污染物、水污染物、固体废物和噪声等四类。环境保护税按照污染物的排放量实行从量定额征收。

本章重要术语

城市维护建设税　印花税　产权转移书据　营业账簿　权利、许可证照　贴花　车辆购置税　土地增值税　增值额　增值率　超率累进　房地产开发的成本　房地产开发费用　加计扣除　烟叶税　环境保护税

复习思考题

1. 简述城市维护建设税的计税依据。

2. 简述印花税的征税对象。
3. 购买自用的应税车辆如何计算缴纳车辆购置税？
4. 如何计算土地增值税的增值率？
5. 如何计算烟叶税的应纳税额？

计算题

1. 某企业地处市区，主要从事货物的生产与销售。2016 年 6 月按规定缴纳增值税 100 万元，同时补缴上一年度增值税款 10 万元及相应的滞纳金 1.595 万元、罚款 20 万元。计算该企业当月应缴纳城市维护建设税。

2. 某企业 2015 年发生如下业务：

（1）5 月 20 日购置货车 1 辆，合同载明金额 10 万元；

（2）6 月 30 日将原值为 300 万元的厂房出租，签订的合同载明每年租金 24 万元，租赁期 3 年；

（3）7 月购买新建的地下商铺用于商业用途，购买合同记载金额 200 万元，9 月交付使用，10 月从房地产权属管理部门取得土地使用证与房产证；

（4）10 月接受甲公司委托加工一批产品，签订的合同中注明原材料由甲公司提供，金额为 100 万元，另收取加工劳务费 30 万元，完工产品由甲公司负责运输，合同中注明运费 2 万元、保管费 0.2 万元、装卸费 0.05 万元。

逐笔计算该企业 2015 年应缴纳的印花税。

3. 某汽车制造厂将某型号自产小汽车 4 辆转作固定资产，该型号汽车的对外售价为 190 000 元/辆，国家税务总局对该型号汽车核定的最低计税价格为 160 000 元。该厂一辆已缴纳了车辆购置税的汽车，因故障更换了发动机，国家税务总局核定的同型号新车的最低计税价格为 260 000 元。计算该汽车制造厂应缴纳的车辆购置税。

4. 某市一家房地产开发公司，2015 年年初通过竞拍取得一宗土地使用权，支付土地价款、税费合计 6 000 万元，本年度占用 80% 开发写字楼。开发期间发生开发成本 4 000 万元，管理费用 2 800 万元，销售费用 1 600 万元，利息费用 400 万元（不能提供金融机构的证明）。同年 9 月该写字楼竣工验收，10—12 月，房地产开发公司将写字楼总面积的 4/5 直接销售，销售合同记载取得的收入为 16 000 万元，剩余的 1/5 写字楼由公司转为固定资产自用。计算该公司应缴纳的土地增值税。

5. 某卷烟厂向农民收购烟叶，支付款项合计 100 000 元，其中包含按照收购价款 60 000 元、价外补贴和打包费及运输费等 40 000 元，计算该卷烟厂需缴纳的烟叶税。

推荐阅读文献

1. 许建国：《中国地方税体系研究》，中国财政经济出版社 2014 年版。
2. 蔡少优：《土地增值税清算实务操作指南》，中国税务出版社 2012 年版。

教师反馈及教辅申请表

　　北京大学出版社本着"教材优先、学术为本"的出版宗旨，竭诚为广大高等院校师生服务。为更有针对性地提供服务，请您认真填写以下表格并经系主任签字盖章后寄回，我们将按照您填写的联系方式免费向您提供相应教辅资料，以及在本书内容更新后及时与您联系邮寄样书等事宜。

书名		书号	978-7-301-	作者	
您的姓名				职称职务	
校/院/系					
您所讲授的课程名称					
每学期学生人数	＿＿＿＿人＿＿＿＿年级			学时	
您准备何时用此书授课					
您的联系地址					
邮政编码		联系电话（必填）			
E-mail（必填）		QQ			
您对本书的建议：			系主任签字 盖章		

我们的联系方式：

北京大学出版社经济与管理图书事业部

北京市海淀区成府路 205 号，100871

联 系 人：徐冰

电　　话：010-62767312 / 62757146

传　　真：010-62556201

电子邮件：em_pup@126.com　　em@pup.cn

Q　　Q：5520 63295

新浪微博：@北京大学出版社经管图书

网　　址：http://www.pup.cn